VICTORIA FORNER

STORIA PROSCRITTA

Il ruolo degli agenti ebrei nella storia contemporanea

I

BANCHIERI E RIVOLUZIONI

OMNIA VERITAS®

Victoria Forner

STORIA PROSCRITTA
Il ruolo degli agenti ebrei
nella storia contemporanea
I
BANCHIERI E RIVOLUZIONI

Illustrazione di copertina:
"La famiglia Rothschild in preghiera".
Dipinto da Moritz Daniel Oppenheim (1800-1882).
Londra, Galleria Roy Miles

HISTORIA PROSCRITA I
La actuación de agentes judíos en la Hª Contemporánea
Los banqueros y las revoluciones
Pubblicato per la prima volta da Omnia Veritas nel 2017

Tradotto dallo spagnolo e pubblicato da
Omnia Veritas Ltd
ⓄMNIA VERITAS®
www.omnia-veritas.com

© Omnia Veritas Ltd - Victoria Forner - 2025

A Ernst Zündel, Robert Faurisson, Germar Rudolf, Fredrick Töben, Horst Mahler, Sylvia Stolz e a tutti i revisionisti perseguitati e imprigionati per aver denunciato la falsificazione della realtà storica. Tra questi, in Spagna, c'è il libraio ed editore Pedro Varela, vittima dell'odio e della violenza di gruppi settari e di un'ignominiosa persecuzione giudiziaria che viola la Costituzione e perverte la democrazia spagnola. In solidarietà con lui, devolveremo per due anni i dividendi di questa edizione spagnola al signor Varela, per contribuire alla sua difesa.

INTRODUZIONE

"Che la vita fosse una cosa seria, si comincia a capirlo dopo...". In questi versi il poeta avvertiva, e aveva ragione. Certamente, molte cose nella vita si capiscono "dopo". Ho cominciato a capire che questo lavoro era serio qualche tempo fa. Ora, al momento in cui scrivo, non so dire se siano passati nove o dieci anni da quando l'ho iniziata senza sapere come sarebbe andata a finire. Ho capito che facevo sul serio per due motivi: il primo è che, man mano che procedevo, il percorso che seguivo non offriva scorciatoie, ma si allargava e si allungava, costringendomi a un viaggio travolgente, la cui fine in un orizzonte lontano sembrava quasi irraggiungibile; il secondo è il rischio che comportava andare fino in fondo. Sapere che i pensieri e le riflessioni che mi spingevano sono proibiti, che in molti Paesi europei sono considerati reati, mi invitava a non andare avanti per evitare inutili imprevisti. Sì, solo in un secondo momento ho capito che facevo sul serio, che non sarei tornato indietro e che ero determinato a seguire la strada di questa *Storia proibita*.

Il fatto che chi osa criticare gli ebrei venga perseguitato senza sosta con accuse stantie di antisemitismo suggerisce che il nostro libro non sarà ben accolto da chi si sente intoccabile e perseguita la libertà di parola e di pensiero, perché rivela il ruolo svolto da innumerevoli ebrei al servizio di un'élite di banchieri ebrei e di altri capitolatori che hanno plasmato la storia moderna. Il sottotitolo, *L'azione occulta degli agenti ebrei nella storia contemporanea*, era un'ipotesi di lavoro che, se ben fondata, doveva diventare una tesi, poiché gli eventi narrati la confermavano negli oltre 250 anni di storia contenuti nell'opera. La presentazione continua delle azioni degli agenti ebrei per centinaia di pagine non sarebbe stata possibile se non fossero avvenute.

Nel libro viene spiegato in dettaglio a cosa servivano questi uomini e queste donne e quali erano le loro missioni. Anticipiamo già che le rivoluzioni francese e bolscevica sono state portate avanti per mezzo di questi agenti. Nella prima, la Massoneria fu utilizzata, impregnata e gestita dagli Illuminati fondati da Adam Weishaupt, un agente della dinastia Rothschild. Per quanto riguarda il comunismo internazionalista, si vedrà che è stato fin dall'inizio una frode che comportava lo sfruttamento e l'oppressione delle masse lavoratrici, un gigantesco imbroglio ideato allo scopo di perpetrare una rapina su scala planetaria, la più grande della storia. Per attuare un colpo di stato così ambizioso, in Russia e in Cina sono stati commessi i più grandi massacri a memoria d'uomo. Se il comunismo fosse stato imposto in Asia e in Europa come previsto, non ci sarebbe stato bisogno del globalismo neoliberista, perché le risorse e le ricchezze del mondo intero sarebbero finite nelle mani di coloro che avevano finanziato le rivoluzioni a questo scopo.

Poiché è probabile che ci accusino di antisemitismo, odio razziale, negazionismo e simili, è ovvio che non siamo antisemiti, né odiamo nessuno, anche se mettiamo in dubbio che l'Olocausto sia una realtà storica. Il nostro lavoro abbonda di nomi di autori ebrei, ne è pieno. Con alcuni non condividiamo nulla e ci siamo rivolti ai loro libri e articoli solo per conoscere le loro opinioni o per ottenere informazioni e imparare da loro. Abbracciamo invece fraternamente tutti quegli ebrei non razzisti che, lungi dal considerarsi esseri scelti da un dio esclusivo, desiderano condividere la propria vita con il resto dell'umanità. Utilizzeremo parte di questa introduzione per menzionare coloro con i quali ci identifichiamo maggiormente e con i quali condividiamo idee e atteggiamenti. Abbiamo un debito di gratitudine nei loro confronti, perché sono stati fonti indispensabili a cui abbiamo attinto durante gli anni del nostro lavoro. Vogliamo rendere loro omaggio ammirando il loro coraggio e la loro onestà, il loro contributo alla verità storica e la loro disponibilità a "contaminarsi" con altri esseri umani.

Il miliardario ebreo Benjamin H. Freedman, figura sorprendente, è una di queste fonti che merita un paragrafo a sé. Dopo aver vissuto con i principali responsabili delle due guerre mondiali (ha persino collaborato con Bernard Mannes Baruch), Freedman si è convertito al cristianesimo e ha dedicato il resto della sua vita e parte della sua fortuna a denunciare gli ebrei talmudisti e il sionismo. Mise in guardia il mondo da una tirannia nascosta (*The Hidden Tyranny*) che ha falsificato la storia. Annunciò che erano stati i sionisti a portare l'America nella Prima Guerra Mondiale per ottenere la Palestina (Dichiarazione Balfour). Freedman è stato uno dei primi a rivelare pubblicamente l'origine khazariana degli ebrei ashkenaziti *(I fatti sono fatti)*. Nel 1961 tenne un discorso storico al Willard Hotel di Washington D.C., che è diventato noto come "Un disertore ebreo mette in guardia l'America". In esso, da patriota americano, avvertiva che gli Stati Uniti sarebbero stati usati come braccio esecutivo del sionismo per future guerre in Medio Oriente, che avrebbero potuto scatenare la Terza Guerra Mondiale.

Un altro ebreo che denunciò la cospirazione mondiale prima della sua morte nel 1955 fu Henry H. Klein, che come Freedman si convertì al cristianesimo. Fu avvocato nel Grande processo per sedizione del 1944, un processo di cui siamo stati tentati di scrivere nel capitolo sulla Seconda guerra mondiale. Si trattò di un processo orchestrato dall'American Jewish Committee e dalla loggia ebraica B'nai B'rith allo scopo di imprigionare circa cento patrioti americani anticomunisti che si opponevano alla politica di Roosevelt. Klein fu condannato dal giudice a novanta giorni di carcere per aver mancato di rispetto alla corte e dovette abbandonare il processo dopo aver ricevuto diverse minacce di morte. Nel 1946 denunciò in un opuscolo di 24 pagine il piano di dominazione mondiale delineato *nei Protocolli degli Anziani di Sion*, di cui riteneva indiscutibile l'autenticità. Klein fece riferimento all'esistenza di un Sinedrio politico e finanziario internazionale controllato dai padroni del denaro, con a capo i Rothschild.

Le nostre fonti ebraiche sono sparse in tutti i tredici capitoli; ma in questo paragrafo vogliamo raggruppare in poche righe i nomi di quelle a noi più care, che non sono poche. Eccone alcuni: Israel Shamir, convertito al cristianesimo, autore de *I maestri del discorso*, una trilogia tradotta in spagnolo in cui smaschera il sionismo e la lobby ebraica internazionale. Israel Shahak, che da Gerusalemme ha denunciato il talmudismo, il messianismo sionista e la politica imperialista di Israele. Gilad Atzmon, ex soldato, filosofo, jazzista, attivista filopalestinese, autore di numerose opere. Joseph Ginsburg, revisionista noto come Joseph Burg, a cui è stato negato il diritto di essere sepolto in un cimitero ebraico. Haviv Schieber, revisionista, ex sindaco di Beersheba, perseguitato dallo Stato sionista, attivista e instancabile combattente per la parità di diritti e la coesistenza pacifica di musulmani, ebrei e cristiani in Palestina. David Cole, giovane revisionista costretto a ritrattare di fronte alle intimidazioni contro la sua famiglia. Ilan Pappé, storico esiliato in Inghilterra dopo essere stato minacciato di morte in Israele per aver denunciato la pulizia etnica in Palestina in un libro ormai classico. Alfred Lilienthal, autore di importanti opere su Israele e il Medio Oriente, amico del popolo palestinese e critico estremo del sionismo. Paul Eisen, revisionista che denuncia la religione laica dell'Olocausto, fondatore di un'associazione per ricordare il massacro dei palestinesi a Deir Yassin. Jeffrey Blankfort, giornalista e attivista pro-palestinese, molto critico nei confronti di Noam Chomsky, che considera un cripto-sionista, ha identificato lo Stato di Israele come la più grande minaccia per il pianeta. Jonathan Cook, giornalista pluripremiato che scrive da Nazareth per diversi media occidentali, i cui articoli su *The Electronic Intifada* mostrano il suo impegno inequivocabile a favore del popolo palestinese. Roger Guy Dommergue Polacco de Menasce, che ha collaborato con Ernst Zündel e ha parlato pubblicamente in difesa di Robert Faurisson.

Potremmo scrivere un altro lungo paragrafo con nomi di ebrei che disprezzano il suprematismo sionista e talmudista, i cui testi hanno contribuito con idee al nostro lavoro: Fratello Nathanael Kapner, convertito al cristianesimo, il cui sito web *Real Jew News* è un vero tesoro di informazioni; Henry Makow, Jonathan Offir, Miko Peled, figlio del generale Matti Peled. E ce ne sono altri. Revisionisti come Ditlieb Felderer o David Irving di solito passano per autori gentili; tuttavia, le loro madri erano ebree e, di conseguenza, lo sono anche loro. Ci sentiamo in debito con tutti loro. Non possono essere definiti antisemiti, ma i sionisti li accusano spesso di essere ebrei che odiano se stessi perché sono ebrei.

Prima di passare ad altro, è anche pertinente notare che i piani per il dominio del mondo non sono stati rivelati solo da ebrei critici. Sono stati riconosciuti anche da posizioni militanti. Nel 1924, ad esempio, l'intellettuale sionista Maurice Samuels pubblicò il famoso libro *You*

Gentiles, in cui proclama l'assoluta superiorità della sua razza sulle altre e l'impossibilità di una riconciliazione tra ebrei e gentili, poiché l'assimilazione sarebbe vista come un'umiliazione. Un altro caso famoso è quello di Harold W. Rosenthal, le cui dichiarazioni sono contenute in un'intervista passata alla storia come "Documento Rosenthal". Il 12 agosto 1976, trenta giorni dopo aver parlato a sproposito, ingenuamente e per denaro, questo giovane chiacchierone fu ucciso a Istanbul durante un presunto tentativo di dirottamento di un aereo El-Al. Rosenthal, 29 anni, viaggiava nell'entourage del senatore sionista Jacob Javits, di cui era assistente personale a New York. L'intervista, condotta da Walter White, direttore del mensile *Western Front*, è da non perdere. È stata pubblicata dopo l'assassinio e modificata in un opuscolo di diciassette pagine. White e altri osservatori interpretarono l'assassinio come un'operazione a bandiera falsa. Le lobby ebraiche furono, come sempre, pronte a squalificare White e a proclamarlo un impostore. Rosenthal ammise nell'intervista che la Federal Reserve era nelle loro mani, che i media erano nelle loro mani, che il presidente Franklin D. Roosevelt era uno dei loro, che erano il supergoverno del mondo... e altre cose più gravi che ora preferiamo tacere.

Per quanto riguarda il contenuto e la struttura della nostra opera, abbiamo detto che essa copre circa 250 anni di storia, ma in realtà il periodo studiato è più lungo, poiché il primo capitolo, che funge da sfondo permanente per tutto il percorso storico, presenta i fatti fondamentali relativi all'origine degli ebrei, essenziali per una comprensione approfondita dei fatti e della portata della menzogna storica che è stata imposta. Così, dei tredici capitoli, il primo è dedicato a presentare la genesi di un'impostura. Si mostrerà che gli ebrei semiti rappresentano oggi una minoranza, dal momento che più dell'ottanta per cento dell'ebraismo attuale è di origine ashkenazita. Questa percentuale è più alta in Israele, dove si ritiene che circa il novanta per cento della popolazione ebraica sia di origine ashkenazita. Questo significa che gli antenati dei sionisti non sono mai stati in Palestina, perché gli ebrei ashkenaziti non sono semiti, non discendono dagli antichi ebrei, ma da un popolo di origine turco-mongola, i khazari, che entrarono in Europa dall'Asia alcuni secoli dopo Cristo. La fonte principale di questo primo capitolo è ancora una volta un autore ebreo, Arthur Koestler, il cui libro *La tredicesima tribù* è un classico.

A questo primo capitolo seguono altri dodici capitoli, in cui vengono esaminati gli eventi che vanno dalla fondazione dell'Ordine bavarese degli Illuminati nel 1776 agli attentati dell'11 settembre 2001 e alle loro conseguenze. La prima parte del capitolo, intitolata "Cromwell, agente dei banchieri ebrei di Amsterdam", è dedicata il più brevemente possibile ai cinquant'anni che vanno dalla presa di potere di Oliver Cromwell alla fondazione della Banca d'Inghilterra. Siamo consapevoli che nelle quattro pagine che compongono questa parte offriamo solo una breve descrizione di ciò che è accaduto; ma non potevamo fare di più se volevamo evitare una lunghezza eccessiva di questa *Storia proibita*. In ogni caso, abbiamo ritenuto che potessero servire come parte preliminare del capitolo, e quindi eccole qui.

I capitoli sono costituiti da più parti, ove necessario, e sono suddivisi in sezioni che suddividono il testo in base all'argomento o ad altri aspetti. Per risparmiare pagine in un'opera già eccessivamente lunga, si è scelto di rinunciare ad abbreviazioni come "ib/ibid.", "op.cit.", "cf/cfr.", tipiche dei lavori scientifici, che rimandano ripetutamente ad ingombranti confronti o paragoni, citazioni o altre note, aumentando così inutilmente il numero delle pagine. I titoli dei libri di riferimento appaiono in corsivo all'interno del testo e, se l'uso di un'opera è ricorrente, si fa riferimento ad essa in modo da non potersi attribuire meriti o demeriti per cose scritte da altri. Le citazioni testuali, se sono lunghe o prolisse, sono inserite in un paragrafo a parte, tra virgolette, e sono un po' ridotte in lunghezza. Solo nel Capitolo II abbiamo mantenuto le citazioni dell'opera di John Robison all'interno del testo, nonostante la lunghezza, perché la sezione "Robison" lo richiedeva.

Per quanto riguarda le note, che hanno lo scopo di ampliare o completare il testo, le indichiamo con un numero e abbiamo scelto di collocarle a piè di pagina. Invitiamo il lettore a non farne a meno, perché in genere, ma non sempre, il loro contenuto è necessario e utile per una migliore comprensione di quanto viene narrato. Siamo consapevoli che alcuni di essi ci sono sfuggiti e sono esageratamente lunghi. Ce ne scusiamo, ma li abbiamo trovati interessanti e abbiamo deciso di mantenerli.

In relazione ad altri aspetti formali del testo, va notato che l'indice onomastico non comprende i nomi di luoghi, istituzioni o organizzazioni. In esso compaiono solo i cognomi dei personaggi. Per questo motivo, a volte un cognome comprende persone diverse. Avremmo voluto specificare i nomi propri, ma in questa edizione non è stato possibile. Il lettore dovrà quindi dedicare un po' di tempo alla ricerca. Abbiamo avuto dei dubbi sull'accentuazione dei nomi, valutando la convenienza di mantenerli senza segni di accento quando sono omografi di quelli spagnoli e non li hanno nella loro lingua originale. Alla fine, forse erroneamente, abbiamo optato per accentuarli secondo le nostre regole ortografiche. In ogni caso, ci saranno casi in cui non sapremo come mantenere il criterio. Abbiamo anche deciso di marcare la sillaba sottolineata in molti nomi e cognomi russi per indicarne la corretta pronuncia. Così, ad esempio, nei cognomi "Kamenev" o "Zinoviev" le sillabe sottolineate sono rispettivamente la prima e la seconda sillaba. Per sottolineare questo aspetto, "Kamenev" e "Zinoviev" sono stati scritti come "Kamenev" e "Zinoviev". Il fatto che i nomi e i cognomi siano scritti in modo diverso nelle diverse lingue che abbiamo letto ha fatto sì che alcuni di essi possano comparire nel testo con alcune variazioni formali, di cui ci scusiamo. Consideriamo un esempio di nome. Nikita Krusciov, ad esempio, nella trascrizione inglese appare anche come "Krusciov"; in inglese appare come "Khrushchev"; in francese, Khrouchtchev"; in tedesco,

"Chruschtschow". Pensiamo che in questo caso siamo riusciti a mantenere la stessa ortografia, ma temiamo che non sia sempre stato così.

Poiché abbiamo letto opere e utilizzato fonti scritte in inglese, francese e tedesco, i titoli dei libri in lingua originale in cui sono stati consultati sono riportati nel testo e nella bibliografia alla fine del lavoro. Nel caso di *Der erzwungene Krieg* di David L. Hoggan, *un'opera fondamentale per la comprensione della guerra*. Der erzwungene Krieg di David L. Hoggan, un'opera fondamentale per comprendere l'inizio della Seconda guerra mondiale, abbiamo utilizzato l'edizione tedesca, ma poiché la nostra padronanza della lingua tedesca non ci ha permesso di leggere fluentemente e integralmente quest'opera di oltre 800 pagine, abbiamo utilizzato anche l'edizione inglese, *The Forced War: When Peaceful Revision Failed*, pubblicata dall'Institute for Historical Review (IHR). Solo quando i titoli delle opere citate all'interno del testo non sono facilmente comprensibili per i lettori con un livello base di conoscenza della lingua, abbiamo scelto di offrirne la traduzione tra parentesi.

Infine, vorremmo anticipare con poche parole ciò che potrebbe accadere in futuro come conseguenza dell'aver esposto liberamente il risultato di tanti anni di lavoro intellettuale. È certo che le organizzazioni ebraiche e/o sioniste ricorreranno ai soliti stereotipi per squalificare l'opera: giustificazione del genocidio, antisemitismo, odio razziale, neonazismo, ecc. Naturalmente non potremmo accettare nessuna di queste imputazioni perché sono false. Il nostro cristianesimo è un vaccino contro l'odio e la giustificazione di qualsiasi crimine, per quanto piccolo. D'altra parte, il 7 novembre 2007 la Corte Costituzionale (STC 235/2007) ha stabilito che mettere in discussione l'Olocausto non è un reato in Spagna, mentre lo sarebbe giustificare un genocidio. Anni dopo, il 12 aprile 2011, la Corte Suprema ha emesso la sentenza 259/2011, secondo la quale la pubblicazione di opere come la nostra non implica la giustificazione del genocidio o l'incitamento all'odio. In ogni caso, nella parte del Capitolo XII dedicata alla persecuzione dei revisionisti in Europa per crimini di pensiero, abbiamo chiarito la triste realtà di molti Paesi.

Siamo ben consapevoli del potere esercitato da chi, con scuse banali, non accetta critiche, attacca la libertà di espressione e perseguita senza pietà chi osa esporre una serie di fatti storici oggettivi, dimostrabili se si accettano le prove esistenti. Ringraziamo quindi Omnia Veritas per l'accoglienza riservata al nostro lavoro e per la determinazione a pubblicarlo integralmente, senza alcuna obiezione sui suoi contenuti.

D'altra parte, riconosciamo che la storia è interpretabile e che le opinioni degli autori su alcuni episodi variano. Rivendichiamo quindi il diritto di esprimere la nostra interpretazione. Tutti gli storici, ad esempio, concordano sul fatto che Hitler non volesse imprigionare gli inglesi a Dunkerque e li lasciasse evacuare. Questo è un fatto oggettivo che nessuno nega. Ciò che è discutibile o aperto all'interpretazione è il motivo per cui lo fece. Consideriamo un secondo caso: i campi di sterminio di Eisenhower sono una realtà storica, anche se in gran parte sconosciuta perché ignorata o nascosta dalla storiografia ufficiale. È un fatto oggettivo che il futuro presidente degli Stati Uniti abbia favorito la morte di quasi un milione di prigionieri tedeschi nel 1945. Ciò che ammette opinioni diverse e può essere discusso è il motivo per cui il generale permise i campi di sterminio, ma non la loro esistenza. Il lettore conoscerà le nostre opinioni su questi eventi e su molti altri e avrà l'opportunità di giudicarne l'adeguatezza.

Lo scopo principale di presentare e denunciare le azioni di agenti ebrei in tutti gli eventi storici raccontati è quello di offrire ai lettori una versione revisionista ignorata dagli storici ortodossi. Solo questo desiderio ha stimolato negli anni la nostra volontà di scrivere questa *Storia fuorilegge*. Senza bisogno di ulteriori commenti, ci resta la soddisfazione di aver lavorato onestamente alla ricerca della verità storica. Come ammoniva giustamente Rémy de Gourmont, "Ce qu'il y a de terrible quand on cherche la vérité, c'est qu'on la trouve". (Ciò che è terribile quando si cerca la verità, è che la si trova).

CAPITOLO I

I SIONISTI NON SONO SEMITI

PARTE 1
SUGLI EBREI SEMITICI

Due gruppi principali costituiscono l'ebraismo mondiale: i Sefardim o Sephardim (Sepharad in ebraico significa Spagna) e gli Ashkenazi o Ashkenazi (Askenaz è la parola ebraica che indica la Germania). I primi discendono dagli ebrei espulsi dalla Spagna dai monarchi cattolici; sono di origine cananea e quindi semitica. I secondi, invece, non sono etnicamente ebrei, ma provengono da una tribù asiatica di origine turco-mongoloide, i Khazar, che si sono convertiti all'ebraismo nell'VIII secolo d.C. e non sono semiti. Questo è uno dei grandi equivoci della storia, senza dubbio sorprendente per il lettore che ne sente parlare per la prima volta. I sionisti, gli usurpatori della Palestina, sono per la maggior parte (novanta per cento) di origine ashkenazita e nessuno dei loro antenati, quindi, proviene da Canaan. Siamo quindi di fronte a una frode di portata storica, a una macabra impostura: coloro che accusano di antisemitismo chi osa criticare il sionismo e lo Stato ebraico non sono semiti.

Prima di affrontare la storia degli ebrei ashkenaziti e quindi dei khazari, è utile delineare molto sinteticamente, ma con tratti profondi e significativi, la storia dei veri ebrei, i semiti. E la prima cosa da dire è che la Bibbia non è stata scritta da una serie di cronisti che hanno raccontato gli eventi poco dopo il loro verificarsi, ma da una setta di sacerdoti della tribù di Giuda, i Leviti, che, molti secoli dopo i presunti eventi narrati, hanno offerto la loro versione secondo i propri scopi e interessi. In ogni caso, non rimane traccia dei testi originali e le più antiche copie esistenti sono versioni parziali trovate nei Rotoli del Mar Morto (200 a.C. - 100 d.C.).

L'archeologia sta ora fornendo prove che costringono a rivedere le storie bibliche. Paradossalmente, gli scavi archeologici in Palestina sono stati avviati da cristiani ed ebrei militanti che volevano dimostrare la veridicità dei racconti biblici; ma le scoperte stanno servendo allo scopo opposto. Ze'ev Herzog, uno dei principali archeologi israeliani dell'Università di Tel Aviv, sostiene che gli israeliti non sono mai stati in Egitto, che non hanno conquistato la terra con una campagna militare e che la "monarchia unita"

(Israele e Giuda) di Davide e di Salomone era, al massimo, un piccolo capo di stato con poco territorio e influenza. Quest'ultima affermazione deve essere molto dura per i sionisti israeliani, la cui bandiera simboleggia la loro illusione espansionistica: la stella di Davide circondata da due barre blu che rappresentano i fiumi Nilo ed Eufrate allude al presunto impero della "monarchia unita". Gli ebrei ultraortodossi, sostenuti dai sionisti laici, sostengono che la terra d'Israele, dall'Egitto alla Mesopotamia, è stata data loro da Dio (il loro Geova) e non può essere lasciata cadere in altre mani. Ogni tentativo di mettere in discussione l'affidabilità delle descrizioni bibliche", afferma il professor Herzog, "viene percepito dalla coscienza pubblica di Israele come un tentativo di minare i nostri diritti storici sulla terra".

Ma se gli Ebrei non sono venuti dall'Egitto, da dove è nata l'idea dell'Esodo e come sono apparsi in Palestina? Niels Peter Lemche, professore di Antico Testamento presso il Dipartimento di Studi Biblici dell'Università di Copenaghen, risponde alla prima parte della domanda: "gli autori delle narrazioni bibliche devono aver tratto la storia dai ricordi di qualche piccolo gruppo di persone che si trovava in Egitto". Altri autori propongono che si possa trattare di più gruppi giunti in Canaan dall'Egitto e suggeriscono che Mosè sarebbe il capo di uno di questi gruppi; anche se potrebbe essere il capo di una tribù nomade, gli 'Apiru, che era entrata in Canaan dalla Mesopotamia. Questa seconda ipotesi ha una base storica più solida.

John C. H. Laughlin chiarisce chi fossero questi "apiru" o "habiru" nella sua opera *Archeologia e Bibbia*. Egli scrive che la situazione politica del Vicino Oriente nel periodo 1400-1200 a.C. (Tarda età del bronzo II) è stata illuminata da un gruppo di tavolette di argilla scritte in accadico, scoperte nel 1887 a Tell el-Amarna, un sito sulla riva orientale del Nilo, a circa 305 km dal Cairo. L'importanza del ritrovamento ha fatto sì che il periodo fosse conosciuto come "Epoca di Amarna". Di queste tavolette, 350 sono lettere tra vari re e vassalli e il faraone. Circa 150 provengono dalla stessa Palestina. Le lettere dei vassalli palestinesi descrivono "un quadro di costanti rivalità, coalizioni mutevoli, attacchi e contrattacchi tra le piccole città-stato". In una lettera di Abdu-Heba di Gerusalemme, Lab'ayu è accusato di aver ceduto la terra di Sichem agli Apiru, che a loro volta sono accusati di aver saccheggiato "tutte le terre del re". Le lettere dipingono quindi un quadro di deterioramento politico, con i capi locali in lotta tra loro, talvolta incitati da un gruppo identificato come "apiru". Questi riferimenti agli Apiru (originariamente Hab/piru), continua C. H. Laughlin, hanno immediatamente attirato l'attenzione degli studiosi, molti dei quali hanno pensato che gli Apiru fossero imparentati con gli Ebrei (F. Bruce, 1967; N. P. Lemche, 1992). Alcuni (E. F. Campbell, 1960) hanno equiparato gli attacchi degli Apiru al racconto biblico di Giosuè e dell'invasione di Canaan. La relazione fonetica hapiru>habiru>ebraico o ebraico sembra ovvia. M. L. Chaney (1983) ha concluso che "il miglior paradigma con cui descrivere gli

Apiru nelle lettere di Amarna e in altri testi è il banditismo sociale". Chaney ha sostenuto l'esistenza di una continuità socio-politica tra gli Apiru dell'epoca di Amarna e gli "israeliti" pre-monarchici dell'Età del Ferro I (1200-1000 a.c.), che occupavano lo stesso territorio in Palestina precedentemente abitato dagli Apiru. Chaney si chiede: "È dunque possibile che non vi sia continuità tra le dinamiche sociali della Palestina dell'epoca di Amarna e quelle della formazione di Israele, quando le aree di forza dell'Israele pre-monarchico, i suoi nemici e le sue forme di organizzazione sociale coincidevano con quelle degli Apiru di Amarna e dei loro alleati?" John C. H. Laughlin conclude che il disordine politico e militare associato agli Apiru nelle lettere di Amarna contribuisce certamente a generare lo sconvolgimento sociale e politico che rese possibile la nascita di Israele circa 200 anni dopo.

Il quadro è quindi il seguente: Amorrei e Cananei, da cui i palestinesi discendono originariamente, costituivano la popolazione indigena del Paese, a cui si sono poi aggiunte ondate successive di popoli vicini o di gruppi nomadi come gli Apiru. Vanno inclusi anche i Filistei, un popolo del mare che controllava la regione costiera della Palestina nel XII secolo a.C.. *In Giudici* si legge: "Gli Israeliti abitavano tra i Cananei, gli Ittiti, gli Amorrei, i Perizziti, gli Hiviti e i Gebusei; sposavano le loro figlie, davano le loro figlie ai loro figli e adoravano i loro dei". Qui la Bibbia concorda con gli studiosi che abbiamo citato, cioè gli Ebrei non sono fuggiti dall'Egitto né sono entrati nella zona con una religione ricevuta durante la loro peregrinazione nel deserto. Né conquistarono Canaan, o anche solo tentarono di farlo. Per qualsiasi motivo, si stabilirono sugli altopiani centrali della Palestina. Israel Finkelstein, figura di spicco dell'attuale ricerca archeologica in Medio Oriente e direttore del Dipartimento di Archeologia dell'Università di Tel Aviv, in *From Nomadism to Monarchy. Archeological and Historical Aspects* (1994) afferma: "Israele non esisteva fino all'XI secolo a.C., quando furono fondate nuove monarchie (Moab, Ammon, Philistia) su entrambi i lati del Giordano". Tuttavia, in *The Archaeology of the Israelite Settlement* (1996) parla di proto-israeliti, sposta le date e rettifica dicendo che il "vero Israele" non è nato prima del IX-VIII secolo a.C..

Stabiliti questi principi, resta da chiarire la questione della monarchia unita di Davide e Salomone. I narratori biblici sostengono che il regno settentrionale di Israele, con capitale a Samaria, e il regno meridionale di Giuda, con capitale a Gerusalemme, si unirono per creare il grande impero tra il Nilo e l'Eufrate. Ma Thomas L. Thompson, professore di studi biblici all'Università di Copenaghen , nella sua opera *The Mythic Past. Biblical Archaeology and the Myth of Israel* afferma che "non ci sono prove di una monarchia unita, di una capitale a Gerusalemme e di una forza politica coerente e unificata che dominasse la Palestina occidentale". Thompson è sorpreso che ci sia stato un impero circondato da vicini e vassalli e che non ci sia un solo documento che lo riporti. Non c'è spazio o contesto", aggiunge, "nessun manufatto o archivio che indichi le storie descritte nella Bibbia sulla Palestina del X secolo".

In ogni caso, non resta che cercare di interpretare ciò che la Bibbia dice per seguire la traiettoria storica degli ebrei cananei, che è lo scopo di questa prima parte. Partiremo, dunque, dall'unione tra i regni di Israele e Giuda, che ebbe certamente vita breve, poiché alla morte di Salomone ci fu uno scisma e nel 937 a.c. le dieci tribù di Israele si staccarono da quelle di Giuda e Beniamino, che formarono un regno separato nel sud di Israele che durò fino al 587-86 a.c., quando furono deportate a Babilonia. Va ricordato che Giuda, da cui la tribù prende il nome, era il quarto figlio di Giacobbe, che vendette suo fratello Giuseppe agli Ismaeliti per venti pezzi d'argento (molto più tardi Giuda, l'unico apostolo della tribù di Giuda, tradì Gesù per trenta pezzi d'argento). La piccola tribù di Giuda era identificata con i Leviti, la setta sacerdotale che sosteneva di aver ricevuto il potere direttamente da Geova al Sinai.

La fonte del problema

Nel suo *Storia e destino degli ebrei*, il dottor Josef Kastein scrive: "I due Stati non avevano nulla in comune, nel bene e nel male, più di due paesi con un confine che li separava. Di tanto in tanto si facevano la guerra o firmavano trattati, ma erano completamente separati. Gli israeliti avevano smesso di pensare a se stessi come a un destino diverso da quello degli altri popoli vicini, e il re Geroboamo si separò completamente da Giuda, sia politicamente che religiosamente". Poi il Dr. Kastein dice quanto segue sui Giudaiti: "Decisero che erano destinati a sviluppare una razza separata... pretendevano un modo di vivere diverso dai popoli vicini che li circondavano. Erano differenze che impedivano loro qualsiasi processo di assimilazione con gli altri. Rivendicavano per sé un'assoluta differenziazione e separazione".

Ecco in breve l'origine di un problema che dura da tremila anni. La setta sacerdotale dei Leviti impose un credo di discriminazione e segregazione razziale sconosciuto alle altre tribù ai tempi dell'associazione tra Israele e Giuda. Ricordiamo che la Bibbia ci fornisce molteplici esempi di fraternizzazione razziale. In effetti, gli israeliti più importanti ne danno ripetutamente l'esempio: Abramo conviveva con Agar, un'egiziana. Giuseppe sposò Ashkenah, che non solo era egiziana ma era anche figlia di un sacerdote,. Mosè sposò una madianita, Zipporah, una delle sette figlie di Jethro, anch'egli sacerdote e iniziatore di Mosè. La madre del re Davide, , era una moabita e lui stesso sposò una principessa di Ghesur. Salomone, la cui madre era una ittita, amò molte donne straniere, tra cui la figlia del Faraone, che sposò, sposò donne moabite, edomite, ittite, ammonite ed ebbe centinaia di mogli. E così la "cronaca scandalosa" sarebbe andata avanti.

Nel 722 a.C. il regno del Nord, Israele, fu attaccato e conquistato dall'Assiria e gli israeliti furono portati in cattività. Secondo Finkelstein, il regno del Nord era uno Stato ricco, a differenza di Giuda, che era così povero e isolato da non aver nemmeno sviluppato un'organizzazione amministrativa. Secondo Finkelstein, Giuda ricevette improvvisamente un gran numero di profughi, tanto che in quindici anni crebbe demograficamente di circa quindici volte. Giuda fu così risparmiata in quel periodo e per più di un secolo fu vassalla prima dell'Assiria e poi dell'Egitto. La setta levita continuò ad avere Giuda come sua roccaforte. Il Dr. Kastein interpreta che Israele è stato "totalmente, meritatamente perso perché ha rifiutato il credo dei Leviti e ha scelto il riavvicinamento con i popoli vicini", parole che rivelano la sua ideologia sionista.

Negli anni successivi alla conquista assira di Israele, i leviti di Giuda iniziarono a compilare la Legge scritta. Nel 621 a.C. avevano scritto *il Deuteronomio* e lo leggevano al popolo nel tempio di Gerusalemme. Nacque così la Legge mosaica, che Mosè non conobbe mai. È così chiamata perché viene attribuita a Mosè, ma le autorità concordano sul fatto che sia un prodotto dei Leviti, che da allora in poi fecero ripetutamente dire a Mosè (e attraverso di lui a Geova) ciò che faceva loro comodo. In realtà, quindi, dovremmo parlare di Legge levitica o Legge giudaica. Prima della compilazione del *Deuteronomio*, esisteva solo la tradizione orale di ciò che Dio aveva detto a Mosè. I Leviti pretendevano di essere consacrati come depositari e custodi di questa tradizione. Da quel momento *il Deuteronomio* divenne la base della Torah, la Legge, contenuta nel Pentateuco, che è anche il materiale non raffinato *del Talmud*. La nuova ortodossia combatté ferocemente i culti concorrenti di Geova e sterminò i loro sacerdoti. Intorno al 587 a.C., circa trent'anni dopo la lettura della Legge a Gerusalemme, Giuda fu conquistata dal re di Babilonia e tutto lasciava presagire che la questione sarebbe stata risolta.

Tuttavia, l'episodio babilonese ebbe conseguenze decisive non solo per la tribù di Giuda di allora, ma anche per il mondo occidentale di oggi. Durante il periodo babilonese i Leviti aggiunsero al *Deuteronomio* i quattro libri che avrebbero costituito il Pentateuco e composero così una Legge di intolleranza razziale e religiosa che, opportunamente rafforzata, avrebbe separato i Giudaiti dal resto dell'umanità. Lì furono forgiate le catene che avrebbero legato per sempre il popolo ebraico. A Babilonia i Leviti trovarono, attraverso la sperimentazione, dei meccanismi per rafforzare la Legge di e riuscirono a mantenere i loro seguaci segregati, separati da coloro tra i quali vivevano. Si tende a pensare alla cattività babilonese come a un periodo nero, senza possibilità di libertà. Niente di più sbagliato. La condotta benevola dei conquistatori babilonesi nei confronti dei prigionieri giudaici permise loro, secondo le parole del Dr. Kastein, "la completa libertà di residenza, di culto, di lavoro e della propria amministrazione".

Douglas Reed, giornalista e storico revisionista accusato di antisemitismo, come tutti coloro che, pur essendo amici degli ebrei, osano denunciare i crimini del sionismo e il razzismo escludente di Israele, scrive nella sua opera *La controversia di Sion* che "la libertà concessa loro permise ai Leviti di costringere il proprio popolo in comunità chiuse e di sperimentare l'autosegregazione. Così nacquero il ghetto e il potere della setta sacerdotale".

Sebbene *la Genesi* e l'*Esodo* siano stati composti dopo il *Deuteronomio*, il tema del fanatismo tribale è più debole in essi. Il crescendo avviene nel *Deuteronomio*, nel *Levitico* e nei *Numeri*. Nell'*Esodo*, tuttavia, appare qualcosa di grande importanza: la promessa di Geova al "suo popolo" viene sigillata con il sangue. Da questo momento in poi, il sangue scorre a fiumi in tutti i libri della Legge. Un buon esempio è quando i Leviti scrivono come sono stati scelti da Mosè dopo l'adorazione del vitello d'oro. Ecco il passo dell'*Esodo*:

> "Tutti i figli di Levi si riunirono intorno a lui. Così dice il Signore, il Dio d'Israele", disse loro: "Cingete ciascuno di voi la sua spada sulla coscia. Attraversate l'accampamento da un capo all'altro e uccidete ciascuno il suo fratello, il suo amico e il suo parente". I Leviti eseguirono l'ordine di Mosè e quel giorno caddero circa tremila uomini. Mosè disse: "Oggi vi siete consacrati come sacerdoti del Signore, perché ognuno di voi ha attaccato suo figlio, suo fratello; perciò oggi vi dà una benedizione".

Douglas Reed riflette sull'immagine dei sacerdoti insanguinati e da lontano si chiede perché i libri della Legge insistano sempre sui sacrifici di sangue. La risposta sembra risiedere", scrive, "nel misterioso genio della setta di incutere paura attraverso il terrore.

È nell'ultimo libro, *Numeri*, che Geova fissa tutte le funzioni dei Leviti e dà il tocco finale alla Legge. Si ricorda poi che Mosè stesso è diventato un trasgressore, perché nell'*Esodo* si racconta che si è rifugiato tra i Madianiti, ha sposato la figlia del sommo sacerdote e ha ricevuto dal sommo sacerdote istruzioni sui suoi riti sacerdotali. Poiché l'intera struttura della Legge risiede in Mosè, nel cui nome sono state stabilite le ingiunzioni contro tali azioni, è necessario fare qualcosa con lui prima che i Libri siano completati. In questi ultimi capitoli Mosè, dopo aver dimostrato la sua conformità a tutti gli statuti e comandamenti della Legge, per riscattare le sue iniquità e trasgressioni deve massacrare l'intera tribù dei Madianiti, tranne le vergini. In questo modo disonora i suoi salvatori, la moglie, i due figli e il suocero, ma si riscatta dal suo peccato e può convalidare il dogma razziale e religioso che i Leviti hanno inventato. In questo modo il patriarca benevolo delle primitive leggende orali precedenti alla Legge scritta, colui che riceve i dieci comandamenti che vengono ripresi da tutta l'umanità, colui che è riconosciuto dall'Islam e dal Cristianesimo, colui del Non uccidere che Gesù ricorda più volte nel corso della sua vita, si trasforma nel padre fondatore della Legge dell'odio razziale e dell'esclusione, poiché chi non appartiene alla tribù cessa di essere il suo prossimo, come il *Talmud* ratificherà scandalosamente centinaia di anni dopo.

Pulizia etnica

Dopo la caduta di Babilonia, i Giudei tornarono a Gerusalemme intorno al 538 e iniziò l'impatto della Legge su altri popoli. Ciò fu possibile perché Ciro, re dei Persiani e fondatore di un impero che si estese in tutta l'Asia occidentale, concesse alle nazioni da lui sottomesse la libertà di praticare la propria religione e di mantenere le proprie istituzioni. Il libro storico che riporta la caduta di Babilonia, anch'esso composto diversi secoli dopo il fatto, è quello attribuito a Daniele. Si dice che fosse un prigioniero che salì al più alto posto nella corte di Nabucodonosor grazie alla sua capacità di interpretare i sogni.

Quando il re Ciro conquistò Babilonia e permise agli ebrei di tornare in Giudea, i cinque libri della Legge non erano stati completati e la setta dei Leviti ci stava ancora lavorando. Per questo motivo un gruppo selezionato non tornò e rimase a Babilonia per completare la stesura. La massa dei Giudei non sapeva ancora nulla della legge di intolleranza razziale che era stata preparata per loro, sebbene l'intolleranza religiosa fosse loro familiare. I primi a sperimentare l'impatto della Legge mosaica furono i Samaritani, che accolsero calorosamente i rimpatriati e in segno di amicizia offrirono loro aiuto nella ricostruzione del tempio distrutto dai Babilonesi; ma furono respinti per ordine dei Leviti e la restaurazione fu così ritardata fino al 520 a.C. I Samaritani erano israeliti che probabilmente avevano mescolato il loro sangue con altri. Adoravano Geova, ma non riconoscevano la supremazia di Gerusalemme e forse questo fu il motivo della diffidenza dei Leviti, che temevano di essere nuovamente assorbiti. I Samaritani erano quindi banditi, al punto che, anche solo prendendo un pezzo di pane dalla mano di un Samaritano, un ebreo infrangeva la Legge e si contaminava in modo abominevole. L'odio razziale contro di loro è continuato nei secoli fino ai giorni nostri.

Si stima che furono circa quarantamila quelli che tornarono da Babilonia in Giudea, che non era molto, forse il dieci o il venti per cento del numero totale di persone che si erano volontariamente disperse in altre terre. Reed commenta che i Leviti ebbero le stesse difficoltà dei sionisti del XX secolo nel convincere i loro correligionari a recarsi nella Terra Promessa. Inoltre, gli stessi leader non guidarono il ritorno, ma vollero rimanere a Babilonia, proprio come i leader sionisti di oggi vogliono rimanere a New York. La soluzione fu simile a quella trovata nel 1946: gli zeloti erano disposti a partire e alcuni sfortunati troppo poveri per poter scegliere furono reclutati per accompagnare le masse. A coloro che chiedevano il privilegio di rimanere a Babilonia con il loro principe, l'Esilarca, veniva richiesto un contributo in denaro, esattamente come ai milionari ebrei americani, ai quali viene chiesto di contribuire alla causa sionista.

Una delle fonti di Douglas Reed è il professor J. Welhausen, che nella sua *Storia degli Israeliti e dei Giudaiti*, pubblicata in tedesco nel 1897, sottolinea che la nazione ebraica era irrimediabilmente dispersa e ovviamente non poteva essere raggruppata in Canaan. Welhausen insiste sul fatto che "dall'esilio non tornò la nazione, ma solo una setta religiosa"; ma questo "ritorno" simbolico era della massima importanza per i sacerdoti che potevano stabilire il loro potere sulle masse spaventate. Così la setta che "tornava" a Gerusalemme era anche il cuore della nazione nelle nazioni, dello Stato negli Stati. La setta sacerdotale si era dimostrata capace di mantenere la propria teocrazia senza un proprio territorio e sotto un re straniero. Aveva governato i suoi con la propria Legge. Il dottor Kastein dice: "Al posto del potere dello Stato, alla fine si stabilì un altro potere, più sicuro e più duraturo: il regime severo e inesorabile rafforzato dall'obbligo di obbedienza indiscussa alle regole del rito.

Tra i sacerdoti più importanti c'è Ezechiele, che visse durante la caduta di Giuda e il trasferimento a Babilonia. Fu senza dubbio uno degli architetti della Legge, poiché il suo libro è uno dei più significativi dell'Antico Testamento. Contiene le pene più severe per coloro che non osservano la Legge. Pagine su pagine di maledizioni e promesse di Geova di usare i Gentili come strumento di punizione. L'adorazione di altri dèi porta a rappresaglie implacabili. Questo passo ne è un esempio:

Il Dio d'Israele chiamò l'uomo vestito di lino che aveva la borsa dello scriba intorno alla vita e gli disse: "Attraversa la città, attraversa Gerusalemme e metti un segno sulla fronte degli uomini che gemono e piangono a causa delle abominazioni che si fanno in essa". E io sentivo quello che diceva loro: "Andate per la città dietro a lui e colpitelo. Non abbiate pietà dei vostri occhi e non abbiate pietà. Uccidete vecchi, giovani, fanciulle, bambini e donne, fino allo sterminio. Ma non toccate quelli che hanno il segno sulla fronte"".

Mentre la scuola scribale fondata da Ezechiele continuò per ottant'anni a Babilonia a terminare la compilazione della Legge, i Giudaiti rimpatriati, che non avevano mai conosciuto il regime di bigottismo e di esclusione che era stato preparato per loro, svilupparono gradualmente relazioni normali con i loro vicini. Poi si verificò un evento di importanza epocale: la setta sacerdotale di Babilonia riuscì a convincere un sovrano straniero, il re persiano che era il loro padrone, a mettere a disposizione soldati e denaro per far rispettare la loro Legge. Era la prima volta che lo facevano. In seguito hanno ripetuto lo stesso stratagemma: nel corso del XX secolo ci sono riusciti più volte, come vedremo in altri capitoli, e nel XXI secolo la guerra in Iraq è l'ultimo esempio dell'uso di soldati e denaro stranieri.

Nel 458 a.C., i Leviti stavano per applicare la loro Legge, che era già stata completata. Da questa data i Giudaiti di Gerusalemme furono definitivamente segregati, esclusi dal resto dell'umanità. Questo fu il vero inizio di una vicenda che continua ancora oggi. La storia è raccontata nei libri di Esdra e Neemia, emissari levitici di Babilonia inviati a Gerusalemme per far rispettare la Legge. Esdra, sommo sacerdote, arrivò con circa millecinquecento seguaci e lo fece in nome del re persiano Artaserse I, soprannominato Longimano nelle fonti latine, con soldati persiani e oro persiano. Con quali mezzi la setta riuscì a piegare Artaserse al proprio volere nessuno può oggi scoprirlo. Esdra portò con sé la nuova Legge razziale, che entrò in vigore tra i suoi compagni di viaggio i quali, solo dopo aver potuto dimostrare di essere discendenti di Giuda o di Leviti, furono autorizzati a partire con lui. A chiunque non osservi la legge del vostro Dio e la legge del re", si legge nel testo di Artaserse, "sia applicata una giustizia rigorosa: la morte, il bando, una multa in denaro o il carcere". Il dottor Kastein scrive che quando Esdra arrivò a Gerusalemme "scoprì con sgomento e orrore che predominava il matrimonio intersessuale". tollerando i matrimoni razziali con le tribù vicine, avevano stabilito relazioni pacifiche basate su legami familiari". Il testo biblico lo racconta così:

"... Essi e i loro figli hanno sposato le mogli di quella gente e i consiglieri sono stati i primi a trasgredire". Quando ho sentito questo, mi sono strappato le vesti e il mantello, mi sono accarezzato i capelli e la barba e sono rimasto sconvolto". A questa prevaricazione dei rimpatriati, vennero da me tutti quelli che temevano le parole del Dio d'Israele, e fui sopraffatto fino al sacrificio della sera".

Il dottor Kastein ammette che i Giudaiti, nel contrarre matrimoni misti, "osservarono la loro tradizione come la intendevano all'epoca". In qualità di emissario del re persiano, Esdra riunì gli abitanti di Gerusalemme e annunciò che tutti i matrimoni misti dovevano essere sciolti; d'ora in poi i "forestieri" e gli stranieri dovevano essere rigorosamente esclusi. Una commissione di anziani fu istituita per sciogliere i matrimoni e porre fine alle "relazioni pacifiche basate sui legami familiari". Kastein riconosce che "la misura di Esdra era indubbiamente reazionaria e non era allora inclusa nella Torah".

Tredici anni dopo, nel 445 a.C., gli anziani di Babilonia inviarono Neemia, coppiere di Artaserse, nominato governatore persiano della Giudea, con poteri ancora maggiori per portare a termine le riforme iniziate da Esdra. Arrivò a Gerusalemme con potere dittatoriale e denaro sufficiente per ricostruire le mura della città. Una volta terminate, Neemia ordinò che ogni decimo Giudaita fosse estratto a sorte per risiedere al loro interno. Poi, nel 444 a.C., Neemia ed Esdra introdussero nella Torah il divieto di matrimoni tra persone. I capi dei clan e delle famiglie furono riuniti e obbligati a firmare un impegno a rispettare gli statuti e i comandamenti della Torah, in particolare quest'ultimo divieto.

Nel *Levitico* si trova questo necessario inserimento: "Vi ho separati dagli altri popoli perché siate miei". D'ora in poi nessun ebreo potrà sposare stranieri, pena la morte. In Neemia si dice che ogni uomo che sposa una donna straniera commette un peccato contro Dio (così la legge rimane oggi nello Stato sionista). Agli stranieri fu proibito di entrare in città, affinché i Giudaiti fossero purificati da tutto ciò che era estraneo. Nacque così il primo ghetto. Neemia rimase dodici anni a Gerusalemme e poi tornò alla corte babilonese.

La struttura artificiale che aveva creato cominciò subito a disintegrarsi e così, anni dopo, dovette scendere di nuovo in città, dove erano stati nuovamente contratti matrimoni misti. Li sciolse con la forza e ordinò severe punizioni contro le future trasgressioni. Poi, per applicare rigorosamente il principio selettivo, studiò di nuovo il registro delle nascite ed espulse tutti coloro nei cui discendenti si poteva rilevare la minima imperfezione o difetto. Infine, epurò spietatamente la comunità da coloro che avevano trasgredito la legge sul matrimonio e obbligò tutti a rinnovare la promessa. Quando considerò conclusa la sua opera, tornò nella sua casa di Babilonia. Questi eventi costituiscono "la Nuova Alleanza". Così l'insignificante tribù di Giuda, già rinnegata dagli israeliti, produsse un credo razziale più devastante nei suoi effetti di qualsiasi epidemia; così la teoria della razza eletta divenne "la Legge".

Douglas Reed denuncia lucidamente il fatto che spesso si sostiene che i cristiani, i musulmani o altre persone religiose devono rispettare l'ebraismo per il fatto, presunto e incontrovertibile, che esso è stato la prima religione universale, nel senso che tutte le religioni universali discendono da esso. In realtà", scrive Reed, "l'idea di un unico Dio per tutti gli uomini era nota molto prima che si formasse la tribù di Giuda e l'ebraismo divenne soprattutto la negazione di questa idea". Il *Libro dei Morti* (i cui manoscritti sono stati ritrovati nelle tombe dei faraoni egiziani vissuti 2600 anni a.C.) contiene il seguente passo. Il Libro dei Morti (i cui manoscritti sono stati ritrovati nelle tombe dei faraoni egizi vissuti 2600 anni a.C.) contiene il seguente passo: "Tu sei l'unico, il Dio dell'inizio dei tempi, l'erede dell'immortalità, originato e nato da te stesso, hai creato la Terra e hai fatto l'uomo". Precisamente", continua Reed, "la setta che ha forgiato le catene della tribù di Giuda ha preso questo concetto di un Dio unico per tutti i popoli e lo ha distrutto per forgiare un credo basato sulla sua negazione. Il Dio universale è sottilmente ma sprezzantemente negato, e poiché il loro credo si basa sulla teoria della razza eletta, la sua negazione è necessaria e inevitabile. Una razza eletta, se ci fosse, dovrebbe essere essa stessa Dio".

La tradizione orale degli israeliti conteneva l'idea di un unico Dio per tutta l'umanità, quello la cui voce fu udita brevemente nel roveto ardente; ma nei cinque libri della Legge si trasforma in un altro Dio razziale, Geova, che promette loro territori, tesori, sangue e potere sugli altri in cambio di un sacrificio rituale da compiere in un luogo e in una terra specifici. In questo modo hanno trovato il contromovimento permanente a tutte le religioni universali e hanno identificato Giuda con la dottrina dell'autoesclusione dell'umanità e dell'odio razziale.

Apparizione di Gesù

L'evento più importante dei trecento anni successivi fu la traduzione delle Scritture ebraiche (l'Antico Testamento) in una lingua straniera, il greco, che rese possibile ai Gentili una parziale conoscenza della Legge che ordinava la loro schiavitù e la supremazia di Giuda. È quindi sorprendente che la traduzione sia stata fatta, secondo la tradizione, da settantadue studiosi ebrei ad Alessandria d'Egitto tra il 275 e il 150 a.C.. L'Enciclopedia Ebraica nota che il *Talmud* proibiva persino l'insegnamento della Torah ai gentili. Chiunque la insegnasse sarebbe quindi "meritevole di morte". Certamente, il *Talmud* vedeva il pericolo che i gentili acquisissero la conoscenza della Legge.

La traduzione in greco fu quasi certamente dovuta al fatto che gli stessi ebrei ne avevano bisogno. I Giudei avevano perso la lingua ebraica a Babilonia e parlavano il caldeo. Tuttavia, la più grande concentrazione di ebrei era ad Alessandria, dove adottarono il greco come lingua quotidiana. La maggior parte di loro non era più in grado di capire l'ebraico, quindi una versione greca della Legge divenne necessaria come base per le interpretazioni rabbiniche della stessa. I vecchi rabbini non potevano prevedere che qualche secolo dopo sarebbe nata una nuova religione che avrebbe preso le loro scritture come parte della propria Bibbia. Forse, se lo avessero saputo, la traduzione greca non sarebbe mai stata fatta.

Mentre ci avviciniamo alla comparsa di Gesù in Palestina, è necessario prestare attenzione a un altro evento particolarmente significativo: l'ascesa dei farisei, che costituiranno il principale partito politico nella piccola provincia romana della Giudea. La parola fariseo significa "colui che si separa" o si tiene lontano da persone o cose impure. Erano la setta dominante e sostenevano di portare avanti l'ideologia dei Leviti nella sua forma più fanatica. "Avevano giurato - dice l'Enciclopedia Ebraica - sulla stretta osservanza della purezza levitica". Tuttavia, l'impulso istintivo a liberarsi da questa schiavitù ha sempre avuto il suo riflesso in un partito moderato, che all'epoca era quello dei Sadducei, nemici dichiarati dei Farisei, sebbene anche gli Esseni si opponessero a loro. Oggi i rabbini di Neturei Karta sono nemici dichiarati dello Stato sionista, che accusano di opprimere gli ebrei. Neturei Karta denuncia i crimini di Israele e ne chiede la scomparsa. Nella prima metà del XX secolo, le comunità ebraiche di Gran Bretagna, Germania e Stati Uniti erano ostili ai sionisti in Russia, ma il sionismo riuscì a mettere a tacere ogni opposizione. In altre parole, nonostante l'esistenza di tendenze moderate, i sostenitori della segregazione e della distruzione hanno sempre prevalso, come vedremo.

È in questo contesto che appare Gesù di Galilea, il Nazareno. I sionisti sostengono per motivi politici che Gesù era un ebreo: "Gesù era un ebreo". Incomprensibilmente, anche i sacerdoti e i teologi cristiani sottoscrivono questa affermazione. Gli studiosi ebrei, invece, rifiutano l'idea. Prima di continuare il nostro percorso storico, è necessario fare una precisazione su questo argomento. L'abbreviazione inglese "jew" è recente e non corrisponde a ciò che i greci e i romani intendevano per "giudaita" o "giudeo", un termine derivato dalla Giudea. Infatti, alcuni dizionari offrono definizioni assurde della parola "ebreo", come: "Persona di razza ebraica". L'affermazione "Gesù era un ebreo" poteva significare tre cose all'epoca: che Gesù era della tribù di Giuda (quindi un giudaita), che era domiciliato in Giudea (quindi un abitante della Giudea) o che praticava la religione ebraica (come i Khazar, che non erano ebrei, né lo sono i loro discendenti sionisti). L'Enciclopedia Ebraica insiste sul fatto che Gesù fosse originario della città di Nazareth ed è accettato senza discrepanze che fosse un galileo, anche se nato a Betlemme di Giudea. La Galilea, dove trascorse la maggior parte della sua vita, era politicamente separata dalla Giudea, aveva un proprio tetrarca romano e il suo rapporto con la Giudea era equivalente a quello di "un Paese straniero" (Heinrich Graetz). Il matrimonio tra una giudea (presumibilmente la vergine Maria) e un galileo (Giuseppe) era proibito. Inoltre, prima della nascita di Gesù, i membri della tribù di Giuda che vivevano in Galilea erano stati costretti da Shimon Tharsi, uno dei principi maccabei, a emigrare in Giudea. Così i galilei erano razzialmente e politicamente distinti dagli ebrei di Giudea.

Il figlio di un falegname della Galilea non era evidentemente istruito e non si capiva come Gesù potesse sapere senza aver studiato. I suoi nemici, i farisei, si chiedevano: "Da dove viene la saggezza di quest'uomo?". Douglas Reed ritiene che ciò che conferisce agli insegnamenti di Gesù una luce senza precedenti, per la prima volta rivelata, sia lo sfondo nero della legge levitica e della tradizione farisaica, contro cui prese posizione quando si recò in Giudea, e aggiunge: "Ancora oggi l'improvvisa pienezza di luce del Discorso della montagna stupisce lo studente che emerge dalla lettura critica dell'Antico Testamento; è come se la mezzanotte diventasse mezzogiorno". Gesù riduce tutta la Legge a due comandamenti: "Ama Dio con tutto il cuore e il prossimo come te stesso". Ciò equivale a smascherare e condannare l'eresia di fondo che i leviti e i farisei avevano, nel corso dei secoli, intessuto nella Legge. Nel *Levitico* c'è il comando: "Ama il prossimo tuo come te stesso"; ma il prossimo, nel giudaismo ortodosso classico e moderno, si limita a quelli della tua stessa razza. Gesù è andato oltre: "Avete sentito che è stato detto: "Odia il tuo nemico". Ma io vi dico: amate i vostri nemici". Si trattava certamente di una sfida totale alla Legge che i farisei rappresentavano. La fine è nota.

Dopo la morte di Gesù, i Farisei, secondo l'Enciclopedia Ebraica, trovarono in Agrippa I, l'ultimo re di Giudea, il sostegno necessario per sbarazzarsi dei Sadducei, che scomparvero dalla scena. In questo modo tutto il potere passò a loro, così come era passato ai Leviti quando Giuda si separò da Israele. Prima della distruzione del secondo tempio di Gerusalemme, nel 70 d.C., prevedendo ciò che sarebbe accaduto, i Farisei si trasferirono nella nuova sede di Jamnia (sempre in Palestina), da cui la setta dominante avrebbe esercitato il suo potere. Fin dall'inizio capirono che la nuova religione avrebbe dovuto essere distrutta se si voleva far prevalere la loro Legge, e non si lasciarono scoraggiare dalle voci provenienti dall'interno dei loro stessi ranghi. Gamaliele, ad esempio, quando i sacerdoti e il consiglio valutarono se fustigare Pietro e Giovanni per aver predicato nel tempio, disse loro: "Considerate bene ciò che state per fare. Se si tratta di un'opera di uomini, presto verrà meno; ma se si tratta di un'opera di Dio, non riuscirete a distruggerla". La maggioranza dei farisei, in ossequio alla loro Legge, riteneva di avere la forza di distruggerlo, anche se avrebbero dovuto lavorare per secoli per farlo.

Il Talmud

La Legge doveva essere costantemente reinterpretata per poter essere applicata secondo le esigenze degli eventi. I farisei di Jamnia si appellarono ancora una volta alla loro pretesa di possedere i segreti orali di Dio e iniziarono a reinterpretare gli statuti e i comandamenti. Nacque così *il Talmud*, l'estensione anticristiana della Torah, che nel corso dei secoli sarebbe diventato "il recinto intorno alla Legge". Il dottor Kastein spiega l'importanza di Jamnia:

> "Un gruppo di insegnanti, studiosi ed educatori partì per Jamnia portando sulle spalle il destino del proprio popolo per esserne responsabile nei secoli.... A Jamnia fu istituito l'organo centrale per l'amministrazione degli ebrei..... Di norma, quando una nazione è stata completamente sconfitta, come lo furono gli ebrei in questa occasione, tutti muoiono. Ma il popolo ebraico non perì..... Aveva imparato a cambiare atteggiamento durante la cattività babilonese.... E ora seguirono un percorso simile".

L'antico Sinedrio, fonte di tutta l'autorità legislativa, amministrativa e giudiziaria, fu stabilito a Jamnia. Fu istituita anche un'accademia per l'ulteriore sviluppo della Legge. Qui gli scribi continuarono la rivelazione del pensiero di Geova e l'interpretazione della Legge, che fu amministrata da lì ed eretta come una barriera impenetrabile contro il mondo esterno. La disciplina fu rafforzata con l'obiettivo di rendere la vita degli ebrei completamente diversa da quella dei gentili. Ogni legge approvata a maggioranza dal Sinedrio diventava un'imposizione vincolante per tutte le comunità sparse. Gli oppositori venivano minacciati con un editto che significava l'esclusione dalla comunità. Il periodo di governo da Jamnia durò circa un secolo e fu poi trasferito a Usha, in Galilea, dove si insediò il Sinedrio. Da lì continuarono ad emanare leggi che, secondo il dottor Kastein, "stabilirono ulteriori limitazioni al giudaismo che lo resero ancora più esclusivo".

Nel 320 d.C., l'imperatore Costantino si convertì al cristianesimo e promulgò leggi che vietavano agli ebrei di possedere schiavi cristiani. Costantino vietò anche il matrimonio tra ebrei e cristiani. Ciò avvenne in risposta alla Legge di Esclusione amministrata dal governo di Usha. Poi, sostenendo che si trattava di persecuzione, spostarono il centro a Babilonia, dove era ancora intatta la colonia che otto secoli prima aveva preferito rimanere piuttosto che tornare a Gerusalemme. Alla fine il governo talmudico si stabilì a Sura. Lì e a Pumbedita furono istituite delle accademie.

Il *Talmud* prese il posto della Torah, così come la Torah aveva precedentemente soppiantato le tradizioni orali. I capi spirituali o capi delle accademie di Sura e Pumbedita furono chiamati gaonim (gaon significa eminenza o eccellenza) e iniziarono a esercitare un'autorità autocratica. Le scuole talmudiche di Sura e Pumbedita, lungo il fiume Eufrate, sono state definite le università di Oxford e Cambridge dell'ebraismo mesopamico. Gli Esilarchi dell'Ombra (poi Nasim o Principe) dipendevano dall'approvazione dei gaonim e anche il Sinedrio rinunciò o forse fu privato delle sue funzioni. Questo periodo è noto come periodo gaonita.

A questo punto è essenziale spiegare il più concisamente possibile cos'è il *Talmud*, poiché l'esperienza dimostra che pochi conoscono il suo contenuto e la sua importanza per l'ebraismo. In *Storia dell'ebraismo, religione ebraica*, Israel Shahak ci avverte che "la prima cosa da chiarire è che la fonte di autorità per tutte le pratiche dell'ebraismo classico e ortodosso di oggi, la base determinante della sua struttura giuridica, è il *Talmud*". In particolare, si riferisce al *Talmud* babilonese, poiché esiste anche un Talmud palestinese. L'interpretazione giuridica dei testi sacri è rigidamente fissata dal *Talmud* piuttosto che dalla Bibbia.

Il *Talmud* è composto da due parti. La prima, la *Mishnah*, scritta in ebraico e aramaico quando il farisaismo era già diventato talmudismo, fu redatta in Palestina intorno al 200 d.C. a partire da un materiale orale molto più ampio accumulato nei primi due secoli della nostra era. Si compone di sei volumi, ciascuno dei quali è suddiviso in diversi trattati. La seconda e principale parte, la *Gemarah*, è una voluminosa raccolta di discussioni sulla Mishnah. Esistono due raccolte di *Gemarah*: una composta in Babilonia tra il 200 e il 500 d.C. e un'altra composta in Palestina tra il 200 d.C. e una data sconosciuta molto precedente al 500 d.C. Il *Talmud* babilonese, cioè la *Mishnah* mesopotamica più la *Gemarah* mesopotamica, è molto più esteso e meglio organizzato del Talmud palestinese. È considerato definitivo e la sua autorità è indiscussa. La lingua predominante *del Talmud* babilonese è l'aramaico. Detto questo, la cosa successiva da dire è che nel *Talmud* il razzismo è ripugnante oltre ogni limite e l'odio per il cristianesimo è viscerale. Non possiamo ora fare lunghe esemplificazioni, poiché il nostro obiettivo è dimostrare l'impostura razziale dei sionisti. Tuttavia, seguono alcuni esempi di questa affermazione.

Le insidiose accuse sessuali contro Gesù sono numerose. *Il Talmud* afferma che la sua punizione all'inferno è di essere immerso in escrementi bruciati. Esiste un precetto secondo il quale gli ebrei sono tenuti a bruciare, possibilmente in pubblico, qualsiasi copia del Nuovo Testamento che capiti loro tra le mani. Chi pensa che la strada sia ancora lunga si sbaglia: il 23 marzo 1980 centinaia di copie del Nuovo Testamento sono state bruciate pubblicamente e cerimonialmente a Gerusalemme sotto gli auspici di Yad Le'akhin, un'organizzazione religiosa ebraica sovvenzionata dal Ministero delle Religioni di Israele. Più recentemente, il 22 maggio 2008, il reverendo Ted Pike ha denunciato pubblicamente negli Stati Uniti che il 20 maggio 2008, in ottemperanza all'obbligo imposto dal *Talmud* (Shabbethai 116), sono state bruciate copie del Nuovo Testamento nella città israeliana di Or Yehuda. L'evento è avvenuto in risposta a un ordine del sindaco, Uzi Aharon, che ha girato per la città in auto con un altoparlante, , ordinando ai giovani di raccogliere tutti i libri che trovavano e convocandoli per bruciarli in pubblico. È facile immaginare il clamore che la stampa sottomessa (quasi tutta) avrebbe suscitato se un qualsiasi Stato (ovviamente antisemita) avesse bruciato pubblicamente il *Talmud*. Nello Stato sionista, i bambini di oggi imparano il precetto talmudico secondo cui quando passano davanti a un cimitero ebraico devono dire una benedizione, ma se il cimitero è non ebraico devono maledire le madri dei morti. Non bisogna dimenticare che i bambini ebrei in Israele imparano il *Talmud* nelle scuole. Il professor Daniel Bar-Tal dell'Università di Tel Aviv ha recentemente condotto uno studio su centoventiquattro libri di testo per l'istruzione primaria, secondaria e superiore e ha concluso che l'odio razziale è alla base dell'insegnamento.

Gli esempi di razzismo nel *Talmud* sono infiniti. Noi gentili siamo anche chiamati goyim. La parola sembra derivare dall'onomatopea goy, che intende riprodurre il grugnito dei maiali. Vediamo alcuni esempi: "una donna ebrea si contamina se si associa con i cristiani" (Iore Dea 198,48). "I cristiani e gli animali sono paragonabili" (Orach Chaiim 225,10) "Il seme dei cristiani vale quanto quello degli animali" (Kethuboth, 3b). "Gli ebrei possiedono una dignità che nemmeno gli angeli possono condividere" (Chullin, 91b). "Un ebreo è considerato buono nonostante i peccati che può commettere" (Chagigah, 15b). "La proprietà di un cristiano appartiene al primo che la rivendica" (Babha Bathra, 54b). "È permesso imbrogliare i cristiani" (Babha Kama, 113b). "Un ebreo può mentire e giurare il falso per condannare un cristiano" (Babha Kama, 113a). "Non salvare i cristiani in pericolo di morte" (Hilkkoth Akun, X,1). "I cristiani devono essere distrutti dagli idolatri" (Zohar I, 25a). "Anche il migliore dei goyim deve essere ucciso" (Abhodah

Zarah (26b)T.). "Se un ebreo uccide un cristiano, non commette peccato" (Sepher Or Israel, 177b.). "Lo sterminio dei cristiani è un sacrificio necessario" (Zohar II,43a). Questi dechados tradotti dall'inglese sono tratti dall'edizione Soncino (Londra 1935).

Un movimento come il chassidismo, di chiara ispirazione talmudista, ha centinaia di migliaia di aderenti in tutto il mondo che seguono fanaticamente i loro santi rabbini, alcuni dei quali - commenta Israel Shahak nel suo *Storia dell'ebraismo, religione ebraica* - hanno acquisito una notevole influenza politica in Israele tra i leader di tutti i partiti e ancor più tra i vertici dell'esercito (Tsahal). Il loro libro fondamentale, il famoso *Hatanya*, insegna che "tutti i non ebrei sono creature totalmente sataniche in cui non c'è assolutamente nulla di buono". Anche un embrione non ebreo è qualitativamente diverso da uno ebreo. L'esistenza stessa di un non ebreo è "inessenziale", mentre tutta la creazione è avvenuta esclusivamente per il bene degli ebrei. In Israele", insiste Israel Shahak, "queste idee sono diffuse tra il grande pubblico, nelle scuole e nell'esercito".

L'onestà intellettuale e il rigore morale di Israel Shahak, uno dei tanti ebrei antisionisti degni di ammirazione che compaiono in quest'opera che mira a svelare le grandi imposture della storia, lo portano a denunciare nelle sue osservazioni sul chassidismo il filosofo Martin Buber (Premio Goethe dell'Università di Amburgo 1951. Premio per la pace della Camera dei libri tedesca 1953. Premio Erasmus 1963). Shahak scrive queste parole su Buber:

"In questo caso, l'impostore principale, e un buon esempio del potere dell'inganno, è stato Martin Buber. Le numerose opere in cui elogia l'intero movimento chassidico non accennano nemmeno alle vere dottrine del chassidismo nei confronti dei non ebrei. Il crimine di frode è ancora più grave se si tiene conto del fatto che le lodi di Buber al chassidismo furono pubblicate per la prima volta in Germania durante il periodo di ascesa del nazionalsocialismo.... Ma mentre apparentemente affrontava il nazismo, Buber glorificava un movimento che sosteneva e, di fatto, insegnava dottrine sui non ebrei che non erano diverse da quelle naziste sugli ebrei".

Spagna, centro del giudaismo talmudico

Fatta questa necessaria digressione sul *Talmud*, possiamo riprendere il filo della narrazione da dove l'avevamo lasciato. Per centinaia di anni il governo talmudico, a Jamnia, a Usha, a Sura, rimase vicino al suo clima orientale, ma con l'avvento dell'Islam doveva essere trasferito in Europa, in particolare in Spagna. Le istruzioni del Califfo ai conquistatori arabi nel 637 erano le seguenti: "Non agirete a tradimento o in modo disonesto, non commetterete alcun eccesso o mutilazione, non ucciderete né bambini né anziani, non taglierete o brucerete palme o alberi da frutto, non ucciderete pecore, mucche o cammelli e lascerete in pace coloro che troverete impegnati nella preghiera nelle loro celle". Confrontate questo comando con quello di Geova nel *Deuteronomio*: "Delle città di queste nazioni che il Signore vostro Dio vi dà in eredità, non lascerete in vita nulla che respiri". Così, grazie all'umanità degli arabi, gli abitanti nativi della Palestina, i palestinesi, che vivevano lì da duemila anni prima dell'ingresso degli ebrei, si convertirono liberamente all'Islam o continuarono a essere cristiani senza ostacoli.

Gli ebrei spagnoli, i sefarditi che vivevano in Spagna all'inizio dell'VIII secolo, ebbero un ruolo decisivo nella conquista araba della Penisola. In *Orígenes de la Nación Española. Il Regno delle Asturie*, Claudio Sánchez Albornoz scrive:

> "Senza la collaborazione degli ebrei e dei viziani..., anche dopo la sconfitta di Guadalete, la conquista musulmana sarebbe stata molto più difficile e molto più lenta e forse non sarebbe stata portata a termine. Se Tariq non fosse riuscito a lasciare Toledo presidiata dagli ebrei e da un manipolo di suoi uomini, sarebbe stato in grado di inseguire i patrizi rifugiatisi ad Amaya e poi di attraversare i Campi Gotici? È dubbio che Abd al-Aziz, figlio di Muza, sarebbe riuscito a conquistare il sud-est senza l'aiuto degli ebrei di Granada e delle altre città della zona? Muza non avrebbe potuto avanzare su Merida, la capitale della Lusitania, se non avesse assicurato la cittadella di Siviglia con una guarnigione ebraica".

Gli ebrei sostennero la conquista della Spagna non solo con gli uomini ma anche con il denaro e furono quindi trattati in modo molto speciale dagli arabi, che portarono sotto il loro controllo città dopo città. Grazie alle circostanze molto propizie che seguirono l'invasione, il governo talmudico fu infine trasferito da Babilonia alla Spagna. Il dottor Kastein spiega che l'ebraismo, disperso come era sulla faccia della terra, era sempre desideroso di stabilirsi in uno Stato fittizio per sostituire quello che aveva perso, e quindi aspirava a un centro da cui poter guidare gli ebrei. Questo centro si trovava allora in Spagna", dice il dottor Kastein, "dove l'egemonia nazionale fu trasferita dall'Oriente. Come Babilonia aveva preso il posto della Palestina, così ora la Spagna sostituiva opportunamente Babilonia che, come centro del giudaismo, non era più in grado di funzionare".

Così, il governo della nazione nella nazione continuò a Cordoba, dove il gaonate si trasferì e stabilì l'accademia talmudica. È probabile che a un certo punto un esilarca ombra abbia regnato sull'ebraismo. Tutto questo potrebbe essere avvenuto sotto la protezione dell'Islam. Gli arabi e i mori, come era accaduto in precedenza a Babilonia e in Persia, si dimostrarono estremamente benevoli nei confronti di una forza incorporata tra loro, che progressivamente prese sempre più potere. Durante il califfato di Abd-al-Rahman III, il massimo potere in Spagna era detenuto da un ebreo, Hasdai Ibn Shaprut. Egli fu il creatore della scuola di studi talmudici di Cordova, che avrebbe finito per rompere l'egemonia delle scuole babilonesi di Sura e

Pumbedita. In seguito la scuola si trasferì a Lucena e infine a Toledo. Questo personaggio è una figura chiave nella seconda parte di questa narrazione, in cui finiremo di commentare il destino degli ebrei sefarditi dopo l'espulsione decretata dai Re Cattolici.

Un documento indicativo dell'odio che l'espulsione avrebbe generato si trova nella *Silva curiosa*, di Julián de Medrano, pubblicata a Parigi nel 1583 da Nicolas Chesneau. Da esso, con un'ortografia aggiornata, proviene questa corrispondenza:

"La seguente lettera è stata trovata dall'Eremita di Salamanca negli archivi di Toledo, cercando le antichità dei regni di Spagna; e poiché è sentita e notevole, voglio scriverla qui a voi
Lettera degli ebrei di Spagna agli ebrei di Costantinopoli.

Onorevoli ebrei, salute e grazia. Sapete che il re di Spagna, con una proclamazione pubblica, ci fa diventare cristiani, ci toglie i beni e le vite, distrugge le sinagoghe e ci fa altre umiliazioni che ci rendono confusi e incerti sul da farsi. Per la legge di Moysen vi preghiamo e vi supplichiamo di essere così buoni da tenere un'assemblea cittadina e di inviarci con la massima celerità la deliberazione che avete preso in merito.
CAMORRA, principe degli ebrei di Spagna".

Risposta degli ebrei di Costantinopoli agli ebrei di Spagna.

Amati fratelli di Moysen, abbiamo ricevuto la vostra lettera, in cui ci parlate dei problemi e delle disgrazie che state subendo, di cui facciamo parte quanto voi. L'opinione dei grandi Satrapi e Rabbini è la seguente.
Se dite che il re di Spagna vi fa diventare cristiani, fatelo, perché non potete fare altrimenti. A ciò che dite che vi ordinano di togliere i vostri beni, fate diventare i vostri figli mercanti, affinché a poco a poco possano togliere i loro. A quello che dite che vi tolgono la vita, fate i vostri figli medici e speziali, perché possano togliere la loro. A ciò che dite che distruggono le vostre sinagoghe, fate i vostri figli ecclesiastici e teologi, perché distruggano i loro templi. E a quello che dite che vi fanno vessazioni, fate in modo che i vostri figli diventino avvocati, procuratori, notai, consiglieri che capiscano gli affari delle Repubbliche, in modo che sottomettendoli possiate guadagnare terre e possiate vendicarvi di loro, e non lasciate quest'ordine che vi diamo, perché con l'esperienza vedrete che verrete in qualche modo trattenuti dall'essere depressi.
USSUS FF., principe degli ebrei di Costantinopoli".

L'espulsione degli ebrei dalla Spagna è l'inizio del mistero per molti storici, poiché il governo talmudico fu trasferito in Polonia. Ma perché fu trasferito in Polonia? Non esiste un solo documento che faccia riferimento a una grande migrazione di ebrei dall'Europa occidentale alla Polonia. Dopo aver lasciato la Sepharad, i Sefardim si diffusero soprattutto in Nord Africa,

Italia, Grecia e Turchia. Si formarono anche colonie in Francia, Inghilterra, Olanda e Germania. Tuttavia, quando il centro del governo si stabilì in Polonia nel XVI secolo, più di mezzo milione di ebrei erano già presenti nell'area. Popolazioni di questa portata non appaiono per magia: da dove venivano?

Il dottor Kastein capisce che c'è qualcosa che non va e che è necessaria una spiegazione; ma è riluttante a cercarla, escludendo qualsiasi causa per questo fatto "misterioso" che non sia l'immigrazione da Francia, Germania e Boemia. Quando uno storico sionista passa sopra a un fatto così importante con congetture casuali, si potrebbe pensare che si stia nascondendo qualcosa. E ciò che viene nascosto è che il governo talmudico, dopo aver fatto del credo razziale la base della sua dottrina, passò incredibilmente nelle mani di una grande comunità di "ebrei" che non avevano alcun sangue semitico: i khazari di origine turco-mongoloide, un popolo i cui antenati non avevano mai conosciuto la Giudea, ma che si erano convertiti al giudaismo nell'VIII secolo. Questo governo talmudico autonomo fu chiamato Kahal. Nel suo territorio il Kahal era un governo autorizzato a esercitare il suo potere sotto la sovranità polacca: aveva la capacità indipendente di riscuotere le proprie tasse nei suoi ghetti e nelle sue comunità, di cui doveva consegnare una parte al governo polacco. Ma tutto questo verrà trattato nella seconda parte, che racconta la storia dei Khazar.

PARTE 2
EBREI NON SEMITI: I KHAZAR

Per secoli tutto, o quasi, sui Khazar è stato nascosto. Douglas Reed racconta in *The Controversy of Zion* che nel 1951 un editore di New York ricevette pressioni dal capo di un ufficio politico ebraico affinché non pubblicasse uno dei suoi libri, sostenendo che Reed aveva inventato i Khazar. Doveva essere un disertore ebreo, il multimilionario Benjamin Freedman, che, dopo essersi convertito al cattolicesimo nel 1945, rivelò pubblicamente uno dei segreti meglio custoditi della storia. Nella sua famosa e significativa lettera al dottor David Goldstein, datata 10 ottobre 1954 e successivamente pubblicata in inglese con il titolo *Facts are facts*, Freedman spiega che nel 1948, al Pentagono di Washington, si rivolse a un'ampia riunione di alti ufficiali dell'esercito statunitense, molti dei quali appartenenti a un ramo dell'intelligence militare, per discutere della situazione esplosiva in Europa e in Medio Oriente. In quell'occasione parlò ai militari presenti del regno di Kazaria e dei Khazar. Alla fine del suo discorso, fu avvicinato da un colonnello che gli disse di essere a capo del dipartimento di storia di una delle più grandi istituzioni di istruzione superiore del Nord America, di aver insegnato storia per sedici anni e di non aver mai sentito la parola khazari durante la sua carriera di insegnante. Questo aneddoto ci dà, scrive Freedman nella sua lettera, "un'idea del successo ottenuto da questo misterioso potere segreto nella sua cospirazione per coprire l'origine e la storia dei khazari al fine di nascondere al mondo la vera origine degli ebrei dell'Europa orientale".

Le informazioni che Benjamin Freedman offre sui Khazar in *Facts are facts*, tratto principalmente dall'*Enciclopedia Ebraica*, sono già state ampiamente superate; ma anche così, come vedremo, le sue valutazioni sono ancora interessanti. In ogni caso, l'opera fondamentale per una conoscenza dettagliata della storia di questi Khazar o khazari è *La tredicesima tribù* di Arthur Koestler, pubblicata nel 1976. Da esso riassumeremo le informazioni rilevanti per la tesi. Va detto innanzitutto che Koestler stesso è stato sionista in gioventù. Nato a Budapest nel 1905 da una famiglia ebraica, il suo primo idolo fu Wladimir Jabotinsky (il fondatore della Legione ebraica e dei gruppi terroristici Irgun Zvai Leumi e Stern). Il 14 maggio 1948 partecipò persino alla proclamazione dello Stato di Israele a Tel Aviv. Fortunatamente, alla fine prese le distanze dalla follia del sionismo e nella sua opera *L'ombra del dinosauro* scrisse: "Mi considero un membro della comunità europea, naturalizzato cittadino britannico, di origine razziale incerta e mista. Accetto i valori etici, ma rinuncio ai dogmi della nostra tradizione greco-latino-giudaica-cristiana. Non mi considero un ebreo di razza e non credo nella religione ebraica ". Da allora non è più tornato in Israele, anche se ha continuato a difendere il diritto all'esistenza dello Stato ebraico, lasciando intendere di non aver mai smesso di essere sionista nel cuore. Malato di leucemia e di Parkinson e sostenitore dell'eutanasia, si suicidò con la moglie nel 1983.

Chi fossero questi khazari, di origine turca, e dove avessero costruito il loro impero è la prima cosa da sapere per esaminare la loro storia. Tre magnifici confini naturali delimitavano il territorio della Kazaria: a sud, la grande barriera montuosa del Caucaso; a ovest, il Mar Nero e il Mare d'Azov; a est, il Caspio o Mare dei Khazari. A nord si aprivano le steppe e i fiumi Volga, Don e Dnieper, dove espansero il loro dominio. All'apice del loro potere controllavano o richiedevano tributi a più di trenta diverse nazioni e tribù che abitavano i vasti territori tra il Caucaso, il Mare d'Aral, gli Urali, la città di Kiev e le steppe ucraine. Da nord, le principali città dell'impero erano raggiungibili attraverso lo stretto passaggio tra il Don e il Volga, noto come la via dei Khazari. Da questa posizione strategica, esse fungevano da cuscinetto per Bisanzio, in quanto ostacolavano le tribù barbariche delle steppe: bulgari, pecheneghi, magiari e, più tardi, russi e vichinghi, che scendevano i fiumi da nord. Inoltre, salvaguardarono i Bizantini dagli Arabi.

Tra gli autori che Koestler cita nella sua bibliografia selezionata c'è il famoso orientalista Douglas Morton Dunlop. Dal suo *The History of the Jewish Khazars* (Princeton, 1954) riproduce quanto segue:

"Il paese dei khazari si estendeva lungo la linea naturale di avanzata degli arabi. Nel giro di pochi anni dalla morte di Maometto, gli eserciti del Califfato si spinsero a nord tra le rovine di due imperi... e raggiunsero la grande barriera montuosa del Caucaso. Una volta superata questa barriera, la strada era aperta alle terre dell'Europa orientale. Fu così che ai confini del Caucaso gli Arabi incontrarono le forze ben organizzate di una potenza militare che di fatto impedì loro di estendere le loro conquiste in questa direzione. Le guerre tra arabi e khazari, durate più di cento anni, anche se poco conosciute, sono di notevole importanza storica.... I musulmani vittoriosi furono fermati dalle forze del regno di Khazaria... Senza l'esistenza dei khazari nella regione del Caucaso settentrionale, Bisanzio, il baluardo della civiltà europea a est, si sarebbe trovata affiancata dagli arabi e la storia del cristianesimo e dell'islam avrebbe potuto essere molto diversa".

Non sorprende, in queste circostanze, che nel 732 - dopo una clamorosa vittoria dei khazari sugli arabi - il futuro imperatore Costantino V abbia sposato una principessa khazara. Alla fine il figlio nato da questo matrimonio divenne l'imperatore Leone IV, noto come Leone Khazara. Ironia della sorte, l'ultima battaglia della guerra, nel 737, si concluse con una sconfitta per i khazari; ma a quel punto lo slancio della guerra santa era passato e il Califfato era già scosso da dissensi interni.

Pochi anni dopo, probabilmente nel 740, riferisce Koestler, il re, la sua corte e la classe militare al potere abbracciarono il credo ebraico e l'ebraismo divenne la religione dei Khazar. Senza dubbio i suoi contemporanei rimasero perplessi dalla decisione", scrive Koestler, "come lo sono gli studiosi moderni quando verificano le prove attraverso le fonti arabe, bizantine, russe ed ebraiche. Tutte queste fonti differiscono solo per piccoli dettagli e la maggior parte dei fatti è indiscutibile.

Ciò che è controverso è il destino degli ebrei khazari dopo la distruzione del loro impero nel XII-XIII secolo, poiché le fonti su questo tema sono scarse. Sono note colonie khazar in Crimea, Ucraina, Ungheria, Polonia e Lituania. Riporto qui il testo di Koestler: "Il quadro generale che emerge dalle frammentarie informazioni è quello di una migrazione di tribù e comunità khazar verso queste regioni dell'Europa orientale - soprattutto Russia e Polonia - dove all'inizio della storia moderna si trovavano le maggiori concentrazioni di ebrei. Questo ha portato diversi storici a ipotizzare che una parte sostanziale, e forse la maggioranza, degli ebrei dell'Europa orientale - e quindi dell'ebraismo mondiale - sia di origine khazar piuttosto che semitica.

L'ampiezza delle implicazioni di questa ipotesi per i credenti nel dogma della razza eletta spiegherebbe la grande cautela degli storici nell'affrontare questo tema, quando non cercano di evitarlo. Tra i più accaniti sostenitori di questa idea delle origini khazar degli ebrei c'è il professore di storia ebraica medievale A. N. Poliak , un professore di storia ebraica medievale. N. Poliak[1] , dell'Università di Tel Aviv. Dal suo libro *Kazaria* (ebraico), pubblicato a Tel Aviv nel 1944 e ristampato nel 1951. Koestler cita questo estratto dell'introduzione:

"I fatti richiedono un nuovo approccio, sia al problema delle relazioni tra gli ebrei khazariani e le altre comunità ebraiche, sia alla questione di quanto possiamo considerare gli ebrei khazariani come il nucleo della vasta colonia ebraica dell'Europa orientale. I discendenti di questa colonia - quelli che sono rimasti dove erano, quelli che sono emigrati negli Stati Uniti o in altri Paesi e quelli che sono andati in Israele - costituiscono oggi la grande maggioranza dell'ebraismo mondiale".

Se così fosse, significherebbe che gli antenati dei sionisti non provengono dal Giordano ma dal Volga; non da Canaan ma dal Caucaso.

---

[1] Abraham N. Poliak è nato nel 1910 a Kiev. È arrivato con la famiglia in Palestina nel 1923. È stato titolare della cattedra di Storia ebraica medievale all'Università di Tel Aviv. Autore di numerosi libri. Il suo saggio *La conversione di Kazara all'ebraismo*, apparso sul giornale ebraico *Zion* nel 1941, suscitò una vivace polemica. Così come il suo libro *Kazaria*, accolto con ostilità e visto come un tentativo di minare la tradizione sacra che collega la discendenza dell'ebraismo mondiale alla tribù biblica. La sua teoria non è menzionata nell'edizione 1971-72 dell'*Encyclopaedia Judaica*.

Geneticamente sono più vicini agli Unni e alle tribù magiare che al seme di Abramo, Isacco e Giacobbe, nel qual caso, sostiene Koestler, il termine antisemitismo sarebbe privo di significato. Secondo lui, così come emerge dal passato, la storia dell'Impero Khazar sarebbe all'origine della più crudele farsa mai perpetrata dalla storia.

Le cronache

Le prime testimonianze provengono da scribi georgiani o armeni, i cui Paesi, di cultura più antica, erano stati ripetutamente devastati dai cavalieri khazari. Un cronista georgiano li definisce "selvaggi con facce spaventose e maniere da bestie indomite, bevitori di sangue". Uno scriba armeno parla di "orribili moltitudini di khazari con espressioni insolenti e imperturbabili e con capelli lunghi come donne". Più tardi, il geografo arabo Istakhri, una delle principali fonti arabe, scrive: "I Khazar non assomigliano ai Turchi. Hanno i capelli neri e sono di due tipi: i cosiddetti Kara-Kazar (khazar neri), che sono scuri come gli indù, e gli Ak-Kazar (khazar bianchi), che sono straordinariamente belli".

L'antropologia e la linguistica sembrano essere scienze essenziali per chiarire i numerosi interrogativi sulle origini di decine di tribù come gli Unni, gli Alani, gli Avari, i Bulgari, i Magiari, gli Uiguri, i Kirghizi, i Pecheneg, ecc. che, nelle loro migrazioni, si sono imparentati in un momento o nell'altro con l'Impero Khazar. In *La tredicesima tribù*, Koestler osserva che anche gli Unni, che conosciamo meglio, sono di origine incerta. A quanto pare il loro nome deriverebbe dal cinese Hiung-un, che designerebbe i guerrieri nomadi in generale. A partire dal V secolo, molte di queste tribù in movimento verso ovest furono chiamate genericamente "turchi". Anche il termine è presumibilmente di origine cinese e veniva utilizzato per indicare tutte le tribù che parlavano lingue con caratteristiche comuni a questo gruppo linguistico. Quindi il termine turco, nel senso in cui veniva usato dagli scrittori medievali, si riferiva essenzialmente alla lingua e non alla razza. In questo senso gli Unni e i Khazari erano popoli turchi, ma non i Magiari, la cui lingua appartiene al gruppo ugro-finnico (non indoeuropeo). La lingua dei Khazari era quindi probabilmente un dialetto del turco. Il nome Khazar deriva probabilmente dalla radice turca gaz, che significa nomade.

Uno dei primi riferimenti ai Khazar si trova in una cronaca siriaca della metà del VI secolo di Zacharia Rhetor, che li cita come abitanti della regione del Caucaso. Altre fonti indicano, tuttavia, che erano già arrivati nella zona un secolo prima ed erano strettamente imparentati con gli Unni. Nel 448 l'imperatore bizantino Teodosio II inviò un'ambasciata ad Attila con un famoso retore di nome Priscus. Grazie a lui abbiamo informazioni sugli usi e costumi degli Unni. Ma Koestler lo cita perché Prisco ha qualcosa da raccontare anche su un popolo sottomesso agli Unni che chiama Akatzir, molto simile agli Ak-Kazari (Khazari bianchi). Secondo Prisco, l'imperatore di Bisanzio cercò di conquistare questa razza di guerrieri, ma un avido capo khazar di nome Karidach considerò inadeguata la tangente offertagli e scelse di rimanere con gli Unni. Attila sconfisse il capo tribù rivale di Karidach e lo nominò unico sovrano degli Akatzir. In breve, conclude Koestler nella sua opera, la cronaca di Prisco conferma che i Khazar appaiono sulla scena europea alla metà del V secolo come una tribù subordinata alla sovranità degli Unni e devono essere considerati, insieme ai Magiari e ad altre tribù, come discendenti tardivi dell'orda di Attila.

Dopo la morte di Attila, il crollo dell'impero unno lasciò un vuoto di potere nell'Europa orientale. I Khazar in questo periodo razziarono e saccheggiarono le ricche regioni transcaucasiche della Georgia e dell'Armenia, dove raccolsero un enorme bottino. Fu nella seconda metà del VI secolo che divennero la forza dominante tra le tribù del Caucaso settentrionale. Furono forse i potenti Bulgari a opporre la resistenza più dura, ma alla fine furono anch'essi sconfitti in modo schiacciante (intorno al 641). A seguito di questa disfatta, la nazione bulgara si divise in due: alcuni migrarono a ovest verso il Danubio e si stabilirono nella regione dove oggi si trova l'odierna Bulgaria. Altri si spostarono a nord-est verso il medio corso del Volga e divennero soggetti ai Khazari.

Ma prima di ottenere la piena sovranità, i khazari avevano fatto il loro apprendistato sotto un'altra potenza di breve durata di cui erano la principale forza d'urto, il cosiddetto Impero Turco Occidentale, che era una confederazione di tribù governate da un kagan o khagan, titolo che i futuri monarchi khazari avrebbero adottato in futuro. Questo primo Stato turco, che precedette le dinastie turche selgiuchidi e ottomane che dominarono l'Asia Minore e il Medio Oriente a partire dall'XI secolo, durò circa un secolo (550-650 circa). I Khazar erano quindi stati sotto la tutela degli Unni e dei detti Turchi. Dopo l'eclissi di questi ultimi a metà del VII secolo, toccò a loro diventare il Regno del Nord, come lo chiamavano i persiani e i bizantini.

Arthur Koestler considera questo l'inizio dell'ascesa al potere dei Khazar, che per lui cominciò nel 627. In quell'anno l'imperatore romano di Bisanzio, Eraclio, strinse con loro un'alleanza militare - la prima di una serie che seguirà - per preparare la sua campagna decisiva contro la Persia di Cosroes, alleata degli Avari. I Khazar fornirono a Eraclio una forza di 40.000 uomini a cavallo comandati da un capo di nome Ziebel. Koestler riproduce un passo del V volume della *Storia del declino e della caduta dell'Impero romano* di E. Gibbon che, basandosi su Teofane, descrive il primo incontro tra l'imperatore bizantino e questo Ziebel. Sembra che i quarantamila guerrieri siano stati ottenuti dopo che Eraclio aveva promesso di offrire la sua unica figlia, Eudocia, in sposa al capo barbaro, il che indicherebbe l'alto valore che la corte bizantina attribuiva all'alleanza con i Khazari. Tuttavia, il matrimonio non andò a buon fine perché Ziebel morì mentre Eudocia e il suo seguito stavano andando ad incontrarlo.

Koestler riporta anche un ordine di mobilitazione per una seconda campagna contro i Persiani emanato dal sovrano dei Khazari e riproduce un estratto di un cronista armeno, Moses di Kalankatuk, citato da D. M. Dunlop nell'opera citata. L'ordine è rivolto "a tutte le tribù e a tutti i popoli (si intende che sono soggetti all'autorità dei khazari) che abitano sulle montagne o nelle grandi pianure, che vivono sotto un tetto o a cielo aperto, che hanno la testa rasata o portano i capelli lunghi". Questo testo dà un'idea dell'eterogeneo mosaico etnico che costituiva l'Impero Khazar. I veri khazari, la classe dirigente, secondo Koestler, erano probabilmente una minoranza, come nel caso degli austriaci nella monarchia austro-ungarica.

Lo Stato persiano non si riprese mai dalle sconfitte subite contro l'imperatore Eraclio. Ci fu una rivoluzione e il re fu assassinato dal suo stesso figlio, che a sua volta morì mesi dopo. Dopo dieci anni di caos, i primi eserciti arabi irrompono sulla scena e danno il colpo di grazia all'Impero sassanide. Vent'anni dopo l'Egira i musulmani avevano conquistato la Persia, la Siria, la Mesopotamia, l'Egitto e avevano accerchiato Bisanzio in un semicerchio che si estendeva dal Mediterraneo al Caucaso e alle coste meridionali del Caspio. Si formò così un triangolo di tre potenze: il Califfato islamico, Bisanzio cristiana e il regno pagano di Kazaria a nord.

Gli arabi non si fermarono al formidabile ostacolo naturale del Caucaso, così come non si fermarono ai Pirenei. Esistevano due porte tradizionali attraverso la formidabile catena montuosa: il Passo di Dariel, al centro, e la Gola di Darband, a est. La Porta di Darband, vicino alle rive del Mar Caspio, chiamata dagli arabi Bab al-Abwab, la Porta delle Porte, fu il passaggio attraverso il quale i musulmani irruppero più volte, tra il 642 e il 652, nell'interno della Kazaria con l'intenzione di prendere la città di Balanjar. Il loro intento era quello di insediarsi nella parte europea del Caucaso. Non ci riuscirono. Si ha notizia di una grande battaglia nel 652 in cui entrambe le parti usarono l'artiglieria (catapulte). Furono uccisi quattromila arabi, compreso il loro comandante, Abd-al-Rahman ibn-Rabiah; gli altri fuggirono in disordine attraverso le montagne. Dopo questa sconfitta non tentarono altre incursioni per trenta o quarant'anni. I loro attacchi principali furono allora diretti contro Bisanzio e in diverse occasioni assediarono Costantinopoli via mare e via terra.

Nel frattempo i khazari, dopo aver sottomesso bulgari e magiari, completarono la loro espansione verso ovest, in Crimea e Ucraina. Non si trattava più di incursioni casuali per accumulare bottino e catturare prigionieri, ma di guerre di conquista che incorporavano i popoli sconfitti nell'Impero, che aveva stabilito un'amministrazione stabile ed era guidato da un Kagan onnipotente. All'inizio dell'VIII secolo il suo Stato era sufficientemente consolidato per lanciare un'offensiva contro gli arabi.

Il secondo periodo di guerra (tra il 722 e il 37) ripeté sempre lo stesso copione: la cavalleria khazara, attraverso la porta di Darband o il passo di Dariel, irrompeva nel dominio del Califfato a sud e gli arabi rispondevano con contrattacchi attraverso gli stessi passi verso il Volga. E si tornava al punto di partenza. In una delle incursioni più importanti, i khazari invasero la Georgia e l'Armenia, inflissero una sonora sconfitta agli eserciti arabi nella battaglia di Ardabil (730) e raggiunsero Mosul in direzione di Damasco, la capitale del Califfato. La mobilitazione di un nuovo esercito musulmano ribaltò la situazione e i khazari furono costretti a ritirarsi attraverso le montagne. L'anno successivo Maslamah ibn-Abd-al-Malik, il più prestigioso generale arabo del suo tempo, che anni prima aveva guidato l'assedio di Costantinopoli, attraversò il Caucaso, prese finalmente la città di Balanjar e raggiunse anche Samandar, un'altra importante città più a nord; ma non riuscì a stabilire presidi permanenti e dovette ritirarsi. È possibile che la roccaforte di Balanjar, ai piedi del Caucaso settentrionale, sia stata la prima capitale dei Khazar e che, a seguito di queste incursioni, sia stata spostata a Samandar, sulle rive occidentali del Caspio. In seguito la capitale sarebbe stata Itil, sull'estuario del Volga, una città costruita su entrambe le sponde del fiume e abbondantemente descritta dai cronisti.

L'ultima campagna araba fu condotta dal futuro califfo Marwan II e si concluse con una vittoria di Pirro. Marwan fece un'offerta di alleanza al khazar Kagan e poi sferrò un attacco a sorpresa attraverso i due passi. L'esercito khazaro, incapace di riprendersi dalla sorpresa iniziale, dovette ritirarsi sul Volga e il Kagan fu costretto a chiedere condizioni di pace. Marwan, seguendo lo schema di routine delle conquiste precedenti, chiese al Kagan di convertirsi all'Islam. Il Kagan si adeguò, ma la sua conversione dovette essere solo verbale, poiché di questo episodio non si hanno più notizie nelle fonti arabe o bizantine, a differenza degli effetti duraturi dell'adozione del giudaismo come religione di Stato, avvenuta pochi anni dopo (intorno al 740), come vedremo.

In ogni caso, ciò che accadde può essere riassunto come segue: Marwan, soddisfatto dei risultati ottenuti, si congedò da Kazaria e tornò con il suo esercito in Transcaucasia senza lasciare guarnigioni, governatori o apparati amministrativi. Le ragioni di questa magnanimità sono oggetto di congetture. Forse gli arabi si resero conto che, a differenza dei civilizzati persiani, armeni o georgiani, questi feroci barbari del nord non potevano essere governati da un principe fantoccio musulmano e da una piccola guarnigione. Si consideri anche che Marwan aveva bisogno di tutti gli uomini del suo esercito per affrontare le ribellioni in corso in Siria e in altre parti del Califfato omayyade. Marwan stesso guidò la guerra civile che ne seguì e divenne l'ultimo califfo omayyade nel 744. Sei anni dopo fu assassinato e il califfato passò nelle mani della dinastia abbaside.

Con questa breve introduzione, possiamo ora capire chi erano i khazari e in quale contesto storico avvenne la loro conversione all'ebraismo. Tuttavia, prima di affrontare la questione principale, vale la pena di considerare alcuni punti finali che possono aiutare a capire meglio. Koestler afferma senza ombra di dubbio che al Kagan fu assegnato o attribuito un ruolo divino che portò a una sorta di venerazione della sua persona. Così, il Kagan viveva in gelosa solitudine e i suoi contatti con il popolo erano estremamente limitati fino al momento della sua sepoltura, che veniva rivestita di un cerimoniale straordinario. Gli affari di Stato, compresa la guida dell'esercito, erano nelle mani di un Bek (una sorta di primo ministro), talvolta chiamato Kagan Bek, che deteneva di fatto il potere effettivo. Gli storici moderni concordano con le fonti arabe. Essi descrivono il sistema di governo come una "doppia regalità", cioè una doppia dignità o una doppia regalità o monarchia in cui il Kagan rappresentava il potere divino e il Bek il potere laico o secolare. Questo sistema, secondo Koestler, potrebbe essere paragonato a quello giapponese dal Medioevo fino al 1867, quando il potere secolare era concentrato nelle mani dello Shogun, mentre il Mikado era venerato a distanza come una figura divina.

Paulus Cassel, teologo protestante di origine ebraica, suggerisce un'analogia tra questo sistema di governo e il gioco degli scacchi. La doppia dignità è rappresentata dal re (il Kagan) e dalla regina (il Bek). Per tutta la durata del gioco, il re viene tenuto fuori dai giochi e protetto il più possibile. Ha poco potere e può muoversi solo in misura molto limitata. La regina, invece, è il pezzo più potente della scacchiera e domina. La regina può essere persa e la partita continua; ma se il re cade, è il disastro definitivo e tutto è finito. Questo sistema di doppia dignità indica quindi una distinzione categorica tra sacro e profano nella mentalità dei Khazar. Gli attributi divini del kagan sono evidenziati nel seguente testo di Ibn Hawkal, storico e geografo arabo del X secolo:

> "Il Kagan deve sempre appartenere alla razza imperiale (famiglia di notabili). Nessuno può avvicinarsi a lui se non per una questione di grande importanza: se necessario, si prostreranno davanti a lui e sfregheranno il viso per terra finché non darà il permesso di avvicinarsi. Quando un Kagan... muore, chiunque passi vicino alla sua tomba deve farlo a piedi e porgere i suoi omaggi; e quando riparte non deve montare a cavallo finché non si trova a una distanza dalla quale la tomba è fuori vista. L'autorità di questo sovrano è così assoluta e i suoi ordini vengono rispettati a tal punto che se gli sembra opportuno che uno dei suoi nobili muoia, dicendogli: 'Vai e togliti la vita', l'uomo andrà immediatamente a casa e si ucciderà senza esitazione".

Pertanto, il Kagan doveva essere scelto tra i membri della "razza imperiale" o della "famiglia dei notabili". Questo è anche il punto di vista di M. I. Artamanov, un archeologo che ha scavato la fortezza khazar di Sarkel in Russia negli anni Trenta. Artamanov sostiene che i Khazar e gli altri popoli turcici erano governati dai discendenti della dinastia Turkut, una dinastia del defunto Impero Turco Occidentale (550-650), già menzionata in precedenza. Altri studiosi suggeriscono che la "razza imperiale" o "famiglia di notabili", a cui il Kagan deve appartenere, si riferisca all'antica dinastia

Asena citata nelle fonti cinesi, una sorta di aristocrazia basata sul merito da cui i governanti turchi e mongoli sostenevano di discendere. Tuttavia, secondo Koestler, tutto ciò non spiegherebbe in modo soddisfacente la divisione dei poteri (divini e secolari) unica nella regione all'epoca.

Lo stesso Artamanov propone una risposta speculativa a questa accusa. Egli suggerisce che l'accettazione dell'ebraismo come religione di Stato sia stata il risultato di un colpo di Stato, che allo stesso tempo ridusse il Kagan, discendente di una dinastia pagana la cui fedeltà alla legge di Mosè era incerta, a un ruolo simbolico. Per Koestler questa è un'ipotesi come un'altra, ma con poche prove a sostegno. Tuttavia, ammette che sembra probabile che i due eventi - l'adozione del giudaismo e la doppia dignità - possano essere in qualche modo collegati. In ogni caso, prima della conversione ci sono informazioni sul ruolo attivo svolto dal Kagan, come i suoi rapporti con Giustiniano.

Conversione all'ebraismo

La conversione dei khazari all'ebraismo è un evento unico nella storia. Come sia avvenuta e perché è l'argomento di questa sezione. Vedremo che le ragioni di questa decisione epocale si spiegano plausibilmente in termini di potere politico. All'inizio dell'VIII secolo il mondo era polarizzato tra due grandi superpotenze che rappresentavano il cristianesimo e l'islam. Queste due religioni erano ideologicamente legate a poteri politici che procedevano secondo i metodi classici della propaganda, della sovversione e della conquista militare. L'Impero Khazar rappresentava la terza forza; ma poteva rimanere indipendente, sostiene Koestler, solo se rifiutava sia il Cristianesimo che l'Islam, poiché l'accettazione di una delle due fedi implicava automaticamente la subordinazione all'autorità del Califfo di Baghdad o dell'Imperatore romano. Entrambe le corti avevano tentato di convertire i khazari: alleanze militari, matrimoni e persino, come abbiamo visto, imposizioni. Contando sulla sua forza militare e sul vassallaggio delle tribù della steppa (il suo "entroterra"), privo di impegno religioso, il regno di Kazaria era determinato a mantenere la sua posizione di terza forza.

Allo stesso tempo, però, gli stretti contatti con Bisanzio e il Califfato avevano insegnato ai khazari che il loro sciamanesimo primitivo non solo era barbaro e superato rispetto alle grandi fedi monoteistiche, ma anche incapace di conferire ai loro capi l'autorità spirituale e legale detenuta dai governanti delle due potenze teocratiche. Poiché la conversione a una delle due religioni comportava la sottomissione e la perdita dell'indipendenza, abbracciare un terzo credo non compromesso da nessuna delle altre due deve essere sembrata la soluzione più logica.

Sebbene la conversione fosse motivata politicamente, sarebbe assurdo immaginare che i Khazar abbiano abbracciato ciecamente, da un giorno all'altro, una religione i cui dogmi erano a loro sconosciuti. In realtà, afferma

Koestler, essi avevano avuto rapporti con gli ebrei e conoscevano i loro precetti religiosi da almeno un secolo prima della conversione, grazie al continuo flusso di rifugiati in fuga dalle persecuzioni religiose di Bisanzio. Le persecuzioni, iniziate sotto Giustiniano (527-565) e inasprite sotto Eraclio nel VII secolo, continuarono sotto Leone III nell'VIII secolo e Leone IV nel IX secolo. Infatti Leone III, che governò nei due decenni precedenti la conversione al giudaismo, nel tentativo di porre fine in un colpo solo all'anomalia dello status di tolleranza degli ebrei, ordinò che tutti i suoi sudditi ebrei fossero battezzati. Quest'ordine contribuì senza dubbio all'aumento dell'emigrazione verso la Kazaria. Questi esuli possedevano una cultura superiore e furono un fattore importante nella creazione di un'atmosfera di tolleranza e cosmopolitismo. La loro influenza e il loro zelo di proselitismo si sarebbero fatti sentire soprattutto a corte e tra la nobiltà dominante. Nei loro sforzi missionari, i rifugiati avrebbero combinato argomenti teologici e profezie messianiche con astute valutazioni dei vantaggi politici dell'adozione di una religione "neutrale".

Questi ebrei avrebbero portato con sé l'artigianato, l'arte bizantina, metodi superiori di commercio e agricoltura e, inoltre, l'alfabeto ebraico. Non si sa quale tipo di scrittura usassero prima i Khazar, ma sia Dunlop che Poliak, a cui Koestler fa spesso riferimento, citano il *Kitab al Fihrist* di Ibn Nadim, una sorta di enciclopedia bibliografica scritta intorno al 987, per confermare che alla fine del X secolo i Khazar usavano l'alfabeto ebraico. La sua funzione era duplice: discorso erudito (analogo all'uso del latino in Europa occidentale) e alfabeto scritto per le varie lingue parlate in Kazaria (proprio come l'alfabeto latino era usato dalle lingue vernacolari dell'Europa occidentale). Dalla Kazaria la scrittura ebraica sembra essersi diffusa nei Paesi vicini. In Crimea sono stati trovati epitaffi in due tombe scritti in ebraico, ma con contenuti corrispondenti a lingue non semitiche che non è stato possibile decifrare. Noi ispanisti comprendiamo bene questi problemi linguistici, poiché in Spagna esiste una letteratura chiamata aljamiada (aljamía, dall'arabo ayamiya: lingua straniera) che si riferisce a scritti in castigliano o mozarabico con caratteri arabi. Le nostre jarchas mozarabiche sono il miglior esempio di ciò di cui abbiamo parlato, poiché sono considerate le prime manifestazioni liriche della lingua romanza. Scritte in mozarabico, sono trascritte in caratteri arabi o ebraici e sono state trovate in moaxajas ebraiche (Stern 1948) e in moaxajas arabe (E. García Gómez 1951).

La conversione fu quindi ispirata dall'opportunità e concepita come un'accorta manovra politica; ma allo stesso tempo portò a sviluppi che difficilmente potevano essere previsti da coloro che l'avevano avviata. L'alfabeto ebraico fu l'inizio; ma tre secoli dopo, riferisce Koestler, il declino dello Stato khazaro fu segnato da esplosioni di sionismo messianico, come nel caso di David El-Roi, eroe del romanzo di Benjamin Disraeli, che guidò crociate di ebrei fanatici per riconquistare Gerusalemme.[2]

Le circostanze della conversione sono oscurate dalla leggenda, ma i principali resoconti arabi ed ebraici dell'evento ne condividono le caratteristiche fondamentali. Una delle fonti arabe citate da Koestler è al-Masudi, che conferma che durante il califfato di Harum al-Rashid (786-809) il re dei Khazar si era già convertito all'ebraismo e che su di lui erano confluiti ebrei da tutte le terre dell'Islam e dalla terra dei Greci (Bisanzio). Sembra che un libro precedente di al-Masudi che descriveva esattamente ciò che era accaduto sia andato perduto; tuttavia, esistono narrazioni basate su di esso. Koestler riproduce quella di al-Bakri, contenuta in un libro dell'XI secolo intitolato *Libro dei regni e delle strade*.

Il motivo della conversione al giudaismo del re dei Khazar, che in precedenza era stato pagano, è il seguente. Aveva adottato il cristianesimo (qui Koestler sottolinea che non conosce altre fonti che menzionino questo fatto e ritiene che questa sia una versione più accettabile per i lettori musulmani, che sostituirebbe il breve periodo di adozione dell'Islam imposto

---

[2] Benjamin Disraeli (1804-1881), nato da una famiglia sefardita, fu per due volte Primo Ministro della Gran Bretagna per il partito Tory (1867-68 e 1874-80). I suoi mandati furono caratterizzati dall'aggressività in politica estera: controllo del Canale di Suez, guerre coloniali in Afghanistan e Sudafrica, contenimento dell'espansionismo russo con il sostegno all'Impero Ottomano, che si rifece con la resa di Cipro nel 1878, ecc. Si può dire che Disraeli, come l'eroe del suo romanzo, fosse un sionista "avant la lettre". Considerato il leader ebraico più potente e influente che abbia mai guidato i destini di una nazione di gentili, si dice che in un'occasione la Regina gli chiese: "Siete ebreo o cristiano?" e la sua risposta fu: "Signora, io sono la pagina mancante tra il Vecchio e il Nuovo Testamento". Nei circoli sionisti si afferma inequivocabilmente che egli aspirava alla restaurazione degli ebrei nella Terra Promessa. Benjamin Disraeli scrisse *The Wondrous Tale of Alroy* (1833) e *Coningsby* (1844). Alroy (El-Roi), un personaggio meraviglioso per Disraeli, era in realtà il leader di un movimento messianico nato in Kazaria nel XII secolo che guidò una crociata ebraica per riconquistare la Palestina con la forza delle armi. Questo ebreo khazariano, Salomone ben Duji (o Ruhi o Roy), scrisse lettere agli ebrei delle terre vicine dicendo loro che era giunto il momento in cui Dio li avrebbe portati in Israele. In Kurdistan mise insieme un esercito di ebrei locali, probabilmente rinforzato da khazari, e riuscì a prendere la fortezza di Amadie, vicino a Mosul. Da lì, attraverso la Siria, intendeva entrare nella Terra Promessa. Sembra che uno dei suoi messaggeri si sia recato a Baghdad, dove la gerarchia rabbinica, temendo rappresaglie da parte delle autorità, adottò un atteggiamento ostile nei confronti del falso Messia e lo minacciò con un editto di espulsione. Non a caso, David El-Roi fu infine assassinato. In *Coningsby* Disraeli presenta un quadro in cui gli ebrei governano il mondo dietro i troni. In un passaggio significativo Sidonia, che rappresenta Lionel Rothschild, racconta a Coningsby di un viaggio attraverso diversi Paesi europei in cui incontra ebrei che detengono il potere in tutti i Paesi. Quando arriva in Spagna dalla Russia, il personaggio con cui deve negoziare un prestito è Mendizábal (Presidente del Governo tra il 1835-36 e Ministro delle Finanze in due occasioni, legato alla Massoneria, fu l'autore della legge di disconoscimento dei beni ecclesiastici, che spogliò la Chiesa delle sue proprietà). "Un nuovo cristiano - dice Sidonia - figlio di un ebreo d'Aragona".

da Marwan II di cui si è parlato sopra). Riconosciuta la sua falsità, discusse di questa questione che lo preoccupava molto con un alto funzionario, il quale gli disse: "O re, coloro che possiedono le sacre scritture formano tre gruppi. Riuniscili e chiedi loro di informarti sul loro credo. Poi segui quello che è in possesso della verità". Poi mandò a chiamare un vescovo tra i cristiani. C'era con il re un ebreo abile nell'argomentazione che entrò in polemica con lui. Chiese al vescovo: "Che cosa dici di Mosè, figlio di Amran, e della Torah che gli fu rivelata?". Il vescovo rispose: "Mosè è un profeta e la Torah dice la verità". Allora l'ebreo disse al re: "Ha appena ammesso la verità del mio credo: chiedigli ora in cosa crede". Allora il re glielo chiese ed egli rispose: "Io dico che Gesù, il Messia, è il figlio di Maria, è il Verbo e ha rivelato i misteri per conto di Dio". Allora l'ebreo disse al re dei Khazari: "Predica una dottrina che non conosco, mentre accetta le mie proposte". Il vescovo allora non era in grado di dimostrare ciò che predicava. Allora il re ordinò di portargli un musulmano. Gli mandarono uno studioso, un uomo intelligente, abile nell'argomentazione. Ma l'ebreo assunse qualcuno che lo avvelenò durante il viaggio e morì. In questo modo l'ebreo riuscì a conquistare il re alla sua fede e ad abbracciare il giudaismo.

Certamente gli storici arabi, avverte Koestler, avevano il dono di indorare la pillola. Se lo studioso musulmano avesse potuto partecipare al dibattito, sarebbe caduto nella stessa trappola del vescovo, poiché entrambi avrebbero accettato l'Antico Testamento, mentre sarebbero stati messi l'uno contro l'altro, uno difendendo il Corano e l'altro il Nuovo Testamento. Secondo lui, l'accettazione di questo ragionamento da parte del re è simbolica: egli è disposto ad accettare solo le dottrine condivise da tutti e tre - il loro denominatore comune - e rifiuta di confrontarsi con qualsiasi rivendicazione dei rivali che vada oltre. Si tratta ancora una volta del principio del mondo intransigente, applicato alla teologia. Koestler si rifà a John Barnell Bury che, nel suo *A History of the Roman Eastern Empire*, sottolinea che l'intera storia della conversione implica che l'influenza ebraica alla corte di Kazaria doveva essere molto forte anche prima della conversione formale, poiché il vescovo e lo studioso musulmano dovevano essere cercati, mentre l'ebreo era già con il re.

Un'altra versione moderna dei dettagli della conversione è fornita da Alfred Lilienthal, storico e giornalista di origine ebraica, importante antisionista e amico del popolo palestinese, che fu consulente della delegazione statunitense alla riunione di fondazione dell'ONU a San Francisco. Lilienthal, nel suo *What Price Israel?* conferma che il nome del Kagan che si convertì all'ebraismo era Bulan, e che fu seguito prima dai suoi nobili e poi dal suo popolo. La corrispondenza tra Giuseppe di Kazaria e l'ebreo cordovano Hasdai Ibn Shaprut, primo ministro del califfo di Spagna Abd-al-Rahman III, che vedremo diffusa più avanti, serve come fonte per una piccola variante di come si svolse il dibattito. Lilienthal spiega che Bulan riunì i rappresentanti delle tre fedi monoteiste e li fece discutere in sua presenza; ma nessuno di loro riuscì a convincere gli altri o il sovrano stesso che la propria religione era la migliore. Bulan decise allora di parlare a ciascuno di loro separatamente. Al vescovo cristiano chiese: "Se non fossi cristiano o dovessi smettere di esserlo, quale sceglieresti, l'Islam o l'Ebraismo? Il vescovo rispose: "Se dovessi lasciare il cristianesimo, sceglierei l'ebraismo". Poi fece la stessa domanda al musulmano e anche lui scelse l'ebraismo. Così Bulan decise di convertirsi alla religione degli ebrei.

Il successore di Bulan aveva già adottato un nome ebraico e si chiamava Obadiah. Sotto il suo regno, l'ebraismo divenne molto forte in Kazaria. Furono costruite sinagoghe e scuole per insegnare la Bibbia e il *Talmud*. Lilienthal aggiunge che il professor H. Graez, nella sua *Storia degli ebrei*, conferma che Abdia si impegnò seriamente per promuovere la nuova religione e a tal fine invitò gli studiosi ebrei a stabilirsi nel suo dominio e li ricompensò con generosità. Egli stabilì anche una legge fondamentale secondo la quale era condizione indispensabile per l'ascesa al trono essere ebrei.

La corrispondenza di Khazara: Hasdai Ibn Shaprut

La principale fonte ebraica è quindi la cosiddetta Corrispondenza di Khazara, uno scambio di lettere in ebraico tra Hasdai Ibn Shaprut, primo ministro del Califfo di Córdoba, e Giuseppe , re di Kazaria. Questo scambio epistolare ebbe luogo tra il 954 e il 61, secondo Koestler, che descrive Hasdai Ibn Shaprut come la figura forse più brillante dell'"età dell'oro" (900-1200) degli ebrei in Spagna.

Nel 929, Abd-al-Rahman III della dinastia omayyade fondò il Califfato occidentale, la cui capitale, Córdoba, con una biblioteca di 400.000 volumi catalogati, divenne la gloria della Spagna e un centro della cultura europea. Hasdai, nato nel 910 a Córdoba da un'illustre famiglia ebraica, attirò dapprima l'attenzione di Abd-al-Rahman per le sue conoscenze pratiche di medicina e lo nominò suo medico di corte. La fiducia nei suoi giudizi e nelle sue opinioni fu tale che Hasdai fu chiamato a mettere ordine nelle finanze dello Stato e, in seguito, a ricoprire il ruolo di ministro degli Esteri del Califfato. Koestler considera Ibn Shaprut un vero e proprio "uomo universale" secoli prima del Rinascimento, perché tra i complicati affari di Stato trovava ancora il tempo di tradurre libri di medicina in arabo, di corrispondere con i più dotti rabbini di Baghdad e di fare da mecenate a poeti e grammatici ebraici.

Questo ebreo illuminato e devoto (si è già detto nella prima parte che aveva fondato l'accademia talmudica di Cordova) utilizzò i suoi contatti diplomatici per ottenere informazioni sulle comunità ebraiche sparse nel mondo e per intervenire a loro favore quando possibile. Le persecuzioni nell'Impero bizantino sotto Romano lo preoccupavano. Ibn Shaprut usò la sua influenza per intercedere a favore dei suoi correligionari e, a quanto pare, ci riuscì perché la corte bizantina era interessata alla benevola neutralità di Cordova durante le campagne di Bisanzio contro i musulmani in Oriente. Secondo il suo stesso racconto, Hasdai Ibn Shaprut sentì parlare per la prima volta di un regno ebraico indipendente da mercanti persiani, ma dubitò della veridicità della storia. In seguito chiese ai membri di una missione diplomatica bizantina a Cordova, che non solo confermarono la notizia, ma gli fornirono numerosi dettagli, tra cui il nome di Giuseppe, allora re. Decise quindi di inviare dei corrieri con una lettera.

La lettera contiene una serie di domande sullo Stato khazar, sul suo popolo, sul suo metodo di governo, sulle forze armate, ecc. Include anche una domanda su quale delle dodici tribù appartenessero. Questa domanda indica che Ibn Shaprut pensava che gli ebrei khazari provenissero dalla Palestina, come gli ebrei spagnoli, e che forse potessero essere una delle tribù perdute. Logicamente, non essendo di origine ebraica, non appartenevano a nessuna delle tribù. Nella sua risposta a Hasdai, Giuseppe fornisce informazioni genealogiche, ma la questione principale è quella della conversione, avvenuta duecento anni prima, e delle circostanze in cui è avvenuta.

Il testo di Giuseppe inizia lodando il suo antenato, il re Bulan, un grande conquistatore e un uomo intelligente che scacciò gli stregoni e gli idolatri dalla sua terra (Benjamin Freedman specifica che essi adoravano il fallo tra le altre forme di culto praticate in Asia dai popoli pagani). In seguito, afferma il racconto, un angelo gli apparve in sogno e lo esortò ad adorare l'unico vero Dio, promettendogli in cambio che avrebbe moltiplicato la sua discendenza, messo i suoi nemici nelle sue mani e fatto durare il suo regno fino alla fine dei tempi. Tutto ciò si ispira, ovviamente, al racconto dell'Alleanza nella Genesi e implica che anche i Khazar, pur non essendo discendenti di Abramo, rivendicassero lo status di razza eletta che ha stipulato la propria Alleanza con il Dio. A questo punto, avverte Koestler con sottile intuizione, la storia prende una piega inaspettata. Bulan si mostra disposto a servire l'Onnipotente, ma intravede una difficoltà. Koestler riproduce questo brano della lettera: "Il mio signore conosce i pensieri segreti del mio cuore e la profondità della mia fiducia, ma il popolo su cui governo ha una mentalità pagana e non so se mi crederà. Se ai tuoi occhi sono degno di favore e di misericordia, allora ti prego di apparire anche al suo Gran Principe per convincerlo a sostenermi". L'Eterno accolse la richiesta di Bulan, apparve in sogno a questo principe e, quando si alzò al mattino, andò dal re e glielo fece sapere....

Koestler osserva che né nella Genesi né nei racconti arabi di conversione c'è nulla che parli di un grande principe il cui consenso deve essere ottenuto. Secondo lui, questo è un riferimento inequivocabile al sistema khazariano di doppia dignità o doppia regalità. Il Grande Principe è apparentemente il Bek; ma è anche possibile che il Re fosse il Bek e il Principe il Kagan. D'altra parte, ricorda Koestler, secondo le fonti arabe e armene il capo dell'esercito arabo che invase la Transcaucasia nel 731 (pochi anni prima della conversione) si chiamava Bulkan.

A nostro modesto avviso, se si è mantenuta fino a questo punto la tesi che la conversione fosse motivata politicamente e che si trattasse sostanzialmente di un'astuta manovra di fronte alle pressioni delle altre due potenze (Bisanzio e il Califfato), è più logico pensare che la decisione sia stata presa in ambito politico, quindi nella sfera delle decisioni del Bek, che era a capo dell'esercito e della gestione degli affari di Stato. Bulan sarebbe quindi il Kagan Bek, e il Gran Principe che doveva essere convinto dell'opportunità del provvedimento sarebbe stato il Kagan, un simbolo indiscutibile agli occhi del popolo, indispensabile al Bek per la credibilità e l'accettazione della decisione da prendere.

La lettera di Ibn Shaprut, ampiamente discussa da Koestler, inizia con un poema ebraico (piyut) contenente allusioni nascoste o indovinelli. Il poema esalta le vittorie militari del re Giuseppe e allo stesso tempo le lettere iniziali dei versi formano un acrostico in cui si legge il nome completo di Hasdai bar Isaac bar Ezra bar Shaprut, seguito dal nome di Menahen ben-Sharuk. Quest'ultimo era un famoso poeta, lessicografo e grammatico, segretario e protetto di Ibn Shaprut, al quale sarebbe stato affidato il compito di redigere l'epistola al re khazar e di abbellirla con i migliori ornamenti calligrafici. Ben Sharuk non perse l'occasione di immortalarsi inserendo il proprio nome nell'acrostico dopo quello del suo patrono.

Dopo il poema, i complimenti e le altre infarinature diplomatiche, la lettera offre un resoconto entusiasmante della prosperità della Spagna araba e delle eccellenti condizioni di vita degli ebrei sotto il califfo Abd-al-Rahman. Il Paese in cui vivono si chiama Sepharad in ebraico, ma gli ismailiti che vi abitano lo chiamano al-Andalus.

Hasdai Ibn Shaprut racconta poi a re Giuseppe dei suoi primi tentativi di contattarlo. Egli aveva dapprima inviato un messaggero, Isaac bar Nathan, con l'incarico di presentarsi alla corte khazara; ma Isaac arrivò solo fino a Costantinopoli, dove, sebbene trattato con cortesia, gli fu impedito di proseguire il viaggio (qui Koestler commenta che ciò è comprensibile dato l'atteggiamento ambivalente dell'impero bizantino nei confronti del regno ebraico. Senza dubbio l'imperatore Costantino non era affatto interessato a facilitare un'alleanza tra la Kazaria e il Califfato di Cordova con il suo primo ministro ebreo). Così, il messaggero di Ibn Shaprut dovette tornare in Spagna senza aver compiuto la sua missione. Tuttavia, una nuova opportunità si presentò ben presto con l'arrivo a Cordova di un'ambasciata dell'Europa orientale i cui membri includevano due ebrei, Mar Saul e Maar Joseph, che si offrirono di consegnare la missiva al re khazar. Fu tuttavia una terza persona, Isaac ben Eliecer, a presentare la lettera, secondo la risposta di re Giuseppe.

Il contenuto dell'epistola è estremamente interessante. Hasdai pone una serie di domande che dimostrano l'ansia di informazioni su molti argomenti, tra cui i riti dell'osservanza del sabato. Ecco uno dei paragrafi che Koestler riproduce nella sua opera:

> "Sento l'urgente necessità di sapere se esiste davvero al mondo un luogo in cui il vessato Israele possa governarsi da solo, senza essere soggiogato da nessuno. Se venissi a sapere che è davvero così, non esiterei ad abbandonare tutti gli onori, a dimettermi dalla mia alta carica, a lasciare la mia famiglia e a viaggiare per monti e pianure, per mare e per terra, fino al luogo in cui governa il mio signore il Re.... E ho ancora una domanda, se ci sono informazioni su (una possibile data) per il Miracolo Finale (la venuta del Messia), che, vagando di paese in paese, stiamo tutti aspettando. Disonorati e umiliati nella nostra dispersione, dobbiamo ascoltare in silenzio coloro che dicono: ogni nazione ha la sua terra, solo voi non possedete nemmeno una parvenza di paese su questa terra".

Koestler commenta dopo la citazione: "L'inizio della lettera elogia il benessere degli ebrei in Spagna; la fine respira l'amarezza dell'esilio, il fervore sionista e la speranza messianica. Ma questi atteggiamenti opposti sono sempre coesistiti nei cuori divisi degli ebrei nel corso della loro storia. La contraddizione della lettera di Hasdai le conferisce un ulteriore tocco di autenticità. Fino a che punto l'offerta implicita di entrare al servizio del re di Kazaria sia da prendere sul serio è un'altra domanda a cui non possiamo rispondere. Forse lui stesso non poteva farlo.

Chi invece rispose con orgoglio fu il re Giuseppe , che assicurò a Ibn Shaprut che il regno di Khazaria smentiva tutti coloro che dicevano che lo scettro di Giuda era caduto per sempre dalle mani degli ebrei e che non c'era posto sulla terra per il loro regno. Tuttavia, nel tracciare la genealogia dei Khazari, egli non può e non rivendica una discendenza semitica per il suo popolo. Egli allude alla loro discendenza non da Shem, ma dal terzo figlio di Noè, Japheth, o più precisamente da un nipote di Japheth, Togarma, l'antenato di tutte le tribù turche. "Abbiamo trovato nei registri di famiglia dei nostri padri", dichiara coraggiosamente Giuseppe, "che Togarma aveva dieci figli i cui nomi sono: Uigur, Dursu, Avari, Unni, Basili, Tarniakh, Kazari, Zagora, Bulgari, Sabir. Noi siamo i figli di Kazar, il settimo".

Il regno di Abdìa, di cui, come abbiamo già notato, sono riportati i dettagli nella lettera di re Giuseppe , sembra segnare un punto di svolta nel processo di ebraicizzazione dei khazari, che avvenne in diverse fasi. La conversione di re Bulan e dei suoi seguaci sarebbe stata una tappa intermedia, una fase durante la quale venne abbracciata una forma primitiva o rudimentale di ebraismo basata esclusivamente sulla Bibbia. Il *Talmud*, tutta la letteratura rabbinica e gli insegnamenti da essa derivati furono quindi abbandonati. In questo senso, i primi Khazar ebrei assomiglierebbero ai karaiti, una setta fondamentalista sorta in Persia nell'VIII secolo, che non accettava altra dottrina se non la Bibbia e ignorava il *Talmud* e la letteratura rabbinica. Questi karaiti si diffusero tra gli ebrei di tutto il mondo e abbondarono in Crimea. Dunlop e altre autorità ipotizzano che tra i regni di Bulan e di Abdia (740-800 circa) una qualche forma di karaismo abbia prevalso nel Paese, cosicché l'ebraismo ortodosso, talmudico e rabbinico fu introdotto solo dopo le riforme religiose di Abdia.

Quindi, l'ebraicizzazione dei khazari fu un processo graduale, innescato da convenienze politiche, che poi penetrò lentamente nelle menti dei khazari e alla fine produsse fenomeni di messianismo nel periodo del declino.. L'impegno religioso sopravvisse al crollo dello Stato khazaro e persistette, come vedremo, negli insediamenti di ebrei khazari in Russia e Polonia.

In merito alla domanda di Ibn Shaprut circa le notizie sulla possibile venuta del Messia, la lettera di re Giuseppe afferma: "Abbiamo gli occhi puntati sui saggi di Gerusalemme e di Babilonia e, sebbene viviamo lontani da Sion, abbiamo comunque sentito dire che i calcoli sono sbagliati a causa della grande profusione di peccati e non sappiamo nulla (della venuta del Messia). Solo l'Eterno sa calcolare il tempo che resta".

Lo scambio epistolare tra lo statista spagnolo e il re di Kazaria, la cosiddetta Corrispondenza di Khazara, ha affascinato a lungo gli storici e la sua autenticità è oggi indiscussa. Le prime menzioni della Corrispondenza risalgono ai secoli XI e XII ad opera di Rabbi Jehuda ben Barzillai di Barcellona, che intorno al 1100 scrisse in ebraico il suo *Libro delle Feste*, nel quale si trova un lungo riferimento. La prima stampa si trova in un opuscolo ebraico, *Kol Mebaser*, pubblicato a Costantinopoli intorno al 1577 da Isaac Abraham Akrish. Due copie appartenenti a due diverse edizioni sono conservate alla Bodleian Library. L'unica versione manoscritta contenente entrambe le lettere, quella di Ibn Shaprut e la replica di Re Giuseppe , si trova nella biblioteca di Christ Church a Oxford.

Altre fonti ebraiche e cristiane

Vediamo altre fonti ebraiche citate da Koestler che alludono ai Khazar ebrei. Un secolo dopo la Corrispondenza Khazara, un altro ebreo spagnolo, Jehuda Halevi (1085-1141), considerato il più grande poeta ebraico in Spagna, scrisse in arabo il libro intitolato *Kuzari*, (i Khazari), poi tradotto in ebraico. Halevi fu anche un sionista avant la lettre che morì durante un pellegrinaggio a Gerusalemme. *Il Kuzari*, scritto un anno prima della sua morte, è un trattato filosofico che afferma che la nazione ebraica è l'unica mediatrice tra Dio e il resto dell'umanità. Alla fine tutte le nazioni si convertiranno all'ebraismo. La conversione dei Khazar è per Halevi un simbolo, una premonizione. Nonostante il titolo, si parla poco dei khazari, ma si fa da sfondo a un'altra versione della leggendaria storia della conversione: l'angelo, il re, lo studioso ebreo e i dialoghi filosofici e religiosi tra il monarca e i rappresentanti delle tre religioni.

Esistono tuttavia riferimenti che indicano che Halevi aveva letto la corrispondenza tra Ibn Shaprut e Joseph o, in caso contrario, che aveva altre fonti di informazione sui Khazar. Halevi racconta che, dopo l'apparizione dell'angelo, il re rivelò il segreto del suo sogno al primo generale del suo esercito e che quest'ultimo giocò un ruolo decisivo o importante in seguito. Koestler ritiene che anche in questo caso si tratti di un evidente riferimento alla doppia dignità del Kagan e del Bek.. Halevi cita anche storie e libri dei Khazar, il che ricorda le allusioni di Giuseppe ai "nostri archivi" dove sono conservati i documenti di Stato. Infine, per due volte, in parti diverse del libro, Jehuda Halevi fornisce la data della conversione, che sarebbe avvenuta "400 anni prima", nell'anno 4500 secondo il calendario ebraico, il che ci riporta alla data già data del 740.

Sull'idea sopra esposta che una setta karaita di ebrei khazari si sarebbe stabilita in Crimea, c'è la testimonianza di un famoso viaggiatore ebreo tedesco, Rabbi Petachia di Ratisbona, che visitò l'Europa orientale e l'Asia occidentale tra il 1170 e il 1185. Nella sua opera *Sibub Ha'olam* (*Viaggio intorno al mondo*), racconta il suo stupore per le osservanze primitive degli ebrei khazari della Crimea settentrionale, che attribuisce alla loro adesione all'eresia karaita. Un altro autore ebraico dell'XI secolo, Japheth ibn-Ali, anch'egli partecipe delle credenze della setta karaita, spiega che gli ebrei khazari erano chiamati mamzer (bastardi), poiché erano diventati ebrei senza appartenere alla razza eletta.

Anche le fonti cristiane riportano che i Khazar erano ebrei. Una di queste è ancora più antica di quelle appena citate. Poco prima dell'864, il monaco di Westfalia Christian Druthmar d'Aquitania scrisse *Expositio in Evangelium Mattei*, un trattato in latino in cui riferisce che "ci sono popoli sotto il cielo in regioni dove non si trovano cristiani, il cui nome è Gog e Magog, e che sono unni; tra di loro ci sono alcuni, chiamati Gazari, che sono circoncisi e praticano il giudaismo nella sua interezza".

All'incirca nello stesso periodo in cui il monaco di Westfalia scriveva quanto sopra, un famoso missionario cristiano inviato dall'imperatore di Bisanzio tentava di convertire al cristianesimo gli ebrei khazari. Si tratta di San Cirillo, apostolo degli Slavi, a cui si deve la creazione dell'alfabeto cirillico. A lui e a suo fratello maggiore, San Metodio, furono affidate missioni di proselitismo dall'imperatore Michele III. Come è noto, gli sforzi di proselitismo di Cirillo ebbero successo tra i popoli slavi dell'Europa orientale, ma non tra i Khazari, nel cui Paese si recò passando per Cherson, in Crimea, dove si fermò per sei mesi per preparare la sua missione e imparare l'ebraico. Si mise poi in viaggio sulla strada khazara (il passaggio tra il Don e il Volga) verso la capitale Itil. Si sa che incontrò il Kagan e che si svolsero le note discussioni teologiche, che ebbero scarso impatto sugli ebrei khazari. Cirillo, tuttavia, fece una buona impressione sul Khagan: alcune persone furono battezzate e circa 200 prigionieri cristiani furono rilasciati come gesto di buona volontà.

I Vichinghi appaiono

Gli storici concordano sul fatto che nella seconda metà dell'VIII secolo, tra la conversione di Bulan e le riforme religiose di Obadiah, l'impero khazaro raggiunse l'apice della sua gloria. Tuttavia, secondo le fonti arabe, gli incidenti con gli arabi si ripeterono alla fine di questo secolo. Il più grave si verificò intorno al 798. Il Califfo ordinò al governatore dell'Armenia, membro della potente famiglia Barmecide, di sposare la figlia del Kagan per rendere più sicuri i confini settentrionali. La principessa kazariana fu inviata a lui con il suo seguito e la sua dote in una lussuosa cavalcata; ma lei e il bambino che aveva partorito morirono durante il parto. I suoi corrieri, al ritorno in Kazaria, fecero intendere che era stata avvelenata. Il Kagan non fece in tempo a invadere l'Armenia e, secondo le fonti arabe, catturò circa 50.000 prigionieri. L'incursione costrinse il Califfo a liberare dalle prigioni migliaia di criminali e a fornire loro armi per contenere l'avanzata dei khazari.

Così, senza più notizie di combattimenti tra arabi e khazari, il secolo si concluse. Le relazioni amichevoli con Bisanzio e un tacito patto di non aggressione con gli arabi portarono a decenni di pace nella prima metà del IX secolo. Durante questo periodo idilliaco un evento merita di essere menzionato. Nell'833 i khazari inviarono un'ambasciata all'imperatore bizantino Teofilo, chiedendogli buoni architetti e operai per costruire una fortezza sulle rive del Don. L'imperatore fu molto disponibile e inviò una flotta attraverso il Mar Nero e il Mar d'Azov fino alla foce del Don, per risalire il fiume fino al luogo strategico in cui sarebbe stata costruita la fortificazione. Nacque così Sarkel, la famosa fortezza che sarebbe poi diventata un sito di inestimabile valore archeologico, che fornisce indizi e spunti sulla storia dei Khazar. Costantino Porfirogenito racconta l'episodio con dovizia di particolari e da lui sappiamo che, non essendoci pietre disponibili nella regione, Sarkel fu costruita con mattoni induriti in forni appositamente costruiti. Non menziona, tuttavia, il fatto (scoperto da archeologi sovietici) che i costruttori utilizzarono anche colonne di marmo del VI secolo recuperate da alcune rovine bizantine.

I potenziali nemici contro i quali, grazie agli sforzi congiunti di Bizantini e Khazari, fu costruita questa imponente fortificazione erano nuovi arrivati sulla scena internazionale: i Vichinghi per gli occidentali, i Varangi per i cronisti arabi o i Rus' per gli storici dell'Europa orientale. Mentre Sarkel veniva eretto sulle rive del Don per prevenire gli attacchi vichinghi da est, il ramo vichingo da ovest aveva fatto irruzione nelle rotte marittime dell'Europa e conquistato mezza Irlanda. Nei decenni successivi colonizzarono l'Islanda, conquistarono la Normandia, saccheggiarono ripetutamente Parigi, fecero incursioni in Germania, nel delta del Reno, nel Golfo di Genova, circumnavigarono la penisola iberica e attaccarono Costantinopoli attraverso il Mediterraneo e i Dardanelli. Non c'è quindi da stupirsi se nelle litanie dell'Europa occidentale fu inserita una preghiera speciale: "A furore Normannorum, libera nos Domine". Non è strano, poi, che Costantinopoli avesse bisogno dei suoi alleati khazari come scudo protettivo contro i draghi scolpiti sulle prue delle navi vichinghe, come ne aveva avuto bisogno secoli prima contro i vessilli verdi del Profeta. I khazari avrebbero quindi dovuto resistere all'attacco e alla fine, come vedremo, avrebbero visto la loro capitale in rovina.

Il ramo dei Vichinghi che i Bizantini chiamarono Rus e gli Arabi Varangi proveniva dalla Svezia orientale, mentre quelli che giunsero in Spagna e portarono scompiglio nelle Asturie, in Galizia, a Lisbona, Algeciras, Murcia e devastarono le Isole Baleari provenivano dalla Norvegia e dalla Danimarca, secondo quanto riportato da C. Sánchez Albornoz nell'opera citata nella prima parte. La parola rus riportata da A. J. Toynbee, la cui opera *Constantine Porphyrogenitus and His World* è una delle fonti di Koestler per la narrazione di questo periodo storico, deriverebbe dalla parola svedese "rhoder" (rematore). La parola finlandese "Ruotsi", che in finlandese significa Svezia, potrebbe forse derivare dal lessema rus. Infine, furono questi vichinghi, che inizialmente si erano insediati nei pressi del lago Ladoga, a sottomettere nel IX secolo gli slavi della città di Novgorod (852) e poi quelli di Kiev (858). Da Kiev, nell'860, lanciarono il primo attacco a Costantinopoli dopo essere entrati nel Mar Nero attraverso il fiume Dnieper. La prima cronaca russa, la *Cronaca di Nestore*, riporta che i Varangi pretendevano il pagamento di tributi dalle tribù slave e ugro-finniche del centro e del nord dell'attuale Russia.

Con l'arrivo del bel tempo e del disgelo, i convogli della Rus' solcavano i fiumi verso sud ed erano sia flotte commerciali che eserciti militari. È impossibile sapere in quale momento i mercanti si trasformarono in guerrieri. Le dimensioni di queste flotte erano formidabili. Masudi, il cronista arabo, scrive di un'armata di circa cinquecento navi, ciascuna con cento uomini a bordo, che nel 912-13 entrò nel Caspio attraverso il Volga, sul cui estuario si trovava Itil, la capitale della Kazaria, ma non anticipiamo gli eventi.

Data la formidabile minaccia dei nuovi invasori, Bizantini e Khazari dovettero muoversi con molta cautela. Per un secolo e mezzo dopo la costruzione della fortezza di Sarkel, gli accordi commerciali e lo scambio di ambasciate si alternarono a guerre selvagge. A poco a poco i russi costruirono insediamenti permanenti e divennero sempre più slavi mescolandosi ai loro vassalli sottomessi. Alla fine, grazie agli sforzi di San Cirillo, adotteranno la fede della Chiesa bizantina. Alla fine del X secolo, i russi erano diventati russi. Le prime principesse e nobili russe, osserva Koestler per rafforzare questa tesi, oggetto di numerose discussioni tra gli storici, portavano nomi scandinavi slavizzati: da Hrörekr, Rurik; da Helgi, Oleg; da Ingvar-Igor; da Helga, Olga, e così via. Toynbee, nell'opera citata, fa riferimento a un trattato commerciale del 945 tra i Bizantini e il principe

Ingvar-Igor, che contiene una lista di nomi dei compagni del principe: solo tre sono di origine slava contro i cinquanta di origine scandinava. Secondo Koestler, che segue Toynbee, i Varangi persero gradualmente la loro identità come popolo e la loro tradizione nordica svanì nella storia russa.

Sarkel fu costruito appena in tempo. Permise ai khazari di sorvegliare le flottiglie russe sul basso corso del Don e di controllare il passaggio tra il Don e il Volga (la rotta khazara). Durante il primo secolo della loro comparsa sulla scena, le incursioni di saccheggio degli agguerriti russi erano rivolte principalmente a Bisanzio, dove si poteva ottenere un bottino ovviamente più ricco. Nel frattempo, le relazioni con i Khazar si basavano sul commercio. Nonostante ciò, ci furono attriti e alcuni scontri. Tuttavia, Koestler sottolinea che all'inizio i Khazar erano in grado di controllare le rotte commerciali della Rus' al punto da esigere una tassa di passaggio del dieci per cento sulle merci che attraversavano il loro Paese per raggiungere Bisanzio o le terre arabe.

I khazari esercitarono anche una certa influenza culturale su questi popoli del nord che, nonostante i loro modi violenti e rozzi, si dimostrarono disposti a imparare dai popoli con cui vennero in contatto. Il fatto che i primi governanti di Novgorod abbiano adottato il titolo di Kagan è indicativo della portata di questa influenza. Le fonti arabe e bizantine lo confermano. Ad esempio, Ibn Rusta riferisce che il loro re si chiamava Kagan Rus. Inoltre, Ibn Fadlan afferma che Kagan Rus aveva un generale che comandava l'esercito e lo rappresentava. Questa delega del comando dell'esercito era sconosciuta ai popoli germanici settentrionali, tra i quali il re doveva essere il primo guerriero. Alcuni storici ritengono che la Rus' abbia imitato il sistema khazaro della doppia dignità. Ciò non è improbabile, se si considera che i khazari erano il popolo più prospero e culturalmente avanzato con cui i russi entrarono in contatto nei primi anni delle loro conquiste. Questo contatto deve essere stato piuttosto intenso, dato che a Itil c'era una colonia di mercanti varangiani e a Kiev si era insediata anche una comunità di ebrei khazari.

Gli intensi scambi commerciali e culturali non impedirono ai russi di erodere progressivamente il territorio dei khazari e di impadronirsi dei loro vassalli slavi. Secondo la *Cronaca di Nestore*, nell'859, circa 25 anni dopo la costruzione di Sarkel, i tributi dei popoli slavi erano divisi tra i khazari e i varangi. Questi ultimi riscuotevano i tributi dalle tribù slave del Nord: Krivichi, Chuds, ecc. mentre i Khazari esigevano tributi dai Vyatichi, dai Severyane e soprattutto dai Polyane nella regione centrale di Kiev, anche se non per molto tempo. Tre anni dopo, se si accettano le date della prima cronaca russa, Kiev, la città chiave sul fiume Dnieper sotto la sovranità khazara, passò in mano russa.

Secondo la *Cronaca di Nestore*, in questo periodo Novgorod era governata dal semi-leggendario principe Rurik (Hrörekr), che aveva sotto il suo dominio gli Slavi del Nord, diverse tribù di etnia finlandese e tutti gli insediamenti vichinghi. Due uomini di Rurik, Oskold e Dir, navigando sul Dnieper, videro un luogo fortificato su una montagna che piacque loro. Scoprirono che si trattava di Kiev, tributaria dei Khazari. Si stabilirono nella città con le loro famiglie e radunarono intorno a loro molti uomini del nord. Ben presto riuscirono a dominare i loro vicini slavi, sebbene Rurik governasse ancora Novgorod. Circa vent'anni dopo, il figlio di Rurik, Oleg (Helgi), scese in città, uccise Oskold e Dir e annesse Kiev al suo dominio. Ben presto Kiev eclissò Novgorod, la superò in importanza e divenne la capitale dei Varangi e la madre delle città russe. Il principato di Kiev divenne la culla del primo Stato russo.

La lettera del re Giuseppe discussa sopra, scritta quasi un secolo dopo l'occupazione russa di Kiev senza combattere, non menziona la città nell'elenco dei possedimenti. Tuttavia, l'influenza delle comunità ebraiche khazar sopravvisse sia nella città che nella provincia di Kiev. Dopo la distruzione definitiva del regno di Kazaria, queste comunità furono rafforzate da numerosi emigranti che si spostarono verso ovest.

I Magiari e i Khazari

La tredicesima tribù di Arthur Koestler, l'opera che abbiamo seguito, non solo illumina le oscure origini degli ebrei ashkenaziti, ma fa luce anche sulle vicende di un altro popolo europeo: i magiari, che costituiscono l'attuale Ungheria. Ciò che accadde loro avviene parallelamente all'ascesa al potere dei Rus' e influenza la storia dei Khazar. Prima di spiegare la caduta dell'impero kazaro, è quindi necessario soffermarsi brevemente su ciò che Koestler, lui stesso nato a Budapest nel 1905 da una famiglia ebraica, ha da dire su di loro.

I Magiari sono stati alleati e vassalli dei Khazari fin dall'inizio. La loro origine è un enigma storico che ha sempre tormentato i ricercatori. Ciò che si sa con certezza è che erano imparentati con i finlandesi e che la loro lingua appartiene al gruppo ugro-finnico. In origine, quindi, non erano imparentati né con i popoli slavi delle steppe né con quelli di origine turca. Essi e i finlandesi, loro lontani cugini nel tempo e nello spazio, costituiscono una curiosità etnica che permane tuttora. In una data sconosciuta, forse all'inizio dell'era cristiana, questa tribù nomade migrò dagli Urali verso sud attraverso le steppe e si stabilì nella regione tra i fiumi Don e Kuban, vicino al Mar d'Azov. Erano quindi vicini ai Khazar anche prima che questi ultimi salissero alla ribalta. Dalla metà del VII alla fine del IX secolo fecero parte dell'impero khazaro. Koestler sottolinea il fatto che durante questo periodo non ci fu un solo conflitto tra magiari e khazari e cita nuovamente Toynbee per chiarire che i magiari dominavano le tribù slave vicine e i khazari le usavano come agenti per raccogliere tributi, da cui indubbiamente traevano profitto.

L'arrivo dei russi cambiò radicalmente le cose. All'incirca nel periodo in cui fu costruita la fortezza di Sarkel, si verificò un importante movimento di magiari attraverso il Don verso ovest. A partire dall'830, il grosso della nazione magiara si stabilì in una regione tra il Don e il Dnieper, in seguito nota come Lebedia. Toynbee sostiene che la decisione fu presa in accordo con i Khazar per ragioni tattiche e difensive legate alla costruzione del Sarkel.

Per mezzo secolo questo riallineamento funzionò abbastanza bene: migliorò le relazioni tra i due popoli e culminò in due eventi che avrebbero lasciato un'impronta duratura sulla nazione ungherese. Il primo fu che i Khazar diedero loro un re che fondò la prima dinastia magiara. Il secondo fu che diverse tribù khazar si unirono ai magiari, trasformando profondamente il loro carattere etnico. Il primo evento è descritto da Costantino Porfirogenito nel *De Administrando Imperio* (950 circa) ed è confermato dal fatto che i nomi da lui citati compaiono indipendentemente nella prima Cronaca ungherese (XI secolo). Costantino ci dice che prima dell'intervento dei Khazar nei loro affari interni, le tribù magiare non avevano un re supremo, ma solo capi tribù, di cui il più importante si chiamava Lebedia (da cui il nome della regione in cui si erano insediati). Per quanto riguarda il secondo evento, Costantino riferisce che ci fu una ribellione (apostasia) contro i governanti. Gli insorti erano tre tribù, chiamate Kavar o Kabar, della stessa razza dei Khazar. Alcuni di questi ribelli furono uccisi e altri fuggirono dal Paese e si stabilirono presso i Magiari.

L'influenza che questi kabar esercitarono sui magiari fu notevole: non solo insegnarono loro la lingua kazar, che condividevano con la loro, ma i magiari adottarono anche, come i russi, una forma modificata del sistema della doppia dignità o della doppia monarchia, il che indica che i kabar esercitarono una certa leadership de facto sulle tribù magiare. Ci sono prove che tra le tribù Kabar dissidenti ci fossero ebrei o aderenti al giudaismo. Artamanov, lo storico e archeologo russo già citato, ha suggerito che l'apostasia dei Kabar fosse in qualche modo connessa con le riforme religiose avviate dal re Abdia, o fosse una reazione contro di esse. La legge rabbinica, le rigide regole quotidiane, il *Talmud* sarebbero stati troppo per questi guerrieri delle steppe. Koestler ipotizza che se professavano la religione ebraica, doveva trattarsi di un ebraismo vicino alla fede degli antichi ebrei e lontano dall'ortodossia rabbinica. Conclude che potrebbero essere stati karaiti e quindi considerati eretici.

La cooperazione tra i khazari e i magiari terminò quando questi ultimi lasciarono definitivamente le steppe eurasiatiche alla fine del IX secolo, attraversarono i Carpazi e conquistarono il territorio che occupano oggi. Le circostanze di questa migrazione sono state oggetto di controversie. Secondo Koestler, negli ultimi decenni del IX secolo si affacciò sulla scena un altro attore, i Pecheneg. Ciò che si sa di questa tribù di origine turca, ancora una volta, è riassunto da Costantino, che li descrive come una tribù barbara dall'avidità insaziabile, che per denaro poteva combattere i Rus' o altri barbari. Vivevano tra il Volga e gli Urali sotto la sovranità dei Khazar, che spesso li razziavano per costringerli a pagare un tributo.

Verso la fine del IX secolo i Pecheneg subirono una catastrofe: furono cacciati dal loro territorio dai loro vicini orientali, i Ghuzz, un'altra delle infinite tribù di origine turca che di tanto in tanto si spostavano verso ovest dall'Asia centrale. I Pecheneg sfollati cercarono di stabilirsi tra i Khazar, che li respinsero e li costrinsero a continuare la loro migrazione. Alla fine attraversarono il Don e invasero il territorio dei Magiari, che a seguito dello scontro furono spinti verso ovest nella regione tra i fiumi Dnieper e Sereth. I Pecheneg, tuttavia, ora alleati con i Bulgari del Danubio, continuarono ad incalzarli e i Magiari alla fine si ritirarono attraverso i Carpazi nei territori che costituiscono l'attuale Ungheria.

Nonostante tutto, cioè l'integrazione dei Cabari e quasi sessant'anni di invasioni e migrazioni, gli ungheresi sono riusciti a mantenere la loro identità e, dopo un periodo di bilinguismo, anche a conservare la loro lingua originale ugro-finnica, pur essendo circondati da popoli germanici e slavi. I bulgari, ad esempio, che hanno perso la loro lingua turca originaria e oggi parlano una lingua slava, non hanno avuto lo stesso successo. Ciononostante, l'influenza dei kabar continuò e nei Carpazi il legame khazar-magyar non fu del tutto interrotto. Nel X secolo il duca ungherese Taksony invitò un numero imprecisato di khazari a stabilirsi nel suo dominio. È probabile che tra loro ci fosse una maggioranza di khazari ebrei.

Dai russi ai russi

Possiamo ora riprendere la storia dell'ascesa al potere dei Rus' dal punto in cui l'avevamo lasciata: l'annessione incruenta di Kiev intorno all'862. Nello stesso periodo i Magiari venivano spinti verso ovest dai Pecheneg e i Khazar erano rimasti senza la loro protezione sul fianco occidentale. Forse questo spiega perché i russi ottennero così facilmente il controllo di Kiev. D'altra parte, l'indebolimento della potenza militare dei Khazar lasciò i Bizantini esposti agli attacchi dei Russi, le cui navi, navigando lungo il fiume Dnieper dalla città appena annessa, entrarono nel Mar Nero e attaccarono Costantinopoli. A questo punto degli eventi storici, Arthur Koestler reintroduce un commento di Toynbee, il quale scrive che nell'860 i russi (si noti che non allude più ai russi, ma ai russi), erano sul punto di conquistare Costantinopoli. Toynbee condivide la tesi, insieme ad altri storici russi, che "l'attacco della flottiglia dei nordisti attraverso il Mar Nero fu coordinato con un attacco simultaneo dell'armata vichinga da ovest, che si avvicinò a Costantinopoli attraverso il Mediterraneo e i Dardanelli".

Le dimensioni della nuova potenza che stava emergendo furono notate dalla diplomazia bizantina. Costantinopoli, come la situazione permetteva, giocò un doppio gioco alternando la guerra, se non altro, all'acquiescenza nella speranza che i russi si convertissero alla fine al cristianesimo e venissero incorporati nèll'ovile del Patriarca d'Oriente. Gli ebrei khazari si trovarono in una situazione delicata. Per quasi duecento anni le relazioni tra Bizantini e Russi si alternarono così tra trattati amichevoli e conflitti armati. Dopo l'assedio di Costantinopoli furono in guerra nel 907, 941, 944, 969-71, scontri che si conclusero con trattati di amicizia.

Per un centinaio di anni non si registrarono progressi significativi nel processo di cristianizzazione dei russi, ma le loro visite a Costantinopoli e i contatti con Bisanzio avrebbero dato alla fine i loro frutti. All'inizio del X secolo i marinai scandinavi furono reclutati per servire nelle flotte bizantine. I governanti di Kiev fornirono persino truppe all'imperatore bizantino. Famosa a suo tempo fu la "Guardia Varangiana", un corpo d'élite di mercenari Rus e altri norreni. A metà del X secolo era comune vedere le vele delle marine del Principato di Kiev spiegate sul Bosforo. Il commercio era meticolosamente regolamentato e i trattati regolavano persino l'accesso dei russi a Costantinopoli attraverso una porta specifica, che non poteva essere attraversata da più di cinquanta persone alla volta. Per garantire che tutte le transazioni fossero pulite e dignitose, gli affari del mercato nero erano punibili con l'amputazione di una mano.

Nel 957 si verificò finalmente un evento significativo: la principessa Olga di Kiev, vedova del principe Igor, fu battezzata in occasione della sua visita di Stato a Costantinopoli. Un'ulteriore battuta d'arresto si ebbe quando il figlio di Olga, Svjatoslav, respinse le insistenti richieste della madre e tornò al paganesimo. Svjatoslav organizzò una flotta agguerrita e lanciò diverse campagne, tra cui una guerra decisiva contro i Khazari e un'altra contro i Bizantini. Solo nel 988, sotto il regno del figlio Vladimir , come vedremo più avanti, la dinastia regnante dei russi adottò definitivamente la fede della Chiesa greco-ortodossa. Nello stesso periodo ungheresi, polacchi e scandinavi si stavano convertendo al cristianesimo della Chiesa di Roma.

Il crescente avvicinamento tra Kiev e Costantinopoli fece sì che l'importanza di Itil diminuisse gradualmente, e la presenza trasversale dei khazari sulle rotte commerciali, che esigevano il pagamento del dieci per cento sul flusso sempre crescente di merci, finì per irritare sia l'erario bizantino sia i mercanti-guerrieri russi. La politica di alleanze con i khazari stava per finire. Nel 988 Vladimir occupò la città bizantina di Cherson, l'importante porto della penisola di Crimea, conteso da secoli tra i khazari e i bizantini.

Il crollo dell'Impero Khazar

Le relazioni russo-bizantine nel IX e X secolo hanno due buone fonti nella *Prima Cronaca* Russa e nel *De Administrando Imperio*. Ma per il confronto russo-kazaro, che avviene nello stesso periodo, non esistono materiali simili. Gli archivi Itil, se mai ci sono stati, non esistono e solo attraverso le fonti arabe si conoscono alcuni episodi. Il periodo in questione va dall'862, data dell'occupazione russa di Kiev, al 965, quando Svjatoslav, figlio di Olga che aveva rifiutato il cristianesimo, distrusse Itil. Dopo la perdita di Kiev e lo spostamento dei magiari verso l'Ungheria, i khazari persero gradualmente il controllo dei territori occidentali e il principe di Kiev poté rivolgersi senza ostacoli alle tribù slave, intimando loro di non pagare più denaro ai khazari.

Ma l'accesso al Caspio era controllato dai Khazar, poiché passava inevitabilmente per la capitale kazara di Itil, nel delta del Volga. I russi dovevano quindi chiedere l'autorizzazione al passaggio delle loro flottiglie e pagare un dazio doganale del dieci per cento. Per un certo periodo ci fu un modus vivendi precario. Nel 912-13 si verificò un importante incidente, descritto in modo molto dettagliato da Masudi. Come già detto, un'armata di cinquecento navi con cento persone a bordo ciascuna, pari a cinquantamila uomini, si avvicinò al territorio khazar. Inviarono una lettera al re dei khazari chiedendo il permesso di navigare lungo il Volga e di entrare nel Mare dei khazari (come loro chiamavano il Caspio) a condizione di consegnare metà del bottino che avevano preso a spese delle popolazioni costiere. Ottenuto il permesso, le navi russe si sparsero sul mare e attaccarono Khilan, Jurjan, Tabaristan, Azerbaijan.... I russi", scrive Masuki, "sparsero sangue, uccisero donne e bambini, fecero bottino, devastarono e bruciarono in tutte le direzioni. Saccheggiarono persino la città di Ardabil, che si trovava tre giorni nell'entroterra.

Secondo Masudi, quando volevano consegnare la parte di bottino promessa al re dei khazari e tornare a nord, le cose non andarono secondo i piani: gli arsiyah (mercenari arabi dell'esercito khazaro) e altri musulmani che vivevano in Kazaria, venuti a conoscenza dei massacri e degli oltraggi commessi contro i loro fratelli, chiesero al re di permettere loro di regolare i conti con la Rus'. Il re non poté rifiutare, ma inviò un messaggio ai Norreni per informarli della determinazione dei musulmani a combatterli. Così i musulmani di Kazaria, uniti ad alcuni cristiani che vivevano a Itil, radunarono un esercito di circa 15.000 uomini all'estuario del Volga e affrontarono i russi. I combattimenti durarono tre giorni. Dio aiutò i musulmani", racconta Masudi. I russi furono messi a ferro e fuoco. Alcuni furono uccisi e altri annegati. Si contarono trentamila morti sulle rive del fiume dei Khazari". Ancora una volta Koestler ritiene che le informazioni della fonte araba siano parziali, anche se ammette che danno un quadro chiaro del dilemma che i khazari dovevano affrontare.

Nel 943 una flotta ancora più grande ripeté l'incursione, e in questa occasione le fonti arabe non menzionano che i Khazar dovessero dividere il bottino. Al contrario, nella lettera di re Giuseppe a Ibn Shaprut, scritta qualche anno dopo, si legge: "Faccio la guardia alla foce del fiume e non permetto ai Rus', che vengono con le loro navi, di invadere le terre degli Arabi.... Con loro conduco guerre feroci". La campagna che segnò l'inizio del crollo della Kazaria avvenne nel 965 e fu condotta, come già detto, dal principe Svjatoslav, figlio di Igor e Olga. Nella Cronaca russa si legge quanto segue:

"Svjatoslav si recò sul Volga, contattò i Vyatichi (una tribù slava che abitava una regione a sud dell'odierna Mosca) e chiese loro a chi pagassero il tributo. Essi risposero che pagavano un tributo per l'aratura della terra ai Khazar. Quando i khazari vennero a sapere dell'avvicinamento, andarono incontro al loro principe, il Kagan.... Quando scoppiò la battaglia, Svjatoslav sconfisse i khazari e prese la loro città di Biela Viezha".

Biela Viezha era il nome slavo della famosa fortezza di Sarkel sul Don. La Cronaca riporta che Svjatoslav conquistò anche Osseti e Circassi mentre sconfiggeva i Bulgari sul Danubio; ma i Bizantini lo sconfissero e sulla via del ritorno a Kiev fu ucciso da un'orda di Pecheneg, che: "gli tagliarono la testa, fecero una coppa con il suo cranio, la coprirono con uno strato d'oro e ne bevvero". La distruzione di Sarkel nel 965 segnò la fine dell'impero khazaro, ma non dello Stato khazaro. Il controllo delle tribù slave finì, ma il cuore territoriale della Kazaria tra il Caucaso, il Don e il Volga rimase intatto.

Dopo la morte di Svjatoslav, scoppiò una guerra civile tra i suoi figli e il più giovane, Vladimir , ne uscì vincitore. Inizialmente pagano come il padre, accettò il battesimo come la nonna Olga. Se la conversione dei khazari all'ebraismo fu epocale per la storia del mondo, lo fu anche il battesimo di Vladimir nel 989, preceduto da una serie di manovre diplomatiche e discussioni teologiche simili a quelle dei khazari.

La Cronaca russa racconta che dopo la vittoria ottenuta da contro i bulgari del Volga (ricordiamo che secoli prima la nazione bulgara si era divisa in due) fu firmato un trattato di amicizia in cui i bulgari dichiaravano: "Che la pace prevalga tra noi finché le pietre galleggeranno e le cannucce affonderanno". Vladimir tornò quindi a Kiev e poco dopo i bulgari inviarono una missione religiosa musulmana con l'intenzione di convertirlo all'Islam. Gli descrissero le delizie del Paradiso, dove ogni uomo avrebbe goduto di settanta bellissime donne, ma quando fu avvertito dell'astinenza dal maiale e dal vino, disse: "Bere è la gioia dei russi. Non possiamo esistere senza questo piacere". Si presentò poi una delegazione germanica di cattolici praticanti di rito latino provenienti da Roma, che non ebbe miglior fortuna quando sollevò il tema del digiuno. Vladimir rispose: "Andatevene, i nostri padri non accetterebbero un simile principio". La terza missione fu quella degli ebrei khazari. Vladimir chiese loro perché non governassero più a Gerusalemme. Gli risposero che Dio si era adirato con i loro antenati e li aveva dispersi tra i Gentili a causa dei loro peccati. Il principe allora chiese loro: "Come potete pretendere di insegnare agli altri quando voi stessi siete stati scacciati e dispersi da Dio? Volete che anche noi accettiamo questo destino?". Giunse infine la quarta e ultima delegazione inviata dai Greci di Bisanzio, i cui studiosi accusarono i musulmani di porcherie escatologiche, gli ebrei di aver crocifisso Cristo e i cattolici di Roma di aver modificato i riti. Solo dopo questi preliminari iniziarono l'esposizione del loro credo. Alla fine, però, Vladimir non si convinse ed espresse la volontà di procrastinare un po'. Inviò quindi una delegazione di uomini saggi e virtuosi in vari Paesi per osservare le loro pratiche religiose. A tempo debito, questa commissione lo informò che il rito bizantino superava le cerimonie delle altre nazioni "e non sapevamo se eravamo in cielo o in terra".

Vladimir inviò messaggi agli imperatori Basilio e Costantino, che all'epoca governavano congiuntamente, e chiese loro di dargli in sposa la sorella. Gli imperatori risposero: "Se ti battezzi, te la daremo in moglie, erediterai il regno di Dio e sarai nostro compagno nella fede". Vladimir accettò quindi il battesimo e sposò la principessa bizantina Anna. Pochi anni dopo il cristianesimo greco-ortodosso divenne la religione non solo dei governanti, ma anche del popolo russo, e dal 1037 in poi la Chiesa russa fu governata dal patriarca di Costantinopoli. Indubbiamente, a prescindere dagli ingenui resoconti della Cronaca russa, l'assunzione da parte di Bisanzio della perdita dell'importante porto di Cherson faceva parte del prezzo che la diplomazia bizantina accettò di pagare per la nuova alleanza contro i Khazari.

Nel discutere l'importanza della cattura di Sarkel da parte di Svjatoslav, resta da capire cosa sia successo alla capitale della Kazaria, Itil. C'è una certa confusione sulla distruzione di Itil, poiché le fonti non concordano sulla spiegazione degli eventi. La Cronaca russa menziona solo la distruzione di Sarkel, ma non quella di Itil. Da varie fonti arabe, invece, si sa che la capitale dei Khazar fu saccheggiata e devastata, anche se ci sono divergenze di opinione su come e quando ciò avvenne. Ibn Hawkal, la fonte principale secondo Koestler, afferma che furono i Rus' a devastare Itil e Samandar nel 965. Tuttavia, un altro storico, J. Marquart, suggerisce che Itil non fu devastata da Svjatoslav, che si sarebbe spinto solo fino a Sarkel, ma da un'altra ondata di rinfreschi vichinghi. A complicare ulteriormente le cose, altre fonti indicano una tribù di origine turca, i Pecheneg, una cui orda sarebbe scesa sulla capitale in quell'anno critico per i Khazar.

Sebbene le fonti concordino sul fatto che Itil fu rasa al suolo nel 965, dagli scritti successivi risulta che la città fu più o meno ricostruita. Ma la debolezza della Kazaria era già evidente e nel 1016 i Khazar furono nuovamente sconfitti in una campagna congiunta bizantino-russa. Durante l'XI secolo, nonostante il declino che li avrebbe portati al crollo definitivo, i Khazar continuarono a comparire sulla scena in una forma o nell'altra. La Cronaca russa, ad esempio, menziona in una breve nota che nel 1079 catturarono il principe russo Oleg e lo portarono a Costantinopoli. Koestler specula sugli intrighi latenti in questa azione, ma aneddoti e digressioni non sono più interessanti.

Le fonti che parlano dei Khazar nel XII secolo sono sempre più scarse, il che indica che avevano sempre meno influenza sugli eventi internazionali. D'altra parte, continuarono ad emergere nuovi attori. I Selgiuchidi, una tribù di origine turca insediatasi nei pressi del Mare d'Aral e che abbracciò l'Islam nel X secolo, furono i principali protagonisti a est e a sud della Kazaria. Nel corso dell'XI secolo avevano costruito un impero con capitale a Teheran, occupato Gerusalemme, si erano spinti in Anatolia e avevano persino minacciato Costantinopoli. Sarebbero stati i veri fondatori della Turchia musulmana che i turchi ottomani avrebbero consolidato secoli dopo. Il loro rapporto con i khazari ebbe alcuni episodi interessanti, ma non sono direttamente rilevanti per la nostra storia e non possiamo soffermarci su di essi. Nel corso del XII secolo, l'impero selgiuchide fu smembrato ed essi finirono per essere vassalli dei mongoli.

Per quanto riguarda i mongoli, va detto che l'impero creato da Gengis Kahn nel 1206 si estendeva dall'Ungheria alla Cina e era, al momento della sua massima espansione, uno dei più grandi della storia umana. Secondo alcune fonti, comprendeva quasi la metà della popolazione mondiale dell'epoca. Nella sua inarrestabile avanzata verso ovest, tutti i territori del regno di Kazaria passarono sotto il suo dominio negli anni 1250. Non sorprende quindi che le già scarse fonti di informazione sui Khazar si siano esaurite quasi completamente nel XIII secolo.

L'ultimo riferimento conosciuto risale al 1245-47. A questa data Papa Innocenzo IV inviò una missione a Batu Khan, nipote di Gengis Khan, che governava la parte occidentale dell'impero mongolo, per esplorare le possibilità di intesa con la nuova potenza mondiale. A capo di questa missione, riferisce Koestler, c'era un francescano sessantenne, Giovanni da Plano Carpini, contemporaneo e discepolo di San Francesco d'Assisi, viaggiatore esperto e diplomatico navigato che aveva ricoperto molti incarichi nella gerarchia ecclesiastica. La missione partì a Pasqua 1245 da Colonia e arrivò un anno dopo alla capitale dell'orda di Batu Khan sull'estuario del Volga. Il nome della città era Sarai Batu, cioè l'antica Itil. I mongoli stabilirono così il centro del loro impero sul territorio khazar. Al suo ritorno in Europa, Carpini scrisse la *Historia Mongolorum*, che contiene un elenco dei popoli che abitavano le regioni da lui visitate. In essa cita vari popoli del Caucaso settentrionale e, oltre agli Alani e ai Circassi, menziona i Khazar che professavano la religione ebraica. È l'ultima volta che vengono citati prima che cali definitivamente il sipario.

Migrazione e mentalità da ghetto

Come gli ebrei semiti avevano già iniziato la loro diaspora prima della distruzione di Gerusalemme, così, prima del cataclisma mongolo, gli ebrei khazari avevano iniziato a trasferirsi nelle terre dei popoli slavi non sottomessi dell'Occidente. Lì stabilirono i grandi centri ebraici dell'Europa orientale, che in futuro sarebbero diventati la parte più grande e culturalmente dominante dell'ebraismo mondiale. La loro religione, basata come abbiamo visto sull'esclusivismo, favorì la tendenza ad unirsi per costituire le loro comunità con i propri luoghi di preghiera, le proprie scuole, i propri quartieri; cioè i quartieri o ghetti ebraici, che essi stessi, di loro spontanea volontà, si imposero nei Paesi o nelle città in cui si stabilirono. Sia gli ebrei semiti che gli ebrei khazari condividevano quindi la mentalità del ghetto, che entrambi i gruppi rafforzavano con le speranze messianiche e l'orgoglio di considerarsi la razza eletta, anche se quest'ultima non derivava da Shem, come abbiamo visto, ma da Japheth. Il significato di alcuni dizionari che definiscono il ghetto come un quartiere in cui gli ebrei erano costretti a vivere è quindi errato.

Arthur Koestler segue le tracce dei primi Khazar ebrei, i suoi stessi antenati, nella natia Ungheria. Come egli riferisce, i kabar, le tribù khazar che migrarono con i magiari e che, come si ricorderà, furono invitati dal duca Taksony a stabilirsi nei suoi domini nel X secolo, svolsero un ruolo importante nella storia più antica dell'Ungheria. Giovanni Cinnamus, un cronista bizantino, due secoli più tardi scrive di truppe che osservano la legge ebraica che combattono nel 1154 contro l'esercito ungherese in Dalmazia. Koestler afferma che in Ungheria vivevano pochissimi "veri ebrei" provenienti dalla Palestina e non ha dubbi sul fatto che al centro dei combattimenti ci fossero i khazari-kabar. Il fatto che la Magna Charta ungherese del 1222, promulgata da Endre II (Andrea), proibisse agli ebrei di agire come coniatori di monete, esattori di tasse e controllori del monopolio reale del sale, indica che prima dell'editto gli ebrei khazari ricoprivano queste e forse anche più influenti posizioni.

L'origine khazara della popolazione ebraica ungherese durante il Medioevo è relativamente ben documentata e potrebbe sembrare che l'Ungheria costituisca un caso speciale in considerazione del legame magiaro-kazaro; tuttavia, non è così. Nel XII secolo esistono già insediamenti e colonie di khazari in varie parti dell'Ucraina e nella Russia meridionale. Si è già detto che a Kiev fiorì una comunità di ebrei khazari. Ci sono molti nomi di luoghi in Ucraina e Polonia che derivano da "kazar" o "zhid" (ebreo): Zydovo, Kozarzewek, Kozara, Kozarzov, Zhydowska Vola, Zydaticze, ecc. Questi luoghi erano probabilmente, secondo Koestler, villaggi o accampamenti temporanei di comunità di ebrei khazari durante il loro lungo viaggio verso ovest. Nomi simili si trovano anche nei Carpazi e nelle province orientali dell'Austria. Mentre la rotta principale dell'esodo khazar si dirigeva verso ovest, alcuni gruppi rimasero indietro, soprattutto in Crimea e nel Caucaso, dove formarono enclavi ebraiche che rimangono tuttora. Ma il flusso migratorio principale dei khazari si stabilì in Polonia e in Lituania, come abbiamo visto nella prima parte di questo capitolo.

Sulla questione della migrazione khazar in Polonia, Koestler fornisce informazioni importanti che ci permettono di consolidare alcune valutazioni e affermazioni precedenti sulla Polonia come centro dell'ebraismo dopo l'espulsione degli ebrei dalla Spagna nel 1492. Ne *La terza tribù* spiega che intorno al 962 diverse tribù slave formarono un'alleanza guidata dalla più forte, i Polani, che sarebbe diventata il nucleo dello Stato polacco. L'importanza dei Polani iniziò quindi nello stesso momento in cui il potere dei Khazar declinò con la distruzione di Sarkel nel 965. È significativo, osserva Koestler, che gli ebrei abbiano avuto un ruolo importante in una delle prime leggende che alludono alla fondazione del regno polacco. Sembra che quando le tribù coalizzate vollero eleggere un re, scelsero un ebreo di nome Abraham Prokownik (la fonte di Koestler è Professor A. N. Poliak), che doveva essere un ricco mercante khazar. Prokownik rinunciò alla corona in favore di un contadino autoctono di nome Piast, che divenne così il fondatore della storica dinastia Piast, che governò la Polonia dal 962 al 1370 circa.

Che la leggenda sia vera o meno, che Prokownik sia esistito o meno, è relativamente poco importante, perché è certo che gli immigrati ebrei dalla Kazaria furono ben accolti per il loro contributo all'economia e all'amministrazione del Paese. Le monete coniate nel XII e XIII secolo recavano iscrizioni in lingua polacca scritte in ebraico. Sotto la dinastia Piast i polacchi e i loro vicini baltici, i lituani, che con una serie di trattati entrarono a far parte del regno polacco a partire dal 1386, espansero rapidamente il loro territorio e avevano bisogno di immigrati per colonizzare i territori e sviluppare le città. Dapprima incoraggiarono i contadini, i borghesi e gli artigiani tedeschi, e poi gli emigranti dai territori occupati dai Mongoli, tra i quali abbondavano i Khazar (la Polonia e l'Ungheria furono invase solo brevemente dai Mongoli nel 1241-42, ma non furono occupate).

Fin dall'inizio la Polonia si orientò verso ovest e adottò il cattolicesimo, ma ciò non impedì la concessione di ogni tipo di privilegio agli ebrei khazari. Nella Carta promulgata da Boleslav il Pio nel 1264 e confermata da Casimiro il Grande nel 1334, agli ebrei fu concesso il diritto di mantenere le proprie sinagoghe, le proprie scuole e i propri tribunali, le proprie proprietà e di intraprendere qualsiasi attività commerciale desiderassero. Sotto il regno di Stefano Bathory (1575-86) fu concesso loro un proprio parlamento, che si riuniva due volte l'anno e aveva il potere di imporre tributi ai propri correligionari. Indubbiamente, secondo Koestler, l'ebraismo kazaro era entrato in un nuovo capitolo della sua storia.

Che la Chiesa di Roma fosse consapevole del potere degli ebrei in Polonia è dimostrato da un documento papale, un breve della seconda metà del XIII secolo, probabilmente di Papa Clemente IV, indirizzato a un principe polacco senza nome. In esso si afferma che le autorità ecclesiastiche di Roma sono a conoscenza dell'esistenza di numerose sinagoghe in diverse città polacche, in particolare non meno di cinque in una città. Il Papa deplora il fatto che queste sinagoghe siano più alte delle chiese, più maestose e meglio decorate, con soffitti ricoperti di targhe dipinte, che fanno sembrare povere le chiese cattoliche adiacenti. Le lamentele contenute nel memoriale papale sono poi avallate da una decisione del legato pontificio, il cardinale Guido, datata 1267, che stabilisce che agli ebrei non sia consentita più di una sinagoga per città. Da questi documenti contemporanei alla conquista mongola della Kazaria, è certo che già nel XIII secolo la presenza di ebrei khazari era molto numerosa in Polonia.

È noto che nel XVII secolo il numero di ebrei nel regno polacco-lituano superava il mezzo milione. Secondo l'articolo "Statistiche" dell'*Enciclopedia Ebraica*, nel XVI secolo la popolazione ebraica mondiale ammontava a un milione di persone, il che indica, secondo Koestler, che cita Poliak e Kutschera[3] , che durante il Medioevo la maggior parte degli ebrei non sefarditi che professavano l'ebraismo erano khazari. Una parte consistente di questa maggioranza si recò in Polonia, Lituania, Ungheria e nei Balcani, dove fondò la comunità degli ebrei orientali che sarebbe diventata la maggioranza dell'ebraismo mondiale. Ci sono tutte le ragioni per attribuire la leadership alla comunità ebraica polacca, che era di origine khazara, e non agli immigrati venuti dall'Occidente dopo l'espulsione dalla Spagna, come vedremo in seguito.

I sefarditi in Europa occidentale

La trasformazione degli ebrei khazari in ebrei polacchi non è stata una rottura brutale con il loro passato. È stato un processo di cambiamento graduale che ha permesso loro di conservare modi di vita che confermano la loro origine; modi di vita che non si trovano in nessun altro luogo della diaspora mondiale. Ci riferiamo alle piccole città ebraiche: "ayarah" in ebraico, "shtetl" in yiddish, "miastecko" in polacco. Tutti e tre i nomi sono diminutivi; tuttavia, in alcuni casi si trattava di città piuttosto grandi.

Lo shtetl non va confuso con il ghetto che, come già detto, era un quartiere all'interno della città dei gentili in cui gli ebrei erano costretti a vivere per evitare di essere contaminati da credenze e modi di vita che ripudiavano. Lo shtetl, che esiste solo in Polonia-Lituania e in nessun altro luogo del mondo, era un villaggio con una popolazione esclusivamente ebraica. Le sue origini risalgono al XIII secolo ed è certamente il

---

[3] Hugo Baron de Kutschera (1847-1910) fu uno dei primi a proporre la teoria dell'origine khazara degli ebrei orientali. Diplomatico di carriera, studiò all'Accademia Orientale di Vienna, dove divenne un esperto linguista che parlava correntemente il turco, l'arabo, il persiano e altre lingue orientali. Dopo aver prestato servizio come addetto all'ambasciata austro-ungarica a Costantinopoli, divenne direttore dell'amministrazione di Sarajevo. Dopo essere andato in pensione nel 1909, dedicò i suoi ultimi giorni a quella che era stata la sua preoccupazione di sempre: il legame tra gli ebrei europei e i khazari. Da giovane era rimasto colpito dal contrasto tra ebrei sefarditi ed ebrei ashkenaziti in Turchia e nei Balcani. Lo studio delle fonti antiche sulla storia dei Khazar lo portò alla convinzione che esse offrissero una risposta almeno parziale al problema. Il suo Studio sulla storia dei Khazari fu pubblicato postumo ed è raramente citato dagli storici.

collegamento tra le città mercato khazar e le colonie ebraiche in Polonia. Le funzioni economiche e sociali di questi agglomerati semi-urbani e semi-rurali erano simili in Kazaria e in Polonia, ossia costituivano una rete di centri commerciali che rifornivano i bisogni delle grandi città e delle campagne..

Secondo Poliak, queste città nacquero come conseguenza della migrazione generale che derivò dalla conquista mongola, quando le città slave e gli shtetl khazari si spostarono verso ovest. I pionieri di questi insediamenti erano probabilmente ricchi mercanti khazari che viaggiavano costantemente verso l'Ungheria attraverso le rotte commerciali della Polonia, che diventava così un territorio di transito tra le due comunità ebraiche. Poliak sostiene che in questo modo lo shtetl khazar fu trapiantato e divenne lo shtetl polacco, che gradualmente abbandonò l'agricoltura.

La scomparsa della nazione Kazara dal suo habitat storico e la contemporanea comparsa di grandi concentrazioni di ebrei nelle regioni nord-occidentali adiacenti sono due fatti collegati. Gli storici concordano sul fatto che l'immigrazione dalla Kazaria abbia contribuito all'aumento del numero di ebrei in Polonia. La controversia è se questi ebrei khazariani costituissero effettivamente la maggior parte degli insediamenti. Per rispondere a questa domanda, Koestler esamina le possibilità e le dimensioni di una possibile migrazione di "veri ebrei" dall'Europa occidentale alla Polonia.

Verso la fine del primo millennio, le comunità ebraiche dell'Europa occidentale risiedevano in Francia e nelle vicinanze del Reno (gli ebrei di Spagna non devono essere presi in considerazione per questa ricerca storica, poiché in quegli anni vivevano nella Sepharad la loro "età dell'oro" e non parteciparono ad alcun movimento migratorio fino al 1492). Alcune di queste comunità erano state probabilmente fondate in epoca romana, poiché tra la distruzione di Gerusalemme e la caduta di Roma, gli ebrei si erano stabiliti in molte delle grandi città dell'Impero. Queste comunità furono poi rafforzate da nuovi immigrati provenienti dall'Italia e dal Nord Africa. A partire dal IX secolo, le comunità ebraiche sono presenti in tutta la Francia, dalla Normandia alla Provenza e al Mediterraneo. Un gruppo attraversò persino la Manica in seguito all'invasione normanna, invitato da Guglielmo il Conquistatore, che aveva bisogno del loro capitale e della loro iniziativa. La loro storia è stata riassunta da A. W. Baron:

"In seguito furono trasformati in una classe di usurai reali la cui funzione principale era quella di fornire credito alle imprese politiche ed economiche. Dopo aver accumulato grandi ricchezze ad alti tassi di interesse, questi usurai erano obbligati a ripagarle in un modo o nell'altro a beneficio dell'erario reale. Il prolungato benessere di molte famiglie ebraiche, lo splendore delle loro residenze e la loro influenza negli affari pubblici accecarono anche gli osservatori più esperti, che non videro il pericolo nascosto nel crescente risentimento dei debitori di tutte le classi e nella dipendenza esclusiva dalla loro protezione da parte della casa reale.... L'insoddisfazione crebbe e culminò in scoppi di violenza nel 1189-90 che fecero presagire la tragedia finale: l'espulsione del 1290. L'ascesa fulminea e il declino ancora più rapido dell'ebraismo inglese nel breve spazio di poco più di due secoli (1066-1290) hanno evidenziato i fattori fondamentali che hanno plasmato i destini dell'ebraismo occidentale nella prima parte cruciale del secondo millennio".

La lezione principale che Koestler trae dagli eventi inglesi è che l'influenza sociale ed economica degli ebrei era totalmente sproporzionata rispetto al loro piccolo peso demografico. Pare che al momento dell'espulsione gli ebrei in Inghilterra non fossero più di 2500 e che questa minuscola comunità nell'Inghilterra medievale avesse un ruolo di primo piano nell'economia del Paese. Ciò che accadde racchiude gli eventi che si sarebbero verificati in seguito, quando gli ebrei in Francia e in Germania si trovarono ad affrontare la stessa situazione. Cecil Roth scrive che il commercio in Europa occidentale era in gran parte nelle mani degli ebrei, compreso il commercio degli schiavi, e nei cartulari carolingi i termini ebreo e mercante erano intercambiabili. Il periodo di boom in Francia terminò nel 1306, quando Filippo il Bello bandì gli ebrei dal suo regno. Alcuni tornarono, ma ci furono altre espulsioni e alla fine del secolo la comunità ebraica in Francia era estinta. La moderna comunità ebraica in Francia fu fondata da esuli spagnoli in fuga dall'Inquisizione nel XVI e XVII secolo.

Esistono riferimenti incompleti alla storia degli ebrei in Germania. *La Germanica judaica* è una delle opere che fornisce riferimenti storici ad alcune comunità nel 1238. Grazie ad essa, conosciamo la distribuzione territoriale di questi gruppi di ebrei tedeschi nel periodo in cui l'immigrazione degli ebrei khazari in Polonia era al suo apice. Si sa che nei secoli X, XI e XII c'erano ebrei a Spira, Worms, Trèves, Metz, Strasburgo, Colonia, cioè in una stretta fascia dell'Alsazia e lungo il Reno. Benjamin di Tudela visitò queste città nel XII secolo e scrisse che in esse vi erano molti israeliti istruiti e ricchi. Koestler si chiede quanti fossero e finisce per rispondere che in realtà erano molto pochi.

Koestler sostiene che alla fine dell'XI secolo gli ebrei delle comunità tedesche, a seguito della prima crociata (1096), furono perseguitati e uccisi in massa dalla folla, i cui scoppi di isteria erano incontrollabili. Egli cita una fonte ebraica che ritiene attendibile, il cronista Salomone Bar Simon, per evidenziare il caso degli ebrei di Magonza che, di fronte all'alternativa del battesimo o della morte per mano della folla, decisero di suicidarsi collettivamente, dando l'esempio ad altri gruppi. Le fonti ebraiche riportano la cifra di 800 morti tra massacri e suicidi a Worms e tra 900 e 1200 a Magonza, anche se senza dubbio molti preferirono il battesimo. Anche in questo caso, bisognerebbe sapere quanti molti, ma le fonti non menzionano il numero dei sopravvissuti, anche se A. W. Baron li stima nell'ordine delle centinaia. Né possiamo essere sicuri, ammette Koestler, che il numero dei martiri non sia esagerato.

In ogni caso, sembra chiaro che prima della Prima Crociata il numero di ebrei nelle aree tedesche sopra citate era esiguo. Non c'erano comunità ebraiche nella Germania centrale e settentrionale, né ce ne sarebbero state per molto tempo. Koestler respinge completamente la tesi tradizionale di molti storici ebrei secondo cui la Crociata del 1096 avrebbe provocato una migrazione di massa degli ebrei tedeschi verso la Polonia. La considera semplicemente una leggenda o un'ipotesi inventata ad hoc, dal momento che si sapeva poco o nulla della storia dei Khazar e non c'era altro modo possibile per spiegare l'impressionante concentrazione di ebrei nell'Europa orientale. Inoltre, conclude Koestler, "non esiste alcuna fonte contemporanea di una migrazione, grande o piccola che sia, dal Reno alla Germania orientale, per non parlare della lontana Polonia".

A questo proposito, un gruppo di genetisti ebrei è recentemente venuto in aiuto degli storici tradizionali. Harry Oster della Yeshiva University ha pubblicato nel 2012 il libro *Legacy: A Genetic History of the Jewish People*, che sostiene la tesi dell'appartenenza degli ebrei a un unico gruppo etnico. Questi scienziati, impegnati nella storiografia ufficiale, hanno insistito nel mantenere la teoria che gli ebrei dell'Europa orientale provenissero dall'area del Reno. Hanno ricevuto una forte risposta da un giovane ricercatore ebreo della Johns Hopkins University, Eran Elhaik, specializzato in genetica molecolare, che ha definito le affermazioni di Oster e compagnia "sciocchezze". Il 4 dicembre 2012, Elhaik ha pubblicato *The Missing Link of Jewish European Ancestry: Contrasting The Rhineland and the Khazarian Hypotheses*, una ricerca di circa quaranta pagine pubblicata sulla rivista online *Genome Biology and Evolution*, in cui ha fornito prove inconfutabili della provenienza khazariana degli ebrei ashkenaziti. L'articolo di Elhaik è stato commentato nel dicembre 2012 da Shlomo Sand, professore di storia all'Università di Tel Aviv. Autore del libro *L'invenzione del popolo ebraico*, Sand ha accolto il contributo scientifico di Elhaik come una conferma della sua tesi. "Per me è ovvio", ha detto Sand, "che alcune persone, storici e persino scienziati, chiudono gli occhi di fronte alla verità. A volte dire che gli ebrei erano una razza era antisemita, ora dire che non sono una razza è antisemita. È assurdo come la storia giochi con noi". Nel suo articolo, Elhaik sostiene che la conversione dei Khazar all'ebraismo nell'ottavo secolo deve necessariamente essere stata diffusa, così come gli otto milioni di ebrei in Europa all'inizio del XX secolo non possono essere spiegati dalle piccole popolazioni del Medioevo.

Simon Dubnov, uno degli storici della vecchia scuola, arriva a dire che la prima crociata spostò masse di cristiani verso l'Asia orientale e allo stesso tempo masse di ebrei verso l'Europa orientale. Tuttavia, egli ammette in seguito che non esistono informazioni su questo importante movimento migratorio della storia ebraica, il che rende evidente che le sue affermazioni sono mere speculazioni. Al contrario, sappiamo cosa fecero le comunità ebraiche vessate durante le successive crociate che seguirono quella del 1096. Coloro che riuscivano a sfuggire alle folle inferocite si rifugiavano, durante i periodi di emergenza, nel castello fortificato del vescovo, che in teoria era responsabile della loro protezione. Una volta passate le orde crociate, i sopravvissuti tornavano invariabilmente alle loro case saccheggiate per ricominciare da capo. Questo comportamento è ripetutamente documentato in varie cronache: a Trèves, a Metz e in molti altri luoghi. Durante il periodo delle Crociate divenne quasi una routine. Quando iniziarono le agitazioni per una nuova crociata, molti ebrei di Magonza, Worms, Spira, Strasburgo, Würzburg e altre città fuggirono nei castelli vicini, lasciando i loro beni in custodia a gentili considerati amici. Una delle principali fonti citate da Koestler è il *Libro dei ricordi* di Ephraim Bar Jacob, che all'età di tredici anni era stato tra i rifugiati di Colonia che si rifugiarono sotto la protezione del castello di Wolkenburg. Solomon Bar Simon riferisce che durante la Seconda Crociata i sopravvissuti di Magonza trovarono rifugio a Spira e poi tornarono nella loro città e costruirono una nuova sinagoga. Questo è ciò che le cronache ripetono più e più volte, e non si trova una sola parola su gruppi che migrano nella Germania orientale, che rimase senza popolazione ebraica per diversi secoli.

Il XIII secolo è un periodo di parziale ripresa, e gli ebrei sono registrati per la prima volta nelle regioni adiacenti al Reno: il Palatinato (1225), Friburgo (1230), Ulm (1243), Heildelberg (1255), ecc... Ma all'inizio del XIV secolo le cose si complicarono in Francia, come già detto, con l'espulsione decretata da Filippo le Bel (Filippo il Bello). I profughi migrarono in altre regioni francesi come la Provenza, la Borgogna, l'Aquitania, che erano al di fuori del dominio del re; ma non ci sono documenti storici per concludere che la Germania abbia visto un aumento del numero di ebrei con correligionari provenienti dalla Francia. Naturalmente nessuno storico ha mai suggerito la possibilità che gli ebrei francesi emigrassero in Polonia attraverso la Germania in questa o in altre occasioni.

La peggiore catastrofe del XIV secolo fu la peste nera, che tra il 1348 e il 1350 uccise un terzo della popolazione europea e in alcune regioni due terzi. Gli ebrei, accusati di sacrifici rituali di bambini cristiani, furono incolpati di aver avvelenato i pozzi per diffondere la peste nera. La voce si diffuse e la conseguenza fu il rogo degli ebrei in tutta Europa. La popolazione decimata dell'Europa occidentale non raggiunse il livello demografico precedente alla peste fino al XVI secolo. Per quanto riguarda la popolazione ebraica, attaccata dai ratti e dagli uomini di , solo una parte sopravvisse. Secondo Kutschera, che cita storici contemporanei, quando l'epidemia si placò non rimase praticamente più alcun ebreo in Germania. Egli osserva che non hanno mai prosperato lì, dove non sono mai stati in grado di stabilire comunità significative, e si chiede come, in tali circostanze, si possa sostenere la tesi che essi siano stati in grado di stabilire colonie densamente popolate in Polonia.

Koestler ritiene che dopo le crociate e la peste nera, il numero di ebrei in Europa occidentale fosse trascurabile. Solo in Spagna e in Portogallo la popolazione ebraica era numerosa. Furono quindi i sefardim che, dopo essere stati espulsi dalla Penisola, fondarono le moderne comunità in Francia, Olanda e Inghilterra nel XVI e XVII secolo. L'idea tradizionale di un esodo verso la Polonia attraverso la Germania è storicamente insostenibile.

Prima di proclamare che il cento per cento degli ebrei d'Oriente è di origine khazara, resta da esaminare un ultimo gruppo di ebrei in Europa: quelli che nel tardo Medioevo si trovavano a Vienna, a Praga, nei Balcani, nelle Alpi carinziane e nelle montagne della Stiria. Koestler si chiede da dove venissero. "Certamente non dall'Occidente", è la sua risposta. Koestler ammette che tra gli ebrei immigrati in Austria c'era certamente una componente di veri ebrei semiti provenienti dall'Italia, un Paese che, come la Kazaria, aveva ricevuto la sua parte di immigrati ebrei da Bisanzio. Tuttavia, non ci sono prove documentali di questa migrazione e si deve quindi supporre che sia stata insignificante. Al contrario, esistono ampie prove e testimonianze di una migrazione in senso opposto, ovvero di ebrei entrati in Italia alla fine del XV secolo in seguito alla loro espulsione dalle province alpine. I contorni del processo migratorio sono chiaramente percepibili per Koestler, per il quale gli insediamenti alpini erano molto probabilmente propaggini della generale migrazione dei khazari verso la Polonia che si estese per diversi secoli e seguì diverse rotte: attraverso l'Ucraina, le regioni slave, l'Ungheria settentrionale e forse anche i Balcani. L'*Enciclopedia Ebraica* riporta un'invasione della Romania da parte di ebrei armati.

Esiste anche una leggenda sugli ebrei d'Austria, lanciata dai cronisti cristiani durante il Medioevo, ma ripetuta in tutta serietà da altri storici all'inizio del XVIII secolo. Secondo questa leggenda, le province austriache erano governate da una successione di principi ebrei. *La Cronaca austriaca*, compilata da uno scriba viennese nel regno di Alberto III (1350-95), contiene un elenco di non meno di venti nomi, alcuni dei quali denotano foneticamente un'origine uralo-altaica, menzionando persino l'estensione del regno e il luogo della loro sepoltura. La leggenda viene ripetuta con alcune varianti da Henricus Gundelfingus nel 1474 e da diversi altri, l'ultimo dei quali è Anselmus Schram nei suoi *Flores Chronicorum Austriae* del 1702.

L'origine della leggenda è chiara a Koestler, il quale ricorda che per più di mezzo secolo, fino al 955, una parte dell'Austria fu sotto il dominio dei Magiari, che erano arrivati nel loro nuovo Paese nell'896 in compagnia delle tribù dei Khazari-Kabar, che, come si è visto, ebbero molta influenza sulla nazione magiara. A quel tempo gli ungheresi non si erano ancora convertiti al cristianesimo, cosa che avvenne un secolo più tardi, e l'unica religione monoteista che conoscevano era il giudaismo khazaro. Ricordiamo che il cronista bizantino Giovanni Cinnamus menziona lo scontro delle truppe ebraiche con l'esercito ungherese. Tutto sembra combaciare.

Contributo della linguistica: voci lessicali yiddish

Un'ulteriore prova contro la teoria dell'origine occidentale dell'ebraismo dell'Europa orientale è fornita dalla struttura dello yiddish, la lingua popolare di milioni di ebrei ancora oggi in uso presso alcune minoranze tradizionaliste negli Stati Uniti e in Russia. Lo yiddish è un curioso amalgama di caratteri ebraici, tedeschi medievali, slavi e altri, scritti in caratteri ebraici. Ormai in via di estinzione, è stato oggetto di molti studi negli Stati Uniti e in Israele, ma fino al XX secolo era considerato dai linguisti occidentali un gergo bizzarro. Ad eccezione di alcuni articoli di giornale, non ha ricevuto molta attenzione fino al 1924, quando M. Mieses pubblicò il primo studio scientifico serio, *Die Jiddische Sprache*, una grammatica storica.

A prima vista, la predominanza di prestiti tedeschi nello yiddish sembra contraddire la tesi di Koestler sull'origine degli ebrei dell'Europa orientale. La prima cosa che Koestler indaga è quale dialetto tedesco sia entrato nel lessico yiddish, e per questo si rivolge al già citato M. Mieses, che fu il primo a prestare attenzione a questa questione. Sulla base dello studio del vocabolario, della fonetica e della sintassi rispetto ai principali dialetti tedeschi del Medioevo, Mieses conclude che non ci sono elementi linguistici provenienti dalle zone della Germania confinanti con la Francia, né dalle regioni centrali dell'area di Francoforte, ed esclude quindi qualsiasi influenza sullo yiddish da parte delle regioni della Germania occidentale. Scrive poi: "È possibile che la teoria generalmente accettata, secondo la quale gli ebrei tedeschi in un certo momento del passato migrarono attraverso il Reno verso est, sia sbagliata? La storia degli ebrei tedeschi, dell'ebraismo ashkenazita, deve essere rivista. Gli errori della storia vengono spesso corretti dalla ricerca linguistica. La visione convenzionale della migrazione degli ebrei ashkenaziti dalla Francia e dalla Germania appartiene alla categoria degli errori storici che devono essere rivisti".

È proprio questo l'errore commesso da Joan Ferrer, professore dell'Università di Girona, che in un'opera intitolata *Storia della lingua yiddish* cerca di spiegarne l'origine sulla base della tradizionale teoria dell'emigrazione degli ebrei dall'Europa occidentale, molti dei quali dovevano parlare lingue romanze. È probabile che questo professore non sia nemmeno a conoscenza degli ebrei khazari, dal momento che non li cita nemmeno nel suo studio.

Mieses conferma che la componente tedesca dello yiddish proviene dalle regioni della Germania orientale adiacenti alla fascia slava dell'Europa orientale, il che costituisce un'ulteriore prova contro l'origine occidentale dell'ebraismo polacco e dell'Europa orientale in generale. Tuttavia, questo non spiega come un dialetto della Germania orientale, combinato con elementi slavi ed ebraici, sia diventato la lingua degli ebrei khazariani.

L'evoluzione dello yiddish è stata un processo lungo e complesso, iniziato presumibilmente prima del XV secolo. Per molto tempo rimase una lingua orale, una sorta di lingua franca, che apparve per iscritto solo nel XIX secolo. Non esisteva quindi una grammatica ed era anche lasciato agli individui il compito di introdurre parole straniere a loro piacimento. Non esistevano regole di pronuncia o di ortografia. Le regole stabilite dalla *Jüdische Volks-Bibliothek* illustrano il caos ortografico: (1) Scrivi come parli. (2) Scrivi in modo che gli ebrei polacchi e lituani possano capirti. (3) Scrivi in modo diverso parole che hanno lo stesso suono e significati diversi.

In questo modo l'yiddish si è sviluppato nei secoli senza ostacoli, assorbendo avidamente parole, modi di dire, costruzioni sintagmatiche o frasi dagli ambienti sociali che lo circondavano. Dal punto di vista sociale e culturale, l'elemento dominante nella Polonia medievale era costituito dai tedeschi. Solo loro, tra le popolazioni immigrate, erano più influenti degli ebrei dal punto di vista intellettuale ed economico. Kutschera sostiene che non meno di quattro milioni di tedeschi si trasferirono in Polonia e costituirono una classe media urbana come il Paese non aveva mai avuto prima. Non solo la borghesia istruita, ma anche il clero era prevalentemente tedesco, conseguenza naturale dell'adozione del cattolicesimo e dell'orientamento della Polonia verso ovest. La prima università polacca fu fondata nel 1364 a Cracovia, allora città prevalentemente tedesca (Koestler ricorda che un secolo dopo vi studiò Nicolaus Copernicus, che polacchi e tedeschi rivendicano come uno di loro). Sebbene i coloni tedeschi fossero inizialmente considerati con sospetto, ben presto si affermarono e introdussero in Polonia il sistema educativo tedesco. I polacchi impararono ad apprezzare i vantaggi della cultura superiore introdotta da questi immigrati e ne imitarono i modi. L'aristocrazia apprezzò i costumi tedeschi e trovò bello e piacevole tutto ciò che proveniva dalla Germania.

È quindi comprensibile che gli immigrati khazariani che si stabilirono nel Paese dovettero imparare il tedesco se volevano prosperare. Coloro che avevano rapporti con la popolazione locale dovevano certamente imparare un po' di polacco, ucraino, lituano o sloveno. Il tedesco, tuttavia, era la prima necessità per qualsiasi contatto nelle città. A tutto questo bisogna aggiungere la sinagoga e lo studio della Torah ebraica. È facile immaginare, scrive Koestler, un artigiano in uno Shtetl o un commerciante di legname che cerca di parlare tedesco con i suoi clienti, polacco con i suoi vicini e poi a casa mescola entrambe le lingue con un po' di ebraico. In questo modo si formava una lingua intima. Come questo guazzabuglio sia riuscito a diventare un codice comune standardizzato è una questione che riguarda i linguisti.

Koestler ricorda che i discendenti delle dodici tribù sono un esempio di adattabilità linguistica. Prima parlavano ebraico. Durante l'esilio babilonese, il caldeo. Al tempo di Gesù, l'aramaico. Ad Alessandria, il greco. In Spagna, l'arabo; ma più tardi il ladino, che è un misto di spagnolo ed ebraico scritto con grafia ebraica: per gli ebrei sefarditi il ladino sarebbe l'equivalente dello yiddish. I khazari non erano discendenti delle dodici tribù, ma, come abbiamo visto, condividevano con i loro correligionari la possibilità di cambiare lingua a piacimento.

Oggi la casa editrice Santillana include incautamente lo yiddish tra le lingue germaniche nei suoi libri di testo per le scuole superiori. Paul Wexler dell'Università di Tel Aviv, che ha pubblicato diversi studi (i più importanti nel 1992 e nel 2002), di cui Arthur Koestler non era a conoscenza, nega categoricamente che lo yiddish sia un dialetto del tedesco. Non è questa la sede né il momento per approfondire le questioni linguistiche; ma vediamo brevemente alcune delle sue conclusioni. Secondo Wexler, lo yiddish può provenire solo dai Khazar di lingua turco-iraniana, poiché il lessico e la grammatica dello yiddish rivelano connessioni con le lingue turco-iraniane che non sono state valutate. Questo linguista sostiene che lo yiddish è nato come lingua slava con la caratteristica insolita di avere un lessico prevalentemente tedesco. È interessante notare che l'unica componente principale dello yiddish che non ha sviluppato innovazioni significative nelle sue caratteristiche formali o semantiche è la componente slava, suggerendo che lo yiddish era una lingua slava che sfruttava solo le sue due componenti non slave: il tedesco e l'ebraico (abbiamo visto con Koestler come e perché questo era il caso). Wexler sostiene che diversi studi di morfosintassi e fonologia yiddish hanno dimostrato le somiglianze tra le grammatiche yiddish e slave e sostiene che la considerazione del tedesco come componente originaria dello yiddish e della componente slava come non originaria è errata.

Benjamin Freedman, pur non essendo un linguista, avverte in *Facts are facts* che, per ovvie ragioni, molti tengono a far credere che lo yiddish sia un dialetto tedesco e si chiede: "Se lo yiddish è un dialetto tedesco acquisito dai tedeschi, allora che lingua hanno parlato i khazari per quasi mille anni? I Khazar dovevano parlare una qualche lingua quando penetrarono nell'Europa orientale: qual era questa lingua? Quando l'hanno rifiutata? Come ha potuto l'intera popolazione Khazar abbandonare improvvisamente una lingua e adottarne un'altra? L'idea è troppo assurda per essere discussa. Lo yiddish è il nome moderno dell'antica lingua madre dei khazari con l'aggiunta di lingue tedesche, slave e baltiche".

Dopo aver delineato il contributo della linguistica all'argomento, non resta che commentare in poche righe l'ultima fase della migrazione degli ebrei khazariani, le cui comunità, sia nei ghetti che negli shtetl, dovettero affrontare problemi di sovrappopolazione, dovendo assorbire nuovi immigrati in fuga dai cosacchi nelle città ucraine. Il peggioramento delle condizioni di vita portò a una nuova ondata di emigrazione di massa verso l'Ungheria, la Boemia, la Germania e la Romania, dove gli ebrei sopravvissuti alla peste nera erano sparsi in piccoli gruppi. Riprese così il grande viaggio verso ovest, che sarebbe continuato per altri tre secoli, e divenne la fonte principale per le restanti popolazioni di ebrei semiti in Europa, America e Palestina.

I fatti sono chiari e i moderni storici austriaci, israeliani e polacchi concordano sul fatto che la maggior parte degli ebrei del mondo non è di origine palestinese, ma caucasica. Il flusso principale della migrazione ebraica non scorre dal Mediterraneo attraverso la Francia e la Germania verso l'est del continente e poi di nuovo indietro. Il flusso si muove senza inversioni in direzione ovest, dal Caucaso attraverso l'Ucraina fino alla Polonia e da lì verso l'Europa centrale e l'America. Il viaggio verso est (Palestina) dei sionisti nel XX secolo è un argomento che verrà trattato separatamente. Questi "ebrei" di origine turco-mongola hanno finito per imporre completamente le loro tesi ai sefardim, che nel XIX secolo erano per lo più favorevoli all'emancipazione e alla progressiva assimilazione nelle società in cui risiedevano.

CAPITOLO II

BANCHIERI E RIVOLUZIONI (1)

PARTE 1
CROMWELL, AGENTE DEI BANCHIERI EBREI DI AMSTERDAM

Dopo aver spiegato le origini razziali dei sionisti, vedremo ora come un'élite di ebrei sefarditi e ashkenaziti, uniti nella ricerca di soggiogare e dominare il mondo, abbia formato un potere nascosto che è stato un fattore determinante in tutti gli eventi storici. Questo potere agisce ora alla luce del sole, poiché considera la sua egemonia globale irreversibile.

Le pagine che seguono analizzeranno come questa forza nascosta, di cui non si parla nei libri di storia utilizzati nelle scuole superiori e nelle università, sia diventata un potere onnipotente, una tirannia assoluta, esercitata attraverso il suo potere economico, i media e l'insegnamento manipolato di tutte le discipline accademiche che creano opinione, in particolare la storia, che è stata completamente travisata. Come scrisse George Orwell, "Chi controlla il passato controlla il futuro. Chi controlla il presente controlla il passato". La rassegna storica intrapresa in questo libro inizia in realtà con la comparsa dei Rothschild sul palcoscenico della politica e della finanza europea; tuttavia, per vedere come un'élite di ebrei talmudici abbia da tempo condizionato e programmato gli eventi storici secondo i propri interessi, vedremo brevemente come nel XVII secolo Cromwell abbia preso il potere in Inghilterra.

Per la maggior parte degli europei Cromwell è noto soprattutto per aver decapitato il re Carlo I e per aver abrogato nel 1655 l'editto di espulsione degli ebrei[4] , che era stato promulgato da Edoardo I nel 1290

---

[4] Gli ebrei erano giunti in Inghilterra nel 1066 e avevano insediato sul trono Guglielmo I, che per ricompensare il loro sostegno permise e protesse la pratica dell'usura, con conseguenze disastrose per il popolo, dato che nel giro di due generazioni un quarto delle terre inglesi era nelle mani di usurai ebrei. Re Offa, uno dei sette re dell'eptarchia anglosassone, aveva vietato l'usura nel 787. Le leggi contro l'usura furono successivamente rafforzate da re Alfredo il Grande (865-99), che ordinò la confisca delle proprietà degli usurai. Nel 1050 Edoardo il Confessore decretò non solo la confisca dei beni, ma anche che l'usuraio fosse dichiarato bandito a vita. Dopo l'espulsione dei 16.000

(erano stati espulsi sulla carta, ma in realtà non avevano mai lasciato l'Inghilterra e la loro "riammissione" richiedeva un formalismo giuridico). Gli studenti più illuminati sapranno anche che Cromwell ordinò il massacro di 40.000 cattolici irlandesi; ma vediamo chi c'era dietro.

Approfittando di un disaccordo opportunamente preparato tra il re e il Parlamento, in Olanda fu ordito il piano che avrebbe posto fine, anni dopo, alla dinastia degli Stuart e all'instaurazione dell'Orange olandese. Il rabbino Manasseh Ben Israel, uno dei baroni del denaro che allora risiedevano ad Amsterdam, contattò Oliver Cromwell attraverso i suoi agenti e gli offrì enormi somme di denaro se avesse osato guidare una cospirazione per rovesciare il re. Non appena Cromwell accettò il piano, Manasseh Ben Israel e altri usurai ebrei provenienti dalla Germania e dalla Francia finanziarono Cromwell. Secondo John Buchan, autore di *Oliver Cromwell*, gli ebrei di Amsterdam controllavano il commercio in Spagna, Portogallo e gran parte del Levante, oltre a dominare il flusso di lingotti d'oro.

Nel suo *Pawns in the Game*, William Guy Carr spiega che l'ebreo portoghese Antonio Fernández Carvajal, noto come "Il Grande Ebreo", divenne l'appaltatore militare di Cromwell. Fu lui a riorganizzare i parlamentari che si opponevano al re (per lo più puritani e presbiteriani). Grazie al suo denaro, li trasformò in un esercito moderno, con il miglior equipaggiamento e le migliori armi. Una volta messa in atto la cospirazione, centinaia di rivoluzionari addestrati si recarono in Inghilterra in clandestinità e si mimetizzarono nella clandestinità ebraica, il cui capo principale era l'ambasciatore portoghese Francisco de Sousa Coutinho che, dopo essere stato rappresentante del Portogallo all'Aia negli anni '40 del XVI secolo, era stato inviato a Londra grazie all'influenza esercitata da Fernández Carvajal. È nella sua casa che, protetti dall'immunità diplomatica, i leader rivoluzionari ebrei si riunirono per tessere segretamente i fili del complotto.

La prova assoluta che conferma senza ombra di dubbio che Cromwell era una pedina nell'interesse del complotto rivoluzionario ebraico è contenuta in una pubblicazione settimanale curata da Lord Alfred Douglas, *Plain English*, un settimanale pubblicato dalla North British Publishing Co. In un articolo del 3 settembre 1921, Lord Alfred Douglas spiega come il suo amico L. D. Van Valckert di Amsterdam fosse in possesso di un volume di archivi della sinagoga di Mulheim che era andato perso. Questo volume, perduto durante le guerre napoleoniche, conteneva documenti, in particolare lettere, indirizzate ai direttori della sinagoga e a cui questi avevano risposto. William Guy Carr, nell'opera citata, ne riproduce due alla lettera. La prima, datata 16 giugno 1647, è di O. C. (Oliver Cromwell), a Ebenezer Pratt. Si legge:

---

ebrei dall'Inghilterra da parte di Edoardo I nel 1290, furono prese ulteriori misure contro l'usura: nel 1364 Edoardo III concesse alla città di Londra una "Ordinatio contra Usurarios". Una nuova legge fu approvata nel 1390.

"In cambio di aiuti finanziari, sosterremo l'ammissione degli ebrei in Inghilterra; tuttavia, ciò è impossibile finché Carlo vivrà. Carlo non può essere giustiziato senza un processo, per il quale al momento non ci sono motivi. Consiglio quindi che Carlo venga ucciso, ma non avremo nulla a che fare con i preparativi per trovare un assassino, anche se siamo disposti ad aiutarlo a fuggire".

In risposta a questo dispaccio, E. Pratt scrisse una lettera a Oliver Cromwell datata 12 luglio 1647:

"Garantiamo aiuti finanziari non appena Carlos sarà rimosso e gli ebrei saranno ammessi. L'omicidio è troppo pericoloso. Dovremmo dare a Charles la possibilità di fuggire. La sua ricattura renderebbe possibile il processo e l'esecuzione. L'aiuto sarà generoso, ma è inutile discutere i termini fino all'inizio del processo".

Il 12 novembre dello stesso anno, 1647, Carlo I ebbe la possibilità di fuggire. Naturalmente, fu immediatamente ricatturato. Dopo il suo riarresto, gli eventi si susseguirono rapidamente. Cromwell si mise all'opera per epurare il Parlamento dai membri fedeli al re. Nonostante questa azione drastica, quando la Camera dei Comuni si riunì nella notte del 5 dicembre 1648, la maggioranza dei deputati ritenne che "le concessioni offerte dal re fossero soddisfacenti per un accordo".

Un tale accordo avrebbe impedito a Cromwell di ricevere il denaro insanguinato che gli era stato promesso dai baroni del denaro internazionale attraverso il loro agente Ebenezer Pratt, così Cromwell colpì di nuovo. Ordinò al colonnello Pryde di effettuare una nuova epurazione, "l'epurazione di Pryde", dei membri dei Comuni che avevano votato a favore dell'accordo. Dopo l'epurazione, rimasero solo cinquanta deputati, il "Rump Parliament", che usurpò il potere assoluto. Nel gennaio 1649 fu proclamata una "Alta Corte di Giustizia" per processare il Re d'Inghilterra, i cui membri erano per due terzi provenienti dall'esercito di Cromwell. I cospiratori non riuscirono a trovare nessun avvocato inglese in grado di presentare un'accusa penale contro il re. Fernandez Carvajal incaricò quindi un ebreo straniero, Isaac Dorislaus, agente di Manasseh Ben Israel in Inghilterra, di redigere un atto d'accusa con cui Carlo I potesse essere processato. Prevedibilmente, Carlo fu ritenuto colpevole delle accuse mosse contro di lui dagli usurai ebrei internazionali, ma non dal popolo inglese. Il 30 gennaio 1649 il re d'Inghilterra fu decapitato pubblicamente. Cromwell, come Giuda, ottenne i suoi soldi e ricevette anche nuovi finanziamenti per estendere la guerra all'Irlanda cattolica.

Dal 7 al 18 dicembre 1655, Cromwell organizzò una conferenza a Whitehall (Londra) per ottenere il via libera a un'immigrazione su larga scala di ebrei. Sebbene la conferenza fosse gremita di convinti sostenitori di Cromwell, i delegati, che erano principalmente sacerdoti, avvocati e mercanti, decisero con un consenso schiacciante che agli ebrei non doveva essere permesso di entrare in Inghilterra. Nonostante le forti proteste della sottocommissione del Consiglio di Stato, che aveva dichiarato che questi ebrei "sarebbero stati una grave minaccia per lo Stato e per la religione cristiana", i primi ebrei furono fatti entrare di nascosto nell'ottobre 1656. A. M. Hyamson, nel suo *A History of the Jews in England*, conferma che "i mercanti, senza eccezioni, si pronunciarono contro l'ammissione degli ebrei. Dichiararono che gli immigrati proposti sarebbero stati moralmente dannosi per lo Stato e che la loro ammissione avrebbe arricchito gli stranieri a spese degli inglesi".

Inghilterra e Olanda furono presto coinvolte in una serie di guerre che si conclusero con la proclamazione di Guglielmo d'Orange come re d'Inghilterra. Quando Cromwell, che nel 1653 si era proclamato Lord Protettore d'Inghilterra, morì nel 1658, fu la volta di suo figlio Riccardo, anch'egli chiamato Protettore; ma nel 1659, dopo nove mesi di mandato e disgustato da tanti intrighi, si dimise. Nel 1660 il generale Monk occupò Londra e Carlo II, figlio del monarca decapitato, fu proclamato re. Gli ebrei olandesi continuarono a fornire un sostegno finanziario temporaneo, ma ben presto sostennero i costi della spedizione di Guglielmo d'Orange contro il fratello e successore di Carlo II, il Duca di York, che regnò come Giacomo II dal 1685 al 1988.

In poche parole, le cose andarono così. Quando nel 1674 l'Inghilterra e l'Olanda fecero pace, gli artefici delle macchinazioni che avevano portato alle guerre civili inglesi si trasformarono in sensali: elevarono Guglielmo Stradholder al rango di capitano generale delle forze olandesi, ed egli divenne Principe d'Orange. Tutto era stato organizzato per fargli incontrare Maria, la figlia maggiore del Duca di York, fratello del Re, destinata a succedergli sul trono. Nel 1677 Maria e Guglielmo Stradholder, Principe d'Orange, si sposarono. Per far salire quest'ultimo sul trono inglese era necessario sbarazzarsi sia di Carlo II che del Duca di York. Nel 1683 era già stato ordito il complotto per assassinarli entrambi in una volta sola, "The Rye House Plot", ma fallì. Nel 1685 Carlo II morì e il Duca di York, che si era convertito al cattolicesimo, regnò come Giacomo II. Iniziò subito una campagna di infamia, seguita da insurrezioni e ribellioni orchestrate dai "Poteri Segreti", che ancora una volta tirarono i fili della nuova cospirazione con i loro mezzi preferiti di ieri e di oggi: corruzione e ricatto. Il primo a soccombere fu il Duca di Marlborough, John Churchill, antenato di Winston Churchill, che era a capo dell'esercito, il che rendeva fondamentale il suo appoggio. Eustace Mullins, nel suo *The Curse of Canaan*, sostiene che John Churchill fu corrotto con 350.000 sterline da Medina e Machado, due banchieri sefarditi di Amsterdam. Il fiele del Duca di Marlborough era tale che il 10 novembre 1688 firmò un nuovo giuramento di fedeltà al re e due settimane dopo, il 24 dello stesso mese, si unì alle forze di Guglielmo d'Orange. L'*Enciclopedia Ebraica* riporta che "per i suoi numerosi servizi, il Duca di Marlborough ricevette dal banchiere ebreo olandese Solomon Medina non meno di 6000 sterline all'anno". Guglielmo d'Orange sbarcò in Inghilterra nel 1688 e nel 1689 lui e sua moglie Maria furono proclamati re d'Inghilterra. Giacomo II non voleva rinunciare al trono senza combattere e il 15 febbraio era sbarcato in Irlanda. Poiché il re era cattolico, Guglielmo d'Orange fu proclamato campione della fede protestante calvinista. Il 12 luglio dello stesso anno si svolse la famosa Battaglia del Boyne, che da allora gli Orangemen celebrano ogni anno con provocatorie parate commemorative.

Uno degli scopi dell'importazione del calvinismo in Inghilterra era quello di creare un cuneo tra Chiesa e Stato. Il calvinismo sottolineava che il prestito usuraio e l'accumulo di ricchezza erano nuovi modi di servire il Signore. La grande novità per gli usurai e la nuova classe mercantile emergente era che Dio voleva che ci arricchissimo. "Arricchitevi" era il grido di battaglia proposto dai calvinisti. Il profeta della setta era un cripto-giudeo francese di nome Jean Cauin, che fondò il calvinismo a Ginevra, dove inizialmente era conosciuto come Cohen (pronunciato Cauin). In seguito diede una forma inglese al suo nome e divenne Giovanni Calvino. Il calvinismo si basava sull'interpretazione ebraica letterale dei comandamenti e dell'Antico Testamento. I primi discepoli erano conosciuti come Ebraisti Cristiani. Il calvinismo facilitò il lavoro degli usurai ebrei e facilitò la loro espansione nel commercio europeo. Da qui la frase: "Calvino benedisse gli ebrei". Fin dall'inizio il calvinismo fu brutalmente dispotico e si rivelò la setta più tirannica e autocratica d'Europa. Nel novembre 1541 Calvino pubblicò le sue Ordinanze ecclesiastiche, un insieme di istruzioni che imponevano ai cittadini una disciplina assoluta, pena la morte. Il suo principale critico, Jacques Gruet, fu decapitato per blasfemia. Michele Serveto, un altro dei suoi oppositori, fu bruciato su un rogo. Di norma, i critici venivano torturati e decapitati.

Tutte le guerre e le ribellioni tra il 1640 e il 1689 furono fomentate dagli usurai ebrei internazionali allo scopo di controllare la politica e l'economia britannica. Il loro obiettivo principale era quello di ottenere il permesso di fondare la Banca d'Inghilterra (1694), al fine di garantire i debiti che la Gran Bretagna doveva loro per i prestiti che avevano fatto alla Gran Bretagna per combattere le guerre che avevano istigato. I libri di storia ne attribuiscono la fondazione a William Patterson e Sir John Houblen, ma in realtà entrambi agirono come rappresentanti del governo nelle trattative con i finanziatori. Non appena il generale olandese si sedette sul trono d'Inghilterra, convinse il Tesoro britannico a prendere in prestito 1.250.000 sterline dai banchieri ebrei che lo avevano messo lì. I finanziatori internazionali accettarono di depositare questa somma nelle casse del Tesoro, ma imposero le loro condizioni. Una condizione era la concessione di una carta per istituire la Banca d'Inghilterra[5]. Un'altra condizione era la segretezza dei nomi di coloro che avevano concesso il prestito. L'identità delle persone che controllano la Banca d'Inghilterra rimane segreta. Nel 1929 fu istituito un comitato, il Macmillan Committee, per cercare di fare luce sulla questione, ma fallì a causa della continua evasività del suo capo di allora, Norman Montagu. Per concludere, resta da aggiungere che i finanziatori internazionali pretesero che i direttori della Banca d'Inghilterra avessero il diritto di adottare il gold standard e il privilegio speciale di emettere banconote. Inoltre, per consolidare il debito della nazione e garantire il pagamento delle somme e dei loro interessi, riuscirono a imporre tasse dirette al popolo. Nacque così l'attuale sistema, basato sul debito e su tasse di ogni tipo sul popolo. Da allora a oggi, coloro che controllano il credito e speculano con il denaro hanno progressivamente usurpato le funzioni degli Stati sovrani. La democrazia è il nome dato a un sistema che, in realtà, non è altro che il regime corrotto che permette di coprire il paradiso dei prestatori e degli speculatori internazionali. Tra il 1698 e il 1815 il debito nazionale della Gran Bretagna è salito a 885.000.000 di sterline. Sterline.

Oltre alla Banca d'Inghilterra, la prima banca centrale privata del mondo moderno, furono create altre due società per azioni associate alla finanza statale: nel 1698, la nuova Compagnia delle Indie Orientali, che avrebbe dovuto monopolizzare il commercio oltre il Capo di Buona Speranza, e nel 1711 la Compagnia del Pacifico, che avrebbe avuto il privilegio di commerciare nelle acque del Sud America.

---

[5] Nel 1694 la Camera dei Comuni contava 512 membri: 243 Tories, 241 Whigs e 28 di affiliazione sconosciuta. Due terzi erano proprietari terrieri e si ritiene che il 20% dei deputati fosse analfabeta. Il disegno di legge fu discusso a luglio, quando la maggior parte dei deputati era nei campi a raccogliere i raccolti. Il 27 luglio, quando si votò per la concessione della carta della banca, erano presenti solo 42 deputati, tutti Whig che votarono a favore. I conservatori si opposero alla legge.

PARTE 2
ADAM WEISHAUPT, AGENTE DEI ROTHSCHILD

Libertà, democrazia, indipendenza sono parole prestigiose alle quali nessuno assocerebbe alcuna connotazione negativa. Il termine rivoluzione è un'altra di quelle parole la cui connotazione è positiva e per questo gode di un prestigio generalmente accettato. Chi non ha mai pensato, prima o poi, che una rivoluzione è necessaria per cambiare tutto? La storia insegna agli studenti che le rivoluzioni avvengono perché il popolo, stufo delle sofferenze e dell'arbitrio, si solleva contro una serie di eventi o cose inaccettabili che provocano la rivoluzione. Non importa quanti crimini abbiano dovuto commettere i rivoluzionari per raggiungere i loro obiettivi, il fine giustificherà i mezzi. La storia spiega che le rivoluzioni portano all'instaurazione di un nuovo ordine che pone fine all'ingiustizia precedente e costituisce un progresso verso la libertà, la democrazia o l'indipendenza.

Isaac Disraeli, padre di Benjamin Disraeli (Lord Beaconsfield), di cui abbiamo già citato alcuni testi nel primo capitolo e su cui torneremo più avanti, scrive dettagliatamente della Rivoluzione inglese nei suoi due volumi *The Life of Charles I*. Il secondo volume inizia con questa frase criptica: "Era predestinato che l'Inghilterra fosse la prima di una serie di rivoluzioni, che non è ancora terminata". Poiché quando scrisse queste parole la Rivoluzione francese aveva già avuto luogo, sembra chiaro che stesse alludendo a una successiva, che sarebbe diventata nota come Rivoluzione bolscevica. In quest'opera Disraeli afferma che quando i calvinisti presero in mano il Paese "sembrava che la religione consistesse principalmente nel rigore del sabato e che il Senato britannico fosse stato trasformato in una compagnia di rabbini ebrei". Più avanti afferma: "Nel 1650, dopo l'esecuzione del re, fu approvata una legge che imponeva sanzioni per l'infrazione del sabato". Isaac Disraeli sottolinea le grandi somiglianze nei modelli delle attività che precedettero le rivoluzioni inglese e francese, scoprendo così, in un certo senso, i preparativi dei direttori segreti del Movimento rivoluzionario mondiale.

Come abbiamo visto nel caso della rivoluzione inglese, a volte le cose non sono come sembrano. I processi rivoluzionari hanno bisogno di agenti, di organizzazione e, soprattutto, di finanziamenti, di denaro. Si vedrà a tempo debito che l'esempio paradigmatico è la rivoluzione bolscevica, finanziata dai banchieri ebrei di Wall Street. Tuttavia, la sinistra internazionale non è in grado di intravedere la verità. Marx, Trotsky, Lenin rimangono per i "progressisti" di tutto il mondo santi intoccabili, benefattori dell'umanità. Eppure Trotsky (Bronstein) era un agente del banchiere sionista Jacob Schiff, che dichiarava con orgoglio in pubblico che grazie al suo aiuto finanziario la rivoluzione era riuscita. Max Warburg, un altro banchiere sionista, il 21 settembre 1917 aprì via cavo da Amburgo un conto presso la Nya Banken di Stoccolma (la banca di Rothschild) a nome di

Trotsky. Olaf Aschberg, anch'egli ebreo e massimo dirigente della Nya Banken, fonderà nel 1921 la Banca Commerciale Russa e diventerà così il capo della finanza sovietica. Tutto questo sarà raccontato in dettaglio nel capitolo sulla rivoluzione in Russia. Vediamo ora, passo dopo passo, come fu preparata la rivoluzione in Francia.

I Rothschild, una famiglia di talmudisti ebrei di Francoforte, sono entrati in scena nell'ultimo terzo del XVIII secolo. Nel corso del XIX secolo divennero rapidamente i padroni della finanza e della politica internazionale. Mayer Amschel Bauer (1744-1812), uomo di straordinaria intelligenza, fondò la dinastia e adottò il nome Rothschild. Prima di morire, costrinse i suoi cinque figli a consanguinei tra loro e con i loro discendenti. Tutto questo verrà raccontato in dettaglio più avanti. Secondo William Guy Carr (*Pawns in the Game*), nel 1773 Mayer Amschel Rothschild sarebbe stato l'organizzatore di una riunione a Francoforte alla quale parteciparono altre dodici persone molto ricche e influenti. Il loro scopo era quello di convincere le famiglie rappresentate che, se avessero unito le loro risorse, avrebbero potuto finanziare e dirigere il Movimento rivoluzionario mondiale e usarlo come manuale d'azione per ottenere il controllo totale della ricchezza, delle risorse naturali e del potere in tutto il mondo. L'analisi dell'organizzazione della rivoluzione britannica rivelò gli errori commessi: il periodo rivoluzionario era stato troppo lungo e l'eliminazione dei reazionari non era stata sufficientemente rapida. Secondo Guy Carr, che non cita la sua fonte, fu in questa riunione che venne elaborato un piano d'azione che sarebbe stato perfezionato nel corso degli anni. Molte delle idee essenziali del progetto sarebbero apparse nei documenti che anni dopo furono sequestrati agli Illuminati di Baviera e che da allora sono riapparsi nei manuali di varie società segrete. Infine, ampliato e con poche modifiche, il programma sarebbe stato incarnato *nei Protocolli dei dotti anziani di Sion,* composto da ventiquattro sezioni e pubblicato all'inizio del XX secolo. Si può quindi dedurre che in realtà i famosi *Protocolli* non sono altro che la parafrasi di una cospirazione per il controllo del mondo che era latente dalla fine del XVIII secolo.

Il piano d'azione proposto si basava sull'assunto che il fine giustifica i mezzi. Di conseguenza, l'onestà e la moralità erano considerate vizi politici e la violenza e il terrore erano usati per raggiungere gli obiettivi e il liberalismo per ottenere il potere politico. L'idea di libertà doveva essere usata per provocare la lotta di classe. Un'altra idea fondamentale riguardava la necessità di tenere nascosto il potere (il loro) fino al trionfo finale. Secondo Guy Carr, la riunione di Francoforte avrebbe considerato per la prima volta l'importanza di comprendere la psicologia delle masse per modificarne il comportamento e controllarle dispoticamente. Tra le idee più rilevanti indicate dalle tredici famiglie, che da allora sono diventate prassi comune, spiccano le seguenti: il diritto di impadronirsi della proprietà con qualsiasi mezzo; il finanziamento di entrambe le parti nelle guerre e il controllo delle successive conferenze di pace; l'uso del potere del denaro per collocare nei governi politici asserviti e obbedienti; l'uso della propaganda attraverso il controllo della stampa e dei libri; l'uso della Massoneria per realizzare la sovversione e diffondere l'ideologia materialista e atea; la rivoluzione e il successivo regno del terrore come mezzo più economico per sottomettere rapidamente il popolo; il controllo delle nazioni e degli affari internazionali attraverso la diplomazia degli agenti segreti; la creazione di grandi monopoli e di colossali riserve di ricchezza per instaurare un governo mondiale; l'adattamento delle leggi nazionali e internazionali agli interessi del "Potere segreto".

Tre anni dopo l'incontro di Francoforte, il 1° maggio 1776, nacque a Ingolstadt l'Ordine dei Perfettibili, meglio conosciuto come Ordine degli Illuminati di Baviera, gli Illuminati, la società segreta che avrebbe attuato il programma rivoluzionario concepito a Francoforte e che Rothschild aveva incaricato di fondare Adam Weishaupt (1748-1830), un cripto-giudeo, figlio del rabbino George Weishaupt, morto quando aveva solo cinque anni. Nel 1771 Adam aveva incontrato un cabalista ebreo danese, Kölmer, appena arrivato dall'Egitto, che lo aveva profondamente colpito per le sue conoscenze occulte e lo aveva iniziato ai segreti della magia di Osiride e della Cabala. Weishaupt avrebbe poi scelto la piramide come simbolo degli Illuminati, il cui emblema, oggi famoso in tutto il mondo, è "L'occhio che tutto vede". La cerimonia di fondazione si svolse nelle foreste bavaresi nella famosa notte di Valpurga (30 aprile - 1° maggio). Questa data non era casuale, perché tra i cabalisti ebrei il 1° maggio simboleggiava il numero sacro di Yahweh ed era diventato per loro una festa nascosta. Secondo Johann Wolfgang Goethe, il primo maggio, il giorno dopo la notte di Valpurga, è il momento in cui si celebrano le forze mistiche oscure. È noto che tra il gruppo di estranei che parteciparono all'evento c'erano diversi studenti, soggiogati dalle idee del loro maestro: Weishaupt, nato nella stessa città, era diventato professore di diritto canonico e civile all'Università di Ingolstadt nel 1772. Nel 1773, dopo lo scioglimento della Compagnia di Gesù da parte di Papa Clemente XIV, Weishaupt divenne preside della Facoltà di Giurisprudenza, che era stata tenuta dai gesuiti per novant'anni. Il fatto che Weishaupt fosse stato educato dai gesuiti, il che gli permise di penetrare nel loro sistema organizzativo e di conoscere nei dettagli i meccanismi interni dell'ordine, fu certamente un fattore che lo spinse ad affidargli la creazione dell'Ordine degli Illuminati di Baviera. Infatti, adottò per gli Illuminati l'organigramma della Compagnia, di cui divenne il peggior nemico.

Frankisti e Illuminati

Che Adam Weishaupt fosse un agente dei banchieri di Francoforte è un fatto condiviso da numerosi autori ai quali faremo riferimento nel corso della nostra trattazione. Tuttavia, c'è una fonte che è stata poco citata e che è di grande interesse perché è un'autorità molto significativa. Si tratta del rabbino Marvin S. Antelman, che dal 1974 è stato giudice capo della Corte Rabbinica Suprema d'America (SRCA). Antelman, nella sua opera *To Eliminate the Opiate* (un'opera in due volumi pubblicata a distanza di ventotto anni l'una dall'altra, nel 1974 e nel 2002), afferma che fu il fondatore della dinastia Rothschild, Mayer Amschel , a convincere Adam Weishaupt ad accettare la dottrina di Jacob Frank (Frankisti) e a finanziare in seguito gli Illuminati di Baviera. I Frankisti, una setta pre-Illuminati a cui appartenevano i più influenti finanzieri e intellettuali ebrei d'Europa, erano a loro volta seguaci di Shabbetay Zeví[6] e si sposavano solo tra loro. Jacob Frank (1726-1791), il cui nome originario era Jacob Leibowicz, nacque in Galizia, in Polonia, da una famiglia shabbetaica. All'età di 25 anni si proclamò reincarnazione di Zeví.

Gershom Scholem, nella sua opera *Le messianisme juif*, definisce Frank come "il caso più spaventoso nella storia dell'ebraismo". Il pensiero di Frank, spiega Scholem, si colloca nell'interpretazione cabalistica dello

---

[6] Le dottrine di Shabbetay Zeví (1626-1676) e Jacob Frank sono considerate da rabbini come Marvin S. Antelman un movimento satanico che ha stravolto gli insegnamenti ebraici. Shabbetay Zeví, di origine sefardita, nacque a Smirne nel 1626. Studiò per diventare rabbino, ma presto si interessò alla Cabala. Yitshac Luria aveva annunciato nel XVI secolo che il Messia avrebbe regnato a partire dal 1648. Nella stessa data, nella sinagoga della sua città natale, Shabbetay Zeví proclamò di essere il Messia atteso. Scomunicato, si recò a Tessalonica, da dove fu espulso. Si recò in Egitto e lì contattò un gruppo cabalistico guidato dall'ebreo Raphael Joseph , che era tesoriere del viceré e controllava le attività bancarie in Egitto, una provincia ottomana. Nel 1662, con molto denaro, arrivò a Gerusalemme dove rimase per due anni. Nel 1664 tornò in Egitto e sposò una prostituta ebrea di nome Sarah, che sette anni prima aveva affermato ad Amsterdam che Dio le aveva ordinato di sposare il nuovo Messia. Questo matrimonio fu consumato per soddisfare la leggenda secondo cui il Messia avrebbe sposato una donna impura. Shabbetay aveva bisogno di un profeta e questo era Nathan di Gaza, che sosteneva di avere visioni in cui Dio confermava che Shabbetay Zeví era il Messia. Nel 1665 i due si riunirono e iniziarono a insegnare ai rabbini di Gerusalemme e ai loro seguaci che Shabbetay aveva il permesso divino di infrangere i comandamenti di Mosè e che l'incesto e la fornicazione non erano un peccato. Fu nuovamente espulso, ma molti ebrei cominciarono a credere in lui. Si recò ad Aleppo e da lì tornò a Smirne, dove ci fu una scissione tra coloro che seguivano i rabbini e coloro che lo proclamavano Messia. Il 30 dicembre 1665 si imbarcò per Costantinopoli, perché secondo una profezia il sultano si sarebbe arreso e così sarebbe iniziato il suo regno. Quando arrivò, l'8 febbraio 1666, il sultano lo stava aspettando e lo imprigionò. Poi gli sottopose un ultimatum: o si convertiva all'Islam o sarebbe stato giustiziato. Shabbetay, di fronte al sultano e alla sua corte, si tolse il cappello, gli sputò addosso e rinunciò alla sua fede ebraica. Anche sua moglie e coloro che erano con lui in prigione si convertirono. Ci fu un'agitazione mondiale tra coloro che lo avevano accettato. Fu Nathan di Gaza a spiegare che, commettendo apostasia, Shabbetay aveva salvato tutti gli ebrei che credevano che lui fosse il Messia. Shabbetay morì il giorno dell'espiazione nel 1676 e la sua cerchia ristretta diffuse la notizia che era risorto il terzo giorno.

Shabbetay Zeví: la redenzione cosmica (ticún) si realizza attraverso il peccato (Erlösung durch Sünde): "è violando la Torah che essa si compie". La sua dottrina è riassunta nel libro *Le parole del Signore*, in cui afferma che il Dio creatore non era lo stesso che si era rivelato agli israeliti. Frank credeva che Dio fosse Satana e giurò di non dire la verità e di rifiutare qualsiasi legge morale. Dichiarò che l'unica via per una nuova società era la distruzione della civiltà attuale. L'omicidio, lo stupro, l'incesto e il bere sangue erano azioni rituali perfettamente accettabili e necessarie.

Frank fondò una propria setta, evidentemente satanica, basata sulla trasgressione e sulla dissolutezza orgiastica. Nel 1752 sposò una bella donna ebrea di origine bulgara di nome Hanna, che usò, secondo l'usanza dei membri della setta, per ammaliare e intrappolare decine di uomini che si dedicavano ad attività licenziose con lei. Hanna ebbe due figli, Joseph e Jacob, e una figlia, Eva, che, secondo l'*Enciclopedia Ebraica*, seguendo l'esempio della madre, sarebbe andata a letto anni dopo con gli uomini più in vista dell'epoca, tra cui l'imperatore d'Austria, Giuseppe II. In Turchia, su imitazione di Shabbetay Zeví, Frank si convertì all'Islam e divenne un "doenmé"[7]. Organizzò poi una rete shabbetaica clandestina in Polonia, che si diffuse in Ucraina e in Ungheria. Per proteggersi dai rabbini ortodossi, Jacob Frank cercò persino la protezione della Chiesa cattolica. Frank sosteneva che, per portare a termine la missione messianica, bisognava agire con un doppio linguaggio: si agisce come si crede, ma non si dice ciò che si crede (Weishaupt avrebbe detto esattamente la stessa cosa). Questa strategia di menzogna si spinse a tal punto che egli fu battezzato secondo il rito cattolico. Così, mentre nel 1683 lo Shabbetaismo penetrò nell'Islam, i Frankisti fecero lo stesso con il Cattolicesimo nel 1759. Frank fu battezzato nella cattedrale di Varsavia e il suo padrino fu nientemeno che il re Augusto III. Jacob Frank concepì persino un piano per penetrare nella Chiesa ortodossa e sovvertire il regime imperiale russo.

Le autorità polacche scoprirono presto il suo doppio gioco e lo imprigionarono nella cittadella di Czenstockova. Rilasciato nel 1773 dai russi, alla vigilia della prima spartizione della Polonia. Jakob Frank assunse il nome di Dobrushka e si stabilì a Brno. Maestro consumato della sovversione politica e della manipolazione della propaganda, organizzò a

---

[7] In Spagna, il nome Marranos fu dato agli ebrei convertiti, molti dei quali infiltrati nella Chiesa e nello Stato, che continuavano a praticare l'ebraismo. In Turchia, dopo la famosa conversione all'Islam di Shabbetay Zeví, il nome doenmé (apostata) fu dato ai cripto-ebrei che si comportavano esteriormente come musulmani, ma in realtà rimanevano fedeli alla religione ebraica. Mustafa Kemal Atatürk e i Giovani Turchi che istituirono lo Stato laico in Turchia nel 1923 erano shabbetayani, doenmé. Per Shabbetay Zeví e Jakob Frank, l'apostasia e il marranesimo sono necessari, con l'obbligo di mantenere il segreto sulla vera fede ebraica da parte del falso convertito. Frank spiegava ai suoi discepoli che "il battesimo sarebbe stato l'inizio della fine della Chiesa e della società, e loro, i frankisti, erano stati scelti per portare la distruzione dall'interno, come i soldati che assaltano una città passando attraverso le fogne".

Brno un movimento con campi di addestramento paramilitare dove 600 dei suoi sostenitori furono addestrati come terroristi. È quindi lecito supporre che avesse molti soldi, e tutto lascia pensare che provenissero dal suo amico Mayer Amschel Rothschild. Gershom Scholem riconosce che nel 1786 Frank aveva creato nei pressi di Francoforte, nel castello di Offenbach, un centro di sovversione internazionale specializzato in infiltrazione, terrorismo e arricchimento tramite ricatto. In un articolo intitolato "The Deutsch Devils" del 31 dicembre 2003, Barry Chamish[8] , un altro autore ebreo e sionista, lo conferma: "A quel tempo Francoforte era la sede dell'impero Rothschild e di Adam Weishaupt, fondatore degli Illuminati. Quando Jacob Frank entrò in città, l'alleanza tra i due era già iniziata. Weishaupt forniva le risorse cospirative dei gesuiti, mentre i Rothschild fornivano il denaro. Rimanevano solo i mezzi per espandere il programma degli Illuminati. Poi i Frankisti aggiunsero la loro rete di agenti sparsi nei Paesi cristiani e islamici. Jacob Frank era improvvisamente ricco perché aveva ricevuto un bel regalo dai Rothschild. Non c'è altra spiegazione.

Il rabbino Antelman chiarisce: "Bisogna sottolineare che quando gli Illuminati e i Frankisti si infiltrarono nella Massoneria, non significava che nutrissero un particolare sentimento di amore per la Massoneria. Al contrario, la odiavano e volevano solo usare la sua copertura come mezzo per diffondere la loro dottrina rivoluzionaria e fornire un luogo dove potersi incontrare senza destare sospetti". Vale la pena di tenere a mente queste parole, perché di seguito si spiega come avvenne l'infiltrazione.

Anni dopo, nel 1818, Mary Shelley, moglie del poeta Percy Bysshe Shelley, avrebbe collocato all'Università di Ingolstadt anche il professor Victor Frankenstein, un personaggio del romanzo che fu il creatore di un altro mostro incontrollato. Vediamo, anche se la citazione è piuttosto lunga, cosa dice il rabbino Antelman a questo proposito in *To Eliminate the Opiate*:

"Dallo studio dei Frankisti e della loro élite si evince che si trattava di veri e propri mostri. In effetti il concetto è stato ripreso, e non a caso, nel romanzo *Frankenstein*. Mary Shelley e suo marito, il famoso poeta Shelley, erano membri degli Illuminati. Il simbolismo insito nel nome Frankenstein è il seguente: Il nome Frank deriva da Jacob Frank, fondatore dei Frankisti. L'IT è un'abbreviazione inglese della parola ebraica di tre lettere "Ayin", che significa occhio. Stein in tedesco significa pietra. Nel simbolo del culto dell'occhio onniveggente e nel sigillo che si trova sul dollaro americano, l'occhio è sulle pietre che formano la base della piramide. Quindi Frankenstein=Frank+occhio+pietra. Ma qual è il simbolismo del mostro di Frankenstein? Come abbiamo sottolineato, i Frankisti erano legati al

---

[8] Barry Chamish, morto il 23 agosto 2016, ha reso popolari le rivelazioni del rabbino Antelman sugli ebrei shabbetaici e gli Illuminati. Nel libro *Chi ha ucciso Yitzhak Rabin?* Chamish ha rivelato il coinvolgimento dello "Shin Bet" nell'assassinio di Yitzhak Rabin.

cabalismo mistico ed esiste una tradizione cabalistica di mostri chiamati Golem. Il concetto di Golem è discusso in dettaglio nel libro del professor Scohlem *Kabbalah and its Symbolism*. [...] Nella costruzione classica di un Golem, i cabalisti formano una figura umana di terra o argilla, scrivono uno dei nomi segreti di Dio su un rotolo e lo collocano in una cavità nella testa del Golem. Dopo aver scritto il codice pertinente, il Golem prende vita. Il simbolismo criptico del mostro di Frankenstein è che i saggi mistici, fornitori di saggezza, utilizzando i grandi segreti dell'universo, devono dare nuova vita alle idee morte e decrepite del vecchio mondo".

Il noto scrittore ebreo Bernard Lazare scrisse nella sua opera *L'Antisemitisme* (1894) che la maggior parte dei cabalisti ebrei circondava Weishaupt. I documenti confiscati mostrano inequivocabilmente che la metà degli Illuminati che occupavano posizioni importanti erano ebrei, una proporzione che aumenta con l'aumentare del grado. Come riportato dalla pubblicazione *La Vieille France* nel numero del 31 marzo 1921, c'quattro ebrei particolarmente importanti nella leadership degli Illuminati bavaresi: Naphtali Herz, Moses Mendelssohn, Isaac Daniel von Itzig (banchiere) e suo genero David Friedländer. Sia Itzig che Friedländer erano importanti frankisti. È interessante notare che gli Itzig fornivano alla Prussia l'argento per coniare le monete. Il rabbino Antelman ripercorre i matrimoni successivi di questa famiglia di illuminati frankisti nell'opera sopra citata per dimostrare gli intrighi politici di questa élite, la cui strategia di collegamento reciproco giocò un ruolo chiave nella loro presa di potere.

Tra il 1773 e il 1775 Weishaupt si era recato in Francia, dove aveva stretto amicizia con due massoni, Maximilien Robespierre, che nel 1794 sarebbe finito sulla ghigliottina dopo aver osato denunciare la cospirazione degli Illuminati, e il marchese de Lafayette, che sarebbe poi intervenuto nella Rivoluzione americana e avrebbe avuto un ruolo di primo piano nei primi tre anni della Rivoluzione in Francia. Lafayette accusò pubblicamente anche la setta, come si vedrà di seguito. Nel 1777, quasi due anni dopo aver fondato l'Ordine bavarese degli Illuminati, Weishaupt divenne massone ed entrò a far parte della loggia Theodore of Good Counsel di Monaco grazie all'amicizia con il barone protestante Adolph Franz Friedrich Ludwig von Knigge. Senza dubbio tutte queste esperienze servirono a impregnare la Massoneria del programma dell'Illuminismo bavarese, perché già nel 1778 Weishaupt rese noto il suo progetto di unire le due società.

Tredici membri componevano il Consiglio Supremo dell'Ordine degli Illuminati, che costituiva l'organo esecutivo del Consiglio dei Trentatré. Il Consiglio Supremo decise che la loggia di Ingolstadt sarebbe stata utilizzata per organizzare la campagna di penetrazione nella Massoneria continentale attraverso i suoi agenti o cellule, che potevano anche fondare nuove logge allo scopo di fare proselitismo e contattare i non ebrei ricchi o ben inseriti nella Chiesa o nello Stato. Le logge fondate in Francia dovevano essere associate al Grande Oriente, che raggruppava quasi tutte le logge del Paese e aveva come Gran Maestro il Duca d'Orléans, cugino del re Luigi XVI. L'evento che segnò una svolta nel raggiungimento dell'obiettivo di controllare la Massoneria fu il Congresso di Wilhelmsbad.

Mirabeau

Tra i contatti degni di nota che si stabilirono ci fu Honoré-Gabriel Riquetti, conte di Mirabeau (1749-1791), che, alla morte del padre nel 1789, divenne il quarto marchese di Mirabeau. Alcuni brevi cenni biografici ci aiuteranno a comprendere il suo reclutamento da parte degli agenti di Weishaupt. Il cattivo rapporto di Honoré-Gabriel con il padre, il terzo marchese, segnò la sua vita. Quando si arruolò nell'esercito nel 1767, suo padre si rifiutò di comprargli una commissione e lui cominciò ad accumulare debiti. Dopo un intrigo con l'amante del suo colonnello, fu arrestato e imprigionato. Tuttavia, nel 1771 fu accolto alla corte di Versailles, ma dopo un grave litigio con il padre, la lasciò. Nel 1772 sposò Emilie de Marignane, figlia del marchese di Marignane, senza dote. Sperando di ereditare alla morte della matrigna di Emilie, accumulò debiti scandalosi, per i quali il padre gli intentò una causa di interdizione e lui finì nuovamente in prigione. Quando riacquista la libertà, si batte in duello con un nobile di Grasse e, nuovamente inseguito dal padre, finisce nella fortezza di Joux in semi-libertà. Ben presto fu conquistato dal fascino della marchesa Sophie de Monnier, una giovane donna sposata a un uomo di cinquant'anni, che seguì a Digione quando lei lasciò il marito. Lì fu arrestato. Suo padre chiese che fosse internato a Lione. Dopo molte peripezie, si imbarca per l'Olanda e viene accolto dai membri della loggia "La Bien Amada" di Amsterdam, dove scrive un *Piano di riorganizzazione della Massoneria* , in cui sconsiglia l'ammissione di persone senza importanza e senza potere d'acquisto. Dopo una violenta disputa con il padre, Mirabeau fu condannato alla decapitazione dalla giustizia di Pontarlier e multato di 40.000 livres per "rapimento" dal marchese di Monnier. La povera Sophie fu condannata all'ergastolo in un istituto di correzione e il suo contratto di matrimonio fu annullato. Mirabeau sfuggì per poco all'esecuzione grazie a un'estradizione che portò a una nuova incarcerazione. Infine, nel 1782, attraverso "transazioni" con Monnier, ottenne l'annullamento della condanna di Pontarlier. Un anno dopo citò in giudizio la moglie, che aveva finalmente ereditato una grande fortuna, per abbandono della casa coniugale. Purtroppo per lui, la causa fu respinta.

È comprensibile che persone come Mirabeau fossero la preda ideale per gli agenti di Weishaupt. Quando Mirabeau sia stato reclutato dagli Illuminati non è facile dirlo, perché nel turbine di eventi sopra descritto non si fa cenno alle sue fughe e ai suoi viaggi all'estero: Amsterdam, Ginevra, Potsdam, Vienna e Berlino, dove il ministro Calonne lo aveva inviato in una missione ufficiale che fece molto discutere. In ogni caso, è certo che

Mirabeau apparteneva all'Ordine e ne conosceva il capo. John Robison, di cui si parlerà più avanti nel suo libro *Proofs of a Conspiracy Against All the Religions and Governments of Europe (Prove di una cospirazione contro tutte le religioni e i governi d'Europa)*, chiarisce che Weishaupt stesso lo teneva d'occhio e che alla fine decise di contattarlo attraverso un tenente colonnello di nome Mauvillon, che era al servizio del Duca di Brunswick. Robison spiega che Mirabeau pubblicò sfacciatamente un pamphlet dalle intenzioni ambigue, *Essai sur la secte des illuminés (Saggio sulla setta degli Illuminati)*, in cui sembra non essersi reso conto di ciò in cui si era cacciato, poiché si riferisce incautamente agli Illuminati come ad assurdi fanatici pieni di superstizioni e commenta persino alcuni dei rituali e delle cerimonie dell'Ordine. Nel saggio mostra persino di essere a conoscenza dell'intenzione di Weishaupt di infiltrarsi nelle logge e delle sue motivazioni. In un'altra opera controversa che gli procurò nemici anche in Germania, *Storia segreta della corte di Berlino*, fa riferimento a Weishaupt e agli illuminati e dice: "La loggia Teodoro del Buon Consiglio di Monaco, dove c'erano alcuni uomini con testa e cuore, era stanca di essere in balia delle vane promesse e dei litigi della Massoneria. I capi decisero di innestarvi un'altra associazione segreta a cui diedero il nome di Ordine degli Illuminati. Presero a modello la Compagnia di Gesù, anche se i loro scopi erano diametralmente opposti". Queste parole di Mirabeau ci invitano a pensare che egli sapesse praticamente fin dall'inizio cosa si stava preparando, perché sapeva che l'intenzione della società segreta era quella di ottenere il controllo della Massoneria e di utilizzarla per istigare e dirigere la rivoluzione attraverso di essa. Grazie a documenti successivamente sequestrati dalla polizia bavarese , si è saputo che il nome segreto di Mirabeau nell'Ordine era prima Arcesilas e poi Leonidas. È probabile che Mirabeau, risentito per i problemi sociali che aveva vissuto e forse per spirito di vendetta, abbia persino prestato giuramento di obbedienza illimitata, pena la morte.

Il Consiglio Supremo dell'Ordine doveva ritenere che Mirabeau potesse essere di grande utilità per il raggiungimento dei loro obiettivi: apparteneva alla nobiltà, conosceva gli ambienti di corte, era uno straordinario oratore ed era intimo di Luigi Filippo Giuseppe, uno degli uomini più ricchi di Francia, che era stato duca di Montpensier fino all'età di cinque anni e poi duca di Chartres fino al 1785, quando il padre morì ed egli divenne infine duca di Orléans. Il 5 aprile 1772 il Duca di Chartres aveva firmato un documento in cui accettava la proclamazione "a Gran Maestro di tutti i Consigli, Capitoli e Logge scozzesi del grande globo di Francia, uffici che Sua Altezza Serenissima si è degnato di accettare per amore dell'arte reale e per concentrare tutte le operazioni massoniche sotto un'unica autorità". Luigi Filippo d'Orléans (1747-1793) era stato scelto come capofila per guidare la rivoluzione in Francia e Mirabeau era il tramite ideale. Sicuramente, con il pretesto dell'amicizia e dell'ammirazione, gli agenti dei banchieri finanziatori dell'Illuminismo offrirono a Mirabeau un aiuto per uscire dalle difficoltà finanziarie. Quando lo ebbero in pugno, gli presentarono Moses Ben Mendel, che aveva germanizzato il suo nome e si faceva chiamare Moses Mendelssohn (1729-1786), che divenne il suo mentore. Tanto che, poco dopo la sua morte nel 1787, Mirabeau pubblicò un libro di memorie su *Moses Mendelssohn e la riforma politica degli ebrei*. Forse fu proprio Mendelssohn a presentargli Henrietta de Lemos, moglie del dottor Herz, un'ebrea di origine sefardita famosa per la sua bellezza e il suo fascino personale. Per un tipo come Mirabeau, il fatto che questa donna attraente fosse sposata non faceva che renderla più interessante e desiderabile. Madame Herz intratteneva i suoi amici in saloni aperti a Berlino, Parigi e Vienna. I discepoli di Moses Mendelssohn che facevano parte della cospirazione li frequentavano.

In *Under the Sign of the Scorpion*, Jüri Lina attribuisce grande importanza a Moses Mendelssohn all'interno dell'Ordine degli Illuminati. Secondo lui, Mendelssohn era "la guida invisibile di Weishaupt". Nel 1776 aveva fondato il movimento Haskala (l'importanza di questo movimento sarà approfondita in un altro capitolo), il cui scopo apparente era quello di modernizzare l'ebraismo in modo che la gente accettasse gli ebrei quando abbandonavano il talmudismo e assimilavano la cultura occidentale. Il libro che Mirabeau scrisse sul suo piano di riforma politica era allo stesso tempo destinato a sancire la figura di Mendelssohn, che, secondo Lina e altri autori, era il capo degli Illuminati di Berlino. Mentre ufficialmente Mendelssohn predicava l'assimilazione, in segreto continuava a incoraggiare i suoi correligionari a sostenere fedelmente le credenze razziali talmudiche dei loro padri.

Tutto indica che il compito essenziale di Mirabeau era quello di convincere il Duca d'Orleans, Gran Maestro della Massoneria francese, che in seguito si sarebbe chiamato Philippe Egalité (Filippo Uguaglianza), ad assumere la guida del Movimento rivoluzionario in Francia. Era inteso che, una volta che il re fosse stato costretto ad abdicare, sarebbe diventato il sovrano democratico della nazione. Va aggiunto che nel 1780 Luigi Filippo d'Orléans era anche fortemente indebitato e che, nonostante la sua mancanza di scrupoli nei confronti degli affari che gli venivano proposti, i suoi debiti aumentavano continuamente. Anche i banchieri e gli usurai gli avevano offerto consigli e aiuti finanziari. Naturalmente, per garantire i loro prestiti, gli avevano chiesto le sue proprietà (tenute, palazzi, case e il Palais Royal) come garanzia. Il Duca d'Orléans firmò persino un accordo con i suoi finanziatori ebrei in base al quale essi erano autorizzati ad amministrare le sue proprietà o i suoi possedimenti al fine di garantirgli i fondi sufficienti per far fronte ai suoi obblighi finanziari e per vivere adeguatamente allo stesso tempo. Eustace Mullins (*The Curse of Canaan*) e William Guy Carr (*Pawns in the game*) concordano nel riferire che Choderlos de Laclos, autore di *Les Liaisons Dangereuses*, fu incaricato di amministrare e gestire il Palais Royal e le proprietà del Duca d'Orleans. Laclos si fece aiutare da un ebreo palermitano, il famoso Cagliostro (Giuseppe Balsamo), che aveva avuto come maestro cabalista un certo Altotas, il quale, secondo alcuni autori, era la stessa persona che aveva iniziato Weishaupt, cioè Kölmer, a recarsi a Parigi. Cagliostro era il Gran Maestro dei Cavalieri Rosacroce di Malta. Secondo Mullins e Guy, i due trasformarono il palazzo in "uno dei più bei bordelli del mondo" e lo usarono come quartier generale per la propaganda rivoluzionaria. Migliaia di pamphlet infiammatori furono stampati lì e inondarono Parigi. Quando scoppiò la rivoluzione, il palazzo divenne il centro delle operazioni. Hippolyte Taine racconta nella sua *Storia della Rivoluzione francese* che gli agitatori vi si riunivano in permanenza: "Il Palazzo Royal è un club all'aperto dove giorno e notte gli agitatori si eccitano a vicenda e provocano la folla a scoppi di violenza. Nel suo recinto, protetto dai privilegi della Casa d'Orleans, la polizia non osa entrare. [...] Il palazzo, centro di prostituzione, gioco d'azzardo, svago e pamphleting, attira tutta la popolazione sradicata che si muove nella grande città senza casa né occupazione".

In *Memoires pour servir à l'Histoire du Jacobinisme*, anche l'abate Augustin Barruel afferma che Mirabeau apparteneva agli Illuminati. Barruel sostiene che nel 1788 Mirabeau e Charles -Maurice de Talleyrand-Périgord, che erano i direttori della loggia "Amis Reunis", scrissero ai loro fratelli in Germania chiedendo assistenza e istruzioni. L'instancabile Talleyrand, noto anche come "le diable boiteaux" (il diavolo zoppo), sarà lo scopritore di Napoleone e sarà lui a metterlo in contatto con Mayer Amschel Rothschild. Due importanti settari dell'Ordine, Bode, detto Amelius, e il barone di Busche, detto Bayardo, si recarono in Francia per aiutarli a introdurre l'Illuminismo nelle logge del loro Paese. Barruel racconta che nella loggia degli "Amis Réunis", dove erano riuniti i membri di tutte le logge massoniche di Francia, gli emissari di Weishaupt fecero conoscere i misteri dell'Illuminismo. Egli conferma così che, senza che i massoni in generale conoscessero nemmeno il nome della setta, poiché solo un piccolo numero era stato iniziato ai veri segreti, all'inizio del 1789 le duecentosessantasei logge sotto il controllo del Grande Oriente erano state illuminate.

Il Congresso di Wilhelmsbad

Secondo Nesta Webster, l'importanza del Congresso di Wilhelmsbad per la comprensione dello sviluppo storico non è mai stata adeguatamente apprezzata dagli storici. Al Congresso di Wilhelmsbad, tenutosi in un convento nei pressi di Hanau, in Assia, fu sancita definitivamente l'alleanza tra Illuminismo e Massoneria. Jüri Lina afferma in *Sotto il segno dello scorpione* che la sede del congresso si trovava in realtà in un castello di proprietà di Mayer Amschel Rothschild. Al congresso, che si aprì il 16 luglio 1782 e si concluse all'inizio di settembre, parteciparono i rappresentanti delle società segrete di tutto il mondo, raggruppati in tre tendenze principali:

Martinisti, Massoni e Illuminati. Un ebreo portoghese di nome Martinez Pasqualis avrebbe fondato nel 1754 la società segreta dei Martinisti, basata su un sistema ispirato al cristianesimo giudaizzante e alle filosofie greco-orientali. Secondo Nesta Webster, la setta si era divisa in due rami: i seguaci di San Martino, da cui deriva il nome, e uno più rivoluzionario che aveva fondato la loggia Philalethes a Parigi. Saint Martin nel suo libro *Des erreurs et de la verité (Sugli errori e la verità)*, pubblicato nel 1775, cita la formula "libertà, uguaglianza, fraternità" e la considera "la sacra triade". David Livingstone, in *Terrorism and the Illuminati*, rafforza questa tesi, affermando che Pasqualis era un mistico ebreo noto per aver organizzato un movimento chiamato *Ordre des Chevaliers Maçons Elus-Coën de L'Univers (Ordine dei Cavalieri Massoni Eletti Sacerdoti dell'Universo)*. Secondo Livingstone, l'opera di Pasqualis fu continuata dal suo discepolo Louis-Claude de Saint Martin, che in seguito fondò l'ordine dei Martinisti.

A Wilhelmsbad , le idee sull'emancipazione degli ebrei emersero presto. Nell'agosto del 1781, sotto l'influenza di Moses Mendelssohn, Christian Wilhelm von Dohm (1751-1820) aveva pubblicato *On the Improvement of the Civil Condition of the Jews*, un'opera di grande influenza sul movimento rivoluzionario che, secondo lo storico ebreo Heinrich Graetz, "descriveva i cristiani come barbari crudeli e gli ebrei come illustri martiri". Dohm, assiduo frequentatore dei salotti di Henrietta de Lemos, dove fece amicizia con Mirabeau, dimostrò con quest'opera l'esistenza di un progetto completo a favore dell'ebraismo. Sempre nel 1781, il barone prussiano Jean Baptiste Cloots (Anacarsis), un uomo illuminato di origine ebraica che si era dichiarato "nemico personale di Cristo" e di cui Robespierre aveva ordinato la decapitazione, aveva pubblicato un pamphlet prosemico, *Lettere sugli ebrei*. La prima conseguenza di tanta propaganda a favore degli ebrei fu la loro immediata ammissione a tutte le logge.

Gli Illuminati bavaresi sapevano bene come manovrare al congresso, poiché erano gli unici ad esservi giunti con un piano preconcetto per assumere il controllo della Massoneria. Cushman Cunningham, in *The Secret Empire*, ritiene che dopo il 1782 la Massoneria europea sia stata dominata dagli Illuminati. Una recluta degna di nota a Wilhelmsbad fu il duca Ferdinando di Brunswick, Gran Maestro della Massoneria tedesca, chiamato Isch Zadik (uomo giusto), anche se in seguito si pentì. Un'altra personalità che confermò la sua appartenenza agli Illuminati fu il principe Karl d'Assia-Kassel, che insieme a Daniel Itzig, il banchiere frankista di Berlino, furono i leader più importanti dei Fratelli Asiatici o Ordine Asiatico, il cui nome completo era Ordine dei Fratelli di San Giovanni Evangelista dell'Asia in Europa ("Die Brüder St. Johannes des Evangelisten aus Asien in Europa"), che era composto in gran parte da ebrei, turchi, persiani e armeni. Quattro delle logge degli Illuminati di Vienna appartenevano all'Ordine Asiatico, noto anche come Ordine di Abramo. Secondo il rabbino Marvin S. Antelman, un uomo chiave per il collegamento tra gli Illuminati, i Giacobiti e l'Ordine Asiatico fu il frankista Moses Dobrushka (1753-1794), cugino di secondo grado di Jacob Frank, alias Schönfeld, alias ben Joseph, alias Junius Frey, che nel 1780-81 fu uno dei fondatori dell'Ordine Asiatico a Vienna.

Nel primo volume di *To Eliminate the Opiate*, il rabbino Antelman, ispirandosi a *Paris in the Terror* di Stanley Loomis e a *Jews and Freemasons in Europe 1723-1939* di Jacob Katz, attribuisce la creazione dell'Ordine Asiatico al frankista Moses Dobrushka. Dobrushka, imparentato con Jacob Frank, seguì l'esempio del leader della setta e si convertì al cattolicesimo nel 1775 per poter prosperare alla corte di Giuseppe II d'Austria, dove prese il nome di Franz Thomas von Schönfeld. Come massone si faceva chiamare Isaac ben Joseph. In seguito si unì alla Rivoluzione francese con il nome di Junius Frey e fu un fervente giacobino. Accusato di spionaggio e di essere al servizio della Compagnia delle Indie Orientali, fu infine ghigliottinato con i dantonisti nel 1794. Un libro quasi definitivo su Jacob Frank e il suo parente Moses Dobrushka è *Le Messie Militant ou la Fuite du Ghetto* (*Il Messia Militante o la fuga dal Ghetto*) di Arthur Mandel. Quest'opera fondamentale spiega in dettaglio le vicissitudini di Dobrushka-Schönfeld-Frey, che era figlio di un cugino di Jacob Frank di nome Sheindel Hirschel. Jacob Frank entrò in contatto con loro quando si trasferì a Brno, dopo essere stato inizialmente ospite della cugina, che il rabbino ultraortodosso Jacob Endem chiama "questa grande puttana di Brno" ("cette grosse putain de Brünn"). In quest'opera si conferma pienamente che Dobrushka, sotto il nome di Franz Thomas von Schönfeld, è indicato come uno dei fondatori dell'Ordine Asiatico. Il suo ruolo fu di estrema importanza, poiché fu lui a tradurre i testi originali scritti in ebraico e caldeo, da cui provenivano i misteri orientali e cabalistici che tanto affascinavano alcuni nobili. La guida dell'Ordine dopo il Congresso di Wilhelmsbad fu esercitata da un Sinedrio di cui facevano parte il banchiere Daniel Itzig e Carlo d'Assia. Al di sotto di questo Sinedrio onnipotente si trovava il Capitolo Generale. Carlo d'Assia, indicato nell'Ordine come Ben Nostro Ben Mizram, era il fratello di Guglielmo (1743-1821), che fu Langravio d'Assia-Kassel dal 1785 con il nome di Guglielmo IX e Principe Elettore d'Assia-Kassel dal 1803 al 1821 con il nome di Guglielmo I. I Rothschild devono la loro supremazia ai Rothschild. I Rothschild devono la loro supremazia assoluta nel mondo della finanza e delle banche alla loro relazione con Guglielmo IX. Questo verrà spiegato nel prossimo capitolo.

Nesta Webster spiega come l'Illuminismo si sia diffuso in tutta la Germania dopo il Congresso di Wilhelmsbad : "La loggia di Eichstadt illuminò Bayreuth e altre città imperiali. Berlino illuminò le province di Brandeburgo e Pomerania. Francoforte illuminò Hannover, ecc. Tutte queste sezioni erano dirette da Weishaupt, che dalla loggia di Monaco teneva in mano tutti i fili della cospirazione". I professori Cossandey e Renner, costretti a testimoniare a causa del sequestro da parte della polizia bavarese di documenti che rivelavano il complotto, testimoniarono a Monaco nell'aprile 1785 che "tutti gli Illuminati erano massoni, ma non tutti i massoni erano Illuminati". Il professor Renner confessò in tribunale che "gli Illuminati non temevano nulla quanto essere conosciuti con questo nome". Questo perché coloro che non mantenevano il segreto venivano minacciati di terribili punizioni.

Tra le decisioni importanti prese a Wilhelmsbad vi fu quella di spostare la sede della Massoneria illuminata a Francoforte, dove vivevano i membri più importanti della finanza ebraica: Rothschild, Oppenheimer, Wertheimer, Speyer, Stern. Eustace Mullins cita come membri della loggia di Francoforte nel 1811 Sigismund Geisenheimer, capo amministrativo della casa Rothschild, i banchieri Adler, Speyer, Hanauer, Goldschmidt e Zevi Hirsch Kalisher (1795-1874), uno dei pionieri del sionismo che sarebbe poi diventato il rabbino capo di Francoforte. Niall Ferguson, nel suo *The House of Rothschild*, aggiunge che lo stesso Salomon Rothschild, il secondo figlio di Mayer Amschel , partecipò alle sedute. Può essere sorprendente che Zevi Hirsch Kalisher nel 1811, all'età di sedici anni, partecipasse già alle riunioni della loggia, ma è credibile. In ogni caso, il suo *Drishal Zion* (*La ricerca di Sion*), insieme a *Roma e Gerusalemme* di Moses Hess, sono considerati i due libri precursori del sionismo, di cui si parlerà nel quarto capitolo di questo lavoro. In *The World Revolution*, Nesta Webster, che a sua volta cita *The X-Rays in Freemasonry* and the *Israelite Archives* di A. Cowan, afferma che fu nella loggia principale di Francoforte, sede dei Rothschild, che si realizzò il gigantesco piano della rivoluzione mondiale e che lì, in occasione del congresso massonico del 1786, fu decretata la morte di Luigi XVI e Gustavo III e la creazione della Guardia Nazionale Repubblicana a protezione del nuovo regime. Jüri Lina aggiunge che, secondo l'autore estone, fu deciso anche l'assassinio dell'imperatore Leopoldo II d'Austria, fratello della regina Maria Antonietta di Francia, avvelenato il 1° marzo 1792 dall'ebreo Martinowitz.

Gustavo III di Svezia, che era massone, fu effettivamente assassinato: fu ucciso da un altro massone, Jacob Johan Anckarström, il 16 marzo 1792 nel Teatro Reale di Stoccolma. L'opera di Verdi, *Un ballo in maschera*, è basata su questo crimine. Gustavo III, alleato della famiglia reale francese, intendeva combattere i giacobini organizzando una coalizione delle monarchie europee. Il re Luigi XVI, come è noto, fu ghigliottinato il 21 gennaio 1793.

La cospirazione scoperta

Le prime rivelazioni sull'esistenza dell'Ordine degli Illuminati di Baviera risalgono al 1783. Johann Baptist Strobl, un libraio di Monaco di Baviera che era stato respinto come candidato, fece la prima denuncia. Weishaupt lo accusò di essere un calunniatore disinformato; ma nello stesso anno, secondo una pubblicazione svedese (*Guidance for Freemasons*) pubblicata a Stoccolma nel 1906 e citata in *Under the Sign of the Scorpion*, anche il professor Westenrieder, la duchessa Maria Anna e il professor Utzschneider, che avevano lasciato la setta, lanciarono l'allarme.

Anche una personalità degli Illuminati, Freiherr von Knigge, alias Philo, che si era unito all'organizzazione nel 1780 ed era diventato uno degli uomini chiave nei tentativi di Weishaupt di infiltrarsi nella Massoneria, si scontrò con il leader e lasciò temporaneamente l'organizzazione, ma in seguito vi rientrò. Knigge aveva stretto un patto con Weishaupt, secondo il quale gli Illuminati avrebbero ricevuto i primi tre gradi della Massoneria, ma non riuscì a convincere Weishaupt a rivelare nessuno dei suoi segreti. Il 20 gennaio 1783 scrisse queste parole a Catone, nome segreto dell'avvocato Zwack: "La causa delle nostre divisioni è il gesuitismo di Weishaupt e la tirannia che esercita su uomini che forse non hanno la sua stessa immaginazione e astuzia. [...] Dichiaro che nulla potrà farmi trattare con Spartaco (Weishaupt) allo stesso modo di prima". Più tardi, forse già nel 1784, un'altra lettera di Filone a Catone confermava che i rapporti con Spartaco erano peggiorati: "Aborrisco la perfidia e la malvagità, e perciò abbandono lui e il suo ordine alla trappola".

Nel 1784 l'Ordine contava più di tremila membri sparsi in tutta Europa e, com'era prevedibile, alcuni decisero di tornare indietro. Tra questi, i professori Grünberg, Renner, Cossandey e Utzchneider dell'Accademia Mariana di Monaco, le cui dichiarazioni non lasciavano dubbi sulla natura diabolica dell'Illuminismo. La ditta del libraio Strobl iniziò a pubblicare articoli polemici contro gli Illuminati. Jüri Lina ne cita uno come esempio, intitolato *Babo, Gemälde aus dem menschlichen Leben (Babo, impressioni sulla vita umana)*. Questo coincide con l'ascesa al potere in Baviera del duca Carlo Philipp Theodore, un reggente più patriottico e conservatore, che il 22 giugno 1784 bandisce tutte le società segrete.

Un libro pubblicato a Mosca nel 2000, *I fratelli della notte*, scritto dalla contessa Sofia Toll, è la fonte che Jüri Lina cita nel suo libro per le informazioni che seguono. Tutte le fonti alludono al fulmine che colpì il postino degli Illuminati a Regensburg (Ratisbona) nel 1785, ma nessuna di esse fornisce dettagli. Vediamo questi dettagli inediti. L'11 febbraio 1785 Weishaupt era stato destituito dall'incarico e gli era stato vietato di vivere a Ingolstadt. Allo stesso tempo, l'università era stata informata che sarebbe stato arrestato. Il 16 dello stesso mese si diede alla clandestinità e fu nascosto dal fratello illuminato Joseph Martin, che faceva il fabbro. Pochi giorni dopo fuggì da Ingolstadt a Norimberga travestito da artigiano. Rimase lì per un breve periodo e poi si recò nella città libera di Ratisbona, dove continuò il suo lavoro. Nel corso delle indagini, vennero alla luce sempre più prove contro gli Illuminati, che continuarono le loro attività nonostante il divieto. Il 2 marzo, quindi, fu emesso un nuovo decreto che permetteva di confiscare i beni dell'Ordine degli Illuminati. Il destino volle che il 20 luglio 1785 si verificasse un evento che mise definitivamente la polizia sulle sue tracce.

Jakob Lanz, un sacerdote, corriere dell'Ordine che intendeva recarsi a Berlino e in Slesia, fu colpito da un fulmine a Ratisbona e morì. Tutto lascia pensare che Weishaupt, che viveva nascosto in città, e Lanz si fossero visti e che Lanz avesse ricevuto istruzioni dal suo capo. Nei vestiti di Lanz furono trovati documenti compromettenti e un elenco di nomi cuciti. La polizia locale perquisì poi la casa del sacerdote e scoprì altri documenti importanti, tra cui istruzioni sulla rivoluzione in Francia indirizzate al Gran Maestro del Grande Oriente. Il tutto fu consegnato alle autorità bavaresi, , che il 4 agosto 1785 emanarono un nuovo bando sulle società segrete. Il 31 dello stesso mese ordinarono l'arresto di Weishaupt e misero addirittura una taglia sulla sua testa in Baviera. Weishaupt fuggì a Gotha, dove l'illuminato Ernesto, Granduca di Saxe-Gotha, gli concesse il titolo di Consigliere Privato e poté proteggerlo nel suo santuario fino alla sua morte, avvenuta il 18 novembre 1830. Un busto di Weishaupt è esposto nel Museo Germanico di Norimberga.

Jüri Lina afferma nel suo libro che nell'estate del 1986 lavorò negli archivi di Ingolstadt e poté studiare attentamente alcuni dei documenti relativi al caso. Scoprì che la ricerca di altri importanti membri dell'Ordine procedeva lentamente. Le carte trovate in casa di Lanz erano compromettenti per il dottor Franz Xaver Zwack, Catone, la cui casa a Landshut, dove gli Illuminati conservavano importanti documenti, fu perquisita l'11 e il 12 ottobre 1786. Nel 1787 anche il castello del barone Bassus, Annibale, fu perquisito dalla polizia. Vi furono confiscati altri documenti relativi alla cospirazione degli Illuminati di Baviera, in cui venivano esposti i piani per una rivoluzione mondiale portata avanti dalle società segrete. La corrispondenza privata rinvenuta a Landshut e nel castello del barone Bassus fu pubblicata e commentata un decennio dopo dal professore scozzese John Robison. Avremo modo di esaminarla qui di seguito

Tra i testi e i documenti pubblicati in quegli anni sugli Illuminati, spiccano due libri del 1786: *Drei merkwürdige Aussagen (Tre curiose esposizioni)*, contenente le dichiarazioni dei professori Grünberg, Cossandey e Rener, e *Grosse Absichten des Ordens der Illuminaten (Grandi intenzioni dell'Ordine degli Illuminati)*, con la testimonianza del professor Joseph Utzschneider. Anche l'Elettore di Baviera, Karl Theodor, ordinò nel 1787 la stampa di due opere contenenti i documenti segreti confiscati: *Einige Originalschrifften des Illuminaten-Ordens (Alcuni documenti originali dell'Ordine degli Illuminati)* e *Nachtrag von weitern Originalschrifften (Supplemento di nuovi documenti originali)*. Infine, il libraio Johann Baptist Strobl pubblicò una nuova raccolta di documenti sugli Illuminati nel 1787. Le autorità bavaresi inviarono questi libri ai governi di Parigi, Londra, San Pietroburgo e altri, ma solo quando era troppo tardi furono presi sul serio.

A Ingolstadt e Monaco, quindi, i documenti sono a disposizione di chiunque voglia vederli. Non si può negare l'esistenza di una potente organizzazione segreta che progettava una rivoluzione mondiale che avrebbe dovuto eliminare tutte le religioni e tutti i governi. Ovviamente, le società segrete non possono essere soppresse per decreto. Pertanto, dopo essere stati scoperti, i cospiratori si nascosero e apparentemente scomparvero, anche se il loro piano rimase, come vedremo nel prosieguo. Gli obiettivi fondamentali degli Illuminati di Baviera erano i seguenti: 1. Abolizione di tutti i governi costituiti. Abolizione della proprietà privata. 3. Abolizione dell'eredità. 4. Abolizione di ogni religione. Abolizione del patriottismo. 6. Abolizione della famiglia. 6. Abolizione della famiglia. 7. Creazione di un nuovo ordine mondiale o governo mondiale. Non bisogna essere molto sospettosi per notare che questi punti ricompaiono nel 1848 nel *Manifesto Comunista*, redatto dall'ebreo Karl Marx, massone di 31° grado, per conto della Lega dei Giusti ("Der Bund der Gerechten"), una società segreta sponsorizzata dagli Illuminati da cui ebbe origine il Partito Comunista. Questi stessi punti erano nel 1917 l'aspirazione degli internazionalisti che attuarono il programma in URSS. Oggi l'obiettivo del "Nuovo Ordine Mondiale" (Novus Ordo Seclorum) è la massima aspirazione dei banchieri che detengono il vero potere nel mondo. Paul Warburg, il banchiere sionista che ha ideato il progetto della Federal Reserve, lo espresse con queste parole il 17 febbraio 1950 in una testimonianza davanti al Senato degli Stati Uniti: "Avremo un governo mondiale, che vi piaccia o no. The only question is whether that government will be achieved by conquest or consent" ("Avremo un governo mondiale, che vi piaccia o no. L'unica questione è se sarà stabilito per concessione o per costrizione").

Si può credere che un piano così gigantesco, il piano della Rivoluzione Mondiale, possa essere stato concepito nella mente di un solo uomo, che per di più è rimasto praticamente sconosciuto? Non c'è dubbio che Adam Weishaupt fosse un super-agente, come abbiamo spiegato in queste pagine, che lavorava per uomini potenti, principalmente banchieri ebrei, ai quali d'ora in poi faremo assiduamente riferimento, perché sono dietro tutti gli eventi decisivi della storia contemporanea.

Robison , Barruel e Scott

Man mano che prendeva forma, il Movimento rivoluzionario mondiale lasciava, come abbiamo appena visto, prove della sua esistenza, ma pochi osavano denunciarlo e smascherarlo pubblicamente. Tra i contemporanei che hanno lasciato ai posteri opere che rivelano la vera natura degli eventi rivoluzionari ci sono tre grandi intellettuali che hanno avuto il coraggio di scrivere ciò che sapevano della cospirazione. Oggi sono fonti indispensabili a cui gli studiosi dovrebbero rivolgersi.

Il primo è John Robison (1739-1805), professore di filosofia naturale all'Università di Edimburgo e segretario generale della Royal Society di Edimburgo. Des Griffin, in *Fourth Reich of the Rich*, afferma che lo stesso Adam Weishaupt, vedendo in questo professore la persona ideale per espandere l'Illuminismo in Gran Bretagna, invitò Robison a unirsi alla sua organizzazione. Nelle parole di Griffin, "Weishaupt fraintese completamente il carattere di Robison. Invece di scoprire un uomo vanitoso con un'inestinguibile sete di potere, trovò una persona di grande integrità, profondamente impegnata per il benessere degli esseri umani e per quello della sua nazione in particolare. Robison era un uomo che non poteva essere comprato". In altre parole, John Robison, che era un massone di alto grado e aveva frequentato sul continente varie logge in Belgio, Francia, Germania e Russia, non cadde nella trappola e non credette che gli obiettivi degli Illuminati fossero puliti e onorevoli. Tuttavia, tenne per sé i suoi pensieri e incontrò i cospiratori. A seguito della sua esperienza, Robison scrisse un libro sorprendente e inaspettato: *Proofs of a Conspiracy Against All the Religions and Governments of Europe Carried on the Secret Meetings of Freemasons, Illuminati and Reading Societies*. Il libro fu pubblicato a Londra nel 1797 e a New York nel 1798.

Il secondo è l'abate Augustin Barruel (1741-1820), un gesuita che nel 1797 pubblicò in francese *Mémoires pour servir à l'Histoire du Jacobinisme (Memorie per servire alla storia del giacobinismo)*, un'opera che fu tradotta in inglese e pubblicata a Londra nel 1798. Robison e Barruel, senza conoscersi, offrono una visione simile dell'organizzazione della setta o Ordine degli Illuminati di Baviera. Il libro di Barruel fu tradotto in spagnolo da un religioso di Santoña, Simón Antonio de Rentería (1762-1825), che morì a Santiago de Compostela come arcivescovo. Per quanto ne sappiamo, questa traduzione non è reperibile; tuttavia, Raymundo Strauch i Vidal, vescovo di Vich, fece una seconda traduzione in spagnolo e l'opera dell'abate Barruel fu pubblicata a Vich nel 1870 in due volumi.

Il terzo uomo è Sir Walter Scott (1771-1832), il famoso romanziere scozzese che, per inciso, era anche massone. Scott offre in *The Life of Napoleon Buonaparte* (1820) uno studio preliminare sulla Rivoluzione francese, in cui rivela che gli eventi che portarono alla rivoluzione e inaugurarono il regno del terrore furono orchestrati dai banchieri di Francoforte, i cui agenti guidarono le masse. Walter Scott rivela che il potere segreto dietro la cospirazione era di origine ebraica e sottolinea che le figure di spicco della rivoluzione erano straniere. Scott nota che venivano usate parole tipicamente ebraiche, come "direttori" o "anziani", e usa i termini "Sinedrio" per riferirsi alla Deputazione di Parigi durante i massacri del settembre 1792 e "sinagoga" per riferirsi ai club giacobini, i cui leader erano Danton, Marat e Robespierre. L'*Archivio Israelita* ammette con calcolata ambiguità o forse con mascherato orgoglio la mano ebraica dietro gli eventi e riconosce testualmente: "La Rivoluzione francese ha un carattere ebraico molto espressivo". Curiosamente, quest'opera di Walter Scott, la cui fama di romanziere è universale, è praticamente sconosciuta.

I libri di Robison e Barruel, invece, videro numerose edizioni e meritarono l'attenzione dei loro contemporanei, anche se furono presto attaccati con squalifiche e insulti volti a screditarli. Entrambi gli scrittori furono accusati di caccia alle streghe, di essere allarmisti, di essere intolleranti, di perseguitare la libertà di opinione o la libertà accademica. A quei tempi i giornali stavano superando la fase di nascita o di sviluppo iniziale e cominciavano a essere ambiti da coloro che cercavano di creare e controllare l'opinione della gente. Gli attacchi concentrati contro questi due autori per aver affermato che gli Illuminati di Baviera avevano scatenato la rivoluzione in Francia dimostrano che il controllo della stampa, oggi assoluto, cominciava a essere efficace in America e in Inghilterra. Se oggi si cerca su Wikipedia, ad esempio, informazioni su Barruel, appaiono subito accuse di falsità e antisemitismo. Ancora oggi, i ricercatori che tentano di rivedere la storia vengono immediatamente accusati di essere antisemiti, reazionari o neonazisti.

È proprio nel capitolo dell'opera di John Robison in cui spiega tutto sulle Società di Lettura che diventa chiara l'importanza attribuita dagli Illuminati al controllo della scrittura, della pubblicazione e della vendita dei libri. Ecco le parole di Adam Weishaupt: "Con i nostri scrittori dobbiamo fare in modo di gonfiarli e che i critici non li sminuiscano; dobbiamo sforzarci con tutti i mezzi possibili di conquistare i critici e i giornalisti; e dobbiamo anche sforzarci di conquistare i librai, che col tempo scopriranno che è nel loro interesse stare dalla nostra parte. [...] Se qualche scrittore pubblica qualcosa che attira l'attenzione e ciò che dice è buono, ma non è d'accordo con i nostri piani, dobbiamo sforzarci di conquistarlo o di screditarlo". Le idee di Weishaupt furono riprese un secolo dopo nei *Protocolli degli Anziani di Sion*, la cui autenticità è stata contestata senza successo dai sionisti per tutto il XX secolo. Essi affermano: "Terremo in mano le redini della stampa. Cercheremo anche di controllare tutte le altre pubblicazioni. [...] Da tutte le parti del mondo tutte le notizie vengono ricevute da poche agenzie in cui vengono concentrate. Quando avremo acquisito il potere, queste agenzie saranno interamente nostre e pubblicheranno solo le notizie che noi consentiremo loro di pubblicare. [...] Nessuno di coloro che cercheranno di attaccarci con la loro penna troverà qualcuno che le pubblichi per loro. [...] Se qualcuno volesse scrivere contro di noi, non troverebbe nessun editore".

Robison

La disponibilità di una ristampa in facsimile del libro di Robison in inglese ci permette di tradurre alcuni testi che ci aiuteranno a comprendere il progetto che gli Illuminati hanno messo in moto. Vediamo quindi alcune delle idee essenziali che mostrano la vera natura della cospirazione e i suoi obiettivi più profondi. Nell'introduzione Robison avverte che, nonostante fosse ufficialmente sciolto, l'Ordine degli Illuminati era ancora attivo nel 1797: "Ho visto questa Associazione lavorare sistematicamente con entusiasmo e diventare quasi irresistibile. Ho visto che i leader più attivi della Rivoluzione francese erano membri di questa Associazione e hanno guidato i primi movimenti in conformità con i suoi principi, attraverso le sue istruzioni e l'assistenza, precedentemente sollecitata e ottenuta. E infine ho visto che questa Associazione esiste ancora, lavora ancora in segreto...". Il professore scozzese conferma che gli illuminati sono ascesi approfittando delle logge e della loro protezione; denuncia che vi hanno introdotto innovazioni cariche di corruzione e di violenza; osserva che l'incertezza e l'oscurità incombono sulla misteriosa Associazione, che è diversa dalla Massoneria.

Come abbiamo sottolineato, i membri della setta avevano nomi segreti che nascondevano i loro veri nomi. Anche tutti i leader bolscevichi nel 1917 nascosero i loro nomi ebraici e li cambiarono in nomi russi. Robison fornisce l'elenco dei principali "pseudonimi" adottati dai membri più cospicui della setta e spiega anche il diagramma organizzativo a forma di struttura piramidale, così spesso riprodotto in numerose pubblicazioni. Il funzionamento era il seguente: al vertice, il "generale" dell'Ordine aveva due uomini di fiducia, che a loro volta ne avevano altri due, ognuno dei quali a sua volta ne aveva altri due, e così via. Nei livelli inferiori, ogni individuo conosceva solo una persona o un mentore a cui riferiva e da cui riceveva formazione e istruzioni. Si poteva sapere che esistevano superiori di diverso grado, ma di solito non venivano mai visti o conosciuti. L'intero processo di informazione e formazione veniva filtrato man mano che si saliva e si scendeva nella struttura piramidale. Logicamente, i membri dei gradini più bassi della piramide non sapevano nulla dell'organizzazione per cui lavoravano e diventavano più affidabili solo man mano che salivano di grado per merito e dopo un'attenta osservazione.

Tra le idee inculcate ai novizi o ai minervali c'era quella della felicità universale, da raggiungere con l'abolizione delle nazioni e l'unione della razza umana e di tutti gli abitanti della terra in un'unica grande società. Concetti come patriottismo o lealtà erano considerati pregiudizi ristretti e incompatibili con la benevolenza universale. Il suicidio era giustificato: bisognava introdurre nella mente degli uomini che l'atto di privarsi della vita procurava un certo piacere voluttuario (oggi su internet proliferano social network o club che promuovono il suicidio tra i giovani). A un certo punto, a coloro che erano stati ammessi ai ranghi superiori si poteva già dire che gli Illuminati avrebbero governato il mondo.

Nella corrispondenza tra i leader le cose erano molto più chiare. In una lettera del 6 febbraio 1778 a Catone (Zwack), Spartaco (Weishaupt) scrive: "Solo coloro che sono sicuramente adatti saranno scelti tra le classi inferiori per conoscere i misteri superiori, che contengono i principi e i mezzi per raggiungere una vita felice. In nessun caso i principi religiosi devono essere accettati tra questi. [...] Ogni persona deve diventare una spia dell'altra e di tutti coloro che la circondano. Nulla deve sfuggire al nostro sguardo. [...]

Nessun uomo è adatto al nostro Ordine se non è un Bruto o un Catilina" (cioè capace dei peggiori crimini). In un'altra lettera del marzo 1778, Spartaco propone a Catone una serie di "invenzioni" tipiche dei "benefattori dell'umanità", tra cui spiccano le seguenti: una scatola-bomba che esploderebbe se forzata, una bevanda per provocare aborti spontanei, un liquido che accecherebbe o ucciderebbe se gettato in faccia, ricette per una sorta di "aqua toffana" dagli effetti mortali, profumi velenosi che riempirebbero le stanze di vapori pestilenti e una ricetta "ad excitandum furorem uterinum".

In un altro testo di Spartaco a Catone, la cui data non è specificata, ma che è già posteriore agli anni della proibizione dell'Ordine, Weishaupt scrive: "...Con questo piano guideremo l'intera umanità. In questo modo e con i mezzi più semplici, metteremo tutto in funzione e in fiamme. Gli impieghi (uffici) devono essere assegnati e concepiti in modo tale da poter influenzare, in segreto, tutte le operazioni politiche". I fatti storici dimostrano che questo obiettivo è stato assolutamente raggiunto: gli agenti che circondavano Wilson e Roosevelt, come si vedrà a tempo debito, hanno obbedito agli ordini del Potere Segreto e hanno portato all'ingresso degli Stati Uniti nelle due guerre mondiali. Erano uomini collocati in posizioni chiave, concepiti e preparati per tali scopi. Nella stessa lettera Spartacus dice: "Ho considerato tutte le cose e ho preparato tutto in modo che se l'Ordine va in rovina oggi, lo ripristinerò tra un anno e più forte e luminoso che mai". Qui il professor Robison interrompe il testo e fa un inciso per sottolineare che esso è effettivamente riemerso, come previsto, nel tempo predetto, sotto il nome di "Deutsche Union" (Unione Tedesca) e forma di "Società di Lettura". Si deve quindi capire che questa nuova società segreta era un'estensione degli Illuminati. La lettera continua: "Sono così sicuro del successo, nonostante tutti gli ostacoli, che mi è indifferente se debba costarmi la vita o la libertà. [...] Ma possiedo l'arte di approfittare anche delle disgrazie; e quando mi riterrete sprofondato, mi rialzerò con nuova energia. Chi avrebbe mai pensato che un professore di Ingolstadt sarebbe diventato l'istruttore dei professori di Gottinga e dei più grandi uomini della Germania?".

In un altro testo Spartaco, dopo aver ricordato la necessità di far capire a coloro che adducono pretesti morali che il fine giustifica i mezzi, riconosce l'importanza di Knigge (Philo) nell'infiltrarsi nella Massoneria e di nell'ottenere proseliti. Spartaco spiega a Diomede (il Marchese di Costanza) che Philo è uno degli uomini più utili e pratici dell'Ordine, e che è stato soprattutto grazie ai suoi sforzi tra i massoni dei Paesi protestanti che è stato introdotto il "Sistema Eclettico" e che essi sono stati portati ad accettare la leadership degli Illuminati, un risultato il cui merito è interamente attribuibile alle ampie connessioni di Philo nella Massoneria. Spartaco ammette che Knigge, prima della sua illuminazione, viaggiava come filosofo di città in città, di loggia in loggia e persino di casa in casa.

Weishaupt stava costruendo l'idea che le Società di lettura sarebbero state un elemento strutturale fondamentale dell'Unione tedesca. Il seguente testo, citato da Robison senza specificare data e destinatario, è molto significativo: "La grande forza del nostro Ordine sta nel suo occultamento. Non deve mai apparire da nessuna parte con il suo vero nome, ma sempre nascosto sotto un altro nome e un altro compito. [...] A questo proposito, la forma di una società colta o letteraria è la più adatta ai nostri scopi; e se la Massoneria non fosse esistita, si sarebbe fatto ricorso a questa copertura; ma essa deve essere molto più di un paravento, può essere una potente macchina nelle nostre mani. Fondando società di lettura e sottoscrivendo librerie, ponendole sotto la nostra gestione e rifornendole delle nostre opere, possiamo plasmare il pensiero pubblico come vogliamo. È in questo modo che dobbiamo cercare di influenzare le accademie militari (questo può avere conseguenze enormi), le tipografie, le librerie, i municipi, in breve, ovunque possiamo avere un effetto sulla formazione o sulla gestione o persino sulla direzione delle menti delle persone. La stampa e l'incisione meritano la nostra massima attenzione. Una Società Letteraria è la forma più adatta per l'introduzione del nostro Ordine in uno Stato in cui non siamo ancora stati introdotti (nota bene!)". Vedendo come funziona oggi l'industria culturale e in particolare il business letterario e il suo mercato, è evidente che tutto è stato realizzato: è oggettivamente provato che i canali televisivi, le agenzie di informazione e le case editrici, che comprendono giornali, riviste e libri, sono per lo più nelle mani di capitalisti ebrei e dei loro amici. È innegabile che leggiamo quello che leggiamo, cioè quello che vogliono che leggiamo.

In relazione al fatto che gli Illuminati stavano assumendo posizioni chiave in varie istituzioni, Robison riproduce una lettera manoscritta di Catone (Zwack) indirizzata a un destinatario sconosciuto, che potrebbe essere lo stesso Spartaco. Vi si legge che hanno acquistato una casa a Monaco e che il giardino è occupato da specie botaniche che danno alla casa (una loggia) l'aspetto di una società di entusiasti naturalisti. In questa casa si è stabilito il sistema degli Illuminati e sono state accolte le logge della Polonia. La lettera recita: "Grazie all'attività dei nostri fratelli, i gesuiti sono stati sollevati da tutti i loro uffici a Ingolstadt e tutti i professori appartengono all'Ordine. Cinque di loro sono eccellenti e gli studenti saranno preparati da noi. [...] Abbiamo avuto molto successo contro i gesuiti e le cose sono arrivate al punto che le loro entrate, come la missione, le elemosine d'oro, gli esercizi e gli archivi delle conversioni sono ora sotto il controllo dei nostri amici. Tutte le scuole tedesche e la Società Benevola sono finalmente gestite da noi. Abbiamo diversi membri valorosi nelle corti di giustizia e possiamo permetterci di dare loro uno stipendio e altri buoni vantaggi. Ultimamente siamo riusciti a piazzare un giovane ecclesiastico nella Fondazione di San Bartolomeo e ci siamo così assicurati i suoi sostenitori. In questo modo saremo in grado di fornire sacerdoti adatti alla Baviera. Grazie a una lettera di Philo, abbiamo appreso che abbiamo assicurato una delle più alte cariche della Chiesa a un fervente illuminato, nonostante l'opposizione del vescovo di Spire, che si dà il caso sia un prete intollerante e tirannico".

Il professor Robison cita due pubblicazioni dell'epoca in relazione all'Unione tedesca e alla creazione delle Società di lettura. La prima, *Più note che testo o l'Unione Tedesca dei XXII, una nuova società segreta per il bene dell'umanità,* fu pubblicata dal libraio Goschen a Lipsia nel 1789, il quale afferma che il testo gli giunse da una mano sconosciuta e che lo pubblicò rapidamente considerando il danno che questa società, di cui aveva già sentito alcune notizie, avrebbe potuto produrre nel mondo e nel commercio se le fosse stato permesso di lavorare in segreto. Sempre nel 1789 fu pubblicato il secondo libro, il cui titolo tedesco era *Nähere Beleuchtung der Deutsche Union (Più informazioni sull'Unione Tedesca).* La prima pubblicazione conteneva piani e lettere per i soli membri fidati o sicuri, la cui stampa era stata autorizzata dai Ventidue Fratelli Uniti. Le prime pagine introducono il Piano dei Ventidue: "Lavoriamo innanzitutto per attirare tutti i buoni scrittori nella nostra associazione. Immaginiamo che ciò sarà facile da ottenere, poiché essi potranno ottenere evidenti vantaggi. Inoltre, intendiamo conquistare i direttori e gli impiegati degli uffici postali affinché facilitino la nostra corrispondenza". Più avanti vengono esposti gli enormi benefici che l'umanità otterrà grazie agli scopi "altruistici" dell'Unione: "Tutti potranno notare la progressiva influenza morale che l'Unione acquisirà all'interno della nazione. Vediamo quale superstizione si perderà e quale apprendimento si guadagnerà quando: 1. In ogni Società di lettura i libri saranno selezionati dalla nostra Fratellanza. 2. Quando in ogni quartiere ci saranno persone fidate che si preoccuperanno di estendere a ogni casa gli scopi dell'illuminazione dell'umanità. 3. Quando avremo la voce del pubblico dalla nostra parte e saremo in grado di eliminare gli scritti fanatici che appaiono nelle riviste che si leggono abitualmente, o di mettere in guardia il pubblico contro di essi; e, d'altra parte, quando saremo in grado di pubblicizzare e raccomandare le opere che illuminano le menti degli uomini. 4. Quando avremo gradualmente nelle nostre mani l'intero commercio librario (perché i buoni scrittori porteranno le loro opere sul mercato attraverso di noi), faremo in modo che gli scrittori che lavorano per la causa della superstizione e della moderazione non abbiano né editori né lettori. 5. Quando infine la nostra Fratellanza si diffonderà e tutti i cuori sensibili e le persone buone aderiranno a noi, li metteremo in grado di lavorare tranquillamente per influenzare gli amministratori, gli intendenti, i cancellieri, gli ufficiali giudiziari, i parroci, i funzionari pubblici, i precettori privati..."

È sorprendente notare come grandi scrittori e artisti di talento siano stati inizialmente ingannati dagli Illuminati. Il poeta inglese Percy Bysshe Shelley e sua moglie Mary Shelley, come abbiamo visto sopra, furono abbagliati dalla propaganda. Fortunatamente un libro di Barruel finì nelle mani di Shelley. Scoprendo la vera natura della cospirazione, si premurò di avvertire i suoi amici, tra cui il poeta e saggista Leigh Hunt. Anche il grande Johann Wolfgang Göthe, alias Abaris, cadde nella trappola, come rivelò un importante illuminista, Leopold Engel, nel 1906 in *Geschichte des Illuminaten Ordens (Storia dell'Ordine degli Illuminati)*. Fortunatamente, anche lui sospettava della vera natura della setta. In una sua lettera a Bode, alias Amelius, scrive: "Credetemi, il nostro mondo morale è minato da tunnel sotterranei, cantine e fogne, come lo è di solito una grande città, senza che nessuno ne sospetti i collegamenti. È comprensibile per me o per qualsiasi altra persona illuminata che a volte il fumo trapeli dalle fessure o si sentano strane voci...". Friedrich von Schiller, un poeta e drammaturgo che era stato anch'egli ingannato dall'Ordine, stava progettando di scrivere un'opera teatrale, *Demetrius*, che avrebbe dovuto svelare alcune atrocità. Weishaupt ne venne a conoscenza da Heinrich Voss, un "confratello allusivo" (i "confratelli allusivi" erano in un certo senso la polizia segreta di Weishaupt), e volle impedirlo a tutti i costi. Schiller morì dopo una lunga malattia il 9 maggio 1805. Hermann Ahlwardt nel suo libro *Mehr Licht (Più luce)* sostiene che Schiller fu assassinato dagli Illuminati.

L'opera di John Robison e i testi in essa pubblicati meriterebbero forse più spazio, ma dobbiamo andare avanti. È chiaro che i lupi travestiti da pecore cercavano di supervisionare e controllare la creazione letteraria e intellettuale. Progettavano di ostracizzare coloro che non erano d'accordo con le loro idee, con il pretesto che producevano scritti perniciosi per l'umanità, che loro, filantropi illuminati, intendevano migliorare. Chiunque può notare, tuttavia, che nei loro scritti non c'è una parola per i poveri, per i sofferenti. Né si legge nulla di una riforma sociale che non sia legata al desiderio di dominio per ottenere il potere mondiale. L'obiettivo principale era quello di acquisire ricchezza, potere e influenza a tutti i costi. Per raggiungere questo obiettivo, cercarono di abolire il cristianesimo e di sostituire i principi morali con un libertinismo, mascherato da umanità e benevolenza. Mezzo secolo più tardi, si resero conto che per conquistare le masse di lavoratori sarebbe stato necessario adattare e modificare il loro discorso. Quando Weishaupt morì nel 1830, il suo Ordine era probabilmente più forte che mai; ma avrebbe cambiato nome e si sarebbe presentato in pubblico con il nome di comunismo.

PARTE 3
RIVOLUZIONE FRANCESE

La storia ufficiale spiega la Rivoluzione francese come l'inevitabile scontro tra una struttura feudale e una realtà sociale in contrasto con essa. Ci insegna che gli scrittori e i filosofi enciclopedisti avevano scatenato una tempesta ideologica che metteva in discussione la Chiesa e lo Stato e faceva naufragare le vecchie idee morali, politiche ed economiche. Rousseau, che nel *Discorso sull'ineguaglianza delle condizioni sociali* esprimeva il suo disprezzo per la monarchia di Luigi XV, sosteneva le rimostranze dei poveri contro i ricchi e attaccava i privilegiati, nel *Contratto sociale* proclamava, a differenza di Voltaire che si soffermava sulle riforme amministrative, il diritto delle nazioni a modificare i propri governi. Rousseau si rivolgeva alle masse e le aveva spinte alla rivoluzione politica. Nel 1770 scrisse: "Ci stiamo avvicinando allo stato di crisi del secolo delle rivoluzioni. Mi sembra impossibile che le monarchie d'Europa durino a lungo". Bisogna certamente ammettere che le sue opere e quelle di altri pensatori hanno influenzato lo sviluppo delle idee rivoluzionarie e delle teorie repubblicane; ma non sono state in alcun modo determinanti nell'innescare eventi che sono stati pianificati, organizzati e finanziati all'estero. In realtà, le idee di Rousseau avevano sensibilizzato gran parte della nobiltà sulla necessità di una riforma. Il primo a convincersi dell'importanza di attuare una politica riformista fu il re, Luigi XVI, che nel 1774, all'età di vent'anni, era succeduto al nonno Luigi XV.

In ogni caso, la Francia non era diversa dalle altre nazioni europee. Tra i mali generali del secolo in Europa c'erano: cattiva amministrazione; codici penali obsoleti e altamente ingiusti; cattiva organizzazione del Tesoro; corruzione nella riscossione delle imposte; privilegi e franchigie del clero e della nobiltà; ingiusta distribuzione e sfruttamento delle terre; mancanza di libertà individuali; trascuratezza, se non abbandono, della sanità e dell'educazione e istruzione del popolo. Non si può negare, quindi, che in Francia e in tutti i Paesi fossero necessarie profonde riforme. Tuttavia, secondo il politico socialista Louis Blanc, autore di una *Storia della Rivoluzione francese* in dodici volumi, persino il socialista Babeuf, alias Gracchus, uomo illuminato e discepolo di Weishaupt, aveva dichiarato che la Francia non era messa peggio dei popoli di altre nazioni. Nonostante i difetti evidenziati, l'ancien régime francese era forse il migliore del continente. Nel corso del XVIII secolo la Francia aveva decuplicato le sue esportazioni e i progressi dell'industria e dell'agricoltura erano evidenti. In termini di comunicazioni, era l'ammirazione del continente, con una rete di oltre quarantamila chilometri di strade asfaltate.

Nei primi due anni di regno di Luigi XVI, ministri come Turgot e Malesherbes intrapresero con decisione la strada delle riforme. Turgot, che invece di contrarre nuovi prestiti riuscì a pagare più di 100 milioni di debito pubblico in venti mesi senza aumentare le tasse, cercò di abolire la corvée, che era un abuso per i contadini, che potevano essere costretti a lavorare per i nobili. Progettò anche un piano di decentramento e volle attuare un vasto piano di istruzione pubblica. Il suo collaboratore Malesherbes riformò il sistema giudiziario abolendo la censura, abolendo la tortura come prova giudiziaria e adottando un sistema di assistenza sanitaria nelle prigioni. Purtroppo, nel 1776 gli avversari di entrambi i ministri li costrinsero a lasciare il governo e, contrariamente ai desideri di Turgot, la Francia, che aveva bisogno di pace per risanare le proprie finanze, avrebbe compiuto il passo mortale di sostenere le colonie in rivolta in America. Necker, un banchiere svizzero calvinista, fu nominato nuovo ministro delle Finanze e per pagare la guerra aumentò terribilmente il debito pubblico. Nel 1781, per rafforzare la fiducia dell'opinione pubblica, pubblicò per la prima volta i bilanci statali, truccati con un'eccedenza di dieci milioni di sterline, mentre in realtà mostravano un deficit annuale di settanta milioni. Necker fu sostituito, anche se fu riconfermato ministro delle Finanze in altre due occasioni, nel 1788 e nel 1789. È curioso notare che Necker, nonostante la sua pessima gestione, godeva di una strana popolarità: la stampa appoggiava le sue azioni e le sue nomine erano accolte con entusiasmo dal popolo. Il suo successore, Calonne, sprofondò ancora di più nell'abisso del debito, i cui interessi arrivarono ad assorbire il 50% delle entrate dello Stato. Il deficit di bilancio raggiunse i 126 milioni, pari al 20% del bilancio complessivo e portò la Francia sull'orlo della bancarotta. Calonne tentò allora una riforma fiscale basata sull'uguaglianza fiscale e sull'abolizione dei privilegi che esentavano dalla tassazione i settori più potenti. Logicamente il tentativo fallì e il ministro, persa la protezione del monarca, emigrò in Inghilterra nell'aprile del 1787. Ormai le tattiche dei rivoluzionari, che invece di portare avanti le riforme erano consistite nel ritardarle per aumentare il malcontento popolare, stavano dando i loro frutti: il malcontento sociale cresceva e la catastrofe incombeva.

La rivoluzione che portò all'indipendenza americana fu il raggiungimento della proprietà da parte di coloro che avevano lavorato allo sviluppo del Paese e che sentivano di non dover nulla ai proprietari terrieri della Corona britannica. La rivoluzione era quindi priva di regni del terrore, di folle guidate da agenti o delle atrocità associate alle rivoluzione francese e bolscevica; anche se Lord Shelburne cercò, come avrebbe poi fatto con successo in Francia, di piazzare i suoi agenti in posizioni cruciali tra i rivoluzionari americani. Gli uomini di Lord Shelburne apparvero nei momenti critici e si presentarono come audaci patrioti. Secondo Eustace Mullins, proprio come i banchieri svizzeri influenzarono la corte francese per piazzare il finanziere Necker al Ministero delle Finanze, una posizione chiave per far precipitare la depressione economica, così Lord Shelburne giocò un ruolo importante nella manipolazione delle forze americane durante la Rivoluzione. Il più famoso tra questi agenti fu Benedict Arnold, un generale americano che tradì i suoi e trascorse il dopoguerra comodamente in Inghilterra.

Francia e Spagna giocarono la carta dell'indipendenza per motivi diversi. La Francia inviò presto aiuti ai ribelli, che nel dicembre 1774 tennero un congresso a Filadelfia e decisero di abolire le tasse, approvare leggi, creare cartamoneta e conferire il comando delle loro forze a George Washington. Il 4 luglio 1776, in piena guerra con l'Inghilterra, gli Stati Uniti d'America proclamarono la loro indipendenza. Uno dei primi atti di sovranità fu l'invio di diplomatici nei principali Paesi europei. La Francia li accolse, ma non li accettò ancora ufficialmente. Due anni dopo, nel marzo del 1778, Parigi riconobbe l'indipendenza del Nord America sulla base della promessa dei ribelli di non sottomettersi mai alla corona d'Inghilterra. La notifica di questo fatto alla Gran Bretagna equivaleva a una dichiarazione di guerra. Immediatamente iniziarono battaglie navali in America e in Europa tra le flotte dei due Paesi. Carlo III e il suo ministro Floridablanca, nonostante il conte di Aranda, ambasciatore a Parigi, fosse favorevole a muovere guerra agli inglesi, inizialmente resistettero alle pressioni dei Borboni francesi. Infine, nella speranza di recuperare Minorca e Gibilterra e di porre fine alle vessazioni di Londra sul commercio con le colonie, la Spagna, dopo aver accusato gli inglesi di aver minacciato i suoi domini in America, dichiarò guerra alla Gran Bretagna nel giugno 1779. Le vicissitudini dello scontro esulano dallo scopo di questa narrazione. In definitiva, l'intervento di Francia e Spagna impedì agli inglesi di sedare in tempo la rivoluzione nelle loro colonie americane. Quando la pace di Versailles fu firmata nel settembre 1783, l'indipendenza americana era ormai irreversibile.

Benjamin Franklin, uno dei padri della Costituzione degli Stati Uniti, egli stesso massone di alto grado, in una delle sessioni di stesura del testo costituzionale pronunciò parole profetiche sul ruolo storico degli ebrei nella politica degli Stati che li hanno accolti. Duecento anni dopo sono state pienamente realizzate. Eccole, tratte dal documento originale conservato presso il Franklin Institute di Filadelfia:

> "C'è un grande pericolo per gli Stati Uniti d'America. Questo grande pericolo è l'ebreo. Signori, ovunque sulla terra gli ebrei si siano insediati, hanno abbassato lo standard morale e il grado di onestà commerciale, si sono separati e non assimilati, hanno creato uno Stato nello Stato. E hanno cercato di strangolare economicamente coloro che si sono opposti a loro, come è avvenuto in Spagna e in Portogallo.
> Per più di 1700 anni hanno lamentato il loro triste destino, cioè di essere stati cacciati dalla loro patria, ma signori, se oggi il mondo civilizzato desse loro la proprietà della Palestina, cercherebbero subito motivi convincenti per non tornarci. Perché? Perché sono vampiri e non possono vivere tra di loro. Devono vivere tra cristiani e altre persone che non appartengono alla loro razza.

Se non saranno costituzionalmente esclusi dagli Stati Uniti, in meno di cento anni entreranno nel nostro Paese in numero tale da governarci e distruggerci. Cambieranno la nostra forma di governo, per la quale noi americani abbiamo versato il nostro sangue e sacrificato la vita, la proprietà e la libertà personale. Se gli ebrei non saranno esclusi, tra meno di duecento anni i nostri figli lavoreranno nei campi per sfamare gli ebrei, mentre loro resteranno nella "Casa dei Conti" a sfregarsi le mani con gioia. Vi avverto, signori, se non escludete per sempre l'ebreo, i figli dei vostri figli vi malediranno dalla tomba.

Le loro idee non sono quelle degli americani, anche se vivono tra noi da generazioni. Il lupo perde il pelo ma non il vizio. Gli ebrei sono un pericolo per questa terra e, se saranno ammessi, metteranno in pericolo le sue istituzioni. Devono essere esclusi attraverso la Costituzione"

Più tardi, quando sarà il momento di spiegare il colpo di stato occulto che portò alla creazione della Federal Reserve nel 1913, ci sarà l'opportunità di commentare l'avvertimento di B. Franklin.

La rivoluzione è servita

Un minaccioso pamphlet inglese indirizzato a Luigi XVI lo avvertiva chiaramente che i suoi giorni come monarca erano contati e in qualche modo anticipava il ruolo che l'Inghilterra avrebbe giocato nella rivoluzione a venire. Dopo aver rimproverato il re francese per il suo intervento a favore degli americani e contro l'Inghilterra, il pamphlet concludeva: "Che pericolo c'è nel mettere in comunicazione l'élite dei vostri ufficiali con uomini entusiasti della libertà? Come si può pensare che, dopo aver versato il loro sangue per la causa di ciò che dicono essere la libertà, essi applicheranno i vostri ordini assoluti? Da dove viene questa sicurezza quando in America la statua del re di Gran Bretagna viene fatta a pezzi, quando il suo nome viene vilipeso e diffamato? L'Inghilterra sarà ben vendicata per i suoi disegni ostili quando il suo governo sarà esaminato, giudicato e condannato secondo i principi professati a Filadelfia e applauditi nella sua capitale".

Dopo aver delineato brevemente il contesto, possiamo ora descrivere nel dettaglio alcuni degli eventi rivoluzionari che avrebbero rovesciato la monarchia e l'Ancien Régime nel giro di pochi anni. Il 5 maggio 1789, l'apertura degli Stati Generali si tenne a Versailles nel Salon des Menus, che divenne noto come Salon des Trois États Généraux. La spaccatura tra il trono e il Terzo Stato fu subito evidente. Il 17 giugno, su proposta di Sieyès, la maggioranza dei deputati si costituì in Assemblea Nazionale. Dopo giorni di lotte tra i tre Stati, l'Assemblea Nazionale proclamò il principio della sovranità della nazione sul re stesso.

L'11 luglio 1789 Necker, che era stato nominato direttore generale delle finanze il 25 agosto 1788, fu licenziato per la seconda volta; ma cinque giorni dopo il re, su pressione degli orleanisti, fu costretto a rimetterlo a capo delle finanze francesi. Nel Palazzo Reale del Duca d'Orléans, centro nevralgico dell'agitazione come già detto, Camille Desmoulins, un pessimo avvocato che balbettava quando parlava e che sarebbe finito sulla ghigliottina il 13 aprile 1794, appollaiato su una sedia con una pistola in mano arringò il popolo il 12 luglio con queste parole: "Cittadini, non dobbiamo perdere tempo; la destituzione di Necker è il richiamo di un San Bartolomeo di patrioti, e questa notte stessa i battaglioni stranieri usciranno dal Campo di Marte per sgozzarci. Non ci resta che una risorsa: correre alle armi!". Il popolo reagì afferrando i busti di Necker e del Duca d'Orleans e li fece sfilare in trionfo per le strade della capitale. Questo era il primo atto, una prova generale di ciò che sarebbe accaduto due giorni dopo. Le truppe cercarono di disperdere la folla e scoppiò la violenza, presto incoraggiata da briganti assoldati che scambiarono il popolo per saccheggiatori e terroristi. In realtà, nonostante la buona stampa, Necker, il mago della finanza di quegli anni e padre della famosa Madame de Staël, che cercò di far sposare con il primo ministro inglese William Pitt, aveva innescato l'inflazione con le sue politiche economiche ed era lo strumento dei banchieri svizzeri e inglesi che progettavano di trarre grandi profitti dalla disfatta che stava per verificarsi. Edmund Burke arrivò a dire alla Camera dei Comuni che Necker era il miglior amico dell'Inghilterra sul continente.

Dopo la proclamazione destinata a conferirgli il ruolo di monarca costituzionale, Luigi XVI tentò di sciogliere l'Assemblea per mezzo delle truppe del Duc de Broglie. La voce di questo tentativo si aggiunse all'agitazione generale che si era creata a Parigi dopo gli eventi del 12 e portò alla rivolta borghese nella capitale il 14 luglio 1789, che culminò nella famosa presa della Bastiglia. Secondo la storia ufficiale, il popolo liberò molti prigionieri politici che erano stati torturati in quella prigione; ma in realtà i prigionieri erano solo sette: due pazzi di nome Tabernier e Whyte; il conte di Solanges, un libertino condannato per vari reati; e quattro truffatori di nome Laroche, Bechade, Pujade e La Corrége, imprigionati per aver falsificato cambiali. M. Gustave Bord, ne *La presa della Bastiglia*, afferma che "una mano invisibile ha pagato il disordine e lo ha pagato generosamente". La distribuzione di denaro tra gli ammutinati che presero la Bastiglia è ampiamente confermata da numerosi autori contemporanei. L'unico disaccordo riguarda l'importo pagato ai rivoltosi, che variava da sei a dodici franchi al giorno. Questi eventi permisero di trasferire il potere politico all'Assemblea, che sarebbe diventata l'Assemblea Costituente. Quando la sera il duca de la Rochefoucauld-Liancourt annunciò al re l'assalto alla Bastiglia, quest'ultimo chiese: "È dunque una rivolta? Al che il duca rispose: "Sire, è una rivoluzione! La rivoluzione era scoppiata e, come per magia, era scoppiata in tutta la Francia nello stesso momento, grazie al lavoro delle società segrete. Il re capì subito che era inutile resistere e che poteva solo cercare di controllarla. Si diresse quindi a piedi e senza scorta verso l'Assemblea e si mise nelle sue mani.

Otto giorni dopo l'assalto alla Bastiglia, il 22 luglio, gli agenti della Massoneria degli Illuminati, tra cui Adrian Dupont è indicato come il principale istigatore dello stratagemma, scatenarono quella che è passata alla storia come "La Grande Paura". Contemporaneamente in tutte le province della Francia, approfittando della carestia in atto nel Paese, vennero diffuse notizie che allarmavano la popolazione e la invitavano ad armarsi: veniva riferito che gruppi di banditi vagabondi violentavano e uccidevano donne e bambini. Il panico fu creato anche dall'annuncio dell'imminente attacco delle truppe tedesche e britanniche. Lo stesso giorno e quasi alla stessa ora, cavalieri a cavallo che si spacciavano per corrieri del re lessero per le città un editto reale che recitava: "Il re ordina di bruciare tutti i castelli. Desidera conservare solo i propri castelli". Il popolo obbedì agli ordini, prese le armi e iniziò l'opera di distruzione. Nesta Webster, che attribuisce questa cospirazione alla Massoneria, ricorda che, prima di essere illuminate, le logge pianificarono una rivoluzione a vantaggio della borghesia, usando il popolo come strumento.

A Caen, città natale della famosa Charlotte Cordey, già il 12 agosto si verificò un evento che può essere considerato una terribile prefigurazione del terrore che si sarebbe scatenato in Francia negli anni a venire. Stanley Loomis lo racconta nel suo *Parigi nel Terrore, giugno 1793-luglio 1794*. A Caen, la formazione dell'Assemblea era stata celebrata con l'erezione di una piramide di legno nella piazza principale. Un giovane ufficiale realista, Henri de Belzunce, incapace di comprendere la portata degli eventi, cercò di porre fine ai festeggiamenti, facendo sì che il suo nome si diffondesse attraverso il passaparola. L'11 agosto, Belzunce incitò alcuni dei suoi soldati a strappare le medaglie di Necker dal collo. Ben presto si diffuse la voce che Belzunce avesse intenzione di dare fuoco alla città e distruggerla. In seguito ai disordini, alcuni uomini di Belzunce scambiarono colpi d'arma da fuoco con gli uomini della guardia civile di Caen. Al calar della notte il giovane ufficiale fu convocato per presentarsi al municipio e Belzunce, che doveva essere piuttosto stupido oltre che arrogante, lasciò la sicurezza della sua caserma in abiti civili e si presentò da solo. Non appena si separò dai suoi soldati, fu circondato da una folla inferocita. Appellandosi alla "propria sicurezza", fu rinchiuso nella fortezza della città, dove trascorse la notte. Quando uscì dalla prigione il mattino seguente, dovette passare attraverso una folla di persone armate di falci e moschetti che chiedevano la sua testa. Prima di essere fatto a pezzi dalla folla", scrive Loomis, "decise di togliersi la vita sul posto e cercò di strappare l'arma a una delle sue guardie, che lo colpì e lo gettò a terra. In un attimo la folla gli fu addosso. Fu picchiato a morte. La folla lo fece a pezzi. Un uomo gli aprì il petto con un paio di forbici e ne estrasse il cuore ancora pulsante. L'orribile indumento fu gettato in aria come un giocattolo per bambini. Una donna infine lo prese, lo infilzò su un bastone e urlando follemente lo divorò. Sul resto del corpo furono commesse atrocità indicibili.

La fazione orleanista cerca il potere

Durante i primi tre anni, il progetto dell'Illuminismo fu messo a ferro e fuoco e si fece strada tra gli intrighi delle fazioni politiche. La fazione orleanista aveva causato la penuria artificiale di grano nella primavera e nell'estate del 1789. Inoltre, ebbe il ruolo principale nell'assedio della Bastiglia. Il 5 ottobre dello stesso anno, la marcia su Versailles smascherò definitivamente il Duca d'Orléans, convinto che fosse giunta la sua ora e che il cambio di dinastia sarebbe avvenuto. Guardando alla fine di questo personaggio, non c'è dubbio che fu trattato nel vero spirito dell'Ordine degli Illuminati, poiché fu usato come un semplice strumento, ingannato, rovinato e giustiziato. Esaminiamo le sue azioni in quei giorni dell'ottobre 1789, riportate nelle dichiarazioni dello Châtelet.

Innanzitutto, lo Châtelet di Parigi era una delle giurisdizioni più eminenti del regno di Francia durante l'Ancien Régime. Oggi i suoi archivi sono ampiamente consultati dagli storici, anche se è difficile orientarsi nella serie di documenti che vi sono conservati. I procedimenti nelle varie camere dello Châtelet erano orali e la loro giurisdizione poteva essere civile, penale o di polizia. Nel 1789 si chiedeva la sua demolizione, poiché non godeva di una buona stampa. Una legge del 24 agosto 1790 ne abolì la giurisdizione e portò alla chiusura degli archivi e alla demolizione dell'edificio. Il 22 gennaio 1791, il comune di Parigi decise di sigillare gli archivi dello Châtelet. Sei mesi dopo, un ex cancelliere della Camera civile, Jean Charles Gabé, fu incaricato di togliere i sigilli e il trattamento degli archivi poté iniziare. Gli archivi dello Châtelet entrarono nel Palazzo della Soubise nel 1847 e, insieme agli archivi del Parlamento e di altre giurisdizioni parigine, costituiscono la cosiddetta sezione giudiziaria dell'Archivio Nazionale.

La discussione sul diritto di veto del re provocò aspre discussioni in Assemblea e violenti scontri nelle strade. Nel Palais Royal si minacciava di licenziare i deputati realisti. Inoltre, la carestia era in costante aumento. Marat e Desmoulins chiesero sui loro giornali "un altro eccesso di rivoluzione". Fu in questo contesto che una donna andò per le strade battendo un tamburo e chiedendo pane. Migliaia di donne si unirono a lei e anche uomini armati di asce. Saccheggiarono il deposito di armi della milizia della Guardia Nazionale e presero carri, fucili e cannoni e marciarono verso Versailles, dove si trovava il tribunale. Si trattava di una manovra degli orleanisti. Le testimonianze dello Châtelet dimostrano che in quei giorni (5 e 6 ottobre) Philippe Égalité fu visto ripetutamente e quando la folla lo riconosceva veniva acclamato con grida di "Viva Orleans" e "Viva il nostro Re Orleans". Poi si ritirava e appariva altrove. La sua ultima apparizione il 5 fu verso le nove di sera, quando fu visto conversare in un angolo con uomini in abiti femminili e altri travestiti in abiti umili, tra cui Mirabeau, Barnave, Duport e diversi deputati del partito repubblicano. Il giorno successivo fu visto di nuovo con le stesse persone in abiti femminili. Più tardi, si trovava in cima a una rampa di scale e indicava agli assalitori con la mano dove dovevano andare. Poi è corso lungo un altro sentiero per mettersi accanto al monarca, che era suo cugino. Quando il re fu condotto tra gli insulti verso Parigi, Luigi Filippo d'Orléans fu nuovamente visto appostarsi sul balcone dietro alcuni bambini mentre il corteo sfilava.

Due battaglioni del Reggimento delle Fiandre furono inviati a Versallles per proteggere la famiglia reale. Poi gli orleanisti, da buoni discepoli di Weishaupt, misero in pratica le sue istruzioni sull'uso delle donne[9]. John Robison cita le dichiarazioni numero 177 e numero 317 dello Châtelet come fonte delle informazioni che seguono. Circa trecento "ninfe" del Palais Royal, pagate in escudos e luigi d'oro dall'abate Sieyès, furono inviate a incontrare i due battaglioni. I soldati di uno dei reggimenti informarono i loro comandanti del tentativo di rompere la loro fedeltà con la corruzione. Mademoiselle Théroigne de Mericourt, la favorita del momento al Palais Royal, era una delle più attive tra la folla armata di Parigi. Vestita da amazzone, con tutta l'eleganza dell'opera, fece perdere la testa a più di un giovane. La folla che si dirigeva a Versailles per chiedere l'elemosina al re aveva le tasche piene di monete. Orleans fu visto da due gentiluomini con una borsa di denaro così pesante che era legata ai suoi vestiti. Lo stesso Duca d'Orleans, prima di morire, riconobbe di aver speso quasi 50.000 sterline per corrompere il Reggimento delle Guardie Francesi.

Il noto dipinto di Goya, *Saturno che divora i suoi figli*, fornisce un'immagine perfetta di ciò che accadde in Francia mentre la rivoluzione bruciava e la mano degli Illuminati diventava più evidente. Una delle prime vittime illustri fu Mirabeau. Solo le contraddizioni umane, gli errori di calcolo o di valutazione, l'eccesso di fiducia o l'autoinganno possono spiegare le azioni di questo personaggio, che per tutta la vita si era comportato come un pazzo e che alla fine, incoerentemente con le sue azioni

---

[9] Tra i documenti sequestrati dalla polizia bavarese a Catone (Zwack), è stato trovato un progetto per una sorellanza di donne che potrebbe servire ai piani degli Illuminati. Il testo recita: "Sarà di grande utilità e ci porterà informazioni e denaro, e allo stesso tempo farà miracoli per soddisfare il gusto di molti dei nostri membri più fedeli che sono appassionati di sesso. Ci dovrebbero essere due tipi di sorelle, quelle virtuose e quelle viziose. Non devono conoscersi e devono essere guidate da uomini, ma senza che lo sappiano. Si dovrebbero dare loro libri adatti e altre cose per eccitare le loro passioni". Un altro documento sottolinea l'importanza di usare le donne per raggiungere i propri obiettivi. "Non c'è modo più potente delle donne per influenzare gli uomini. Esse, pertanto, devono essere l'oggetto principale del nostro studio. Dobbiamo conquistarle con consigli sulla loro emancipazione dalla tirannia dell'opinione pubblica. Sarà un conforto per le loro menti schiavizzate essere liberate da qualsiasi schiavitù o repressione. Li ecciterà e li indurrà a lavorare per noi con maggiore entusiasmo senza che se ne rendano conto, perché asseconderanno solo il loro desiderio di ammirazione personale".

precedenti, cercò di salvare i principi della monarchia, cosa che gli costò la vita.

Parallelamente ai lavori dell'Assemblea Costituente, si formarono dei circoli per controllare il lavoro dei deputati. È nei circoli che si cominciò a chiedere la testa di Mirabeau. Secondo l'*Encyclopædia Britannica*, nell'agosto del 1790 ce n'erano già centocinquantadue in funzione. Il più famoso era il Club Bretone, dove in seguito avrebbe dominato Robespierre, guidato all'epoca da Duport, Barnave e dai fratelli Lameth. Le sue sedute si svolgevano nel convento dei giacobini, da cui prese il nome. I giacobini crearono una rete che copriva tutta la Francia e i loro fondi ammontavano a trenta milioni di sterline. La storia dei Giacobini è indubbiamente legata a quella degli Illuminati: non per niente tra i titoli di Adam Weishaupt c'era quello di "Patriarca dei Giacobini". Il primo a chiedere la testa di Mirabeau come traditore della rivoluzione fu Marat (Mosessohn), un ebreo di origine sefardita, il cui inseparabile complice fu un altro ebreo di nome Jacob Pereira. In un articolo Marat chiese al popolo di erigere ottocento gibboni e di impiccare Mirabeau per primo.

Incomprensibilmente, dato che in teoria era alleato del Duca d'Orléans, Mirabeau cercò nell'Assemblea, di cui divenne presidente, di usare le sue brillanti capacità oratorie per moderare i deputati che volevano privare il re di quasi tutti i suoi poteri. Ben presto si moltiplicarono i pamphlet di minaccia. Uno di questi, intitolato "Il grande tradimento di Mirabeau", recitava: "Attento che il popolo non faccia distillare a l'oro nella tua gola di vipera, quel nettare rovente, per placare per sempre la sete che ti divora; attento che il popolo non faccia camminare la tua testa come quella di Foulon con la bocca piena di fieno". Mirabeau sapeva troppo. Un processo pubblico non interessava ai cospiratori che lo avevano usato in tante circostanze. Il modo migliore per toglierlo di mezzo senza clamore era fingere una morte naturale, e così fu scelto l'avvelenamento. La notte del 26 marzo 1791, egli era in preda a forti dolori. Il giorno dopo, nonostante le suppliche degli amici, partecipò per l'ultima volta alla seduta dell'Assemblea. Il 28 iniziò l'agonia. Ogni giorno Luigi XVI mandava un emissario a controllare i progressi del "malato", che chiedeva oppio per alleviare il dolore. Infine, tra le atroci sofferenze causate dal veleno e dopo una notte di tormentosa agonia, Mirabeau morì il 2 aprile all'età di quarantuno anni. La versione ufficiale, che pretende di attribuire questa morte improvvisa a una malattia improvvisa, non è credibile. Pouget de Saint-André, in *Les auteurs cachés de la Révolution Française (Gli autori nascosti della Rivoluzione Francese)*, un'opera estremamente interessante, rivela che Mirabeau stesso credeva di essere stato avvelenato e cita i nomi di sette medici che, pur avendo ricevuto l'ordine di attribuire la causa della morte ai suoi eccessi, conclusero che aveva ceduto a un veleno minerale.

La morte di Mirabeau fu un campanello d'allarme per la famiglia reale, che era già in contatto con le potenze straniere. Luigi XVI e Maria

Antonietta tentarono di fuggire, ma furono arrestati a Varennes. Riportati a Parigi, da allora sono confinati alle Tuileries. Da parte sua, il Duca d'Orléans, Filippo d'Orléans, rimaneva fiducioso che il suo momento potesse ancora arrivare, ma gli eventi si muovevano molto rapidamente e le sue possibilità sarebbero presto svanite. Nel settembre 1791, l'Assemblea passò da Costituente a Legislativa dopo un'elezione a cui partecipò solo il 10% degli elettori. I deputati eletti provenivano principalmente dalle classi medie. Brissot e i Girondini formarono l'ultimo governo di Luigi XVI, la cui quota di potere politico era limitata all'elezione del primo ministro e al diritto di veto sulle decisioni dell'Assemblea. Nei livelli superiori (la Montagna) sedevano i rappresentanti dei club e della gente comune. La loro rappresentanza era limitata e i loro uomini forti (Danton, Marat, Robespierre) erano fuori dall'Assemblea.

L'emigrazione, concentrata a Coblenza e composta principalmente da nobili e ufficiali che avevano lasciato l'esercito, costituiva il partito realista. Contro di loro fu emanato uno dei primi decreti dell'Assemblea, il cui testo considerava i francesi riuniti sull'altra sponda del Reno sospetti di cospirazione e li avvertiva che se avessero continuato a riunirsi il 1° gennaio 1792 sarebbero stati perseguitati e puniti con la morte. Il re si avvalse del diritto di veto e rifiutò di firmare questo decreto. Pochi giorni dopo, non approvò un altro decreto che attaccava le proprietà del clero e il suo diritto di culto.

Dopo la morte di Gustavo III, che, come sappiamo, fu assassinato il 16 marzo 1792 mentre stava organizzando una coalizione di potenze straniere contro la Francia, diversi Paesi europei minacciarono di intervenire. L'Austria fu la prima a interrompere le ostilità e l'Assemblea dichiarò guerra il 20 aprile 1792. L'invasione francese del Belgio, sempre infelice sotto il dominio austriaco, colse l'Europa di sorpresa, ma tra l'indisciplina e il caos seguirono presto le prime sconfitte. Un esempio della confusione e dell'insubordinazione fu l'assassinio del generale Dillon, la cui unità di dragoni si ritirò in disordine senza vedere il nemico. A Lilla, gridando al tradimento, i soldati uccisero il loro generale. Dopo la costernazione creata dalla notizia del ritiro delle truppe che invadevano il Belgio, i giacobini divennero di giorno in giorno più violenti. Marat, dal profondo dei sotterranei dell'intrigo, dove si sottrae alle indagini delle autorità pubbliche, approfitta dei sospetti di tradimento e chiede che l'esercito metta a morte tutti i suoi generali.

Per il terrore della Repubblica

A Parigi l'agitazione cresceva e, mentre la Francia mobilitava battaglioni di volontari e guardie nazionali, l'Austria-Ungheria, la Prussia e il regno di Piemonte-Sardegna formavano la prima coalizione. Lafayette, il massone comandante dell'esercito del Nord sconfitto, che aveva conosciuto personalmente Adam Weishaupt e che, come Mirabeau, sapeva che tra i giacobini c'era una mano occulta, indirizzò all'Assemblea una lettera il 18 giugno 1792, da cui provengono queste parole: "Questa fazione è stata la causa di tutti i disordini, e per questo la accuso apertamente! Organizzata come un impero separato, guidata ciecamente da alcuni capi ambiziosi, questa setta costituisce una corporazione distinta in mezzo al popolo francese, di cui ha usurpato i poteri ai suoi rappresentanti e mandatari...". Due giorni dopo, una folla prese d'assalto il palazzo delle Tuileries, dove risiedeva il re, che, oltraggiato e minacciato, fu costretto a indossare il berretto rosso frigio e a bere un bicchiere di vino. Il sindaco Petion, che aveva apertamente favorito l'insurrezione, riuscì a incanalarla con le sue parole e a far evacuare il palazzo. Il 28, Lafayette, pensando ingenuamente di poter porre fine ai giacobini, si rivolge all'Assemblea e ribadisce il contenuto della sua lettera precedente: "Chiedo all'Assemblea la pronta punizione degli istigatori e la distruzione di una setta che invade la sovranità, che tiranneggia i cittadini, e i cui dibattiti pubblici non lasciano dubbi sull'atrocità dei progetti concepiti da coloro che la guidano".

Il Duca di Brunswick, Gran Maestro della Massoneria tedesca che aveva partecipato al decisivo Congresso di Wilhelmsbad e il cui nome segreto tra gli Illuminati era Aronne, era il comandante in capo delle armate della coalizione austro-prussiana, il cui personale era composto in maggioranza da massoni militari. Il 25 luglio 1792 inviò ai parigini il noto manifesto di Coblenza, redatto dal principe di Condé (Luigi Giuseppe di Borbone, cugino del re). Il manifesto minacciava di marciare su Parigi, introdurre la legge marziale e fare un grande massacro se la famiglia reale fosse stata danneggiata in qualche modo. Due anni dopo, Ferdinando di Brunswick, pentito, avrebbe denunciato senza mezzi termini che gli Illuminati si erano infiltrati nella Massoneria per provocare la rivoluzione in Francia e che sarebbero stati la causa di altre rivoluzioni. Riportiamo ora la citazione delle sue parole, un po' lunga, ma molto preziosa:

"...Vediamo il nostro edificio (la Massoneria) sgretolarsi e ricoprire la terra di rovine; vediamo la distruzione che le nostre mani non possono più fermare... È sorta una grande setta che, con il pretesto di procurare il bene e la felicità degli uomini, ha lavorato nell'oscurità della cospirazione per fare una vittima dell'umanità. Questa setta è nota a tutti. I suoi fratelli sono noti quanto il suo nome. Sono loro che hanno minato le fondamenta dell'ordine fino al suo completo rovesciamento. È a causa loro che l'intera umanità è stata avvelenata e portata alla perdizione per diverse generazioni. [...] Il piano da loro stabilito per rompere tutti i legami sociali e distruggere l'ordine si manifestava in tutti i loro discorsi e atti. Reclutavano apprendisti da ogni categoria e da ogni posizione; ingannavano gli uomini più accorti adducendo intenzioni diverse. [...] I loro capi non hanno in mente altro che i troni della terra, e intendono dirigere i governi delle nazioni dalla nottata dei loro club. Questo è ciò che è stato fatto e che si continua a fare. Notiamo, tuttavia, che i principi e i popoli non sanno in che modo e con quali mezzi stanno realizzando tutto ciò. Per questo vi diciamo con franchezza: l'uso del nostro Ordine ha portato a tutti gli sconvolgimenti politici e morali che il mondo deve affrontare oggi. Voi, che siete stati iniziati, dovete unire le vostre voci alle nostre per insegnare ai principi e al popolo che i settari, gli apostati dal nuovo ordine, sono stati gli autori della rivoluzione attuale e saranno gli autori di quelle future. [...] Così, per stroncare sul nascere gli abusi e gli errori, dobbiamo fin da ora sciogliere l'intero Ordine...".

Il manifesto di Coblenza sembrava concepito per infiammare e indignare i francesi, molti dei quali si arruolarono volontariamente. In tutto il Paese si svolsero arruolamenti di massa. L'Assemblea, sotto la crescente pressione dei giacobini e delle folle di "sans culottes", fu costretta a votare l'impeachment del generale La Fayette, che denunciava costantemente la cospirazione e lo stato di anarchia a Parigi, chiedendo al contempo che il sindaco fosse processato per aver collaborato con gli insorti nell'assalto alle Tuileries. Petion, invece di fare marcia indietro, chiese la destituzione del re. I giacobini chiesero la testa dei deputati costituzionali e dichiararono apertamente che non si poteva più contare sull'Assemblea per portare avanti la rivoluzione. È in questo clima che Danton, che aveva chiesto la detronizzazione del re dal club dei Cordeliers, organizzò il secondo assalto alle Tuileries, un vero e proprio colpo di Stato che ebbe luogo il 10 agosto 1792 e servì a rovesciare Luigi XVI.

I commissari delle sezioni parigine, perfettamente organizzati, si impadronirono dell'Hôtel de Ville (Municipio) e i capi degli ammutinati si costituirono immediatamente come Comune. Il Re e la sua famiglia, su consiglio di Roederer e prevedendo la carneficina che sarebbe derivata dagli scontri alle Tuileries, si rifugiarono all'Assemblea, dove circa trecento deputati, quasi tutti complici o sostenitori dell'insurrezione, si erano riuniti nella sala delle deliberazioni. Alle undici del mattino il trionfo fu completo e le masse armate, con i prigionieri e gli oggetti sontuosi presi durante l'assalto al palazzo, furono condotte verso l'Assemblea, che infine invitò il popolo francese a formare una convenzione nazionale, cioè una repubblica. Il re e la sua famiglia dovevano essere affidati alla custodia dei cittadini. Nelle prime ore del mattino dell'11 agosto, Danton fu svegliato da Camille Desmoulins e Fabre d'Églantine. "Siete un ministro", gli gridarono. Sonnolento ed esausto per le fatiche del giorno precedente, li guardò incredulo e chiese: "Siete assolutamente certi che sono stato nominato ministro?". Gli dissero che le votazioni erano state a suo favore e confermarono di essere il nuovo ministro della Giustizia. Non c'erano dubbi: Danton era il nuovo eroe del momento.

La Convenzione nazionale o Prima Repubblica francese esercitò il potere esecutivo in Francia dal 20 settembre 1792 al 26 ottobre 1795 e fu formata dopo un'elezione a cui partecipò poco meno del 15% dell'elettorato.

L'Assemblea poteva porre il veto sui candidati ritenuti "antipatriottici" e i voti dei deputati dovevano essere sempre espressi ad alta voce. I quaranta giorni dal 10 agosto al 20 settembre furono terribili, perché al terrore scatenato in patria si aggiunse la guerra all'estero. Durante questo periodo l'Assemblea, che si era dichiarata in seduta permanente, dichiarò di approvare tutti gli atti municipali. La Comune rimase all'Assemblea solo per dettarle la sua volontà, cioè per legalizzare le usurpazioni e per sancire, secondo le parole di Danton, "tutte le misure straordinarie che il popolo riuniva nelle assemblee primarie". Più tardi, all'apice della sua influenza, arrivò a dichiarare: "Il terrore è all'ordine del giorno". La Comune di Parigi rivendicò così il potere assoluto: assunse il comando militare di tutta la Francia e sospese a tempo indeterminato l'inviolabilità di case e proprietà. Questa Comune insurrezionale era febbrilmente attiva, emettendo un centinaio di decreti al giorno. Tra le sue prime decisioni vi furono il trasferimento della famiglia reale nella Torre del Tempio, l'imprigionamento dei redattori dei giornali realisti (solo a Parigi furono chiusi undici giornali), la distruzione delle statue dei re e la creazione di un "Consiglio di sorveglianza" per la capitale. Tre uomini che non si conoscevano personalmente guidarono il Consiglio Generale: Danton, Robespierre e Marat. Quest'ultimo, per sua stessa ammissione, "era entrato nel Ministero attraverso la breccia delle Tuileries". Marat, il cui imprigionamento era stato decretato più volte per le sue pubblicazioni sanguinarie e le sue calunnie contro tutti, era uscito dalle fogne in cui era rimasto nascosto per tre anni e si era arrogato la guida del Consiglio di sorveglianza.

Marat e Danton, agenti degli Illuminati di Londra

Il cripto-ebraico Marat fu senza dubbio il più depravato e crudele degli agenti stranieri che in quei giorni scatenarono l'orgia di sangue a Parigi e in tutta la Francia. Quasi certamente Marat conosceva personalmente Lord Shelburne (William Petty) e Jeremy Bentham, le menti inglesi che da Londra diressero il processo rivoluzionario in Francia. Negli anni Settanta Marat aveva già viaggiato in Olanda e in Inghilterra, dove trovò sostegno tra i massoni inglesi. Nel 1772 vi pubblicò un'opera di ispirazione massonica intitolata *Saggio sull'anima umana*. La sua seconda opera, *Le catene della schiavitù*, seguirà nel 1774. Nel 1777 tornò in Francia, ma fu messo sotto sorveglianza per la sua opera di agitazione incendiaria da *L'Ami du Peuple*, il suo giornale (che fu sovvenzionato e divenne il *Journal de la Republique* quando era al potere), così fu costretto a tornare in Inghilterra, dove rimase fino al 1790.

Poiché il ruolo svolto da Lord Shelburne e da Jeremy Bentham fu di prim'ordine, è opportuno dedicare un po' di tempo alla presentazione di questi personaggi, di cui gli storici ufficiali non dicono nulla. Lord Shelburne fu uno degli inglesi illuminati che parteciparono al congresso di

Wilhelmsbad , al quale partecipò in compagnia di altri sette fratelli inglesi. Shelburne, che era stato primo ministro per un breve periodo tra il 1782 e il 1783, quando William Pitt gli succedette nella carica fino al 1801, era a capo dei servizi segreti britannici durante gli anni della rivoluzione in Francia. Secondo Eustace Mullins (*The Curse of Canaan*), Lord Shelburne e i suoi soci avevano saldato i numerosi debiti che gravavano su William Pitt, che in cambio si sottomise alle manovre e alle decisioni politiche dettate nell'ombra da Shelburne e Bentham.

In un libro del 1989, *Les hommes de Londres, histoire secrète de la terreur (Gli uomini di Londra, storia segreta del terrore)*, Olivier Blanc spiega che William Petty (Lord Shelburne) seminò il caos in Francia finanziando migliaia di reazionari e giacobini. Secondo , Marat, Danton e Choderlos de Laclos, segretario personale del Duca d'Orleans, erano agenti che lavoravano per i servizi segreti di Lord Shelburne. Già nel 1789, quando Danton era praticamente sconosciuto, l'ambasciatore francese a Londra, La Luzerne, aveva denunciato senza mezzi termini al ministro degli Esteri, conte de Montmorin, che due individui di nome Danton e Paré (segretario di Danton) ricevevano denaro dal governo inglese. Anche M. Albert Mathiez (1874-1932), un'autorità in materia di Rivoluzione francese, denunciò Danton nel 1916 come agente al servizio dell'Inghilterra. In *Danton et l'or anglais (Danton e l'oro inglese)*, questo storico francese rivela che il banchiere prussiano-svizzero Perrégaux sarebbe stato incaricato di pagare la punizione. Mathiez cita una lettera ufficiale del Ministero degli Esteri, un documento che faceva parte delle carte sequestrate a casa di Danton, che recita: "Desideriamo che continuiate i vostri sforzi e che anticipiate 3.000 livres a M.C.D., 12.000 a W.T. e 1.000 a de M., per i servizi che ci hanno reso infiammando il fuoco e portando i giacobini al parossismo della furia. [...] Aiutate C. a scoprire i canali attraverso i quali il denaro può essere distribuito con il massimo successo".

Un articolo di Jeffrey Steinberg apparso sull'*Executive Intelligence Review* il 15 aprile 1994, intitolato "The Bestial British Intelligence of Shelburne and Bentham", chiarisce la portata delle attività dei due uomini e mette in evidenza la loro mancanza di principi etici. Bentham pubblicò nel 1780 *An Introduction to the Principles of Morals and Legislation*, un'opera che fondò i principi del radicalismo filosofico britannico e che, secondo Steinberg, "lo catapultò al centro dell'allora rinnovato Ministero degli Esteri britannico e del Servizio di Intelligence britannico, consolidato da Shelburne, un uomo che all'epoca era *de facto*, se non *de jure*, il Doge della Gran Bretagna". In realtà, le operazioni di intelligence erano state nelle mani della Compagnia delle Indie Orientali e da allora erano passate sotto il controllo del Secret Intelligence Service (SIS). In realtà Lord Shelburne era l'uomo dei finanzieri oligarchi anglo-olandesi e presiedeva l'onnipotente Comitato segreto a tre della Compagnia delle Indie Orientali. Bernard Lazare, ebreo sionista e amico di Theodor Herzl, riporta ne *L'Antisemitisme* i nomi dei finanzieri ebrei che sostennero dall'Inghilterra gli obiettivi rivoluzionari dei loro colleghi continentali: Benjamin Goldsmid, suo fratello Abraham Goldsmid, Moses Mocatta e Moses Montefiore. Secondo Pouget de Saint-André, che cita gli "Archives Nationales", altri due banchieri ebrei operanti a Parigi, Boyd e Kerr, erano agenti segreti al servizio dell'Inghilterra.

Bentham, che rifiutava qualsiasi differenza tra l'uomo e le bestie inferiori e che nel 1785 aveva scritto un saggio in difesa della pederastia, fece colpo su Shelburne, che lo finanziò, lo sistemò in un appartamento a Bowood e gli assegnò editori in Svizzera e in Inghilterra per garantire un'ampia diffusione delle sue opere in inglese e in francese. Nel 1787 Jeremy Bentham pubblicò un pamphlet molto significativo, intitolato *In Defence of Usury (In difesa dell'usura)*, in cui criticava Adam Smith, che pure lavorava per Lord Shelburne all'interno della Compagnia delle Indie Orientali, per aver sbagliato nella sua opera *The Wealth of Nations (La ricchezza delle nazioni)* e per non essere assolutamente a favore della dittatura sfrenata del denaro. Smith riconobbe subito per iscritto che l'opera di Bentham "era il lavoro di un uomo superiore".

Jeffrey Steinberg, che nel suo articolo concorda con Olivier Blanc e Eustace Mullins, scrive: "Shelburne mirava a distruggere la Francia come rivale economico e militare sul continente. Fin dall'inizio il terrore giacobino fu un affare orchestrato dalla Compagnia delle Indie Orientali e dai servizi segreti britannici. Il sanguinoso massacro dell'élite scientifica francese fu sistematicamente compiuto da mani francesi, ma le guide erano britanniche". Sia Mullins che Steinberg sostengono che la crisi economica sponsorizzata da Necker fu il presupposto per provocare il caos politico e l'insurrezione, a cui Shelburne contribuì istituendo un laboratorio di scrittori radicali, una sorta di "think tank", nella sua tenuta di Bowood. Scrive Steinberg: "i testi furono preparati da Bentham, tradotti e trasportati con valigie diplomatiche e altri mezzi a Parigi, dove i leader del terrore giacobino, Jean-Paul Marat e Georges Jacques Danton, tennero i feroci discorsi. I documenti della Compagnia delle Indie Orientali che confermano i pagamenti a questi leader giacobini sono ancora negli archivi del British Museum". In *Les auteurs cachés de la Révolution Française (Gli autori nascosti della Rivoluzione Francese)*, Pouget de Saint-André afferma che anche l'ebreo Étienne Clavière, ministro delle Finanze tra il 10 agosto 1792 e il 13 giugno 1793, era un agente di Londra. Pouget de Saint-André spiega che Clavière, dopo la sua incarcerazione, ricevette frequenti visite dal banchiere Bidermann, un correligionario che era tesoriere del Ministero degli Affari Esteri nel 1792.

Il 25 novembre 1791 Bentham, che sarebbe stato premiato con la cittadinanza onoraria nella Francia giacobina, aveva addirittura scritto una lettera al deputato dell'Assemblea, J. P. Garran, in cui si offriva di recarsi a Parigi per occuparsi del sistema penitenziario francese. La sua proposta era di costruire centri di detenzione e di lavoro schiavo basati sul suo famoso

Panopticon (predecessore del Grande Fratello), dove i detenuti, grazie a un sistema di osservazione globale (ottica), si sarebbero sentiti ansiosamente osservati in ogni momento, anche nelle loro azioni più elementari, da un guardiano che, da una stanza progettata con specchi, poteva vedere tutto (pan).

Sapendo quindi chi e da dove ha orchestrato il terrore, possiamo tornare a Marat, che secondo il suo medico, il dottor Cabanes, "soffriva di un eczema ripugnante e molto doloroso che lo colpiva dallo scroto al peritoneo e trasudava incessantemente. Spesso, un mal di testa lancinante, la febbre e i forti dolori alle braccia e alle gambe si aggiungevano al suo tormento". Marat esemplifica tutti gli eccessi meglio di chiunque altro. Postosi a capo del Comitato di Salute Pubblica con l'appoggio delle sezioni parigine, ordinò l'arresto di quasi quattromila persone e iniziò la carneficina.

I massacri di settembre

I massacri erano perfettamente pianificati e lo dimostrano i documenti dei registri della Comune. Questi registri sono stati distrutti da un'altra Comune, quella del 1871; ma in precedenza hanno potuto essere esaminati, copiati e pubblicati in estratto da alcuni ricercatori. Si è così scoperto che gli assassini erano stati ingaggiati per ventiquattro sterline ciascuno. M. Granier de Cassagnac ha pubblicato un elenco dei loro nomi, indirizzi e professioni. Stanley Loomis, in *Paris in the terror, june 1973 - july 1974*, afferma che molti di loro erano già arrivati a Parigi alla fine del luglio 1792 e sottolinea che la maggior parte di loro non era francese. Obbedivano a un capo di nazionalità polacca chiamato Lazowski. Ricordiamo che nel 1772 Jacob Frank, un protetto di Mayer Amschel Rothschild, aveva ricevuto denaro per organizzare campi di addestramento paramilitare a Brno, dove addestrò seicento dei suoi seguaci al terrore. Oltre al gruppo di terroristi stranieri, la Comune aveva a disposizione nelle carceri decine di uomini condannati per crimini di violenza, che furono rilasciati pochi giorni prima dell'inizio dei massacri. I più diretti responsabili dell'organizzazione furono gli uomini che, insieme a Marat, erano a capo della Junta de Vigilance, ovvero Billaud-Varenne, Collot d'Herbois, Danton, Tallien e Panis.

Tra le prime vittime ci furono ventiquattro sacerdoti che, il 2 settembre 1792, furono accoltellati e picchiati a morte da un gruppo di duecento teste calde. Nel convento dei Carmelitani, 150 persone furono massacrate in un'orgia di sangue. I carnefici si rifiutarono di usare armi da fuoco e si accontentarono di finire le loro vittime con asce, pale e coltelli. Un cronista dell'epoca, Philippe Morice, scrive che le urla di dolore e di terrore delle vittime si mescolavano a quelle di gioia e di piacere dei criminali. La scena solleva ancora una volta il sospetto che i terroristi di Jakob Frank potessero essere tra gli assassini. Le prigioni dello Chatelet e della Conciergerie furono invase da due gruppi di uomini addestrati a uccidere, che giustiziarono duecentoventicinque prigionieri nel primo caso e trecentoventotto nel secondo, presumibilmente perché nemici del popolo. Durante queste uccisioni nelle prigioni, gli assassini facevano segni massonici alle loro vittime e perdonavano coloro che sapevano rispondere. Billaud-Varenne, camminando tra i cadaveri, gridò ai criminali: "State salvando la patria, continuate il vostro lavoro, coraggiosi cittadini!

Il dottor John Moore, un viaggiatore inglese che viveva a Parigi, scrisse un affascinante diario. Per lui non c'è dubbio che i massacri siano stati pianificati a sangue freddo da alcuni politici. Lo schema", scrive, "veniva ripetuto senza interruzione come una tossina per eccitare la popolazione". In realtà, il popolo di Parigi rispondeva ciecamente all'aggressione perpetrata da criminali e agitatori pagati dall'estero. Un anno dopo, poco prima di essere ghigliottinato, Robespierre avrebbe denunciato tutto ciò senza mezzi termini. Sia John Moore che Stanley Loomis denunciarono i crimini commessi nella prigione di Bicêtre, dove erano rinchiusi 170 detenuti provenienti dai settori più emarginati della società. Tutti, senza eccezione, sono stati assassinati. Tra le vittime vi erano trentatré ragazzi di età compresa tra i dodici e i quattordici anni.

Madame Roland, moglie dell'uomo che settimane prima era stato ministro degli Interni, denunciò per iscritto le atrocità commesse nella prigione della Salpetrière, dove erano rinchiuse prostitute e donne denunciate dai mariti o dai genitori. Se solo sapeste", scrive, "i terribili dettagli. Le donne venivano brutalmente violentate prima di essere fatte a pezzi da quelle tigri". L'esempio più famoso che dimostra la veridicità delle parole di Madame de Roland è il caso di Marie Louise de Savoie-Carignan, principessa di Lambelle. Questa aristocratica di mezza età si era rifugiata in Inghilterra, ma per fedeltà all'amica Maria Antonietta tornò a Parigi per starle vicino. La principessa fu catturata nella Torre del Tempio, dove accompagnava la famiglia reale in prigionia, e portata nella prigione di La Force, dove i criminali, eccitati al limite dall'alcol, dimostrarono una ferocia inaudita, arrivando persino al cannibalismo. Prima di essere uccisa, la principessa fu interrogata da Hébert, che le chiese: "Giura di amare la libertà e l'uguaglianza, giura di odiare il re, la regina e la monarchia". Eroicamente la povera donna disse: "Farò facilmente il primo giuramento, ma non posso fare il secondo, perché non è nel mio cuore". Qualcuno tra il pubblico le gridò di giurare se non voleva morire, ma lei riuscì solo a nascondere il volto tra le mani. Hébert pronunciò allora la frase fatale: "Portate via la signora". Due uomini la trascinarono in strada, dove c'era un mucchio di cadaveri già spogliati. Senza ulteriori indugi, una sciabola le fu conficcata nel collo e diverse picche le furono conficcate nel corpo. Fu quindi spogliata e lasciata per strada. Poco dopo le fu strappato il cuore, fu fatta a pezzi e sventrata. Le sue parti intime furono portate in trionfo come trofei. La sua testa fu portata davanti alle finestre della cella della Regina nel Tempio e sollevata in modo che Maria Antonietta potesse vedere la sua cara amica in questo modo. Per inciso, un ebreo di nome Rosenthal era il comandante delle truppe di guardia al Tempio e non impedì questa macabra azione. La testa fu poi presentata al Duca d'Orléans che, attirato dalle urla, si alzò dal tavolo e, senza battere ciglio, salutò gli assassini della principessa, che era sua cognata, da un balcone del Palais Royal.

Mentre si consumavano questi orrori, il 30 settembre 1792, le armate francesi che avevano spodestato Lafayette, comandate da Dumouriez e Kellermann, riuscirono a sconfiggere i prussiani e gli austriaci nella vittoria decisiva di Valmy. Ci sono molti dubbi sulla prestazione dei prussiani, che quando avrebbero potuto schiacciare l'esercito di Dumouriez, in forte inferiorità numerica, gli diedero il tempo di ricevere rinforzi e rifornimenti. Per alcuni critici Valny fu "una commedia". Il giorno successivo la Convenzione proclamò la Repubblica come unico governo della Francia. Il duca Ferdinando di Brunswick intendeva aprire dei negoziati nonostante la sconfitta, ma la Repubblica rifiutò di ascoltare qualsiasi proposta prima che le truppe nemiche avessero completamente evacuato il territorio. Le vittorie francesi furono confermate più a nord, lungo il Reno, dove il generale Custine era passato all'offensiva conquistando le città di Spira, Worms e Magonza. Nelle Alpi, il generale Montesquieu conquistò la Savoia.

La Convenzione era composta da settecentoquarantanove membri, di cui settantacinque erano stati membri dell'Assemblea Costituente e centosettantaquattro dell'Assemblea Legislativa. La Gironda costituiva la parte destra e la Montagna, sostenuta dai club e dalla Municipalità, la parte sinistra. Tra i due partiti si trovava il centro, chiamato Pianura o Frutteto. Sebbene il re fosse inviolabile secondo le leggi accettate e non si potesse fare nulla contro di lui una volta deposto, i Montagnardi chiesero subito che si tenesse un processo. Danton disse: "Poiché le nazioni ci minacciano, gettiamo la testa del re come un guanto di sfida". La Convenzione si erge così a giudice, pur essendo allo stesso tempo l'accusatore, e convoca il re davanti a sé. Solo Malesherbes osò accettare la pericolosa difesa di Luigi XVI. Ma, come già detto, la morte del re era stata decisa in anticipo al congresso massonico tenutosi a Frankfort nel 1786, ed era giunto il momento dell'esecuzione. I giacobini chiedevano la sua morte come misura di salvezza pubblica. Il 17 gennaio 1793, alle 19, iniziò la votazione per appello nominale, che durò venticinque ore e si svolse tra minacce e insulti, in un clima di estrema agitazione. Le parole di Camille Desmoulins furono: "Un re morto non è un uomo minore. Io voto per la morte". Barère si espresse in questi termini: "L'albero della libertà non può crescere senza essere innaffiato con il sangue dei re". Sieyès sentenziò: "Morte senza condanna". L'aspettativa era al massimo quando Philippe d'Orléans, duca d'Orléans, salì sul palco. Tutti pensavano che il fatto che fosse un parente del re sarebbe servito da scusa; ma lui disse con calma: "Preoccupato solo del mio dovere, e convinto che tutti coloro che hanno attaccato o attaccheranno in futuro la sovranità del popolo meritino la morte, voto la morte". Alla fine, con trecentottantasette voti contro trecentotrentatré, si decise di eseguire la sentenza entro ventiquattro ore. Luigi XVI chiese tre giorni "per prepararsi a comparire davanti a Dio", ma gli furono rifiutati.

Il 21 gennaio 1793, Samson, un massone ebreo che fungeva da capo boia delle esecuzioni e che si vantava di aver tagliato ventuno teste in soli trentotto minuti, ghigliottinò il re, le cui ultime parole espresse con voce ferma davanti a tutti furono queste: "Muoio innocente dei crimini di cui sono accusato. Perdono gli autori della mia morte e desidero che il sangue che state per versare non ricada sulla Francia". Un giovane della Guardia Nazionale raccolse la testa sanguinante e la mostrò al popolo. Si iniziò a cantare la Marsigliese e alcuni ballarono in cerchio intorno al patibolo. Altri raccolsero il sangue che filtrava dalle travi del patibolo e alcuni lo bevvero. È inevitabile ripensare ai depravati franchi, che bevevano sangue nei loro macabri rituali. È forse opportuno notare che anche gli assassini dello zar Nicola II erano ebrei, come si vedrà, e lo stesso vale per il boia che ha giustiziato i leader nazisti condannati al vergognoso processo di Norimberga.

Il terrore continua

Dopo l'esecuzione del re, in Europa si formarono nuovamente alleanze contro la Francia e la guerra riprese. Dumouriez, l'eroe di Valmy, che aveva segretamente avviato trattative con il nemico, fu denunciato come traditore davanti alla Convenzione da Marat e Francisco de Miranda. Questo generale venezuelano, vicino agli Illuminati e considerato il padre della Massoneria latinoamericana, era anche un agente di Lord Shelburne che aveva avuto una rapida ascesa nell'esercito francese. Si sviluppò gradualmente un'atmosfera di sfiducia che portò all'annullamento dell'inviolabilità dei deputati e alla decisione che la Convenzione potesse procedere contro qualsiasi suo membro. Questo decreto fatale fece sì che le parti iniziassero presto a decimarsi a vicenda. L'imprigionamento di Filippo d'Orléans, nonostante il suo voto a favore della morte del re, fu il primo atto di guerra intestina. In un clima di accuse e calunnie, Marat, che il popolo idolatrava, fu denunciato da un deputato girondino, Gaudet. I Girondini riuscirono a far votare alla Convenzione il suo arresto. La mossa si rivelò un errore, in quanto i membri del Tribunale rivoluzionario appena creato che doveva processarlo erano tutti agenti della Comune e lo assolsero. Immediatamente, il 24 aprile 1793, Marat fu incoronato di alloro e, tra gli applausi della folla, fu trasportato per Parigi su una sedia a rotelle sulle spalle di quattro uomini, che lo portarono alla Convenzione tra una pioggia di fiori e nastri che cadevano dalle finestre. Quello che avrebbe potuto essere un trionfo per i Girondini si ritorse contro di loro, perché Marat si rivoltò contro di loro e il 2 giugno fece arrestare ventinove dei loro deputati, oltre ai loro ministri, Clavière e Lebrun Tondu.

Mentre gli eserciti nemici attaccavano su tutte le frontiere, scoppiavano insurrezioni in diverse parti del Paese. La situazione della Repubblica, circondata dalla terra e dal mare e dilaniata dalle rivolte interne, divenne disperata. Una menzione particolare merita la terribile ribellione in Vandea, una guerra civile che portò a uno dei più grandi massacri della storia contemporanea. In questi dipartimenti della Francia occidentale, così diversi dal resto del Paese, il regime feudale era patriarcale e benefico: i signori, poco ricchi, semplici e virtuosi, vivevano con i loro vassalli come padri e amici; il clero era ignorante, ma pio e di abitudini semplici. I contadini non potevano capire una rivoluzione totalmente estranea alla loro situazione. Una coscrizione di massa di trecentomila uomini fu l'innesco di una rivolta generale dei contadini che spazzò via i loro signori. I ribelli si organizzarono a sud della Loira come Esercito Cattolico e Reale e iniziò la guerra che avrebbe scatenato una feroce repressione. Nel proclama della Convenzione, l'intenzione dei giacobini fu chiaramente espressa fin dall'inizio: "Si tratta di sterminare i briganti della Vandea per epurare il suolo della libertà da questa razza maledetta". Il problema era che i "briganti" erano l'intera popolazione. I professori Reynald Secher e Pierre Chaunu (1986) concordano sull'esistenza di un intento genocida nei massacri perpetrati dai giacobini. Nel 1992, Michel Ragon ha visto un programma nei massacri e ha denunciato le intenzioni ufficiali di annientare un intero popolo. Sempre più storici considerano lo sterminio di almeno 120.000 contadini in Vandea come il "primo genocidio della storia moderna". I sopravvissuti furono deportati in massa, i raccolti rasi al suolo, le case distrutte e le foreste bruciate. Questa fertile regione rimase praticamente disabitata per venticinque anni. Già nel 1795 Gracchus Babeuf, il primo precursore del comunismo moderno, aveva ritenuto opportuno utilizzare il termine "populicidio" per descrivere il massacro.

L'assassinio di Marat fu un evento inaspettato, avvenuto in un momento in cui la Francia era coinvolta in guerre interne ed esterne. Charlotte Corday, una bella girondina convinta che il suo gesto potesse salvare la Francia, riuscì a intrufolarsi nella casa del leader giacobino il 13 luglio 1793 con il pretesto di aggiornarlo sulle riunioni dei leader girondini a Caen. Marat non poté rifiutare l'offerta e ordinò che le fosse permesso di entrare nella stanza dove, a causa dei dolori provocati dal deterioramento della pelle causato dall'eczema, passava gran parte del tempo con il corpo immerso in una vasca di acqua calda. Marat la invitò a sedersi su uno sgabello e le chiese cosa poteva fare per lei. Charlotte gli disse che era venuta da Caen e che avrebbe potuto fornirgli informazioni interessanti sulla rivolta di quel luogo. Marat prese subito un foglio di carta e, intingendo la penna nell'inchiostro, le chiese i nomi dei Girondini che si trovavano in città. Lei li elencò: Gaudet, Barbaroux, Pétion, Buzot? Quando lei ebbe finito, Marat sorrise e disse: "Eccellente! Tra pochi giorni li avrò ghigliottinati tutti a Parigi". Allora Charlotte Corday si alzò e, prendendo un coltello da cucina dal petto, con una lama di 15 centimetri, se lo conficcò nel petto fino all'elsa e lo estrasse. Nel corso dell'interrogatorio a cui fu sottoposta dalla polizia, le fu chiesto perché avesse ucciso Marat. La sua risposta fu: "Perché era lui che aveva organizzato i massacri di settembre". Quando le fu chiesto quali prove avesse, rispose: "Non posso darvi alcuna prova. Questa è l'opinione di tutta la Francia. Un giorno il futuro scoprirà le prove". Dopo l'esecuzione, il 17, il corpo di Charlotte Corday fu portato in un ospedale, dove fu sottoposto ad autopsia e si scoprì che era morta vergine. Il pittore neoclassico Jacques-Louis David , come è noto, immortalò l'assassinio dell'amico nell'olio intitolato *La morte di Marat*, firmato nello stesso anno. Al funerale, organizzato e progettato dallo stesso David, vennero bruciate grandi quantità di incenso e vennero esposte simboliche piramidi di carta in tutta Parigi, in un atto di esaltazione massonica.

Dopo la scomparsa di Marat, un nuovo Consiglio di Salute Pubblica, di cui facevano parte Robespierre, Saint-Just, Collot-d'Herbois, Billaud-Varennes, Saint-André, Couthon, Hérault de Séchelles, fu istituito come potere dittatoriale in Francia fino al luglio 1794. Tra le misure immediatamente adottate vi furono la sanguinosa repressione dei vandeani e il processo a Maria Antonietta; ma alla fine emerse anche che il governo britannico pagava assassini e piromani. Nonostante gli agenti di Lord Shelburne fossero internazionali e persino francesi, fu ordinata l'incarcerazione dei sudditi britannici. Il 23 agosto 1793 fu decretato il servizio militare obbligatorio per tutti i francesi fino all'espulsione dei nemici dal territorio nazionale. La dittatura della Giunta eliminò tutte le fortune e condannò tutti coloro che rifiutarono di armarsi o di sottomettersi ai suoi dettami. La Convenzione, utilizzata per dare una parvenza di legalità alle azioni della Giunta, assisteva terrorizzata al proliferare dei decreti di carcerazione contro i suoi stessi membri. Il terrore, come aveva detto Danton, era davvero all'ordine del giorno: il sangue scorreva sui patiboli e quasi centomila "sospetti" affollavano le prigioni del Paese.

Tra le esecuzioni più importanti di quei giorni c'è quella di Maria Antonietta, decapitata il 16 ottobre 1793. Il processo verbale avviato contro di lei fu firmato dal sindaco di Parigi, Jean-Nicolas Pache, un francese di origine svizzera soprannominato "Papa Pache". Secondo lo storico Paul Thureau Dangin in *Royalistes et Republicains* (1874), i rapporti del Ministero degli Interni lo indicarono in seguito come uno degli agenti inglesi. Il discredito della regina agli occhi del popolo francese era stato ottenuto con la campagna della famosa collana di diamanti, orchestrata prima della Rivoluzione contro di lei da Londra da un ebreo di nome Ephraïm. I primi pamphlet furono pubblicati da un altro ebreo di nome Angelucci, che si faceva chiamare W. Hatkinson. Fouquier Tinville, il pubblico accusatore, nell'ansia di presentarla al tribunale rivoluzionario come una donna mostruosa e spietata, fece testimoniare contro di lei il Delfino, manipolato dai suoi tutori rivoluzionari. Il povero bambino accusò falsamente la madre e la zia di averlo incitato a masturbarsi davanti a loro e a dedicarsi a certi giochi sessuali. Lo stesso Hébert lo accusò di aver abusato sessualmente del figlio. Maria Antonietta, indignata, si appellò invano alle madri presenti in aula per difenderla. Giorni dopo la morte della regina, una ventina di leader girondini furono accusati e marciarono verso il patibolo cantando la Marsigliese.

L'esecuzione dello sfortunato Duca d'Orléans, Philippe Equality, che era stato Gran Maestro del Grande Oriente di Francia per vent'anni, merita una menzione speciale. Senza dubbio sapeva troppo dei preparativi per la rivoluzione, e toccò anche a lui finire sotto la ghigliottina, inventata dal massone Joseph -Ignace Guillotin. Philippe d'Orléans spiegò la sua uscita dal Grande Oriente di Francia con queste parole: "Non so più chi appartiene al Grande Oriente. Credo quindi che la Repubblica non debba più permettere l'esistenza di società segrete. Non voglio avere nulla a che fare con il Grande Oriente e con le riunioni massoniche". Le logge massoniche avevano già svolto il loro ruolo e i giacobini avevano iniziato a chiuderle. Nel 1794 funzionavano solo dodici logge, quelle che erano ancora utili agli Illuminati. Il Duca d'Orleans morì in completa disillusione il 6 novembre 1973. L'ebreo Benjamin Calmer, agente del cambiamento e fratello del violento Isaac Calmer, fu nominato commissario per la liquidazione dei beni di "Philippe Egalité".

Nelle province ci furono massacri compiuti da persone mentalmente disturbate che sembravano essere state reclutate appositamente per questo scopo. Diversi autori riferiscono di un certo Carrier, forse il più famoso di questi criminali. Eustace Mullins scrive quanto segue su di lui:

"aveva un desiderio ossessivo di torturare e uccidere i bambini piccoli, così come il suo assistente, il gobbo DuRel, un maniaco omicida che si dilettava a massacrare i bambini infilzando ripetutamente i loro corpi con bastoni appuntiti. Questi due pazzi ammassarono più di cinquecento giovani contadini di entrambi i sessi in un campo fuori Nantes, dove, con l'aiuto entusiasta di pazzi disadattati come loro, li uccisero a bastonate. Carrier era famoso per aver inventato i famigerati annegamenti sulla Loira. Grandi zattere di vittime venivano messe a galla sul fiume, fatte affondare e le persone a bordo annegavano. Carrier praticava anche il rituale noto come "matrimonio repubblicano". Uomini e donne venivano spogliati, legati in posizione di accoppiamento e gettati nel fiume.

Il fiume inghiottì così tante vittime che fu proibito bere dalle sue acque. In realtà, anche se Mullins non deve averlo scoperto, perché non ne parla, i carnefici erano un'orda di banditi chiamati compagnia di Marat, che si saziavano di stupri, rapine e omicidi. I cittadini di Nantes, accusati di federalismo, e i vandeani furono sistematicamente annientati. Le vittime di Carrier e dei suoi scagnozzi, che trovarono degni complici nella giunta rivoluzionaria di Nantes, furono circa quindicimila. Nel marzo 1919 i cekisti ebreo-bolscevichi imitarono Carrier, perché dopo aver imprigionato migliaia di scioperanti nella città di Astrakhan, li caricarono su chiatte, da dove furono gettati nel Volga con una pietra al collo. Dal 12 al 14 marzo 1919, tra i 2.000 e i 4.000 lavoratori furono annegati e fucilati.

Ad Arras, città natale di Robespierre, Mullins individua un altro famigerato criminale, Joseph Lebas, seguace di Robespierre. Questo individuo e sua moglie, ex infermiera, sperimentarono una sorta di frenesia orgiastica con le esecuzioni alla ghigliottina. Lebas giustiziò dapprima tutti i ricchi che gli capitavano tra le mani per derubarli delle loro cantine e dei loro gioielli. Poi si stabilì in una casa requisita sulla piazza della città. Quando non riuscì a trovare altri ricchi, si mise con alcuni poveri, ai quali ordinò di essere picchiati a morte davanti a lui e ai suoi amici, che lo guardavano divertiti dai balconi.

A Lione, città che si era sollevata contro i giacobini a Parigi, due hebertisti, Collot d'Herbois e Joseph Fouché, guidarono i massacri. Entrambi furono autori dell'*Instruction de Lyon*, un testo praticamente sconosciuto e messo a tacere dalla storiografia socialista, che è il primo manifesto comunista della storia. Il 9 ottobre 1793 la città capitolò. La Convenzione decise che Lione doveva essere distrutta, ma Couthon, che era il braccio destro di Robespierre, pretese di praticare una politica di moderazione e indulgenza, che si rivelò impossibile: il Comitato di Salute Pubblica annullò questi propositi, ordinò il ritorno di Couthon a Parigi e Collot e Fouché furono inviati a Lione. Durante l'inverno 1793-94 la seconda città di Francia fu colpita da un'epidemia dopo l'altra. Gli orrori su larga scala iniziarono il 4 dicembre. Fouché, detto "le mitrailleur de Lyon" (il mitragliatore di Lione), ritenendo la ghigliottina troppo lenta, decise di uccidere i detenuti su una spianata. I corpi dei feriti che venivano portati mutilati o maciullati venivano finiti con sciabolate o colpi di piccone, zappa o ascia. Molti cadaveri insanguinati venivano poi gettati nel Rodano. Già nel mese di dicembre, quando la carneficina era al culmine, le prime notizie sulle brutalità che si stavano compiendo in città giunsero alla capitale: una deputazione lionese convocata dai Robespieristi si presentò alla Convenzione. Collot d'Herbois dovette tornare a Parigi per dare spiegazioni. Il 21 dicembre entrò alla Convenzione come vincitore e, lungi dal chiedere scusa, fece approvare i suoi crimini. Poiché il compagno Collot non tornò e rimase nella capitale, dove sarebbe scoppiata la lotta tra hebertisti, dantonisti e robespieristi, Fouché fu lasciato al comando a Lione. Da quel momento in poi fu l'unico responsabile delle atrocità che continuarono a essere commesse in quella città.

Le fazioni giacobine si scannano a vicenda

Gli odi politici sorsero presto tra i membri della Montagna, che aveva quindi una sua destra, guidata da Danton e Desmoulins, e una sua sinistra, guidata da Jacques-René Hébert, successore di Marat e direttore della rivista radicale *Le Père Duchesne*, che sosteneva la necessità di fare del terrore il sistema di governo della Francia. In mezzo c'erano Robespierre, Couthon e Saint-Just, presumibilmente il centro del partito. Hébert e il suo partito, che oltre ai due già citati comprendeva l'ebreo Jacob Pereira, ex luogotenente di Marat, Chaumette (l'illuminato Anassagora) e Cloots (l'illuminato Anacarsis), portarono all'estremo la campagna contro la religione. Gli Hebertisti incoraggiarono la demolizione dei templi, la fusione di campane, urne, ostensori e reliquiari, che furono ammassati nella Convenzione e nei Municipi. Le sculture delle chiese furono mutilate. L'ateismo trionfò e vennero istituite le feste della dea Ragione, alla quale fu data come tempio la basilica di Notre-Dame de Paris. È significativo che coloro che invocavano un comportamento razionale agissero come schiavi degli istinti più violenti e riprovevoli. Chaumette, eretto a pontefice supremo della nuova religione, entrò in chiesa il 10 novembre 1793 per istituire il nuovo culto. Tutti gli organi costituiti della Repubblica occuparono la predella magnificamente decorata. Donne vestite di bianco scortavano la dea, una giovane donna di nome Maillard, scalza e poco vestita con una tunica bianca. In *The World Revolution* Nesta Webster sottolinea che i festeggiamenti della dea Ragione erano semplicemente una conseguenza dell'insegnamento di Weishaupt secondo cui "la ragione deve essere l'unica legge dell'uomo". John Robison afferma che quando "le donne corrotte furono intronizzate come dee, il piano ideato da Weishaupt nel suo *Eroterion* o festa in onore del dio dell'Amore era stato messo in pratica". Il deputato girondino Louis Sébastien Mercier, che trascorse un anno in prigione, conferma che alcune donne ballavano in chiesa a seno nudo e aggiunge che "nell'oscurità della sacrestia si soddisfacevano i desideri che erano stati eccitati tutto il giorno".

All'inizio del 1794, il partito dei Montagnardi aveva distrutto tutti i suoi avversari e gli squali che lo componevano erano pronti a sbranarsi a vicenda. Robespierre, dopo tante moratorie e capitolazioni, sembrava finalmente deciso a riprendere la lotta contro la fazione hebertista. Fouché, che aveva la protezione di Collot nel Comitato di Salute Pubblica, ricevette il sostegno per le sue operazioni; ma un sesto senso gli fece vedere il pericolo: la corda a Parigi stava diventando troppo stretta e poteva spezzarsi da un momento all'altro. Lentamente iniziò a cambiare atteggiamento e alla fine fermò la repressione criminale a Lione: il 6 febbraio 1794 ordinò di fermare le uccisioni e il 18 emanò un decreto che vietava gli arresti. In effetti, la popolarità di Hébert era al capolinea e, spaventato, aveva vigliaccamente rinnegato la Chaumette illuminata, l'ateismo e il comunismo. Danton, che sembrava avere il sostegno della maggioranza della Convenzione, era disgustato. Finalmente, il 13 marzo, Robespierre, sostenuto dal Centro e da una parte dei dantonisti, riuscì ad arrestare Hébert e, il 18, Chaumette. Da quel momento, gli eventi della giornata iniziarono a svolgersi rapidamente. Accusati da Danton, Desmoulins e Robespierre di aver tentato un colpo di Stato, gli hébertisti, una ventina, furono giustiziati sulla Place de la Révolution il 24 marzo. Hébert, che aveva mandato senza scrupoli tante persone alla ghigliottina, provocò lo scherno della popolazione, che ululava divertita per il fatto che gridava più forte persino della povera Mme Du Barry, che era stata decapitata a dicembre. Hébert, dunque, si comportò come un vigliacco della peggior specie e mostrò a tutti la sua bassezza. Tra le carte sequestrate a Jacob Pereira c'erano novantasei lettere e centinaia di testi e articoli scritti in inglese, che avrebbero costituito la prova dell'azione del governo inglese contro Pereira e i suoi amici. Collot d'Herbois e Joseph Fouché, che si trovava ancora a Lione, erano sfuggiti alla ghigliottina.

Quattro giorni dopo, il marchese di Condorcet, un importante filosofo, matematico, storico e politologo, si suicida. Condorcet, che era con i Girondini e aveva votato contro l'esecuzione di Luigi XVI, fu accusato e condannato per tradimento. Fuggì e rimase nascosto per cinque mesi a casa di Mme Vernet. Il 25 marzo tentò di lasciare Parigi, ma fu arrestato e imprigionato. Il 28, dopo aver ingerito del veleno, fu trovato morto nella sua cella.

Il 5 aprile Danton, Desmoulins e i loro sostenitori furono condotti alla ghigliottina. Robespierre e Saint-Just, che avevano fatto affidamento su entrambi per sbarazzarsi degli hebertisti, li accusarono, tra l'altro, di aver mantenuto contatti segreti con potenze straniere e di essere coinvolti nelle malversazioni della Compagnia delle Indie Orientali, i cui stabilimenti erano stati chiusi in via cautelativa con un decreto di la Convenzione[10]. Nella sua opera *Parigi nel Terrore*, Stanley Loomis cita tra i ghigliottinati i fratelli Frey, Junius ed Emmanuel, due nipoti di Jacob Frank che vivevano a Parigi e che agirono come importanti leader giacobini. Va ricordato che Junius Frey era stato uno dei fondatori dell'Ordine Asiatico nel 1781, che fiorì alla corte austriaca con il titolo di barone Thomas von Schönfeld. I fratelli Frey, che da buoni frankisti erano apparentemente apostati dall'ebraismo, si muovevano all'interno della Compagnia delle Indie Orientali.

---

[10] Il 3 aprile 1790, l'Assemblea Nazionale decretò che il commercio oltre il Capo di Buona Speranza era libero per tutti i francesi, privando così la Compagnia delle Indie Orientali del suo monopolio. Gli azionisti, tuttavia, riuniti in assemblea generale il 10 aprile, nominarono otto commissari incaricati di mantenere comunque le sue attività. La Convenzione accusò la Compagnia di finanziare azioni controrivoluzionarie e il 26 aprile 1793 decretò la chiusura precauzionale dei suoi stabilimenti. Un secondo decreto assoggettava il trasferimento delle azioni a un'imposta elevata. Fabre d'Églantine, segretario di Danton quando era ministro della Giustizia, colse l'occasione per avviare un'attività lucrativa per sé. Tentato dalle casse della Compagnia, Fabre, falsificando documenti e firme, modificò il decreto che ordinava la liquidazione della Compagnia e il sequestro di tutti i suoi beni, che ammontavano a più di 28 milioni di livre. Quando la frode fu scoperta, Robespierre e Saint-Just la denunciarono come una cospirazione e accusarono Danton di essere coinvolto.

Anche François Chabot, che controllava la polizia politica ed era sposato con Leopoldine Frey, fu condotto al patibolo. François Chabot, ex frate cappuccino, "primo rivoluzionario d'Europa", era un demagogo che si presentò alla Convenzione con pantaloni logori, zoccoli di legno e una camicia aperta sul petto villoso, anche se era capace di vestirsi in modo dandy in alcune circostanze. Chabot era membro dell'onnipotente Comitato di Sicurezza e aveva sotto il suo comando la polizia politica. L'illuminato frankista Junius Brutus Frey vide in lui un presuntuoso imbroglione che poteva dargli accesso a preziose informazioni. Gli offrì quindi in sposa la sorella Leopoldina, che fece passare per una vergine di sedici anni, anche se ne aveva ventuno. Le offrì anche una pensione annuale di quattromila franchi, vitto e alloggio per cinque anni e una dote di duecentomila franchi, da versare nello stesso periodo. Una tale generosità indica senza dubbio che questo frankista "rivoluzionario" aveva buone fonti di finanziamento e maneggiava denaro in abbondanza. Fu lo stesso Chabot che, per salvarsi la pelle, fornì a Robespierre tutti i dettagli del complotto. Il rabbino Antelman conferma che tutti e tre, oltre ad essere frankisti, erano principi illuminati al servizio della Compagnia delle Indie Orientali.

Dopo la morte di Danton, la Francia entrò in un breve periodo della sua storia conosciuto come il Grande Terrore. L'8 maggio fu la volta di Antoine-Laurent de Lavoisier, considerato il padre della chimica moderna. Il presidente del tribunale che lo condannò pronunciò stupidamente la famosa frase : "La Repubblica non ha bisogno di saggi". Tra il 12 giugno e il 28 luglio a Parigi furono ghigliottinate non meno di 1.285 persone, tra cui i generali Noailles, Beauharnais e Mouchy, i poeti André Chenier e Jean Antoine Roucher e persino un ragazzo di sedici anni. La morte di Chenier, avvenuta all'età di trentuno anni, ha interrotto una carriera letteraria di grande spessore, poiché i critici ritengono che la sua maestria e la sua sensibilità siano evidenti nelle opere che ha lasciato in eredità ai posteri. Céline considera Chenier uno dei migliori poeti francesi. La campagna di persecuzione contro gli uomini di talento faceva parte dei piani degli Illuminati. La massima preferita di Weishaupt, "Il fine giustifica i mezzi", messa sulla bocca dei giacobini, si esprimeva così: "Tout est permis à quiconque agit dans le sens de la Révolution" (Tutto è permesso a chiunque agisca nel senso della rivoluzione).

Joseph Fouché arriva a Parigi

Il 6 aprile 1794, il giorno dopo l'esecuzione di Danton, Joseph Fouché arrivò a Parigi da Lione. Questo misterioso personaggio, sopravvissuto all'epurazione che portò alla ghigliottina degli hebertisti, avrebbe avuto un ruolo decisivo nella caduta di Robespierre. La sua figura politica è uno dei misteri meglio custoditi della storia, che si presta a ogni tipo di speculazione. Due opere di riferimento per comprendere le sue azioni sono *Joseph Fouché:*

il ritratto di un politico, di Stefan Zweig, e *Fouché*, di Louis Madelin. Un'edizione spagnola di quest'ultimo è disponibile presso Espasa-Calpe. Fouché, che faceva parte degli Hebertisti radicali e aveva scritto l'*Instruction de Lyon*, che lo colloca inevitabilmente nell'orbita degli Illuminati, rimase nell'ombra durante gli anni del Direttorio dopo essersi liberato di Robespierre. Nel 1799 riappare inaspettatamente per essere nominato Ministro della Polizia della Repubblica. Dopo la presa del potere da parte di Napoleone, divenne l'uomo chiave di cui Bonaparte non riuscì a liberarsi, per quanto ci provasse in vari modi. Nel 1802, con il dono di 1,2 milioni di franchi, volle eliminarlo dalla scena. Fouché si stabilì a Ferrières, una bella tenuta che nel 1829 - che coincidenza - divenne proprietà di James Rothschild, che la acquistò dagli eredi. Nel giro di un paio d'anni, l'uomo che aveva scritto il primo manifesto comunista divenne uno dei più ricchi capitalisti e proprietari terrieri del Paese. Nel 1804 Napoleone lo riconfermò ministro. Ben presto fu chiaro che, nonostante la reciproca diffidenza, i due uomini avevano bisogno l'uno dell'altro. Fouché, che era stato insignito dall'Imperatore del titolo di Duca d'Otranto, fu nuovamente nominato Ministro della Polizia durante i Cento Giorni; ma da quella carica finì per negoziare la restaurazione della monarchia borbonica. Nel 1815 Luigi XVIII lo ratificò alla guida del Ministero. Stefan Zweig lo descrisse come "un traditore nato, un miserabile intrigante, un rettile puro, un travestito professionista, un'anima vile di un cavatappi, un deplorevole immoralista". Secondo l'autore, il suo segreto era sempre quello di "cambiare rapidamente giacca, seguendo la direzione del vento".

Dopo aver presentato il personaggio, esaminiamo ora quel poco che si sa delle sue azioni e del suo confronto con Robespierre dopo il suo arrivo a Parigi dopo nove mesi di assenza. Il 7 aprile, invece di presentarsi al Comitato di salute pubblica per spiegare il suo operato a Lione, che secondo alcuni membri del Comitato era stato troppo moderato, Fouché si rivolse direttamente alla Convenzione, il che equivaleva a sminuire l'autorità di Robespierre. Un deputato gli consigliò immediatamente di trasmettere il rapporto al Comitato di Salute Pubblica. Tra le abilità di Fouché c'era la capacità di scusarsi o di fingere umiltà, se necessario. Con questo intento si recò il giorno successivo a casa del falegname Duplay, in rue St Honoré, dove viveva Robespierre. Il contenuto del colloquio tra i due non è noto, ma tutto indica che Fouché fu trattato con il disprezzo con cui si trattano i vinti. Senza dubbio Robespierre deve aver ritenuto che la battaglia contro gli hebertisti fosse già vinta e non ha valutato l'uomo che aveva davanti.

Il 6 maggio 1794 Robespierre annunciò alla Convenzione che in nome del popolo francese il Comitato di Salute Pubblica aveva deciso di riconoscere l'esistenza di Dio. Nel suo discorso si rivolse a Fouché nei termini più duri, riprodotti da Stanley Loomis. "Ci dica", disse fissando Fouché, "chi l'ha incaricata di annunciare al popolo che Dio non esiste? Che diritto avete di privare persone innocenti dello scettro della ragione e di consegnarlo nelle mani del crimine. Solo un criminale che disprezza se stesso ed è orribile agli occhi degli altri sente che la natura non può dargli niente di meglio che l'annientamento". Non c'è dubbio che queste parole costituissero una pubblica dichiarazione di ostilità. All'uscita dalla Camera di Sessione, i deputati amici di Fouché cercarono di evitarlo, perché per molti di loro era un uomo morto.

Nelle settimane successive all'annuncio dell'imminente ritorno di Dio in Francia, Fouché scomparve. Forse Robespierre può aver pensato che, come tante altre vittime che erano state segnate a morte da lui, si stesse nascondendo per paura. Se così fosse, si sbagliava. Fouché iniziò a lavorare nell'ombra, dove probabilmente entrò in contatto con Collot d'Herbois e con quei giacobini che odiavano Robespierre. Il 6 giugno era pronto a rispondere alle accuse del 6 maggio, poiché con una manovra era riuscito a farsi eleggere presidente del Club dei Giacobini. Quando seppe che Fouché si era rifugiato nientemeno che nel santuario della rivoluzione, il "sancta sanctorum" degli altari che avrebbe presieduto, Robespierre riconobbe il colpo di stato e capì di averlo sottovalutato. Il movimento era peggio di una sfida, era una minaccia. Allarmato da tanta audacia, decise di fare due mosse non meno audaci prima di strappare la presidenza ai giacobini: la prima sarebbe stata la celebrazione della Festa dell'Essere Supremo, che si tenne l'8 giugno. La seconda è la legge del 22 Pradeal (10 giugno), che priva i cospiratori del diritto di difesa.

Il turno di Robespierre

Nesta Webster denuncia un fatto sistematicamente ignorato dagli storici. Sotto il governo di Robespierre il Comitato di Salute Pubblica divise il mese in tre decadi. In questo modo, le domeniche e tutte le feste religiose scomparvero, aggravando di fatto la triste condizione dei lavoratori, costretti a lavorare più di prima. Secondo Nesta Webster, "ai tempi della Monarchia, non solo il giorno di una festa religiosa, ma anche quello successivo, era un giorno festivo, e non si lavorava né la domenica né il lunedì. Sostituendo la domenica con le 'decadi', cioè un giorno su dieci, e concedendo solo metà vacanza, i nuovi padroni di Francia aggiunsero tre giorni e mezzo di lavoro ogni due settimane".

Anche Robespierre, nonostante il fatto che dopo la scomparsa degli uomini che avrebbero potuto metterlo in ombra sembrasse avere tutto il potere nelle sue mani, fu infine ghigliottinato. Prima di raccontare gli eventi inaspettati che portarono alla sua esecuzione, possono essere interessanti alcuni fatti su questo sconcertante personaggio. Innanzitutto, va notato che sia il conte Cherep-Spiridovich, ne *Il governo segreto del mondo o "La mano nascosta"*, sia il già citato Yüri Lina citano Louis Joseph Marchand per rivelare che Robespierre era un ebreo dell'Alsazia, il cui nome era Ruban. Spiridovich, che fu probabilmente assassinato il 22 ottobre 1926, anche se, come quasi sempre in questi casi, la sua morte fu ufficialmente attribuita a un suicidio, si occupò della prima edizione dell'opera di Marchand (1895). Juri Lina cita la stessa opera, ripubblicata a San Francisco nel 1998 con il titolo *In Napoleon's Shadow*. Il libro, di 791 pagine, è la prima edizione inglese delle memorie complete di Louis Joseph Marchand, valletto, amico ed esecutore di Napoleone. Marchand, morto nel 1876, entrò al servizio dell'imperatore nel 1811. L'imperatore ne apprezzò subito l'intelligenza e l'abnegazione e lo nominò suo valletto. Lo accompagnò nell'esilio di Sant'Elena, dove servì come lettore, copista e segretario. L'attendibilità della fonte è dunque elevatissima, in quanto si deve supporre che Marchand abbia ottenuto le informazioni sulle origini di Robespierre da Napoleone stesso, il quale, secondo vari autori, era diventato amico intimo nel 1793 a Tolone di Augustin, fratello minore di Robespierre.

Sebbene Kropotkin affermi categoricamente che Maximilien Robespierre, che era senza dubbio un massone, apparteneva a una delle logge degli Illuminati fondate da Weishaupt, ci sono discrepanze sul fatto che fosse stato iniziato. Comunque sia, tutto fa pensare che Robespierre, come Mirabeau prima di lui, pensasse di poter agire da solo e non avesse ben compreso i limiti imposti alle sue azioni dal potere occulto. Il conte Cherep-Spiridovitch cita un libro del 1851, *Memoires et correspondance de Mallet du Pan pour servir a l'Histoire de la Revolution Française [1794 a 1800]/ Recueillis et mis en ordre par A. Sayous* (*Memorie e corrispondenza di Mallet du Pan per servire la Storia della Rivoluzione Francese [1794-1800] Raccolte e ordinate da A. Sayons*) e ne estrae queste parole di Robespierre rivolte ad Amar, un membro del Comitato di Salute Pubblica: "Ho la sensazione che siamo spinti da una 'Mano Nascosta' al di sopra della nostra volontà. Ogni giorno il Comitato di Salute Pubblica fa quello che il giorno prima aveva deciso di non fare. C'è una fazione il cui comportamento rovina tutto e i cui dirigenti non siamo riusciti a scoprire".

Ma le parole che sarebbero costate la vita a Robespierre, che aveva raggiunto l'apice del suo potere e presiedeva la Convenzione, furono quelle pronunciate davanti alla Camera in un discorso di oltre due ore il 26 luglio 1794. Con fermezza disse: "Diffido di tutti questi stranieri il cui volto è coperto da maschere di patriottismo e che cercano di apparire più repubblicani ed energici di noi. [...] Sono agenti di potenze straniere, perché so bene che i nostri nemici non hanno sbagliato quando hanno detto: 'i nostri emissari devono fingere il patriottismo più esacerbato' per potersi insediare nelle nostre assemblee. Questi agenti devono essere schiacciati nonostante la loro perfida finzione e le maschere che sempre adottano". In un altro punto del discorso pieno di accuse contro gli ultra-terroristi, ha aggiunto: "Non oso nominarli in questo momento e in questo luogo. Non posso permettermi di strappare il velo che avvolge questo profondo mistero di iniquità. Ma posso affermare con la massima certezza che tra gli autori di questo complotto ci sono gli agenti di un sistema di corruzione e stravaganza, il più potente di tutti i mezzi inventati dagli stranieri per rovinare la Repubblica. Mi riferisco agli impuri apostoli dell'ateismo e dell'immoralità che ne è alla base". Pur non facendo nomi, fece un'allusione molto chiara ai fratelli Frey, e in particolare a Junius Brutus Frey, parente di Jacob Frank: "Fin dai primi giorni della Rivoluzione, sono venuti a vivere a Parigi due diavoli, la cui arte della simulazione li rende strumenti perfetti nelle mani dei tiranni, due furbi malvagi che l'Austria ha gettato in mezzo a noi. Uno di loro ha aggiunto al suo presunto cognome il nome del fondatore della libertà di Roma". L'allusione a "Giunio Bruto" è innegabile. Inoltre, Robespierre sembrava sapere che il cognome Frey era un nome falso. In tutto il discorso è evidente l'allusione agli Illuminati, che Kropotkin sosteneva di conoscere e di appartenere. G. J. Renier, autore dell'opera *Robespierre*, da cui sono tratte le citazioni, commenta che se non avesse pronunciato questo discorso avrebbe potuto ancora trionfare.

La confusione e la mancanza di rigore predominano nei testi che tentano di spiegare gli ultimi giorni di Robespierre. *Paris in 1789 to 1794* di John Goldworth Alger è, tra le opere consultate, quella che fornisce il resoconto più dettagliato dell'accaduto. Gran parte di quanto segue è tratto da esso. Il 7 maggio Robespierre, che, come abbiamo visto, aveva attaccato le tendenze atee e gli slogan scristianizzanti degli hebertisti, riuscì a far passare alla Convenzione un decreto sull'esistenza dell'Essere Supremo. L'8 giugno si celebrò la suddetta festa in onore dell'esistenza di questo Dio che influenza l'Universo, che evidentemente veniva a controbilanciare quella della dea Ragione degli hebertisti a Notre-Dame de Paris. In qualità di presidente della Convenzione, Robespierre presiedette i lavori. Dopo un interminabile discorso e seguendo il copione della rappresentazione, la cui scenografia era stata ancora una volta disegnata dal pittore David , prese una torcia e diede fuoco a un'effigie che rappresentava l'ateismo. Dall'alto del luogo in cui officiava, guardò dall'alto 300.000 persone che gridavano "Viva la Repubblica" e "Viva Robespierre"!

Due giorni dopo, il 10 giugno 1794, Robespierre presentò alla Convenzione la già citata legge del 22 Pradeal, una vera e propria bomba per coloro che osavano cospirare contro la Repubblica, il cui arresto equivaleva alla morte. Sembrava essere la risposta giusta per gli intrallazzatori come Fouché. Con questo strumento in mano poteva espellerlo dai giacobini e distruggerlo al momento giusto. Con questa intenzione si presentò il giorno dopo al Club per denunciare il suo nemico. Il suo attacco fu così violento che riuscì quasi a rovesciare Fouché la sera stessa. Quest'ultimo, che presiedeva la riunione, si avvalse della sua prerogativa di chiudere il dibattito perché era già tardi. Approfittò quindi della situazione per ritirarsi precipitosamente e non ricomparve. Robespierre si recò al Club per pronunciare un discorso in cui chiese che Fouché fosse convocato alla prossima sessione per essere processato come capo di una cospirazione che doveva essere interrotta. I giacobini lo applaudirono convinti e decisero all'unanimità di espellere

Fouché dal Club. Temendo di essere arrestato da un momento all'altro, e senza dubbio ben protetto da persone sfuggite alla polizia di Robespierre, Fouché non solo riuscì a sottrarsi alla cattura, ma si accinse a preparare la sua ultima mossa.

Alcuni storici ritengono che nella seconda metà di giugno ci sia stata una grave disputa all'interno del Comitato di Salute Pubblica. Secondo questa versione, Robespierre avrebbe chiesto la testa di Tallien, Barras e Fouché, ma i suoi colleghi, timorosi delle sue intenzioni finali, non accolsero la sua richiesta. Infuriato, Robespierre non tornò al Comitato e scomparve dalla scena pubblica per ritirarsi per sei settimane nella casa della famiglia Duplay, della cui figlia maggiore era innamorato. Secondo le parole di John Goldworth Alger, "queste sei settimane di assenza furono vergognose. Senza dubbio preannunciava una chiamata alla Convenzione o, come alcuni temevano, alle masse, per cui fu convocato al Comitato il 22 luglio e costretto a mostrare le sue carte". Qualche settimana prima, il 1° luglio, Robespierre aveva parlato di cospirazioni contro di lui al Club dei Giacobini e aveva detto: "Se fossi costretto a rinunciare a una parte delle funzioni che mi sono state affidate, resterei nella mia qualità di rappresentante del popolo e manterrei una guerra all'ultimo sangue contro i tiranni e i cospiratori.

Il 26 luglio si presentò finalmente alla Convenzione e pronunciò il famoso discorso di cui sopra, in cui chiedeva la fine del Terrore e il rinnovo dei comitati di Salute pubblica e di Sicurezza generale. L'agitazione era grande e molti si chiedevano a chi stesse pensando Robespierre. La Convenzione, commossa dall'eloquenza dell'oratore, in un primo momento approvò la proposta; ma alcuni membri del Comitato reagirono, in particolare il finanziere Joseph Cambon, Vadier, Billaud-Varenne e Amar. Cambon lo accusò di aver paralizzato la Convenzione e Billaud-Varenne pretese che il discorso fosse stampato e trasmesso alle commissioni. Panis lo esortò a dire se lui e Joseph Fouché, che non aveva partecipato alla sessione, erano nella lista dei fuorilegge. Si decise di stampare il discorso per distribuirlo ai deputati, ma Robespierre disse al segretario che glielo avrebbe consegnato il giorno dopo. La Convenzione annullò i decreti e rinviò le proposte alle commissioni. La sera Robespierre si recò al circolo dei Giacobini e vi lesse il discorso. Quando ebbe finito disse: "Se devo ritrattare queste verità, che mi si offra la cicuta".

Il giorno successivo, 9 Termidoro (27 luglio), la Convenzione si riunì alle dieci del mattino. La crisi era nell'aria e le tribune si erano riempite fin dalle cinque del mattino. Secondo Pouget de Saint-André, il pubblico sugli spalti era spesso accuratamente reclutato e riceveva tre livree a seduta, anche se i capi potevano far pagare da dieci a cinquanta livree. Maximilien Robespierre indossava lo stesso cappotto viola scuro che aveva indossato sette settimane prima alla celebrazione dell'Essere Supremo. Saint-Just iniziò a parlare per difendere le mozioni di Robespierre, ma violente interruzioni dimostrarono che in ventiquattro ore le cose erano cambiate.

"Abbasso il tiranno" e "Il sangue di Danton vi anneghi" furono tra le grida udite. La convulsione aumentò al punto che a Robespierre non fu permesso nemmeno di parlare. Alle cinque del pomeriggio fu ordinato il suo arresto e quello di Couthon, Saint-Just, Lebas e Augustin Robespierre. La seduta fu quindi sospesa per permettere ai deputati di mangiare.

Non tutto era ancora perduto, perché i detenuti furono prelevati dalla prigione dalle truppe della Comune e portati al Municipio, dove Robespierre era circondato dai suoi fedeli. Lì, in quelle ore febbrili su in cui si decideva tutto, egli può aver contemplato la possibilità del trionfo della Comune o di un processo davanti a un tribunale che lo avrebbe assolto; ma i giorni in cui la Convenzione era soggetta ai disegni della Giunta erano finiti. Appena ricevuta la notizia del rilascio dei detenuti, la Convenzione riprese il dibattito alle sette di sera e, sebbene l'imprudente sospensione della seduta avesse compromesso la sua posizione, dichiarò Robespierre e i suoi seguaci fuori legge. L'atteggiamento della Guardia Nazionale sarebbe stato decisivo. L'andirivieni dei loro capi battaglione e dei loro delegati era costante. I dubbi su chi dovesse obbedire non furono risolti. Anche nelle sezioni della capitale i dibattiti si protrassero fino a notte fonda. Oltre al Club dei Giacobini, altri undici rimasero fedeli alla Comune, ma trentanove optarono per la Convenzione, che dichiarò anche la Comune fuori legge. Verso l'una di notte, Barras guidò una colonna verso il Municipio, dove, in breve, accadde quanto segue: Augustin Robespierre si gettò da una finestra e fu gravemente ferito. Lebas si sparò e probabilmente offrì a Robespierre una seconda pistola. Couthon, mentre cercava di scendere da una scala, cadde e perse i sensi sbattendo la testa contro il muro. Robespierre fu trovato a terra vicino a un tavolo con la mascella rotta da un colpo di pistola. Non indossava né cravatta né scarpe. La camicia e il vestito erano macchiati di sangue e i pantaloni erano sbottonati. Goldworth Alger si chiede. "Aveva tentato il suicidio o Merda gli aveva sparato? Non lo sapremo mai con certezza". Il gendarme Merda[11] rilasciò due dichiarazioni e nella seconda rivendicò la responsabilità dell'uccisione, anche se un comunicato emesso dalla Convenzione riportava questi termini: "Robespierre si è sparato in bocca ed è stato colpito contemporaneamente da un gendarme. Il tiranno è caduto a terra immerso nel suo sangue e un "sans culotte" gli si è avvicinato e ha pronunciato freddamente queste parole: "Esiste un Essere Supremo"". È possibile che Merda abbia fallito, perché Barras e Barère insistono sul tentativo di suicidio.

Prima di essere portato in tribunale, dopo una notte agonizzante, un medico gli ha fasciato la ferita e gli ha estratto i denti rotti. La bocca era

---

[11] Charles André Merda, 21 anni, era un gendarme dello squadrone "Hommes du 14 Juillet". In seguito fu nominato sottotenente nel 5° Caccia. Anni dopo prestò servizio nelle campagne napoleoniche e fu promosso colonnello nel 1806. Morì per le ferite ricevute a Mosca nel 1812. Cambiò il suo nome in Méda. Non lasciò discendenti. Suo nipote, Meng, adottò il nome Méda nel 1867.

tenuta aperta con una chiave. Già davanti ai giudici, chiese ripetutamente materiale per scrivere, ma gli fu rifiutato. La corte ritenne provato che fosse un fuorilegge e senza ulteriori indugi o processi lo condannò a morte. Insieme a lui, Couthon, Saint-Just, suo fratello Augustin e diciassette dei suoi seguaci furono giustiziati il 28 luglio. Nei due giorni successivi settantatré membri della Comune subirono la stessa sorte.

La morte di Robespierre segnò la fine di un'epoca. Per più di 25 anni, dal 1789 al 1815, i francesi furono vittime di una cospirazione organizzata dai banchieri internazionali e messa in atto dai loro agenti, il più importante dei quali fu Adam Weishaupt, fondatore degli Illuminati. Il 1° luglio 1904, durante una seduta del Parlamento francese, si svolse la seguente discussione, riportata nel Giornale delle sessioni:

> M. de Rosanbo: "La Massoneria ha lavorato silenziosamente ma costantemente per preparare la Rivoluzione.
> M. Junel: È davvero qualcosa di cui ci vantiamo!
> M. Alexandre Zevaés: Questo è l'elogio più grande che si possa fare.
> M. Henri Michel - Ecco perché voi e i vostri amici lo detestate.
> M. de Rosanbo: Siamo quindi perfettamente d'accordo sul fatto che la Massoneria sia stata la principale artefice della Rivoluzione, e gli applausi che ricevo dalla Sinistra, a cui non sono abituato, dimostrano, signori, che riconoscete con me che è stata l'artefice della Rivoluzione francese.
> M. Junel: "Non solo lo riconosciamo, ma lo proclamiamo".

Ciò che i deputati massoni della Terza Repubblica francese non proclamarono fu che dopo il Congresso di Wilhelmsbad le logge europee della Massoneria erano state penetrate dagli Illuminati.

La Rivoluzione fu seguita da guerre interminabili in Europa, i cui principali beneficiari furono lo stesso gruppo di finanzieri tedeschi, inglesi e olandesi, per lo più di origine ebraica. Un nuovo ordine basato sul liberalismo economico e politico era allora il loro obiettivo principale. La Francia perse per sempre il ruolo dominante che aveva ricoperto nel XVIII secolo a favore della Gran Bretagna; ma una nuova dinastia non coronata, come vedremo in seguito, avrebbe regnato sul continente per tutto il XIX secolo: i Rothschild.

CAPITOLO III

I ROTHSCHILD

Nelle pagine precedenti abbiamo già notato il ruolo centrale dei Rothschild negli eventi storici sopra descritti. È ora il momento di dedicare loro l'attenzione che meritano. Innanzitutto, Rothschild in tedesco significa "scudo rosso", anche se questo nome composto è stato tradotto come "bandiera rossa". Moses Amschel Bauer, il padre del fondatore della dinastia, aveva già adottato uno stemma rosso come emblema (era anche l'emblema dei rivoluzionari ebrei ashkenaziti dell'Europa orientale). Il vero artefice della saga fu il figlio di Mosè, Mayer Amschel, che non solo adottò lo stemma rosso e lo pose sopra la porta del suo palazzo nella Judengasse di Francoforte, dove tra l'altro viveva anche la famiglia di Jacob Schiff, mentore di Trotsky e principale finanziatore della rivoluzione bolscevica, ma cambiò anche il nome Bauer in Rothschild. Durante la Rivoluzione francese, la bandiera rossa fu vista sventolare in momenti specifici di estremismo rivoluzionario e da allora la sua presenza nelle strade d'Europa e del mondo è aumentata costantemente. Quando i giudeo-bolscevichi la presero come bandiera, vi aggiunsero la falce e martello, che era l'emblema dei Maccabei, i protagonisti della rivolta che culminò nella creazione del secondo Stato ebraico nel 67 a.C..[12]

Da quando John Reeves pubblicò nel 1887 *The Rothschild: the Financial Rulers of Nations*, la prima opera di riferimento su questa famiglia di banchieri ebrei, si è scritto molto su di loro. *The Rothschild, Portrait of a Dynasty (I Rothschild, ritratto di una dinastia)*, di Frederic Morton, un austriaco di origine ebraica, è stata per qualche tempo l'opera più consultata. Nel 1928 sono stati pubblicati in inglese i due volumi del conte Egon Caesar Corti, *The Rise of the House of Rothschild*, che copre il periodo fino al 1830, e *The Reign of the House of Rothschild*, che copre il periodo dal 1830 al 1871. Nel 1998 è stato pubblicato *The House of Rothschild. Money's Prophets 1798-1848* e nel 1999 *The House of Rothschild. The World's Banker 1848-1999*, un'autorevole biografia di oltre mille pagine pubblicata in due volumi. Scritta da Niall Ferguson, , amico della famiglia, avrebbe

---

[12] Il poeta romantico Heinrich Heine, amico intimo dei Rothschild, ricorda che nel 1827 la vedova di Mayer Amschel , Guttle, decorò le finestre della vecchia casa sulla Judengasse con tende bianche e candele per celebrare il giorno della vittoria di Giuda Maccabeo e dei suoi fratelli (Chanukkah).

potuto essere l'opera definitiva se non fosse stata così favorevole e acritica. Tuttavia, si tratta di un'opera affascinante e di una fonte di informazioni inestimabile e imprescindibile, a cui faremo ripetutamente riferimento in questo e in altri capitoli. Più recentemente, nel 2009, Michael Collins Piper ha pubblicato *The New Babylon, Those Who Reign Supreme*, un'opera critica che denuncia l'impero di questa dinastia, la più ricca del mondo, che, secondo questo autore, è "la famiglia reale dell'ebraismo internazionale". Collins Piper li colloca in prima linea tra le forze internazionali che stanno dietro al Nuovo Ordine Mondiale ed espone l'impatto dei Rothschild sul corso della storia, la loro manipolazione della finanza, dell'industria e della politica in quasi tutti gli Stati del mondo, nonché la loro devastante influenza sui media, sull'istruzione e su altri mezzi di controllo dell'opinione pubblica per oltre duecento anni.

Mayer Amschel Bauer (1744-1812), il fondatore della dinastia, aveva dodici anni quando morì suo padre, Amschel Moses Bauer. Fino ad allora, gli studi *talmudici* erano stati la sua priorità, poiché il padre lo aveva destinato al rabbinato. Ben presto, però, fu mandato ad Hannover per imparare i rudimenti degli affari nella casa di Wolf Jakob Oppenheim, presumibilmente un socio di suo padre. Il nonno di Oppenheim, Samuel, era stato un ebreo di corte e un agente dell'imperatore d'Austria, mentre suo zio era un agente del vescovo di Colonia. Fu ad Hannover che Mayer Amschel acquisì l'esperienza necessaria per diventare egli stesso un ebreo di corte. Lì divenne un esperto di monete e medaglie rare, un settore di attività in cui i clienti erano invariabilmente collezionisti aristocratici. Nel 1764, tornato a Francoforte, entrò in contatto con il principe ereditario dell'Assia-Kassel, Wilhelm, al quale vendette medaglie e monete antiche. Il consulente finanziario del principe, Carl F. Buderus, che Mayer conosceva bene, ebbe un ruolo importante nella relazione che si stabilì allora. In *The Rothschild Dynasty*, John Coleman, citando documenti del British Museum, scrive: "Carl Buderus, che era uguale nelle sue ambizioni ed enormemente tenace, paziente e riservato, ebbe un incontro con Mayer Amschel in cui ci fu una comunione mentale attraverso la quale emerse un patto di mutua assistenza". Nel 1769 Mayer Amschel era diventato l'ebreo di corte di Guglielmo d'Assia-Kassel. Nell'agosto 1770, all'età di ventisei anni, sposò Guttle Schnapper, la figlia sedicenne di Wolf Salomon Schnapper, anch'egli agente di corte del principe di Saxe-Meiningen.

Guttle partorì ogni anno dal 1771 al 1792. Di questi diciannove figli, dieci sopravvissero. I cinque che interessano questa storia sono Amschel (Anselm) Mayer (1773), Salomon Mayer (1774), Nathan Mayer (1777), Carl o Kalman (1778) e Jakob o James (1792). Fu dopo la nascita del primo figlio che Mayer Amschel iniziò a entrare nell'attività bancaria. Ben presto l'attività bancaria divenne il fulcro delle sue attività ed egli divenne uno degli ebrei più ricchi di Francoforte. Ricordiamo che, secondo William Guy Carr, nel 1773 ci fu una riunione delle tredici famiglie più ricche di Francoforte, che decisero di finanziare il Movimento Rivoluzionario Mondiale e di utilizzarlo per impadronirsi delle ricchezze e delle risorse del pianeta. La società segreta degli Illuminati, di cui si è parlato nel capitolo precedente, fu creata nel 1776 per attuare il grande programma rivoluzionario.

La Rivoluzione francese e la guerra europea offrirono a Mayer Amschel nuove opportunità di arricchimento. Non appena iniziarono le ostilità, si assicurò un contratto per rifornire l'esercito austriaco di grano e denaro per le sue operazioni nella regione del Reno. Nel 1798 Mayer Amschel decise di inviare il suo terzo figlio, Nathan, in Inghilterra, una decisione che si sarebbe rivelata cruciale, poiché fu lì, come vedremo, che si forgiò la supremazia dei Rothschild in Europa e nel mondo. Alla fine del XVIII secolo Seligman Geisenheimer, un contabile di Bingen di grande talento e poliglotta, divenne il capo amministrativo della Casa Rothschild. Va inoltre ricordato che Geisenheimer e Solomon Rothschild erano nel 1811 membri di spicco della loggia di Francoforte, dove, dopo il Congresso di Wilhelmsbad , risiedeva la sede della Massoneria illuminata.

Il tesoro dell'Elettore d'Assia-Kassel

Gli studiosi dei Rothschild concordano sul fatto che il tesoro dell'Elettore d'Assia-Kassel sia la fonte della fortuna della famiglia. Non tutti, però, interpretano i fatti allo stesso modo. Guglielmo d'Assia-Kassel aveva quasi la stessa età di Mayer Amschel ed entrambi condividevano l'interesse non solo per le monete antiche, ma per il denaro di ogni tipo. Suo padre, Federico II d'Assia-Kassel, che fu langravio dal 1760 al 1785, si era convertito al cattolicesimo nel 1747, cosa che aveva sconcertato i parenti protestanti e il suocero, Giorgio II d'Inghilterra. Guglielmo fu allontanato dal padre e inviato in Danimarca per essere educato ai principi del protestantesimo. Lì sposò la principessa Carolina, figlia del monarca danese Federico V. La coppia risiedette in Danimarca fino al 1785, quando Guglielmo ereditò il langraviato e una delle più grandi fortune dell'Europa dell'epoca. Secondo l'*Enciclopedia Ebraica*, Mayer Amschel "era l'agente di corte di Guglielmo IX, Langravio d'Assia-Kassel, che alla morte del padre aveva ereditato la più grande fortuna privata d'Europa, realizzata principalmente affittando truppe al governo britannico per combattere la Rivoluzione americana per l'indipendenza". Ancor prima di succedere al padre, William era già coinvolto nel commercio di soldati e aveva venduto un reggimento di circa duemila mercenari per combattere per Giorgio III contro la ribellione nella colonia americana. Di conseguenza, scrive Niall Ferguson, "le finanze dell'Assia-Kassel erano più simili a quelle di una grande banca che a quelle di un piccolo Stato". Non c'è da stupirsi, quindi, che Mayer Amschel sentisse un'attrazione magnetica per Wilhelm.

Le ostilità tra le forze rivoluzionarie francesi e l'Assia-Kassel, iniziate all'inizio del 1790, culminarono nel bombardamento di Francoforte da parte dell'esercito di Kleber nel 1796. Le mura del quartiere ebraico, che risalivano al XVI secolo, furono distrutte, così come alcune case della "Judengasse", la strada dove Mayer Amschel aveva acquistato un intero edificio. I tradizionali legami tra l'Assia-Kassel e Londra furono ulteriormente rafforzati e Guglielmo, come di consueto in cambio di denaro, mise ottomila soldati sul campo di battaglia per combattere contro la Francia. John Coleman afferma che in alcuni anni furono assunti dal governo britannico tra i quindicimila e i diciassettemila Assia. Nel 1801 il Langravio accettò i termini della Pace di Lunéville, con la quale la sponda sinistra del Reno fu trasferita alla Francia. Quando nel 1803, anno in cui Guglielmo IX divenne Principe Elettore d'Assia-Kassel e divenne Guglielmo I, scoppiò nuovamente la guerra tra Francia e Inghilterra, il compromesso con gli inglesi era troppo stretto e Guglielmo non poté unirsi ai sedici Stati tedeschi che formarono la Confederazione francofila del Reno nell'estate del 1806. Quando l'esercito prussiano fu sconfitto a Jena e Auerstadt nell'autunno del 1806, il Principe Elettore si trovò alla mercé di Napoleone. Né la frettolosa smobilitazione delle sue truppe né la sua tardiva richiesta di aderire alla Confederazione del Reno placarono l'ira di Bonaparte, il cui obiettivo apertamente dichiarato era quello di "estromettere la Casa d'Assia-Kassel dal governo e cancellarla dal novero delle potenze europee".

Non c'era altra scelta che la fuga e Guglielmo si rifugiò nel territorio danese dell'Holstein, prima nel castello di Gottorp, dove suo fratello era governatore, e poi nella città di Itzehoe. Il 2 novembre, il generale Lagrange si insediò a Kassel come governatore generale e due giorni dopo emanò un proclama in cui annunciava la confisca di tutti i beni dell'Elettore e minacciava la corte marziale per chiunque avesse cercato di nasconderli.

Questo è l'inizio della controversia su cosa sia realmente accaduto al tesoro dell'Elettore. Secondo una versione senza dubbio ispirata dagli stessi Rothschild, nel momento critico della sua fuga, Guglielmo affidò frettolosamente a Mayer Amschel Rothschild, il suo "fedele ebreo di corte", la cura di tutto il suo patrimonio. Nel 1827, l'*Enciclopedia generale tedesca per le classi istruite* spiegò cosa era successo:

"L'esercito francese stava entrando a Francoforte nel momento in cui Rothschild riuscì a seppellire in un angolo del piccolo giardino della propria casa il tesoro del principe, che in beni e denaro valeva circa 40.000 talleri. Non si nascose, sapendo che se l'avesse fatto, sarebbe scattata una ricerca frenetica e sia i suoi beni che il tesoro del principe sarebbero stati scoperti e saccheggiati. I francesi, come i filistei nell'antichità, si avventarono su Rothschild e non gli lasciarono nemmeno un tallero dei suoi beni. In realtà egli fu ridotto, come tutti gli altri ebrei e cittadini, in assoluta povertà, ma il tesoro del principe fu salvato".

Un tale altruismo e disinteresse, una tale generosità, è commovente. Sicuramente lo scopo di tutto ciò era quello di sottolineare l'eccezionale correttezza della famiglia come prenditrice di depositi, disposta a rischiare tutto piuttosto che fallire e non pagare gli interessi ai propri clienti.

L'*Enciclopedia Ebraica* riporta che nel 1806 l'Elettore fuggì in Danimarca lasciando la sua fortuna a Mayer Rothschild e aggiunge: "Secondo la leggenda questo denaro fu nascosto in bottiglie di vino e sfuggì così all'inseguimento dei soldati di Napoleone quando entrarono a Francoforte. Nel 1814 il denaro fu restituito intatto nelle stesse bottiglie, una volta che l'elettore fu tornato in Germania". La stessa *Enciclopedia* riconosce, tuttavia, che la realtà era meno romantica della leggenda e aveva molto più a che fare con gli affari.

Nel suo *The Rothschild Money Trust*, George Armstrong chiarisce come la realtà fosse molto meno romantica. Spiega che Mayer Amschel Rothschild si appropriò indebitamente dei fondi in sua custodia e li spese. Invece di mettere il denaro in bottiglie di vino, lo inviò a Londra, dove si era già stabilito il figlio Nathan, , grazie al quale poté costruire il suo impero economico. Secondo Armstrong, fu con questo denaro che i figli di Mayer Amschel si stabilirono a Parigi, Vienna e Napoli. Lo stesso Nathan dichiarò in seguito che quando il principe d'Assia-Kassel consegnò il denaro a suo padre, non c'era tempo da perdere e che lo ricevette inaspettatamente a Londra.

Molti anni dopo, nel 1861, la famiglia Rothschild era ancora desiderosa di ripulire la propria immagine in Europa, dove una parte della stampa era piena di critiche in disegni, pamphlet e scritti. A tal fine, commissionarono al pittore Moritz Daniel Oppenheim due dipinti a olio che riflettessero la loro versione dei fatti. Nel primo, che raffigura il momento in cui l'Elettore d'Assia-Kassel affida il suo tesoro a Mayer Amschel Rothschild, si vede Wilhelm che tocca la spalla sinistra di Mayer Amschel, il quale, con la mano sinistra sul cuore, si inchina a lui con rispetto. Due servitori portano fuori dalla stanza casse di legno di buone dimensioni, sullo sfondo delle quali appaiono Guttle e sua figlia Henrietta. Il secondo dipinto raffigura il momento della restituzione del tesoro. Mayer Amschel è già morto. Al centro della composizione è raffigurato l'Elettore seduto in poltrona con il bastone nella mano sinistra, che fa un gesto con la mano destra al maggiore dei fratelli, Amschel Mayer, il quale si inchina nuovamente a lui e gli rende omaggio. Sul lato sinistro del dipinto, dietro Amschel, si trovano gli altri quattro fratelli, uno dei quali, Giacomo, si accovaccia e ripone vasi di valore all'interno di un cassettone. Dietro l'Elettore c'è la figura di un servitore che si perde camminando verso la destra del quadro con due scatole di buone dimensioni, una per mano.

In realtà, la ricchezza di Wilhelm era ampiamente dispersa. Alcuni dei titoli più importanti, soprattutto obbligazioni, furono contrabbandati con successo da Buderus, che agiva in stretto contatto con Mayer Amschel. Le strette relazioni tra Rothschild e Buderus von Carlshausen si riflettono in un accordo scritto tra i due. Secondo questo documento, Buderus divenne un socio segreto dell'azienda Rothschild. In *L'ascesa della Casa Rothschild* Corti trascrive il documento:

> "Il seguente accordo confidenziale è stato firmato oggi tra il consigliere privato Buderus von Carlshausen e la casa d'affari Meyer Amschel di Francoforte: considerando che Buderus ha consegnato alla casa d'affari Meyer Amschel Rothschild il capitale di 20. 000 gulden (fiorini olandesi) 24 fiorini e ha promesso di consigliare la suddetta casa d'affari al meglio delle sue capacità e di promuovere i suoi interessi nella misura in cui lo riterrà possibile, la casa d'affari Meyer Amschel Rothschild si impegna a fornire il suo capitale.000 gulden (fiorini olandesi) 24 fiorini e ha promesso di consigliare la suddetta casa d'affari in tutte le questioni commerciali al meglio delle sue possibilità e di promuovere i suoi interessi nella misura in cui lo riterrà possibile, la casa d'affari Meyer Amschel Rothschild promette di consegnare a Buderus un bilancio autentico dei profitti realizzati in relazione al suddetto capitale di 20.000 gulden, e di consentirgli l'accesso a tutti i libri contabili in qualsiasi momento, in modo che possa essere soddisfatto per quanto riguarda le sue disposizioni."

Tra il 1808 e il 1809 Carl Friedrich Buderus von Carlshausen compì rischiosi viaggi attraverso le linee francesi fino a Itzehoe, dove l'Elettore risiedeva dalla fine di novembre del 1806. In questi anni, il consigliere privato di Guglielmo d'Assia-Kassel fu trattenuto temporaneamente in diverse occasioni per ordine di Napoleone. Buderus fu senza dubbio l'uomo chiave che permise a Mayer Amschel Rothschild di consolidare sempre più la sua posizione nei confronti di Guglielmo. In ogni caso, i francesi, che erano riusciti a entrare in possesso di un inventario degli argenti dell'Elettore, avrebbero potuto impadronirsi di una parte significativa del suo patrimonio se non fosse stato per la tangente al generale Lagrange, che per la modica cifra di 260.000 franchi acconsentì alla sparizione di quarantadue casse contenenti vari oggetti di valore. Ben presto, però, Lagrange si rese conto di essere stato corrotto per una somma insignificante, date le circostanze. Riuscì quindi a intercettare alcune delle scatole che aveva precedentemente permesso di portare via e chiese altri soldi. Fergusson spiega come sia stato concluso un secondo accordo, questa volta per una somma considerevole. La corruzione e il ricatto sono stati e continuano ad essere i mezzi preferiti dai Rothschild, come si vedrà nelle pagine seguenti.

L'eredità di Mayer Amschel Rothschild

Quando Mayer Amschel Rothschild morì, il 19 settembre 1812, il tesoro dell'Elettore aveva permesso a Nathan di diventare il banchiere alla moda di Londra e agli altri fratelli di stabilirsi nelle principali capitali europee. Il maggiore, Amschel, rimase a Francoforte; Salomone gestì la casa di Vienna; Nathan, come si è detto, operò da Londra; Carl si stabilì a Napoli; James organizzò l'importante roccaforte di Parigi. Nel settembre 1810 era stata costituita la società "Mayer Amschel Rothschild & Sons".

"The Old Mann", il Vecchio, secondo le parole di Salomone, stabilì prima della sua morte i principi fondamentali che i suoi figli e i loro discendenti dovevano inderogabilmente osservare. Questi precetti furono mantenuti rigorosamente per più di un secolo. Egli escluse ripetutamente e con enfasi le donne. Vediamo l'estratto del testamento citato da Fergusson:

"Qui e ora decido e quindi desidero che le mie figlie e i miei generi e i loro eredi non abbiano alcuna partecipazione al capitale della ditta 'Mayer Amschel & Sons' e ancor meno che possano o vogliano avanzare pretese in qualsiasi circostanza. La suddetta società apparterrà esclusivamente ai miei figli e sarà gestita da loro. Pertanto né le mie figlie né i loro eredi hanno alcuna pretesa sulla suddetta azienda e non potrei mai perdonare un figlio che, contro la mia volontà paterna, permettesse loro di disturbare i miei figli nel pacifico possesso della loro attività".

Le disposizioni più importanti del testamento sono le seguenti:

1. Il figlio maggiore del figlio maggiore prendeva il comando nella gestione dell'azienda, a meno che la maggioranza dei membri della famiglia non decidesse diversamente. Durante il XIX secolo, a causa della superiorità di Nathan, ci furono alcune eccezioni a questa regola, poiché dopo la morte di Nathan la leadership passò a James e poi a Lionel, figlio di Nathan.

2. La necessità di praticare l'endogamia, cioè il matrimonio tra cugini e persino tra nipoti, per mantenere intatto il patrimonio familiare. Questa regola era mantenuta soprattutto dai maschi; ma le femmine non sempre la rispettavano, poiché si prospettava la possibilità di matrimoni vantaggiosi con altre famiglie di banchieri ebrei. In ogni caso, sono registrati cinquantotto matrimoni tra cugini. Particolarmente degno di nota è il caso di James, il più giovane dei cinque fratelli, che sposò nel 1824 la nipote Betty (1805-86), figlia del fratello Solomon, il cui figlio maggiore Anselm (1803-74) sposò nel 1826 la cugina Charlotte (1807-59), figlia di Nathan. Il figlio primogenito di Nathan, Lionel (1808-79), sposò a sua volta nel 1836 un'altra cugina di nome Charlotte (1819-84), figlia di Carl. Il terzo figlio di Nathan, Nathaniel (1812-70), sposò un'altra cugina, anch'essa di nome Charlotte (1825-99), ma figlia di James. Una figlia di Nathan, Louise (1820-94), sposò suo cugino Mayer Carl, erede di Carl, nel 1842. E così via fino a cinquantotto matrimoni consanguinei. Ogni matrimonio era accompagnato da dettagliati accordi legali sulla gestione dei beni delle parti contraenti, il cui scopo era quello di evitare che le cinque case si dividessero e che estranei potessero accedere all'immenso patrimonio dei cinque fratelli.

3. L'obbligo di essere inequivocabilmente membri della nazione ebraica. Mayer Amschel Rothschild sostenne le riforme politiche che avrebbero portato all'emancipazione degli ebrei e alla modernizzazione dell'ebraismo; ma, come abbiamo visto nel capitolo precedente, si trattava di una manovra politica necessaria. Mayer Amschel, come Mosses Mendelssohn, esortava segretamente i suoi correligionari, e soprattutto i suoi figli, ad attenersi fedelmente alle credenze talmudiche, secondo le quali la superiorità degli ebrei sui gentili (goyim) equivale alla superiorità dell'uomo sugli animali. In questo, come in molte altre cose, l'influenza del fondatore della dinastia è stata profonda e duratura fino ai giorni nostri. Infatti Mayer Amschel assunse come precettore dei suoi figli Michael Hess, seguace e discepolo di Moses Mendelssohn, che, come sappiamo, era il capo degli Illuminati di Berlino. Oggi negli Stati Uniti e in Europa abbiamo molteplici esempi di ebrei che godono di pieni diritti di cittadinanza nel loro Paese di residenza, ma che si considerano innanzitutto membri dello Stato sionista di Israele.

La convinzione della superiorità della razza ebraica (suprematismo ebraico) era assoluta in Mayer Amschel. Nel 1813, S. J. Cohen pubblicò un libro di memorie intitolato *The Exemplary Life of the Immortal Banker Mr. Meyer Amschel Rothschild, una* sorta di biografia autorizzata. In esso Cohen ricorda un aneddoto significativo, secondo il quale una volta un monello di strada gli gridò: "Ebreo! Mayer Amschel, molto calmo, gli si avvicinò e gli offrì del denaro a condizione che ripetesse ciò che aveva detto. Il monello prese i soldi e con tutte le sue forze gridò: "Ebreo, ebreo! Diversi giovani si avvicinarono e cominciarono a gridare anche loro. Rothschild li ascoltò con evidente piacere e disse in ebraico: "Sia lodato Colui che ha dato le leggi al Suo popolo d'Israele.

Tra i molti consigli commerciali che diede ai suoi figli, scrive Niall Ferguson, uno relativo ai rapporti con i politici e le personalità non ebraiche fu spesso citato da Solomon: "Il nostro defunto padre ci ha insegnato che se una persona di alta posizione entra in associazione finanziaria con un ebreo, essa appartiene all'ebreo" ("gehört er dem Juden"). Carl insistette su questa idea nel 1817: "La cosa migliore a questo mondo è essere al servizio degli ebrei".

4. L'obbligo di rimanere perennemente uniti nell'associazione familiare. Un fascio di frecce non può essere spezzato, ma una singola freccia sì. Niall Fergusson cita un articolo del 1827 dell'*Enciclopedia Brockhaus, in cui si* legge: "Mayer Amschel obbligava i cinque fratelli a gestire l'intera attività come una comunità di interessi ininterrotta. Questa era la regola lasciata in eredità dal padre morente ai suoi figli. Dalla sua morte, ogni proposta, da qualsiasi parte provenga, è oggetto di discussione collettiva; ogni transazione, anche se di minore importanza, viene risolta secondo un piano concordato con i loro sforzi congiunti e ognuno di loro ha una parte uguale nei risultati".

La maggior parte degli autori concorda sulla natura indissolubile dell'unità imposta da Mayer Amschel Rothschild ai suoi figli e converge sull'idea che mai le ultime volontà di un padre sono state consapevolmente messe in pratica in modo più proficuo. Per quanto riguarda i matrimoni consanguinei, praticati anche dall'élite della setta frankista, diversi autori sottolineano che tra gli ebrei ashkenaziti si è sviluppata una malattia chiamata Tay-Sachs che danneggia fatalmente il cervello e può portare alla morte. Questa malattia è l'eredità di secoli di matrimoni tra individui che condividono lo stesso sangue.

Nathan, comandante generale

Mio fratello a Londra è il generale in carica e io sono il suo feldmaresciallo". Queste parole di Solomon Rothschild sono sufficientemente esplicite per dimostrare fino a che punto Nathan arrivò a dominare gli affari di famiglia da Londra. Grazie a Cromwell, come sappiamo agente degli ebrei di Amsterdam, a partire dal XVII secolo si erano stabilite a Londra comunità ebraiche prospere e sicure di sé. Tra queste vi erano famiglie di origine sefardita, come i Montefiores e i Mocatta, e di origine ashkenazita, come quella del mercante Levi Barent Cohen. Anche alla fine del 1790 Benjamin e Abraham Goldsmid, che avevano finanziato con altri banchieri ebrei la rivoluzione in Francia, svolsero un ruolo importante nella finanza.

Il primo documento che abbiamo della presenza di Nathan a Londra risale al 1800, una sua lettera del 29 maggio, anche se si sa che era già nella capitale inglese nel 1798. Si stabilì presto a Manchester, dove la sua prima occupazione fu legata al settore tessile. Non gli ci volle molto, tuttavia, per diversificare le sue attività. Nel 1805 entrò in società con un altro immigrato ebreo di Francoforte, Nehm Beer Rindskopf (figlio di un socio del padre), e i due si dedicarono al commercio di perle, avorio, conchiglie di tartaruga e altri beni provenienti dalle colonie dell'impero. Come suo padre, Nathan impiegò poco tempo per passare da mercante a banchiere.

Per Nathan, , che dopo sei anni di permanenza in Inghilterra divenne cittadino britannico, l'avventura nel settore bancario iniziò nel 1806, quando ricevette inaspettatamente del denaro dall'Elettore. Nell'ottobre dello stesso anno sposò Hannah Barent Cohen, figlia dell'importante mercante londinese Levi Barent Cohen, che nel 1812 sposò un'altra figlia, Judith, con Moses Montefiore, uno dei leader della comunità sefardita. Con questo matrimonio Nathan divenne socio di una delle figure più eminenti della comunità ebraica londinese. Cohen incoraggiò il genero ad ampliare la gamma di beni che esportava sul continente. Così, nel 1807, all'apice del blocco continentale, Nathan entrò nel giro del contrabbando. Tra le sue rotte preferite c'erano i porti del Baltico e la piccola isola tedesca di Helgoland. Naturalmente, le spedizioni non potevano essere assicurate legalmente, quindi il rischio era notevole, ma lo erano anche i profitti. Nel 1808 Nathan si era guadagnato una reputazione come contrabbandiere ed era considerato un uomo che riusciva sempre a consegnare la merce grazie ai suoi contatti e alla sua lungimiranza. Nel 1809, tuttavia, un grosso carico diretto a Riga fu catturato e solo grazie alla corruzione, come al solito, poté essere rilasciato. Tutti questi episodi erano in fondo solo aneddoti per Nathan, che aveva già deciso che la sua attività principale sarebbe stata quella bancaria. All'inizio del 1808 era già un banchiere, anche se non era ancora conosciuto come tale a Londra fino al 1810, quando fondò la società "N. M. Rothschild and Sons". M. Rothschild and Sons". In breve, Nathan utilizzò il denaro dell'Elettore come se fosse il proprio capitale.

Fu nella guerra d'indipendenza spagnola o guerra peninsulare che Nathan, grazie alle difficoltà finanziarie di Wellington, trovò una delle occasioni decisive della sua carriera. In effetti, dalla guerra d'indipendenza americana a oggi, come vedremo, le guerre sono sempre state il miglior affare dei Rothschild. Niall Fergusson, in *The House of Rothschild*, riconosce che gli storici non hanno mai spiegato adeguatamente come un oscuro mercante ebreo, arricchitosi con il contrabbando, sia stato in grado di diventare, da un giorno all'altro, il principale canale di trasferimento di denaro del governo britannico verso i campi di battaglia. Nel 1812, il mercato iberico era saturo di cambiali del governo britannico e Wellington aveva difficoltà a farle accettare ai mercanti spagnoli. Per finanziare il Duca, bisognava inviare in Spagna o in Portogallo lingotti sotto forma di ghinee d'oro. In caso di fallimento, Wellington dovette prendere in prestito denaro dai banchieri locali vendendo loro cambiali. Il blocco continentale rendeva l'opzione delle spedizioni d'oro su larga scala straordinariamente rischiosa. Se si sceglieva la seconda alternativa, i banchieri peninsulari chiedevano sconti eccessivi per acquistare le cambiali.

A quel tempo i fratelli Baring erano i banchieri preferiti dal governo britannico, ma la concorrenza era spietata e non solo Nathan Rothschild cercava di emularli, ma anche i fratelli Benjamin e Abraham Goldsmid, nonché banchieri giunti a Londra dalla Germania, come gli Schröder, si contendevano gli affari della finanza di guerra e offrivano i loro servizi al governo. Nel 1810 Francis Baring morì e la guida dell'azienda passò al figlio Alexander, in un momento in cui la City era in preda a una crisi causata dal rapporto del Bullion Committee, che raccomandava (contro il parere della Banca d'Inghilterra) una rapida ripresa dei pagamenti in oro. La prospettiva di un periodo di moneta limitata produsse allarme e costernazione, in quanto portò a una caduta del prezzo dei titoli di Stato. I Barings e i Goldsmid si ritrovarono con grandi quantità di obbligazioni provenienti dall'ultimo prestito al governo. Barings perse circa 43.000 sterline e Abraham Goldsmid si suicidò. Inoltre, nello stesso periodo, si verificò un crollo del mercato di Amsterdam, causato dall'annessione dei Paesi Bassi da parte di Napoleone.

Un altro fattore, ancora più importante, contribuì alla comparsa di Nathan sulla scena. Nell'ottobre 1811 John Charles Herries fu nominato Ministro del Tesoro. Ferguson ritiene che Herries fosse il buderus di Nathan, il suo "primo amico" in una posizione di rilievo. Herries ebbe una rapida ascesa politica, dato che nel 1798 era riuscito a lavorare come impiegato al Tesoro. Nel 1801 fu nominato segretario privato di Nicholas Vansittart, segretario al Tesoro. Herries era stato anche segretario privato di Spencer Perceval quando quest'ultimo era stato ministro delle Finanze dal 1807 al 2009. Ex studente a Lipsia, è probabile che la sua amicizia con i Rothschild sia iniziata allora. Da studente, fu coinvolto in una relazione sentimentale con una donna che in seguito aveva sposato un commerciante di tabacco, il barone Limburger. Dalla relazione nacque un figlio illegittimo. I Limburger sostennero in seguito che fu grazie alla loro raccomandazione che Herris coinvolse Nathan nel finanziamento della campagna di Wellington. In effetti, deve essere stato così, perché in seguito richiesero a Nathan una commissione dell'1%, tra le 30.000 e le 40.000 sterline, per gli affari che aveva fatto. Nel giugno 1814 i Rothschild contavano ancora sull'influenza di Limburger su Herris, il che suggerisce, scrive Ferguson, "che Limburger stesse ricattando Herris sull'esistenza del suo figlio bastardo". Chiaramente, lasciare i Rothschild fuori dal ricatto non sembra credibile, ma Ferguson "ingenuamente" lo pretende. [13]

Ma la ragione ultima del ruolo di Nathan nel finanziamento della guerra nella Penisola ha a che fare, ovviamente, con il tesoro dell'Elettore. Fu soprattutto grazie al denaro che suo padre gli aveva trasferito da Francoforte che poté acquistare 800.000 sterline d'oro dalla Compagnia delle Indie Orientali. La Compagnia aveva cercato di vendere l'oro al governo, ma il prezzo era troppo alto. In attesa che il prezzo scendesse, Nathan arrivò e comprò tutto. Ecco il succinto resoconto di Nathan su quanto accadde: "Quando mi ero stabilito a Londra, la Compagnia delle Indie Orientali aveva 800.000 sterline d'oro da vendere. Andai alla vendita e comprai tutto. Sapevo che il Duca di Wellington ne aveva bisogno. Avevo comprato una grande quantità di banconote a prezzo scontato. Il governo mi mandò a chiamare e mi disse che ne aveva bisogno. Quando li ricevettero, non sapevano come farli arrivare in Portogallo. Io presi tutto e lo spedii in Francia, e quello fu il miglior affare che abbia mai fatto.

---

[13] Un caso simile di ricatto è stato messo in atto nei confronti del Presidente degli Stati Uniti Woodrow Wilson, spiegato in dettaglio da Benjamin H. Freedman nel suo libro *The Hidden Tyranny*. L'avvocato ebreo Samuel Untermayer sorprese il Presidente Wilson annunciando che la sua cliente, la moglie di un professore di Princeton, sarebbe stata disposta ad accettare un'ingente somma di denaro per mantenere segreta la relazione che avevano avuto con Wilson quando anche lui era professore a Princeton. Uno degli scopi del ricatto era la nomina del talmudista e sionista Louis Dembitz Brandeis alla Corte Suprema degli Stati Uniti. Ci sarà occasione in seguito di raccontare i dettagli di questa storia.

Analizziamo questi fatti in modo più dettagliato. Il governo fece sapere a Nathan Rothschild che aveva bisogno dell'oro per finanziare Wellington e che doveva acquistarlo da lui, ma quando lo fece il prezzo era già salito. Nathan offrì quindi i suoi servizi per aggirare il blocco continentale e spostare l'oro in Portogallo. Quello che non devono aver capito è che intendeva farlo attraverso il territorio nemico, cioè attraverso la Francia. Nel marzo del 1811, i Rothschild si misero quindi a contrabbandare l'oro in territorio francese, con la tolleranza dello stesso Napoleone, poiché James Rothschild aveva segretamente informato Bonaparte che suo fratello intendeva portare l'oro in Francia e che gli inglesi si opponevano. Il governo francese abboccò all'esca. A Parigi cambiarono l'oro in banconote e poi i Rothschild lo trasferirono in Spagna. In questo modo la Francia facilitò il finanziamento della guerra contro se stessa. Napoleone aveva accettato il consiglio del suo ministro del Tesoro, François Nicholas Mollien, che sosteneva che ogni fuga di lingotti dalla Gran Bretagna era un segno di debolezza economica e di conseguenza vantaggiosa per la Francia. A metà maggio 1814 il governo britannico doveva a Nathan 1.167.000 sterline, una cifra abbastanza grande da terrorizzare persino suo fratello Salomone.

Scacco matto a Waterloo

Nonostante le tante mosse azzeccate, la partita continuò e presto si presentò l'occasione per una mossa finale, una mossa che avrebbe permesso ai Rothschild di vincere una partita iniziata nel 1806, che li avrebbe resi la famiglia bancaria più potente d'Europa e, di conseguenza, i leader della finanza internazionale..

I Rothschild avevano sempre conosciuto l'importanza delle informazioni privilegiate. Decisero quindi che era necessario intercettare e controllare le comunicazioni, cosa che ottennero grazie all'alleanza con la casata dei Von Thurn und Taxis[14], che deteneva il monopolio della posta in

---

[14] La famiglia Thurn a Taxis era originaria di Milano, dove era conosciuta come della Torre. Essi inventarono l'idea di un servizio postale e introdussero un sistema postale in Tirolo alla fine del XV secolo. Nel 1516 l'imperatore Massimiliano I, nonno del futuro imperatore Carlo V, li incaricò di organizzare un servizio postale tra Vienna e Bruxelles. Già allora, uno dei suoi membri ricevette il solenne grado di direttore generale delle poste. Questo fu l'inizio dell'impressionante sviluppo del sistema postale di Thurn und Taxis, che arrivò a coprire tutta l'Europa. La sede centrale era a Francoforte. Non soddisfatti del normale svolgimento della loro attività, decisero di trarre profitto dalle informazioni scritte sulle lettere loro affidate. Alla fine del XVIII secolo iniziarono ad aprire la corrispondenza e ad annotare i contenuti che potevano essere interessanti. Per mantenere il monopolio, la Casa di Thurn und Taxis si offrì di mettere a disposizione dell'imperatore le informazioni ottenute manipolando segretamente le lettere. Mayer Amschel si rese presto conto di quanto fosse importante per un banchiere o un mercante avere notizie e informazioni certe in anticipo, soprattutto in tempo di guerra. Poiché la sua città natale

Europa. Un aneddoto molto diffuso racconta del primo incontro tra Mayer Amschel Rothschild e il principe Carl Anselm, capo della casata dei Thurn und Taxis: Rothschild stava lavorando alla sua scrivania e quando il principe entrò gli disse: "Si accomodi". Il visitatore, dopo qualche secondo di smarrimento, osservò: "Sono il principe di Thurn und Taxis". Mayer Amschel rispose: "Molto bene, allora porti due sedie". A parte gli scherzi, ciò che conta è che ancora una volta ci deve essere stata una qualche tangente o un accordo segreto. Dal patto con i Rothschild in poi, i Thurn und Taxis sorvegliarono ed esaminarono lettere e comunicati di importanza vitale per loro in momenti storici cruciali.

In ogni caso, gli stessi Rothschild disponevano di una rete continentale di agenti e informatori. Avevano organizzato un servizio di spionaggio che copriva le principali capitali europee e utilizzavano anche i piccioni viaggiatori per trasmettersi rapidamente le notizie che potevano avvantaggiarli nelle loro speculazioni azionarie. Scrive Frederic Morton: "Le auto dei Rothschild sfrecciavano sulle strade; le barche dei Rothschild attraversavano la Manica; gli agenti dei Rothschild erano ombre rapide lungo le strade. Portavano denaro, titoli, cambiali e notizie. Soprattutto notizie, le più recenti ed esclusive, da trattare vigorosamente in borsa".

Fu proprio una mossa legata alla gestione delle informazioni sull'esito della battaglia di Waterloo che permise a Nathan di prendere il controllo della Borsa di Londra. Nel 1815, il futuro dell'Europa dipendeva dall'esito della battaglia di Waterloo. Se Napoleone fosse uscito vincitore, la Francia sarebbe stata la potenza dominante; se invece il vincitore fosse stato Wellington, la Gran Bretagna sarebbe stata in grado di espandere la propria sfera di influenza e di controllare l'equilibrio di potere sul continente. Per quanto riguarda i fatti realmente accaduti, esistono diverse versioni che differiscono tra loro. La più fantasiosa colloca addirittura Nathan stesso sul campo di battaglia. In *The Rothschild: the Financial Rulers of Nations*, John Reeves sostiene che Nathan apparve sul campo di battaglia e si trovò in una posizione tale da poter vedere la scena dello scontro tra gli eserciti. Ecco come inizia il suo racconto: "La battaglia cominciò. Il denso fumo delle furiose cannonate avvolse presto tutto il campo in una nube; ma gli occhi tesi di Nathan Mayer riuscirono a vedere di tanto in tanto le feroci cariche della cavalleria francese, a causa delle quali la sicurezza delle linee inglesi fu più volte messa in pericolo...". Secondo Reeves, certo che Bonaparte sarebbe stato sconfitto, Nathan Rothschild spronò il suo cavallo fino a Bruxelles. Lì si procurò una carrozza che, senza indugio e a tutta velocità, lo portò a Ostenda, dove arrivò esausto la mattina del 19 luglio. Nonostante il mare in tempesta, si accinse ad attraversare la Manica; ma anche i pescatori si rifiutarono di tentare l'impresa. Benché offrisse loro cinquecento, seicento,

era il principale ufficio postale, contattò facilmente la casa di Thurn und Taxis e raggiunse un accordo soddisfacente per entrambi.

ottocento franchi, nessuno osò farlo. Solo con un'offerta di duemila franchi uno accettò, a condizione che il denaro fosse versato alla moglie prima di salpare. Appena salpati, il vento cambiò e le condizioni migliorarono, il che permise di abbreviare la durata del viaggio. La sera raggiunsero Dover. Senza un attimo di riposo, Nathan prese dei cavalli veloci e continuò il suo viaggio verso Londra. Il giorno dopo", continua Reeves, "fu visto appoggiato al suo noto pilastro della Borsa, apparentemente distrutto fisicamente e spiritualmente, come se fosse stato travolto e schiacciato da qualche terribile calamità. Da giorni nella City regnava il più grande pessimismo e sconforto, e quando Rothschild fu visto si concluse unanimemente che il peggio era accaduto....".

Più credibile è l'interpretazione di Frederic Morton, che spiega che l'umore alla Borsa di Londra era febbrile mentre si attendeva la notizia. Se Napoleone avesse vinto, i titoli consolidati del debito pubblico sarebbero crollati; se invece il vincitore fosse stato Wellington, il valore dei titoli sarebbe salito alle stelle. Nella versione di Morton, gli uomini di Nathan Rothschild lavoravano instancabilmente da entrambe le parti per raccogliere notizie. Altri agenti trasferivano i bollettini di intelligence a una postazione strategica nelle vicinanze, dove le informazioni venivano elaborate. All'imbrunire del 18 giugno, un rappresentante di Rothschild che portava con sé un rapporto segreto sulla battaglia cruciale salì su una barca prestabilita e attraversò il canale. Questo agente era atteso all'alba a Folkstone da Nathan in persona, che, dopo aver esaminato il rapporto, si precipitò alla Borsa. Quando arrivò, rimase come al solito accanto alla sua solita colonna, che era già nota come la Colonna Rothschild, "senza alcun segno di emozione, senza il minimo cambiamento nella sua espressione facciale, con un viso di pietra". Un altro autore, Andrew Hitchcock, in *The History Of The House Of Rothschild*, riferisce che l'agente Rothschild che si imbarcò e attraversò la Manica era un certo John Rothworth. Hitchcock, John Coleman e George Armstrong sostengono che i Rothschild lavorarono per finanziare entrambi gli eserciti (Nathan per Wellington dall'Inghilterra e James per Napoleone in Francia). Secondo questi autori, ciò diede inizio alla loro politica di finanziamento delle guerre da entrambe le parti.

Quasi tutti gli autori concordano su ciò che accadde una volta che Nathan raggiunse la sua colonna. Seguendo un segnale prestabilito, i suoi broker in borsa iniziarono a inondare il mercato di titoli di Stato consolidati, centinaia di migliaia di sterline di titoli furono riversati sul mercato e il valore dei titoli consolidati iniziò a scendere e persino a precipitare. Nathan continuò ad appoggiarsi al suo pilastro con un volto inespressivo, senza la minima emozione. Continuò a vendere e vendere. Non ci volle molto perché in borsa si diffondesse la voce che Rothschild sapeva che Wellington aveva perso a Waterloo. La vendita si trasformò in panico, mentre la gente si affrettava a scaricare le proprie obbligazioni e a cambiarle in oro o argento nella speranza di conservare almeno una parte del proprio patrimonio. Dopo diverse ore di scambi disperati, le obbligazioni consolidate si erano trasformate in obbligazioni rovinose. Nathan, freddo come sempre, appoggiato alla sua colonna, continuò a emettere sottili segnali; ma poi erano un po' diversi, così leggermente diversi che solo agenti altamente addestrati potevano rilevare il cambiamento. Su istruzioni del loro capo, decine di agenti Rothschild iniziarono a comprare tutto il debito pubblico a prezzi ridicoli. Quando poi la notizia dell'esito della battaglia di Waterloo giunse a Londra, i titoli consolidati salirono immediatamente a un valore ancora più alto di quello iniziale. Nathan Rothschild aveva acquistato il controllo dell'economia britannica e, secondo gli autori più entusiasti, aveva aumentato di venti volte in una notte la sua già immensa fortuna, il che sembra certamente un'esagerazione.

Niall Ferguson è uno degli autori che sminuisce notevolmente i vantaggi delle operazioni di Nathan alla Bourse e minimizza persino l'importanza di Waterloo. È interessante notare, tuttavia, che Ferguson riferisce anche di John Rothworth e trascrive persino il resoconto dello stesso Rothworth di "un estenuante viaggio a piedi da Mons a Genappe, camminando di giorno in una nuvola di polvere sotto un sole cocente e dormendo di notte per terra sotto la canna dei cannoni". Ferguson riferisce anche che una settimana dopo la giornata alla Bourse, qualcuno disse a Rothworth: "Nathan ha fatto buon uso delle informazioni che hai avuto sulla vittoria a Waterloo". Rothworth si azzardò allora a chiedere a Rothschild se poteva partecipare all'acquisto di titoli di Stato "se a suo parere poteva essere vantaggioso".

Le stesse parole di Nathan Rothschild indicano chiaramente la percezione del suo potere qualche anno dopo. Nel 1818 negoziò un prestito con la Prussia. Il ministro delle Finanze, Christian von Rother, cercò di cambiare i termini dopo la firma del prestito. Niall Ferguson cita la lettera di Nathan a von Rother che, per ammissione dello stesso Ferguson, mostra l'insolenza e la mancanza di rispetto di Nathan nei confronti della Prussia e del suo ministro:

> "Mio carissimo amico, ho adempiuto ai miei obblighi per Dio, per il Re e per il Ministro delle Finanze von Rother, il mio denaro ti è stato inviato a Berlino..... Tocca a te e hai l'obbligo di adempiere alla tua parte, di mantenere la tua parola e di non venire ora con cose nuove, e tutto deve rimanere come concordato tra uomini come noi, e questo è ciò che mi aspetto, come puoi vedere dalle mie consegne di denaro. Il consiglio non può fare nulla contro N.M. Rothschild, che ha il denaro, la forza e il potere. La cricca ha solo impotenza, e il Re di Prussia, il mio Principe Hardenberg e il Ministro Rother dovrebbero essere felici e grati a colui che invia loro tanto denaro, che aumenta il credito della Prussia.

Nel 1820, consapevole che la Banca d'Inghilterra era sotto il suo potere, fu ancora più prepotente. Ecco le sue parole di vanto, citate ancora da Ferguson: "Non mi interessa quale fantoccio venga messo sul trono d'Inghilterra per governare l'Impero. L'uomo che controlla la fornitura di denaro alla Gran Bretagna controlla l'Impero britannico, e io controllo la fornitura di denaro alla Gran Bretagna".

I Rothschild e Napoleone

Napoleone è uno dei personaggi storici meno conosciuti. Poco è stato scritto sulla sua ascesa dall'oscurità alla fama. In *The Rothschild Dynasty*, John Coleman sostiene che, come Disraeli, Bismarck, Trotsky, Kerensky o Lloyd George, Napoleone era in origine un uomo dei Rothschild. Napoleone era estremamente povero quando fu presentato ai Rothschild dal massone illuminato Talleyrand. Fu Mayer Amschel , sempre così intelligente e perspicace, a scoprire il nuovo talento. Il fuoco interiore e la passione del corso lo colpirono e decise di offrirgli del denaro per vivere decentemente. Nel 1796 Napoleone sposò Giuseppina di Beauharnais, che in passato gli aveva pagato l'uniforme. Una signora creola della Martinica con una libido insaziabile, Josephine era l'amante del visconte Paul de Barras, un uomo forte del Direttorio. Secondo John Coleman, Mayer Amschel Rothschild organizzò il matrimonio con Barras, che allora cercava su "una spada da brandire convenientemente per la ritirata conservatrice della Repubblica". Fu Barras, che secondo varie fonti era anche un membro degli Illuminati, a nominare Napoleone comandante in capo dell'esercito italiano. Sembra che, mentre il marito conduceva la guerra contro gli austriaci e i piemontesi, Giuseppina facesse l'amore con Barras e altri membri della cerchia governativa.

Napoleone fu il primo leader europeo a concepire l'idea di conquistare Gerusalemme per gli ebrei, realizzando così la profezia. Curiosamente, gli storici non dicono nulla al riguardo né sulle sue motivazioni, che non potevano essere che quelle di accattivarsi il favore e il sostegno finanziario dei banchieri ebrei. Promettendo loro la città santa, aderì all'idea di una nazione etnicamente pura, come Hitler fece in seguito quando strinse un patto con i sionisti (Accordo di Haavara). Nel 1799, anno in cui Napoleone guidò la spedizione francese contro gli inglesi in Egitto, sul Paris *Monitor* del 22 maggio si leggeva: "Bonaparte ha pubblicato un proclama che invita tutti gli ebrei dell'Asia e dell'Africa ad andare a stabilirsi nell'antica Gerusalemme sotto la protezione della sua bandiera". Qualche settimana dopo, un secondo testo del *Monitor* aggiungeva: "Non è solo per dare Gerusalemme agli ebrei che Bonaparte ha conquistato la Siria. Ha piani più ampi...".

Cinque anni dopo, la percezione di Napoleone nei confronti degli ebrei e le relazioni reciproche erano sostanzialmente cambiate. L'incoronazione imperiale di Napoleone nel 1804 fu considerata con indifferenza da Mayer Amschel ; ma per i talmudisti come i Rothschild, il fatto che il Papa fosse invitato non era affatto gradito. Nel 1806, dopo la vittoria di Austerlitz, le lamentele di Napoleone contro gli ebrei e il loro terribile uso dell'usura si rifletterono in una sessione del Consiglio di Stato. Joseph Pelet de Lozère, uno dei membri del Consiglio che partecipò alle sedute, pubblicò a Parigi nel 1833 *Opinions de Napoléon sur divers sujets de politique et d'administration recueillies par un membre de son Conseil d'Etat* (*Opinioni di Napoleone su vari argomenti di politica e amministrazione raccolte da un membro del suo Consiglio di* Stato). Si tratta di un'opera di grande interesse che può essere letta integralmente su Internet. Contiene gli appunti presi da Pelet de la Lozère. Il capitolo XX, intitolato "Sur les Juifs" (Sugli ebrei), contiene gli appunti della seduta del 30 aprile 1806. Ecco la citazione delle parole di Bonaparte:

> "Il governo francese non può essere indifferente al fatto che una nazione svilita, degradata, capace di tutte le bassezze, abbia il possesso esclusivo dei due bellissimi dipartimenti dell'ex Alsazia; gli ebrei devono essere considerati come una nazione e non come una setta. Sono una nazione nella nazione. Vorrei togliere loro, almeno per un certo periodo, il diritto di fare ipoteche, perché è troppo umiliante per la nazione francese trovarsi alla mercé della nazione più miserabile. Interi villaggi sono stati espropriati dagli ebrei; essi hanno sostituito il feudalesimo, sono veri e propri stormi di corvi. Si è visto che dopo le battaglie di Ulm sono venuti da Strasburgo per comprare dai ladri ciò che avevano rubato.... Sarebbe pericoloso lasciare che le chiavi della Francia, di Strasburgo e dell'Alsazia cadano nelle mani di una popolazione di spie che non si sente legata al Paese".

La questione ebraica era così importante per l'imperatore che nello stesso anno escogitò un nuovo modo di affrontarla. Chiese che gli ebrei scegliessero pubblicamente tra una nazione separata o l'integrazione nella nazione in cui risiedevano. Convocò centododici rappresentanti dell'ebraismo di Francia, Germania e Italia per rispondere a una serie di domande. I delegati scelti dalle comunità ebraiche arrivarono a Parigi per risolvere il dilemma. Napoleone voleva sapere semplicemente se facevano parte della nazione che governava o se si consideravano parte di una nazione che era al di sopra di tutte le nazioni. La domanda era come una freccia scagliata contro i principi della Torah e del Talmud, su cui era stato costruito il muro tra gli ebrei e gli altri uomini, i gentili. Le questioni fondamentali erano: la legge ebraica consentiva il matrimonio, gli ebrei consideravano i francesi come stranieri o come fratelli, consideravano la Francia come la loro patria, la loro legge faceva distinzione tra debitori ebrei e debitori cristiani e faceva distinzione tra debitori ebrei e debitori cristiani? Napoleone chiese la convocazione del Gran Sinedrio affinché il compromesso, se raggiunto, avesse la massima forza giuridica.

Da tutta Europa i tradizionali settantuno membri del Sinedrio, quarantasei rabbini e ventuno laici, giunsero a Parigi nel febbraio 1807. Fu un momento storico, perché affermarono che non esisteva più una nazione ebraica, che le leggi del Talmud non erano più in vigore, che non volevano vivere in comunità chiuse e che erano a tutti gli effetti francesi e nulla più. Fu un'illusione di breve durata, perché gli ebrei che si presentarono davanti a Napoleone non rappresentavano le grandi masse di ebrei khazari dell'Europa orientale, gli ebrei ashkenaziti di Russia e Polonia, che avrebbero finito per annullare la risposta di un Sinedrio che in quel momento storico non li rappresentava. Non per niente i Rothschild erano talmudisti di origine ashkenazita e detenevano la leadership indiscussa.

Nel 1809, un giovane tedesco di nome Friedrich Stapps, un agente degli Illuminati secondo lo stesso Bonaparte, tentò di assassinare l'Imperatore a Vienna. Dopo una conversazione con il giovane, Napoleone dichiarò: "Questi sono gli effetti degli Illuminati tedeschi. Alla nuova generazione viene insegnato che l'omicidio è una virtù. Tuttavia, credo che la questione sia più complessa di quanto sembri". Stapps fu giustiziato da un plotone di esecuzione il 17 ottobre. Nel 1810, l'imperatore divorziò da Giuseppina e sposò l'arciduchessa Maria Luisa. Questo fu il momento che segnò chiaramente l'inizio della frattura tra Bonaparte e i Rothschild. Da quel momento quelli che erano stati i suoi mentori iniziarono a finanziare una lega contro di lui e lavorarono incessantemente per allontanarlo dal Papa. Così Napoleone finì per denunciare pubblicamente gli ebrei. Ecco tre delle sue opinioni: "Non si può migliorare il carattere degli ebrei con le discussioni. Bisogna stabilire leggi esclusive per loro". Tutti i loro talenti sono concentrati in atti di rapacità". "Hanno un credo che benedice i loro furti e le loro malefatte".

Quando Napoleone iniziò la sua invasione militare della Russia, i Rothschild stavano già lavorando per sconfiggerlo. William Guy Carr, autore di *Pawns in the Game*, spiega come Napoleone fu sabotato nella campagna di Russia. Guy Carr, ufficiale dei servizi segreti della Royal Canadian Navy, conosceva bene come funzionavano le cose a questi livelli. Secondo questo autore, la strategia segreta utilizzata per sconfiggere Napoleone e costringerlo ad abdicare era molto semplice. Gli agenti furono collocati in posizioni chiave nei reparti di rifornimento, comunicazioni, trasporti e intelligence dell'esercito francese. In questo modo venivano sabotati i rifornimenti, intercettati gli ordini, trasmessi messaggi contraddittori, deviati o persi i trasporti. La campagna di Russia fu afflitta da questi problemi.

I Rothschild non solo si arricchirono con la sconfitta di Napoleone a Waterloo, ma fecero di tutto per provocarla. Sia il conte Cherep-Spiridovitch in *Il governo segreto del mondo o "La mano nascosta"* che John Coleman nell'opera citata rivelano che Napoleone fu tradito da Soult, che era ebreo e prendeva ordini dai Rothschild. Sebbene Napoleone lo avesse promosso maresciallo", scrive Cherep-Spiridovitch, "lo avesse nominato duca di

Dalmazia e lo avesse ricompensato con una rendita milionaria, questo ebreo non esitò a tradire il suo generoso imperatore". A Waterloo, Soult doveva prendere e tenere Genappe, una città importante per proteggere il fianco dell'esercito dell'imperatore. Napoleone si lamentò amaramente di Soult: "Soult, il mio secondo in comando a Waterloo, non mi ha aiutato come avrebbe dovuto.... Il suo staff, nonostante i miei ordini, non era organizzato. Soult si perse d'animo troppo facilmente.... Soult non mi fu di alcuna utilità, perché durante la battaglia non mantenne l'ordine a Genappe". Va ricordato che, curiosamente, Genappe è il villaggio dove si recò John Roothworth, agente di Nathan Rothschild, come già detto. John Coleman aggiunge che sono incomprensibili anche le azioni del maresciallo Grouchy, che sarebbe dovuto arrivare con i rinforzi, ma si presentò con ventiquattro ore di ritardo, pur avendo sentito i colpi di cannone e sapendo che la battaglia era iniziata. Grouchy fu pubblicamente accusato nel 1846 da Georges Dairnvaell di essere stato corrotto dai Rothschild. In *The Rothschild Dynasty*, Coleman scrive quanto segue su Soult e Waterloo:

> ... Questo è il potere dei Rothschild e la falsificazione della storia. Se non fosse stato per il tradimento commesso contro di lui, Napoleone avrebbe sconfitto sonoramente Blucher e Wellington. Soult servì bene i suoi padroni, che gli affidarono alcune delle più alte cariche in Francia. È stato suggerito, ma mai provato, che fosse il padre di Bismarck. Per un certo periodo la madre di Bismarck fu l'amante di Soult, come confermò lo stesso Bismarck: "Non ero grande per il mio talento o le mie capacità, ma tutti mi aiutavano perché mia madre era l'amante di Soult".

Di Soult, che riapparirà in un altro capitolo, si potrebbe scrivere a lungo. Va ricordato che in Spagna questo ebreo, avido di potere e ricchezza, rubò e saccheggiò quanto più poteva senza alcuno scrupolo. Dopo aver rubato in tutta Europa, in particolare in Germania, Austria e Italia, a Siviglia si comportò come un vero e proprio viceré, preparando il furto dei migliori dipinti di Murillo e dei grandi maestri sivigliani, molti dei quali andarono ad arricchire le sue collezioni nel castello di Soultberg. Soult fu assistito da uno spagnolo, Alejandro Mª Aguado, un potentato sivigliano che fu colonnello del suo Stato Maggiore e poi ricco banchiere parigino. Anni dopo Aguado vendette una delle più belle collezioni di dipinti spagnoli. Durante il suo soggiorno a Siviglia, il maresciallo accumulò abbastanza dipinti da inviare fino a dieci spedizioni alla moglie. A casa sua arrivavano continuamente trasporti pieni di oggetti preziosi, con i quali questo ladro e traditore era in grado di riempire la villa di Soultberg e Villeneuve, i suoi palazzi a Parigi. Nelle caricature politiche che circolarono per tutta la sua vita, era spesso raffigurato circondato da quadri e oggetti d'arte. In una del 1834, "Les honneurs du Pantheon", lo si vede appeso con altri dignitari con il collo dentro un quadro che porta la firma di Murillo.

Per più di trent'anni uno studioso di Napoleone, Ben Weider, ha cercato di far sapere al mondo che nel 1821 Bonaparte era stato avvelenato a morte a Sant'Elena. Finalmente, il 2 giugno 2005, in una conferenza stampa a Illkirch-Graffenstandem, il dottor Pascal Kintz, presidente dell'Associazione Internazionale dei Tossicologi Forensi, ha confermato la tesi di Weider e ha dimostrato che l'arsenico è stato trovato nel nucleo dei capelli di Napoleone, indicando una via digestiva e non una contaminazione esterna come la rivista *Science & Vie* ha sostenuto per motivi misteriosi. Il dottor Kintz ha rivelato la natura del veleno utilizzato: arsenico minerale, comunemente noto come veleno per topi.

I Rothschild regnano in Europa

Fino alla sua morte, nel 1836, Nathan guidò il clan da Londra, dove, dopo il colpo di stato di Waterloo, continuò a contare sul prezioso aiuto di Herris, grazie al quale crebbe la sua vicinanza al segretario del Tesoro, Nicholas Vansittart. Riferendosi a questa amicizia con Vansittart, Solomon scrisse a James in questi termini: "La relazione di Nathan con questo gentiluomo del Tesoro è come di fratelli.... La nostra Nuova Corte mi dà l'impressione di essere come una loggia massonica. Chiunque vi entri diventa un bono-massone". Ma se Nathan Rothschild regnava nella City, affiancato dai Mocatta e dai Goldsmid, i suoi quattro fratelli avrebbero presto iniziato i rispettivi regni sul continente, nelle varie capitali europee da cui operavano. Secondo il professor Werner Sombart nel suo libro *Gli ebrei e il capitalismo moderno*, "il periodo che va dal 1820 in poi diventa l'era dei Rothschild, tanto che a metà del secolo era generalmente accettato che in Europa ci fosse un solo potere, quello dei Rothschild".

Per ventisei anni, dal 1789 al 1815, l'Europa fu coinvolta in una spirale di violenza. Alla sanguinosa rivoluzione francese seguì una successione di guerre che stremarono i popoli del vecchio continente, dal Portogallo alla Russia. Come i Rothschild si erano arricchiti enormemente grazie alle guerre che avevano finanziato, così i Rothschild avrebbero tratto profitto dalle conseguenze economiche della pace. Disraeli spiegherà più tardi nel suo romanzo *Coningsby*: "dopo l'esaurimento di una guerra durata venticinque anni, l'Europa aveva bisogno di capitali per costruire la pace". La Francia ne voleva un po'; l'Austria, di più; la Prussia, un po'; la Russia, qualche milione". Sebbene all'inizio i loro concorrenti cercassero di trattenerli, alla fine i Rothschild si impadronirono di tutte le grandi imprese, comprese le ferrovie: la costruzione di ferrovie in tutta Europa sarebbe presto diventata una delle migliori attività, e loro la monopolizzarono.

Avevano una serie di sostantivi tedeschi per indicare i loro rivali, come "Schurken" (furfanti, mascalzoni), Bösewichte (furfanti, malvagi) e "Spitzbuben" (ladri). Già prima di Waterloo avevano parlato molto di come mettere i bastoni tra le ruote ai loro "malvagi" concorrenti, ed è quello che fecero dal 1818 in poi con i Baring, i Labouchère e altri banchieri che cercavano di opporsi a loro. James Rothschild aspirava a diventare in Francia l'equivalente di suo fratello Nathan in Gran Bretagna; ma il governo francese aveva negoziato un prestito sostanzioso nel 1817 con la prestigiosa banca francese di Ouvrard e i fratelli Baring a Londra. L'anno successivo, il governo francese aveva bisogno di un altro prestito. Mentre i titoli emessi nel 1817 aumentavano di valore sul mercato di Parigi e in altri centri finanziari europei, sembrava certo che la Francia avrebbe continuato a fare affidamento sui servizi delle stesse banche. I Rothschild usarono il loro vasto repertorio di espedienti per influenzare il governo francese, ma senza successo. I francesi, tuttavia, ignorarono o non tennero conto dell'astuzia e della capacità dei banchieri ebrei di speculare e manipolare il denaro. Il 5 novembre 1818 accadde qualcosa di inaspettato: dopo un anno di costante apprezzamento, il valore dei titoli francesi cominciò a scendere. Giorno dopo giorno il deprezzamento si fece più marcato. Ben presto anche altri titoli di Stato iniziarono a svalutarsi. Alla corte di Luigi XVIII crebbe la tensione. Lentamente gli osservatori si resero conto che i Rothschild c'entravano qualcosa. Ancora una volta avevano provocato il panico manipolando segretamente il mercato azionario. Durante il mese di ottobre 1818 i loro agenti, utilizzando le loro riserve illimitate, avevano acquistato enormi quantità di titoli di Stato francesi emessi dai loro rivali, facendone salire il valore. Poi, il 5 novembre, iniziarono a inondare i mercati (scaricando) grandi quantità di titoli di debito francesi. Così facendo, destabilizzarono tutti i mercati azionari europei e crearono il panico. Furono presto portati davanti a Luigi XVIII. Fu così che anche la Francia passò gradualmente sotto il controllo dei Rothschild, che alla fine del 1822 erano diventati anche i banchieri della Santa Alleanza: "L'Alto Tesoro della Santa Alleanza".

Il rapporto di Salomon Rothschild con Metternich, l'uomo che fece la politica austriaca dal 1809 al 1848, merita una menzione speciale. Non solo era il suo banchiere, ma si comprendevano a vicenda dal punto di vista emotivo e intellettuale. Pur provenendo da una famiglia aristocratica, il principe Klemens Wenzel Nepomuck Lothar von Metternick non aveva soldi. Durante i negoziati di pace a Parigi nel 1815, si presentò la possibilità di un primo prestito da parte dei Rothschild, precisamente con Carl e Amschel a Francoforte. Metternich si era dimostrato un utile alleato dei Rothschild: aveva fornito loro a Parigi informazioni politiche, li aveva aiutati a concludere affari finanziari in Austria e aveva simpatizzato con la loro campagna per l'emancipazione degli ebrei a Francoforte. Nell'ottobre 1821, accompagnato dalla sua amante, la principessa Dorotea di Lieven, incontrò Amschel a Francoforte in un gesto di sostegno alla comunità ebraica della città. Meno di un anno dopo ottenne un secondo prestito, organizzato sei giorni prima che i fratelli ricevessero il titolo di barone dall'imperatore austriaco Francesco I. Questo prestito suggellò l'amicizia tra i fratelli. Questo prestito suggella l'amicizia tra i Rothschild e Metternich. Nel 1823, a Verona, Salomon gli fornì liquidità per far fronte alle sue notevoli spese personali. Due anni dopo, James lo ospitò a Parigi per una cena di gala. È in questo periodo che Metternich inizia a utilizzare il servizio postale dei Rothschild per la corrispondenza importante. Da quel momento in poi, lui e Salomon si scambiarono regolarmente informazioni: Metternich lo aggiornava sulle intenzioni politiche dell'Austria e il banchiere gli forniva le notizie che riceveva dai suoi fratelli a Parigi, Londra, Francoforte e Napoli. I Rothschild usavano spesso la parola "zio" per riferirsi a Metternich.

Una delle vittime dell'alleanza tra Solomon e Metternich fu il banchiere David Parish, la cui banca viennese "Fries & Co" fu sacrificata. Nel 1820 Parish era stato socio di Solomon in occasione del prestito per organizzando una lotteria che fu ampiamente criticata e definita "vergognosa usura ebraica". Sei anni dopo fu lo stesso Parish a usare un linguaggio virulento contro i Rothschild, che avevano scaricato lui e la sua banca. Prima di suicidarsi gettandosi nel Danubio, scrisse quattro lettere: al fratello John, al banchiere Geymüller, a Metternich e allo stesso Solomon, in cui incolpava i Rothschild della sua caduta e prometteva di screditarli pubblicamente. Metternich", disse Parish, "mi ha sacrificato all'avidità di una famiglia che, con tutte le sue ricchezze, non ha cuore e si preoccupa solo del salvadanaio". Parish si rammaricava di essere stato ingannato da Solomon nel modo più vergognoso e di "essere stato pagato con la più nera ingratitudine per i suoi servizi". Nella sua lettera a Metternich si lamentava in questi termini: "I Rothschild hanno capito meglio di me come intrappolarvi nella loro sfera di interessi e come assicurarsi la vostra speciale protezione". Nella lettera a Solomon affermava che la nuova alleanza tra loro (i Rothschild) e Metternich lo aveva rovinato: "Sotto la protezione del principe Metternich, siete riusciti ad assicurarvi il controllo esclusivo di molteplici transazioni nelle quali avevo legalmente e moralmente diritto a una quota....". Metternich era quindi l'uomo chiave dei Rothschild in Austria. Recentemente è stata ritrovata a Mosca una scatola d'argento contenente documenti che dimostrano che Salomon conservava i conti bancari e la corrispondenza finanziaria di Metternich. L'importanza di questa relazione condizionava chiaramente la politica estera austriaca. Nel prossimo capitolo vedremo come Salomon fece fruttare la sua stretta relazione con il principe.

I sicofanti dei Rothschild erano all'ordine del giorno. Secondo l'economista Friedrich List, essi erano "l'orgoglio di Israele, davanti al quale re e imperatori si inchinavano umilmente". Il Niles Weekly Register, la rivista più diffusa in America, nel 1835 definì i Rothschild la soggezione del mondo bancario moderno e affermò apertamente che essi governavano il mondo cristiano, poiché nessun governo si muoveva senza il loro consiglio. Tendono la mano con la stessa facilità", disse, "da San Pietroburgo a Vienna, da Vienna a Parigi, da Parigi a Londra, da Londra a Washington". Il barone Rothschild, il capo della casa, è il vero re di Giudea, il principe della cattività, il Messia tanto atteso da questo popolo straordinario. Egli detiene le chiavi della pace e della guerra, della benedizione e della maledizione.... Sono gli agenti e i consiglieri dei re d'Europa e dei leader repubblicani d'America: cosa possono desiderare di più?".

Non è compito di questo capitolo approfondire i modi in cui i vari popoli europei sono stati resi schiavi attraverso il debito. I Rothschild stabilirono con alcune figure chiave della scena politica europea una rete di relazioni private non etiche e finanziariamente orientate. A tal punto che furono presto messi sotto i riflettori dell'opinione pubblica al centro di una rete di corruzione. La loro immagine, , anch'essa macchiata da numerosi casi di corruzione e ricatto, si deteriorò agli occhi dell'opinione pubblica. Battute e caricature di denuncia proliferarono su gran parte della stampa, che nel primo terzo del secolo non era ancora completamente controllata. Ma ciò che contava davvero era che già prima del 1830 i Rothschild erano diventati un colosso le cui risorse, secondo il loro biografo Niall Ferguson, erano cresciute a tal punto da essere dieci volte superiori a quelle del loro più vicino concorrente.

Ebrei talmudisti

Il primo capitolo di questo libro ha già spiegato l'importanza del *Talmud* per l'ebraismo, addirittura superiore a quella della *Torah*, e ha commentato l'odio viscerale che i suoi testi emanano nei confronti del cristianesimo. È quindi necessario riflettere ora sulle implicazioni del fatto che i banchieri più potenti del mondo sono talmudisti (non solo i Rothschild sono talmudisti). Mayer Amschel Rothschild era un rabbino ed è stato educato ai principi del *Talmud*, secondo cui solo gli ebrei hanno il diritto di dominare gli altri popoli, poiché i non ebrei sono stati creati per servire gli ebrei. *Il Talmud* insegna che è permesso depredare i non ebrei ed essere ipocriti nei loro confronti. Le conseguenze di seguire queste dottrine, non solo nel settore bancario ma in qualsiasi ambito delle relazioni interpersonali, sono ovviamente catastrofiche. August Rohling, professore all'Università di Praga alla fine del XIX secolo e traduttore *del Talmud*, afferma che, in attesa della venuta del Messia, gli ebrei vivono in un costante stato di guerra con gli altri popoli. Quando la vittoria arriverà , tutti i popoli accetteranno la religione ebraica; ai cristiani, invece, non sarà concesso questo privilegio, ma saranno sterminati, poiché appartengono al diavolo. Alla luce di ciò, è ipotizzabile che le origini del grande progetto del Nuovo Ordine Mondiale provengano dal *Talmud* e che l'agognato Governo Mondiale non sia altro che la realizzazione di quella che viene definita "utopia ebraica".

L'utopia ebraica è il titolo di un libro di 135 pagine pubblicato nel 1932 dal sionista Michael Higger, che lo dedicò all'Università ebraica di Gerusalemme, che rappresenta, secondo Higger, "il simbolo dell'utopia ebraica". Il testo è disponibile in formato PDF. Esso passa in rassegna l'intero piano dei sionisti per la dominazione del mondo. Robert H. Williams, uno scrittore nazionalista americano che durante la Seconda guerra mondiale organizzò un servizio di controspionaggio per l'aeronautica militare americana (AAF), studiò il libro e lo parafrasò nel suo *The Ultimate World Order as pictured in "The Jewish Utopia"*, pubblicato nel 1957 e disponibile anche in inglese su Internet. Williams descrive il libro come il compendio delle profezie, degli insegnamenti filosofici, dei piani e delle interpretazioni del *Talmud* che sono alla base di quello che lui chiama "L'Ordine Mondiale Finale". Higger cita le parole del *Talmud*, secondo cui i "giusti" saranno gli ebrei e coloro che sceglieranno di allinearsi con loro per servirli, mentre i "malvagi" saranno coloro che saranno percepiti dagli ebrei come avversari dei loro interessi. Higger sottolinea che nell'utopia ebraica "tutti i tesori e le risorse naturali del mondo saranno in possesso dei giusti, in adempimento della profezia di Isaia". L'accumulo di tutte le ricchezze dell'umanità è quindi parte integrante dell'antico programma ebraico di costituire un Nuovo Ordine Mondiale. Alcuni autori sostengono che oggi i Rothschild possiederebbero la metà delle ricchezze del pianeta.

Mayer Amschel Rothschild educò quindi i suoi cinque figli secondo i principi del *Talmud*. Già ai tempi di Moses Amschel Bauer, in famiglia si osservavano preghiere e altri rituali religiosi. La religiosità dei Rothschild è stata immortalata da Moritz Daniel Oppenheim. Questo pittore, che ha realizzato anche i dipinti sopra descritti della consegna e della restituzione del tesoro dell'Elettore d'Assia-Kassel, è anche l'autore di un'opera alquanto inquietante intitolata *La famiglia Rothschild in preghiera*. Niall Ferguson riproduce il dipinto in *The House of Rothschild. I profeti del denaro*. Dodici persone sono raffigurate avvolte fino alla testa nelle tradizionali vesti bianche dei Leviti, che coprono tutto il corpo. L'atmosfera spettrale conferisce al dipinto un'aura enigmatica. Undici di loro sono seduti attorno a un tavolo su cui ardono sei candele a una sola fiamma. Quasi tutti hanno in mano dei libri e leggono. La dodicesima persona, avvolta dalla testa ai piedi nell'ampio mantello bianco caratteristico della tribù, è in piedi e dà le spalle alla porta che conduce a un'altra stanza, dove ardono anche delle candele. Sul letto di morte Mayer Amschel lesse ai suoi figli il *Talmud* e impose loro una serie di obblighi. È quindi evidente che, oltre agli affari, i Rothschild erano religiosamente talmudisti. Si registra che nel 1820 l'onnipotente Nathan Rothschild era membro di una società di *Torah* e *Talmud* a Londra, alla quale contribuiva finanziariamente.

I Rothschild nella letteratura. I loro scrittori: Heine e Disraeli

Nel XIX secolo i libri e i giornali erano i mezzi di propagazione delle idee. Come abbiamo visto, una delle priorità degli Illuminati era selezionare e controllare cosa leggere e cosa non leggere. Attraverso le Società di lettura, istituite dall'Unione Tedesca, cercavano di favorire gli scrittori che li favorivano e di rovinare quelli che li osteggiavano. Nel primo terzo del secolo, il progetto era ancora agli inizi e le cose non erano ancora del tutto a posto, poiché non poteva mettere a tacere tutte le critiche. Ferguson, che si riferisce ai Rothschild come ai Medici del XIX secolo, cita tra i loro protetti diversi autori e anche i musicisti Chopin e Rossini. I Rothschild avevano quindi scrittori che lavoravano servilmente per i loro "protettori". Il segretario di Metternich, Friedrich von Gentz, fu tra i primi a scrivere dei banchieri in termini ossequiosi. Gentz inviò persino istruzioni a giornali come l'*Allgemaine Zeitung*, ordinando di non criticare i Rothschild.

Tuttavia, alcuni scrittori li denunciarono. Uno dei primi che osò criticarle sotto forma di finzione romanzesca fu Honoré de Balzac, che oltre alle sue opere letterarie ci ha lasciato la seguente frase: "Ci sono due storie: quella ufficiale, ingannevole, che viene insegnata ad usum delphini, e quella reale, segreta, in cui si trovano le vere cause degli eventi: una storia vergognosa". Nel suo romanzo *La casa di Nucingen* (1837) ritrae un astuto banchiere tedesco che ha fatto fortuna grazie a una serie di bancarotte fraudolente e costringendo i suoi creditori ad accettare carta svalutata come pagamento. Le somiglianze tra Nucingen e James Rothschild sono troppo evidenti per essere casuali. In un'altra opera, *Gli splendori e le miserie delle cortigiane* (1838-47), Balzac conclude che tutte le ricchezze accumulate troppo rapidamente sono il risultato di un furto legale. Più aspre furono le critiche di Georges Dairnvaell, che nel suo pamphlet *The Edifying and Curious History of Rothschild I, King of the Jews* (1846) insisteva sul fatto che Nathan, con la notizia della sconfitta di Napoleone a Waterloo, avesse fatto un'enorme somma di denaro speculando sulla Borsa di Londra e lo accusava anche di aver corrotto il generale francese Grouchy per assicurare la vittoria di Wellington. Un altro scrittore e giornalista, Alphonse Toussenel, autore di *The Jews, Kings of the Age: A History of Financial Feudalism* (1846), denunciò in quest'opera che la Francia era stata venduta agli ebrei e che le linee ferroviarie erano controllate dal barone Rothschild, il re di Francia. Toussenel sosteneva che la rete ferroviaria francese non poteva essere nelle mani di capitalisti speculatori.

Lo scrittore ebreo Ludwig Börne, nato a Francoforte come i Rothschild, accusò i suoi amici banchieri di essere i peggiori nemici delle nazioni perché avevano prestato il loro denaro agli autocrati che si opponevano al liberalismo. L'ipocrisia delle critiche di Börne era evidente quando questo campione del liberalismo si chiedeva poi pateticamente: "Non sarebbe una grande benedizione per il mondo se tutti i re venissero rimossi e la famiglia Rothschild prendesse i loro troni". L'ipocrita Börne doveva sicuramente sapere che i Rothschild erano semplicemente in affari quando prestavano denaro, anche se lo facevano senza mai dimenticare la priorità del Movimento rivoluzionario mondiale, che avevano messo in moto attraverso gli Illuminati. Come sempre, finanziarono entrambe le parti, le monarchie e il liberalismo, la cui ideologia politica avrebbe permesso loro di innescare le rivoluzioni in Europa, contemporaneamente a.

Era abbastanza chiaro a Lord Byron, che già nel 1823, nel dodicesimo canto del suo *Don Giovanni* , si chiedeva: "Chi regge la bilancia del mondo? Chi ha la meglio in Parlamento sui realisti o sui liberali? Chi solleva i patrioti senza camicia in Spagna? Chi provoca nel vecchio e nel nuovo mondo dolore o piacere? Chi fa di tutti i politici dei ciarlatani?". La risposta fu: "L'ebreo Rothschild e il suo collega cristiano Baring". Sembra che Byron non sapesse che anche i fratelli Baring erano di origine ebraica; ma ciò che è importante in queste righe è che Byron vide chiaramente che Rothschild influenzava sia i realisti che i liberali e che sosteneva la rivoluzione in Spagna e l'insurrezione nelle sue repubbliche latinoamericane. Anche un altro scrittore, William Tackeray, capì perfettamente cosa stava accadendo e fu dell'opinione che "N. M. Rothschild stava giocando con la rivoluzione in Spagna e l'insurrezione nelle sue repubbliche latinoamericane". M. Rothschild giocava con i nuovi re come le bambine giocano con le loro bambole".

Tra gli stalloni dei Rothschild spiccano due nomi ebraici: Heinrich Heine (1797-1856), il famoso poeta romantico tedesco che, secondo i critici, ebbe un'influenza decisiva sul nostro G. A. Bécquer, e Benjamin Disraeli (1808-1881), che ricoprì per due mandati la carica di Primo Ministro della Gran Bretagna, posizione dalla quale perseguì una politica servile e decisa nell'interesse dei banchieri ebrei. Entrambi meritano un'attenzione a parte.

Passiamo al primo. Heinrich Heine era un amico intimo di Karl Marx e James Rothschild. Marx disse di lui che era "il più duro degli esuli tedeschi, il più inflessibile e il più intelligente". Sia Heine che Börne furono ritratti da Moritz Daniel Oppenheim, il pittore della famiglia Rothschild. Il contatto di Heine con i Rothschild ebbe origine con il suo sostenitore di sempre, il ricco banchiere Salomon Heine, noto come il Rothschild di Amburgo, con il quale lavorava ad Amburgo già nel 1816. È noto che in questo periodo Heine e suo padre frequentavano la loggia massonica *Zur aufgehenden Morgenröte* (*Verso la futura alba rossa*) a Francoforte. Nel 1822, in Polonia, conobbe il chassidismo, un movimento di ebrei talmudisti fondamentalisti, e ne rimase affascinato. Heine, che apparteneva ai Carbonarii, arrivò in esilio a Parigi il 19 marzo 1831 e iniziò una relazione personale con James, il più giovane dei cinque fratelli Rothschild, con il quale era solito passeggiare di notte per le strade della città, a braccetto.

Molto importanti e significativi sono i riferimenti di Heine ai Rothschild e al comunismo. La profondità delle sue osservazioni suggerisce che sapeva molto bene di cosa stava parlando. Nel marzo 1841 dichiarò: "I Rothschild hanno sostituito la vecchia aristocrazia e rappresentano una nuova religione materialista. Il denaro è il dio del nostro tempo e Rothschild ne è il profeta". Sulla guida dei movimenti rivoluzionari scrisse parole illuminanti: "Nessuno fa di più per il progresso della rivoluzione degli stessi Rothschild... e, anche se può sembrare ancora più strano, i Rothschild, i banchieri dei re, questi splendidi gestori di denaro, la cui esistenza dovrebbe essere considerata a rischio se l'attuale sistema degli Stati europei dovesse crollare, hanno soprattutto nella mente la coscienza della loro missione rivoluzionaria.

Ma l'aspetto più inquietante è quello delle sue previsioni sul comunismo. Non ci vuole molto acume per capire che la sua amicizia con Marx e i Rothschild gli ha fornito tutte le informazioni che, sei anni prima dell'apparizione del *Manifesto comunista,* ha svelato nel *Programma* drammatico, che di solito non è elencato nelle bibliografie, ma che è stato pubblicato nel luglio 1842 in una rivista di Amburgo intitolata *Französiche Zustände* (*Posizioni francesi*) e dodici anni dopo nel libro *Lutezia.* La citazione è lunga, ma utile:

"Il comunismo, che non è ancora apparso, ma che apparirà potente e sarà impavido e disinteressato come il pensiero... si identificherà con la dittatura del proletariato. Sarà un duello terribile, come finirà? Lo sanno gli dei e le dee di cui si conosce il futuro. Noi sappiamo solo questo: il comunismo, anche se ora se ne parla poco e giace su materassi di paglia in garitte sconosciute, è l'eroe oscuro che ha un ruolo grande ma passeggero nella tragedia moderna e che aspetta solo l'ordine di entrare in scena. Ecco perché non perderemo mai di vista questo attore e le prove segrete con cui si prepara al suo debutto sul palcoscenico. Questo è forse più importante di tutte le informazioni su questioni elettorali, dispute di partito e intrighi di gabinetto.

... La guerra tra Francia e Germania sarà solo il primo atto del grande dramma, cioè il prologo. Il secondo atto è la rivoluzione europea, universale, il grande duello dei diseredati con l'aristocrazia della proprietà; e allora non si parlerà più di nazione o di religione, ci sarà una sola patria, cioè la Terra, e una sola fede, cioè la felicità sulla Terra. Le dottrine religiose del passato si solleveranno in tutti i Paesi in una disperata resistenza, e questo tentativo sarà forse il terzo atto? La vecchia tradizione assoluta tornerà sulla scena, ma con nuove uniformi, nuovi slogan e nuove parole d'ordine? Come finirà questo dramma? Forse ci saranno solo un pastore e un gregge; un pastore libero con un bastone di ferro e un gregge umano tosato e belante in uniforme.

Tempi selvaggi e atroci ci minacciano. E il profeta che vorrà scrivere questa nuova apocalisse dovrà inventare bestie completamente nuove, e così orribili che i vecchi animali simbolici di San Giovanni risulteranno, al loro confronto, dei dolci popcorn e dolcetti. Gli dèi nascondono il loro volto per compassione verso gli esseri umani e forse anche per paura del loro stesso destino".

Il testo è imperdibile. Heinrich Heine, ebreo appassionato di talmudismo chassidico, nipote del banchiere Salomon Heine, amico intimo di James e Nathan Rothschild, che descrive come "seduto come su un trono e che parla come un re con i cortigiani intorno a lui", amico intimo di Karl Marx, che mette in contatto con Nathan nel suo esilio londinese, è storicamente il primo uomo a usare in pubblico il termine "dittatura del proletariato" (Proletarienherrschaft). Le sue fonti di informazione sono ovvie, tanto che non si deve pensare a lui come a un profeta, ma come a qualcuno che sapeva cosa gli "dei" stavano preparando per l'umanità. Diceva che il denaro era il dio del nostro tempo e Rothschild il suo profeta. Sappiamo quindi chi erano gli dei per lui. Significativa è anche la sua allusione ai "processi segreti" e al ruolo transitorio del comunismo "che aspetta solo l'ordine di entrare in scena". Per il resto, tutto accadrà come Heine aveva predetto: prima la guerra franco-prussiana, che si conclude con la "Comune" di Parigi, dove i palazzi di James Rothschild sono custoditi e preservati dai saccheggi dagli stessi rivoluzionari; poi le rivoluzioni in Russia, Ungheria, Baviera, Cina e Spagna, e un mondo in cui metà dell'umanità belerà in modo uniforme. Una nuova apocalisse di cui anche gli "dei" temono le conseguenze.

Non c'è dubbio, quindi, e avremo modo di dimostrarlo in un capitolo successivo, che i legami di Heine con i veri leader comunisti fossero così forti e intimi da permettergli di venire a conoscenza del loro piano. I motivi che lo spinsero a rivelarlo in anticipo vanno forse ricercati nell'idiosincrasia del personaggio, un uomo con un desiderio smodato di luci della ribalta che lo spingeva all'esibizionismo. Nell'Archivio di Stato di Vienna è conservato un rapporto dei servizi segreti austriaci sui rivoluzionari tedeschi a Parigi, datato 28 ottobre 1835. Il conte Egon Caesar Corti cita ne *Il regno della Casa Rothschild* il testo che si riferisce a Heine, considerato un "camaleonte politico e vigliacco morale per natura". La relazione prosegue in questi termini amari: "bugiardo e uomo che sarebbe sleale verso il suo migliore amico, mutevole come una gallina, è totalmente instabile; maligno come un serpente, ha tutta la bellezza e la brillantezza di questo essere e tutto il suo veleno; privo di qualsiasi istinto nobile o autentico, è incapace di emozioni sincere. È così vanitoso che vorrebbe recitare una parte importante, ma ha già recitato la sua parte, non la prende più sul serio, ma il suo talento rimane".

L'altro caso di scrittore e politico Rothschild convinto fu Disraeli, che nel 1837 pubblicò *The Wondrous Tale of Alroy*, una storia il cui protagonista è un Khazar che (come spiegato nella nota 2 del primo capitolo) cerca di conquistare la Palestina nel XIII secolo. Benjamin Disraeli (Lord Beaconsfiled), figlio di Isaac Disraeli, fu primo ministro della Gran Bretagna per due volte (1867-68 e 1874-80) e fu interamente asservito agli interessi dei banchieri ebrei che lo avevano portato in alto. In *Coningsby* (1844), che l'*Enciclopedia Ebraica* descrive come un ritratto idealizzato dell'impero Rothschild, Sidonia, un personaggio che nel romanzo rappresenta sia Nathan Rothschild che suo figlio Lionel, conferma che il mondo è governato da persone che si nascondono dietro le quinte e non appaiono sulla scena pubblica. Sidonia, pur confessando l'inimicizia della sua famiglia nei confronti degli zar russi, si vanta di aver conosciuto a San Pietroburgo il ministro delle Finanze russo, il conte Cancrin, figlio di un ebreo lituano. Nel suo tour europeo per negoziare prestiti, gli interlocutori sono sempre ebrei in posizioni chiave: in Spagna il suo interlocutore è Mendizabal, figlio di un marrano d'Aragona[15] ; a Parigi è ricevuto dal Presidente del Consiglio dei Ministri, anch'egli figlio di un ebreo. Sidonia si vanta di essere riuscita a far entrare il conte Arnim, un ebreo prussiano, nel gabinetto prussiano. Alla domanda se il maresciallo Soult (già citato, che tradì Napoleone) fosse ebreo, risponde che lo era, e che lo erano anche altri marescialli francesi, tra cui il più famoso è Massena, il cui vero nome è Mannaseh. Sidonia afferma che suo padre (Nathan) e i suoi fratelli, grazie ai prestiti agli Stati europei, sono diventati padroni del mercato azionario mondiale.

Nel 1847 Disraeli pubblicò una nuova opera, *Tancred o la nuova crociata*. In un passaggio del romanzo, Eva Besso, un personaggio ispirato a Charlotte Rothschild, figlia di Carl e moglie di Lionel, il primogenito di Nathan, chiede: "Chi è l'uomo più ricco di Parigi?", al che Tancred risponde: "Il fratello, credo, dell'uomo più ricco di Londra". Tancredi sottolinea poi che entrambi appartengono alla stessa razza e alla stessa fede. Questi personaggi romanzeschi di ispirazione Rothschild di Disraeli servono a spiegare perfettamente il potere finanziario e politico di questa élite di ebrei talmudici. Sono quindi elementi di indubbio valore storico.

È sconcertante che Disraeli, che senza dubbio dovette la sua intera carriera politica all'influenza dei Rothschild, abbia avvertito che dietro la rivoluzione mondiale c'erano società segrete controllate dagli ebrei. Nel 1852, quattro anni dopo gli scoppi rivoluzionari del 1848 e quindici anni prima di diventare primo ministro per la prima volta, pronunciò alla Camera dei Comuni queste parole, citate da Douglas Reed in *The Controversy of Zion*: "L'influenza degli ebrei può essere rintracciata nell'ultimo scoppio del principio distruttivo in Europa. Si sta verificando un'insurrezione contro la tradizione e l'aristocrazia, contro la religione e la proprietà.... L'uguaglianza naturale degli uomini e l'abolizione della proprietà sono proclamate da

---

[15] Il cognome di Juan de Dios Álvarez Mendizábal era in realtà Méndez, ma per nascondere meglio la sua origine si diede un cognome basco. I Rothschild conobbero Mendizábal attraverso Vicente Bertrand de Lys, un banchiere di Madrid legato alla potente famiglia ebraica. Mendizábal lavorò a stretto contatto con i Rothschild e nel 1835 assicurò loro un prestito di 2 milioni di sterline al Portogallo. Tramite Nathan Rothschild speculò sui titoli di credito e guadagnò molto denaro. Nel giugno del 1835 fu nominato Ministro delle Finanze in sostituzione del Conte di Toreno, con il quale Nathan aveva litigato per la confusa negoziazione di un prestito dopo aver ottenuto i diritti di sfruttamento delle miniere di mercurio di Almadén. Durante una riunione di famiglia, i Rothschild decidono di provocare il crollo del debito spagnolo sui mercati. Prima di sferrare l'attacco in borsa, Nathan avvertì l'amico Mendizábal di ciò che stava per accadere, in modo che il nuovo ministro delle Finanze avesse il tempo di disfarsi dei suoi titoli e non andare in bancarotta. Durante il periodo di Mendizábal, che in Europa era considerato un agente dei banchieri di Londra, il debito pubblico aumentò notevolmente. Per raccogliere denaro, Mendizábal annunciò la soppressione degli ordini religiosi e decretò lo svuotamento dei loro beni, la cosiddetta Desamortización de Mendizábal.

società segrete che formano governi provvisori, e uomini di razza ebraica sono a capo di ciascuna di esse". E nella sua biografia politica *Life of Lord George Bentinck* aggiunge: "Il popolo di Dio collabora con gli atei, i più abili accumulatori di proprietà si alleano con i comunisti, la peculiare razza eletta tocca le mani della feccia e delle classi inferiori d'Europa, e tutto questo perché vogliono distruggere l'ingrato cristianesimo che deve il suo nome a loro, e la cui tirannia nessuno può più sopportare". Disraeli conferma così in modo inequivocabile la tesi sostenuta nel capitolo precedente e quanto abbiamo scritto.

Se Heine rivelò che i Rothschild erano consapevoli della loro missione rivoluzionaria e annunciò in anticipo l'avvento del comunismo, Disraeli alluse con parole precise a un "principio distruttivo" destinato a portare un nuovo ordine in Europa. È molto curioso che due uomini così vicini ai Rothschild, Heine e Disraeli, non abbiano usato discrezione e non abbiano avvertito chiaramente la natura degli eventi che avrebbero portato alla rivoluzione bolscevica e, successivamente, alla divisione del mondo in due blocchi.

Infine, resta da citare un'opera di autore anonimo, *Hebrew Talisman*, un pamphlet pubblicato a Londra nel 1840, quattro anni dopo la morte di Nathan. L'opera attribuisce il successo finanziario di Nathan al possesso di un talismano magico. Il potere di Nathan Rothschild aveva suscitato grandi aspettative tra gli ebrei europei, tanto da essere visto come l'uomo predestinato a ristabilire il regno di Giuda. In effetti, già nel 1830 un giornale americano suggeriva che, a causa di difficoltà finanziarie, il Sultano di Costantinopoli avrebbe potuto decidere di vendere Gerusalemme ai Rothschild. Nel 1836 anche il socialista francese Charles Fourier suggerì la stessa possibilità nella sua opera *La fausse industrie*. Lo stesso Benjamin Disraeli parlò nel 1851 della reintegrazione degli ebrei in Palestina con l'aiuto del denaro dei Rothschild.

Significativamente, però, l'autore de *Il talismano ebraico* concludeva accusando Nathan di aver preferito i vantaggi dell'assimilazione in Inghilterra alle difficoltà e ai rigori della sua "sacra missione ". In effetti, il misterioso autore proclamò offeso che la morte improvvisa di Nathan era arrivata come punizione per la sua decisione di cercare per sé un peerage e una legge per l'emancipazione sociale degli ebrei in Inghilterra, invece di continuare a lottare per il recupero di Gerusalemme.

La morte di Nathan

Il conte Cherep-Spiridovich, riferendosi alle volubili pretese sociali di Nathan in Inghilterra, formula una tesi molto audace. Secondo lui, Nathan, , privo di scrupoli, nella sua smania di accumulare maggiori ricchezze e di ottenere titoli e potere in Inghilterra, scoprì che il suo credo religioso ostacolava la sua ascesa nella società londinese e fu pronto ad apostatare. Il fratello maggiore, Anselmo, sarebbe stato il primo a venire a conoscenza delle intenzioni di Nathan. A Francoforte, dove trentasei membri della famiglia si riunirono nel giugno 1836 per il matrimonio del figlio di Nathan, Lionel, con la figlia maggiore di Carl, Charlotte, fu presa la decisione di non tollerare il tradimento. Secondo il conte Cherep-Spiridovich, facendo riferimento al testamento di Mayer Amschel Rothschild, Nathan fu condannato dai suoi fratelli. Naturalmente, non ci sono prove che dimostrino la veridicità di questa teoria, che a prima vista sembra poco plausibile.

Niall Ferguson, il cui lavoro di migliaia di pagine sui Rothschild lo accredita come fonte ineludibile, vede la malattia e la morte inaspettata di Nathan come un caso di studio dell'inettitudine dei medici curanti e dell'incompetenza della medicina del XIX secolo. Ferguson scrive che all'inizio di giugno del 1836 Nathan e sua moglie Hannah arrivarono a Francoforte da Londra. Secondo Ferguson, il matrimonio del figlio Lionel con Charlotte non fu il motivo principale della riunione dei cinque fratelli, ma il punto più importante all'ordine del giorno fu l'assunzione dei futuri rapporti tra loro, che dal 1810 non erano stati modificati in modo approfondito, sebbene fossero stati rivisti periodicamente per includere gli eredi nella società. Le basi della partnership rimasero fondamentalmente quelle stabilite dal padre. Le trattative tra i fratelli furono condotte in stretta segretezza e gli altri membri della famiglia ne furono esclusi: "Ora sono riuniti", informò Lionel al fratello Anthony, "cioè loro quattro sono soli nella stanza di papà e noi siamo stati lasciati fuori.

Nathan tenne tutti questi incontri mentre era malato, soffrendo di frequenti dolori dovuti a una pustola, probabilmente un ascesso ischio-rettale che si stava incancrenendo. I medici tedeschi optarono per un taglio e assicurarono a Nathan che non era in pericolo. La famiglia decise di procedere con i preparativi per il matrimonio: il 13 giugno si tenne il ballo e il 15 giugno la cerimonia nuziale, a cui Nathan partecipò. Mentre gli sposi partirono per Wilhelmsbad , dove si godettero una luna di miele di un giorno, Nathan andò sotto i ferri del chirurgo per la seconda volta.

Per tutto il mese di giugno la famiglia attese la sua guarigione, ma le trattative per il contratto di collaborazione tra i cinque fratelli vennero rimandate, provocando l'irritazione di James, che voleva tornare a Parigi, e l'impazienza di Lionel, che si rivolgeva ai fratelli in questi termini: "Papà sta migliorando, ma lentamente". Nonostante questo presunto miglioramento, i medici continuarono ad aprire e drenare la ferita. Infine, il 24 luglio, Nathan fu colpito da una febbre violenta e pericolosa per la vita. Ferguson ipotizzò che fosse l'inizio di una setticemia.

Il giorno successivo, in uno stato di estrema agitazione nervosa, convocò il figlio Lionel e gli ordinò di trasmettere al fratello Nathaniel, rimasto a Londra, le seguenti istruzioni, che costituiscono le sue ultime operazioni finanziarie: "Vuole che tu continui a vendere i titoli inglesi e i buoni del Tesoro, più altre 20.000 sterline di titoli indiani. Dovete anche inviare un rapporto sulle varie azioni disponibili. Non so se ho capito male, ma non ho voluto chiedere chiarimenti. Ha anche detto che dovete vendere... i titoli che il governo portoghese ci ha dato per il denaro che ci deve, non importa quale sia la differenza dell'uno o del due per cento.

Tre giorni dopo, il 28 luglio, Nathan morì. L'interesse per la sua morte in Europa fu straordinario, poiché Nathan Rothschild era l'uomo più ricco d'Inghilterra "e quindi", scrive Ferguson, "data la leadership economica britannica dell'epoca, era quasi certamente l'uomo più ricco del mondo". Ferguson riconosce che si trattava di un momento decisivo ed estremamente teso nella storia dell'azienda Rothschild, poiché il leader stava morendo senza che fosse stato firmato un nuovo accordo di partnership tra i fratelli. "Morì", scrisse Solomon al cancelliere austriaco Metternich, "nel pieno possesso delle sue facoltà, e dieci minuti prima di morire disse, ricevendo le ultime parole di consolazione consuete nella nostra religione, 'non è necessario che io pronunci tante preghiere, perché, credetemi, secondo le mie convinzioni non ho commesso alcun peccato'". Cinque giorni dopo la sua morte, un piccione viaggiatore partì da Boulogne e portò la notizia a Londra con una frase di tre parole: "Il est mort".

Dopo aver raccontato brevemente alcuni dei fatti più significativi della vertiginosa ascesa al potere della dinastia Rothschild, procederemo ora con il nostro lavoro, tenendo presente che essi e i loro agenti sono all'origine dei principali episodi della storia contemporanea che stiamo esaminando.

CAPITOLO IV

I ROTHSCHILD E L'AFFARE DI DAMASCO

Quando Ariel Toaff, figlio del rabbino capo di Roma Elio Toaff, pubblicò *Pasque di sangue* in Italia nel febbraio 2007, suscitò grande scalpore nei media del Paese. Era la prima volta che gli ambienti ebraici riconoscevano la veridicità dei crimini rituali contro i bambini cristiani. I rabbini reagirono furiosamente e i mercenari della stampa non tardarono a indignarsi e a strapparsi i capelli, a negare, a criticare l'audacia, a chiedere spiegazioni. Ariel Toaff è stato accusato di aver fornito ad Ahmadinejad la bomba atomica mediatica. La Islamic Anti-Defamation League ha intentato una causa contro il professor Toaff e la casa editrice Il Mulino. Dopo oltre un mese di pressioni, attacchi e squalifiche di ogni tipo, anche da parte del padre, Ariel Toaff, accusato addirittura di antisemitismo pur essendo ebreo, è stato costretto a chiedere all'editore di bloccare la distribuzione del libro e ha scritto una lettera di scuse pubbliche. Promise anche di sottomettersi alla censura ebraica e annunciò inoltre che avrebbe dato tutti i profitti della vendita del suo libro, una volta opportunamente espunti, alla Anti-Defamation League del fanatico Abe Foxman. All'epoca in cui ha provocato lo scandalo scrivendo di fatti sufficientemente provati, ma sempre taciuti, Ariel Toaff lavorava come professore all'università ebraica di Bar Ilan, vicino a Tel Aviv, ed era riconosciuto come specialista dell'ebraismo del Medioevo.

Israel Shamir, ebreo di origine russa convertito al cristianesimo, convinto sostenitore del popolo palestinese e autore di numerose opere di denuncia del sionismo, è stato uno dei pochi che nel febbraio 2007 ha osato dichiarare apertamente che quanto affermato da Ariel Toaff era vero. Shamir si è affrettato a denunciare la campagna contro Toaff sul suo sito web, *Working towards Peace through Education and Information*, dove ha pubblicato un articolo intitolato "La Pasqua di sangue del dottor Toaff", in cui spiega i crimini rituali contro i cristiani perpetrati dagli ebrei nel corso della storia: ricercatori internazionali come il professor Toaff hanno trovato e studiato la documentazione di oltre 150 casi noti, che vanno dal XII al XX secolo.

Uno di questi crimini ebbe luogo a Damasco il 5 febbraio 1840. Un frate cappuccino, padre Tomaso, fu assassinato nel quartiere ebraico della capitale siriana e tutto il sangue fu prelevato dal suo corpo per fare il "matzo", un pane non lievitato preparato in occasione della celebrazione della Pasqua ebraica (Pesach). Israel Shamir scrive nell'articolo sopra citato che le "matzo" fatte con il sangue venivano vendute in alcuni mercati. Secondo Shamir, "i mercanti ebrei li vendevano con le dovute lettere rabbiniche di autorizzazione; il sangue più pregiato era quello del "goy katan", cioè del bambino gentile". Le ripercussioni dell'omicidio di padre Tomaso raggiunsero una dimensione europea e storica. La stampa continentale, come in Italia nel 2007, si occupò del caso per mesi e i governi di Francia, Gran Bretagna, Austria e Turchia furono coinvolti in una crisi passata alla storia come "Affare Damasco".

Il motivo per cui questo libro contiene un capitolo sul caso è quello di esaminare il ruolo decisivo svolto dai Rothschild nella risoluzione del caso. In questo modo sarà possibile comprendere il potere che essi esercitavano già all'epoca sulla politica europea. Nella prima metà del XIX secolo, come abbiamo già detto, il controllo della stampa e dell'editoria da parte dei banchieri ebrei internazionali, cioè degli Illuminati, non era ancora così assoluto come oggi. Gli ebrei erano già molto influenti, ma non ancora onnipotenti. Come dice Shamir nel suo articolo, "non potevano trattare il mondo come hanno fatto nel 2002, dopo il massacro di Jenin. Non potevano gestire il veto degli Stati Uniti nel Consiglio di Sicurezza delle Nazioni Unite". È proprio perché questa capacità di controllare i media non era ancora assoluta che lo studio di ciò che accadde nel 1840 assume un'importanza significativa.

Origini del Purim e della Pasqua ebraica

Prima di passare in rassegna alcuni casi famosi di questi crimini rituali e di approfondire le ripercussioni dell'Affare di Damasco, è utile illuminare il lettore sui retroscena di questa barbara tradizione praticata dagli ebrei. Il Purim si celebra a marzo e talvolta alla fine di febbraio. L'origine di questa festa è raccontata nei dieci capitoli del libro di *Ester*, uno dei libri più tardi incorporati nella Bibbia. La storia narra di come Serse, che nella Bibbia viene indicato come Assuero, avesse una concubina ebrea di nome Ester, che soppiantò la moglie del re. Haman, che per alcuni era il fratello del re e per altri un importante ministro, anche se probabilmente non era altro che una figura creata per comodità dei Leviti, la setta sacerdotale che stava scrivendo l'Antico Testamento, si lamentò con Serse del fatto che gli ebrei avevano leggi proprie e non rispettavano le leggi del regno come gli altri popoli. Allora, secondo la *versione di Ester*, Haman chiese un ordine che permettesse la loro distruzione, al quale Serse acconsentì. Vennero inviate lettere a tutti i governatori provinciali, all'indirizzo , con l'ordine di uccidere tutti gli ebrei in un solo giorno.

Intervenne allora Ester, che aveva nascosto al re di essere ebrea. Il re non solo annullò l'ordine, ma ordinò che Haman e i suoi dieci figli fossero impiccati alla forca che egli stesso aveva fatto costruire per l'ebreo Mordechai, parente e tutore di Ester. Come se non bastasse, il re diede carta bianca a Mordechai per istruire i governatori delle centoventisette province dell'impero, che si estendeva dall'India all'Etiopia. Mordechai ordinò quindi il massacro di settantacinquemila sudditi del re, uomini, donne e bambini, che si riteneva fossero nemici degli ebrei. Ordinò poi che il massacro fosse celebrato ogni anno, e da allora è sempre stato così. A Londra, ad esempio, i panettieri ebrei preparano dolci a forma di orecchie umane, che vengono mangiati in questo giorno, e li chiamano "orecchie di Haman". In Palestina e in alcune regioni della Russia si tengono processioni pubbliche, alla testa delle quali viene portata la figura di Haman, che viene lapidata, pugnalata e picchiata con bastoni. Gli ebrei di Monastyr (Russia) celebrarono Purim nel 1764 con un Haman vivente. Si trattava di un contadino di nome Adam-ko, che morì il giorno dopo. In precedenza era stato ubriacato dall'oste ebreo Moscho. Il caso fu portato in tribunale. Le autorità di Kammetz conservarono i documenti finché gli ebrei bolscevichi non li fecero sparire.

Haman, Ester e Mordechai sono probabilmente personaggi immaginari, frutto del bisogno degli scribi levitici. Storicamente, non esisteva un re di nome Assuero. Se il re fosse Serse, allora sarebbe il padre di Artaserse, che, come si è visto nel primo capitolo, fu il re che mandò Neemia a Gerusalemme sorvegliato da soldati persiani per far rispettare le leggi di esclusione razziale. Se tutta la storia è vera, Artaserse avrebbe favorito gli ebrei dopo aver visto settantacinquemila persiani massacrati nel suo regno. A parte il racconto biblico, non esiste un solo riferimento storico a questi eventi, nessun testo che possa servire da base. Tutto lascia pensare che si tratti di propaganda sciovinista. A proposito di questo racconto biblico, Martin Lutero, di cui l'*Enciclopedia Ebraica*, volume VIII, p. 213, dice che collegava gli ebrei agli omicidi rituali, scrive: "Oh, come amano *il Libro di Ester*, che è così in armonia con la loro sete di sangue e le loro speranze e desideri di odio vendicativo. Il sole non ha mai brillato su un popolo più assetato di sangue e di vendetta di questo che si crede il popolo eletto e che brama di uccidere i gentili".

Anche la Pasqua, che si celebra un mese dopo Purim, riguarda la salvezza del popolo ebraico e il genocidio di un altro, in questo caso gli egiziani. Si commemora il passaggio dell'Angelo sterminatore attraverso le case degli egiziani e il massacro dei primogeniti. L'Angelo passa in alto, o salta, le case degli Ebrei, per cui il nome Pasqua deriva dalla parola ebraica Phase o Phazahah, che significa "passaggio" o "salto". Come vedremo di seguito esaminando alcuni casi di spicco, è in occasione di queste feste che storicamente sono stati commessi la maggior parte dei crimini rituali.

Alcuni retroscena del crimine di Damasco

Tra il IV e il V secolo, Sant'Agostino descrisse gli ebrei come "servi regis" (servi del re) e ricevettero la protezione dei monarchi cristiani, che cercarono di ospitarli nelle vicinanze del palazzo reale o della cattedrale di ogni città importante. Inoltre, i quartieri ebraici erano spesso protetti da mura con diverse porte. Avevano quindi un mondo tutto loro, come avevano ordinato Esdra e Neemia quando avevano imposto la segregazione razziale dopo il ritorno da Babilonia. Oltre al loro particolare status giuridico e civile, avevano anche i loro cimiteri, che, come prescrive il *Talmud*, non potevano essere all'interno delle mura, ma fuori dai limiti abitati della città cristiana, preferibilmente nella parte più vicina ai quartieri ebraici, che avevano i loro stabilimenti: sinagoghe, centri di studio, bagni pubblici, un ospedale per la comunità, macelli, forni per il pane e persino, in quelli più importanti, una propria prigione, poiché i rabbini avevano poteri legali sulla loro comunità e potevano persino infliggere la pena di morte. Per capire fino a che punto i rabbini volevano mantenere la segregazione e il potere, ecco una citazione da *Storia ebraica, religione ebraica* di Israel Shahak: "Alle donne ebree che convivevano con i gentili veniva tagliato il naso per ordine dei rabbini, che spiegavano che così avrebbero perso la loro bellezza e i loro amanti non ebrei avrebbero finito per odiarle. Agli ebrei che avevano il coraggio di attaccare un giudice rabbinico venivano tagliate le mani. Gli adulteri venivano imprigionati dopo essere stati molestati dall'intero quartiere ebraico. Nelle dispute religiose, a chi era sospettato di eresia veniva tagliata la lingua".

Nella Spagna cristiana, dove, secondo Shahak, "la posizione degli ebrei era la più alta mai raggiunta in nessun Paese prima del XIX secolo", gli ebrei erano particolarmente protetti da leggi specifiche emanate nei vari regni. Ne sono prova i fueros, come il Fuero de Castrojeriz, il Fuero de León, il Fuero de Nájera. In generale, quindi, le ordinanze prevedevano la parità di diritti tra cristiani ed ebrei. Poiché disponevano di grandi somme di denaro, divennero gli usurai dei monarchi. A volte le autorità, come accadde a Barcellona nell'XI secolo, commissionarono loro la coniazione di monete. A partire dal XIV e XV secolo, nei regni cristiani furono obbligati a portare un segno sui vestiti che li distinguesse dalla popolazione gentile o, al contrario, fu loro vietato di indossare determinati capi di abbigliamento. Questo va visto nel contesto della crescente atmosfera di rifiuto che stava emergendo nelle società cristiane.

Come già detto, il *Talmud*, che per gli ebrei è ancora più importante della *Torah*, insegna tutto ciò che si può e si deve fare contro i cristiani. È nell'ambito degli insegnamenti talmudici, quindi, che va cercata la spiegazione del perché gli ebrei massacrassero crudelmente e senza pietà i bambini cristiani per il loro sangue. Secondo la legge ebraica, il gentile è un animale e come tale può essere sacrificato. Solo il sacrificio di un ebreo sarebbe un peccato, secondo la legge talmudica. Non c'è da stupirsi, quindi, che il tanto lodato Maimonide, un rabbioso talmudista, cercasse di impedire ai gentili di leggere il *Talmud* e dichiarasse: "Se un non credente legge il Talmud, è degno di morte".

Esistono documenti che ci permettono di studiare diversi crimini rituali commessi in Europa nel XII secolo, tutti nel periodo pasquale : nel 1144 a Norwich (Inghilterra), un bambino di dodici anni di nome William è il primo caso conosciuto. Altri bambini furono sacrificati nel corso del secolo a Gloucester, Blois, Pontoise e Londra. Nel XIII secolo, una ventina di casi furono portati all'attenzione del pubblico. Particolarmente famoso fu quello di Fulda (Assia), avvenuto il giorno di Natale del 1235. Due ebrei aggredirono cinque bambini in un mulino mentre il mugnaio e sua moglie erano a messa. Prelevarono il loro sangue e lo raccolsero in contenitori che avevano portato a questo scopo. Poi diedero fuoco al mulino per cancellare le tracce della loro bestiale atrocità; ma i corpi dei bambini furono portati come prova, "corpora delicti", davanti all'imperatore Federico II, che si trovava ad Hagenau. Quest'ultimo, che era stato generosamente corrotto, tra lo stupore del popolo pronunciò queste parole: "si morti sunt, ite, sepelite eos, quia ad aliud non valent", cioè "se sono morti, andate a seppellirli, poiché non servono più a nulla". Naturalmente i cittadini di Fulda non erano dello stesso avviso e, con l'aiuto di alcuni crociati presenti in città, presero in mano la "giustizia" e uccisero trentadue ebrei.

In Spagna, e precisamente a Saragozza, gli ebrei si erano dati una legge secondo la quale chi avesse rapito e consegnato un bambino gentile sarebbe stato esentato da pagamenti e debiti. È in questo contesto che il 31 agosto 1250, durante il regno di Giacomo I e con Arnaldo de Peralta come vescovo di Saragozza, un bambino di sette anni, Domingo del Val, che cantava nel coro della cattedrale di Saragozza, figlio del notaio Sancho del Val, fu attirato con l'inganno da un ebreo di nome Albayuceto, che lo consegnò ad altri correligionari per rinnovare in lui la passione di Cristo. Il ragazzo fu crocifisso su un muro con tre chiodi e gli fu aperto il fianco. Dopo avergli tagliato la testa e i piedi, nascosero il suo corpo sulle rive dell'Ebro. Oggi i bambini del coro della città lo hanno come protettore e patrono.

Nello stesso XIII secolo, Alfonso X il Saggio (1252-1284), di fronte all'evidenza che gli ebrei uccidevano bambini cristiani nel suo regno, come diversi casi di crimini rituali erano attestati giudizialmente, ordinò di scrivere quanto segue nel volume 24 de *Las Partidas*, il codice penale redatto sotto la sua direzione: "Poiché è stato legalmente stabilito e provato che gli ebrei annualmente uccidono bambini cristiani prima della loro festa di Pasqua per deridere e umiliare il cristianesimo e anche allo scopo di compiere un sacrificio di sangue, ordino che ogni ebreo che sia trovato colpevole di un tale crimine o che, anche allo scopo di deridere simbolicamente il cristianesimo, crocifigga una figura riprodotta in cera che rappresenti un cristiano, sia messo a morte".

Esistono prove documentali di una dozzina di crimini rituali nel corso del XIV secolo; ma è tra la ventina di casi noti nel corso del XV secolo che si trovano i più famosi, tra cui quello commesso nel luglio 1462 nella persona del bambino Andreas von Rinn, martire della Chiesa cattolica, patrono dei bambini e dei nascituri, protettore del Tirolo e della casa d'Asburgo. Papa Benedetto XIV, dopo un attento esame personale dei registri del martirio, ne confermò il culto il 17 dicembre 1752. Tuttavia, a seguito del Concilio Vaticano II (1962-65), su pressione di settori ebraici, la Chiesa dichiarò nulla la beatificazione, vietò il suo culto ufficiale e diffamò coloro che lo veneravano come antisemiti. Le reliquie del bambino martire tirolese erano venerate sull'altare maggiore della chiesa di Judenstein (Pietra degli Ebrei), costruita per ordine dell'imperatore Massimiliano I sul luogo della pietra su cui il bambino fu sacrificato. Nel 1985 il vescovo di Innsbruck, nonostante l'opposizione della popolazione locale, vietò il suo culto e rimosse le sue reliquie, che furono collocate in un muro in cui fu posta una lastra con la seguente iscrizione: "Qui riposa l'innocente bambino Anderl (abbreviazione di Andreas), che secondo la tradizione fu ucciso nell'anno 1462 da persone sconosciute. La sua morte fu purtroppo attribuita per secoli a un crimine rituale degli ebrei in transito. Questa accusa, allora comune e del tutto infondata, fece sì che Anderl venisse erroneamente considerato un martire della fede. Il bambino Anderl riposa qui non come martire della Chiesa, ma come ricordo dei molti bambini che sono stati vittime della violenza e del disprezzo per la vita fino ai giorni nostri. Non entreremo ora nei dettagli del crimine di questo bambino di tre anni. Ciò che è accaduto al suo culto è una prova inequivocabile della capitolazione e della sottomissione del Vaticano al potere degli ebrei nel mondo.

Poiché questo libro è scritto in Spagna e in spagnolo, torniamo nella penisola iberica, in particolare nella città di Sepúlveda (Segovia) nel 1468. Lì, sempre nel periodo della Pasqua , su richiesta del rabbino Salomon Pecho, gli ebrei inchiodarono una ragazza a una croce e la punsero su tutto il corpo fino a farla morire dissanguata. Questo evento è documentato nella *Historia de la insigne ciudad de Segovia* e nel *Synopsis episcoporum Segoviensum* (p. 650). Per ordine del vescovo Juan Arias de Ávila, i colpevoli furono portati a Segovia, fu seguito un procedimento giudiziario nei loro confronti e i principali responsabili furono condannati a morte sul rogo, alcuni di coloro che avevano partecipato alla tortura della ragazza furono impiccati e un gruppo fu espulso dalla città.

Il caso più famoso di crimini rituali nel XV secolo è stato quello del bambino di due anni Simon Gerber, Simone di Trento. I fatti si svolsero nel 1475 ed esistono informazioni esaurienti su tutto ciò che accadde. Incisioni, pietre scolpite, sculture in legno e un dipinto del prestigioso pittore rinascimentale Gandolfino d'Asti riproducono artisticamente il crudele omicidio. Le confessioni degli otto principali imputati, tenuti in isolamento e interrogati separatamente, coincidono fin nei minimi dettagli.

Nei primi giorni della Settimana Santa, i rappresentanti delle famiglie ebraiche di Trento si riunirono nella casa del più rispettabile di loro, di nome

Samuel, nel cui dominio si trovavano anche la sinagoga e la scuola ebraica. Si lamentarono del fatto che le matzos della Pasqua non potevano essere preparate perché mancavano del sangue di un bambino cristiano. Samuele offrì allora cento ducati d'oro per una vittima sacrificale. L'ebreo Tobia uscì per le strade, che erano deserte, perché era l'ora della messa serale del Giovedì Santo. Davanti alla casa dei suoi genitori giocava un bambino di ventotto mesi, Simon Gerber. Attirato con l'inganno, fu portato a casa di Samuele e rinchiuso finché non fu completamente buio. Il più anziano degli ebrei, un vecchio di ottant'anni, Mosè "il Vecchio", iniziò il sacrificio strappando con le pinze un pezzo di carne dallo zigomo destro del ragazzo. Gli altri ebrei seguirono l'esempio. Il sangue che scorreva veniva raccolto in un vassoio di latta. La gamba destra fu mutilata in modo simile. Le restanti parti del corpo furono punzecchiate con aghi lunghi e spessi, in modo da prelevare tutto il sangue dal bambino. Infine, fu circonciso. Infine, i carnefici presero in braccio il piccolo Simone, ancora in preda alle convulsioni, e lo crocifissero a testa in giù, mentre gli altri ebrei lo punzecchiavano ancora con aghi e strumenti affilati. Gli assassini gridavano: "Questo è ciò che abbiamo fatto a Gesù, così possano i nostri nemici raggiungere sempre questa fine". Il bambino, che respirava ancora debolmente, fu finito con la frantumazione delle ossa del cranio. A questo punto i presenti iniziarono a cantare un inno di lode a Yahweh. Il sangue del bambino fu distribuito tra le famiglie ebraiche. Ora si poteva preparare la festa di Pasqua.

Il corpo del bambino fu esposto sull'altare della sinagoga il Venerdì Santo, dove fu deriso e profanato da tutti gli ebrei di Trento. Dopo averlo nascosto temporaneamente sotto la paglia di un magazzino, fu infine gettato in un fosso che scorreva vicino alla casa. Per sviare i sospetti, i criminali decisero di informare per primi il vescovo di Trento dell'orribile ritrovamento del bambino, che era stato cercato senza successo dai genitori e da numerosi abitanti della città. Le prove contro gli ebrei si accumularono e furono presto assicurati alla giustizia. Otto furono incriminati e fornirono tutti i dettagli del vergognoso omicidio. Le mogli di due degli accusati ammisero che crimini simili erano stati commessi anni prima, ma non erano stati scoperti. Durante il processo vennero presentate testimonianze sull'omicidio di quattro bambini nella diocesi di Costanza, di altri due a Endingen, di uno a Ravensburg (1430) e di uno a Pfullendorf (1461). Il processo, condotto con il massimo rigore e meticolosità dalle autorità di Trento, durò più di tre anni. Solo il 7 luglio 1478 fu scritta nei documenti la seguente annotazione: "causa contra judaeos finita".

Le ragioni della lunga durata del processo meritano una spiegazione. Sia il già citato articolo di Israel Shamir che il libro di Ariel Toaff spiegano cosa accadde, ma la nostra fonte è *Der jüdische Ritual mord. Eine historische Untersuchung (Il crimine rituale ebraico. Un'indagine storica)*, un'opera del professor Hellmut Schramm pubblicata nel 1941 e ricca di citazioni e documenti. Nel 2001 R. Belser ha tradotto il testo in inglese e il libro è disponibile online in formato PDF. Ciò che accadde fu che i ricchi ebrei d'Italia mossero cielo e terra nel tentativo di liberare i detenuti. Prima ottennero che il duca Sigismondo d'Austria ordinasse di fermare il processo poche settimane dopo il suo inizio. Poi si appellarono al Papa, che fermò nuovamente il processo con la motivazione che dovevano aspettare l'arrivo del suo legato. Hinderbach, il vescovo di Trento incaricato dell'inchiesta, ricevette una lettera da Sisto IV che gli annunciava di non procedere con il processo contro gli ebrei perché alcuni principi disapprovavano del tutto il caso. Finalmente si presentò il "commissario" papale, il vescovo Baptista dei Giudici di Ventimiglia, raccomandato con entusiasmo come "professore di teologia" e "vir doctrina ac integritate praeditus", cioè uomo di grande erudizione e integrità. Prima di arrivare a Trento, Ventimiglia si fermò a Venezia, dove si presentò in compagnia di tre ebrei, mostrando la loro influenza alla corte papale.

Hinderbach, vescovo di Trento, ricevette Ventimiglia e lo ospitò nelle dipendenze del suo castello, dove entrò presto in contatto con la spia inviata dagli ebrei, Wolfgang. Dopo tre settimane, per evitare che Hinderbach venisse a conoscenza dei suoi contatti, si ritirò a Roveredo, sostenendo che il palazzo era troppo umido e inadatto alla sua salute. Il 24 settembre 1475, Ventimiglia informò Hinderbach che "gli avvocati degli ebrei erano venuti da lui per difendere la loro causa...". Questi avvocati hanno richiesto anche i documenti del processo. Il 1° ottobre il vescovo di Trento denunciò che "con intrighi gli ebrei e i cattivi cristiani, comprati con denaro e doni, cercavano di conquistare alla loro causa principi e prelati". Il vescovo Hinderbach denunciò che da Roveredo "cercavano di far intervenire il doge di Venezia, Mocenigo, affinché i detenuti fossero rilasciati. Gli ebrei", continua Hinderbach, "cercavano di corrompere tutti.

Un sedicente sacerdote, Paul de Noravia, una spia ebrea, riuscì a entrare nel castello vescovile e per due mesi copiò i documenti del processo che Hinderbach si era rifiutato di consegnare. Li passò poi agli avvocati degli imputati. Al processo, Paolo di Noravia ammise di aver negoziato con gli ebrei di Novara, Modena, Brescia, Venezia, Basano e Roveredo la possibilità di liberare i prigionieri. Ammise anche di aver ricevuto denaro per corrompere il servo del vescovo di Trento affinché lo avvelenasse. Gli erano stati offerti 400 ducati se il piano fosse riuscito.

Per dare una svolta al processo, si tentò anche una nuova indecenza. Un cittadino di Trento di nome Anzelin, uomo esente da sospetti e ritenuto incorruttibile, fu attirato a Roveredo. Qui fu arrestato e rinchiuso nel quartiere Ventimiglia, dove fu torturato quotidianamente per indurlo ad accettare di accusare una coppia di Trento (Zanesus Schweizer) dell'omicidio del bambino. In seguito, il malcapitato riferì che il legato del Papa lo aveva sottoposto a un "doloroso interrogatorio" per fargli dichiarare qualcosa di cui era completamente all'oscuro. Alla fine, vedendo che non potevano ottenere nulla da lui, fu rilasciato a condizione che tacesse sull'accaduto. Vista l'inefficacia di questo rimedio, Ventimiglia tentò un'ultima spiaggia: utilizzando false istruzioni del Papa, cercò illegalmente di strappare il caso alle autorità di Trento affinché il processo passasse nelle loro mani. La sua audacia fu tale che, sotto la minaccia della scomunica, vietò al vescovo di Trento di procedere al processo contro gli ebrei.

Alla fine Hinderbach, assistito da tedeschi insensibili alla corruzione, ebbe la meglio. Alla fine di ottobre scrisse un rapporto e lo inviò ai principi eleggibili. In esso riportò tutto ciò che riguardava l'arresto dei colpevoli, le indagini svolte e le coerenti confessioni degli accusati. Ebbe il coraggio di fare riferimento all'inchiesta avviata dal legato pontificio, che definì "corruptam inquisitionem". Veintimiglia si era scavato la fossa da solo; il suo intervento era stato così scandaloso che il Papa non ebbe altra scelta che abbandonarlo al suo destino. La popolazione iniziò a manifestare contro di lui intonando canti di scherno, in cui veniva bollato come Caifa e sommo sacerdote dei Giudei. Per il dispiacere del Papa, furono pubblicati epigrammi contro di lui e riproduzioni grafiche che lo denigravano. Già alla fine del 1477, il vescovo Hinderbach, con una forte lettera, si rivolse a Sisto IV chiedendogli di "porre fine allo scandalo e di nominare un'altra persona amante della verità".

Nella Hofbibliotek (Biblioteca di Corte) di Vienna si trovano i documenti del processo scritti in latino: seicentotredici fogli scritti a mano da Johann von Fatis. Inoltre, la libreria vaticana possiede il codice degli anni 1476-78. Nell'altare di San Pietro a Trento è conservato il sarcofago del bambino, che contiene il corpo del "santo bambino" in un'urna di vetro, eccezionalmente ben conservata. Tuttavia, la versione ufficiale ebraica, che si tramanda da allora, appare nell'*Enciclopedia Ebraica*. In essa si legge che "Simone fu ucciso dai cristiani che cercavano di dare la colpa di tutti i mali del mondo agli ebrei".

Non possiamo lasciar passare il XV secolo senza fare riferimento al più famoso dei crimini rituali perpetrati in Spagna: ci riferiamo al caso del bambino di La Guardia. Lope de Vega, il geniale creatore del teatro nazionale, compose un'opera in sua memoria intitolata *El niño inocente de La Guardia (Il bambino innocente di La Guardia)*. Nel volume Centesimoctogesimosexto della Biblioteca de Autores Españoles si trova uno studio preliminare di Marcelino Menéndez Pelayo che ci è di grande aiuto per riferirci a questo evento storico. Tutte le notizie conosciute sul terribile crimine possono essere consultate nel volume XI del *Boletín de la Real Academia de la Historia* (1887), in cui P. Fidel Fita pubblicò per la prima volta il *Proceso de Jucé Franco, judío, quemado en Ávila el 16 de noviembre de 1491 (Processo di Jucé Franco, ebreo, bruciato ad Ávila il 16 novembre 1491)*.

In una causa presentata venerdì 17 settembre 1490, il celibe Alonso de Guevara, procuratore del Sant'Uffizio, accusò Jucé Franco, ebreo di Tembleque, i conversi Alonso Franco, Lope Franco, García Franco, Juan

Franco, Juan de Ocaña e Benito García, vicini di La Guardia, e mosén Abenamias, ebreo residente a Zamora, del nefasto crimine di aver crocifisso un bambino cristiano il Venerdì Santo. La dichiarazione di Jucé Franco, da cui segue un frammento in castigliano dell'epoca, ci risparmierà di aggiungere una sola parola:

"Mentre questo testimone e i suddetti.... nella grotta da lui dichiarata, questo testimone vide come i detti cristiani (riferendosi ai convertiti) portarono con loro un bambino cristiano, che aveva circa tre o quattro anni; ed essendo questo testimone e tutti i suddetti presenti nella suddetta grotta, i detti cristiani crocifissero il suddetto bambino su bastoni incrociati; E lì gli stesero le braccia, mentre era nudo di pelle e con la testa alta, e gli misero un bastone in bocca, lo schiaffeggiarono, lo picchiarono, lo frustarono, gli sputarono addosso, gli misero ginestre spinose sulla schiena e sulle piante dei piedi, gli legarono le braccia con corde di sparto attorcigliate e gli inflissero molte altre vituperazioni. E dopo che fu posto sui detti bastoni e crocifisso, il detto Alonso Franco aprì le vene delle braccia del detto ragazzo a due a due, e lo lasciò sanguinare per più di mezz'ora; e che prese il sangue in un'*altimia* gialla, una di quelle che si fanno in Ocaña grossolana. E che Johan Franco susodicho, mentre il detto ragazzo era così posto sui detti bastoni, tagliò un coltello attraverso il fianco del detto ragazzo; e che era un coltello di una spanna di uno di questi *boemi*. E il detto Lope Franco lo frustò, e il detto Johan de Ocaña gli mise addosso la ginestra, e il detto García Franco gli estrasse il cuore sotto il polpaccio, e versò del sale nel detto cuore. E il detto Benito García diede al ragazzo degli schiaffi e lo schiaffeggiò".

La dichiarazione è molto più lunga, ma riteniamo che quanto trascritto sia sufficiente. Menéndez Pelayo scrive che il crimine di La Guardia "non può umanamente essere messo in dubbio", essendo giudiziariamente provato "fino all'apice". Secondo l'illustre poligrafo, l'indignazione prodotta in Castiglia da questo feroce crimine fu universale e "deve aver accelerato l'editto di espulsione degli ebrei, dato il 31 marzo 1492". William Thomas Walsh, nella sua opera *Isabella di Spagna* (1931), dedica quasi trenta pagine alla sua ricerca su questo crimine rituale e concorda con Menéndez Pelayo nel valutare che questo omicidio fu "uno dei principali, se non il principale fattore" per l'espulsione degli ebrei dalla Spagna.

Per quanto riguarda l'opera teatrale, Menéndez Pelayo ritiene che Lope de Vega avesse in mente e seguisse abbastanza rigorosamente la *Historia de la muerte y glorioso martirio del Sancto Innocente que llaman de La Guardia*, pubblicata a Madrid nel 1583 dall'elegante scrittore di prosa don Rodrigo de Yepes. Per Menéndez Pelayo la crocifissione del bambino sul palco deve aver colpito l'umore degli spettatori. Ammette, tuttavia, che l'opera è approssimativa e strutturalmente imperfetta, cosa che attribuisce al fatto che Lope segue passo dopo passo il libro di Yepes. Riconosce anche

che, essendo Lope de Vega un parente della Santa Corte, non può evitare di trasmettere il sentimento di odio verso gli ebrei.

Potremmo continuare a passare in rassegna i casi più scandalosi di omicidio del XVI, XVII e XVIII secolo che sono stati portati all'attenzione dell'opinione pubblica, ma questo ci distoglierebbe dal nostro obiettivo, che è quello di studiare il ruolo svolto dai Rothschild nel più famoso crimine rituale del XIX secolo, nonché le implicazioni dell'Affare di Damasco per la rinascita del nazionalismo ebraico, cioè il sionismo.

Il dominio ebraico nel XIX secolo

Coloro che cercano di confinare i crimini rituali al Medioevo dovrebbero cercare una spiegazione per il significativo aumento del numero di casi attestati durante il XIX secolo. Sono stati registrati circa cinquanta omicidi, commessi durante la celebrazione delle festività di Purim e Pasqua. Come discusso nel secondo capitolo, l'emancipazione e l'assimilazione nelle società che li accoglievano dovevano essere le aspirazioni degli intellettuali ebrei e dei loro amici gentili. Si era così generata una legislazione che tendeva ad abolire la discriminazione o l'eccezionalità della popolazione ebraica negli Stati europei, considerata medievale e legata alla Chiesa. Questa riorganizzazione giuridica conferì agli ebrei lo status di cittadini con gli stessi diritti degli altri cittadini. In questo modo, un'era di dominazione ebraica, incarnata dalla dinastia Rothschild, prese piede in Europa e in America. L'influenza dell'oro dei Rothschild e del potere economico e politico che esso conferiva loro era ovunque percepibile. La stampa ebraica cominciava a dettare l'opinione pubblica e sempre più ebrei occupavano posizioni chiave nel governo, nella magistratura e nelle università. Abbiamo già visto quale fosse il piano degli Illuminati a questo proposito e come stessero conquistando il potere reale.

Nel XXI secolo la sovranità degli Stati non esiste più: multinazionali di ogni tipo, istituzioni come il Fondo Monetario Internazionale, la Banca Mondiale, la Banca dei Regolamenti Internazionali, la Federal Reserve, la Banca d'Inghilterra, la Banca Centrale Europea, l'Organizzazione Mondiale del Commercio, ecc. esercitano un potere e un controllo assoluto sui Paesi. È noto, ad esempio, che negli Stati Uniti non si può diventare presidente senza il sostegno di lobby onnipotenti come l'AIPAC (American Israel Public Affairs Committee), l'ADL (Anti-Defamation League) e altre. In *The Jewish Century* (2004), Yuri Slezkine sostiene che il XX secolo è stato senza dubbio, in tutti i sensi, il secolo degli ebrei. Tuttavia, è stato nel XIX secolo che le fondamenta di questo potere sono state solidamente poste. Si può dire senza esagerare che il destino degli Stati era già sempre più determinato dalle organizzazioni ebraiche. Una decisione dei Rothschild contro uno Stato che non si adeguava ai loro disegni poteva mandarlo in bancarotta.

Non sorprende, quindi, che in tali circostanze la fiducia in questo potere sempre più evidente portasse alla convinzione di poter agire senza temere punizioni. Solo così si può spiegare che il numero di crimini rituali compiuti con incredibile sfacciataggine e apparente sicurezza sia aumentato in modo allarmante. L'impunità divenne una costante. Se un tribunale avviava un procedimento per punire i colpevoli, questo non portava a nessun risultato, quando non veniva stroncato sul nascere. Come vedremo nel caso del crimine di Damasco, i governi non osavano affrontare la piaga dei crimini rituali perché si sentivano alla mercé dei finanziatori ebraici internazionali.

Il crimine di Damasco

I documenti processuali originali sul caso furono depositati presso il Ministero degli Affari Esteri di Parigi, ma scomparvero senza lasciare traccia nel 1870, quando l'ebreo e massone di alto rango Crémieux, figura chiave nella storia che stiamo per raccontare, era Ministro della Giustizia. Nonostante ciò, due volumi scritti da Achille Laurent, intitolati *Relation historique des affaires de Syrie despuis 1840 jusqu'en 1842*, si trovano nella Bibliothèque Nationale de Paris. Il secondo volume contiene i documenti autentici del tribunale. Nel 1843, la rivista *L'Univers et l'union catholique* pubblicò anche un estratto dei testi arabi, forse conservati in una traduzione tedesca fatta nello stesso anno. Alcuni documenti ufficiali del processo sono inclusi anche in un'opera sul crimine di Damasco pubblicata dal Ministro della Difesa siriano, Mustafa Tlass. Secondo le informazioni pubblicate il 27 giugno 2002 nel numero 99 della newsletter del MEMRI (Middle East Media Research Institute), Tlass, uno dei padri fondatori del regime baathista in Siria, ha pubblicato una prima edizione nel 1983, ma è nella seconda edizione del 1986 che vengono aggiunte appendici con fotocopie di documenti ufficiali.

Tutto ebbe inizio la sera del 15 febbraio 1840, festa di Purim. Tomaso, uno stimato frate cappuccino che lavorava a Damasco dal 1807 per aiutare la gente (noto come il medico dei vaccini, poiché aveva avviato un programma di vaccinazione contro il vaiolo), si recò nel quartiere ebraico per appendere alla porta della sinagoga un avviso relativo a un'asta di beneficenza che si sarebbe tenuta nella casa di un abitante deceduto. Al tramonto, il suo servitore, Ibrahim Amara, si preoccupò del ritardo di padre Tomaso e decise di andare a cercarlo. Entrambi furono visti da numerosi testimoni nel quartiere ebraico prima di scomparire.

Due giorni dopo, nel negozio di barbiere dell'ebreo Soliman apparve un biglietto simile a quello che padre Tomaso aveva appeso in sinagoga, che sollevò dei sospetti. Gli fu chiesto come fosse arrivato a lui l'avviso ufficiale. La sua spiegazione sembrava così incredibile e inventata da far pensare che sapesse qualcosa della faccenda. Poiché l'uomo scomparso era un europeo, Sherif Pasha, governatore generale a Damasco del viceré d'Egitto

Muhammed Ali, decise di tenerlo in custodia e diede al console francese a Damasco, il conte de Ratti-Menton, piena autorità per dirigere le indagini preliminari. Erano passati solo tre mesi dall'arrivo del console nella capitale siriana. Secondo il trattato franco-turco del 1740, gli agenti diplomatici francesi avevano il diritto di proteggere i sacerdoti cattolici nell'Impero Ottomano. Nel trattato c'era anche una clausola specifica che si riferiva alla salvaguardia delle chiese cappuccine.

Il barbiere negò di sapere qualcosa per diversi giorni, ma quando gli fu assicurato che non sarebbe stato punito e gli fu offerta protezione, propose di andare a cercare alcuni correligionari davanti ai quali confessare ciò che sapeva. I rabbini Moses Salonicli e Moses Abu-el-Afieh, i tre fratelli David , Isaac e Aaron Harari, lo zio Joseph Harari e un certo Joseph Laniado furono portati davanti a lui. Tutti negarono di aver visto padre Tomaso. Gli interrogatori di gruppo non ebbero successo e si decise di confinarli in isolamento. Il barbiere fu nuovamente interrogato, probabilmente frustato, e sollecitato a confessare la verità.

Secondo i protocolli del tribunale, nella sua parziale confessione il barbiere ha rivelato che le sette persone sopra menzionate avevano portato padre Tomaso a casa di David Harari. Mezz'ora dopo il tramonto, Murad-el-Fattal, il servo di David Harari, lo aveva prelevato dal negozio del barbiere. "Sacrifica quest'uomo", con queste parole, secondo il barbiere Soliman, gli fu ordinato di uccidere padre Tomaso, che si trovava nella stanza con le mani legate. Il barbiere ha raccontato di essersi rifiutato e che Aaron Harari gli aveva poi dato il biglietto che lo informava dell'asta da affiggere sulla porta della barberia. Ha aggiunto che quando è stato arrestato, David Harari gli ha detto di stare attento, di non confessare nulla e che gli sarebbe stato dato del denaro.

Il successivo arrestato fu di conseguenza il servo di Davide Harari, Murad-el-Fattal, che rivelò importanti dettagli. Di fronte al capo della comunità ebraica di Damasco, Raphael Farhi, il servo ritrattò le sue dichiarazioni. Riportato alla presenza del governatore Pasha, quest'ultimo gli chiese perché avesse ritrattato la sua dichiarazione. Secondo i documenti, il servo ha fornito questa spiegazione: "Sono stato interrogato in presenza di Raphael Farhi. Ho avuto paura e per questo ho ritrattato la mia dichiarazione, soprattutto per lo sguardo che mi ha rivolto". Allora Sherif Pasha reagì così: "Cosa, hai più paura di Raphael che di me? Murad-el-Fattal rispose: "Sì, ho paura che mi uccida. Ho più paura di Raffaello che di Sua Eccellenza, perché Sua Eccellenza mi frusta con la frusta e poi mi licenzia, mentre lui, se dico la verità, mi uccide nel quartiere".

Poiché le indagini indicavano che era molto probabile che il barbiere fosse stato presente al momento dell'esecuzione, Soliman è stato nuovamente arrestato e sottoposto a un duro interrogatorio, probabilmente con qualche forma di tortura, che ha portato a una confessione dettagliata, resa in presenza di diversi agenti, un medico e rappresentanti del Consolato. Tutti hanno confermato la dichiarazione firmando il protocollo.

In sintesi, il barbiere raccontò che dopo aver ricevuto l'ordine di giustiziare il cappuccino, che inizialmente rifiutò, l'Harari tirò fuori un coltello. Egli stesso tenne padre Tomaso sopra una grande ciotola sul pavimento e David Harari gli tagliò la gola. Aaron lo finì con un secondo taglio e il sangue fu raccolto nella ciotola "senza che una goccia andasse persa". Il corpo fu poi trascinato in un'altra stanza, dove fu spogliato e i vestiti furono bruciati. Il servo di David Harari, Murad, apparve subito e gli fu ordinato, insieme al barbiere, di smembrare rapidamente il corpo. Le ossa furono schiacciate a terra con un martello. Una volta fatto questo, misero i resti in un sacco e li gettarono uno a uno nelle fogne vicino alla casa di Rabbi Abu-el-Afieh. Tornarono poi a casa di David Harari, dove dissero al servo che lo avrebbero sposato e che si sarebbero occupati di tutte le spese della cerimonia. Promisero al barbiere del denaro, ma lo avvertirono anche che lo avrebbero ucciso se avesse lasciato la lingua. Dopo questa dichiarazione, il servo Murad fu interrogato e confermò il racconto del barbiere in ogni dettaglio.

Data la coincidenza dei resoconti dei due testimoni, il colonnello Hasez Beik propose di effettuare un'ispezione immediata della casa di David Harari alla presenza del console francese, di un alto funzionario del consolato e del medico dottor Massari. Nella stanza dove il corpo era stato smembrato, furono scoperti schizzi di sangue sulle pareti. Dove le ossa erano state frantumate, il pavimento era gravemente ammaccato. Inoltre, è stata trovata la mazza; il coltello, invece, mancava e non è stato possibile trovarlo.

Si decise allora di cercare rigorosamente nelle fogne. Gli operai che si calarono nelle fogne per effettuare la ricerca trovarono pezzi di ossa fratturate con la carne ancora attaccata, resti del cranio, una parte del cuore e pezzi del cappuccio di Padre Tomaso. Tutto questo è stato accuratamente raccolto e inviato al Pascià perché lo ispezionasse insieme ai medici. Una dichiarazione del console austriaco Merlato, che riconobbe subito il cappuccio nero del padre, in quanto era l'unico a indossarlo. 2. Una dichiarazione di quattro medici europei, Massari, Delgrasso, Raynaldi e Salina, in cui riconoscono che si tratta dei resti di un corpo umano. 3. La stessa dichiarazione, ma fatta da sette medici siriani. 4. Un documento informativo del barbiere che serviva Padre Tomaso.

Una volta trovati i resti del padre, non c'era più alcun dubbio. I sette accusati sono stati nuovamente interrogati senza alcuna violenza. Sono stati avvertiti delle gravi circostanze che li legavano inevitabilmente al crimine e non hanno tentato di negare nulla. Successivamente, i detenuti sono stati interrogati separatamente. Alcune delle loro dichiarazioni sono state citate testualmente. Isaac Harari ha detto: "Abbiamo portato il padre a casa di David Harari, mio fratello. Era un affare concordato tra noi. Lo sacrificammo per ottenere il suo sangue, che fu versato in una bottiglia e dato a Rabbi

Moses Abu-el-Afieh, specificamente per motivi religiosi, poiché avevamo bisogno di sangue per l'adempimento dei nostri doveri religiosi". Rabbi Moses Abu-el-Afieh, interpellato in merito, ha risposto: "Il rabbino capo di Damasco, Jacob Antebi, ebbe una conversazione con i fratelli Harari e il resto degli imputati, al fine di ottenere una bottiglia di sangue umano. Gli Harari promisero di fornirla al prezzo di 12.500 franchi francesi. Quando mi recai a casa degli Harari fui informato che avevano ottenuto un uomo per il sacrificio. Entrai e l'uccisione era già stata completata. Il sangue era stato ottenuto e mi fu detto di darlo al rabbino Jacob Antebi. Risposi che avrebbero dovuto lasciarlo consegnare a Mosè Salonicli, ma mi dissero che ero un uomo ragionevole e che era meglio che lo prendessi io". Moses Abu-el-Afieh ha aggiunto che parte del sangue mescolato con la farina è stato inviato a Baghdad. Da parte sua, David Harari ha confermato in un altro interrogatorio che l'autore spirituale del crimine era proprio il rabbino capo di Damasco, Jacob Antebi, che nella sinagoga di Damasco aveva comunicato ai sette imputati il piano esatto per l'esecuzione del padre. Su questo piano, Isaac Harari ha confermato in un altro interrogatorio che, per catturare il cappuccino, i rabbini Moses Salonicli e Moses Abu-el-Afieh avevano usato il pretesto di far vaccinare un bambino. Questi ultimi avevano invitato padre Tomaso a casa di David Harari e il frate aveva accettato l'invito senza alcun sospetto, dal momento che da anni aveva un rapporto stretto e amichevole con i frati.

Il rabbino Abu-el-Afieh si converte all'Islam

Un episodio sorprendente del caso è stata la conversione all'Islam del rabbino Moses Abu-el-Afieh. Questo rabbino quarantenne, vista la piega che avevano preso gli eventi, temendo di perdere la vita, sia per sentenza del tribunale sia perché i suoi correligionari non gli avrebbero perdonato di aver coinvolto il rabbino capo di Damasco, probabilmente per ottenere la protezione del pascià, si convertì all'Islam il 10 maggio e prese il nome di Mohammed Effendi. Questo era il nome scelto da Shabbetay Zeví, il Messia eretico, quando nel 1666 si fece musulmano a Costantinopoli per salvarsi la vita. Una delle prime azioni del nuovo "credente" fu quella di scrivere una relazione al governatore generale, il cui inizio era il seguente: "In obbedienza alla richiesta di Vostra Eccellenza, ho l'onore di informarvi delle seguenti circostanze dell'omicidio di Padre Tomaso. Per ora so di non dover più temere per la mia vita, in virtù della mia fede in Dio Onnipotente e in Maometto, suo profeta, che così imploro e lodo: così attesto la verità come segue...". Seguì la stessa versione dei fatti già narrata. Nella relazione, inoltre, Mohammed Effendi aggiungeva di non sapere nulla di ciò che era accaduto al servitore del cappuccino, Ibrahim Amara, pur constatando che aveva subito la stessa sorte di padre Tomaso. Nella lettera raccontava di aver sentito Isaac chiedere a suo fratello David : "Come vanno le cose in questo affare?" David aveva risposto: "Non pensarci più. Anche lui ha ricevuto la sua parte".

Mohammed Effendi non solo accusò il rabbino Antebi di essere la mente dell'omicidio, ma accettò anche, da fedele musulmano, di individuare e tradurre passi del *Talmud* che potessero spiegare il comportamento criminale degli ebrei. L'argomento dei testi rabbinici era stato portato all'attenzione di Sherif Pasha dai cristiani di Damasco, che erano particolarmente preoccupati e avevano iniziato a cercare nelle loro biblioteche libri che dimostrassero che sacrifici umani erano prescritti nel giudaismo. Un libro del XVIII secolo scritto in latino da Lucio Ferraris, *Prompta Bibliotecha*, richiamava l'attenzione su passaggi del *Talmud* in cui veniva espresso un odio omicida nei confronti dei cristiani. Secondo Jonathan Frankel, professore dell'Università Ebraica di Gerusalemme e autore di *The Damascus Affair. "L'omicidio rituale, la politica e gli ebrei nel 1840*, alcuni estratti di questo libro del XVIII secolo furono tradotti in francese e arabo su iniziativa di Ratti-Menton e le copie furono distribuite a Damasco e nei dintorni.

Mohammed Effendi e il rabbino capo di Damasco si confrontarono giorni dopo per verificare l'interpretazione del *Talmud*. Al termine della discussione, il Pascià non poté fare a meno di chiedere al rinnegato: "Se un ebreo fa una dichiarazione dannosa contro un altro ebreo o contro il popolo ebraico, quale punizione merita?". La risposta fu: "Dovrebbe essere ucciso senza pietà. *Il Talmud* non gli permette di vivere. Questa religione è costruita su questo principio; per questo mi sono convertito all'Islam, per poter parlare...". Alla richiesta di commentare le parole di Mohammed Effendi, il rabbino capo Jacob Antebi ha confermato la notizia e ha aggiunto: "Dovremmo fare in modo che il governo uccida un individuo del genere. In caso contrario, lo uccideremo con le nostre mani alla minima occasione". Avendo confermato che Mohammed Effendi aveva detto la verità, il Governatore generale fece intendere che il governo avrebbe dovuto agire nel suo interesse e chiese nuovamente cosa avrebbe fatto. Jacob Antebi ripeté: "A seconda delle circostanze, faremo tutto il possibile per ucciderlo; ogni mezzo sarebbe adatto per noi. Questo insegna la nostra fede". Mohammed Effendi ebbe poco tempo per approfondire, presumibilmente al sicuro, la sua nuova religione e continuare le sue traduzioni *del Talmud*, perché morì poco dopo, secondo i giornali ebraici europei, a causa dei danni provocati dalle torture a cui era stato sottoposto.

L'omicidio del servo Ibrahim Amara

Ciò che accadde al servo di padre Tomaso è stato riferito dal servo di Davide Harari, Murad el-Fattal. Una volta giunto nel quartiere ebraico, Ibrahim Amara chiese agli ebrei Aaron Stambuli, Mehir Farhi, Aslan Farhi e Isaac Picciotto, che stavano uscendo in strada, notizie del loro padrone.

Indicando la loro casa, Mehir Farhi indicò che il padre era con loro a vaccinare un bambino e che se voleva aspettarlo poteva entrare. Murad-el-Fattal, che era la cinghia di trasmissione tra le due case e andava da una all'altra obbedendo agli ordini di David Harari, ha testimoniato che quando si recò una seconda volta a casa di Mehir Farhi, la serratura era inserita. Una volta entrato, disse che il suo padrone lo aveva mandato a scoprire se il servo era stato arrestato. Gli è stato detto che lo avevano già preso e gli è stato chiesto se voleva restare o andarsene di nuovo. Egli rimase e fu testimone del crimine. Isacco Picciotto e Aaron Stambuli lo hanno legato e imbavagliato e poi insieme lo hanno gettato a terra. Oltre ai suddetti c'erano Murad Farhi e Joseph Farhi. Gli fu messa una ciotola di rame sotto la testa e Murad Farhi lo pugnalò. Murad-el-Fattal ha confessato che lui e Meir Farhi gli tenevano la testa mentre Aslan Farhi e Isaac Picciotto si sedevano su di lui e gli tenevano le gambe. Lo hanno tenuto stretto finché il sangue non ha smesso di scorrere. Aaron Stambuli ha poi versato il sangue in una lunga bottiglia bianca da dare a Moses Abu-el-Afieh. Questa versione è stata successivamente confermata dal giovane Aslan Farhi. Va notato che il padre di Aslan, Raphael Farhi, era uno dei membri più illustri della comunità ebraica di Damasco.

Dopo l'omicidio di entrambe le vittime, i partecipanti si riunirono a casa di David Harari per bere e parlare fino all'alba, secondo la dichiarazione dello stesso servitore, che riempì le pipe dei "distinti e ricchi ebrei". Si discusse in dettaglio dei massacri e si scambiarono esperienze. In particolare, si discusse del tempo trascorso, che poteva essere prezioso per casi futuri.

Sherif Pasha, accompagnato da alti ufficiali e dal Console Ratti-Menton, si recò nel quartiere ebraico, in conformità con la convocazione del tribunale, e tutti i fatti poterono essere verificati sul posto. È stato aperto un tombino nelle vicinanze e sono stati trovati il fegato, le ossa e una cintura della vittima. I dottori Massari e Raynaldi dichiararono che i resti appartenevano a un essere umano. L'unico dei detenuti che negò i fatti fu Meir Farhi. Di fronte al giovane Aslan Farhi e al servo Murad-el-Fattal, che ripetevano nei dettagli la storia dell'orribile crimine, Farhi cominciò a gridare: "Siete pazzi, avete perso la testa". Poi cercò di aggredirli in un impeto di rabbia e di impotenza. In ogni caso, non è stato in grado di offrire alcun alibi e ha continuato a essere trattenuto.

Molti di quelli accusati di essere coinvolti nell'omicidio di Ibrahim Amara, tuttavia, riuscirono a fuggire e, nascondendosi, a sfuggire all'arresto. Alla fine di aprile del 1840, poco più di due mesi e mezzo dopo i delitti, il processo poteva considerarsi concluso. Sedici ebrei avevano partecipato al duplice omicidio, dieci dei quali furono condannati a morte. La popolazione di Damasco attendeva l'esecuzione dei sanguinari.

I carnefici diventano vittime

Non appena la notizia di quanto stava accadendo a Damasco raggiunse l'Europa, si mise in moto la macchina per trasformare i criminali in vittime innocenti e coloro che cercavano giustizia in spietati carnefici spinti dall'odio per gli ebrei. Fu immediatamente orchestrata una campagna denigratoria e diffamatoria contro il console francese, che fu isolato e perse il sostegno dei suoi colleghi europei. Tutti i consoli della zona, come vedremo, ricevettero dai loro governi l'ordine di non sostenere più le azioni del conte de Ratti- Mentone. L'opera di riferimento per conoscere tutti i dettagli delle trattative e delle manovre effettuate è il già citato lavoro di Jonathan Frankel, *The Damascus Affair "Ritual Murder". La politica e gli ebrei nel 1840*. Purtroppo, questo professore dell'Università Ebraica di Gerusalemme scagiona i suoi confratelli di Damasco dal crimine e lo fa con l'ipocrisia e la chutzpah che gli ebrei adottano quando mentono e lo sanno (Chutzpah). Nonostante ciò, l'opera è ben documentata e di grande valore per il numero di testi riprodotti.

Già nello stesso mese di febbraio arrivarono in Europa le prime lettere che misero in allarme gli ebrei europei. Il ricco mercante olandese di origine ashkenazita, il rabbino Abraham Zevi Hirsch Lehren, che nel 1817 aveva assunto ad Amsterdam la guida di un'organizzazione filo-sionista chiamata "Ufficiali della Terra d'Israele", fu il primo a contattare i Rothschild. Il 18 marzo scrisse due lettere, una indirizzata al ministro degli Esteri olandese, il barone V. Van Soelen; la seconda, scritta in francese, era indirizzata a James Rothschild. A quest'ultimo descrisse la situazione degli ebrei di Damasco. Eccone un estratto: "Gli ebrei non saranno mai liberi dalle persecuzioni fino alla venuta del nostro Messia, che attendiamo con determinazione; ma il buon Dio... ci ha sempre dato uomini eminenti con sufficiente influenza per alleviare le loro disgrazie. E ai nostri tempi ci ha dato la famosa famiglia Rothschild, che ha il potere di salvare i suoi fratelli perseguitati.... Ecco l'opportunità per voi di mostrarvi come l'angelo custode degli oppressi e di aprirvi le porte del Paradiso....".

Una settimana dopo, il rabbino scrisse, drammatizzando la situazione: "la vita di molte migliaia di nostri correligionari è in pericolo". Hirsch Lehren chiese a James Rothschild una risposta. Si dà il caso, però, che in quel momento James si trovasse a Londra per assistere al matrimonio del nipote Anthony (1810-1876), secondogenito di Nathan, con Louise Montefiore (1821-1910), nipote di Moses Montefiore. A quanto pare, quindi, non fu intrapresa alcuna azione a Parigi fino alla fine di marzo. Fu Montefiore, accompagnato da Isaac Adolphe Crémieux, a diventare il massimo rappresentante dei Rothschild nella gestione della crisi dell'Affare Damasco. Fu Albert Cohn, il tutore dei figli della famiglia per gli affari ebraici, a ricevere l'incarico di contattare l'avvocato Crémieux per preparare una serie di articoli per contrastare le notizie della stampa ostile che accusavano gli ebrei di Damasco. Crémieux era da anni uno degli uomini più fidati di James Rothschild: nell'agosto 1834, in occasione di un viaggio legato allo sfruttamento delle miniere di Almaden, si era recato a Madrid con Lionel, l'erede di Nathan, per negoziare con il ministro delle Finanze spagnolo, il conte asturiano di Toreno. Giacomo considerava allora Toreno un "nemico" e cercò di corromperlo.

È sempre alla famiglia Rothschild che i leader ebrei di Costantinopoli si rivolgono per chiedere aiuto: Samuel de N. Trèves, I. Camondo e Salomon Fua scrivono lettere ai Rothschild di Londra, Napoli, Vienna e forse anche a quelli di Parigi e Francoforte. I Rothschild erano ben noti in tutto il Medio Oriente, poiché erano coinvolti negli affari ebraici e collaboravano con il rabbino Hirsch Lehren nel sostenere gli ebrei ashkenaziti in Palestina. In breve, nel 1840 i Rothschild avevano acquisito uno status mitico tra gli ebrei di tutto il mondo.

Prima di procedere oltre, è necessario spiegare molto brevemente la struttura gerarchica e la situazione politica dell'area. L'autorità ultima per quanto riguarda gli eventi di Damasco era il viceré d'Egitto, Muhammed Ali (1769-1849), che aveva incorporato la Siria nel suo dominio e nel 1838 aveva annunciato la volontà di rendersi indipendente dal sultano ottomano, l'allora Abdulmecit I, e di trasformare l'Egitto in un regno ereditario. Ciò aveva provocato una guerra turco-egiziana, innescata da un trattato tra gli inglesi e gli ottomani che l'Egitto si era rifiutato di accettare. Nel 1839 l'esercito turco fu sconfitto a Nisibis. Di fronte alla crescente potenza dell'Egitto, Gran Bretagna, Russia e Prussia sostennero la causa ottomana, mentre solo la Francia appoggiò l'Egitto. I consoli europei ad Alessandria avevano quindi il sopravvento sui consoli a Damasco e potevano anche incontrare direttamente il viceré. Il console generale francese ad Alessandria era Adrien-Louis Cochelet, un diplomatico esperto che aveva servito Napoleone e ricoperto incarichi di rappresentanza in Brasile, Messico, Portogallo e Moldavia. Era in servizio in Egitto dal 1837. Il console generale austriaco di Muhammed Ali era invece Anton Joseph Laurin. Secondo Hellmut Schramm, Laurin era un cripto-giudeo che, come Adam Weishaupt, era stato formato tra i gesuiti in un centro in Slovenia. Infine, vale la pena di notare che la massima autorità a cui riferivano sia i consoli di Damasco sia quelli di Alessandria erano gli ambasciatori, che risiedevano a Costantinopoli.

Il 27 marzo Laurin inviò al suo diretto superiore, il barone Von Stürmer, ambasciatore austriaco a Costantinopoli, il primo rapporto di Merlato, che, come abbiamo visto, aveva inizialmente condiviso le opinioni del suo collega Ratti-Menton. Von Stürmer respinse il rapporto e non accettò motivazioni religiose per giustificare il crimine. Gli accusati", scrisse, "sono gli ebrei più ricchi e importanti di Damasco". Laurin trasmise le istruzioni a Merlato e lo invitò a non accettare più le accuse. È molto probabile che Solomon Rothschild e il suo buon amico principe Metternich avessero già avuto dei colloqui a Vienna sulla questione. Si è già detto nel capitolo precedente che i Rothschild avevano concesso ingenti prestiti al governo austriaco e avevano in mano l'affare della costruzione di linee ferroviarie in tutto l'impero. Salomon Rothschild era il banchiere delle principali famiglie aristocratiche, compresa quella di Metternich. Melanie Zichy- Farrari, terza moglie di Metternich, mantenne stretti rapporti con le cognate di Salomon, Betty a Parigi e Adelheid a Napoli.

Jonathan Frankel rivela che Laurin, che in precedenza aveva ricoperto vari incarichi consolari nel Regno delle Due Sicilie, godeva di un'amicizia personale con nientemeno che Carl Rothschild, con il quale condivideva l'interesse per le monete antiche, i gioielli e altri oggetti. Mentre si trovava in Egitto, dove aveva fama di archeologo, aveva fatto alcuni acquisti per Karl , che lo ricompensò inviandogli vini napoletani, pasta e altre forniture. Nel caso in cui non fosse chiaro che si trattava di un uomo dei Rothschild, Frankel aggiunge che, in qualità di Console generale ad Alessandria, Laurin lavorava in stretta collaborazione con il rabbino Hirsch Lehren e aveva inviato funzionari consolari in Palestina per ottenere un indennizzo per gli ebrei ashkenaziti ivi insediati.

Il console francese si rese presto conto di essere abbandonato a se stesso, ma rimase incorruttibile, anche se i tentativi di corruzione arrivarono fino al suo consolato. Ratti-Menton denunciò che gli ebrei avevano offerto a uno dei suoi funzionari, Beaudin, 150.000 piastre, e gli avevano persino proposto di aumentare la somma se fosse riuscito a far scagionare i suoi fratelli dal crimine rituale. Dopo questo fallito tentativo di corruzione, i negoziatori ebrei cercarono di ottenere l'accesso al console francese attraverso un altro consolato. Questa volta furono offerte 500.000 piastre. Questi tentativi furono denunciati pubblicamente dalla Ausburg *Allgemeine Zeitung* che, pur cedendo lentamente alle pressioni, nei primi mesi mostrò sufficiente indipendenza per pubblicare queste parole:

> "Il processo contro gli ebrei non è finito e i criminali non sono ancora stati puniti; ma che padre Tomaso sia stato ucciso dagli ebrei per motivi religiosi è stato chiaramente dimostrato. L'esame di diversi fascicoli a cui abbiamo avuto accesso non lascia spazio a dubbi. Il console francese a Damasco, il conte de Ratti-Menton, ha dimostrato la massima attività nella ricerca della verità.... Gli ebrei di Damasco hanno dimostrato di superare tutti gli altri in fanatismo. Essendo stati in precedenza costantemente utilizzati dal Pascià come uomini d'affari grazie alla loro ricchezza, possiedono una grande influenza e i cristiani sono terrorizzati. Anche se ogni anno a Damasco i bambini cristiani scomparivano improvvisamente senza lasciare traccia, anche se gli ebrei erano sempre sospettati per questo motivo, nessuno osava accusarli, anzi nessuno osava tentare un processo per un sospetto fondato, tanto grande era l'influenza che il loro denaro dava loro presso le corrotte autorità turche. Ora, inoltre, non sono mancate le offerte di denaro. Al segretario del console francese

è stata offerta una grossa somma per cercare di cambiare l'atteggiamento del console sul caso...".

Ben presto la stampa europea controllata dal capitale ebraico fece circolare le più terribili storie di tortura. Ecco una selezione del "rapporto ufficiale", redatto e distribuito il 13 maggio dal missionario anglicano George Wildon Pieritz, ebreo mascherato, membro della "London Society for Promoting Christianity Amongst the Jews", che fu la prima organizzazione cristiana a innalzare la bandiera della protezione degli ebrei. Il titolo del rapporto recita: *Statement of Mr. G.W. Pieritz, a Jewish Convert*, a Jewish *Convert. Pieritz, ebreo convertito e assistente missionario a Gerusalemme, riguardo alla persecuzione degli ebrei a Damasco: il risultato di un'indagine personale sul posto* (Relazione del signor G.W. Pieritz, ebreo convertito e assistente missionario a Gerusalemme, riguardo alla persecuzione degli ebrei a Damasco: il risultato di un'indagine personale sul posto. Pieritz, ebreo convertito e assistente missionario a Gerusalemme, sulla persecuzione degli ebrei a Damasco: il risultato di un'indagine personale sul posto). Secondo Pieritz, gli "sfortunati prigionieri" insieme ai loro figli erano stati immersi in acqua gelata e poi arrostiti lentamente. I loro occhi erano stati spremuti dalle orbite da macchine e ferri roventi erano stati inseriti nei loro corpi. Le "vittime", pizzicate giorno e notte, avevano dovuto stare in piedi per tre giorni interi, e le candele accese avevano solleticato i loro nasi storti. Centinaia di bambini ebrei erano stati gettati in prigioni dove cadevano come mosche, ecc. ecc. Hellmut Schrammm rivela che G. W. Pieritz era un ebreo che studiò per diventare rabbino e poi si convertì al cristianesimo. Questo rabbino si recò a Damasco, dove arrivò il 30 marzo, "in considerazione della missione cristiana che lo obbligava a difendere i diritti umani nei luoghi del dispotismo". Lì contattò il console britannico Nathaniel Werry, che si offrì di presentarlo a Ratti-Menton e a Sherif Pasha, ma lui rifiutò. Il 6 aprile Pieritz lasciò Damasco per Beirut. In un illuminante dispaccio al suo superiore John Bidwell del 24 aprile 1840, Werry fa riferimento a Pieritz come a un ebreo convertito che aveva opinioni diverse sull'accaduto e che progettava di pubblicare un pamphlet estremamente violento contro Ratti-Menton e Sherif Pasha. Grazie a una citazione di Jonatahn Frankel, abbiamo il testo. Werry, che ha condiviso la versione ufficiale, ha scritto: "condivide comicamente il suo disappunto con me, fingendo che io sia il consigliere del console francese.... Il signor Pieritz è arrabbiato con me perché non è riuscito a convincermi del suo punto di vista, mentre ignora totalmente le prove e si basa solo sulle informazioni dei suoi fratelli qui. Lui, che sono convinto nella sua coscienza e nel suo cuore sia ancora un ebreo, rifiuta qualsiasi informazione ed è determinato a scagionare gli ebrei e a incolpare la popolazione cristiana e musulmana. Vedremo cosa pubblicherà. Credo che il caso sia sostanzialmente corretto".

Sulla base del fatto che i criminali erano vittime innocenti le cui dichiarazioni autoincriminanti erano state ottenute attraverso le più atroci torture, la campagna è stata scatenata con l'obiettivo di fare pressione e confondere l'opinione pubblica con il fine ultimo di ottenere la grazia per gli ebrei detenuti a Damasco. L'ebraismo internazionale si mobilitò simultaneamente. Nelle sinagoghe, i rabbini ululavano o minacciavano, a seconda dei casi. I discorsi più accesi furono pronunciati a Marsiglia, a Smirne, a Monaco, a Magdeburgo, a Lipsia, dove il rabbino Isaac Levin Auerbach, con le lacrime agli occhi, fece appello a Sion, a Gerusalemme e all'onore della sua religione. A Vienna, nella cattedrale di Santo Stefano, il giorno dell'Ascensione, il dottor Emmanuel Veith, ebreo convertito e decano della cattedrale, noto per la sua brillante oratoria sul pulpito, ha detto quanto segue alla fine del suo sermone di fronte a migliaia di devoti cristiani: "Voi tutti sapete, miei cari parrocchiani, e se forse qualcuno non lo sa, può saperlo ora, che sono nato ebreo e mi sono convertito al cristianesimo. Nel mio ministero ho dato conforto e speranza a tutti i cristiani. E quindi giuro qui, nel nome della Trinità, che la menzogna diffusa da un'astuzia diabolica secondo cui gli ebrei nella celebrazione della loro Pasqua fanno uso di sangue cristiano è una calunnia maligna e blasfema, e nulla di tutto ciò è detto nell'Antico Testamento o negli scritti del *Talmud*, che conosco perfettamente e che ho accuratamente ricercato. Questa è la verità. Che Dio mi aiuti.

Tuttavia, il luogo in cui la necessità di cambiare opinione era più pressante era la Francia. A febbraio, i rapporti da Damasco furono ricevuti dal maresciallo Soult, l'ebreo che aveva tradito Napoleone a Waterloo e che allora era ministro degli Esteri. Il 1° marzo Soult fu sostituito da Adolphe Thiers, che oltre alla presidenza del Consiglio assunse il portafoglio degli Esteri. Egli dovette affrontare le conseguenze dell'Affare di Damasco. In Francia, come vedremo, il ruolo svolto da Crémieux, l'uomo dei Rothschild, fu decisivo. Il testo che determinò la svolta fu una lunga lettera di otto pagine pubblicata l'8 aprile su due giornali parigini, la *Gazette des Tribunaux* e il *Journal des Débats*. Jonathan Frankel sostiene che "fece scalpore e determinò una trasformazione radicale nel trattamento dei crimini rituali da parte della stampa francese". In esso Crémieux iniziava spiegando maldestramente il caso, seguiva il rosario delle torture e terminava invitando la stampa e i francesi a proteggere gli ebrei con appelli di questo tipo: "Cristiani francesi, siamo vostri concittadini, vostri amici, vostri fratelli! Avete dato al mondo un esempio della più pura e delicata tolleranza; siate uno scudo per noi, così come siete stati i nostri protettori! Ma soprattutto, che la stampa francese si occupi della sacra questione della verità e della civiltà con il nobile zelo che la gloria le ha conferito: è un bel ruolo che le si addice e che svolge con tanta magnanimità!".

Palmerston riceve e istruisce

Il ruolo della stampa meriterà maggiore attenzione in seguito, ma è pertinente notare prima come i Rothschild e altri banchieri ebrei abbiano chiesto ai governi dei rispettivi Paesi di fare pressione sulle autorità egiziane e turche per liberare i criminali.

Il 21 aprile si riunì a Londra il Consiglio dei rappresentanti degli ebrei britannici, che comprendeva le figure più importanti dell'élite finanziaria ebraica in Gran Bretagna. A questa riunione decisiva parteciparono il barone Lionel de Rothschild, Sir Moses Montefiore, Isaac e Francis Goldsmid, David Salomons e Louis Cohen. Adolphe Crémieux si recò da Parigi per partecipare alla sessione e fu ringraziato in una risoluzione per aver scritto la suddetta lettera "per la causa della verità e dell'umanità". Altre risoluzioni sono state adottate in vista della pubblicazione. Queste descrivono il crimine rituale come "un fenomeno strettamente medievale che è scomparso da tempo". Si decise di chiedere ai governi di Inghilterra, Austria e Francia di intercedere presso Costantinopoli e Alessandria per porre fine alle atrocità contro gli ebrei. Fu stampato un riassunto della riunione intitolato *Persecuzione degli ebrei in Oriente*. Fu nominata una delegazione per incontrare il Segretario del Ministero degli Esteri, Lord Palmerston, e fu nominato un comitato per diffondere alla stampa le decisioni prese al Consiglio, che dovevano essere pubblicate in non meno di trentuno quotidiani e settimanali.

Il 30 aprile, Lord Palmerston ricevette i rappresentanti del Consiglio. Il suo presidente Joseph G. Henriques aveva precedentemente fornito al Ministro un dossier contenente documenti dal Medio Oriente e le risoluzioni del Consiglio. La delegazione era guidata da Lionel Rothschild, Goldsmid, Salomons e Montefiore. Palmerston era deciso anche a intervenire con la forza se le misure di persuasione avessero fallito: la sua idea era quella di convincere Muhammed Ali a restituire i territori di Siria, Libano e Palestina al Sultano di Costantinopoli. Palmerston era determinato ad agire per conto degli ebrei del Medio Oriente e non ebbe difficoltà ad assicurare ai membri della delegazione che avrebbe inviato i dispacci più adatti sia al colonnello Hodges ad Alessandria che a Lord Ponsonby a Costantinopoli. Espresse la sua "sorpresa per il fatto che alle calunnie inventate sia stato dato tanto credito" e promise che "tutta l'influenza del governo britannico sarebbe stata esercitata per porre fine alle atrocità". L'incontro del Consiglio degli ebrei britannici con Palmerston ricevette un'immediata attenzione pubblica sia in Inghilterra che sul continente. Ciò contrasta con la situazione in Austria, dove la stretta amicizia di Solomon Rothschild con Metternich mantenne i negoziati in una sfera strettamente privata.

Henry John Temple, III visconte Palmerston (1784-1865), noto come Lord Palmerston, fu al governo dal 1807 fino alla sua morte. Oltre a ricoprire l'allora Ministero degli Esteri, carica che ricoprì dal 1830, fu due volte Primo

Ministro, la prima tra il 1855-1858 e la seconda tra il 1859-1865. Prima di passare alla sua amministrazione, è interessante sapere cosa scrisse di lui monsignor George F. Dillon nel 1884, diciannove anni dopo la sua morte, nella sua opera *The War of Antichrist with the Church and Christian Civilization*, pubblicata a Edimburgo. Secondo monsignor Dillon, Palmerston non solo fu Gran Maestro della Massoneria, ma divenne anche patriarca degli Illuminati, coordinando così le società segrete di tutto il mondo. Dillon sostiene che fu il successore di Nubius[16] e lo collega ai piani degli atei contro il cristianesimo. Quando Nubius morì nel 1837, Mazzini, che si sospetta sia stato incaricato della sua morte, prese residenza permanente a Londra. È forse in questi anni che Palmerston potrebbe essere stato scelto per portare avanti i piani degli Illuminati, che prevedevano la formazione di un impero tedesco al centro dell'Europa dall'unione dei piccoli Stati tedeschi e dall'unione dell'Italia. Londra, dove gli ebrei avevano due logge in cui i cristiani non potevano entrare, divenne così la sede della rivoluzione. Karl Marx si stabilì nella città nel 1849 e non la lasciò fino alla sua morte. Nel 1846, due anni prima che le rivoluzioni del 1848 scoppiassero contemporaneamente in tutta Europa, Palmerston divenne nuovamente ministro degli Esteri.

Sapendo chi era Lord Palmerston e chi serviva, non sorprende che abbia avuto un ruolo decisivo nel caso degli ebrei del Medio Oriente. Il 5 maggio 1840 inviò due dispacci a Hodges e Ponsonby, avvertendoli chiaramente che gli interessi della comunità ebraica nel Levante erano in pericolo e ordinando loro di fare tutto il possibile per evitare "le più gravi persecuzioni". A Hodges, in particolare, fu chiesto di chiarire a Muhammed Ali che le "enormi barbarie" perpetrate a Damasco riflettevano un'immagine vergognosa della sua amministrazione, che aveva stupito gli europei, i quali non potevano aspettarsi che "atrocità come quelle che sono state commesse"

---

[16] Nubius era lo pseudonimo del capo della Haute Vente, una società segreta che aveva nella terribile setta dei Carbonari il suo braccio esecutivo. I Carbonari avevano come capo indiscusso Giuseppe Mazzini, successore di Adam Weishaupt, e quindi entrambi facevano parte degli Illuminati. Uno degli uomini più fidati di Nubius era un ebreo noto come Piccolo Tigre, che viaggiava sotto l'aspetto di gioielliere e banchiere ambulante. Una lettera scritta nel 1822 da Piccolo Tigre per dare istruzioni dall'Alta Venta alle logge carbonare del Piemonte è stata trascritta integralmente da monsignor Dillon. Essa sottolinea la necessità di svilire e depravare gli esseri umani e rivela ancora una volta gli obiettivi criminali già svelati da Robison e dall'Abbé Barruel. Un'altra lettera citata da vari ricercatori è quella indirizzata da Vindex, altro pseudonimo, a Nubius, datata 9 agosto 1838 a Castellmare. Si tratta di un documento che esprime l'obiettivo di distruggere il cattolicesimo e mostra un assoluto disprezzo per la vita umana sostenendo l'omicidio. Secondo lo storico Jacques Crétineau-Joly, la misteriosa scomparsa di Nubius potrebbe essere spiegata con il fatto che fu assassinato per avvelenamento. L'uso di pseudonimi, si è già detto, era utilizzato dagli Illuminati per nascondere la propria identità. Weishaupt, come è noto, era Spartaco, il barone Knigge era Philo, e così via. Chi fosse Nubius non è stato accertato. Secondo monsignor Dillon, dietro Nubius si nascondeva un nobile italiano.

fossero permesse sotto il suo governo. Il livello di sfacciataggine della richiesta a Muhammed Ali era inconcepibile. Il testo terminava così: "Il governo di Sua Maestà non ha dubbi che Muhammed Ali non solo procederà immediatamente alla più completa riparazione per gli sfortunati ebrei, ma rimuoverà e punirà anche quei funzionari che hanno abusato così palesemente dei loro poteri".

Tuttavia, i primi dispacci di Nathaniel Werry arrivarono sulla scrivania di Palmerston poco dopo. Erano quelli in cui il console britannico a Damasco esprimeva la sua totale convinzione della colpevolezza degli ebrei, spiegava le motivazioni rituali *del Talmud* e giustificava le azioni di Ratti-Menton e del governatore Sheriff Pasha. L'indignazione del ministro è facilmente immaginabile. Il 21 maggio si affrettò a inviare a Werry una serie di documenti relativi al caso e lo ammonì nel tono più imperioso con queste parole: "Devo informarla che ho letto con assoluta sorpresa il suo rapporto sulle atrocità... commesse sugli ebrei di Damasco, e ho osservato che.... o dimostra che lei è completamente disinformato su ciò che accade nella città in cui vive, o dimostra da parte sua un'assoluta mancanza dei principi e dei sentimenti che dovrebbero contraddistinguere un ufficiale britannico". Ha poi ribadito che Mohammed Ali avrebbe dovuto risarcire gli ebrei e licenziare gli ufficiali responsabili.

Metternich, sotto Salomon Rothschild

Come già detto, fu in Austria che si diffuse per la prima volta l'allarme su quanto stava accadendo a Damasco, grazie agli stretti rapporti tra Salomon Rothschild e Metternich. I due lavorarono in perfetta sintonia per aiutare gli "ebrei indifesi". Il professor Frankel conferma che "l'uno sollecitava e l'altro concedeva favori personali, il tutto con la massima discrezione e il dovuto rispetto". Metternich, quindi, non solo discusse il caso con Solomon, ma fu disposto a fare di tutto per soddisfare le richieste del banchiere.

Tra queste richieste c'era sicuramente quella di controllare la stampa, come dimostra l'*Österreichischer Beobachter*. L'11 aprile 1840, questo giornale, il più importante del Paese, dedicò la prima pagina e qualche pagina più interna a un lurido resoconto dell'assassinio di padre Tomaso da parte dei rabbini e degli anziani della comunità ebraica di Damasco. È facile immaginare la costernazione del principe Metternich e del suo amico Rothschild. L'intervento del primo fu immediato ed ebbe un effetto fulminante. Nell'edizione del giorno successivo, il 12 aprile, il trattamento dell'informazione cambiò radicalmente. Sempre in prima pagina, ma questa volta in modo stringato, si riferiva che, secondo i rapporti ufficiali di Beirut sull'omicidio, "non c'era alcuna prova che il crimine fosse avvenuto; non era stato stabilito di chi fosse la colpa della scomparsa... e i medici e i chirurghi avevano dichiarato che le ossa trovate nelle fogne del quartiere ebraico erano già vecchie e, inoltre, erano quelle di animali". Il documento prosegue poi lamentando l'assalto a cui erano sottoposti gli ebrei di Damasco. Secondo il professor Frankel, il cui lavoro riporta questo episodio, l'improvviso cambiamento della linea editoriale del giornale fu oggetto di commenti ironici da parte di alcuni giornali tedeschi, in quanto faceva capire che il governo austriaco non era disposto a tollerare accuse contro gli ebrei.

Anche i dispacci inviati da Metternich il 10 aprile erano indubbiamente il risultato degli incontri con Solomon. Nella lettera a Laurin, Metternich gli ricordava che in Siria c'erano alcuni ebrei che godevano della protezione austriaca, tra cui il console generale ad Aleppo[17], e gli chiedeva di prendere provvedimenti per evitare che la questione gravasse su di loro. Gli chiedeva inoltre di sollecitare Muhammed Ali "senza interferire con il corso della giustizia, a controllare i passi crudeli e stupidi compiuti dagli ufficiali subordinati". Segue un passaggio significativo del dispaccio di Metternich a Laurin, citato dal professor Frankel:

"L'accusa che i cristiani vengano deliberatamente uccisi in occasione di una presunta Pasqua di sangue è assurda per sua stessa natura e i modi che il governatore di Damasco ha scelto per dimostrare questo crimine innaturale sono del tutto inappropriati; non c'è da stupirsi che i veri colpevoli non siano stati scoperti.... Le autorità egiziane sono tenute a garantire una giustizia rapida e rigorosa. L'abuso di potere, le persecuzioni e i maltrattamenti nei confronti di persone innocenti potrebbero però diventare noti in Europa e sarebbero senza dubbio in aperta contraddizione con quanto ci si aspetta dal viceré.

Queste parole dimostrano che Metternich considerava una buona tattica fare pressione e minacciare Muhammed Ali di perdere la sua reputazione accuratamente coltivata, che lo presentava all'Europa come il campione della civiltà contro la barbarie. Nella sua risposta inviata il 5 maggio, Laurin si rallegrava del fatto che le sue opinioni fossero pienamente condivise a Vienna.

Il 7 maggio, Solomon ricevette una lettera dal fratello James, che lo esortava da Parigi a chiedere aiuto a Metternich per organizzare una campagna di stampa. Poiché Laurin, il diplomatico austriaco, gli aveva inviato delle lettere, James Rothschild chiese al fratello di ottenere dal governo austriaco il permesso di pubblicare estratti di queste lettere sulla

---

[17] Si dà il caso che Isaac Picciotto, accusato dell'omicidio del servo Ibrahim Amara, oltre ad appartenere a una delle famiglie più influenti della zona, avesse un parente, lo zio Elias Picciotto, che ricopriva la carica di console generale austriaco ad Aleppo, per cui il delitto di Damasco costituiva una minaccia diretta contro la famiglia di un diplomatico austriaco. L'Austria aveva già l'abitudine, in quegli anni, di nominare ebrei a posizioni consolari. Per questo motivo Isacco Picciotto fu trasferito dalla prigione del consolato francese a quella del console austriaco, da dove tra il 17 e il 27 marzo, sempre accompagnato da un ufficiale austriaco, comparve quattro o cinque volte davanti a Sherif Pasha per essere interrogato.

stampa francese. Metternich, che non sapeva che Laurin, per altro amico di Carl Rothschild, avesse a sua volta inviato lettere a James, non gradì l'iniziativa del suo console ad Alessandria e il 27 maggio gli inviò un dispaccio in cui, oltre ad approvare la sua "vigorosa azione nel perseguire la giustizia", si rammaricava del fatto che gli fosse stato permesso di "entrare in corrispondenza diretta con la Casa Rothschild a Parigi" e gli ricordava che "le dispute tra consoli a Damasco erano questioni di competenza del governo imperiale".

Laurin rimase ovviamente sbalordito dal rimprovero, ma non si tirò indietro. Il fatto che Laurin avesse inviato lettere a James Rothschild aveva una certa logica, dato che James era il console austriaco nella capitale francese e in un certo senso un agente austriaco. Laurin rispose subito che aveva scritto ai Rothschild a Parigi perché Isaac Picciotto era stato minacciato di imminente esecuzione e Cochelet, il console generale francese ad Alessandria, si era rifiutato di aiutarlo. "Per evitare questa disgrazia", scrisse a Metternich, "mi sono sentito obbligato a cercare aiuto attraverso qualcuno che, come correligionario, fosse personalmente interessato".

James Rothschild non riesce a battere Thiers

Come Laurin aveva ben compreso, solo il governo francese poteva portare a una rapida soluzione dell'affare di Damasco. Adolphe Thiers era, come si è detto, il primo ministro ed era anche a capo del Ministero degli Esteri. Inoltre, la Francia era il Paese che cinquant'anni prima aveva emancipato gli ebrei e che, dopo la rivoluzione del 1830, che aveva elevato al trono Luigi Filippo d'Orléans, il "re cittadino", aveva rafforzato il principio di uguaglianza degli ebrei. Inoltre, Thiers aveva rapporti obbligati con James Rothschild, poiché fin dai primi giorni come Primo Ministro aveva negoziato con la banca Rothschild il finanziamento delle linee ferroviarie che avrebbero dovuto collegare la Francia con Bruxelles e Le Havre.

Tuttavia, Thiers non si è inizialmente piegato alle richieste e alle pressioni. Ha affermato di aver bisogno di più tempo per esaminare i rapporti provenienti dal Medio Oriente e non ha fornito ulteriori spiegazioni. Anche la stampa filogovernativa adottò una posizione di silenzio e le richieste di Crémieux non ebbero nemmeno una risposta. Il 17 aprile Thiers aveva risposto al primo rapporto di Ratti-Menton da Damasco. Questo dispaccio fu l'unico che inviò personalmente al suo console. In esso Thiers scriveva che il rapporto sembrava scritto sotto l'effetto di impressioni ancora molto recenti, per cui non poteva farsi un'opinione su "una questione così grave e ancora avvolta nell'oscurità". Disse al console che attendeva con impazienza altri rapporti che gli avrebbero permesso di dissipare questa oscurità. Thiers, tuttavia, non rimproverò a Ratti-Menton di sostenere l'esecuzione degli imputati, ma lodò la sua determinazione, che considerava "basata su ragioni di saggezza e di umanità". Nel dispaccio si chiedeva al console di adoperarsi per evitare che una vicenda così spiacevole degenerasse in "un pretesto per attaccare gli ebrei".

Questo testo, il cui tono è molto diverso da quelli usati da Palmerston e Metternich, indicava la strada che Thiers intendeva seguire riguardo al caso. Intendeva controllarlo e limitare i danni, ma senza sconfessare il conte di Ratti-Menton. Per quanto riguarda l'accusa di crimine rituale, Thiers tendeva ad attribuire l'omicidio a un manipolo di fanatici religiosi. Tuttavia, decise di inviare un funzionario consolare a Damasco per preparare un rapporto sull'omicidio di padre Tomaso. Ben presto la stampa venne a sapere che l'uomo incaricato dell'incarico era il conte de Meloizes, un diplomatico ventiseienne in servizio ad Alessandria come viceconsole sotto Cochelet. I protocolli che de Meloizes avrebbe dovuto redigere sul caso avrebbero dovuto confermare o mettere in dubbio l'operato del console Ratti-Menton.

Naturalmente, i Rothschild non si aspettavano nulla dal futuro rapporto di Meloizes, come dimostra questa lettera di James Rothschild al fratello Solomon , scritta il 7 maggio:

"Purtroppo i passi che ho fatto non hanno avuto i risultati sperati, poiché il regime è inattivo. Il fatto è che, considerando la lodevole condotta del Console austriaco, il Console non sarà adeguatamente rimproverato da questa parte. La questione è troppo lontana e non attira abbastanza attenzione. Tutto quello che sono riuscito a ottenere è stato pubblicato oggi sul *Moniteur* in poche parole. Il viceconsole di Alessandria esaminerà la condotta del console di Damasco. Questa, però, è solo una misura evasiva, poiché il viceconsole è un subordinato del console e non c'è da aspettarsi che quest'ultimo venga rimproverato per la sua condotta. In queste circostanze, l'unica cosa che resta da fare è chiedere aiuto a un elemento che qui è onnipotente, ovvero la stampa".

In una lettera successiva, inviata la settimana seguente, James Rothschild fu ancora più pessimista. In essa si rammaricava del fatto che Thiers avesse permesso a un giornale serale ministeriale, il *Messager*, di pubblicare una notizia secondo la quale il Primo Ministro francese aveva personalmente detto al banchiere "che il caso era basato sulla verità, che era meglio ignorare la questione, che gli ebrei nel Medioevo erano abbastanza fanatici da richiedere sangue cristiano per la loro Pasqua , che gli ebrei in Oriente avevano ancora tali superstizioni, ecc. In altre parole, qualunque cosa dicessero o pensassero i Rothschild, Thiers credeva sinceramente che i suoi diplomatici in Medio Oriente gli stessero dicendo la verità, e lo aveva comunicato a James Rothschild.

Scomparso un ragazzo cristiano a Rodi

Proprio mentre la campagna per screditare il console Ratti-Menton cominciava a prendere forma, a Rodi si verificò un altro presunto crimine rituale. Il fatto che l'indagine sia stata interrotta non ci permette tuttavia di affermare categoricamente, come nel caso di padre Tomaso, che gli autori fossero ebrei, anche se le probabilità che lo fossero sono estremamente elevate. Ecco i fatti noti.

Alcune settimane dopo l'omicidio di padre Tomaso, un ragazzo greco di dodici anni della città settentrionale di Trianda è scomparso senza lasciare traccia durante la Pasqua. La madre ne ha denunciato la scomparsa al governatore turco dell'isola, Yusuf Pasha, che ha avviato le indagini. La madre ha denunciato la scomparsa al governatore turco dell'isola, Yusuf Pasha, che ha avviato le indagini. Due testimoni riferirono che il giorno della scomparsa lo avevano visto parlare con il capo della comunità ebraica, Stamboli, e che era entrato in casa dell'ebreo. Stamboli fu portato davanti alle autorità e in lacrime dichiarò di non sapere nulla. Cercò di presentare un alibi, ma non ci riuscì. A seguito delle indagini, emerse anche che tre stranieri ebrei erano stati visti mentre si recavano a Trianda. La polizia riuscì a rintracciarli e furono portati davanti al governatore, che li interrogò in presenza di diversi consoli stranieri. Anche loro dichiararono di non sapere nulla. Il rabbino di Rodi, Jacob Israel, spiegò che né le leggi ebraiche né i libri religiosi dicevano nulla dei crimini di cui i cristiani li accusavano. "Non siamo assolutamente in grado di commettere un tale crimine. Non meriteremmo di essere figli di Dio se con la nostra condotta potessimo causare il minimo problema al Governo...". Qui fu interrotto da uno dei consoli, che gli ordinò di finire, perché "non volevano sentire giustificazioni apparenti o lunghe spiegazioni, ma dove potevano trovare il bambino". Anche il rabbino gli assicurò di non sapere nulla.

Su ordine di Yusuf Pasha, un'unità militare isolò il quartiere ebraico di Rodi per stilare un elenco degli ebrei presenti e perquisire le loro case. Il provvedimento suscitò grandi lamentele. Diversi consoli stranieri, un giudice civile e rappresentanti della popolazione islamica furono incaricati di prendere una decisione. Tuttavia, il governatore si rifiutò di togliere il cordone fino a quando il bambino non fosse stato ritrovato.

Nel frattempo, gli agenti ebraici dell'isola si precipitarono a Londra per denunciare le "calunnie e le crudeltà" di cui erano vittime gli ebrei di Rodi. Ben presto arrivarono ordini da Lord Palmerston a Costantinopoli, che esortavano a "proteggere gli ebrei afflitti". Le pressioni esercitate su Yusuf Pasha affinché togliesse l'assedio al quartiere ebbero effetto; ma il governatore tenne i sospetti in isolamento e gli interrogatori continuarono alla presenza di diversi consoli. Ben presto emersero gravi contraddizioni, che non fecero che aumentare i sospetti sul coinvolgimento di questi ebrei nella scomparsa del bambino.

Il rabbino capo di Costantinopoli stava allora negoziando con il governo turco e riuscì a far portare a Costantinopoli sia la madre del bambino che i tre cittadini greci accusati, insieme a una folta delegazione di ebrei dell'isola. Quattordici giorni dopo la partenza del gruppo, dalla capitale turca giunse l'ordine al governatore Yusuf Pasha di rilasciare i prigionieri[18]. Sebbene sia la madre del bambino scomparso che i tre querelanti avessero mantenuto la loro posizione nei confronti delle autorità turche, l'Alta Corte di Giustizia di Costantinopoli annunciò poco dopo in una dichiarazione pubblica l'"innocenza degli ebrei rhodesiani". Gli ebrei erano stati "totalmente assolti dall'accusa di rapimento e omicidio di un bambino, e come risarcimento avevano diritto ad alcuni aiuti.... Coloro che li avevano accusati illegalmente dovevano pagare un risarcimento...".

La madre del bambino è stata rimandata a Rodi e non le è stata lasciata nemmeno la possibilità di svolgere ulteriori indagini. A differenza di quanto accadeva a Damasco, a Rodi le indagini giudiziarie potevano essere interrotte bruscamente e il 20 luglio i presunti responsabili della scomparsa del bambino cristiano erano stati scagionati. Successivamente Yusuf Pasha fu formalmente degradato e sostituito da un governatore vicino agli ebrei. In ogni caso, la popolazione non dimenticò: le proteste e le agitazioni per la risoluzione del caso erano diffuse e agli ebrei, secondo il corrispondente del giornale *Orient*, non era permesso avventurarsi fuori dalle porte della città.

Thiers resiste

Parigi, Londra e Alessandria d'Egitto furono i luoghi in cui si svolsero vari eventi nei mesi di giugno e luglio che, in un modo o nell'altro, avrebbero determinato l'esito del caso. A Parigi, i dibattiti parlamentari rivelarono la volontà di Adolphe Thiers di resistere alle pressioni e di sostenere i consoli francesi a Damasco e ad Alessandria. Il 2 giugno, Benoît Fould, un importante banchiere ebreo e membro della Camera dei Deputati, si scagliò duramente contro Ratti-Menton. Vale la pena di citare le sue parole:

"Signori, questa è una questione che riguarda non solo l'onore nazionale della Francia, ma l'intera umanità. Due milioni di persone sono oggi sotto il giogo della persecuzione.... Il dovere del console era quello di scoprire

---

[18] Jonathan Frankel commenta in *The Damascus Affair* che fin dal 1830 i Rothschild erano in contatto con il Sultano sulla possibilità di un prestito, progetto sostenuto dallo stesso Metternich, da Lord Ponsonby e da George Samuel, un nipote di Moses Montefiori che rappresentava gli interessi dei banchieri a Costantinopoli. Il regime turco aveva seri problemi di finanziamento e aveva urgente bisogno di denaro, ma il prestito non arrivò perché il governo ottomano non offrì le adeguate garanzie richieste dai Rothschild. Si vociferava addirittura che nelle trattative fosse stata offerta l'isola di Creta (allora in possesso del viceré Muhammed Ali). Forse questo aiuta a capire l'atteggiamento delle autorità turche nei confronti del crimine di Rodi.

cosa fosse successo ai religiosi.... Ma, di fronte a un omicidio, scelse di accusare non un individuo, non una famiglia, ma nientemeno che un'intera nazione.... Si tratta di una persecuzione religiosa con il pretesto della scomparsa di un religioso. Il console francese ha incitato alla tortura... nonostante la nazione francese rappresenti un esempio non solo di uguaglianza davanti alla legge, ma anche di uguaglianza religiosa".

Come si vede, già nel 1840 si gonfiano le cifre e si parla di persecuzione di milioni di persone, mentre in realtà si accusa solo un gruppo di criminali. Benoît Fould disse ai deputati che tutti i consoli erano uniti nell'opposizione a Ratti-Menton e criticò aspramente la decisione di Thiers di inviare de Meloizes, il giovane viceconsole, a indagare sulla questione per conto del governo. "Penso che un diplomatico di alto livello avrebbe dovuto essere spostato quando è in gioco il destino di due milioni di persone", disse, drammatizzando ancora una volta la cifra di due milioni. Fould non ha resistito alla tentazione di riferire all'Assemblea il discorso (citato sopra) di Johann Emmanuel Veith, l'ebreo convertito e predicatore asburgico, che nella cattedrale di Vienna aveva giurato su Cristo che le accuse contro gli ebrei di Damasco erano false e assurde.

Nella sua risposta al banchiere, Thiers si è appellato alla necessità di esaminare la questione con obiettività e ha detto ai deputati di avere informazioni segrete che non voleva rivelare. Il dibattito ha assunto un'involontaria virulenza e Thiers ha replicato:

"Sebbene abbia letto tutti gli interrogatori e conosca quindi i documenti, riterrei discutibile esprimere la mia opinione sull'innocenza o la colpevolezza dell'imputato in questa sede. Qualunque sia la mia opinione, è mio dovere non esprimerla qui. Voglio solo fare una cosa... e cioè rivendicare le azioni di un diplomatico che si è comportato come un agente che fa il suo dovere... In contrasto con il desiderio espresso qui di essere giusti con gli ebrei dell'Est, dobbiamo essere autorizzati a essere giusti con i diplomatici francesi che si trovano in una posizione difficile".

Thiers ebbe l'ultima parola nel dibattito e si appellò al patriottismo. Difese il console descrivendo le vessazioni di cui era vittima da parte degli altri attori europei. Consapevole che la crisi stava assumendo proporzioni inaspettate e che c'era il rischio di isolare la Francia, alzò gradualmente il tono del suo discorso. Deplorò il fatto che alcuni deputati affermassero di essere a conoscenza del caso senza esserne informati e li rimproverò di essere più preoccupati per gli ebrei di Damasco che per i rappresentanti francesi ingiustamente attaccati. A coloro che protestavano a nome degli ebrei, disse che stava protestando a nome di un agente francese che aveva fatto il suo dovere "con onore e lealtà". Thiers concluse il suo discorso con le seguenti osservazioni rivolte agli ebrei europei:

"...Essi (gli ebrei) si sono sollevati in tutta Europa e si sono dedicati a questa questione con un entusiasmo che fa loro molto onore. E, se posso dirlo, sono più potenti nel mondo di quanto non credano di essere. In questo momento stanno presentando le loro rivendicazioni in tutte le cancellerie d'Europa. E lo stanno facendo con un vigore straordinario e con una passione difficile da immaginare. Ci vuole coraggio per un ministro a difendere i suoi agenti che sono sotto attacco? Signori, dovete sapere, lo ripeto, che gli ebrei stanno facendo pressione in tutte le cancellerie e il nostro console ha solo l'appoggio del Ministero degli Esteri francese".

Alla luce di queste ingenue parole: "sono più potenti al mondo di quanto fingano di essere", è chiaro che Thiers non ha valutato adeguatamente il significato dei fatti e non era consapevole delle reali intenzioni di coloro che stavano usando i Paesi europei contro il suo governo.

Un mese dopo, il 10 luglio, si svolse il dibattito in Senato. Nuovi documenti che confermavano la versione ufficiale erano stati inviati a Parigi e il capo del governo aveva ulteriormente rafforzato il suo sostegno all'azione di Ratti-Menton. Devo riferire", ha detto Thiers, "che, dopo aver letto i protocolli del caso che mi sono stati inviati, non trovo nulla da rimproverare al nostro console, ". Inoltre, Thiers disse ai senatori che Cochelet, da lui descritto come uno dei più validi e prestigiosi diplomatici francesi, sosteneva pienamente il console a Damasco. Thiers aveva certamente mesi per cambiare la sua posizione e, come Palmerston e Metternich, avrebbe potuto scavalcare i suoi subordinati in Oriente, ma non lo fece. Era talmente convinto che gli ebrei di Damasco fossero gli assassini di Padre Tomaso che lo disse candidamente a James Rothschild e a Crémieux in privato. Crémieux annotò nel suo diario che il ministro gli aveva detto in faccia senza pietà: "Sono colpevoli. Volevano il sangue di un sacerdote. Lei non conosce la portata del fanatismo degli ebrei d'Oriente. Non è il primo caso di un simile crimine".

Mentre in Gran Bretagna e in Austria la stampa era quasi completamente controllata, in Francia le pubblicazioni cattoliche e quelle vicine al governo mantenevano le loro posizioni. Così, il *Journal des Débats*, dopo la sessione parlamentare del 2 giugno, chiese di attendere i risultati definitivi dell'inchiesta prima di pronunciarsi in un senso o nell'altro. Un giornale cattolico etichettato come bonapartista, *Commerce*, accusò pubblicamente James de Rothschild di interferire negli affari diplomatici francesi. L'*Univers*, da parte sua, difese inequivocabilmente Ratti-Menton e lodò il coraggio di Thiers nel proteggerlo, nonostante gli attacchi degli ebrei e delle cancellerie d'Europa. Il giornale legittimista *Quotidienne* ha insistito dopo il dibattito parlamentare sul fatto che la causa di Ratti-Menton era "la causa della giustizia, la causa della Francia". Inoltre, riprendeva le voci persistenti che accusavano gli ebrei di aver cercato di corrompere il console francese. La *Quotidienne* attaccò anche James de Rothschild, accusandolo di arroganza e di aver speso ingenti somme di denaro a sostegno degli accusati. Dobbiamo avvertire il signor Rothschild", si legge nel giornale, "che con la sua incredibile insistenza non solo non giustifica i suoi correligionari a Damasco, ma di fatto compromette se stesso e forse anche i suoi correligionari in Francia. Attenzione. Non sappiamo se può comprare un certo numero di alti funzionari, ma siamo sicuri che non può comprare l'opinione pubblica. Un altro giornale cattolico, la *Gazette de Languedoc*, il 12 giugno riprodusse testualmente l'avvertimento della *Quotidienne* a James de Rothschild.

Anche la *Leipziger Allgemeine Zeitung*, un giornale protestante, pubblicò un servizio del suo corrispondente a Parigi sul dibattito alla Camera dei Deputati. L'articolo riportava lo scontro tra i consoli europei e riferiva che in Francia c'era stato un rifiuto nei confronti di James de Rothschild, visto come l'istigatore di una lega ebraica contro il governo Thiers. Il testo sottolineava il fatto che, nonostante la loro emancipazione, gli ebrei francesi erano incapaci di subordinare i loro interessi etnici e religiosi all'interesse nazionale del loro Paese d'adozione, e avevano preso posizione contro il loro governo, al quale avevano dichiarato guerra. Il corrispondente del giornale tedesco riferì anche delle somme di denaro che gli ebrei francesi usavano per comprare la posizione politica di vari giornali, e anche dei tentativi di corrompere persino i corrispondenti tedeschi in Francia perché scrivessero a favore della loro causa.

Già a luglio, il 4 per la precisione, la *Gazette de Languedoc* insisteva sull'esistenza di una catena ininterrotta di omicidi che collegano i crimini rituali ebraici dal Medioevo ai giorni nostri. In quell'edizione, il giornale francese descriveva a lungo il crimine di Hagenau, avvenuto nel XIII secolo, di cui abbiamo dato una breve informazione nelle prime pagine di questo capitolo. Come si ricorderà, all'epoca l'imperatore tedesco Federico II fu corrotto e i sanguinari rimasero impuniti. Per la *Gazzetta* c'era un'esatta analogia con l'omicidio di padre Tomaso.

La missione in Oriente

Molto più favorevole era la situazione a Londra, dove il potere dell'élite finanziaria ebraica era quasi assoluto dopo la creazione della Banca d'Inghilterra e della Compagnia delle Indie Orientali. Fu lì che venne organizzata una missione che da Marsiglia si recò ad Alessandria e a Damasco per ottenere il rilascio di tutti gli accusati degli omicidi del frate cappuccino e del suo servo.

Gli eventi possono essere raccontati a partire dall'inizio di giugno, quando Adolphe Crémieux scrisse a Lionel Rothschild per dirgli che ciò che era accaduto nel dibattito alla Camera dei Deputati non era esattamente "meraviglioso per i nostri poveri ebrei di Damasco". Nella lettera Crémieux conferma la sua immediata partenza per Londra. Anche Nathaniel

Rothschild, Nat, fratello minore di Lionel, che in quel periodo si trovava a Parigi, forse in procinto di sposare la cugina Charlotte, figlia maggiore dello zio James, scrisse ai fratelli il 3 giugno per annunciare il viaggio di Crémieux. È proprio in un'altra lettera di Nathaniel a Lionel, scritta il 4, che viene data notizia dei preparativi per il viaggio in Oriente. In essa Nat chiede al fratello di iniziare a organizzare una grande sottoscrizione per pagare le spese del viaggio di Crémieux in Oriente. Suggerisce di iniziare con una donazione di 1000 sterline e confessa di essere curioso di sapere quanto contribuirà Isaac Goldsmid.

Crémieux arrivò a Londra l'8 giugno e apprese subito che Sir Moses Montefiore, un incorreggibile sciocco con un'inclinazione alla pomposità e all'autopromozione, anch'egli imparentato con i Rothschild, era la persona scelta per accompagnarlo nel suo viaggio ad Alessandria. Il fatto che nel 1839 Montefiore avesse trascorso i mesi di maggio e giugno in Palestina aveva probabilmente giocato un ruolo nella sua scelta. Conosceva quindi personalmente il viceré d'Egitto, , poiché era tornato in Europa passando per Alessandria, dove aveva incontrato Muhammed Ali il 13 luglio. L'annuncio fu dato il 15 alla riunione dell'assemblea del Consiglio degli ebrei britannici. Il Consiglio decise che Lionel Rothschild stesso avrebbe ricevuto i contributi e convocò a tal fine una riunione pubblica nella Grande Sinagoga, nota come Duke's Place.

L'incontro alla Great Synagogue si è svolto il 23 e ha rappresentato un'impressionante dimostrazione dell'unità degli ebrei londinesi. L'incontro fu presieduto dallo stesso Moses Montefiore, che era il presidente del Comitato di Londra della Deputazione degli ebrei britannici. Il massimo rappresentante degli ebrei francesi era Adolphe Crémieux, mentre a rappresentare gli ebrei tedeschi era il rabbino Löwe. Vennero dapprima espresse parole di gratitudine al Colonnello Hodges, Console di Sua Maestà ad Alessandria; al Principe Metternich, Sua Altezza; a Merlato, Console austriaco a Damasco; a Laurin, Console generale austriaco ad Alessandria e a James Rothschild. L'assemblea decise quindi di inviare Crémieux e Montefiore in Siria per conto degli israeliti. Il primo ministro Thiers fu accusato da uno degli oratori di "mancanza di umanità di fronte al consesso dell'Europa civile". Montefiore ha confermato che avrebbe viaggiato con Crémieux e ha detto che sarebbero andati "per difendere le esigenze dell'umanità, che veniva offesa nei loro fratelli perseguitati e afflitti. Andremo", ha aggiunto, "per far luce sul caos oscuro di azioni diaboliche, per scoprire la cospirazione e svergognare i cospiratori... Inoltre, vogliamo cercare di instillare nei governi dell'Est principi progressisti di legislazione e di amministrazione della giustizia".

Un giorno prima, il 22 giugno, si era tenuta una riunione della Camera dei Comuni alla quale aveva partecipato Lord Palmerston. In questa riunione Sir Robert Peel, che in una lettera personale aveva assicurato a Nathaniel che avrebbe "reso Thiers un po' più cauto nelle istruzioni che inviava in Oriente", prese la parola per fare riferimento alla persecuzione abusiva a cui erano sottoposti gli ebrei di Damasco. Raccontò alla Camera i resoconti di crudeltà e torture che Merlato e Pieritz avevano diffuso, e chiese l'intervento dell'Inghilterra: "gli ebrei d'Inghilterra, così come quelli di altre nazioni, avrebbero fiducia che l'intervento dell'Inghilterra avrebbe portato alla scoperta della verità". Palmerston rispose che l'argomento che aveva portato davanti alla Camera meritava da tempo l'attenzione del Governo, "che non avrebbe perso tempo nell'intraprendere azioni appropriate".

Un'altra delle grandi riunioni che si svolsero a Londra fu annunciata su tre colonne del *Times*. Il titolo era: "Persecuzione degli ebrei a Damasco: grande riunione alla Mansion House". L'incontro ebbe luogo il 3 luglio, quando l'entourage di Crémieux e Montefiore era già a Parigi. Vi parteciparono circa duecento importanti personalità cristiane, tra cui banchieri, mercanti, studiosi ed esperti finanziari che lavoravano nella City di Londra. Era presente anche il sindaco della città di Londra. Lo scopo dell'incontro era quello di "mostrare una fervente solidarietà nei confronti della terribile oppressione degli ebrei". Sebbene si trattasse di una riunione di gentili, i Rothschild, i Goldsmid e altri importanti finanzieri e uomini d'affari ebrei erano presenti nella sala.

Questi "cristiani", i cui interessi personali sono sicuramente legati al potere economico dell'élite finanziaria ebraica, si sono sfidati a difendere la causa dei poveri ebrei di Damasco, la cui sofferenza, ha detto un oratore, "servirà a migliorare la situazione degli ebrei ovunque". Il fiume di verbosità ipocrita che ha attraversato l'incontro è stato accolto da applausi prolungati. Naturalmente la relazione del reverendo Pieritz è stata letta di nuovo. Di Lionel Rothschild si disse che era un benefattore di Londra e che il suo nome sarebbe stato legato a quello della città finché questa fosse esistita. Un ministro anglicano, B. Noel, nella sua ansia di scagionare gli accusati, disse: "non sarebbe logico supporre che Padre Tomaso sia stato assassinato dal suo servitore, ansioso di fuggire con parte del suo denaro? Samuel Capper, un altro oratore, espresse la sua soddisfazione nel vedere uomini come Lord Palmerston e Sir Robert Peel sostenere questa grande causa, e disse che "l'Inghilterra non si era mai dimostrata così pronta a liberare l'umanità sofferente dalla crudeltà, dalla persecuzione e dalla tortura".

Muhammed Ali e i consoli di Alessandria d'Egitto

Ad Alessandria, intanto, il console francese Cochelet e il console austriaco Laurin stavano combattendo una dura battaglia con Muhammed Ali, che temeva che la grazia agli ebrei incriminati potesse portare a una rivolta in Siria e sperava che, in caso di conflitto con Costantinopoli e i suoi alleati europei, la Francia sarebbe venuta in suo aiuto. Tanto che il colonnello Hodges, presentatosi due volte davanti al viceré, il 28 maggio e il 18 giugno, per portare i messaggi di Palmerston, lasciò il palazzo in entrambe le occasioni senza sperare che il caso potesse essere facilmente risolto. Nella seconda occasione Muhammed Ali dichiarò a Hodges che non avrebbe preso alcuna decisione finché non avesse conosciuto il rapporto ufficiale preparato dal viceconsole francese Maxime des Meloizes, che si trovava a Damasco. Sappiamo che né i Rothschild né Palmerston né Metternich si aspettavano nulla di buono da questo rapporto.

Cochelet, per contrastare la campagna di Laurin e per far conoscere agli europei residenti ad Alessandria i protocolli del processo di Damasco, fece pubblicare un ampio documento, scritto in arabo da Sibli Ayub, tradotto da Jean Baptiste Beaudin, l'interprete del consolato, e annotato da Ratti-Menton. Su sono riportate in dettaglio le dichiarazioni e i confronti degli imputati, nonché le prove forensi prodotte dai periti medici. L'impatto del testo fu notevole, poiché anche i consoli di Prussia, von Wagner, e di Russia, il conte Medem, che erano alleati di Laurin, informarono i loro superiori che i protocolli erano stati ampiamente letti e che l'opinione pubblica considerava gli ebrei colpevoli. Hodges scrisse a Palmerston in luglio per informarlo che persino il conte Medem gli aveva detto personalmente che "temeva che fossero stati gli ebrei a uccidere padre Tomaso".

Da parte sua, Laurin, ben informato da Merlato sugli eventi di Damasco, continuava a fare pressione su Muhammed Ali ed era riuscito a far sì che il viceré ordinasse a Sherif Pasha di migliorare sostanzialmente le condizioni dei detenuti. In una lettera del 15 luglio, scrisse a Metternich per informarlo che il viceré, nel suo ultimo colloquio, gli aveva detto che "l'inchiesta aveva dimostrato che gli ebrei erano colpevoli, ma per non ferire i sentimenti dei suoi correligionari, in particolare quelli europei, era disposto a gettare un velo sulla natura del loro crimine, e avrebbe quindi cercato di presentare la vendetta personale piuttosto che il procacciamento di sangue cristiano come il movente dell'omicidio". Un altro dei risultati ottenuti da Laurin nei suoi colloqui con Muhammed Ali fu il suo consenso affinché gli amici europei degli imputati inviassero due avvocati a Damasco. Laurin scrisse al suo amico Carl Rothschild e gli uomini scelti furono Isaac Loria e un certo Ventura, che a metà luglio erano già in città per cercare di interferire con il lavoro del viceconsole francese. Avendo constatato che nella comunità cristiana non c'era nessuno disposto a testimoniare a favore dei detenuti, questi avvocati si dedicarono alla ricerca di musulmani di spicco che avrebbero testimoniato nel senso a loro interessato. Furono presto accusati di tentativi di corruzione e, inevitabilmente, ne seguì uno scontro tra loro e l'équipe consolare francese.

Alla fine di luglio, nonostante le pressioni di ogni tipo, Maxime des Meloizes, il viceconsole nominato da Thiers, aveva redatto un rapporto di cinquecento pagine che fu inviato a Parigi. Il rapporto conteneva gli interrogatori che aveva condotto con i prigionieri, oltre a colloqui con le loro famiglie e altre indagini. Non sorprende che la conclusione fosse che i detenuti ebrei erano gli assassini di padre Tomaso. Tuttavia, la battaglia di fondo nell'ombra cominciava ad avere ripercussioni sia su Sherif Pasha sia sullo stesso Muhammed Ali, che subiva pressioni da parte di tutti, tranne che dalla Francia, per ordinare un nuovo processo che, se si fosse tenuto, avrebbe potuto essere condotto da giuristi europei o, forse, dalle autorità egiziane. Quando fu organizzato il viaggio di Crémieux e Montefiore a Londra, si suppose che Muhammed Ali avesse accettato di riaprire il caso e che avrebbe permesso una nuova indagine. Inoltre, per far capire a Muhammed Ali che oltre al caso ebraico c'erano altre cose in gioco, il 15 luglio Turchia, Inghilterra, Austria, Prussia e Russia firmarono un trattato contro l'Egitto. Ponsoby a Costantinopoli e Hodges ad Alessandria ricevettero all'inizio di agosto lettere da Lord Palmerston che spiegavano il significato del trattato.

Crémieux, Montefiore e Muhammed Ali

Prima di lasciare Marsiglia, Crémieux ebbe diversi incontri con Thiers per ottenere una sorta di accreditamento governativo, ma non lo ottenne. Non portò nemmeno una lettera di presentazione al console generale francese in Egitto. Al contrario, Montefiore viaggiò con l'appoggio del Foreign Office e fu latore di lettere di Palmerston ai consoli britannici di Alessandria, Damasco e Beirut.

Il 4 agosto Crémieux, Montefiore e i membri del folto gruppo che viaggiava con loro arrivano ad Alessandria. Si sistemano in due alberghi, che occupano quasi esclusivamente, in attesa di partire per Damasco. Il 5 agosto il colonnello Hodges presentò Montefiore, che era in uniforme, a Muhammed Ali. Crémieux non partecipò, non avendo ancora contattato Cochelet. Montefiore, chiaramente alla ricerca di una revisione del caso, chiese formalmente al viceré il permesso di interrogare i testimoni e raccogliere prove a nome dei prigionieri ebrei. Crémieux fece la stessa richiesta giorni dopo. Nel testo, letto ad alta voce da Montefiore in inglese, era evidente la pretesa di adulare il viceré. Ecco alcuni brevi frammenti riprodotti dal professor Frankel: "Gli occhi di tutta Europa sono su Vostra Altezza, e.... e, esaudendo le nostre preghiere, l'intero mondo civilizzato sarà soddisfatto..... Il grande uomo, che ha già un nome così glorioso, deve avere un grande amore per la giustizia. Non ci può essere modo migliore per rendere omaggio al genio di Vostra Altezza... di questa missione inviata dagli israeliti in tutto il mondo per chiedere giustizia". Muhammed Ali ha promesso di rispondere in pochi giorni.

Ben presto fu chiaro che Montefiore e Crémieux erano in concorrenza tra loro per ottenere credito. Di conseguenza, i due svilupparono strategie diverse. Montefiore si affidò a Samuel Briggs, un britannico che gestiva gli affari bancari per i Rothschild ad Alessandria e che aveva accumulato un'enorme fortuna personale. Briggs era stato in Siria e aveva chiesto personalmente a Sherif Pasha di riaprire l'indagine.

Da parte sua, Crémieux ebbe colloqui tesi con Cochelet. Il leader ebraico presentò due richieste non negoziabili. La prima chiedeva che le autorità egiziane proclamassero che l'accusa di crimine rituale era falsa e diffamatoria; la seconda, che gli accusati fossero rilasciati dopo che fosse stata dichiarata la loro innocenza. In cambio, si sarebbe rinunciato per il momento a una revisione del caso su. Cochelet, seguendo quella che era ormai la linea ufficiale, sembrò disposto ad accettare la prima di queste condizioni, ma rifiutò di prendere in considerazione la seconda. Vedendo che non avrebbe ottenuto nulla dal console, Crémieux decise di giocare le sue carte con Antoine Clot e Gaetani, due rinomati medici che curavano costantemente l'anziano Muhammed Ali. Chiese a entrambi di aiutarlo a convincerlo. Jonathan Frankel rivela che, prima di lasciare l'Egitto, Crémieux pagò a ciascuno di loro diecimila franchi per i servizi resi nell'intercedere per gli ebrei di Damasco presso il viceré, il che indica che furono, per dirla senza mezzi termini, corrotti.

Il 16 agosto Rifaat Bey, inviato del Sultano ottomano, sbarcò ad Alessandria per presentare a Muhammed Ali l'ultimatum firmato il 15 luglio a Londra dalla Turchia e da quattro potenze europee, secondo il quale egli doveva evacuare entro dieci giorni la maggior parte dei territori in Siria e in Libano e rinunciare alle sue pretese ereditarie sulla Palestina se non voleva perdere tutti i suoi possedimenti tranne l'Egitto. Il viceré fu anche avvertito che lui e i suoi eredi avrebbero perso anche l'Egitto se non avesse accettato le condizioni richieste entro la scadenza. Muhammed Ali rifiutò il trattato e disse a Rifaat Bey che la Francia era pronta a venire in suo aiuto e si era più volte offerta di intervenire. Lo stesso giorno, il 16 agosto, era arrivato ad Alessandria anche l'inviato di Thiers, il conte Walewski, che due giorni dopo informò il presidente francese che il viceré d'Egitto aveva chiesto formalmente l'intervento diplomatico della Francia, cioè "la protezione e la mediazione della Francia".

Il 17 agosto Montefiore e Crémieux sono stati ricevuti in udienza da Muhammed Ali, che si è scusato per aver tardato a rispondere alla richiesta di Montefiore. Ha ammesso di non averci pensato molto, perché aveva molte altre cose da fare. Brigss, che era presente, chiese al viceré di considerare che "i due uomini non rappresentavano solo la Francia e l'Inghilterra, ma l'intera popolazione ebraica del mondo". Muhammed Ali, tuttavia, fu irremovibile e non volle acconsentire a un'ulteriore indagine. Si limitò ad assicurare che i prigionieri a Damasco erano trattati bene.

Quando fu chiaro che la riapertura del caso non era fattibile, Montefiore propose di presentare a Muhammed Ali un appello in cui gli si chiedeva di firmare un decreto che annunciasse l'innocenza dei prigionieri e il loro rilascio. Si voleva anche che il viceré proclamasse la sua incredulità sul fatto che gli israeliti avessero commesso un crimine religioso rituale. Crémieux si mostrò scettico, ma il documento fu comunque consegnato a palazzo il 22. Muhammed Ali rifiutò categoricamente la richiesta. Il 25 agosto Montefiore scrisse una lettera a Londra in cui raccontava la tensione del momento in cui la guerra sarebbe potuta scoppiare dopo la scadenza dei dieci giorni. Qui", disse, "attendiamo un ordine di imbarco. Per quanto ne sappiamo, il viceré non è disposto a cedere. L'ammiraglio inglese (Robert Stopford) è già qui in navigazione con la sua flotta attraverso il porto in compagnia di navi da guerra austriache.... Da tutte le parti vediamo preparativi per la guerra...".

Il 26 Muhammed Ali convocò l'inviato turco, accompagnato dai consoli generali delle quattro potenze alleate europee, e lo informò della sua decisione di respingere l'ultimatum. Lo stesso giorno, la flotta britannica operante al largo delle coste libanesi intercettò alcune navi egiziane che trasportavano rifornimenti per l'esercito in Siria. Quando la notizia giunse a Parigi, le voci di una guerra europea si diffusero sulla stampa e i valori di borsa crollarono in modo allarmante.

Ma proprio quando il dado sembrava tratto, il viceré egiziano ribaltò inaspettatamente il suo approccio. Il 27 agosto, nel corso di una lunga riunione con i suoi consiglieri, annunciò di essere pronto a rinunciare alle sue pretese sulla Siria. Il giorno successivo comunicò a Rifaat Bey e ai consoli delle potenze alleate di aver accettato i termini del secondo Utimatum, che gli garantiva il dominio ereditario dell'Egitto e lo espropriava dei territori rimanenti. Tuttavia, si riservò di rivolgere un'"umile supplica" al Sultano, chiedendogli, con un atto di estrema generosità, di concedergli il controllo della Siria e di Creta finché fosse vissuto. Muhammed Ali chiese a Rifaat Bey di partire subito per Costantinopoli; ma i consoli intervennero per far notare che le sole parole non erano sufficienti e che solo l'evacuazione dell'esercito egiziano dalla Siria avrebbe potuto fermare la guerra.

Cochelet rimase sconcertato nell'apprendere che Muhammed Ali aveva preso una decisione così importante senza consultarsi preventivamente. La sua indignazione fu tale che, quando gli fu chiesto di recarsi a palazzo, inizialmente rifiutò. In un dispaccio a Thiers del 30 agosto, si rammaricava dell'azione del viceré egiziano, ritenendo che la Francia avrebbe dovuto essere avvertita del cambiamento di politica. Cochelet riferì che presentandosi a Muhammed Ali lo trovò depresso, con la voce debole e rotta. Secondo Cochelet aveva subito una piccola operazione per dei foruncoli. "Posso spiegare questa grande concessione solo come il risultato di un indebolimento del suo morale e della paura di una lotta aspra in cui teme la sconfitta". Alla fine fu l'inviato di Thiers, Walewski, e non Rifaat Bey, a salpare il 30 agosto per Costantinopoli con la richiesta di un accordo. Insieme alla richiesta, Walewski portò l'avvertimento che, se la sua offerta fosse stata rifiutata, l'esercito egiziano era pronto a invadere l'Anatolia.

Torniamo ora all'argomento di questo articolo per vedere come sono avvenute le concessioni di Muhammed Ali ai leader ebrei europei. Grazie ai diari di Crémieux e Montefiore, poi curati dal rabbino Löwe, si sa che Adolphe Crémieux e sua moglie Amélie Crémieux lasciarono Alessandria d'Egitto per il Cairo alle sette del mattino di venerdì 28 all'indirizzo. Un'ora dopo, mentre stavano per salire su una chiatta per attraversare il Nilo, videro una carrozza avvicinarsi a tutta velocità. A bordo c'erano Clot e Gaetani, i medici di Muhammed Ali, che raccontarono che all'alba avevano lavorato per rimuovere un foruncolo dalle natiche del viceré, con il quale avevano discusso degli ebrei di Damasco. I medici avevano sostenuto che, con la crisi internazionale al suo apice, la voce di sei milioni di ebrei a nome del viceré d'Egitto poteva essere di vitale importanza. Durante la conversazione Muhammed Ali aveva improvvisamente annunciato: "Rilascerò i prigionieri e permetterò ai fuggitivi di tornare. Darò gli ordini del caso". Crémieux e il suo seguito tornarono immediatamente ad Alessandria.

Il professore dell'Università Ebraica di Gerusalemme Jonathan Frankel ritiene che con questa decisione Muhammed Ali intendesse iniziare a prendere le distanze dalla Francia e ad assicurarsi, per quanto possibile, un'intesa con le altre potenze europee. Lo scontro tra i consoli ad Alessandria aveva dimostrato che l'affare di Damasco era un fattore determinante nella disputa tra le grandi potenze. Il rilascio dei prigionieri era ovviamente un gesto nei confronti dell'alleanza anglo-austriaca", ha detto Frankel, "le cui navi solcavano le acque del porto di Alessandria.

Alle due del pomeriggio dello stesso giorno 28 Montefiore si recò a palazzo e riuscì ad avere accesso al viceré, il quale confermò che ciò che i medici avevano detto a Crémieux era vero. La sera fu Crémieux a recarsi a palazzo per ringraziare Muhammed Ali a nome di "sei milioni di ebrei sparsi in tutto il mondo". Tra le gentilezze che gli riservò ci fu questa: "Kebler disse a Bonaparte: "Voi siete grande come il mondo. Lei, signore, in questo momento è grande come Napoleone".

Sabato 29 i membri della delegazione ebraica hanno raccolto copie dei documenti ufficiali a favore dei prigionieri di Damasco e dei fuggitivi. Ben presto trovarono nel documento un termine a loro sgradito. Il decreto conteneva la parola "grazia", che connotava il senso di colpa. Fu ancora Crémieux a incontrare il viceré per spiegare che l'ambasciata ebraica sentiva il bisogno di protestare pubblicamente se non fosse stata sostituita la parola in questione. La discussione tra i due si protrasse per più di un'ora, finché Muhammed Ali accettò di sostituirla con l'espressione "liberato".

Prima di lasciare Alessandria, Montefiore e Crémieux firmarono insieme una lettera di ringraziamento indirizzata al viceré d'Egitto, anche se in realtà era stata scritta pensando all'opinione pubblica europea, che avrebbe dovuto leggere sui giornali del continente. Nella lettera si legge che:

> "Sua Altezza ha dimostrato al mondo che respinge con disprezzo le calunnie diffamatorie che i nostri nemici volevano lanciare sulla religione ebraica... in base all'odioso principio dello spargimento di sangue umano per mescolarlo al pane azzimo, un'accusa che renderebbe la nostra antica e pura religione barbara e sanguinaria. L'atto che Vostra Altezza ha compiuto prenderà posto nella storia accanto ai due decreti firmati da

Solimano II e Amurath (al Murad), che hanno nobilmente scagionato la religione ebraica dalla stessa accusa... Principi cristiani e persino papi hanno fatto la stessa cosa".

Libertà per gli assassini di padre Tomaso

Il 6 settembre arrivò a Damasco l'ordine di liberare gli assassini di padre Tomaso e del suo servo Ibrahim Amara. L'editto firmato da Muhammed Ali afferma che i signori Moses Montefiore e Adolphe Crémieux gli hanno presentato le loro petizioni e speranze. Continua come segue:

"Ci sono stati inviati da tutta la popolazione di religione mosaica in Europa e ci hanno implorato di decretare la liberazione dei loro correligionari che sono stati arrestati e di assicurare la pace di coloro che, in conseguenza delle indagini seguite alla scomparsa (!) di padre Tomaso e del suo servo Ibrahim, sono fuggiti. E poiché, essendo così numerosi tra la popolazione, riteniamo sconsigliabile rifiutare la loro richiesta, ordiniamo che tutti gli ebrei imprigionati siano rilasciati. Per quanto riguarda coloro che hanno lasciato le loro case, ordino che sia garantita loro la massima sicurezza per poter tornare. Ognuno di loro tornerà al suo mestiere o alla sua attività e come prima potrà svolgere il suo lavoro abituale. Ordino che si sentano completamente al sicuro da qualsiasi rifiuto (di questo ordine). Questa è la Nostra volontà.

Il conte di Ratti-Menton rimase sbalordito dall'inattesa svolta degli eventi ed espresse la sua amarezza in una serie di lettere private che scrisse al suo collega des Meloizes. È difficile", scriveva il 6 settembre, "descrivere l'impressione... che è stata fatta sulla popolazione cristiana e musulmana. Per tutto il giorno i cristiani e molti musulmani sono venuti al consolato per sapere cosa possa aver motivato questa azione per loro incomprensibile". Pochi giorni dopo, ha raccontato della grande festa che si è svolta nel quartiere ebraico, alla quale "padre Tomaso e io abbiamo preso parte in forma di pappamolle". In un'altra lettera del 12 settembre, Ratti-Menton si rammaricava che Sherif Pasha non avesse potuto evitare i festeggiamenti, dove si era gridato "Viva l'Austria! Viva la Francia! Evviva gli Ottomani! Abbasso la Croce!".

Anni dopo, uno degli uomini più eruditi sul *Talmud* e sul mondo ebraico in generale, l'ex rabbino Simon Drach, che alla fine si convertì al cristianesimo, scrisse quanto segue: "Gli assassini di padre Tomaso, condannati per il loro crimine, sono tuttavia sfuggiti alla condanna grazie agli sforzi degli ebrei di tutte le nazioni. In questo caso il denaro ha giocato il ruolo più importante.... Non è stata fatta giustizia.

La verità, però, è proclamata oggi sull'epitaffio di un'umile tomba nella chiesa di Terra Santa, ma che fino al 1866 si trovava nel cimitero del convento cappuccino di Damasco. Il testo, scritto in italiano e arabo, recita: "Qui riposano le ossa del P. Tomaso da Sardegna, Misionario Apostólico Capuchino, assassinato dagli ebrei il giorno 5 di febbraio dell'anno 1840".

Dopo l'impunità del crimine di padre Tomaso, quelle zone dell'Est divennero l'El Dorado per numerosi assassini assetati di sangue. Tre anni dopo, furono denunciati altri crimini rituali di diversi bambini a Corfù, un nuovo omicidio a Rodi e altri casi in sette luoghi diversi. In tutta Europa, l'aumento dei crimini assunse proporzioni allarmanti. Non esiste un elenco definitivo, ma i ricercatori hanno documentato cinquantanove casi che tra il 1800 e il 1933 sono arrivati in tribunale. È un dato di fatto che tra il 1840 e il 1888 gli omicidi e le denunce sono aumentati a dismisura. La ricchezza di libri, opuscoli e articoli a favore e contro è notevole. Uno dei crimini più pubblicizzati fu quello di Tisza-Eszlár (Ungheria) nel 1882. Esiste un romanzo, *Blood Libel at Tiszaeszlar*, di Andrew Handler, e un film, *The Raftsmen*, girato in Ungheria nel 1990.

Per quanto riguarda i crimini rituali ebraici negli Stati Uniti, Eustace Mullins li denuncia in *Mullin's New History of the Jews*, pubblicato nel 1968 dall'International Institute of Jewish Studies. In esso attribuisce la morte del figlio di Charles Lindbergh, una bambina di venti mesi rapita e uccisa nel marzo 1932, a criminali e pratiche rituali ebraiche. Anche Arnold Leese, in *Jewish Ritual Murder*, fornisce dettagli sul complotto ebraico che circonda il caso del figlio del colonnello Lindbergh. Mullins rivela che Chicago è la città americana in cui si verifica il maggior numero di casi di crimini rituali e sostiene che la città è uno dei centri che fornisce sangue alle comunità ebraiche di tutto il mondo. Il capo della polizia ha persino ammesso che in città scompaiono trecento bambini al mese. Nell'ottobre 1955, i fratelli John e Anton Schuessler, di tredici e undici anni, e il loro amico Bobby Peterson, di quattordici, furono rapiti e uccisi a Chicago. Nel dicembre 1956, sempre a Chicago, le sorelle Barbara e Patricia Grimes subirono lo stesso destino. Non fu possibile evitare che questi omicidi diventassero di dominio pubblico. *Il Daily News* pubblicò un'edizione serale con la notizia che il corpo di Bobby Peterson era stato trafitto negli stessi punti in cui Cristo era stato ferito sulla croce. L'edizione fu immediatamente ritirata dall'edicola. Sebbene, come al solito, la versione ufficiale della polizia attribuisse le morti a crimini sessuali, nessuno dei corpi mostrava segni di stupro o di violenza sessuale. Al contrario, tutti avevano segni di legatura ai polsi e alle caviglie e avevano subito tagli, punture e perforazioni: i giovani erano morti lentamente dissanguati.

Nazionalismo e proto-sionismo

Sebbene nel corso del XVIII secolo, spinti dalle predizioni messianiche, molti cabalisti si fossero recati in pellegrinaggio in Palestina, all'inizio del XIX secolo vi erano solo circa 5.000 ebrei. Nel 1812 era stata fondata a Hebron la prima colonia di ebrei ashkenaziti appartenenti al movimento chassidista, il cui principale protettore era il rabbino Hirsch Lehren, che, come sappiamo, dal 1817 guidava l'organizzazione filo-sionista Ufficiali della Terra d'Israele ad Amsterdam. Dieci anni prima della crisi innescata dall'Affare di Damasco, il settimanale americano *Niles Wekly Register* aveva ipotizzato che il Sultano ottomano stesse valutando la vendita di Gerusalemme ai Rothschild, il cui potere e la cui influenza avrebbero permesso loro di riunire la loro nazione in Giudea. Secondo questa pubblicazione, il territorio era di scarso valore per il sultano, "ma nelle mani degli ebrei, guidati da uomini come i Rothschild, cosa non potrebbe diventare in breve tempo?". Nel 1836 il rabbino Zeví Hirsch Kalisher si appellò ad Amschel Rothschild affinché acquistasse tutta la Palestina, prerequisito per la redenzione del popolo ebraico. Se ciò non fosse stato possibile, il rabbino chiese al banchiere di acquistare almeno la città di Gerusalemme con tutti i suoi dintorni. Nel 1839 Kalisher scrisse anche a Moses Montefiore, che, come sappiamo, quell'anno si recò per la prima volta in Palestina. Gli chiese di affittare a Muhammed Ali una vasta area di terra per un periodo di cinquant'anni, al fine di insediarvi migliaia di famiglie ebree. Quando Montefiore fu ricevuto dal viceré il 13 luglio, il capo ebraico gli presentò l'ambizioso piano. La proposta era di affittare uno o duecento villaggi che sarebbero stati esenti da tasse o contributi. L'affitto sarebbe stato pagato annualmente in denaro ad Alessandria. Montefiore scrisse nel suo diario che, se la concessione fosse stata ottenuta, avrebbe fondato una società per coltivare la terra e incoraggiare i suoi fratelli di tutta Europa a tornare in Palestina. Passarono settimane e mesi, ma dall'Egitto non giunse alcuna risposta. Nell'estate del 1840, tuttavia, il piano di Montefiore di trasferire gli ebrei in Palestina su larga scala era diventato di dominio pubblico e vennero pubblicate notizie di progetti industriali in varie parti della Giudea in cui sarebbero stati impiegati solo lavoratori ebrei.

Storicamente, gli ebrei hanno usato la conversione ad altre religioni per lavorare al loro interno per i loro interessi razziali e religiosi. Questo è stato il caso dei marrani in Spagna, molti dei quali sono arrivati a ricoprire posizioni importanti all'interno della Chiesa. Sappiamo già che Shabbetay Zeví, il Messia ebreo del XVII secolo, non ebbe problemi ad adottare l'Islam per salvarsi la vita e in seguito sminuì il valore della sua conversione. Anche Jakob Frank si convertì all'Islam e al Cristianesimo in successione per, secondo le sue parole, distruggere il Cristianesimo dall'interno, come farebbero "i soldati che assaltano una città passando attraverso le sue fogne". In effetti, numerose opere denunciano oggi la penetrazione sistematica di agenti ebrei nella gerarchia cattolica e vaticana. Tra queste, *Judaism and the Vatican* del visconte Leon de Poncins, *The Broken Cross di* Peirs Compton e *Behold a Pale Horse* di Bill Cooper. Un esempio recentemente discusso di ciò di cui abbiamo scritto è quello del vescovo della Cattedrale di Santo Stefano a Vienna, Johann Emmanuel Veith, un ebreo convertito che ha sfacciatamente giurato su Cristo dal pulpito che gli assassini di Padre Tomaso erano innocenti. I Doenmes, l'equivalente dei Marrani spagnoli nel mondo musulmano, erano ebrei convertiti all'Islam e, pur comportandosi esteriormente come musulmani, rimasero fedeli alla loro religione. Sappiamo che Mustafa Kemal Ataturk e i Giovani Turchi, che nel 1923 posero fine allo Stato islamico in Turchia, erano Doenmes. Tutto questo è rilevante perché nel 1809 fu fondata a Londra anche un'organizzazione cristiana, la già citata "London Society for Promoting Christianity Amongst the Jews", che operò con vero fervore per la causa del ritorno degli ebrei in Palestina.

Se siamo d'accordo che il sionismo è un movimento che cerca la riunificazione di un popolo disperso in un territorio presumibilmente promesso da un Dio che lo ha scelto tra tutti gli altri, dobbiamo considerare che la London Society era un'organizzazione pro-sionista. Essa pullulava di numerosi ebrei convertiti al cristianesimo, come l'ineffabile missionario George Wildon Pieritz, autore del pamphlet *Statement of Mr. G.W.* Pieritz, a Jewish Convert, a Jewish *Convert. Pieritz, un ebreo convertito e assistente missionario a Gerusalemme, riguardo alla persecuzione degli ebrei a Damasco: il risultato di un'indagine personale sul posto.* Lo scopo principale di questi "cristiani" era quello di approfittare del loro nuovo status per lavorare vantaggiosamente per la causa del nazionalismo ebraico. Dopo tutto, la maggior parte di loro si considerava membro della nazione ebraica. Tra le figure di spicco della Società di Londra c'era il teologo Alexander McCaul, che sosteneva che la conversione degli ebrei al cristianesimo e il loro ritorno in Palestina fossero un unico obiettivo. In una lettera del 1839 al comitato esecutivo della Società, egli decise che in tutte le sedi stabilite nel Mediterraneo e in Polonia i missionari avrebbero dovuto dedicare almeno due ore al giorno allo studio del *Talmud*. McCaul riteneva senza dubbio che per essere un buon cristiano la cosa più appropriata da fare fosse leggere il libro più anticristiano che esista, che predica un odio feroce contro Cristo e sprigiona una patologica sete di vendetta contro il cristianesimo.

Una delle figure più importanti della London Society era Lord Ashley, VII conte di Shaftesbury, che nel 1835 era stato nominato vicepresidente della società. Ashley aveva un rapporto intimo con il Segretario del Ministero degli Esteri, Lord Palmerston, poiché sua suocera, Lady Emily Cowper, era stata l'amante di Palmerston fino al 1839, quando divenne sua moglie. Grazie a queste influenze, la Società di Londra si assicurò la nomina del viceconsole britannico a Gerusalemme. Fu Ashley ad assicurarsi che l'area di responsabilità del viceconsole fosse costituita dagli antichi confini di quello che egli definì "l'antico regno di Davide e delle dodici tribù". La persona scelta per la posizione nel 1838 fu W. T. Young, che nello stesso periodo divenne membro del Comitato generale della Società. Un'annotazione nel diario di Ashley rivela il rapporto tra lui e Palmerston:

"Addio questa mattina a Young, che è appena stato nominato viceconsole di Sua Maestà a Gerusalemme..... Che evento meraviglioso! L'antica città del popolo di Dio sta per riconquistare un posto tra le nazioni, e l'Inghilterra è il primo dei regni gentili a smettere di calpestarla..... Dio mi ha messo in cuore di elaborare un piano in Suo onore, mi ha dato l'influenza per influenzare Palmerston e mi ha fornito l'uomo giusto per la situazione.

Lord Ashley considerava il periodo storico di Cromwell e Carlo II come un dono della "Provvidenza che non dorme mai". Per lui, il fatto che l'Inghilterra avesse allora dato protezione agli ebrei era stato l'inizio della sua prosperità e del suo dominio commerciale. Questo sionista avant la lettre pubblicò sul *Times* un memorandum, firmato "a nome di molti che sperano nel ristabilimento di Israele", che fu inviato privatamente a tutti i capi degli Stati protestanti d'Europa e del Nord America. Il documento si riferiva alla Chiesa di Roma come "la grande Babilonia che sta per sprofondare nell'abisso di un destino insondabile... quando verrà il suo momento (ed è molto vicino!)". Facendo appello allo spirito del re persiano Ciro, i governi protestanti furono invitati ad agire per restituire al popolo di Israele la sua eredità. Lo stesso Lord Palmerston presentò il documento alla Regina Vittoria.

Tutto questo fervore sionista non fece che aumentare nel 1840 e negli anni successivi. La stessa Lady Palmerston, commentando l'esplosione del nazionalismo ebraico che si era verificata in seguito all'Affare di Damasco, disse: "gli elementi fanatici e religiosi... in questo Paese... sono assolutamente determinati a far sì che Gerusalemme e tutta la Palestina siano riservate al ritorno degli ebrei; questo è il loro unico desiderio". L'argomentazione principale era che, per evitare che in futuro si ripetessero casi come dei "poveri ebrei di Damasco e Rodi", era necessario il ritorno in Palestina. Moses Hess dedicò un intero capitolo del suo famoso libro *Roma e Gerusalemme* all'impatto che ebbe su di lui l'episodio del crimine rituale di Damasco. In esso sosteneva che il modo in cui gli ebrei erano stati perseguitati, anche in Europa, segnava un nuovo inizio nella vita ebraica. Questo libro di Hess e *Drishal Zion* (*La ricerca di Sion*) di Hirsch Kalischer, entrambi pubblicati nel 1862, costituiscono le prime esposizioni del moderno nazionalismo ebraico.

Secondo Eustace Mullins, nel 1811 Zeví Hirsch Kalisher (1795-1874) aveva solo sedici anni quando frequentò la loggia massonica di Francoforte, sede della Massoneria illuminata. La sua amicizia con Amschel Rothschild risale quindi a quegli anni. Lì conobbe anche Solomon Rothschild e

Sigismund Geisenheimer, il capo amministrativo della Casa Rothschild, entrambi presenti alle sedute. Nel *Drishal Zion*, questo rabbino ashkenazita invocava la ricostruzione di Eretz Israel. Il suo piano prevedeva la creazione di insediamenti, che sarebbero stati protetti dalle forze di sicurezza, come avviene attualmente, poiché oggi il centro di Hebron, inaccessibile ai 130.000 palestinesi che vivono in città, è occupato da circa 500 coloni che godono della protezione dell'esercito. Nella sua opera il rabbino Kalisher annunciava che l'inizio della Redenzione sarebbe avvenuto sotto gli auspici dei popoli del mondo e che l'insediamento degli ebrei nella loro terra avrebbe preceduto la venuta del Messia. La pubblicazione di quest'opera suscitò grande scalpore nel mondo ebraico e fu citata da Moses Hess, che pochi mesi dopo avrebbe pubblicato *Roma e Gerusalemme*, la grande opera del proto-sionismo.

Meyer Waxman, traduttore nel 1918 dell'opera di Mosè Hess (1812-1875) in inglese, parla di *Roma e Gerusalemme* come di un libro in anticipo sui tempi. Hess è per lui un profeta e considera l'opera "l'araldo del nazionalismo e la tromba del sionismo". Non vogliamo soffermarci ora, perché altri argomenti richiedono il nostro interesse. Vedremo solo alcune delle idee che questo fanatico nazionalista espone nella sua opera. Hess, che fu amico di Marx ed Engels durante gli anni di gestazione *del Manifesto comunista* e partecipò con entusiasmo al movimento rivoluzionario, come si vedrà nel prossimo capitolo, prevede un ruolo da protagonista per il futuro Stato ebraico. Lo Stato sionista, prevede, "seduto sulla strada per l'India e la Cina, sarà il mediatore tra Asia ed Europa". Secondo lui, "lo scopo di tutta la creazione si realizzerà solo con l'instaurazione del regno messianico e la venuta del Messia". Hess cita Isaia per distinguere due tipi di nazioni: "quelle condannate alla morte eterna e Israele, il cui destino è quello di risorgere". Avendo usato la rivoluzione francese per ottenere l'uguaglianza e l'emancipazione, Hess avverte che gli ebrei che si sono emancipati e integrati e "negano l'esistenza di una nazionalità ebraica, non sono solo disertori in senso religioso, ma traditori del loro popolo, della loro razza e persino della loro famiglia..., perché la religione ebraica è soprattutto patriottismo". Sul tema dell'apostasia, discusso in precedenza, afferma: "In realtà, l'ebraismo come nazionalità ha una base naturale che non si perde con la semplice conversione a un'altra fede o a un'altra religione. Un ebreo appartiene alla sua razza e di conseguenza all'ebraismo, anche se i suoi antenati possono essere stati apostati. L'ebreo convertito è sempre un ebreo...". Ecco un passaggio significativo in cui, nel suo delirio nazionalista, Hess riteneva possibile che i banchieri ebrei potessero imporre la creazione di un superstato sionista per mezzo del denaro: "Quale potenza europea oggi si opporrebbe al progetto che gli ebrei, uniti attraverso un Congresso, comprino la loro antica patria? Chi si opporrebbe se gli ebrei gettassero qualche manciata d'oro alla vecchia e decrepita Turchia e dicessero: 'Ridatemi la mia patria e usate questo denaro per consolidare altre parti del vostro impero vacillante'? Non ci sarebbero obiezioni alla realizzazione di un simile piano, e la Giudea potrebbe estendere i suoi confini da Suez al porto di Smirne, includendo l'intera area della catena occidentale del Libano". In un altro passaggio particolarmente degno di nota Hess insiste sulla rivendicazione della Turchia e riconosce il ruolo degli ebrei nella rivoluzione francese e nel movimento rivoluzionario in generale. Rivolgendosi al popolo ebraico, scrive: "È giunto il momento di reclamare con un risarcimento o con altri mezzi la vostra antica patria dalla Turchia, che l'ha devastata per anni. Avete contribuito a sufficienza alla causa della civiltà e avete aiutato l'Europa sulla strada del progresso, a fare rivoluzioni e a farle con successo".

È deplorevole notare come questo sionista insinui che essi siano stati motivati dalla filantropia nell'innescare a proprio vantaggio processi rivoluzionari in cui milioni di europei hanno perso vite e proprietà. Ma forse ancora più scandaloso è il cinismo con cui attribuisce un ruolo suprematista all'ebraismo e il disprezzo con cui si riferisce alle altre culture e religioni, soprattutto conoscendo i crimini del sionismo e la rovina che la creazione di Israele ha significato per tutti i popoli del Medio Oriente. Sempre rivolgendosi al popolo ebraico, prosegue dicendo: "Diventerete il riferimento morale dell'Oriente. Avete scritto il Libro dei Libri. Diventate dunque l'educatore delle selvagge orde arabe e dei popoli africani. Lascia la vecchia saggezza dell'Oriente, le rivelazioni dello Zend, i Veda, così come il più moderno Corano, raggruppali intorno alla tua Bibbia". Per concludere questa breve rassegna su *Roma e Gerusalemme*, vediamo come Moses Hess concepì i passi da compiere per la creazione dello Stato. In primo luogo, i principi ebrei, cioè i Rothschild, Montefiore e altri, dovevano organizzare una Società per la colonizzazione della Palestina, il cui programma avrebbe compreso le seguenti attività: 1. La colonizzazione della Palestina, che era stata avviata nel 1948, era stata avviata nel 1948. 2. Gli ebrei provenienti da tutte le parti del mondo, in particolare da Russia, Polonia e Germania, si sarebbero dovuti insediare in Palestina, dove avrebbero ricevuto prestiti e sarebbero stati assistiti da tecnici agricoli impiegati dalla Società. 3. Una forza di polizia dovrebbe essere istituita per proteggere i coloni da eventuali attacchi beduini e per mantenere l'ordine in generale. 4. Sotto gli auspici della Compagnia, sarebbero state aperte scuole per la gioventù ebraica, in cui sarebbero state insegnate tutte le scienze e, naturalmente, l'ideologia nazionalista. Hess precisò infine che ciò "non significava un'immigrazione totale di ebrei in Palestina, poiché anche dopo la creazione dello Stato ebraico, la maggioranza degli ebrei che vivevano all'epoca nell'Occidente civilizzato sarebbe rimasta lì".

Per concludere questa sezione, può essere interessante sapere che, non appena la Siria e la Palestina furono di nuovo sotto il dominio del Sultano di Costantinopoli, la Società di Londra di Lord Ashley , evidentemente con l'approvazione di Palmerston e l'appoggio dell'Arcivescovo di Canterbury, si affrettò a realizzare un progetto per la costruzione di una chiesa anglicana in Terra Santa, che fu portato avanti con insolita rapidità. La chiesa, che la London Society iniziò a costruire sul Monte Sion, divenne sede di un vescovo anglicano nel 1841. L'incarico andò a Michael Salomon Alexander, che, com'era prevedibile, aveva avuto un'educazione ebraica tradizionale prima di convertirsi al cristianesimo. Il 9 novembre dello stesso anno, il capitano Valmont, che comandava l'*Eufrate*, una nave da guerra francese che operava al largo delle coste libanesi, riferì a Cochelet che il sacerdote inglese parlava liberamente della promessa di ristabilire il regno di Israele in Terra Santa.

James Rothschild e la caduta di Thiers

Resta ora da vedere quali saranno le ripercussioni politiche dell'Affare di Damasco, che portò alla caduta di Adolphe Thiers e fu una grave umiliazione diplomatica per la Francia. Secondo Niall Ferguson, la risoluzione dell'affare fu un trionfo personale per James Rothschild e segnò uno dei punti più alti del potere politico del banchiere. Ferguson sostiene che la crisi offrì a James l'opportunità ideale per indebolire il Primo Ministro, che non era mai stato un suo grande ammiratore. Nathaniel Rothschild, all'apice della crisi, espresse l'opinione che la defenestrazione di Thiers, che considerava "il più arrogante dei ribelli", sarebbe stata quasi impossibile e "di fatto pericolosa oltre che poco saggia". Si trattava quindi di capire fino a che punto i Rothschild fossero in grado di accelerare la sua caduta.

La chiave è stata l'impatto della crisi sul prezzo delle entrate pubbliche. Il 3 agosto 1840 si verificò una drammatica caduta del prezzo dei titoli di Stato. Fu solo l'inizio di un declino prolungato che si protrasse fino a ottobre, spinto dai timori per gli eventi in Oriente. La chiave della posizione dei Rothschild si trova ancora una volta in un commento di Nat, citato da N. Ferguson: "Grazie a Dio, la casa non aveva quasi nessun affitto". Ciò significa che il 2 agosto, il giorno prima del crollo dei titoli di Stato francesi, i Rothschild francesi , che senza dubbio avevano informazioni privilegiate dalle case di Londra e Vienna, si erano coperti in anticipo e se ne erano disfatti. Thiers si difese come meglio poté e il 12 ottobre sparò una raffica contro James Rothschild e le sue manovre attraverso il giornale filogovernativo *Constitutionnel*. Ecco il testo estratto dall'opera di Niall Ferguson:

"Secondo il *Times*, il signor de Rothschild è un finanziere e non vuole la guerra. Niente di più facile da capire. Monsieur de Rothschild è un suddito austriaco e il console austriaco a Parigi, e come tale si preoccupa poco dell'onore e degli interessi della Francia. Anche questo è comprensibile. Ma cosa avete a che fare, signor de Rothschild, uomo di Borsa, signor de Rothschild, agente di Metternich, con la nostra Camera dei Deputati e la nostra maggioranza? Con quale diritto e con quale autorità il Re delle Finanze interferisce nei nostri affari? È lui il giudice del nostro onore, e i suoi interessi pecuniari dovrebbero avere la precedenza sul nostro interesse nazionale? Parliamo di interessi pecuniari, ma, molto sorprendentemente, se si deve credere a rapporti altamente attendibili, il banchiere ebreo non si limita a portare contro il nostro gabinetto rivendicazioni finanziarie... Sembra che voglia anche soddisfare la sua vanità ferita. Il signor de Rothschild ha promesso ai suoi correligionari il licenziamento del nostro console generale a Damasco a causa della posizione da lui difesa al processo contro gli ebrei in quella città. Grazie alla fermezza del Presidente del Consiglio [Thiers], queste insistenti richieste dell'onnipotente banchiere sono state contrastate e il signor Ratti-Menton è stato mantenuto. Da qui l'irritazione del banchiere onnipotente e il fervore con cui si dedica a intrighi che non hanno nulla a che fare con i suoi affari.

James Rothschild deve essere rimasto poco turbato da questo attacco. In realtà non era altro che il diritto di lamentarsi, perché otto giorni dopo Thiers si dimise. Il 29 ottobre 1840 si formò un nuovo governo, guidato ancora una volta da uno dei più fedeli sostenitori dei Rothschild, il traditore di Waterloo, l'infaticabile maresciallo Jean-de-Dieu Soult, duca di Dalmazia, che si era insediato per la terza volta e sarebbe rimasto in carica fino al 19 settembre 1847. Nathaniel Rothschild fu lieto di affermare che la Borsa aveva la massima fiducia nel nuovo governo.

Le conseguenze della crisi in Oriente dimostrarono che le tensioni internazionali andavano a vantaggio dei Rothschild. La caduta di Thiers portò quasi immediatamente a nuovi affari. Il governo di Soult si affrettò a negoziare con la casa Rothschild un nuovo prestito per la costruzione di un sistema di fortificazioni intorno a Parigi. Un prestito di 150 milioni di franchi fu concesso nell'ottobre 1841, dimostrando l'indiscusso dominio di James Rothschild sulla finanza francese. Altri prestiti furono concessi nel 1842 e nel 1844. Le tensioni internazionali portarono anche a un aumento delle spese per gli armamenti negli Stati tedeschi. "Se la Francia continua ad armarsi, deve farlo anche la Germania", ragiona Amschel Rothschild. Questo significava nuovi affari per i Rothschild.

Per inciso, può interessare al lettore sapere cosa accadde all'incorruttibile conte de Ratti-Menton. Nell'estate del 1841 gli fu ordinato di presentarsi a Parigi. Sebbene la comunità cattolica di Damasco insistesse per il suo ritorno al consolato, il suo rientro non avvenne mai. Il governo guidato dall'ebreo Soult, così strettamente legato agli interessi dei Rothschild, deve aver ritenuto che un diplomatico che aveva mostrato così poca compassione verso i poveri ebrei innocenti meritasse un incarico speciale: nel 1842 Ratti-Menton fu nominato console a Canton.

CAPITOLO V

"I NOSTRI BRAVI MASSONI, BENDATI".

Da quando gli Illuminati sono penetrati nella Massoneria per sfruttarla e, nascosti al suo interno, hanno funzionato come una società segreta all'interno di una società segreta, i massoni di tutto il mondo hanno svolto il ruolo assegnato loro dai dirigenti del MRM (Movimento Rivoluzionario Mondiale). Ricordiamo le parole del rabbino Antelman: "Quando gli Illuminati e i Frankisti si infiltrarono tra i massoni, non significava che nutrissero sentimenti di amore per la Massoneria. Al contrario, la odiavano e volevano solo la sua copertura come mezzo per diffondere la loro dottrina rivoluzionaria e fornire un luogo di incontro senza destare sospetti".

Con il progredire del XIX secolo, il controllo della Massoneria divenne così irreversibile che nel 1861 l'ineffabile Adolphe Isaac Crémieux, massone di 33° grado e Gran Maestro del Grande Oriente di Francia, fondatore nel 1860 dell'Alleanza Israelitica Universale, proclamò quanto segue a pagina 651 dell'*Archivio Israelitico*, l'organo dell'Alleanza: "Al posto dei Papi e dei Cesari, sorgerà un nuovo regno, una nuova Gerusalemme. E i nostri bravi massoni, bendati, assistono gli ebrei nella 'Grande Opera' di costruire quel nuovo Tempio di Salomone , quel nuovo Regno cesareo-papista dei cabalisti!". Queste parole di Crémieux ci sono sembrate l'ideale per intitolare questo capitolo, in cui vedremo come i bravi massoni, bendati, abbiano agito nei vari episodi storici del secolo agli ordini del potere occulto che li ha strumentalizzati.

In linea di principio, secondo i suoi statuti, la Massoneria doveva essere un'associazione segreta con scopi filantropici, umanitari e progressisti, il cui obiettivo era cambiare la civiltà cristiana in un mondo basato sull'ateismo razionalista. Imbevuti delle idee dell'Illuminismo bavarese, i massoni, insieme agli ebrei, iniziarono a lavorare instancabilmente per il trionfo della rivoluzione universale. È un dato di fatto che nei vari Paesi la maggior parte dei massoni di alto rango sono ebrei. Il 3 agosto 1866, il rabbino Isaac M. Wise pubblicò sul giornale *The Israelite*, da lui stesso edito negli Stati Uniti, le seguenti parole : "La Massoneria è un'istituzione ebraica, la cui storia, i gradi, i costi e i chiarimenti sono ebraici dall'inizio alla fine".

Albert Pike, instancabile studioso della Cabala e dell'occulto, massone di 33° grado, leader mondiale della Massoneria che si dichiarò sacerdote di Lucifero, personaggio ineludibile a cui dedicheremo un'attenzione a parte in questo capitolo, scrive quanto segue in *Morals and Dogma*, la sua opera fondamentale: "Tutte le religioni genuinamente dogmatiche procedono dalla Cabala e riconducono ad essa. Tutto ciò che c'è di scientifico e di grande nei sogni religiosi di illuminati come Jacob Böhme, Swedenborg, San Martino e altri, è stato preso in prestito dalla Cabala. Tutte le associazioni massoniche devono ad essa i loro segreti e simboli".

Coloro che cercano di mettere in dubbio il controllo ebraico della Massoneria sostengono che inizialmente non c'erano ebrei tra i massoni e che essi sono apparsi solo alla fine del XVIII secolo. Se questo può essere relativamente vero, è innegabile che a partire dal XIX secolo la Massoneria è diventata una forma di giudaismo cabalistico per il consumo di gentili più o meno selezionati. Abbiamo visto che c'era un piano molto ben elaborato a favore dell'ebraismo. Abbiamo anche visto come si arrivò all'ammissione degli ebrei nelle logge e l'importanza del Congresso di Wilhelmsbad , dove trionfarono le idee di emancipazione. Poco importa, quindi, se all'inizio ci fossero o meno degli ebrei nelle logge. Sappiamo come hanno ottenuto la penetrazione e in questo capitolo continueremo a mostrare i risultati, sui quali non ci sono dubbi: i bravi massoni di Crémieux sono stati la punta di diamante del Movimento rivoluzionario mondiale finanziato dai Rothschild e da altri banchieri ebrei. I fatti e le affermazioni sul controllo del giudaismo internazionale nella Massoneria sono evidenti.

Kabbalah, l'eresia mistica dello Shabbetaismo e del Frankismo

La Cabala è una parte del *Talmud*, ma di natura specialistica, mistica, occulta e segreta. La tradizione cabalistica non proviene solo da fonti ebraiche, ma da una grande varietà di tradizioni esoteriche preesistenti: indo-iraniana, assira, egiziana, persiana, babilonese e cananea. Per i cabalisti tutto il mondo è un "corpus symbolicum", quindi anche la Cabala, a cui tutte le associazioni massoniche devono i loro segreti e simboli. A questo punto, è necessario rimandare il nostro studio storico per commentare in modo sintetico la Cabala, al fine di comprenderne l'importanza nelle società segrete, nella Massoneria e nel movimento neomessianico ebraico, considerato eretico da molti rabbini ortodossi, che ebbe origine da Shabbetay Zeví e fu continuato dai Frankisti e dagli Illuminati. In *Le grandi tendenze del misticismo ebraico*, Gershom Scholem, le cui opere sull'argomento sono imprescindibili, offre una panoramica della Cabala dalle sue origini fino al Chassidismo del XIX secolo, che egli chiama l'ultima fase, poiché prima di essa esisteva un movimento chassidista nella Germania medievale. Ci rivolgiamo a lui, quindi, per uno sguardo sulla comprensione della Cabala da parte di Albert Pike, che dichiarò che Lucifero era Dio, e di altri satanisti come Jacob Frank. Si è già detto nel secondo capitolo che i Frank, la cui perversione e doppiezza non conosceva limiti, credevano che peccando e violando la *Torah* si potesse ottenere la redenzione cosmica (ticun).

Prima della sua cristallizzazione nella Cabala medievale, la mistica ebraica ha attraversato un periodo di circa mille anni, dal I secolo a.c. al X secolo d.c., che Scholem chiama "mistica della Merkabah" e si riferisce allo gnosticismo ebraico. I documenti più importanti di questo movimento furono scritti nel V e VI secolo. Dallo studio dei mistici spagnoli, San Giovanni della Croce e Santa Teresa, sappiamo che l'estasi finale dell'esperienza mistica consisteva nella visione di Dio e nell'unione dell'anima con l'Amato. Nella mistica ebraica di quei secoli, invece, questo delirio o estasi finale consisteva nella visione del carro come trono di Dio (la Merkaba). I veggenti conoscevano le schiere di angeli celesti e vedevano la Grande Maestà, il suo trono e il suo palazzo. "La più antica mistica ebraica è la mistica del trono. Non è la contemplazione assorta della vera natura di Dio", scrive G. Scholem, "ma la percezione della sua apparizione sul trono, descritta da Ezechiele, nonché la conoscenza dei misteri del trono-mondo celeste". La sfera del trono - la Merkaba - ha le sue "dimore" e i suoi "palazzi". Sembra addirittura che fosse consuetudine porre ai lati del veggente degli scribi o degli stenografi che trascrivessero la sua descrizione estatica del trono e dei suoi occupanti. In diverse occasioni il misticismo della Merkaba degenerò in pura e semplice magia.

Nel II secolo esisteva già una corrente di mistici ebrei eretici che avevano rotto con il giudaismo rabbinico. Le idee di questa scuola o gruppo si mescolavano con quelle dello gnosticismo. Durante il II secolo il confine tra gnostici ebrei e gnostici cristiani era molto sottile. La maggior parte degli studiosi del cristianesimo primitivo oggi sottoscrive la tesi dello studioso tedesco Walter Bauer (*Ortodossia ed eresia nel cristianesimo antico*) secondo cui il cristianesimo di Alessandria era originariamente di carattere gnostico. Lo deduce dal fatto che i primi cristiani di cui si ha notizia in quella città al tempo di Adriano erano insegnanti gnostici. I cristiani gnostici erano considerati eretici anche dalla corrente ortodossa. Così ad Alessandria, capitale della diaspora ebraica, gruppi di gnostici ebrei e cristiani vivevano insieme e si scambiavano idee.

In *The Pluriformity of Early Christianity* Gerard P. Luttikhuizen dedica un capitolo alla spiegazione dell'idea centrale sull'origine del male sostenuta dai cristiani gnostici del II secolo. Essi credevano che la realtà materiale non fosse stata creata dalla divinità superiore, "Deus absconditus", ma da una divinità di secondo ordine, il dio creatore o demiurgo, che consideravano un avversario (la parola "Satana" è di origine ebraica e significa avversario) del Dio superiore e un nemico dell'umanità. Non è il caso di dilungarsi più del necessario sullo sviluppo di questo argomento. Ci limiteremo quindi a dire che è nell'*Apocrifo di Giovanni*, la "Bibbia degli gnostici", un libro composto alla metà del II secolo e scoperto nel 1945 tra i documenti di Nag Hammadi, che vengono sviluppati tutti i concetti. Il manoscritto era già scomparso nel IV secolo, poiché i teologi e i leader della chiesa proto-ortodossa lo consideravano un libro eretico. La prima parte dello scritto tratta del Dio superiore, dei suoi pensieri o qualità, chiamati "Eoni", concepiti come esseri divini puramente astratti, e termina con i tragici eventi che hanno dato origine alla prima figura demoniaca, che si rivela essere il creatore del mondo materiale. La seconda parte è dedicata alla creazione dell'uomo e alla storia delle prime generazioni. Nell'*Apocrifo di Giovanni*, scrive Luttikhuizen, "sono descritti i tre livelli della realtà, ossia il mondo puro e spirituale del Dio perfetto, il livello astrale medio delle potenze planetarie e il regno materiale del mondo sublunare. Questi tre livelli sarebbero presenti anche nell'uomo: lo spirito dell'essere umano (lo "Pneuma") è in relazione con la divinità, l'anima con il mondo astrale e planetario e il corpo con la materialità del mondo sublunare.

Gershom Scholem, riferendosi alla corrente di mistici ebrei che si discostano dagli insegnamenti rabbinici, mette in guardia dal pericolo di introdurre la visione dualistica degli gnostici cristiani, per i quali il Dio di Israele, il Dio dell'Antico Testamento, non sarebbe il Dio vero, puro, spirituale e superiore, ma il demiurgo responsabile dell'apparenza di un mondo materiale e imperfetto. Molti studiosi che si sono occupati della questione ritengono addirittura che la gnosi mitologica *degli Apocrifi di Giovanni* sia nata in un contesto ebraico. Secondo questi studiosi, la squalifica del Dio biblico da parte degli gnostici ebrei avrebbe origine nel disincanto e nella frustrazione. Scholem riconosce anche che alcuni gruppi gnostici ebrei che cercavano di rimanere fedeli alla comunità religiosa del giudaismo rabbinico hanno mantenuto in vita queste idee. Ammette anche che le speculazioni sugli eoni e altri termini tecnici dello gnosticismo sono entrati a far parte del bagaglio lessicale dei primi cabalisti, poiché sono conservati nel più antico testo cabalistico, "l'oscuro ed enigmatico libro *Bahir*", pubblicato in Provenza nel XII secolo, che a sua volta si basa su un libro più antico di origine orientale, *Raza rabba (Il grande mistero)*.

Seguendo Scholem, tratteggeremo in modo molto schematico le principali tappe della storia del cabalismo fino ad arrivare subito a Shabbettay Zeví e a Jacob Frank, perché ciò che ci interessa è collegarci con l'eresia dello shabbetaismo e, da lì, con l'élite dei banchieri ebrei internazionali che, come già sappiamo, si servirono di frankisti e illuminati per attuare il Movimento rivoluzionario mondiale.

Il primo cabalista famoso fu Abraham ben Shemuel Abulafia, nato a Saragozza nel 1240, che chiamò la sua scuola di mistica pratica "Cabala profetica". Visse in clandestinità e la sua esperienza estatica consisteva in una tecnica di meditazione riservata a pochi eletti. I cabalisti che seguirono questo mistico decisero di non pubblicare i suoi scritti, poiché la sua rivelazione mistica era in conflitto con la rivelazione del Monte Sinai e quindi con l'ortodossia rabbinica. Scholem rivela che "nell'anno 1280, ispirato dalla sua stessa missione, intraprese un compito rischioso e inspiegabile: andò a Roma per presentarsi al Papa e discutere con lui a nome di tutti gli ebrei. Sembra che in quel periodo nutrisse idee messianiche". Il colloquio non ebbe mai luogo: mentre Abulafia era già a Roma, Nicola III morì improvvisamente. L'idea centrale della sua teoria mistica era quella di "sciogliere" i nodi che legano l'anima, di superare le barriere che la separano dal flusso vitale cosmico. Sviluppò anche una teoria della contemplazione mistica delle lettere e delle loro configurazioni come parti costitutive del nome di Dio ed espose una disciplina che chiamò "la scienza della combinazione delle lettere" ("Hojmat ha-tseruf"). Il misticismo dei numeri e il valore numerico delle parole - la "guematria" - erano di fondamentale importanza. La numerologia divenne un elemento essenziale dei cabalisti. "La dottrina delle combinazioni di Abulafia", dice Scholem, "venne considerata dalle generazioni successive non solo come la chiave dei misteri del Divino, ma anche come un'iniziazione all'esercizio dei poteri magici".

Senza dubbio il più grande dei libri della letteratura cabalistica è il "Sefer ha-Zohar" o *Libro dello Splendore,* scritto da qualche parte in Castiglia dopo il 1275. Scholem ritiene che "il suo posto nella storia della Cabala può essere misurato dal fatto che è l'unico libro della letteratura rabbinica post-muddista che è diventato un testo canonico e che per diversi secoli è stato sullo stesso piano della Bibbia e del Talmud". La paternità dello Zohar è stata infine attribuita al cabalista spagnolo Moshe de Leon. Alcune idee del *Libro dello Splendore* devono il loro sviluppo alla scuola gnostica. Compare il concetto di "emanazione sinistra", cioè, citiamo Scholem, "una gerarchia ordinata delle forze del male, del regno di Satana che, come il regno della luce, è organizzato in dieci sfere o stadi". Lo Zohar concorda con gli insegnamenti talmudici nel considerare le anime dei non ebrei o dei gentili come emanate dal regno dei demoni. Le dieci sefirot "sacre" (sfere o regioni) hanno la loro controparte nelle dieci sefirot "impure". Queste ultime si differenziano dalle prime per il fatto che ciascuna ha un carattere molto personale. Ognuna ha un nome proprio, mentre le "sefirot" divine rappresentano solo qualità astratte come la saggezza, l'intelligenza e la grazia. Lo Zohar allude al "Deus absconditus" come "En-sof", l'"Infinito". Non possiede qualità o attributi. Tuttavia, nella misura in cui questo Dio nascosto agisce nell'universo, possiede anche degli attributi che rappresentano alcuni aspetti della natura divina. Ci sono dieci attributi fondamentali di Dio che costituiscono allo stesso tempo dieci stadi attraverso i quali la vita divina va e viene. Il Dio nascosto - "En-sof" - si manifesta ai cabalisti sotto dieci aspetti diversi, che a loro volta comprendono un'infinita varietà di sfumature e gradi. Ogni grado ha il suo nome simbolico. L'insieme costituisce una struttura simbolica molto complessa che i cabalisti applicano all'interpretazione della Bibbia. Il "Sefer ha-Zohar" è un testo molto difficile che è stato esplorato in profondità da Yitshak Luria, che poteva passare mesi a meditare su un versetto fino a trovarne il significato nascosto.

Il terzo cabalista imperdonabile è Yitshak Luria, nato nel 1534 a Gerusalemme, dove il padre, un ebreo ashkenazita dell'Europa centrale, era emigrato dopo aver sposato una donna sefardita. Safed, una piccola città dell'alta Galilea, era diventata il centro di un nuovo movimento cabalistico e da lì si diffusero le peculiari dottrine di Luria e la nuova Cabala. A Safed coincise con Moshe ben Ya'acob Cordovero, che Scholem considera il più importante teorico della mistica ebraica. Cordovero si occupò del conflitto intrinseco tra tendenze teistiche e panteistiche nella teologia mistica della Cabala, che era già apparso nello Zohar. Le sue idee in merito sono riassunte nella seguente formula: "Dio è tutta la realtà, ma non tutta la realtà è Dio".

Luria, che morì all'età di 38 anni nel 1572, non aveva facoltà letterarie e non lasciò alcuna eredità scritta. Scholem dice di lui che "era un visionario che non distingueva tra vita organica e inorganica, ma insisteva sul fatto che le anime erano presenti ovunque e che era possibile comunicare con loro". Nel suo sistema, reso noto ai suoi discepoli, spiccano tre importanti idee teosofiche, che ricordano in gran parte i miti gnostici dell'antichità. La prima è la teoria dello "tsimtsum", secondo Scholem "uno dei concetti più sorprendenti e di più ampia portata mai formulati nella storia della Cabala", che originariamente significa "concentrazione" o "contrazione", ma che nel linguaggio cabalistico è meglio tradotto come "ritiro" o "astinenza". In breve, significa che l'esistenza dell'universo è resa possibile da un processo di contrazione di Dio. Per citare il passo esplicativo del professor Scholem: "Secondo Luria, Dio è stato costretto a fare spazio al mondo abbandonando, per così dire, una zona di sé, della sua interiorità, una sorta di spazio mistico primordiale da cui si è ritirato per tornare nel mondo nell'atto della creazione e della rivelazione. Il primo atto dell'En-sof, l'Essere infinito, non è quindi un passo verso l'esterno, ma verso l'interno, un movimento di ritrazione, di ripiegamento su se stesso, di ritiro in sé. Invece dell'emanazione, abbiamo l'opposto: la contrazione".

Gli gnostici credevano che il demiurgo che aveva creato il mondo non fosse riuscito a coprire completamente la luce divina nell'uomo. Luria parlava anche di un vestigio o residuo di luce divina - "reshimu" - che rimaneva in lo spazio primordiale creato dallo "tsimtsum" anche dopo il ritiro dell'"En-sof". Luria ha usato la similitudine del residuo di olio o di vino che rimane in una bottiglia il cui contenuto è stato svuotato. Nell'opera di cui abbiamo parlato, il professor Scholem riconosce che questa idea di "reshimu" ha molti elementi in comune con il sistema gnostico di Basilide, fiorito intorno all'anno 125. Basilide parla della relazione del Figlio con lo Spirito Santo o Pneuma e dice che quando lo Pneuma si svuota e si separa dal Figlio, quest'ultimo conserva l'aroma che permea ogni cosa nel mondo superiore e inferiore, compresa la materia amorfa e la nostra stessa esistenza. Basilide ha anche usato la similitudine di una ciotola in cui la delicata fragranza di un unguento profumatissimo permane anche se la ciotola è stata accuratamente svuotata.

Le altre due idee fondamentali di Luria sono la dottrina della "shebirat hakelim" o "rottura dei vasi" e quella del "tikkun", che significa "emendamento" o "riparazione". Ci concentreremo solo su quest'ultima, poiché gli shabbetaici e i frankisti, come abbiamo visto nel secondo capitolo, hanno utilizzato questo concetto per giustificare la redenzione attraverso il peccato. I misteri del "ticun" costituiscono - secondo Scholem - uno dei temi principali del sistema teosofico di Luria e rappresentano la più grande conquista del pensiero antropomorfico nella storia della mistica ebraica". Nel processo di "ticun", le luci disperse di Dio verrebbero reintegrate nel loro giusto posto. Si tratta chiaramente di processi puramente spirituali, che assomigliano ancora una volta ai miti della gnosi. Il conflitto posto dallo gnosticismo è latente in questa dottrina di Luria e, nel tentativo di spiegarlo, il professor Scholem si pone una domanda che allude al dualismo degli gnostici: "L'En-sof è il Dio personale, il Dio di Israele, o l'En-sof è il Deus absconditus, la sostanza impersonale? Per Luria la venuta del Messia non è che la consumazione del processo di restaurazione in corso, del "ticun". La vera essenza della redenzione", afferma Scholem in un passaggio molto significativo, "è mistica, e i suoi aspetti storici e nazionali non sono che sintomi secondari che costituiscono un simbolo visibile della sua consumazione. La redenzione di Israele conclude la redenzione di tutte le cose, perché la redenzione non significa forse che ogni cosa è al suo giusto posto, che la macchia del peccato originale è stata cancellata? Il "mondo del ticun" è quindi il mondo dell'azione messianica. La venuta del Messia significa che questo mondo del 'ticun' ha ricevuto la sua forma finale". La Cabala lurianica divenne la teologia mistica dell'ebraismo nel XVII secolo. Nei suoi aspetti più popolari insegnava una dottrina dell'ebraismo che non rinunciava al suo pathos messianico. La dottrina del 'ticun'", conclude Scholem, "elevava ogni ebreo, in un modo fino ad allora inaudito, al ruolo di protagonista nel grande processo di restituzione". Sembra che lo stesso Luria credesse che la fine fosse vicina e alimentasse la speranza che il 1575 sarebbe stato l'anno della redenzione". Purtroppo, in linea con gli insegnamenti dello Zohar e del Talmud, anche Luria proclamò l'assoluta superiorità dell'anima degli ebrei rispetto a quella dei non ebrei.

Un breve profilo biografico di Shabbettay Zeví è già stato fornito nella nota 6 del secondo capitolo. Poiché siamo giunti all'eresia mistica dello Shabbetaismo, rimandiamo il lettore a una rilettura della prima e dedicheremo ora spazio alla spiegazione della sua dottrina, non senza prima notare che il professor Scholem osserva che Shabbetay, che non ha lasciato scritti o frasi degne di nota, era un uomo fisicamente malato con un carattere maniaco-depressivo. Scholem ritiene che senza il suo profeta, Nathan di Gaza (1644-1680), non sarebbe mai arrivato a nulla. Nathan di Gaza, che in alcuni testi ammette che le tentazioni a cui Shabbetay era esposto nei suoi stati depressivi erano di carattere demoniaco ed erotico, in una lettera del 1667, recentemente scoperta in un quaderno shabbetaico conservato nella biblioteca della Columbia University di New York, spiega come sapeva che Shabbetay era il Messia. Ecco una parte del testo:

"...In questo stesso anno, essendo le mie forze stimolate da visioni di angeli e anime benedette, intrapresi un lungo digiuno nella settimana successiva alla festa di Purim. Dopo essermi chiusa in una stanza completamente isolata, in purezza e santità, e aver terminato la preghiera mattutina tra molte lacrime, lo Spirito mi apparve, i capelli mi si rizzarono, le ginocchia mi tremarono e vidi la Merkaba. Ebbi visioni di Dio tutto il giorno e tutta la notte, e mi fu concessa una vera profezia come a qualsiasi altro profeta, quando la voce mi parlò e cominciò con queste parole: "Così parla il Signore!E il mio cuore percepì con assoluta chiarezza a chi era rivolta la mia profezia (cioè a Shabbetay Zeví), e fino a quel giorno non avevo mai avuto una visione così importante, ma rimase nascosta nel mio cuore fino a quando il Redentore stesso mi si rivelò a Gaza e si proclamò il Messia; solo allora l'angelo mi permise di rivelare ciò che avevo visto".

Resta ora da chiarire come Shabbetay Zeví si sia proclamato Messia a Gaza. Un certo Shemuel Gandor scrisse una lettera a Shabbetay, che si trovava in Egitto, in cui gli parlava di un illuminato che a Gaza aveva rivelato a tutti la radice segreta della sua anima e il particolare "tikkun" di cui aveva bisogno. Shabbetay si recò quindi a Gaza da Nathan per trovare un "ticun" e la pace per la sua anima. Fu così che Nathan, che apparentemente in un'altra allucinazione aveva visto la figura di Shabbetay Zeví, lo convinse, dopo aver vagato insieme per diverse settimane nei luoghi santi della Palestina, a proclamarsi Messia. Si potrebbe ridere se le ripercussioni non fossero tragiche come vedremo.

Il filologo, storico e teologo Gershom Scholem, considerato la massima autorità mondiale in materia di mistica ebraica, parafrasa ampiamente testi di Nathan di Gaza e di shabbetaisti come Abraham Miguel Cardozo, il principale propagandista della scuola. Secondo Scholem, Nathan di Gaza, nella sua ansia di scusarsi per lo stato mentale dello Shabbetay Zeví, si servì dell'antichissimo mito gnostico degli Ofiti o dei Naasseni sul destino dell'anima del Redentore, anche se lo costruì a partire da idee cabalistiche, poiché questo mito si trovava già nelle dottrine dello Zohar e di Luria. È il simbolismo mistico del serpente. Riportiamo testualmente l'inquietante parafrasi del professor Scholem:

"Dopo la Rottura dei Vasi, quando alcune scintille della luce divina, che irradia l'En-sof per creare le forme nello spazio primordiale, caddero nell'abisso, anche l'anima del Messia, che era parte di quella luce divina originale, cadde. Fin dall'inizio della Creazione, quest'anima ha abitato nelle profondità del grande abisso, tenuta nella prigione della sua "chelipot", il regno delle tenebre. Nelle profondità dell'abisso, insieme a quest'anima assolutamente santa, dimorano i "serpenti" che la tormentano e cercano di sedurla. Questi "serpenti" ricevono il "serpente santo" che è il Messia, perché la parola ebraica serpente - "nachash" - non ha forse lo stesso valore numerico della parola "Mashiah" - Messia? Solo nella misura in cui il processo di "ticun" del mondo intero porterà alla separazione del bene e del male nella profondità dello spazio primordiale, l'anima del Messia sarà liberata dalla sua schiavitù".

Il fatto che Shabbetay Zeví rinunciasse pubblicamente alla sua fede ebraica e commettesse apostasia di fronte al sultano e alla sua corte avrebbe dovuto porre fine alla sua aureola; ma non fu così. Ancora una volta Nathan di Gaza venne in soccorso del Messia che aveva creato, spiegando che con questo atto Shabbetay aveva salvato tutti gli ebrei che avevano creduto in lui. Da questo momento iniziò un conflitto con i dogmi dell'ebraismo rabbinico che sarebbe continuato per secoli. Il professor Scholem, per il quale lo Shabbetaismo rappresenta la prima seria rivolta nell'ebraismo dal Medioevo, ritiene che fino all'apostasia di Shabbetay il cabalismo lurianico abbia posto maggiore enfasi sulla natura spirituale della Redenzione rispetto ai suoi aspetti storici e politici, poiché, come spiega Scholem, "poneva la rigenerazione della vita interiore molto al di sopra della rigenerazione della nazione come entità politica". Allo stesso tempo, egli esprimeva la convinzione che la prima fosse la precondizione essenziale per la seconda. Il progresso morale doveva portare alla liberazione del popolo dal suo esilio". Tuttavia, il movimento religioso che si sviluppò come conseguenza dell'apostasia del nuovo Messia, prosegue Scholem, "portò un cuneo tra le due sfere del dramma della Redenzione: la sfera interiore dell'anima e la sfera della storia. L'esperienza interiore ed esteriore, gli aspetti interiori ed esteriori della 'Gehulah', della Redenzione e della Salvezza, furono improvvisamente e drammaticamente divisi". Grandi gruppi di Shabbethiti che, seguendo l'esempio del loro Messia, vedevano nel marranesimo la via della salvezza, organizzarono in due occasioni apostasie di massa. Nel 1683 si formò a Salonicco la setta dei doenmé, nome dato dai turchi agli ebrei apostati che si erano apparentemente convertiti all'Islam (rimandiamo il lettore alla nota 7 del secondo capitolo).

L'eresia mistica dello Shabbetaismo fu determinante nel creare l'atmosfera morale e intellettuale favorevole ai movimenti di riforma che emersero alla fine del XVIII e all'inizio del XIX secolo. Nel 1776, lo stesso anno della creazione degli Illuminati, Moses Mendelsshon, che era uno dei leader della setta di Adam Weishaupt, fondò la Haskala. Nel 1807 Israel Jacobson fu la forza trainante del Movimento di Riforma. Il numero di rabbini, molti dei quali molto influenti, che aderirono al nuovo misticismo settario aumentò gradualmente. Secondo il professor Scholem, "in nessun libro di storia ebraica si trova alcun riferimento a questa importantissima relazione tra gli eretici mistici e questi movimenti razionalisti e riformatori". Nel corso del XVIII secolo la setta si affermò in molte città tedesche, ma soprattutto in Boemia e Moravia, dove gli ebrei più influenti, così come i rabbini, gli industriali e i commercianti, erano aderenti segreti. Decisiva per la diffusione dello shabbetaismo fu la nascita del frankismo, la setta dei seguaci di Jacob Frank.

L'ascesa del movimento frankista, la seconda fase dello shabbetaismo che ne vide il consolidamento come dottrina, fu senza dubbio di straordinaria gravità per la credibilità morale dell'ebraismo. Per molti marrani le apostasie di Shabbetay Zeví e Jacob Frank potevano essere viste come la glorificazione religiosa dell'atto stesso che avevano commesso. Scholem avverte: "la dottrina secondo cui il Messia, per la natura stessa della sua missione, poteva essere trascinato nell'inevitabile tragedia dell'apostasia era ideale per fornire uno sfogo emotivo alla coscienza tormentata dei marrani". La nuova libertà messianica sovvertiva il vecchio ordine e contraddiceva i valori tradizionali. Abraham Perez, un discepolo di Nathan a Salonicco, in un articolo scritto nel 1668 dichiarava apertamente che coloro che nel nuovo mondo erano rimasti fedeli alla tradizione rabbinica, cioè all'ebraismo reale ed esistente nel "Galut" (esilio), erano da considerarsi peccatori. La citazione integrale di un paragrafo del professor Scholem aiuterà a comprendere la portata della sovversione:

"Le conseguenze di queste idee religiose furono assolutamente nichiliste, in particolare quella della concezione di un marranesimo volontario all'insegna del motto: Tutti dobbiamo scendere nel regno del male per vincerlo dall'interno. Sotto vari approcci teorici, gli apostoli del nichilismo predicavano la dottrina dell'esistenza di sfere in cui non è più possibile portare avanti il processo di "ticun" con atti pii; il male deve essere combattuto con il male. Questo ci porta gradualmente a una posizione che, come dimostra la storia della religione, si verifica per tragica necessità in ogni crisi dello spirito religioso. Mi riferisco alla dottrina, terribile e allo stesso tempo affascinante, della santità del peccato. Questa dottrina riflette in modo straordinario la combinazione di due elementi molto diversi: il mondo della decadenza morale e un altro, più primitivo, che è la regione dell'anima in cui forze a lungo sopite sono capaci di un'improvvisa resurrezione. Che entrambi gli elementi abbiano partecipato al nichilismo religioso dello shabbetaismo, che nel XVIII secolo si è rivelato così pericoloso per il bene più prezioso dell'ebraismo, la sua sostanza morale, non trova una prova migliore della tragica storia della sua ultima fase: il movimento frankista".

Jacob Frank (1726-1791) nacque a Korolowka, nella parte orientale della provincia polacca della Galizia. Figlio di un rabbino e seguace di Shabbetay Zeví, fu iniziato a Smirne ai misteri della Cabala da un certo rabbino di nome Issakhar. In un'occasione Frank chiese al suo maestro perché Shabbetay Zeví dovesse morire. Issakhar rispose: "Shabbetay Zeví è arrivato a godere di tutto, anche dell'amarezza della morte". Poi chiese di nuovo: "Perché allora non ha goduto della dolcezza del potere?". Su consiglio di questo cabalista, Frank si recò a Salonicco, dove arrivò nel 1753. Lì conobbe gli insegnamenti dei Doenmes e decise di proclamarsi Messia. Si recò nella sinagoga principale della città e annunciò di essere la reincarnazione di Shabbetay Zeví. Frank, che aveva sposato una donna di nome Hanna, affermò di aver avuto una visione in cui Shabbetay Zeví gli chiedeva di continuare il suo lavoro; ma gli ebrei di Salonicco non seguirono la sua storia e lo vilipendevano irritati. Poi, secondo lui, ebbe una nuova visione e decise di tornare in Polonia, anche se lo fece da solo, perché lasciò la moglie a Nicopol (Bulgaria), dove nacque la figlia Eva, che gli sarebbe poi succeduta alla guida della setta. Fu nella nativa Korolowka che la sua aureola fu forgiata con la proclamazione della dottrina della salvezza attraverso il peccato, una nuova religione materialista ed edonista che cercava di porre fine alla legge rabbinica tradizionale. I piaceri del sesso erano caratteristici della setta: le donne sposate, ad esempio, si abbandonavano a ogni sorta di eccesso con altri uomini in presenza dei loro mariti; i rapporti incestuosi erano una pratica comune; una donna di nome Hanna, figlia di un rabbino, una sorta di sacerdotessa frankista, recitava interi passi dello *Zohar* mentre godeva delle estasi del coito. Nel 1756 i frankisti furono scomunicati dai rabbini ortodossi e cercarono di passare in Turchia, ma furono respinti, probabilmente a causa delle pressioni dei rabbini stessi. Frank, che aveva la nazionalità turca, riuscì a entrare e una volta lì, seguendo l'esempio di Shabbety Zeví, insieme a un gruppo di discepoli divenne musulmano. Anni dopo, davanti al tribunale dell'Inquisizione di Varsavia, giustificò il suo comportamento con la necessità di salvare le apparenze. I nuovi seguaci di Maometto ottennero un salvacondotto dal Sultano e tornarono in Polonia, dove, sotto la protezione del re polacco, decisero di convertirsi al cattolicesimo.

Nel 1759, a Lemberg, la capitale della Galizia orientale, furono battezzati in massa nella cattedrale cattolica millecento ebrei, seguaci del sinistro profeta Jacob Frank. Ciò avvenne tre anni dopo che il sinodo della comunità ebraica polacca aveva pronunciato l'anatema sui frankisti.[19]

---

[19] Per vendicarsi dei rabbini ortodossi che li perseguitavano, Jakob Frank osò persino denunciare ai sacerdoti cattolici che gli ebrei commettevano crimini rituali con bambini cristiani e usavano il loro sangue per celebrare la festa di Purim. Lo stesso Gershom Scholem nella sua opera *Le messianisme juif* cita lo storico Meir Balaban, che a sua volta riporta una conversazione avvenuta nel 1759 a Lvov tra il rabbino Chaim Rappaport e il frankista Eliezer Jezierzany, che disse al primo: "Chaim, ti abbiamo dato sangue per sangue. Hai preteso di legalizzare lo spargimento del nostro sangue e ora ti abbiamo dato sangue per sangue". Judah David Eisenstein, Otzar Yisroel, in un'enciclopedia (in *edizione ebraica*) scritta in ebraico nell'ambito dell'*Enciclopedia ebraica, ha* rivelato nel 1917 un caso che illustra la portata dell'odio tra i rabbini ortodossi e i frankisti. Otzar Yisroel racconta che nel piccolo "shtetl" (piccola città ebraica in yiddish) di Villovich, i frankisti si vendicarono del rabbino della città vestendo e caratterizzando una delle sue mogli come la moglie del rabbino. Il travestimento era così perfetto che la

Ricordiamo che lo stesso Jacob Frank fu battezzato nella cattedrale di Varsavia e che il suo padrino era il re Augusto III (questi fatti sono già stati riportati nella sezione "Frankisti e Illuminati" del secondo capitolo).) I membri di entrambi i gruppi continuarono a chiamarsi "maaminin", un termine comunemente usato dagli shabbetaisti per riferirsi a se stessi, che significa credenti nella missione di Shabbetay Zeví. Evidentemente queste conversioni erano solo estrinseche.

Sebbene le dottrine nichiliste non siano di solito proclamate pubblicamente, e se vengono scritte sono presentate con molte riserve, il vangelo che Jacob Frank predicava ai suoi discepoli è contenuto ne *Le parole del Signore*, un'opera con più di duemila detti dogmatici. Questo, secondo Scholem, "documento unico" si è conservato grazie all'entusiasmo e alla devozione dei suoi seguaci, che consideravano il loro maestro "l'incarnazione di Dio". I discepoli più fanatici si abbandonavano a rituali indescrivibili in cui cercavano di raggiungere la massima degradazione morale della personalità umana: "chi si immergeva negli abissi più estremi aveva maggiori probabilità di vedere la luce". Secondo il *Talmud*, "il figlio di Davide verrà solo in un'epoca o completamente colpevole o assolutamente innocente". Da questo epigramma i frankisti shabbetaisti hanno formulato una massima: "poiché non possiamo essere tutti santi, siamo tutti peccatori".

In conclusione, diamo nuovamente la parola al professor Scholem per capire, attraverso le sue conclusioni, quale fosse la soluzione proposta dagli shabbetaisti al mistero di Dio. Si trattava di una nuova forma di dualismo gnostico tra il Dio nascosto e il Dio che ha creato il mondo:

> Gli shabbetaisti distinguono tra il Dio nascosto, che chiamano "Causa Prima", e il Dio rivelato, che è il "Dio di Israele". L'esistenza di una causa prima è, a loro avviso, evidente per ogni essere razionale e la sua conoscenza costituisce una parte essenziale della nostra coscienza. Nessuna creatura capace di usare l'intelligenza può non percepire la necessità di una causa prima dell'esistenza. Ma la conoscenza che riceviamo attraverso il nostro ragionamento non ha alcun significato religioso. La religione non si occupa affatto della Causa Prima; la sua essenza sta nella rivelazione di qualcosa che la mente da sola non può comprendere. La Causa Prima non ha nulla a che fare con il mondo o con la creazione, non esercita la provvidenza o la punizione. È il Dio dei filosofi, il Dio di Aristotele che, secondo Cardozo, anche Nimrod stesso, Faraone e i pagani adoravano. Il Dio della religione, invece, è il Dio del Sinai. La Torah, la prova documentale della rivelazione, non dice nulla sulla radice nascosta di tutto l'essere, di cui non sappiamo nulla se non

---

donna ebbe il coraggio di andare davanti a un prete cattolico per accusare il marito di aver sacrificato un bambino cristiano per la Pasqua. Secondo Yisroel, le conseguenze dell'incidente furono terribili: il rabbino e diversi membri della sua congregazione furono processati e condannati a morte.

che esiste, e che non è mai stata rivelata a nessuno in nessun luogo. Solo la Rivelazione ha il diritto di parlare, e lo fa, di quel "Dio di Israele" (Elohé Israel), che è il creatore di tutto, ma allo stesso tempo è Lui stesso il Primo Effetto della Prima Causa. Mentre gli antichi gnostici disprezzavano il Dio di Israele, gli Shabbethiti disprezzavano il Dio sconosciuto. Secondo loro, l'errore commesso da Israele in esilio consiste nell'aver confuso la Causa Prima con l'Effetto Primo, il Dio della Ragione con il Dio della Rivelazione".

Da questo passo di Scholem risulta chiaro che per i settari shabbetaisti e frankisti il Dio di Israele non era la "Causa Prima", il "Deus absconditus", ma il demiurgo cui alludevano gli gnostici, l'avversario ("Satana") del Dio superiore, il nemico dell'umanità che avrebbe creato il mondo. All'inizio del XIX secolo, i figli delle famiglie frankiste di Praga, educati nello spirito della setta, continuarono a recarsi in pellegrinaggio a Offenbach, dove nel 1786, dopo l'alleanza con Weishaupt, Jacob Frank aveva preso dimora nel castello del duca di Isenburg, un massone appartenente all'Ordine degli Illuminati. Qui visse fino alla sua morte, avvenuta nel 1791.

Dall'illuminismo al comunismo

L'alleanza tra gli Illuminati e i Frankisti, il ruolo svolto nella Rivoluzione francese, l'uso della Massoneria e la strumentalizzazione di queste sette da parte di un'élite di banchieri ebrei sono stati sufficientemente illustrati nel secondo capitolo. È ora il momento di riprendere e rafforzare le idee avanzate per mostrare come queste stesse forze motrici del Movimento rivoluzionario mondiale abbiano messo in moto il comunismo.

La prima cosa da considerare è che l'élite frankista, che come i Rothschild praticava la consanguineità e i matrimoni tra consanguinei, era perfettamente organizzata nel XIX secolo. Essa comprendeva potenti banchieri ebrei come Isaac Daniel von Itzig, la cui famiglia forniva alla Prussia l'argento per coniare le monete. Questo magnate berlinese era un leader di spicco dell'Ordine Asiatico, che era dominato da concezioni shabbetaiste e praticava riti frankisti. Anche David Friedländer, suo genero, era un fratello frankista della loggia. Entrambi avevano fatto parte del movimento Haskala, il circolo di riforma decisivo di Moses Mendelssohn[20]

---

[20] Il rabbino ortodosso Marvin S. Antelman fa riferimento, nel secondo volume di *To Eliminate the Opiate*, a un documento poco conosciuto in ebraico, una lettera a Christoph Friedrich Nicolai, un famoso libraio massone appartenente agli Illuminati, che si trovava nella collezione Schiff (il banchiere che finanziò i bolscevichi) della New York Public Library. Il documento elenca il leader degli Illuminati, Moses Mendelssohn, come sommo sacerdote del rabbinato gnostico riformista. In questo documento è riportata la linea di ordinazione dei sommi sacerdoti del nuovo credo neomessianico, che è la seguente: Shabbetay Zevi (1626-1676), Nathan di Gaza (1643-1680), Solomon Ayllon (1655-

, ed entrambi furono cofondatori della Scuola Libera Ebraica di Berlino, che nel 1796 cambiò nome in "Tipografia Orientale", con una propria influente stampa che le permise di diventare un efficace strumento di riforma culturale al servizio degli Illuminati. Lo stesso Moses Dobrushka, cugino di Jakob Frank e uno dei fondatori dell'Ordine, sposò Elke Joss, nipote e figlia adottiva di suo zio, il banchiere frankista Joachim von Popper, che prima di adottare questo nome nobiliare si chiamava Jaim Breznitz. Una delle sue sorelle, Franceska Dobrushka, era imparentata con gli Hönig. Israel Hönig riuscì a ottenere il monopolio del tabacco in Austria. Il suo socio in affari, Aaron Moses, ebbe dieci figli, tutti battezzati nel 1796. Un altro potente frankista, Bernhard Gabriel Eskeles, aveva sposato la figlia del rabbino Samson Wertheimer, che all'inizio del XVIII secolo era considerato uno degli ebrei più ricchi d'Europa. Il figlio Bernhard von Eskeles, la cui nascita costò la vita alla madre, fu banchiere ed ebreo di corte a Vienna. Sposò Cecilia Itzig, figlia dell'onnipresente Daniel Itzig. Bernhard von Eskeles entrò in società con un altro banchiere franco, suo cognato Nathan Arnstein. Nacque così la casa bancaria Arnstein e Eskeles, che ebbe un ruolo di primo piano nel Congresso di Vienna. Potremmo seguire gli anelli di una catena infinita, ma questo sembra sufficiente.

In *Le messianisme juif*, il professor Scholem riferisce che intorno al 1820 i Frankisti, come avevano fatto gli Illuminati, si diedero alla clandestinità e tennero nascosta la loro attività all'interno delle organizzazioni massoniche. Secondo Scholem, i loro emissari andavano di città in città e di casa in casa per cercare di raccogliere tutti gli scritti segreti al fine di controllarli. Non bisogna però pensare che la loro posizione intellettuale ed economica si indebolisse, perché avvenne esattamente il contrario. Il centro della loro attività si spostò da Francoforte-Offenbach a Praga e poi a Varsavia. Oggi fanno parte del gruppo internazionale organizzato intorno al culto dell'"Occhio che tutto vede". Ciò non impedisce loro di essere dominanti negli Stati Uniti, ad esempio nella Anti-Defamation League, nell'American Jewish Congress e nei gruppi di avvocati ebrei.

Siamo ora in grado di capire che dallo shabbetaismo, il movimento cabalistico che rivoluzionò le concezioni tradizionali dell'ebraismo ortodosso, un'élite di ricchi ebrei, alla cui testa si consolidò la dinastia dei Rothschild, capì nel corso del XVIII secolo che per ottenere il controllo totale dei Paesi e delle società in cui erano entrati, oltre al dominio economico tradizionalmente esercitato attraverso l'usura, era necessario

---

1728), Nechemiah Chiyon (1655-1729), Judah Leib Prossnitz (1670-1730), Jonathan Eibeschutz (1690-1764) e Moses Mendelssohn (1729-1786). I rabbini ortodossi, come Antelman, considerano questi sacerdoti della Riforma come esponenti di uno gnosticismo neoplatonico che cerca di distruggere il clero ebraico tradizionale. David Philippson, in *The Reform Movement in Judaism*, riferisce di una riunione tenutasi a Berlino nel 1845, durante la quale i rabbini della Riforma, avendo usurpato l'autorità degli ortodossi, impartirono le benedizioni alla congregazione.

ottenere il controllo ideologico, politico, sociale e culturale. Per farlo, era necessario uscire dal ghetto che i rabbini si erano autoimposti da quando i Leviti avevano proibito i matrimoni misti pena la morte e si erano chiusi dietro le mura di Gerusalemme. Jacob Frank aveva spiegato ai suoi discepoli che il battesimo sarebbe stato l'inizio della fine della Chiesa, che l'apostasia era necessaria per distruggere il nemico dall'interno e che la vera fede ebraica doveva essere tenuta segreta. Di conseguenza, vennero creati vari movimenti e organizzazioni, che apparentemente promuovevano idee di emancipazione, riforma, assimilazione e integrazione sociale. Allo stesso tempo, utilizzando uomini come Jacob Frank e Adam Weishaupt (altri ne seguiranno), si decise di creare sette sovversive che avrebbero utilizzato la Massoneria per imporre il Movimento rivoluzionario mondiale.

L'Ordine bavarese degli Illuminati entrò negli Stati Uniti quando la rivoluzione che portò all'indipendenza del Paese era già in corso e non ebbe alcuna influenza significativa su di essa. Tuttavia, prima che le tredici colonie fondassero la Repubblica e venisse adottata la Costituzione, quindici logge degli Illuminati erano già presenti nel giovane Paese. La Loggia Columbia fu fondata a New York nel 1785 e Clinton Roosevelt fu uno dei suoi leader più importanti. Nel 1786 fu fondata la Loggia della Virginia, il cui capo era Thomas Jefferson, un fervente Illuminato che, quando l'Ordine fu scoperto in Baviera, difese Weishaupt e lo definì un "entusiasta filantropo". Quando Weishaupt morì nel 1830, le basi del comunismo erano già ben consolidate in Europa, come si vedrà, e stavano mettendo radici anche in America.

Nel 1829, la scozzese Frances ("Fanny") Wright tenne una serie di conferenze alla Tammany Hall, una loggia massonica della Virginia, organizzata dagli Illuminati americani, in cui sostenne l'intero programma di Weishaupt. I partecipanti furono informati che gli Illuminati intendevano unire nichilisti, gruppi atei e altre organizzazioni sovversive in un'organizzazione di stampo comunista, la cui forza sarebbe stata utilizzata per fomentare future rivoluzioni. Per raccogliere fondi per la nuova impresa fu nominato un comitato di cui facevano parte Charles Dana, Horace Greeley e Clinton Roosevelt, l'antenato del futuro Franklin Delano Roosevelt. Nominato nel 1836 dal Partito Democratico e forte del successo ottenuto, nel 1841, dodici anni dopo la famosa seduta di Tammany Hall e sette anni prima di Karl Marx, Clinton Roosevelt pubblicò a New York *The Science of Government, Founded on Natural Law,* un libro che plagiava gli insegnamenti di Weishaupt e riproponeva il programma comunista degli Illuminati.

Il dottor Emanuel M. Josephson, fisico e storico americano di origine ebraica, nel *Manifesto comunista di Roosevelt* (1955) considera Adam Weishaupt il padre del comunismo, poiché le proposte di Clinton Roosevelt e quelle avanzate da Marx sette anni dopo non fanno altro che riprodurre le idee di Weishaupt. Nel caso di Roosevelt, la dottrina è leggermente adattata allo scenario americano. Weishaupt chiedeva di abolire tutte le arti, le scienze e le religioni e proponeva di sostituirle con l'unica vera scienza basata sulla "legge naturale". Tra le proposte di Clinton Roosevelt, che si ergeva a difensore della classe operaia, c'era quella di distruggere la Costituzione, che paragonava a "una nave che affonda", per instaurare la dittatura che chiamava "nuovo ordine sociale". Weishaupt aveva ordinato che i superiori dell'Ordine fossero considerati gli uomini più perfetti e intelligenti e che non si potesse dubitare della loro infallibilità. Clinton Roosevelt si propose come uno di questi infallibili e dichiarò il suo disprezzo per Dio: "Non c'è un Dio di giustizia che ordini giustamente le cose sulla terra; se c'è un Dio, è un essere vendicativo e malvagio che ci ha creati dalla disgrazia".

Karl Marx e Moses Hess, ebrei frankisti-shabbisti

Le università, gli istituti e i centri educativi in generale presentano Karl Marx come uno degli intellettuali più importanti del XIX secolo. Gli studenti, incapaci di scoprire che il marxismo è un'ideologia prestigiosa che non ha nulla di prestigioso, accettano impotenti le dottrine della sinistra internazionale, che continua a considerare Marx come un santo intoccabile. Vediamo quindi di fornire alcune informazioni poco conosciute su questo "buon muratore" di 31° grado, frankista e illuminato, al servizio dei banchieri internazionali che lo hanno protetto. Nel secondo volume di *Per eliminare l'oppio*, il rabbino Antelman scopre aspetti sconosciuti di Marx che sono molto significativi. Come i suoi colleghi del XVIII e XIX secolo, questo rabbino ortodosso denuncia ferocemente la cospirazione shabbetaico-franchista-illuminista come un'eresia che ha sovvertito l'ebraismo.

Il padre di Karl Marx (1818-1883), Heinrich, era figlio del rabbino capo di Treviri, Meir Levi, il cui suocero, Moses Lwow, era stato a sua volta rabbino capo della stessa città. Fu quindi il padre, Heinrich Levi, a cambiare da un giorno all'altro il proprio cognome in Marx. Successe che, dopo la morte del nonno, il padre di Karl Marx fu tentato o, forse meglio, corrotto da gruppi shabbetaici, che incoraggiarono la sua nomina a giudice, spinsero la sua conversione al cristianesimo per amore della causa e - secondo le parole del rabbino Antelman - "lo iniziarono all'illuminismo satanico shabbetaista". Così Karl Marx, il cui cristianesimo era solo la conseguenza di una manovra sociale, si mise al servizio della cospirazione. Così come sua sorella Louise, che sposò Jan Carel Juta. La coppia si trasferì in Sudafrica, dove Jan Carel era molto influente tra i giudici di Città del Capo. Il figlio, Harry Herbert Juta, servì la cospirazione come procuratore generale del Primo Ministro Cecil J. Rhodes, il grande magnate dell'oro e dei diamanti che nel suo terzo testamento lasciò tutto in eredità a Lord Rothschild, Natty de Rothschild. Rhodes e Rothschild furono le forze trainanti del socialismo fabiano e della società segreta nota come "Round Table". La figlia di Harry Herbert Juta sposò Sir Courtney Forbes, che servì gli interessi degli internazionalisti illuminati inglesi come segretario britannico per il Messico, la Spagna e poi ambasciatore in Perù.[21]

Alla nascita Marx ricevette il nome di Moses Mordechai Levi. All'età di sei anni fu battezzato e divenne Karl Heinrich. Frequentò una scuola gesuita che era stata ristrutturata in una scuola laica, ma allo stesso tempo frequentò una scuola talmudica. Già le poesie giovanili di Karl Marx sono inquietanti: sono piene di minacce, odio e violenza, il che dimostra che egli rimase fedele ai principi della setta frankista, i cui membri, come sappiamo, passavano per cristiani, ma interiormente rimanevano ebrei. In *Oulanem*, una tragedia poco conosciuta scritta in versi da Marx nel 1839, il satanismo e l'idea frankista della salvezza attraverso il peccato sono molto evidenti. In questa opera tutti i personaggi sono consapevoli della loro degradazione, della loro corruzione, che ostentano e addirittura celebrano con piena convinzione.

Nel 1841, all'età di 23 anni, incontrò il suo mentore, Moritz Moses Hess, la cui opera *Roma e Gerusalemme*, vista nel capitolo precedente, è considerata un precursore del sionismo. Il professor Nachum Glatzer sostiene che Hess intuì il potenziale intellettuale del giovane Marx e lo introdusse alla dottrina del comunismo. Come Marx, anche Moses Hess era un frankista-shabbetaista. La sua appartenenza alla setta risale al suo bisnonno, David T. Hess, che fu promosso a rabbino capo di Mannheim non appena gli shabbetaisti presero piede in città grazie al loro potere economico. Secondo il rabbino Antelman, l'ascesa del legame shabbetaista-franchista in tutta Europa fu facilitata dall'adesione di seguaci facoltosi, tra i quali cita "alcuni Rothschild". Proprio Moses Hess dichiarò che la lotta brutale per imporre il potere socialista doveva essere condotta sotto la bandiera rossa della famiglia Rothschild. Senza dubbio può sembrare incredibile che Hess, che ha proclamato l'abolizione della proprietà privata, si appelli alla famiglia più ricca del mondo per guidare la rivoluzione del proletariato, ma è così: i fatti sono incontestabili. Questo leader sionista sapeva perfettamente, come Heine, Marx stesso, Trotsky e tanti altri, che la lotta del proletariato era in realtà l'uso di questa classe sociale da parte dei leader del MRM per imporre il loro programma di dominio globale. Nel suo *Catechismo rosso per il popolo tedesco* Moses Hess scrive: "La bandiera rossa simboleggia la rivoluzione permanente fino alla completa vittoria della classe operaia in tutti i Paesi civilizzati.... La rivoluzione socialista è la mia religione..... Fin dagli albori della storia noi ebrei abbiamo propagato la fede in un'epoca mondiale messianica". Per Hess la rivoluzione sociale era qualcosa di simile a un

---

[21] La fonte del rabbino Antelman per questi dati è il libro *The Unbroken Chain: Biographical Sketches and Genealogy of Illustrious Jewish Families from the 15th-20th Century*, scritto da Neil Rosenstein e pubblicato a New York nel 1976. Il libro è stato ripubblicato, anche se la prima edizione è ancora accessibile. La citiamo nella bibliografia per i lettori che potrebbero essere interessati ad approfondire questo filone.

giudizio finale che avrebbe portato loro "il sabato della storia". In *Roma e Gerusalemme* (1862), in cui si appella direttamente ai Rothschild affinché acquistino la Palestina, le priorità di Hess subiscono un cambiamento fondamentale: "la lotta razziale è la cosa principale, la lotta di classe è secondaria". È l'espressione inequivocabile del nuovo messianismo: l'obiettivo degli ebrei deve essere l'istituzione dello Stato messianico in Palestina "per preparare l'umanità alla rivelazione dell'essenza divina". Moses Hess aveva fondato la *Rheinische Zeitung* nel 1841 e un anno dopo aveva nominato Marx suo direttore.

Marx, Heine e Hess a Parigi

Prima di passare alla gestazione del Manifesto comunista e alle rivoluzioni del 1848, torniamo indietro di qualche anno per seguire le orme di Marx a Parigi. Nel 1819 un cugino di Moses Hess, il rabbino frankista Leopold Zunz, il cui nome ebraico era Yom-Tob Lippman, in collaborazione con altri ebrei tedeschi appartenenti a famiglie rabbiniche, aveva fondato l'associazione "Verein für Kultur und Wissenchaft der Juden" (Unione per la cultura e la scienza degli ebrei). Nel 1823, sotto gli auspici dell'Unione e curata dallo stesso Leopold Zunz, apparve la rivista *Zeitschrifft für die Wissenschaft des Judentums* (Rivista *per la scienza del giudaismo*)[22]. Gershom Scholem in *Le messianisme juif* colloca Leopold Zunz a Praga nel 1835, dove era predicatore per gli shabbetaisti-franchisti della città. Costretto a dimettersi dai rabbini ortodossi, un altro leader comunista e frankista di nome Michael J. Sachs prese il suo posto e svolse la stessa missione. Leopold Zunz fondò in seguito una scuola a Berlino, la "Hochschule für die Wissenschaft des Judentums" (Scuola per la Scienza del Giudaismo), dove insegnarono importanti leader del movimento, come il rabbino Abraham Geiger, che era molto vicino a James Rothschild. Il programma dell'associazione di Zunz era in parte una continuazione del lavoro di Moses

---

[22] Flavien Brenier, dai cui testi della *Revue de Paris* del 1928, firmati con lo pseudonimo di Salluste, provengono alcune informazioni, in un articolo scritto per confutare una risposta del rabbino Liber, riferisce che nel 1824 l'Unione per la cultura e la scienza degli ebrei annunciò il suo scioglimento. Il rabbino citato attribuisce questo fatto a problemi di finanziamento, una ragione che sembra assurda se si considera il sostegno finanziario di cui godeva il movimento della Riforma. Flavien Brenier ne indica la vera causa, che non è altro che il pericolo di subire persecuzioni da parte della polizia prussiana che, allarmata dalla sua propaganda, diffidava dei suoi insegnamenti volti a "civilizzare gli ebrei" e prevedeva i pericoli della "riforma del giudaismo". La Prussia decise quindi di tenere sotto controllo l'Unione per la Cultura e la Scienza degli Ebrei. Flavien Brenier o Salluste dubita che sarebbe scomparsa e ricorda che chiunque studi le società segrete sa che la prima misura di un'associazione di cospiratori che si sente perseguitata è quella di proclamare che ha cessato di esistere. Il fatto che i suoi dirigenti abbiano continuato a riunirsi e che l'orientamento delle sue attività politiche sia proseguito sotto altre forme associative gli dà ragione.

Mendelssohn, ma allo stesso tempo delineava già quello della futura Alleanza Israelitica Universale, che sarebbe stata fondata nel 1861 dalla nostra vecchia conoscenza Adolphe Crémieux. L'idea principale dei leader dell'Unione per la Cultura e la Scienza degli Ebrei era l'annuncio di un nuovo messianismo, quello della setta eretica dello Shabbetaismo: i rabbini avevano sbagliato ad aspettarsi un Messia umano, avevano frainteso i vecchi testi rabbinici. Era il popolo ebraico stesso, e non uno o l'altro dei suoi figli, che, rendendosi conto della propria superiorità etnica, doveva conquistare il mondo e portarlo sotto il giogo della razza eletta.

Pur essendosi convertito al cristianesimo nel 1825, tra i leader e gli entusiasti sostenitori dell'Unione c'era il poeta romantico Heinrich Heine. Ricordiamo che Heine conosceva così bene i piani dei dirigenti dell'MRM che con sei anni di anticipo fu in grado di annunciare che, dopo alcune prove, il comunismo stava aspettando l'ordine di entrare in scena. Annunciò anche che un giorno ci sarebbe stato un governo globale: "ci sarà una sola patria, la Terra"; e fu il primo a usare l'espressione "dittatura del proletariato". È chiaro che le sue informazioni provenivano da una fonte di alto livello nella cospirazione. Se ricordiamo che la sua amicizia con James Rothschild era così stretta che camminavano addirittura a braccetto, questa fonte non può essere altro che la stessa famiglia Rothschild. Non deve sorprendere, quindi, che questo poeta "romantico" e rivoluzionario da salotto, che James Rothschild arricchì consigliandolo su come investire in borsa, abbia detto questo:

> "Nessuno più degli stessi Rothschild fa la rivoluzione... e, anche se può sembrare ancora più strano, questi Rothschild, i banchieri dei re, questi magnifici possessori di denaro, la cui esistenza potrebbe essere più seriamente messa in pericolo dal crollo del sistema europeo degli Stati, hanno tuttavia nella loro mente una perfetta coscienza della loro missione rivoluzionaria. Vedo in Rothschild", continua, "uno dei più grandi rivoluzionari che la democrazia moderna abbia mai istituito. Rothschild... elevando il sistema dei titoli di Stato a potere supremo, mobilitando così la proprietà e il reddito, e dotando allo stesso tempo il denaro degli antichi privilegi della terra, ha distrutto il predominio della terra. Così ha creato una nuova aristocrazia".

Quando si rifiutò di accettare la censura della *Rheinische Zeitung* voluta dalle autorità berlinesi a causa delle agitazioni di massa promosse dal giornale, Karl Marx espatriò e sbarcò a Parigi nel 1844. Lì lo attendeva Heinrich Heine, che, più anziano di lui di vent'anni, intuì subito cosa poteva trarre dal giovane Marx e lo mise in contatto con Arnold Ruge, un rifugiato tedesco che nel 1840 aveva fondato un'importante rivista, *Annales Franco-Germanes*, tra i cui collaboratori figurava Bakunin, che si firmava con lo pseudonimo di Jules Elysard. Questo Arnold Ruge era a capo della "Giovane Germania", una sezione della "Giovane Europa" fondata da Giuseppe

Mazzini nel 1834, che riuniva gli elementi più in vista del carbonarismo e della massoneria. Quattro anni dopo la morte di Adam Weishaupt, Mazzini, il leader rivoluzionario italiano di cui scriveremo più avanti, era stato nominato dagli Illuminati direttore del programma rivoluzionario, carica in cui rimase fino alla morte, avvenuta nel 1872. È significativo che Heine, docente presso l'Unione per la Cultura e la Scienza degli Ebrei, *si* riferisse a questa associazione come alla "Giovane Palestina"[23].

I giovani rivoluzionari che Heine presentava a Ruge, esuli dalla Germania giunti a Parigi desiderosi di scrivere per la rivoluzione, erano tutti ebrei e figli o parenti stretti di rabbini. Tra loro c'era anche Friedrich Engels, più giovane di Marx e anch'egli proveniente da una famiglia rabbinica di Barmen; e Ferdinand Lassalle, nipote di un rabbino di Breslau, un giovane altezzoso, insolente, vestito elegantemente, di cui Heine scrisse che "era uno di questi duri gladiatori che marciano ferocemente verso il combattimento supremo". Arnold Ruge si rese presto conto che la sua pubblicazione gli stava sfuggendo di mano, poiché difendeva idee che non condivideva. Il comitato di redazione della rivista e il comitato di corrispondenza con le sezioni segrete in Germania erano pieni di giovani ebrei completamente solidali con Marx. Ruge perse così il controllo della pubblicazione a favore di Marx e del suo gruppo di giovani intellettuali, motivo per cui scelse di dimettersi e di lasciare la Francia. Marx riuscì anche a sostituire Ruge come capo dei comitati segreti della Giovane Germania senza che la sostituzione diventasse di dominio pubblico.

La presenza a Parigi di Moses Hess nel 1844 insieme a Marx, Heine ed Engels è menzionata da diversi autori. Jüri Lina afferma in *Sotto il segno dello scorpione* che Hess aveva legami con gli Illuminati e che fu lui a introdurre Marx ed Engels nella Massoneria: entrambi erano massoni di 31° grado. Il rabbino Antelman e Jüri Lina concordano sul fatto che fu Hess a mettere in contatto Marx con gli uomini che stavano dietro al "Bund", cioè gli Illuminati. Antelman sostiene che è attraverso Moses Hess che si può meglio comprendere la connessione tra shabbethismo, illuminismo e comunismo: "la sua vita è la chiave principale per sbloccare e comprendere la portata della cospirazione illuminato-comunista". Le opere che Antelman utilizza e su cui si basa per le sue forti affermazioni sono quelle di E. Silberner (1910-1985) e Theodore Zlocisti (1873-1943). Quest'ultimo, pioniere tra i sionisti in Germania, si stabilì in Palestina dopo la Prima guerra mondiale e nel 1921 pubblicò in tedesco lo studio più completo su Hess,

---

[23] La connotazione nazionalista o sionista è evidente: non per niente Moses Hess e Heine erano molto amici. D'altra parte, il significato politico è chiaro, perché tutti i comitati rivoluzionari che si formarono in Europa si chiamavano così: la "Giovane Italia", *la* "Giovane Svizzera" o, più tardi, i "Giovani Turchi".

Moses Hess, der Vorkämpfer des Sozialismus und Zionismus (Moses Hess: il campione del socialismo e del sionismo).[24]

La Lega dei Giusti e il *Manifesto Comunista*

Il 5 luglio 1843 si tenne una riunione presso la loggia socialista di Bruxelles. In quella sede, il leader massonico Joseph Marie Ragon sottopose all'esame il progetto del piano d'azione rivoluzionario che sarebbe poi confluito nel Manifesto comunista. La proposta fu inviata alla massima autorità massonica del Paese, il Supremo Consiglio del Belgio, che accettò all'unanimità il programma anarchico di Ragon "equivalente alla dottrina massonica sulla questione sociale che il mondo, unito al Grande Oriente, dovrebbe sforzarsi di mettere in pratica con tutti i mezzi possibili". Il 17 novembre 1845 Marx ed Engels entrarono a far parte di questa loggia a Bruxelles, città in cui vivevano dopo l'espulsione dalla Francia che, nonostante i tentativi di Heine di impedirla, era avvenuta su richiesta del governo prussiano, che seguiva da vicino Marx dalla chiusura della *Gazzetta del Reno*. Nel 1847 sia Marx che Engels divennero membri della Lega dei Giusti ("Bund der Gerechten"), uno dei rami clandestini degli Illuminati, in cui, curiosamente, giocava un ruolo di primo piano l'ebreo Jacob Venedey, che incontreremo nuovamente quando esamineremo i *Protocolli degli Anziani di Sion*.

Il comunismo era già ben progettato al momento della morte di Weishaupt. Le menti occulte che volevano instaurarlo avevano portato nel 1836 alla fondazione del "Bund" a Parigi, gestito da ebrei socialisti rivoluzionari. Quando, il 12 maggio 1939, la "Societé de Saisons", un'organizzazione segreta guidata dal massone socialista Louis Auguste Blanqui[25], chiese un colpo di Stato per prendere il potere in Francia, la Lega

---

[24] Anche Jüri Lina cita quest'opera. Inoltre, Zlocisti compilò la corrispondenza di Hess, che non vide la luce durante la sua vita, ma fu pubblicata in ebraico da G. Kressel nel 1947 con il titolo *Moshe Hess Ub'nai Doro* (*Moses Hess e i suoi contemporanei*). Edmund Silberner, polacco di nascita e professore in prestigiose università europee e americane, ha pubblicato diversi libri su Hess mentre viveva in Israele, il più prezioso dei quali è quello pubblicato in ebraico nel 1955, intitolato *El socialismo en Europa occidental y el problema judío, 1800-1918* (*Il socialismo in Europa occidentale e il problema ebraico, 1800-1918*). Nel 1966 ha anche dato alle stampe in tedesco un'ampia biografia di quasi settecento pagine, *Moses Hess: Geschichte seines Lebens* (*Moses Hess: storia della sua vita*). Alcune di queste opere sono ora disponibili in inglese per il lettore interessato.

[25] Louis Auguste Blanqui, in collaborazione con i Carbonari, aveva fondato in precedenza un'altra organizzazione nota come le Famiglie, in cui ogni Famiglia era composta da dodici membri. Nel 1836 fu scoperto, ma gli ci volle meno di un anno per fondare la "Società delle Stagioni". Paul H. Koch, nel suo *Illuminati I segreti della setta più temuta dalla Chiesa cattolica*, ne spiega il funzionamento. L'unità di base era la Settimana, composta da sei membri e guidata da un settimo. I settimi di quattro Settimane si

dei Giusti, guidata da Joseph Moll e Karl Christian Schapper, due massoni ebrei, si unì al tentativo. Fu persino formato un governo provvisorio e furono arruolati comandanti militari per guidare i combattimenti, ma il piano fallì. Il centro di gravità dell'organizzazione si spostò allora da Parigi a Londra, la Mecca dove i cospiratori di ogni genere hanno sempre pellegrinato e trovato rifugio. È lì che si rifugiarono i membri della Lega dei Giusti. A Londra, questa società segreta tedesca divenne gradualmente internazionale. Non c'è da stupirsi, quindi, che proprio nella capitale inglese sia apparso il testo che invitava i lavoratori a instaurare la cosiddetta dittatura del proletariato. La Lega dei Giusti, "der Bund", dietro la quale c'erano gli Illuminati più importanti della Germania, si diffuse presto in Belgio, Polonia e altri Paesi del continente. Karl Marx fu assunto da questa organizzazione per redigere il Manifesto comunista.

Paul H. Koch afferma categoricamente in *Illuminati* che gli assegni con cui Marx fu ricompensato per la produzione delle sue famose opere, scritte per conto della Lega, furono pagati dai Rothschild e sottolinea che gli scritti originali che lo dimostrano sono conservati nelle collezioni di documenti del British Museum. Fu ancora Moses Hess che nel novembre 1847 propose di trasformare la Lega dei Giusti in un partito comunista. Prima della fine dell'anno Marx ed Engels riorganizzarono la Lega, che divenne la Lega dei Comunisti. Infine, il 21 febbraio 1848 fu pubblicato a Londra il *Manifesto comunista*. Sebbene non aggiungesse sostanzialmente nulla di nuovo ai testi di Adam Weishaupt e Clinton Roosevelt, il testo sarebbe stato considerato uno dei documenti politici più influenti della storia. Il proletariato, la classe più svantaggiata della società, opportunamente manipolata, sarebbe stato d'ora in poi utilizzato dagli agenti dell'"aristocrazia del denaro", il capitale finanziario, per espropriare l'aristocrazia terriera e la borghesia industriale delle loro ricchezze al fine di impadronirsi del potere internazionale e, in ultima analisi, imporre un Nuovo Ordine Mondiale.

Quando le tredici famiglie di banchieri decisero di attuare il piano per prendere il controllo di tutti i Paesi utilizzando il MRM, partirono da una premessa fondamentale: il fine giustifica i mezzi. *Il Manifesto comunista* afferma chiaramente che per conquistare il mondo bisogna usare la forza: "Possiamo raggiungere i nostri scopi solo rovesciando l'ordine costituito con la violenza". Contemporaneamente all'uso dell'espressione "dittatura del proletariato", si faceva appello alla libertà per giustificare la lotta di classe e per impadronirsi della proprietà. Attraverso la propaganda, i lavoratori cominciarono a essere esortati a non rifuggire dalla guerra civile per raggiungere i loro obiettivi. La citazione di un testo di Lenin lo dimostra chiaramente. In una lettera del 17 ottobre 1914 ad Alexander Shlyapnikov

---

riunivano e formavano un Mese. Tre mesi avevano una Stazione come capo e organizzatore. Quattro Stazioni facevano capo a un capo rivoluzionario che, secondo Koch, era nominato dagli Illuminati.

Lenin scrisse: "Il male minore nell'immediato sarebbe la sconfitta dello zarismo in guerra [...] L'intera essenza del nostro lavoro consiste nel dirigerci verso la trasformazione della guerra in una guerra civile". Quattro anni dopo, nel 1918, un'altra frase di Trotsky nei *Protocolli della quarta sessione del Comitato esecutivo centrale* insiste sulla stessa idea: "Il nostro partito è a favore della guerra civile. La guerra civile è la lotta per il pane..... Viva la guerra civile!

Marx fu semplicemente una pedina utilizzata da chi operava dietro le quinte per elaborare un programma che non gli apparteneva. Per vent'anni dopo la pubblicazione del testo, il suo nome non compare nemmeno in relazione al *Manifesto comunista*. Se c'era qualcosa che mancava nei piani di Weishaupt, era la mancanza di uno strumento in grado di accelerare l'attuazione dei suoi piani di dominio mondiale e di distruzione delle strutture tradizionali della società: famiglia, proprietà, eredità, patria, religione. In teoria, il piano da lui ideato per controllare l'opinione e diffondere nuove idee attraverso la stampa e la pubblicazione di libri era ben concepito e veniva gradualmente attuato con enorme successo. Tuttavia, mancava l'idea definitiva che avrebbe ingannato e illuso le masse: il comunismo e la dittatura del proletariato. Una lettera inviata a Karl Marx nel 1848 dal rabbino Baruch Levy dissipa ogni dubbio. Il testo, pubblicato dalla *Revue de Paris* il 1° giugno 1928, nonché dallo storico olandese Herman de Vries de Heekelingen nell'edizione francese della sua opera *Israël. Son passé. Son avenir (Israele. Il suo passato. Il suo futuro)*, e anche dal professore svedese Einar Alberg in varie pubblicazioni, recita come segue:

"Il popolo ebraico sarà collettivamente il suo Messia. Il loro regno sull'universo sarà ottenuto con l'unificazione delle altre razze umane, l'abolizione delle frontiere e delle monarchie, che sono i baluardi del particolarismo, e l'istituzione di una repubblica universale che riconoscerà ovunque i diritti di cittadinanza agli ebrei. In questa nuova organizzazione dell'umanità, i figli di Israele, oggi sparsi in ogni angolo della terra, tutti della stessa razza e della stessa tradizione, senza tuttavia formare una nazionalità distinta, diventeranno ovunque, senza opposizione, la classe dirigente; soprattutto se riusciranno a portare le masse lavoratrici sotto il loro esclusivo controllo. I governi delle nazioni costitutive della futura repubblica universale cadranno, senza sforzo, nelle mani degli israeliti, grazie alla vittoria del proletariato. La proprietà privata potrà allora essere abolita dai governanti di razza ebraica, che amministreranno ovunque i fondi pubblici. Si realizzerà così la promessa del Talmud, secondo cui, quando verrà il tempo del Messia, noi ebrei possederemo la proprietà di tutti i popoli della terra.

Le rivoluzioni del 1848

La fretta e l'impeto con cui sono state scatenate le rivoluzioni nonostante le scarse prospettive di successo sono incomprensibili. Solo interessi nascosti possono spiegare l'urgenza di coloro che lanciarono i tentativi quando le condizioni non erano mature e il fallimento era prevedibile. È irragionevole pensare che coloro che sono passati per esperti di sociologia politica ed economica si siano sbagliati così tanto nella loro previsione. Forse la spiegazione è che alla fine contava poco usare e sacrificare le masse di lavoratori manipolati, carne da cannone. Le rivoluzioni erano predestinate a fallire e forse ciò che si voleva veramente fare era una prova generale per il futuro. Se confrontiamo il 1848 con il 1917, ad esempio, vediamo come i bolscevichi, a parte il fatto che erano finanziati dai banchieri ebrei internazionali, riuscirono a imporre la rivoluzione in Russia perché non c'era una classe media consolidata, né una borghesia consolidata. Lì sono stati in grado di usare e ingannare i contadini, come si vedrà a tempo debito, per portare a termine, insieme agli operai delle grandi città, una rivoluzione genocida che allo stesso tempo costituisce la più grande rapina della storia, un saccheggio senza precedenti della proprietà privata. Ma nella Francia e nell'Europa del 1848 questo era impossibile ed è improbabile che non lo si sapesse. I contadini francesi, ad esempio, conservatori per natura, strettamente attaccati alla loro proprietà, non volevano nemmeno sentir parlare di proprietà comune della terra che coltivavano e non si unirono al proletariato urbano nel 1848. Per questo motivo fu trattato con il massimo disprezzo da Marx. La piccola borghesia, considerata il popolo quando si allea con il proletariato, è oggetto di duri rimproveri quando si aggrappa alle sue umili botteghe e ai suoi mestieri. L'uso restrittivo della parola "popolo" deriva proprio dal fallimento di quella rivoluzione. Da allora in poi socialisti e comunisti considerarono popolo solo il proletariato industriale.

Nel 1844 Benjamin Disraeli scrisse: "Non c'è errore più volgare che credere che le rivoluzioni si producano per motivi economici. Senza dubbio, esse arrivano molto spesso a precipitare una catastrofe". La storia ufficiale, tuttavia, giustifica le rivoluzioni del 1848 sostenendo che furono dovute a circostanze economiche e sociali. Gli storici marxisti riprendono spesso le tesi e le analisi di Marx ed Engels, che alludono a cause internazionali. Nel saggio *Le lotte di classe in Francia (1848-1850)*, Marx afferma che "due eventi economici mondiali accelerarono lo scoppio del malcontento generale e fecero sì che l'agitazione maturasse in rivolta". Il primo fu la peronospora della patata e i fallimenti dei raccolti del 1845 e 1846. Il secondo fu la crisi generale del commercio e dell'industria in Inghilterra, "che portò ai fallimenti dei grandi mercanti coloniali a Londra, seguiti da quelli delle banche agricole e dalla chiusura delle fabbriche nei distretti industriali dell'Inghilterra". Le ripercussioni di questa crisi sul Continente non si erano ancora attenuate", aggiunge, "quando scoppiò la rivolta di febbraio". Nell'opera sopra citata Marx offre la sua visione ironica degli eventi in Francia ed esprime il suo disprezzo illimitato per tutto ciò che si oppone alla dittatura della classe operaia. La sua interpretazione degli eventi aiuta tuttavia a capire perché non fu possibile cambiare la bandiera tricolore con la bandiera rossa, come si supponeva.

Le ragioni addotte dalla storiografia marxista per spiegare l'esplosione spontanea dei lavoratori nelle strade delle varie città europee non sono credibili. Gli storici ufficiali non spiegano come gli operai abbiano potuto accordarsi per agire contemporaneamente e in modo coordinato in tutta Europa. La risposta è che nel 1848 la rivoluzione scoppiò di nuovo perché organizzata dalle società massoniche, i cui leader socialisti e comunisti ne presero la guida. Solo a Parigi c'erano circa seicento società segrete. Per preparare lo scoppio in modo conveniente, in precedenza, come era accaduto nel 1789 e come sarebbe accaduto nel 1917, le tattiche furono ripetute più volte, un cattivo raccolto nel 1846 fu usato per organizzare una carestia. Jüri Lina, in *Sotto il segno dello scorpione*, fa il nome di un mercante ebreo di nome Efrasi che, agendo come agente di James Rothschild, acquistò in massa le scorte di grano. Negli anni successivi i prezzi triplicarono e i generi alimentari scarseggiarono nei negozi. La gente soffriva la fame. Inoltre, in Europa cresceva il disagio per l'adeguamento dei salari e la mancanza di lavoro. Inoltre, in Francia si denunciava la corruzione ministeriale e si chiedeva una riforma elettorale che garantisse il suffragio universale. La borghesia, molti dei cui leader erano massoni, nonostante stesse diventando una classe conservatrice, guardava con simpatia alle richieste degli operai; ma la loro era stata la rivoluzione del 1789 ed era chiaro che mezzo secolo dopo non poteva essere usata una seconda volta, soprattutto se si intendeva sfilare dietro la bandiera rossa per attuare il programma del *Manifesto comunista*. Era quindi il turno della nuova classe sociale, il proletariato, che gli agitatori e i ciarlatani di professione avevano preparato.

Come era già accaduto nel 1789, nel maggio 1847 si tenne a Strasburgo un grande congresso massonico. L'organizzazione internazionale della Massoneria sarebbe stata utilizzata ancora una volta. Fu nelle logge che i "buoni massoni" elaborarono i piani che avrebbero scatenato le rivoluzioni. Al congresso in Alsazia parteciparono importanti leader ebrei che svolsero il loro ruolo di guida come agenti degli Illuminati. Erano presenti alcuni dei futuri ministri del governo provvisorio che si formò in Francia nel febbraio 1848, tra cui Adolphe Isaac Crémieux, notoriamente il più fidato confidente di James Rothschild, massone di 33° grado e Gran Maestro del Rito Scozzese, che fu Ministro della Giustizia; il banchiere Michel Goudchaux, altro ebreo e amico intimo di James Rothschild, che fu Ministro delle Finanze. Altri massoni francesi di spicco coinvolti nella rivoluzione e presenti a Strasburgo furono Simon e Louis Blanc, Léon Gambetta, un ebreo figlio adottivo di Crémieux, Alphonse Lamartine, che sarebbe diventato ministro degli Esteri, Alexandre Ledru-Rollin e Marc Caussidière, che fu prefetto di polizia a Parigi nel febbraio 1848.

I regni della futura Italia furono scelti per scatenare l'ondata di conflitto. Il 12 gennaio 1848 si verificò il primo movimento rivoluzionario in Sicilia, che aveva pretese indipendentiste. È interessante notare che il popolo siciliano godeva di privilegi straordinari, unici in Europa, poiché le tasse erano molto basse e non esisteva il servizio militare obbligatorio. I libri di viaggio degli avventurieri dell'epoca riportano che la vita, la proprietà e le strade di Palermo e della Sicilia in generale erano sicure come quelle delle città del Nord Europa. L'8 febbraio fu la volta del Piemonte. In Toscana la rivolta iniziò il 17 febbraio. Due illuminati, Giuseppe Mazzini e Adriano Lemmi, ne furono i coordinatori. Anche un altro massone, Giuseppe Garibaldi, un Gran Maestro che in seguito sarebbe diventato famoso in tutto il mondo, fu coinvolto nella pianificazione delle rivoluzioni italiane. Passiamo ora a Mazzini e Lemmi, il cui ruolo nella Massoneria e nel movimento rivoluzionario merita un discorso a parte.

Non è possibile soffermarsi su tutti gli scenari, ma ci soffermeremo il più brevemente possibile sulla Francia, perché è lì che Marx, Engels, Hess, Heine e altri ebrei tedeschi esiliati avevano fatto di Parigi uno dei centri della cospirazione. La rivoluzione del luglio 1830 aveva portato al potere la borghesia, personificata nel nuovo re, Luigi Filippo d'Orléans. Anche se in realtà, come riconosceva lo stesso Marx, a dominare il periodo fino al 1848 furono i banchieri, l'aristocrazia del denaro, personificata in James Rothschild, nel quale Heinrich Heine vide "uno dei più grandi rivoluzionari che la democrazia moderna abbia istituito". Ricordiamo le parole del poeta amico e protetto di James: "Nessuno fa di più per promuovere la rivoluzione degli stessi Rothschild, i banchieri dei re, quei magnifici possessori di denaro".

Ne *Le lotte di classe in Francia*, Marx non può ovviamente esprimersi con l'impudenza del suo amico Heine, ma capisce che deve mantenere le apparenze e il decoro, e lo fa. Spiega perfettamente come il potere del denaro, delle banche, della borsa sia pernicioso per l'intera società, allude ai "re della borsa", ma non osa mai puntare il dito contro gli ebrei, né tantomeno criticare l'uomo che era sulla bocca di tutti: James Rothschild. Lo cita solo una volta in un breve frammento del testo, introduttivo e descrittivo della situazione: "La borghesia industriale vedeva i suoi interessi in pericolo, la piccola borghesia era moralmente indignata; l'immaginazione popolare era in rivolta. Parigi fu inondata di libelli: 'la dinastia dei Rothschild', 'gli usurai, i re dell'epoca', ecc. in cui il dominio dell'aristocrazia finanziaria veniva denunciato e anatemizzato, con maggiore o minore ingenuità". Solo una volta si riferisce a Crémieux, il ministro della Giustizia del governo provvisorio, e lo fa con il massimo rispetto: mentre distribuisce epiteti di valore o peggiorativi a destra e a manca, lo chiama "signor Crémieux".

Bastarono due giorni a Parigi per rovesciare il governo Guizot e provocare le dimissioni di Luigi Filippo d'Orléans. Dopo le prime avvisaglie, il re sostituì Guizot con Barrot e decretò lo stato d'assedio. Il 23 febbraio furono erette barricate nelle strade. L'insurrezione si diffuse rapidamente e la Guardia Nazionale si schierò con gli insorti. Uno scontro sul Boulevard de las Capuchinas, dove gli operai che marciavano dietro la bandiera rossa si scontrarono con le truppe, servì da detonatore per accelerare il trionfo iniziale dei rivoluzionari: qualcuno sparò con un fucile e i soldati risposero con una raffica che lasciò per strada decine di operai morti e feriti. Nella notte tra il 23 e il 24 febbraio, le società segrete diedero istruzioni per il giorno successivo.

Karl Marx si trovava a Parigi: era riuscito a entrare in Francia dall'Inghilterra e partecipò all'organizzazione delle rivolte nel quartier generale degli insorti. Anche Pierre-Joseph Proudhon e Louis Blanc erano tra i leader. All'alba, in città regna il caos, le armerie vengono prese d'assalto e gruppi di insorti inferociti aprono il fuoco alle finestre delle Tuileries. Alcune guardie municipali furono uccise e a metà mattina le truppe non resistevano più. Alle 13.00 la famiglia reale lasciò il Paese e fu proclamata la Repubblica. Il governo provvisorio che si formò presto comprendeva i vari partiti che si consideravano vincitori dopo l'abdicazione del re. La distribuzione del potere tra coloro che avevano rovesciato la monarchia di luglio rivelò la diversità degli interessi. I partiti borghesi erano in maggioranza e solo due rappresentanti del proletariato entrarono a far parte del governo provvisorio: Louis Blanc e l'operaio Albert. Marx dirà in seguito che la lotta dei lavoratori era servita a conquistare la Repubblica borghese.

Incredibilmente, quello stesso 24 James Rothschild, come rivela Niall Ferguson in *The House of Rothschilds Money's Prophets 1798-1848*, si recò dal neoministro delle Finanze, che non era altro che il suo amico banchiere Michel Goudchaux, per chiedere che il nuovo regime si facesse carico degli interessi sui titoli di debito greci in scadenza, che erano stati garantiti dal regime precedente e che lui avrebbe normalmente pagato. Ferguson aggiunge sarcasticamente: "C'era una contropartita. Il giorno successivo fu annunciato che Rothschild avrebbe fatto un'ostentata donazione di 50.000 franchi per coprire le spese dei feriti negli scontri di piazza, e che intendeva 'offrire la sua cooperazione a una rivoluzione così buona e onesta'".

Poco dopo la formazione del Governo, trecento massoni con le bandiere dei vari riti rappresentativi della Massoneria francese marciarono verso l'Hotel de Ville. Lì offrirono i loro vessilli al Governo Provvisorio della Repubblica e proclamarono ad alta voce la parte che avevano svolto nella gloriosa rivoluzione. Lamartine pronunciò le seguenti parole, che furono accolte con entusiasmo: "È dal fondo delle vostre logge che hanno emanato le idee, prima nell'oscurità, poi nel buio, e ora alla luce del sole, che sono state le basi delle rivoluzioni del 1789, del 1830 e del 1848". Quattordici giorni dopo una nuova deputazione del Grande Oriente, ornata dei suoi gioielli e delle sue sciarpe massoniche, riapparve all'Hotel de Ville. Furono ricevuti dal Gran Maestro Adolphe Isaac Crémieux, che rivolse loro un discorso che si concluse con queste parole: "La Repubblica esiste nella Massoneria. Se la Repubblica farà ciò che hanno fatto i massoni, favorirà la luminosa promessa di unione con tutti gli uomini, in tutte le parti del globo e su tutti i lati del nostro triangolo".

Tuttavia, divenne presto chiaro che l'unione tra disuguali non sarebbe stata così facile. Louis Auguste Blanqui, leader socialista e massone imprigionato dopo il tentativo di colpo di Stato del 1839, era già libero nel 1848. Il 17 marzo Blanqui guidò una manifestazione per chiedere il rinvio delle elezioni dell'Assemblea nazionale e della Guardia nazionale, i cui capi furono eletti. Un mese dopo, il 16 aprile, la lotta tra le fazioni continuò. Ciò che accadde quel giorno varia a seconda delle fonti. Per Marx si trattò di una trappola tesa dalla borghesia al proletariato; per gli autori non marxisti fu un errore dei leader socialisti che intendevano rovesciare il governo provvisorio attraverso gli operai e proclamare un governo comunista. In definitiva, fu messa in scena una rottura tra gli operai e i soldati, dalle cui file si diffuse per tutta Parigi il grido "Abbasso i comunisti! Abbasso Blanqui! Abbasso Louis Blanc!".

Il suffragio universale dimostrò che i francesi non sostenevano i rivoluzionari socialisti e comunisti. I partiti borghesi dominano l'Assemblea Costituente che si riunisce il 4 maggio. Marx commenta la nuova situazione: "Non è la Repubblica che il proletariato di Parigi ha imposto al Governo provvisorio; non è la Repubblica con istituzioni sociali; non è il sogno di coloro che hanno combattuto sulle barricate". Il 15 maggio i disordini ripresero e una folla invase l'Assemblea. Luigi Bianco in persona cercò di controllare la situazione e dal tavolo disse alla folla che "il popolo aveva violato la propria sovranità". Poi si gridò "vogliamo Blanqui", che fece il suo ingresso sulle spalle degli operai. Blanqui chiese che la Francia dichiarasse guerra all'Europa per liberare la Polonia, la cui rivolta era stata repressa il 5 maggio dalle truppe prussiane. Un altro rivoluzionario, Huber, gridò che l'Assemblea "era stata sciolta in nome del popolo".

Una volta ristabilito l'ordine, dopo le elezioni si formò il nuovo governo, le cui prime misure scatenarono la crisi finale. Dal 22 al 25 giugno furono nuovamente erette le barricate. Gli istigatori riuscirono a far sì che l'insurrezione fosse seguita da una folla che, senza escludere i criminali comuni, comprendeva il proletariato parigino, settori della piccola borghesia e persino legittimisti scontenti. Il 26, le truppe comandate dai generali Cavaignac e Lamoricière lasciarono nelle strade i corpi di oltre diecimila persone, pedine sacrificate nella strategia di personaggi occulti che avevano giocato con loro lo strano gioco del 1848. Alcuni leader socialisti furono arrestati e gli arresti ammontarono a venticinquemila. Le società segrete furono duramente perseguitate e persino la libertà di stampa fu soppressa. La rivoluzione si concluse così con una completa sconfitta.

Tra coloro che non si fecero vedere e rimasero a tramare nei consigli c'era Karl Marx, che, secondo Salluste (Flavien Brenier) in *Les origines secrètes du bolchevisme Henri Heine et Karl Marx*, partecipò alla rivoluzione di Parigi e fu arrestato nel corso della repressione. Karl Marx", scrive Salluste, "doveva essere fucilato o almeno deportato. Heinrich Heine interviene e si dichiara garante della sua innocenza e lo fa espellere dalla corte marziale: chi avrebbe dubitato della sincerità del gentile poeta? Karl Marx viene semplicemente internato nel dipartimento del Morbihan. Poche settimane dopo, armato di documenti falsi, fugge in Inghilterra. Brenier si chiede attraverso quale organizzazione Marx si tenesse in contatto con i cospiratori, che gli fornivano documenti falsi per attraversare le frontiere quando doveva fuggire, e come preparasse le sue incursioni sul continente. La risposta è che si avvaleva di un'organizzazione di carbonari che lui stesso dirigeva. I carbonari, illegali in tutta Europa, operavano in piccoli gruppi che venivano reclutati con grande segretezza: "Esistevano fianco a fianco", spiega Salluste, "e lo ignoravano. Contattavano l'organizzazione solo attraverso un membro, il capogruppo, nominato dall'alto e non eletto dai suoi compagni. Un Comitato Supremo manteneva i contatti con i capigruppo attraverso ufficiali di collegamento. Nessuna propaganda esterna, che potesse attirare l'attenzione della polizia. Il fine immediato proposto ai membri poteva essere l'attacco a un importante nemico della rivoluzione, quindi gli assassinii erano frequenti".

Già nel luglio 1848, Lionel Rothschild parte da Londra per raggiungere lo zio James. Quando arrivò a Parigi, lo trovò rinchiuso con Goudchaux, che era ancora ministro delle Finanze nel governo uscito dalle elezioni di maggio, e con il quale stava negoziando la conversione degli interessi del 3% sulle obbligazioni del 1847 in interessi del 5%, trasformando così "una perdita di 25 milioni di franchi", spiega Ferguson nel libro, "in un guadagno di 11 milioni di franchi". Il fatto che Goudchaux fosse un ebreo non fece altro che alimentare l'estremo sospetto di una cospirazione per sostenere Rothschild". Non sappiamo se Marx stia alludendo alla stessa operazione che Ferguson svela quando scrive ne *Le lotte di classe in Francia*: "per allontanare il sospetto di non voler o non poter onorare gli obblighi lasciati in eredità dalla monarchia, per risvegliare la fede nella moralità borghese e nella solvibilità della Repubblica, il governo ricorse a un bluff tanto indegno quanto puerile: quello di pagare ai creditori dello Stato interessi del 5%, del 4,5% e del 4% prima della scadenza legale". Comunque sia, è chiaro che il Ministro delle Finanze era uno degli uomini portati al governo da James Rothschild. Goudchaux fu anche responsabile dell'insabbiamento della nazionalizzazione delle ferrovie, uno dei grandi affari dei Rothschild in Europa, che era stata originariamente pianificata dal Governo Provvisorio.

Esiste un testo molto significativo indirizzato a James Rothschild, pubblicato in agosto. Si tratta di un editoriale del giornale radicale *Tocsin des Travailleurs* (*Campanello d'allarme dei lavoratori*) che avrebbe voluto essere un invito al banchiere a mettere il suo potere finanziario al servizio della Repubblica. Il contenuto invita a sospettare che, forse, come è accaduto nel 2008 con la crisi innescata dal fallimento di Lehman Brothers, l'intento fosse quello di disfarsi dei concorrenti, di provocarne il fallimento, per monopolizzare e concentrare ulteriormente il potere. Ecco il testo:

"Siete un portento, signore. Nonostante la vostra maggioranza legale, Luigi Filippo è caduto, Guizot è scomparso, i metodi della monarchia costituzionale e parlamentare sono caduti in disuso; voi, invece, restate impassibile!... Dove sono Arago e Lamartine? Loro sono finiti, ma voi siete sopravvissuti. I principi delle banche sono stati messi in liquidazione e i loro uffici sono chiusi. I grandi capi dell'industria e delle compagnie ferroviarie stanno vacillando. Gli azionisti, i commercianti, i produttori e i banchieri sono stati rovinati in massa, i grandi e i piccoli uomini sono stati travolti allo stesso modo; solo voi, tra tutte queste rovine, siete rimasti indenni. Anche se la vostra casa ha sentito la prima violenza dell'urto a Parigi, anche se gli effetti della rivoluzione vi hanno inseguito da Napoli a Vienna e a Berlino, siete rimasti indifferenti a un movimento che ha colpito tutta l'Europa. La ricchezza svanisce, la gloria è umiliata e il dominio è spezzato, ma l'ebreo, il monarca del nostro tempo, è rimasto sul suo trono, Ma non è tutto. Avreste potuto fuggire da questo Paese dove, nel linguaggio biblico, le montagne saltavano come agnelli. Siete rimasti, annunciando che il vostro potere è indipendente dalle vecchie dinastie e tendete audacemente la mano alle giovani repubbliche. Imperterrito rimani in Francia.... Lei è più di un uomo di Stato, è il simbolo del credito. Non è forse giunto il momento che la banca, potente strumento della borghesia, contribuisca a realizzare il destino del popolo? Senza diventare un ministro, lei è semplicemente il più grande uomo d'affari del nostro tempo. Il suo lavoro potrà essere più ampio, la sua fama - e lei non è indifferente alla fama - potrà essere ancora più gloriosa. Dopo aver ottenuto la corona del denaro, raggiungerete la vostra apoteosi. Non vi piace? Siate certi che sarebbe lodevole se un giorno la Repubblica francese vi offrisse un posto nel pantheon!".

Meno male che era un giornale della sinistra radicale!

Non c'è spazio per soffermarsi su altre "rivoluzioni spontanee". Aggiungiamo solo che il primo marzo ebbe luogo l'insurrezione a Baden. Il banchiere Ludwig Bamberger (1823-1899), ebreo e massone, direttore del giornale *Mainzer Zeitung*, fu il campione della rivolta in Germania. Una volta ristabilito l'ordine, fu condannato a morte, ma riuscì a fuggire in Svizzera con altri sovversivi e successivamente arrivò a Londra. Anni dopo, il banchiere rivoluzionario era già direttore della banca Bischoffheim & Goldschmidt e nel 1870 fu uno dei fondatori della Reichsbank. Altri massoni tedeschi che guidarono le rivolte furono l'ebreo Johann Jacoby, che fu in prima linea nelle azioni di Berlino, Joseph Fickler, Friedrich Franz Karl

Hecker, Robert Blum e Georg Herwegh (1817-1875). Quest'ultimo ebbe una relazione appassionata tra il 1849 e il 1850 con Natalie Herzen, moglie di Alexander Herzen, a cui dedicheremo la sezione seguente. [26]

Anche a Heildelberg e a Praga le logge organizzarono cospirazioni. Il 13 marzo fu la volta di Vienna. Lì i principali promotori della ribellione furono Adolf Fischhof e Joseph Goldmark, due medici ebrei identificati con il movimento razionalista Haskala di Moses Mendelssohn, che sosteneva l'emancipazione degli ebrei e la loro "assimilazione" nelle società europee. Due giorni dopo iniziò la rivoluzione in Ungheria, sempre organizzata da due massoni di origine ebraica: Mahmud Pascha guidò l'ammutinamento a Budapest e Lájos Kossuth agì nelle province. Come le due precedenti, si muovevano all'interno della Haskala. Il 14 marzo Mazzini dichiarò la repubblica nello Stato Pontificio. Il 18 marzo, cinquecentotrentaquattresimo anniversario della morte del Gran Maestro dei Templari Jacques de Molay, bruciato sul rogo nel 1314, scoppiarono contemporaneamente rivolte a Milano, Stoccolma e Berlino. I disordini di Stoccolma furono tra i più violenti della città a memoria d'uomo. Lo scrittore estone Jüri Lina cita il libro di Bunny Ragnerstam, *Arbetare i rörelse* (*Lavoratori in azione*), come fonte delle sue informazioni. Spiega che l'Associazione comunista di Stoccolma, fondata nel 1847, organizzò le rivolte in collegamento con la Lega comunista. La figura di spicco era uno scrittore ebreo, Christoffer Kahnberg, che scrisse i proclami che apparvero in tutta la città. A Venezia, l'avvocato ebreo Daniele Manin, discendente dell'antica famiglia Medina, arrestato e imprigionato in gennaio, fu liberato dai rivoluzionari mazziniani, che lo proclamarono Presidente della Repubblica nell'agosto 1848, carica che mantenne per un anno. Il governo veneziano era composto quasi esclusivamente da massoni, tra cui gli ebrei Leon Pincherle, ministro dell'Agricoltura, e Isacco Pesaro Maurogonato, ministro del Commercio. Seguirono Monaco, Dresda, Boemia.... Nei mesi successivi, una seconda

---

[26] Il poeta e rivoluzionario tedesco Georg Herwegh, oggetto di una poesia di Heinrich Heine, con il consenso della moglie Emma, ebbe una relazione intensa e tormentata con Natalie Herzen, discepola di George Sand e moglie del rivoluzionario russo Alexander Herzen. Gli Herzen e gli Herwegh erano amici. Dopo la sconfitta del battaglione di rivoluzionari di Herwegh a Baden Baden, Herwegh arrivò a Parigi e le due coppie progettarono di vivere in una comune a quattro. Herzen trovò una casa a Nizza e le due famiglie vi si trasferirono a metà del 1850. Herzen non sapeva che la moglie aveva commesso adulterio con Herwegh per sei mesi. Quando nel 1851 venne a sapere del tradimento, si infuriò, ma il punto centrale dei rivoluzionari non era forse la rottura dei valori tradizionali, tra cui la famiglia, l'eredità e la religione? La vicenda divenne uno scandalo nei circoli socialisti europei e il tedesco Arnold Ruge scrisse addirittura il dramma *Il mondo nuovo*, basato su questi eventi. "Io appartengo alla rivoluzione a cui appartengono Mazzini e i suoi discepoli", scrisse Herzen all'amico anarchico Proudhon nel tentativo di giustificare il suo "atteggiamento borghese".

ondata di rivolte ebbe luogo in mezza Europa. Tutto avvenne, secondo i libri di storia, spontaneamente.

James Rothschild e Alexander Herzen

Prima di lasciare definitivamente il 1848, è interessante notare l'amicizia tra James Rothschild e il rivoluzionario russo Alexander Herzen, uno dei padri del socialismo russo, autore della frase "terra e libertà", perché questo rapporto è la prova principale del coinvolgimento dei Rothschild nei movimenti rivoluzionari in Russia e della loro leadership nel MRM. Herzen, nato a Mosca nel 1812, era figlio illegittimo di un aristocratico russo e di un'ebrea tedesca convertita al protestantesimo, Luise Hagg, che ebbe su di lui un'influenza decisiva. Herzen era quindi ebreo, poiché tra gli ebrei è la madre e non il padre a determinare l'appartenenza razziale. A vent'anni era già un agitatore dell'Università di Mosca, per cui fu arrestato e condannato a diversi mesi di prigione. Nonostante ciò, nel 1839 lavorò a San Pietroburgo come segretario del conte Stróganov, un generale che era aiutante di campo dell'imperatore, e in seguito divenne consigliere di reggenza a Novgorod, carica dalla quale si dimise per andare a vivere a Mosca, dove, sotto lo pseudonimo di "Iskander" (traduzione araba di Alessandro), fece stampare clandestinamente nel 1841 opere rivoluzionarie di natura sovversiva.

È ancora Marvin S. Antelman che nel secondo volume di *To Eliminate the Opiate* ci mette in pista. "Il Progetto Iskander", scrive il rabbino, "è il nome dato dagli Illuminati al rovesciamento della Russia. Il nome simboleggia il loro rovesciamento per uno scopo finale: il governo mondiale. Iskander è il termine arabo per indicare Alessandro Magno. Nel Corano è scritto che Iskander rinchiuse le tribù selvagge di Gog e Magog dietro mura di ferro (da cui il termine cortina di ferro)". Alexander Herzen era l'ideologo e uno dei leader dei "Narodnick", una classe intellettuale e radicale di socialisti rivoluzionari che cercavano di usare i contadini per rovesciare la monarchia zarista. Sono considerati l'intellighenzia che fece da ponte tra il comunismo marxista e i bolscevichi. Ne consegue che Alexander Herzen era un agente degli Illuminati, un uomo che, come Heinrich Heine, conosceva i piani futuri. Il suo rapporto con i Rothschild, con Marx, Proudhom, Bakunin e altri rivoluzionari rafforza la validità della valutazione.

Dopo la morte del padre, nel 1846, ereditò una fortuna considerevole e viaggiò all'estero, senza più tornare in Russia. Berlino fu il primo punto di contatto con i cospiratori. Lì incontrò Leopold Zunz, che, come abbiamo visto, aveva un ruolo molto influente nell'intellighenzia ebraica. Zunz lo rese un potenziale comunista e probabilmente ebbero modo di considerare insieme la dottrina del neomessianismo. Nel 1847 Herzen arrivò a Parigi, da dove si recò in Italia per un breve soggiorno. Nel maggio 1848, quando la rivoluzione era al culmine, tornò nella capitale francese. Partecipò alle giornate di giugno a fianco di Marx e Proudhon, che aiutò finanziariamente con 24.000 franchi per poter mantenere la pubblicazione del suo giornale, *Voix du People* (*Voce del Popolo*), in cui scrisse articoli furiosi.

I contatti con i Rothschild erano già avvenuti nel 1847, prima del suo viaggio in Italia, come rivela Niall Ferguson che gli fecero dei favori con piccoli servizi bancari quando era in Italia e lo aiutarono a investire circa 10.000 rubli quando iniziò a vendere le sue proprietà russe. Lo stesso Herzen spiega di aver chiesto a James Rothschild di cambiare le obbligazioni di una cassa di risparmio di Mosca e di aver acquistato, su suo consiglio, azioni americane e francesi e una casa in via Amsterdam vicino all'Hotel Havre. Il coinvolgimento di James Rothschild con il rivoluzionario russo raggiunse l'apice quando il governo moscovita cercò di impedire a Herzen di portare altro denaro fuori dal Paese ipotecando la proprietà della madre a Komostra. James accettò in anticipo una fattura firmata da Herzen per il valore della proprietà da ipotecare. Quando le autorità russe si rifiutarono di autorizzare l'ipoteca, un James Rothschild irato fu pronto ad agire contro la banca e pretese una spiegazione dal Ministro delle Finanze. Interviene allora l'ambasciatore russo, il conte Kiselev, che avverte il banchiere di non potersi fidare del suo nuovo cliente. James scrisse quindi una dura lettera a Gasser, il suo agente a San Pietroburgo, minacciando il governo russo di intraprendere azioni legali e di ricorrere alla stampa. Nella sua autobiografia *Il mio passato e i miei pensieri*, Herzen conferma l'invio della lettera:

> "Quando mezz'ora dopo stavo salendo le scale del Palazzo d'Inverno delle Finanze in Rue Lafitte (cioè il palazzo di Rothschild), il rivale di Nicola (cioè lo Zar) stava scendendo.... Sua Maestà, sorridendo dolcemente e porgendo maestosamente la sua augusta mano, disse: "La lettera è stata firmata e inviata. Vedrete come cambieranno idea. Insegnerò loro a giocare con me"..... Mi sentivo portato a inginocchiarmi e a prestare giuramento di fedeltà insieme alla mia gratitudine, ma mi limitai a dire: "Se siete proprio sicuro di questo, lasciatemi aprire un conto, anche se solo per la metà dell'importo totale". Sua Maestà l'Imperatore rispose: "Con piacere" e si avviò verso Rue Lafitte. Mi sono inchinato".

Sei settimane dopo il denaro fu versato. Senza dubbio, nel tentativo di dissuadere Rothschild, l'ambasciatore Kiselev deve averlo informato del background rivoluzionario di Alexander Herzen. Non si può quindi pensare che James Rothschild non fosse a conoscenza della vera natura dell'aristocratico russo. Conosceva molto bene le ragioni per cui era disposto a giocare la carta del suo correligionario. Herzen si vanta di aver mantenuto da allora un rapporto imbattibile con il banchiere. Io ero per lui", scrisse in seguito, "il campo di battaglia su cui aveva battuto Nicola I". Nel 1850 il regime di Luigi Napoleone espulse dalla Francia l'amico rivoluzionario di Rothschild, ma James continuò a curare i suoi investimenti in America e altre obbligazioni[27]. Il bilancio del 1851 della casa Rothschild a Parigi lo vede debitore di 50.000 franchi. Herzen si stabilì a Londra, dove altro, e lì riprese i contatti con Marx e altri rifugiati francesi e tedeschi. Herzen arrivò nella capitale britannica, naturalmente, con le relative raccomandazioni alla Rothschild House di Londra, dove Lionel Rothschild assunse il comando del suo conto.

Un'ulteriore prova del rapporto di Alexander Herzen con gli Shabbetaici e il movimento rivoluzionario messo in moto dagli Illuminati si trova in una lettera che egli scrisse a Moses Hess il 3 marzo 1850, riprodotta in *To Eliminate the Opiate*, tratto dal già citato libro di Theodore Zlocisti, *Moses Hess and His Contemporaries*. In esso chiede a Hess di dargli una copia di un pamphlet che aveva scritto a Georg Herwegh, il poeta rivoluzionario che all'epoca aveva una relazione con sua moglie Natalie a sua insaputa. Herzen chiede a Hess se intende recarsi a Londra, gli chiede l'indirizzo e gli suggerisce di scrivergli indirizzando la lettera all'attenzione dei fratelli Rothschild a Parigi. Confessa a Hess di non pensare nemmeno al denaro e gli offre aiuto finanziario se ne ha bisogno. Questo documento conferma ancora una volta che Londra era la città di rifugio. In cambio del mantenimento dell'immunità sul suo territorio, il governo britannico permetteva ai fuggitivi di tutta Europa di vagare liberamente in Inghilterra.

A Londra Herzen incontrò nuovamente Marx. Durante le loro discussioni divenne presto chiaro che non condividevano le opinioni su quale nazione dovesse essere conquistata per prima. Marx aveva ancora in mente la Francia e intendeva usare la Massoneria per diffondere la rivoluzione in tutta Europa; ma Herzen non credeva che la Francia fosse il terreno adatto per la rivoluzione sociale. Né credeva che lo fosse la Germania. Entrambi i Paesi erano a suo avviso troppo conservatori e persino feudali. La Russia, invece, gli sembrava il punto di partenza ideale per il movimento che avrebbe scosso e trasformato il mondo, dal momento che aveva i contadini più arretrati d'Europa. Per questo motivo, nel 1851 Herzen fondò a Londra una tipografia rivoluzionaria in lingua russa, con la quale pubblicò due riviste, la *Stella del Nord* e la *Voce russa,* oltre a numerosi opuscoli sovversivi. Queste riviste venivano contrabbandate in Russia e distribuite. Un testo intitolato *Una serata socialista,* pubblicato poco prima della creazione dell'Associazione Internazionale dei Lavoratori in un giornale di Vienna e riprodotto il 23 giugno 1871 nella *Gazette de France,* offre uno spaccato della vita di Alexander Herzen a Londra. Racconta l'atmosfera di una riunione di rivoluzionari nell'elegante casa di campagna che possedeva nel sobborgo londinese di Putney. A parte la servitù, descrive l'atrio ricoperto di

---

[27] Esiste un recente lavoro di Derek Offord, pubblicato nell'"Academic Electronic Journal in Slavic Studies" dell'Università di Toronto, intitolato *Alexander Herzen e James Rothschild.* L'opera fornisce un resoconto completo e dettagliato delle somme di denaro gestite dai Rothschild francesi. Lo studio fornisce una panoramica dei vari Paesi in cui furono effettuati investimenti in obbligazioni e rendite a beneficio di Herzen.

arazzi orientali e decorato con fiori esotici, dal quale una scala di marmo, anch'essa decorata con arazzi, conduceva al primo piano. Lì, un "maître" in guanti bianchi e cravatta bianca accompagnava gli ospiti in un salone pieno di signore e signori, tra cui Louis Blanc, Ledru Rollin, Edgar Quinet e Karl Marx, descritto mentre beveva birra e discuteva animatamente con un gruppo di tedeschi ai quali assicurava che la valanga rivoluzionaria sarebbe partita da Londra e avrebbe travolto la Francia.

Giuseppe Mazzini, Albert Pike e Adriano Lemmi

Numerose fonti concordano sul fatto che Giuseppe Mazzini (1805-1872), il leader rivoluzionario italiano passato alla storia come grande patriota, "apostolo dell'unità d'Italia", fu eletto dall'Ordine degli Illuminati di Baviera a capo del programma rivoluzionario, carica in cui rimase fino alla morte. Des Griffin, Paul H. Koch, William Guy e altri propongono il 1834 come data della sua nomina. Mazzini, che avrebbe raggiunto il 33° grado della Massoneria italiana mentre era all'Università di Genova, era anche ebreo secondo Jüri Lina, ma nessun altro autore lo conferma. Il suo nome è ripetutamente legato a tutti gli eventi rivoluzionari e la sua collaborazione con Albert Pike, la cui corrispondenza è citata da diversi ricercatori, è un episodio ineludibile.

Mazzini incoraggiò i massoni italiani ad aderire all'organizzazione dei Carbonari, una società molto popolare nelle campagne italiane e francesi. Come la Massoneria classica era nata nelle corporazioni dei costruttori, così i Carbonari o Massoneria forestale nacquero nelle foreste del Giura tra i lavoratori che ricavavano carbone dall'abbattimento degli alberi. Inizialmente le logge dei Carbonarii erano composte da dieci membri che inizialmente si chiamavano Foreste Giurassiche e successivamente divennero le Vendite. I loro riti e cerimonie si svolgevano all'interno delle foreste. La promessa di segretezza sulla Confraternita veniva fatta con un pugnale tenuto contro il petto e i giuramenti venivano fatti con il pugno chiuso e alzato. Dall'inizio del XIX secolo, Massoni e Illuminati si infiltrarono nei Carbonari fino a farli diventare un'organizzazione controllata dagli Illuminati. Fu nel 1815 che Adam Weishaupt decise di rianimarla e riorganizzarla, rendendosi conto di poter utilizzare questa società segreta per assassinare coloro che si opponevano all'internazionalismo. Già durante gli anni del terrore in Francia gli Illuminati si erano serviti dei terroristi di Jacob Frank, addestrati a Brno. Il Gran Concistoro Segreto si riunì nel 1820 e in seguito a questa riunione i Carbonari entrarono a far parte del Grande Oriente. Da allora i suoi membri hanno commesso la maggior parte degli omicidi politici. La mafia è in realtà una delle sue propaggini. Secondo alcuni autori, la parola Mafia è l'acronimo di Mazzini Autorizza Furti Incendi Avvelenamenti. Mazzini fu iniziato alla Carboneria e alla Massoneria del Grande Oriente nel 1827.

La loggia centrale dei cabonari era l'Alta Venta, con il cui capo, che usava lo pseudonimo di Nubius, Mazzini entrò in conflitto. A seguito dello scontro, Mazzini sarebbe riuscito ad avvelenarlo nel 1837, usurpandogli così il potere e il controllo dell'Alta Venta (si veda la nota 16 del capitolo precedente). Da quel momento Mazzini si trasferì a Londra, dove prese casa e assunse definitivamente la guida del movimento rivoluzionario. Qui stabilì un contatto diretto con Lord Palmerston, che, come sappiamo, era Gran Maestro della Massoneria di Rito Scozzese e Patriarca degli Illuminati. Dopo essere stato uno dei protagonisti della strategia dei Rothschild nell'affare di Damasco del 1840, Palmerston passò all'opposizione nel 1841; ma tra il 1846 e il 1851 fu di nuovo ministro degli Esteri. Da questa posizione favorì spudoratamente le rivolte del 1848 sul continente. In effetti, tutti i movimenti nazionali che costituivano la Giovane Europa erano coordinati dai servizi segreti britannici. È comprensibile che tutti i massoni rivoluzionari siano finiti in un nebbioso esilio a Londra.

L'unità d'Italia interessava agli Illuminati e così i Carbonari divennero uno strumento per creare una repubblica federata, per la quale era prevista una bandiera triangolare con il sigillo degli Illuminati. Nel 1832 Mazzini aveva formato un gruppo politico che chiamò Giovane Italia e nel 1834 fondò anche la Giovane Svizzera, dove viveva in esilio. Si è già detto che Mazzini fu imitato in tutta Europa. Con il sostegno della diplomazia di Lord Palmerston e dei servizi segreti britannici (SIS), furono creati comitati rivoluzionari sul modello della Giovane Italia. Ciò portò alla federazione di questi comitati a Berna sotto il nome di Giovane Europa. Dopo il fallimento delle rivoluzioni del 1848, Mazzini, che aveva lasciato Londra per partecipare alle rivolte, si rifugiò nella capitale inglese. Lì incontrò molti dei fuggitivi che erano stati coinvolti nei vari complotti: l'ungherese Lájos Kossuth, Ledru-Rollin, Herzen e, naturalmente, Karl Marx, con il quale Mazzini fu a volte strettamente legato. Fu lo stesso Mazzini a notare che il "cuore di Marx ardeva più per l'odio verso gli uomini che per l'amore".

Accanto a Mazzini, compare un secondo personaggio, Albert Pike. Il rapporto tra i due è degno di nota. Il maggiore Guy Carr in *Satana, principe di questo mondo*, opera postuma pubblicata dal figlio, afferma che Mazzini, seguendo le istruzioni dategli da Weishaupt prima della sua morte, si recò in America per sincronizzare la cospirazione degli Illuminati. La fondazione della Giovane America del 1845 è spesso attribuita a Mazzini, ma è certo che l'autore del manifesto fu Edwin de Leon, membro di una famiglia portoghese di schiavisti marrani che apparteneva alla loggia massonica ebraica B'nai B'rith. De Leon agì su istruzioni di August Belmont, un ebreo di origine prussiana che era il più alto rappresentante dei Rothschild negli Stati Uniti. Ulteriori informazioni su B'nai B'rith, Edwin de Leon e August Belmont sono riportate di seguito. In *Four Reich of the Rich* Des Griffin ritiene inoltre che Albert Pike e Mazzini abbiano preso contatto per coordinare i massoni europei con quelli americani. Non si sa quando sia stata stabilita esattamente questa relazione. Edith Starr Miller, Lady Queenborough, sulla cui morte improvvisa a Parigi all'età di 45 anni ci sono seri sospetti di omicidio, riporta in *Occult Theocracy* (1933) un certo contatto che avrebbe avuto luogo alcuni anni prima del 1870, forse nel 1866. Quest'opera classica è disponibile online in formato PDF.

Prima dell'indipendenza americana, quindici logge degli Illuminati operavano negli Stati Uniti, ma tra il 1830 e il 1840 la Massoneria cadde in discredito a causa dell'assassinio del capitano William Morgan e quasi cessò di esistere. Questo capitano aveva raggiunto un alto grado e godeva di una certa autorità nella Massoneria, ma dopo aver scoperto nella sua loggia di New York, la Loggia 433 di Batavia, alcuni dei segreti degli Illuminati, decise di disertare. Non contento di allontanarsi dalla cospirazione, sentì il dovere di informare gli altri massoni e il pubblico in generale sugli obiettivi nascosti del culto che era penetrato nella Massoneria. Viaggiò in tutto il Paese e visitò numerose logge. Nel 1826 firmò un contratto con un editore, il colonnello David C. Miller, e pubblicò *Freemasonry Exposed*. In un'opera pubblicata nel 1958 da William J. Whalen, *Christianity and American Freemasonry*, fornita una spiegazione in cifre di quanto accaduto. Se i dati di Whalen sono corretti, c'erano circa cinquantamila massoni negli Stati Uniti, e dopo la pubblicazione del libro del Capitano Morgan circa quarantacinquemila lasciarono la Massoneria. Quasi duemila logge chiusero i battenti e le restanti annullarono le loro attività. Solo nello Stato di New York c'erano trentamila massoni, e dopo la pubblicazione del libro il numero si è ridotto a trecento.

Richard Howard, un inglese illuminato, fu inviato in America per giustiziare Morgan come traditore. Avvertito che sarebbe stato ucciso, William Morgan cercò di fuggire e si diresse verso il Canada, ma Howard e i suoi scagnozzi lo catturarono al confine e lo uccisero vicino alle cascate del Niagara. Il suo corpo fu ritrovato un mese dopo la sua morte nelle acque di un lago, dove era stato gettato legato e caricato di grosse pietre. In *Pawns in the Game*, il maggiore Guy aggiunge che le sue indagini lo portarono a sapere che un certo Avery Allyn aveva rilasciato una breve dichiarazione giurata a New York City, in cui affermava di aver sentito il resoconto di Richard Howard durante una riunione dei Cavalieri Templari alla St. Johns'Hall di New York, in cui spiegava come aveva "giustiziato" Morgan. Allyn raccontò anche come era stata organizzata la spedizione di Howard in Inghilterra. Richard Carlile, nel suo *Manuale della Massoneria*, fornisce una versione molto dettagliata degli eventi, che differisce in alcuni aspetti da quella che abbiamo riportato qui, ma non cambia l'essenziale.

William Morgan pagò con la vita l'aver osato descrivere i rituali segreti degli Illuminati e dei massoni satanisti, ma il suo sacrificio fu ripagato e presto si formò un partito antimassonico, che per alcuni anni fu guidato da un deputato della Pennsylvania, Thaddeus Stevens. Nel 1832, nel suo discorso ai delegati della convenzione nazionale del partito antimassonico,

Stevens denunciò che i massoni si erano impadroniti con l'intrigo delle più importanti cariche politiche della nazione e definì la Massoneria come "un'istituzione criminale che ha giurato sulla segretezza e che mette in pericolo la continuità del governo della Repubblica". Questo deputato cercò di sopprimere la Massoneria e volle indagare sul satanismo dell'Ordine. Riuscì persino a far eleggere un governatore antimassone in Pennsylvania. Ben presto, però, il partito antimassonico si infiltrò e il vigore iniziale di Stevens andò via via scemando, fino a che non abbandonò la lotta. È possibile che sia stato oggetto di ricatto: nel 1824 fu sospettato di aver ucciso a Gettysburg una serva nera che aveva ingravidato, ma la questione non fu mai resa nota dalla stampa. Quasi trent'anni dopo, Thaddeus Stevens era in competizione con Abraham Lincoln nel Partito Repubblicano e sosteneva una politica provocatoria e aggressiva nei confronti del Sud, cioè spingeva per la guerra civile.

Presto il fuoco del rogo sarebbe divampato con rinnovata energia. L'ebreo Moses Holbrook fu nella prima metà del XIX secolo Gran Commendatore del Supremo Consiglio di Charleston, una delle due divisioni organiche del Rito Scozzese Antico e Accettato negli Stati Uniti. Lui e il suo segretario privato, il poeta Henry Wadsworth Longfellow, due satanisti dichiarati, adottarono i riti cabalistici di iniziazione satanica che in Europa erano stati adottati dalla Massoneria del Grande Oriente in Francia e in Italia, i cui Maestri erano Crémieux e Mazzini.

Deve essere stato verso il 1830 all'Harward College o già nel 1833 in Arkansas, dove aveva la sua casa a Little Rock, che Albert Pike entrò in contatto con massoni membri degli Illuminati, uomini che avevano legami con Moses Holbrook, Clinton Roosevelt, Charles Dana, Horace Greeley. Nel 1837 era già amico di Gallatin Mackey, che era il segretario del Consiglio Supremo di Charleston, e aveva conosciuto Longfellow. In *Satan Prince of this World*, il maggiore Guy Carr afferma quanto segue: "ci sono prove che dopo il 1840 la casa di tredici stanze che Pike possedeva a Little Rock fu usata come sede segreta di coloro che costituivano la Sinagoga di Satana, e che tra le sue mura si praticava l'occultismo e si eseguivano rituali satanici basati sulla Cabala, proprio come fece Moses Mendelssohn quando, prima del 1784, condusse le iniziazioni per gli alti gradi degli Illuminati di Weishaupt a Frankfort"[28]. Tra questi rituali di Little Rock c'era la celebrazione della Messa Nera, in cui l'officiante rappresenta Satana e una giovane sacerdotessa simboleggia Eva. La seduzione e la possessione di Eva avvengono davanti ai devoti. La seconda parte della cerimonia perpetua la sconfitta di Satana da parte di Cristo. Pike propose a Moses Holbrook "di rivedere e modernizzare la cerimonia in modo che non apparisse così talmudica". Holbrook morì nel 1844 e Pike completò la riforma da solo. La

---

[28] Quando Albert Pike lasciò la casa di Little Rock, questa fu rilevata da John Gould Fletcher, che praticava anche l'occultismo e lo spiritismo. Gould Fletcher vinse il Premio Pulitzer per la poesia. Tra le sue poesie, una si intitola *I fantasmi di una vecchia casa*.

nuova cerimonia fu chiamata "Messa Adonaica". Adonai è il nome che i massoni danno al Dio cristiano. È noto che Albert Pike possedeva una statua molto famosa di Baphomet (Satana), che un massone ebreo di nome Isaac Long aveva portato nel 1801 a Charleston, una città situata esattamente sul 33° parallelo di latitudine.

Morto Holbrook, Albert Pike divenne il nuovo Gran Commendatore del Supremo Consiglio di Charleston nel 1859 e si affermò gradualmente come il vero capo del Rito Scozzese. Pike (1809-1891), come Mazzini in Italia, è passato alla storia americana come un patriota. Una statua è stata eretta in suo onore a Washington. Pike prestò servizio durante la Guerra Civile come generale al fianco della Confederazione, il cui governo lo incaricò di avviare trattative con le tribù selvagge per costituire un esercito di guerrieri indiani. Nominato governatore del Territorio Indiano, ottenne che Comanches, Osages, Cherokee Chickasaws, Creeks, Chocaws e Miamis accettassero di combattere sotto il suo comando. Il terrore caratterizzò le azioni dell'esercito di indiani di Pike che, secondo le loro usanze, mutilavano orribilmente i soldati nemici sul campo di battaglia. Il presidente confederato Jefferson Davis, di fronte alle proteste e alle accuse, scelse di sciogliere le truppe indiane del generale Pike. Dopo la fine della Guerra Civile, Pike fu processato e condannato per la sua responsabilità nelle atrocità commesse. Dopo l'assassinio di Abraham Lincoln, le pressioni massoniche sul presidente Andrew Johnson, anch'egli massone, ebbero effetto immediato e Pike fu graziato il 22 aprile 1866. Il giorno successivo fece visita al Presidente Johnson, che all'interno della Massoneria era subordinato alla sua autorità. Nella stessa Casa Bianca, in abito da cerimonia, si riunirono i membri del Supremo Consiglio di Charleston, il cui Gran Commendatore era Pike.

Nel curriculum di Albert Pike spicca la creazione del Ku Klux Klan. Nella primavera del 1867, otto mesi dopo l'assassinio di Lincoln, al Maxwel House Hotel di Nashville, Pike, che era stato uno degli agenti trainanti della Guerra Civile, come si vedrà più avanti, tenne una riunione con un gruppo di generali confederati per formare l'Ordine dei Cavalieri del Ku Klux Klan, che era un progetto di rito scozzese. Si ritiene che sia stato lui stesso a redigere le regole militari e i rituali, i segni e le parole d'ordine. In una riunione successiva, sempre a Nashville, il generale Nathan Bedford Forrest fu scelto come mago imperiale del Klan e Pike ricevette il titolo di Gran Drago del Regno. La maggior parte dei finanziamenti fu fornita dalla loggia ebraica B'nai B'rith, di cui si parlerà nella prossima sezione.

Mentre negli Stati Uniti infuriava la sanguinosa guerra civile, in Europa Mazzini manovrava nella St. Martins Hall, dove il 28 settembre 1864 fu fondata la Prima Internazionale. Mazzini ricevette un'accoglienza di benvenuto e il suo segretario, un ebreo polacco di nome Wolf, fu il suo rappresentante nel Comitato internazionale istituito per preparare gli statuti da adottare l'anno successivo in Belgio in occasione di un congresso internazionale. Alla prima riunione di questo Comitato, Wolf riportò gli statuti dell'Associazione dei Lavoratori di Mazzini e li propose come base per la nuova associazione. Karl Marx, che si era deliberatamente tenuto in disparte e si era accontentato della posizione di segretario incaricato della corrispondenza con la Germania, fece in modo che il Comitato respingesse la proposta. Un anno dopo, nel 1865, morì Lord Palmerston, primo ministro della Gran Bretagna dal 12 giugno 1959, Gran Maestro del Rito Scozzese e Patriarca degli Illuminati. Fu probabilmente in questo periodo, dopo la morte di Palmerston, che Mazzini concepì il progetto di un Rito Supremo.

Il 22 gennaio 1870 Mazzini scrisse a Pike una lettera in cui proponeva che le federazioni internazionali continuassero così com'erano con i loro sistemi, le loro autorità centrali e la loro organizzazione, ma poi aggiungeva: "Dobbiamo creare un super rito che rimarrà sconosciuto, nel quale introdurremo quei massoni di alto grado che selezioneremo..... Per mezzo di questo rito supremo governeremo la Massoneria, che diventerà il più grande centro di potere internazionale, il più potente perché la sua direzione sarà sconosciuta". Mazzini sognava il controllo internazionale attraverso la Massoneria. Il controllo assoluto da parte dei massoni era stato uno degli obiettivi di Adam Weishaupt a Wilhelmsbad. Il 20 settembre 1870, giorno in cui le truppe comandate dal generale massone Raffaele Cadorna entrarono a Roma e il re di Piemonte Vittorio Emanuele divenne re d'Italia, Albert Pike e Giuseppe Mazzini si accordarono per formare il Rito del Palladio Nuovo e Riformato. Si divisero quindi i poteri: Pike, come Sovrano Pontefice della Massoneria Universale, divenne la massima autorità dogmatica. Mazzini, che implicitamente riconosceva la suprema autorità di Pike, mantenne l'autorità esecutiva come Capo dell'Azione Politica. Albert Pike ricoprì quindi contemporaneamente le cariche di Gran Maestro del Direttorio Centrale di Washington, di Gran Commendatore del Supremo Consiglio di Charleston e di Sovrano Pontefice della Massoneria Universale, diventando così anche il capo visibile degli Illuminati.

Charleston divenne così il quartier generale o la città santa del Palladianesimo. Il Rito Palladiano Nuovo e Riformato è un rito luciferiano che insegna che la divinità è duplice. Lucifero è Dio e anche Adonai, con la differenza che Lucifero è il Dio della luce e della bontà, mentre Adonai, la divinità dei cristiani, è il Dio delle tenebre e del male. Di fatto, viene ripreso il dualismo degli gnostici spiegato all'inizio del capitolo. Per gli gnostici cristiani, il Dio nascosto era il creatore dell'universo, mentre questo mondo era opera del demiurgo, Satana, che essi identificavano con il Dio di Israele o della Bibbia. Ora il Palladismo, influenzato dalle dottrine gnostiche e cabalistiche, ha invertito un po' i termini. Precisamente, i cabalisti shabbetaisti e frankisti insistevano sulla necessità di distinguere tra la Causa Prima e il Dio di Israele. Il primo sarebbe il Dio della filosofia razionale e il secondo il Dio della religione. Ancora una volta ci rivolgiamo all'autorità indiscussa di Gershom Scholem, che in *Le messianisme juif* tenta di spiegare l'eresia mistica dello shabbetaismo e conferma che i settari shabbetaisti e frankisti ritenevano che "il popolo ebraico avesse erroneamente identificato la Causa Prima impersonale con il Dio personale della Bibbia, il che era un disastro spirituale, di cui erano responsabili Saadia Gaon, Maimonide e gli altri filosofi". Si tratta - aggiunge Scholem - di uno schema tipicamente gnostico, ma al contrario: il Dio buono non è il "Deus absconditus". Questo è il Dio dei filosofi e non potrebbe essere oggetto di un culto. Il Dio buono è il Dio di Israele, che ha creato il mondo e che ha dato la Torah a Israele". Scholem, per il quale Jacob Frank è "una figura terrificante e veramente satanica", vede queste dottrine come "il collasso radicale dell'universo ebraico tradizionale".

Pike pubblicò il suo famoso *Morals and Dogma of the Ancient and Accepted Scottish Rite of Freemansonry* nel 1871. In esso riconosce prontamente che i gradi blu - i primi tre: Apprendista, Compagno e Maestro - hanno lo scopo di fuorviare il nuovo arrivato alla Massoneria con false interpretazioni. "La Massoneria", dice Pike, "come tutte le religioni, tutti i misteri, l'ermetismo e l'alchimia, nasconde i segreti a tutti tranne che ai Saggi Iniziati o Eletti, e impiega false spiegazioni e interpretazioni dei suoi simboli per ingannare coloro che meritano di essere ingannati, e per nascondere loro la verità, chiamata Luce, e separarli da essa".

Mazzini, che aveva trascorso gli ultimi dieci anni della sua vita a Londra in un appartamento di Fulham Road, morì l'11 marzo 1872. William Guy cita un testo ritrovato dopo la sua morte, indirizzato a un medico di nome Breidenstine, con il quale aveva stretto rapporti: "Formiamo un'associazione di fratelli in tutte le parti del globo. Desideriamo rompere tutti i gioghi. Ma ce n'è ancora uno che non si vede, che si sente appena, ma che pesa su di noi. Da dove viene, dov'è? Nessuno lo sa, o almeno nessuno lo dice. Questa società è segreta anche per noi, i veterani delle società segrete". Queste parole invitano a pensare che Mazzini sapesse di essere in realtà utilizzato da forze occulte al di fuori di loro.

Una delle opere più preziose con informazioni di prima mano sui fatti di cui abbiamo parlato è *Souvenirs d'un trenta-troisième: Adriano Lemmi, chef suprème des franc-maçons,* di Domenico Margiotta, un massone di 33° grado che ha rinunciato al percorso satanico tracciato da Albert Pike e Mazzini. Questo libro spiega come i massoni di 33° grado del Rito Scozzese fossero accuratamente selezionati per l'iniziazione al Rito Palladiano. Chi ne diventava membro poteva reclutarne altri, da qui le sue ramificazioni internazionali. Questo Rito Supremo era organizzato in triangoli: i Consigli Palladiani. Pike organizzò un Consiglio di Supervisione a Roma, il cui capo fu Mazzini fino alla sua morte e poi il suo successore, Adriano Lemmi; un altro a Berlino, che chiamò Direttorio Dogmatico Supremo; e il terzo aveva sede a Charleston.

Il 14 luglio 1889, Albert Pike si rivolse magistralmente ai ventitré Consigli Supremi della Massoneria mondiale per spiegare il dogma del Rito

Palladiano. Ecco alcune di queste istruzioni: "A voi, Sovrani Istruttori del 33° Grado, diciamo che dovete ripetere ai fratelli del 32°, 31° e 30° Grado che la religione massonica deve essere, per tutti noi iniziati ai gradi superiori, mantenuta nella purezza della dottrina luciferiana [...] Sì, Lucifero è Dio, e sfortunatamente anche Adonai è Dio. Per la legge eterna non c'è luce senza ombra, non c'è bellezza senza bruttezza, non c'è bianco senza nero". Più avanti appare chiaro che Pike conosce gli gnostici ed è anche un esperto cabalista, poiché nella sua dottrina sono identificabili alcuni dei concetti fondamentali di Yitshak Luria discussi sopra, in particolare quello di "tsimtsum", che significa "ritiro" o "contrazione". Ecco un passaggio: "L'Universo è bilanciato da due forze che mantengono l'equilibrio: la forza di attrazione e la forza di contrazione. Queste due forze esistono nella fisica, nella filosofia e nella religione. La realtà scientifica del dualismo divino è dimostrata dal fenomeno della polarità e dalla legge universale della simpatia e dell'antipatia. Per questo gli intelligenti discepoli di Zoroastro, e dopo di loro gli gnostici, i manichei e i templari, hanno ammesso il sistema dei due principi divini in eterna lotta".

Uno dei punti più complessi del Palladismo è la differenza, che solo Pike deve capire, tra Satana e Lucifero. Nelle istruzioni ai Sovrani Istruttori Pike dice a questo proposito: "La dottrina del satanismo è un'eresia; e la pura e vera dottrina filosofica è la fede in Lucifero, che è uguale ad Adonai; ma Lucifero, Dio della luce e Dio della bontà, combatte per l'umanità contro Adonai, il Dio delle tenebre e del male". Lo stesso Adriano Lemmi, che Pike accettò come successore di Mazzini senza essere il santo della sua devozione, non sembrava capire molto bene nemmeno la differenza tra Satana e Lucifero. Lemmi aveva chiesto al fratello muratore Giosuè Carducci di comporre un inno a Satana. Il risultato fu l'*Inno a Satana* (1865), che fu cantato su ordine di Lemmi ai banchetti del Rito Palladiano, cosa che dovette dispiacere a Pike.

Per quanto riguarda il controllo assoluto di Albert Pike sulla Massoneria universale, bisogna dire che ci furono delle eccezioni. Nel 1874 firmò un accordo con Armand Levi, che rappresentava la loggia ebraica B'nai B'rith in America, Germania e Inghilterra. In base a questo patto, Pike concesse a Levi l'autorità di organizzare i massoni ebrei di questi Paesi in una federazione segreta, chiamata Sovrano Consiglio Patriarcale. La sede internazionale fu stabilita in un edificio di via Valentinskamp ad Amburgo. Il capo di questa federazione segreta guadagnava centinaia di migliaia di dollari in quote annuali. Nella prossima sezione approfondiremo l'importanza di questa loggia esclusivamente ebraica.

La terza figura è Adriano Lemmi (1822-1906). Nato da genitori cattolici, nel 1845 incontra a Costantinopoli un rabbino polacco che lo convince a convertirsi all'ebraismo e gli insegna il *Talmud*. Un altro rabbino, Abraham Maggioro, lo introdusse ai misteri della Cabala e lo iniziò alla magia e all'occulto. Fu un massone inglese a reclutarlo nella Massoneria nel

1848. Nel 1849 incontrò il rivoluzionario ungherese Lájos Kossuth, che si era rifugiato a Costantinopoli. Kossuth e Lemmi divennero amici e viaggiarono insieme negli Stati Uniti nel 1851, ma nello stesso anno Lemmi tornò in Europa per unirsi alla Giovane Italia di Mazzini, che incontrò a Londra. Da quel momento Lemmi si unì ai Carbonari e prese parte agli omicidi politici della setta in Italia, ordinati da Mazzini.

La Massoneria fu uno strumento di Lord Palmerston e dei Rothschild per provocare la Guerra di Crimea (1853-1856), dalla quale i Rothschild trassero grandi vantaggi grazie ai debiti contratti dagli Stati coinvolti nel conflitto. La Casa Rothschild sostenne i Paesi belligeranti: sottoscrisse il prestito di guerra britannico di 16 milioni di sterline e partecipò ampiamente al grande prestito di 75 milioni di franchi. Parteciparono anche alla concessione di un prestito alla Turchia garantito da Francia e Inghilterra. Inoltre, gli investitori inglesi persero fiducia nei titoli di Stato a causa della guerra e i Rothschild furono in grado di acquistarli a buon mercato. Oltre a trarre profitto da una guerra catastrofica che impoverì l'Europa e contribuì a consolidare il liberalismo, i Rothschild miravano ancora una volta a indebolire la Russia degli zar, che aveva contribuito a sedare le rivolte del 1848. Quasi un milione di esseri umani tra civili (750.000) e combattenti persero la vita. Mazzini e Kossuth si adoperarono per favorire lo scoppio del conflitto. Lemmi, grazie ai suoi contatti con entrambi, ottenne contratti per ambulanze italiane che inviò in Crimea da Genova e ne approfittò per arricchirsi, poiché oltre a intascare parte del denaro, pagò con assegni falsi e poi fuggì a Malta. Questa fu la sua prima grande rapina", scrive Lady Queenborough in *Occult Theocracy*, "ma la fuga non impedì a un giudice svizzero di condannare lui e i suoi due soci per mancata comparizione e mancato pagamento.

Nel gennaio 1855 Mazzini e Felix Pyat, presidente di un gruppo noto come Comunisti Rivoluzionari, si incontrarono a Londra per pianificare l'assassinio del duca Carlo III di Parma. Mazzini inviò a Malta un passaporto per Lemmi sotto il nome di Lewis Broom. Lemmi lasciò immediatamente l'isola e si recò a Parma. Lì organizzò un incontro segreto a Castel-Guelfo il 25 marzo, dove Antonio Carra fu scelto per commettere l'assassinio. Due giorni dopo Carlo III fu pugnalato mentre passeggiava per le strade di Parma. Il criminale riuscì a fuggire. Le circostanze dell'evento sono note perché lo stesso Lemmi si vantò del ruolo svolto. Mazzini, che dichiarava senza mezzi termini: "aspiriamo a corrompere per governare", era molto orgoglioso di Lemmi, che chiamava "piccolo ebreo", perché, diceva, valeva dieci uomini. Tanto che il 12 giugno Lemmi era a Roma con un nuovo passaporto a nome di Ulrick Putsch. Lì fallì questa volta un attentato al cardinale Antonelli, segretario di Stato e braccio destro di Pio IX, che era stato preso di mira anche nel 1853, ma la polizia pontificia riuscì a neutralizzare il piano. Potremmo continuare a raccontare gli assassinii e i complotti in cui fu coinvolto questo nefasto e nefasto personaggio, quasi sempre su ordine di

Mazzini e Kossuth; ma pensiamo che quanto detto sia sufficiente a dare al lettore un'idea di questo satanista.

Alla morte di Mazzini, nel 1872, Lemmi era riuscito ad accumulare una fortuna e a possedere vaste tenute e altre proprietà. Massone di 33° grado e capo del Consiglio di Sorveglianza di Roma del Rito Palladiano, cercò di controllare le logge del Grande Oriente d'Italia come aveva fatto Mazzini, ma la rivalità per la supremazia del Rito Scozzese era forte. Lemmi sapeva che il suo titolo segreto di capo del Palladismo gli conferiva una certa supremazia e decise di rivolgersi al Sovrano Pontefice a Charleston. Spiegò ad Albert Pike il pericolo che esisteva nella Massoneria italiana a causa del dissenso. In particolare, fece riferimento all'opposizione di Timoteo Riboli, Gran Maestro del Consiglio d'Italia a Torino. Alla fine, Pike optò per rilevare Riboli e gli offrì un'indennità di 30.000 franchi, che fu accettata. Il denaro fu prelevato dal fondo centrale dell'Ordine. Nel Direttorio Amministrativo Supremo di Berlino, il pagamento di questa somma fu registrato nel bilancio del 1887 come spesa straordinaria nei seguenti termini, citati da Lady Queenborough: "Soppressione del Consiglio Supremo d'Italia con sede a Torino. Indennità straordinaria concessa a F.-. T. R. su proposta di F.-. A. L. e approvata dal comitato segreto del 28 febbraio, 30.000 franchi".

Il 21 novembre 1888 Adriano Lemmi, la cui ossessione era la distruzione della Chiesa e la scristianizzazione dell'Italia, scrisse nuovamente a Pike in questi termini: "Aiutaci nella nostra lotta contro il Vaticano, perché la tua autorità è suprema. Con il tuo incoraggiamento tutte le logge d'Europa e d'America si uniranno alla nostra causa". È in questi stessi anni che questo criminale, utilizzando truffe e altri mezzi illeciti, si impadronì del controllo del monopolio del tabacco in Italia. La vicenda arrivò in Parlamento, ma i deputati, intimiditi, votarono a favore della setta per coprire lo scandalo. Sebbene diversi parlamentari e un giornale abbiano cercato di impedire l'impunità, la vicenda è stata infine insabbiata nell'oblio.

Dopo la morte di Albert Pike nel 1891, Lemmi manovrò per cercare di raggiungere il potere massonico supremo, la cui organizzazione internazionale consisteva in settantasette province triangolari. A tal fine, si appoggiò al Direttorio Esecutivo di Roma, dove i suoi agenti, praticamente tutti ebrei, si adoperarono per assicurargli l'appoggio delle potenti logge ebraiche, raggruppate nella federazione del Sovrano Consiglio Patriarcale di Amburgo. *Teocrazia Occulta* sostiene la tesi che le logge ebraiche sostennero effettivamente Lemmi. In realtà, ciò che accadde", dice Lady Queenborough, "fu un complotto del Sovrano Consiglio Patriarcale contro il Supremo Direttorio Dogmatico di Charleston. Alla fine vinse Amburgo e il controllo segreto ebraico della potente macchina della Massoneria internazionale fu assicurato". Lemmi, che aveva ereditato da Mazzini la direzione dell'Azione Politica, cercò allora di trasferire il Supremo Direttorio Dogmatico da Charleston a Roma con il pretesto che sarebbe stato in grado di combattere meglio il Vaticano. Alla fine, dopo una dura lotta e attraverso losche manovre, il trasferimento fu ottenuto. Adriano Lemmi morì nel 1896.

Il B'nai B'rith e l'Alleanza israelita universale

L'Ordine Indipendente B'nai B'rith (Figli dell'Alleanza) fu fondato nell'ottobre 1843 a New York da un gruppo di dodici massoni ebrei di origine tedesca: Isaac Rosenburg, Reuben Rodacher, Henry Jones, William Renau, Isaac Dittenhöfer, Jonas Hecht, Valentine Koon, Hirsh Heineman, Henry Kling, Michael Schwab, Samuel Schäfer e Henry Anspacher, ma dietro c'era ancora una volta l'onnipresente Lord Palmerston, creatore di diversi culti dalla sua posizione di Gran Maestro del Rito Scozzese. Edward E. Grusd nel suo *B'nai B'rith. La storia del patto* chiarisce che in realtà la vera mente dietro la rapida crescita dell'Ordine era Baruch Rothschild, imparentato con Mayer Amschel Rothschild, il fondatore della dinastia nel XVIII secolo. Baruch Rothschild fu inviato negli Stati Uniti poco dopo la fondazione dell'Ordine per epurare i membri del B'nai B'rith, perché, secondo lui, "non tutti i membri erano sufficientemente istruiti e le capacità mentali erano troppo diverse". In altre parole, non tutti gli ebrei, poiché si trattava di una loggia per soli ebrei, potevano appartenere all'Ordine.

Nel 1885 Julius Bien, presidente dell'Ordine a New York, inaugurò la prima Gran Loggia tedesca dell'I.O.B.B. (International Order of B'nai B'rith). La supremazia del B'nai B'rith nel mondo ebraico è così grande che il sionismo e l'Agenzia Mondiale Ebraica, creata nell'ottobre 1928, dipendono dalle sue direttive internazionali. Quando scoppiò la rivoluzione bolscevica, il Gran Maestro del B'nai B'rith per la Russia si chiamava Sliozberg. Era uno dei leader ebraici internazionali che consigliavano Alexander Kerensky, il cui vero nome era Aaron Kirbiz, massone di rito scozzese di 32° grado. Come verrà spiegato in un capitolo successivo, questo leader menscevico, seguendo gli ordini del B'nai B'rith, alla fine cedette il potere ai bolscevichi e andò in un esilio dorato.

Oggi il B'nai B'rith, il cui culto madre è il Rito Scozzese della Massoneria, è la più grande organizzazione ebraica del mondo. È il più grande Ordine massonico e senza dubbio controlla e dirige la Massoneria internazionale nel perseguimento dei suoi obiettivi. Secondo l'*Encyclopaedia Judaica*, alla fine del secolo scorso contava più di mezzo milione di membri maschi in oltre 1.700 logge in 43 Paesi. Le logge femminili del B'nai B'rith erano seicento, con oltre duecentomila donne iscritte. Di queste logge, settanta sono stabilite in Europa. Secondo Aron Monus nel suo libro *Verschwörung: das Reich von Nietzsche* (*Cospirazione: l'Impero di Nietzsche*), pubblicato a Vienna nel 1995, lo scopo principale dell'Ordine è assicurare il potere degli ebrei sul resto dell'umanità. Alla fine degli anni '60 il suo budget era di circa 13 milioni di dollari. Il servizio segreto del B'nai B'rith è l'ADL (Anti-Defamation League), fondato nell'ottobre 1913. Uno dei bracci esecutivi dell'ADL è la JDL (Jewish Defense League), un'organizzazione terroristica sionista fondata nel 1968 dal rabbino Mehir Kahane. L'FBI (Federal Bureau of Investigation) l'ha definita in diverse occasioni un gruppo terroristico criminale.

Sembra che il B'nai B'rith sia riuscito a stabilirsi in Spagna già prima della morte del generale Franco, che ricevette il Gran Maestro Label Katz. Le sedi dell'Ordine furono stabilite a Madrid, Barcellona, Ceuta, Melilla e Las Palmas; ma fu espressamente vietato promuovere la fondazione di logge miste ebraiche e cristiane. Nel 1979, il re Juan Carlos I ricevette anche David Blumberg, nuovo Gran Maestro dell'Ordine. Fino alla sua morte, il capo del B'nai B'rith in Spagna era l'uomo d'affari Max Mazin, membro esecutivo del CEOE.

L'Ordine dei B'nai B'rith è l'organo esecutivo dell'Alleanza Israelitica Universale, una Gran Loggia massonica ebraica fondata nel 1860 da Adolphe Crémieux, Rabbi Elie-Aristide Astruc, Isidor Cahen, Jules Carvallo, Narcisse Leven e altri. Il motto di questa organizzazione è "Tutti gli israeliti sono compagni". Tra gli iniziatori dell'Alleanza vi erano due figure molto note, il rabbino Hirsch Kalisher e Moses Hess, autori delle opere più importanti del proto-sionismo. L'obiettivo principale di questa organizzazione dall'ideologia chiaramente sionista era politico, poiché l'Alleanza Israelitica Universale doveva essere una sorta di governo rappresentativo per tutti gli ebrei. Dopo la morte di James Rothschild nel 1868, i suoi figli contribuirono annualmente all'Alleanza con circa 500.000 franchi. Sessant'anni dopo la sua fondazione, il 6 settembre 1920, il quotidiano londinese *The Morning Post* riprodusse il manifesto indirizzato a tutti gli ebrei del mondo, in cui venivano apertamente dichiarati gli obiettivi dell'Alleanza. Vediamo i concetti più significativi:

"L'unione che desideriamo non sarà un'unione francese, inglese, irlandese o tedesca, ma un'unione ebraica, un'unione universale! Gli altri popoli e le altre razze sono divisi in nazionalità. Tutte le fedi importanti sono rappresentate nel mondo da nazioni, cioè sono incarnate da governi appositamente interessati e ufficialmente autorizzati a rappresentarle e a parlare a loro nome. Solo la nostra fede manca di questo importante vantaggio; non è rappresentata da uno Stato né da una società, né occupa un territorio chiaramente definito.... In nessun caso un ebreo farà amicizia con un cristiano o un musulmano; non prima che arrivi il momento in cui l'ebraismo, l'unica vera religione, risplenderà su tutto il mondo. Disseminati tra le altre nazioni, desideriamo innanzitutto essere e rimanere immutabilmente ebrei. La nostra nazionalità è la religione dei nostri padri e non riconosciamo nessun'altra nazionalità. Viviamo in terra straniera e non possiamo occuparci delle ambizioni di Paesi a noi completamente estranei.... Il magistero ebraico deve abbracciare tutta la terra! Qualunque sia la destinazione, anche se sparsi su tutta la terra, dovete sempre considerarvi membri di una razza eletta. Se riconoscete che la fede dei vostri antenati è il vostro unico patriottismo, se riconoscete questo, indipendentemente dalle nazionalità che avete adottato, formate sempre e ovunque una sola nazione. Se siete convinti di questo, o ebrei dell'universo, allora venite, rispondete al nostro appello e date il vostro consenso..... La nostra causa è grande e sacra e il suo successo è garantito.... Il cattolicesimo, nostro eterno nemico, giace nella polvere ferito mortalmente alla testa. La rete che noi ebrei stiamo gettando sul mondo si allarga e si espande ogni giorno..... È giunto il momento in cui Gerusalemme diventerà la casa di preghiera per tutte le nazioni e tutti i popoli e il vessillo della divinità ebraica sarà srotolato e issato nelle terre più lontane.... Mettiamo a frutto noi stessi in ogni circostanza. Il nostro potere è immenso. Imparate a usarlo per la nostra causa... Di che cosa avete paura? Non è lontano il giorno in cui tutte le ricchezze e i tesori del mondo saranno proprietà dei figli di Israele".

Questa ampia citazione è chiarissima e di grande valore, perché dimostra che gli ebrei non hanno mai pensato di approfittare dell'emancipazione che tanto chiedevano, non hanno mai pensato di uscire dal ghetto per integrarsi nelle società che li accoglievano, per vivere e assimilarsi con altri esseri umani. L'accettazione della nazionalità dei Paesi in cui vivevano era solo apparente. La parità di diritti che rivendicavano doveva essere usata per accumulare potere nel mondo e per lavorare per la causa dell'ebraismo nazionale. La citazione chiarisce che già nel 1860 gli ebrei erano pronti a realizzare l'utopia ebraica, cioè la loro volontà di dominare tutte le nazioni, distruggere i loro nemici, imporsi come razza eletta e monopolizzare tutto il potere nel mondo.

Lo stesso peso che Albert Pike aveva negli Stati Uniti e Giuseppe Mazzini in Italia era detenuto da Adolphe Isaac Crémieux in Francia. Crémieux, Gran Maestro dell'Ordine del Rito di Memphis-Mizrain e Gran Maestro del Grande Oriente di Francia, fu presidente del Comitato Centrale dell'Alleanza in due periodi: tra il 1863-1867 e poi tra il 1868-1880. Il visconte Léon de Poncins considerava l'Alleanza Israelitica Universale una sorta di senato massonico con influenza internazionale, dal momento che aveva sotto la sua autorità tutte le organizzazioni di massoni martinisti, franchi e sionisti. *L'Archivio Israelita*, l'organo dell'Alleanza, pubblicò nel marzo 1864 la dichiarazione di uno dei suoi membri, Levy Bing, che chiedeva l'istituzione di un tribunale ebraico internazionale. Sicuramente doveva avere in mente qualcosa di simile all'attuale Tribunale Internazionale dell'Aia, questa parodia di tribunale, totalmente screditato per la sua parzialità, dal momento che giudica e condanna solo coloro che si oppongono alle potenze globali. Nella sua opera *Massoneria e Giudaismo Poteri Segreti dietro la Rivoluzione* (1929), Léon de Poncins riproduce il testo di Bing: "Non è forse naturale, necessario e molto più importante vedere presto un altro tribunale, un tribunale supremo, investito del potere di giudicare le grandi contese pubbliche, le controversie tra le nazioni, dando un verdetto finale, e la cui parola sarebbe la legge? E questa parola è la parola di Dio, pronunciata dai suoi saggi figli, gli Ebrei, davanti alla quale tutte le nazioni dovranno inchinarsi con rispetto".

Crémieux diede un esempio di giustizia universale nel 1870, quando, in qualità di presidente del Comitato centrale dell'Alleanza israelita universale, combinò questa carica con quella di Ministro della Giustizia francese. Il 24 ottobre 1870 firmò un decreto che concedeva la naturalizzazione francese agli ebrei d'Algeria, ma la negava ai musulmani. Inoltre, il decreto poneva i Consigli municipali e i Consigli generali, cioè il potere, nelle mani degli ebrei algerini. Logicamente, la giustizia del ministro Crémieux servì a deteriorare gravemente le relazioni tra le due comunità. Durante la guerra d'indipendenza algerina, il decreto ebbe effetti disastrosi e, una volta terminato il conflitto, la maggior parte degli ebrei algerini emigrò nella metropoli.

B'nai B'rith e massoneria, strumenti dell'Inghilterra e banche ebraiche nella guerra civile americana

La tesi diffusa secondo cui la Guerra Civile Americana avrebbe avuto come scopo principale la fine della schiavitù è ormai screditata. È assurdo credere che una guerra che ha causato più di due milioni di morti e feriti sia stata combattuta per ragioni democratiche e morali. Altra cosa è usare il pretesto dell'abolizione della schiavitù come pretesto per scatenarla. C'è un'opera dello storico revisionista americano David L. Hoggan, *The Myth of the 'New History': Technics and Tactics of the New Mythologists of American History*, che passa in rassegna le tesi della storiografia più o meno ufficiale sulle cause della guerra. Nessuno di loro prende in considerazione il ruolo svolto dalla Massoneria, strumento al servizio di Lord Palmerston e delle banche ebraiche internazionali, il cui interesse era la divisione del Paese in due Stati. Tuttavia, Paul Goldstein, autore di *B'nai B'rith, British Weapon Against America*, un illuminante saggio pubblicato nel dicembre 1978 sul mensile *The Campaigner*, ed Eustace Mullins, intellettuale maledetto, sorvegliato dall'FBI per trentadue anni, espulso dallo "staff" della Biblioteca del Congresso per motivi politici,[29] sostengono che la Massoneria fu un elemento determinante nell'agitazione prefabbricata che alla fine provocò la

---

[29] Nel 1955, Guido Roeder pubblicò a Oberammergau, in Germania, un'edizione di *The Federal Reserve Conspiracy* di Eustace Mullins. Il libro fu confiscato e l'intera edizione di 10.000 copie fu bruciata per ordine del dottor Otto John, direttore dei servizi segreti della Germania occidentale, che pochi giorni dopo disertò la Germania orientale. Il rogo del libro fu confermato il 21 aprile 1961 dal giudice Israel Katz della Corte Suprema bavarese. Il governo statunitense si rifiutò di intervenire perché l'Alto Commissario americano in Germania, James B. Conant (presidente dell'Università di Baviera), era stato membro del governo tedesco. Conant (presidente dell'Università di Harvard dal 1933 al 1953), aveva approvato l'ordine iniziale di bruciare il libro.

guerra. In ogni caso, prima di affidarci a queste fonti, trarremo molto sinteticamente dal lavoro di Hoggan gli approcci di alcuni storici che abbiamo trovato accurati.

Senza dubbio, la più grande catastrofe per una nazione è la guerra civile. La prima tesi degna di considerazione è quindi quella di Allan Nevins, che nel suo *Ordeal of the Union* sostiene che la guerra civile americana "non fu un conflitto inarrestabile, ma una guerra non necessaria". Un'altra considerazione generalmente accettata è che gli Stati Uniti, nonostante il significativo progresso industriale seguito alla rimozione dei controlli mercantilistici della Gran Bretagna, rimasero un Paese prevalentemente agricolo. Molti storici sostengono che la Guerra Civile equivalga a una seconda rivoluzione industriale. Fu proprio la questione di un Nord industrializzato e di un Sud agricolo a dare origine alla crisi del 1832, nota come crisi della nullificazione, che secondo Richard Hofstadter fu determinante per lo scoppio della guerra. In quello che Hoggan considera un articolo sensazionale pubblicato sull'*American Historical Review* nel 1938, Hofstadter sostenne che un'elevata tariffa imposta dal governo federale, di cui beneficiavano solo gli Stati del Nord, fece infuriare gli Stati del Sud e fu una delle cause principali della guerra. In breve, ciò che accadde fu il seguente: l'industria del Nord aveva bisogno di protezione dalla concorrenza europea. L'obiettivo era quello di rendere il Sud un mercato "prigioniero" in cui il Nord potesse piazzare i propri prodotti. A tal fine, le importazioni europee furono pesantemente tassate. Questa tariffa, ad esempio, aumentò il costo dei tessuti britannici e favorì i produttori di abbigliamento degli Stati del Nord. Allo stesso tempo, ridusse la domanda britannica di cotone grezzo, il pilastro dell'economia meridionale. Nel 1832, lo Stato della Carolina del Sud abrogò la tariffa protezionistica e dichiarò incostituzionale la legge federale.

Altri storici sostengono che il Sud avrebbe abolito la schiavitù in meno di dieci anni, poiché nel 1861 era praticamente in bancarotta: la soppressione della tratta degli schiavi e la sua consacrazione nel diritto internazionale, l'alto prezzo dei neri e la bassa percentuale di profitto derivante dal loro utilizzo ne rendevano impraticabile il mantenimento. Lo storico James G. Randall indica Stephen Douglas del Partito Democratico come il politico più interessato a evitare la guerra civile. I suoi dibattiti con il repubblicano Lincoln erano diventati famosi a livello nazionale alla fine degli anni Cinquanta e Douglas lo aveva sconfitto nella sua campagna senatoriale. Randall ritiene che solo Douglas avesse la formula politica per la riconciliazione che avrebbe potuto evitare la guerra civile. Quando tutto lasciava presagire che sarebbe stato il candidato del Partito Democratico per le elezioni del 1860, a Charleston si verificò il fiasco: alla Convenzione nazionale democratica, John C. Breckinridge, allora vicepresidente del Paese, negò a Stephen Douglas la lealtà richiesta, impedendo così l'unità del partito. Il 6 novembre 1860 Lincoln ricevette 1.865.908 voti; Douglas,

1.380.202; Breckindridge, 848.019. Ne consegue che il voto diviso tra i Democratici impedì al candidato della pace di vincere.

Dopo aver delineato questi fatti, possiamo ora presentare alcune circostanze che la storia ufficiale trascura. Cominciamo con l'esaminare questo personaggio, John C. Breckindrige. La prima cosa da dire su di lui è che era il vicepresidente massone del presidente massone James Buchanan, che era diventato presidente nel gennaio 1857. Buchanan aveva nominato per la carica di Procuratore Generale il massone della Pennsylvania Edwin M. Stanton e come Segretario al Tesoro Howell Cobb, un altro massone della Georgia, che nel marzo 1860 era stato elevato al 33° grado da Albert Pike. Per il posto di Segretario alla Guerra, il Presidente Buchanan scelse John B. Floyd, anch'egli massone, in particolare della Loggia St. John di Richmond, in Virginia. Due settimane prima delle elezioni presidenziali del 1860, Floyd accettò segretamente di inviare diecimila fucili del governo federale al governatore della Carolina del Sud William Gist. Essendo Lincoln già stato eletto, il 20 dicembre Floyd completò il suo tradimento ordinando la spedizione dall'arsenale di Allegheny (Pittsburgh) di centotredici fucili pesanti e trentadue fucili più piccoli ai forti incompiuti di Ship Island (Mississippi) e Galveston (Texas), dove avrebbero potuto essere utilizzati dai secessionisti. Ma torniamo a Breckindrige, il candidato democratico di coloro che volevano la guerra. Breckindrige non era un massone qualunque: apparteneva ai Cavalieri del Cerchio d'Oro, un ordine del B'nai B'rith, e il 28 marzo 1860 ricevette il 33° grado del Rito Scozzese da Albert Pike. Allo scoppio della guerra, il presidente massone confederato Jefferson Davis lo nominò segretario alla Guerra.

Per quanto riguarda la schiavitù, dobbiamo iniziare spiegando che la grande tragedia degli schiavi, il trattamento disumano e la grande perdita di vite umane si sono verificati in quello che gli storici chiamano il "Passaggio di Mezzo", cioè il trasporto transatlantico dei neri. Secondo gli studi accademici, il numero delle vittime della crudeltà dei mercanti di schiavi, che furono i primi padroni degli africani, si aggira tra i sette e i dieci milioni. La storiografia ufficiale, sostenuta e rafforzata dai propagandisti ebrei dell'industria cinematografica di Hollywood, non dice nulla sui veri responsabili di queste morti, che vengono ancora una volta attribuite ai cristiani europei e americani. La realtà è che i veri responsabili del genocidio furono soprattutto gli ebrei, che controllavano il commercio degli schiavi fin dai tempi dell'Impero romano.

Prestigiosi storici di origine ebraica riconoscono che per duemila anni il commercio e la tratta degli schiavi sono stati dominati dagli ebrei. Marc Lee Raphael, ad esempio, in *Jews and Judaism in the United States: A Documentary History* (1983) riconosce il ruolo predominante dei mercanti ebrei nella tratta degli schiavi. Infatti", scrive, "in ogni colonia americana, francese, britannica o olandese, i mercanti ebrei spesso dominavano. Tra i nomi di spicco figurano Isaac da Costa di Charleston, David Franks di

Filadelfia, Aaron Lopez di Neewport e il già citato Edwin de Leon, la cui famiglia di marrani portoghesi fu coinvolta nel commercio degli schiavi fin dall'inizio del XVI secolo. Questa famiglia si stabilì infine a Charleston e durante la Guerra Civile fu traditrice al servizio del B'nai B'rith e degli interessi britannici. Edwin de Leon, l'autore dell'opuscolo Young America, i cui punti includevano la collaborazione con la Young Europe, promossa dai servizi segreti britannici, faceva parte di una commissione inviata a Londra da Judah Benjamin, uno dei capi del B'nai B'rith, per incontrare Lord Palmerston. Tra i membri di questa commissione, il cui scopo era quello di raccogliere fondi per la Confederazione, c'era George Sanders, un uomo di August Belmont ed ex dipendente della Banca d'Inghilterra. Membri di queste famiglie, come Isaac da Costa e Mendes Lopez, facevano parte di un gruppo di mercanti che, in quanto "ebrei selezionati", operavano all'interno delle reti del servizio segreto di intelligence del B'nai B'rith. Gli storici hanno trovato documenti che dimostrano che queste famiglie controllavano quasi interamente il commercio degli schiavi: il fatto che non si tenessero aste nelle festività ebraiche ne è un'ulteriore prova. Un altro autore ebreo, Arnold Wizniter, nel suo libro *Os judeus no Brasil colonial* riconosce che "a causa della mancanza di concorrenti gli acquirenti ebrei che si presentavano alle aste erano in grado di comprare schiavi a prezzi bassi". Anche l'*Enciclopedia Ebraica* ammette che nell'antica Roma "il commercio degli schiavi costituiva il principale mezzo di sostentamento degli ebrei". Se ricordiamo che il *Talmud* insegna che l'anima dei non ebrei è equivalente a quella degli animali, è comprensibile che la religione ebraica approvi la schiavitù, purché lo schiavo non sia un altro ebreo.

In realtà, una volta sbarcati in America, il peggio era passato per i neri africani. Questo non significa che non fossero soggetti a umiliazioni e maltrattamenti occasionali, ma nel complesso la loro vita era relativamente accettabile. Un corrispondente del *Morning Herald* di Londra, Samuel Phillips Day, scrisse:

"Domenica 8 giugno 1861, ad Asheville, nel Kentucky, stavo passeggiando con alcuni amici; giudica la mia sorpresa, lettore, quando ho trovato l'intera popolazione negra che passeggiava per le strade, alcuni di loro guidando carrozze! Erano vestiti in modo così allegro ed elegante, e sembravano così felici e contenti, che fui costretto a esclamare: "Sicuramente queste persone non sono schiavi!". La risposta fu: "Certo che lo sono". Alcune donne indossavano scialli di pizzo e orologi d'oro e (a parte il colore) sembravano duchesse londinesi che andavano al ballo. Anche gli uomini erano ben vestiti. Riflettei per un momento sulla condizione degli operai britannici e delle sarte londinesi.... Il contrasto era troppo angosciante per essere mortificato.... Come un lampo mi balenò in mente che la schiavitù non era poi così malvagia e che aveva un lato buono e uno cattivo".

Comunque sia, la campagna degli abolizionisti contro la schiavitù fu usata come mezzo per fomentare gli animi e preparare la guerra di secessione tra il Nord e il Sud. Nel 1851 fu pubblicato *La capanna dello zio Tom*, uno dei più importanti best seller del XIX secolo. Quest'opera di Harriet Beecher Stowe, la prima di questa scrittrice fino ad allora sconosciuta, fu oggetto di una campagna promozionale senza precedenti e incessante. Va ricordato che Weishaupt considerava essenziale plasmare il pensiero delle persone ai suoi interessi attraverso i libri e le pubblicazioni in generale. A tal fine, gli illuministi istituirono ben presto la "Deutsche Union" (Unione Tedesca), *che* aveva lo scopo di riunire scrittori, editori e librai al loro servizio. Sembra chiaro che *La capanna dello zio Tom* fu l'opera scelta per creare uno stato di opinione. Ancora oggi, negli Stati Uniti, un nero che fa un commento ritenuto inappropriato in base alla sua situazione razziale viene chiamato "Zio Tom".

Abolizionisti, secessionisti, il movimento Young America e organizzazioni massoniche come i Cavalieri del Cerchio d'Oro, supervisionati e diretti dalla loggia B'nai B'rith, che lavorava in collusione con il Servizio Segreto Britannico (SIS), furono gli strumenti utilizzati per preparare la guerra civile. Il B'nai B'rith, per poter dirigere e indottrinare gli ebrei che migravano negli Stati Uniti dall'Europa, organizzò una rete di associazioni chiamate "Hebrew Benevolent and Hebrew Orphan Aid Societies". A tal fine, si avvalse dei finanziamenti dei Seligman[30] , dei banchieri di Baltimora e New York e dell'oligarchia di famiglie di mercanti di schiavi di cui sopra, che facevano anche parte della Compagnia olandese delle Indie occidentali, il cui commercio principale era costituito da schiavi e oro. La prima di queste società "filantropiche" fu fondata a Charleston da Mendes Lopez nel 1784. A queste organizzazioni erano annesse le inevitabili Società letterarie ebraiche. Judah Benjamin , una figura chiave, dato che probabilmente diede l'ordine di assassinare il Presidente Lincoln, fu reclutato per la causa nel 1827 nella Società di Charleston. Per avere un'idea esatta di chi ci fosse dietro queste società, il cui vero scopo era selezionare e indottrinare i leader politici e religiosi tra gli ebrei americani, è sufficiente notare che nel 1801 il Gran Consiglio dei Principi di Gerusalemme del Supremo Consiglio dei Cavalieri Comandanti della Casa del Tempio di Salomone dell'Ordine Antico e Accettato del Rito Scozzese della Massoneria concesse una carta ufficiale ai mercanti di Charleston e della Carolina del Sud - Isaac da Costa, Israel de Lieben, Isaac Held, Moses Levi, John Mitchell e Frederick Dalacho - membri della Compagnia Olandese

---

[30] I Seligman sono una famiglia di banchieri ebrei originari della Germania che, come Nathan Rothschild quando giunse in Inghilterra, erano originariamente attivi nel settore tessile. In collaborazione con i Rothschild, passarono al settore bancario e nel 1857 piazzarono sul mercato statunitense delle obbligazioni alla Borsa di Francoforte. Già nel 1879, i Seligman e i Rothschild rilevarono l'intera emissione di titoli di Stato statunitensi per 150.000.000 di dollari.

delle Indie Occidentali - per aver stabilito in America il punto d'appoggio della Hebrew Aid and Benevolent Societies.

La Giovane America ebbe un ruolo attivo anche nel movimento abolizionista. Uno dei suoi leader, William Lloyd Garrison, che in seguito avrebbe scritto l'introduzione all'autorevole biografia di Mazzini, agì come un marchio di fuoco dalle pagine del suo giornale radicale *The Liberator*, distribuito negli Stati del Sud. Garrison fu anche uno dei fondatori dell'American Anti-Slavery Society. Come parte della strategia del movimento abolizionista, fece diversi viaggi a Londra e tenne conferenze con Mazzini. Uno degli eccessi di Garrison fu il rogo pubblico di una copia della Costituzione, che secondo lui era "un patto con la morte e l'inferno". Esattamente come fecero i rivoluzionari russi, come si vedrà a tempo debito, gli abolizionisti si adoperarono per impedire la graduale e pacifica emancipazione degli schiavi, che aveva ricevuto l'approvazione della maggioranza dei proprietari delle piantagioni. Furono investiti milioni di dollari per promuovere ribellioni e far precipitare gli eventi.

Uno dei più famosi tentativi di provocare una rivolta fu quello di John Brown. Secondo Wikipedia e i soliti scrittori miopi, presumibilmente di sinistra e progressisti, Brown era un difensore della libertà, un martire, un eroe. In realtà, era un maniaco omicida, un terrorista finanziato da un gruppo passato alla storia come "I Sei Segreti". Pochissime fonti menzionano che Brown era legato a varie società segrete come gli Oddfelows, i Sons of Temperance, e che apparteneva alla Hudson's Masonic Lodge No. 68 e alla Young America. Il 24 maggio 1856, Brown iniziò una serie di massacri di proprietari di schiavi che causarono quasi 200 morti in mezzo anno di attacchi. Vedendo che la rivolta desiderata non era stata raggiunta, i Sei Segreti pianificarono un'azione su più vasta scala: l'assalto all'arsenale di Harper's Ferry, in Virginia, per armare i neri e provocare una rivolta. L'attacco ebbe luogo il 16 ottobre 1859, ma fallì. Brown fu impiccato il 2 dicembre. Ralph Waldo Emerson, leader ideologico di Brown e del movimento del Trascendentalismo, lo elevò agli altari: "Ha reso la forca gloriosa come la croce". Non c'è spazio per presentare i padrini di John Brown. Il più ricco dei "Sei segreti" era Gerrit Smith, figlio di un socio di John Jacob Astor, della Compagnia delle Indie Orientali (legato al commercio dell'oppio e ai servizi segreti britannici). Sua madre era una Livingston, imparentata con due leader massonici, Edward (Gran Maestro) e Robert Livingston. Smith, con un milione di acri di terra, era uno dei maggiori proprietari terrieri dello Stato di New York. Gerrit Smith aveva donato un terreno a John Brown e aveva speso quasi otto milioni di dollari, una somma enorme per l'epoca, per finanziarlo. Ci vuole una grande ingenuità per vedere con idealismo tutti i tumulti che precedettero la Guerra Civile.

Samuel Morse, l'inventore del telegrafo e del codice che porta il suo nome, era anche un ufficiale del controspionaggio. C'è un suo testo intitolato

L'attuale tentativo di dissolvere l'Unione Americana, un complotto aristocratico britannico, che chiarisce cosa stava accadendo: "Se diamo un'occhiata all'atteggiamento dell'Inghilterra nei confronti degli Stati Uniti", scrive Morse, "vediamo che ci sono due partiti, nessuno dei quali ci è amico come nazione: uno, quello degli interessi cotonieri, dalla parte del Sud; e l'altro, quello delle cricche abolizioniste, dalla parte del Nord. Così l'Inghilterra si bilancia abilmente tra questi due partiti..... Può aiutare l'una, l'altra o entrambe, per impedire la conciliazione, come meglio serve agli scopi politici dell'Inghilterra: la divisione permanente dell'America". Con questa delazione scritta nel 1860, Samuel Morse riassumeva le sue scoperte sulla vasta rete di spionaggio britannica operante nel suo Paese, il cui centro e strumento chiave era il B'nai B'rith. Nello stesso testo Morse citava per i suoi lettori le parole del 7° Conte di Shaftesbury, Lord Ashley (un ardente sionista che abbiamo presentato nel capitolo precedente). Al dottor Cheever, uno dei direttori del complotto di Londra, Shaftesbury dichiarò: "Io, come tutti gli statisti inglesi, desidero sinceramente la rottura dell'Unione americana". Morse, in una controreplica derisoria, scrive: "Parole vere, signore, lei ha descritto con grande precisione e brevità l'andamento della mentalità aristocratica britannica per molti anni".

Otto anni prima della guerra, nel giugno 1853, i direttori della cospirazione, Lord Palmerston, il conte di Shaftesbury e Lord Russell convocarono Belmont[31] , Sanders e Buchanan a Londra per una serie di incontri con Mazzini, Garibaldi e Orsini della Giovane Italia; Kossuth della Giovane Ungheria; Herzen della Giovane Russia; e altri che costituivano la

---

[31] August Belmont, il cui cognome ebraico era Schönberg, entrò nella casa Rothschild di Francoforte come apprendista all'età di quindici anni. Imparò e progredì così rapidamente che nel 1837 si decise di mandarlo a New York, dove si stabilì con il nome di August Belmont & Company al 78 di Wall Street. La sua carriera politica lo rese presto uno dei leader del Partito Democratico. Nel 1848, anno delle rivoluzioni in Europa e anche della guerra messicano-americana, Belmont fu uno dei banchieri che finanziarono la guerra. I Rothschild avevano anche un altro uomo in Messico, Lionel Davidson, che per diversi anni ricevette il mercurio che i Rothschild gli inviavano dalle miniere di Almaden per raffinare l'argento messicano. Prima di essere visitato, alla fine dell'anno, dal figlio maggiore di James Rothschild, Alphonse, inviato a New York per incontrare il suo agente, Belmont spediva grandi partite d'argento alla casa londinese. Alphonse vide di persona fino a che punto August Belmont era diventato un uomo indispensabile, la cui posizione sociale e la cui influenza politica lo rendevano un agente prezioso che comandava tutte le risorse. Nel 1849 Belmont annunciò il suo fidanzamento con Caroline Perry, figlia del Commodoro Matthew Galbraith Perry, una delle migliori famiglie americane. Belmont si occupò degli affari sulla costa atlantica del Paese, mentre sulla costa del Pacifico l'agente era Benjamin Davidson, inviato lì dopo la notizia del ritrovamento dell'oro in California. Un altro agente di nome May si recò immediatamente a San Francisco per assisterlo. Secondo James Rothschild, May era "un tipo simpatico, un intelligente ebreo di Francoforte". Dopo la guerra civile, Belmont rimase sotto i riflettori. Nel 1877, ad esempio, negoziò con il Segretario del Tesoro John Sherman un prestito di 50.000.000 di dollari in monete d'oro, che permise l'adozione del gold standard nel 1879.

Giovane Europa. Come punta di diamante per la disgregazione dell'Unione, nel 1854 fu creato a Cincinnati (Ohio) l'ordine segreto dei "Cavalieri del Cerchio d'Oro", che assorbì immediatamente le strutture operative della Giovane America. Furono aperti castelli in Ohio, Indiana, Illinois, lungo il fiume Mississippi e nel Golfo del Messico. Il massone John Quitman aprì un castello dei Cavalieri del Circolo d'Oro nel Mississippi; Albert Pike fece lo stesso a New Orleans. Tra i reclutati c'era il generale massone P. T. Beauregard, cognato di John Slidell, leader secessionista della Louisiana e stretto collaboratore di Judah Benjamin. Beauregard è menzionato perché a lui si attribuisce l'inizio della Guerra Civile con l'attacco a sorpresa a Fort Sumter nel 1861. Ciò che era salvabile dei Cavalieri del Cerchio d'Oro dopo la Guerra Civile fu integrato da Albert Pike nel KKK. Ci sono pochi dubbi sul fatto che i leader dei Cavalieri fossero i maestri del Rito Scozzese della Massoneria e dell'Ordine Indipendente B'nai B'rith, vale a dire: Benjamin Peixoto, Presidente del B'nai B'rith; Albert Pike, Sovrano Pontefice della Massoneria Universale, adoratore di Lucifero e creatore del Rito Palladiano; August Belmont, agente personale dei Rothschild negli Stati Uniti; Judah Benjamin, che lavorò in stretta collaborazione con Belmont e fu Segretario di Stato nel Governo Confederato, assumendo così il controllo del servizio di spionaggio confederato.

Lo scoppio della guerra fu preceduto da una serie di secessioni a catena che si verificarono subito dopo l'elezione di Abraham Lincoln, prima del suo giuramento. Il 20 dicembre 1860, lo Stato della Carolina del Sud, dove si trovava la sede della giurisdizione meridionale della Massoneria, fu il primo a secedere dall'Unione. Lo stesso giorno il Mississippi ne seguì le orme, e il responsabile della secessione fu John A. Quitman, nativo di New York, che da tempo si era trasferito in quello Stato e, grazie al matrimonio, si era imparentato con una ricca famiglia del Sud. Quitman fu incaricato di formare un'organizzazione di Rito scozzese in Mississippi. Il 1° febbraio 1848 una rivista massonica di Boston riportò la notizia che il fratello John Quitman, allora generale dell'esercito statunitense, era stato investito della carica di Sovrano Grande Ispettore Generale del 33° grado, il che significava che tutte le logge del Sud erano sotto la sua autorità. Quitman fu uno dei leader più importanti del movimento secessionista. Il 22 dicembre lo Stato successivo a lasciare l'Unione fu la Florida, un distacco guidato da David Levy Yulee, un membro della Loggia Hayward n. 7. Lo Stato dell'Alabama secedette il 24 dicembre. Il 2 gennaio 1861, anche la secessione della Georgia fu gestita da due massoni, Howell Cobb, Segretario del Tesoro sotto l'ex Presidente Buchanan, e Robert Toombs, che divenne il primo Segretario di Stato della Confederazione. Dopo la guerra, entrambi ricevettero il 33° grado onorario. Il 7 gennaio fu la volta della Louisiana, guidata ovviamente da due massoni, John Slidell, anch'egli di New York, e Pierre Soule. Entrambi furono insigniti del 33° grado onorario alla fine della guerra. Il Texas si staccò dall'Unione il 1° febbraio. Il governatore Sam Houston, pur essendo egli stesso un massone, si oppose alla secessione; ma, sotto la pressione di migliaia di paramilitari del Gold Circle, non riuscì a impedirla. Houston insistette sull'illegalità dell'atto e il 16 marzo si rifiutò di giurare fedeltà alla Confederazione, per cui fu rimosso dall'incarico e deposto.

Infine, il 12 aprile 1861, il generale massone Pierre T. Beauregard, Cavaliere del Cerchio d'Oro, come già detto, ricevette l'ordine di attaccare Fort Sumter nella Carolina del Sud, uno dei pochi forti federali in territorio confederato, che si arrese il 14. Eustace Mullins è molto critico nei confronti delle azioni del Presidente Abraham Lincoln e suggerisce che egli abbia usato l'incidente per scatenare la guerra. Secondo Mullins, il Segretario di Stato William Seward favorì la cessione pacifica del forte allo Stato della Carolina del Sud e tenne persino incontri non autorizzati con i Confederati. Il Presidente Lincoln, tuttavia, non era disposto a scendere a compromessi e reagì mobilitando 75.000 volontari per 90 giorni, ma la guerra sarebbe durata quattro anni.

Uno dei fatti storici più trascurati, se non addirittura sottovalutati, dagli storici anglofili è il ruolo svolto dalla Russia per l'integrità territoriale degli Stati Uniti. Spiegheremo ora brevemente come l'alleanza tra lo zar Alessandro II e il presidente Lincoln abbia impedito l'intervento britannico e francese nella Guerra Civile. Il grande artefice dell'alleanza fu l'ambasciatore americano a San Pietroburgo, Cassius Clay, che, come Samuel Morse, era convinto che lo smembramento degli Stati Uniti fosse la pietra angolare del nuovo ordine mondiale basato sul liberismo economico e sul monetarismo dei Rothschild, che l'aristocrazia del denaro voleva imporre attraverso Gran Bretagna e Francia. La disgregazione dell'impero russo era senza dubbio uno dei principali obiettivi del Movimento rivoluzionario mondiale e dei Rothschild; ma nel 1861 la Russia rimaneva un nemico formidabile. Per spaccare l'Unione e favorire la balcanizzazione del Paese, Lord Palmerston, Primo Ministro, e Lord Russell, Ministro degli Esteri, erano pronti ad aiutare i Confederati; ma anche, per indebolire le possibilità di intervento della Russia, sei settimane dopo lo scoppio della Guerra Civile Americana promossero una rivolta in Polonia.

Già nel 1812, durante quella che gli americani considerano la loro seconda guerra d'indipendenza, Alessandro I si era rivolto alla Gran Bretagna, chiedendole di firmare al più presto una pace onorevole con gli Stati Uniti e di dimenticare le sue pretese di espansione territoriale. Quasi mezzo secolo dopo, la Russia era disposta a fare qualcosa di più di un semplice discorso per evitare la divisione degli Stati Uniti. Alessandro II e il suo ministro degli Esteri, il principe Gorchakov, stavano portando avanti un ambizioso programma di costruzione di ferrovie, che fino al 1857 erano state costruite e gestite dallo Stato. Un'équipe americana guidata dal maggiore Whistler supervisionava i lavori sulla linea San Pietroburgo-Mosca. Era prevista anche la nazionalizzazione del credito. Un altro passo che di solito non viene menzionato nella storiografia ufficiale fu l'emancipazione dei servi della gleba: un decreto imperiale del 19 febbraio 1861 liberò circa 23 milioni di anime. Molti contadini, tuttavia, erano insoddisfatti della misura, nonostante il fatto che, tra le altre opzioni, fosse destinata a consentire loro di diventare proprietari terrieri. È in questo contesto che il presidente Lincoln nominò Cassius Clay ambasciatore in Russia.

Cassius Clay portò con sé in Russia molte copie dei *Principles of Political Economy* di Henry Charles Carey (1793-1879), un trattato che avrebbe dominato il pensiero economico americano per gli anni a venire, e le regalò ad Alessandro II, Gorchakov, al principe Dolgoruky, al ministro della Marina, al granduca Costantino e a numerosi alti funzionari e industriali. In contrasto con le idee dei fisiocratici, Adam Smith e David Ricardo, la Russia e gli Stati Uniti preferirono applicare le idee di questo prestigioso economista americano per lo sviluppo delle loro economie, rifiutando anche le idee di Thomas Malthus, convinto che la crescita della produzione avrebbe permesso l'aumento della popolazione. Henry Carey riteneva che l'Inghilterra volesse utilizzare il libero scambio per trasformare i Paesi più deboli in semplici produttori di materiali per le fabbriche britanniche. Sosteneva quindi che i Paesi giovani come il suo dovessero applicare misure protezionistiche, da abolire solo quando la loro industria fosse stata in grado di competere ad armi pari. Sostenne inoltre l'abolizione del gold standard e propose l'emissione di moneta per provvedere alla popolazione in tempi di contrazione economica. Constantin George, in un articolo intitolato *The U.S.-Russian Entente that Saved the Union*, pubblicato sulla rivista *The Campaigner* nel luglio 1978, spiega che Cassius Clay fu iperattivo nel diffondere i principi di economia politica di Henry Carey. L'ambasciatore tenne conferenze nelle principali città della Russia "che furono accolte da applausi scroscianti da parte di capi d'industria, commercianti e funzionari governativi". I discorsi di Clay sulla necessità dell'industrializzazione e sulle idee politiche di Carey furono ampiamente riportati dalla stampa russa.

Il 25 luglio 1861, Clay, in una lettera a Lincoln riprodotta nell'articolo sopra citato, si espresse in questi termini: "Ho percepito a colpo d'occhio qual era il sentimento dell'Inghilterra. Volevano la nostra rovina. Sono gelosi del nostro potere. Non si preoccupano né del Nord né del Sud. Li odiano entrambi". E più tardi Cassius Clay informò il Presidente della predisposizione della Russia in relazione a un possibile intervento anglo-francese nella guerra: "Tutti i giornali russi sono con noi. In Russia abbiamo un amico. Sta arrivando il momento in cui sarà un amico potente per noi". La decisione di emancipare i servi della gleba è l'inizio di una nuova era di forza. La Russia ha terre immense, fertili e non sfruttate, con ferro e altri minerali". Le autorità russe chiedevano solo una garanzia, una certezza, prima di impegnarsi completamente. Volevano la certezza che Lincoln sarebbe rimasto saldo fino alla fine nella lotta per preservare l'Unione. In uno dei primi colloqui di Clay con Alessandro II, lo zar chiese all'ambasciatore quale sarebbe stato l'atteggiamento di Lincoln in caso di intervento britannico. Nel citato articolo di *The Campaigner*, Constantin George, citando come fonte la "Corrispondenza diplomatica degli Stati Uniti negli archivi del Dipartimento di Stato", riproduce una lettera di Clay al Presidente Lincoln in cui compare l'impegno dell'ambasciatore Clay nella risposta alla domanda dello Zar: "Ho detto all'Imperatore che non ci importava cosa facesse l'Inghilterra, che la sua interferenza avrebbe solo teso ad avvicinarci". In un'altra lettera a Cassius Clay, il Presidente Lincoln gli chiese: "Ti prego di trasmettere la nostra gratitudine all'Imperatore e di assicurare a S.M. che l'intera nazione apprezza questa nuova manifestazione di amicizia. Di tutte le comunicazioni che abbiamo ricevuto dai governi europei, la vostra è la più leale". Lincoln chiese poi a Clay di chiedere alle autorità russe il permesso di dare la massima pubblicità alla lettera del Ministro degli Esteri Gorchakov, che conteneva l'offerta di aiuto della Russia. Il permesso fu concesso.

Gli agenti della Quinta Colonna britannica infiltrati nel governo di Lincoln iniziarono presto a fare pressione per la sostituzione di Clay. Nella primavera del 1862 William Seward, che mesi prima aveva favorito la cessione di Fort Sumter alla Confederazione per evitare presumibilmente la guerra, convinse il Presidente ad effettuare un doppio cambio: in primo luogo, il Segretario alla Guerra Simon Cameron fu sostituito da Mason Edwin Stanton, una scelta infelice da parte di Lincoln, in quanto Stanton sarebbe stato uno dei traditori implicati nel suo successivo assassinio; in secondo luogo, Cameron fu proposto per il posto di ambasciatore a San Pietroburgo. Cassius Clay, amareggiato e deluso dalla manovra, pregò Lincoln di permettere al nipote, che lavorava con lui come assistente, di sostituirlo; ma nonostante le proteste, Cameron si presentò a San Pietroburgo nel giugno 1862. Anche in Russia gli agenti britannici approfittarono dell'assenza di Clay per minare la politica di Gorchakov. Ciononostante, Clay lottò strenuamente per sventare gli sporchi trucchi che sabotavano tutto il suo lavoro e che avevano lo scopo, a suo dire, di interrompere le comunicazioni con il governo russo durante la fase più critica della guerra. Appena arrivato a Washington, presentò al Presidente un rapporto sulla situazione europea che avvertiva: "I governi di tutta Europa sono disposti a interferire negli affari americani e a riconoscere l'indipendenza degli Stati Confederati". Seward e Clay si scontrarono aspramente, ma alla fine Clay prevalse e nella primavera del 1863 riebbe il suo posto di ambasciatore a San Pietroburgo.

Durante i mesi di assenza di Clay, il sostegno di Alessandro II non si indebolì, anche se nell'autunno del 1862 si verificò un momento critico, quando Gran Bretagna e Francia arrivarono a un soffio dall'intervenire a favore della Confederazione. La pressione sulla Russia da parte di entrambi i Paesi affinché abbandonasse la sua posizione raggiunse livelli estremi. La prova che il momento era estremamente delicato è fornita dalla lettera personale del Presidente Lincoln al Ministro Gorchakov da consegnare allo Zar. Il testo della risposta, redatto dal ministro degli Esteri su istruzioni di Alessandro II, è riprodotto da Constantin George in *The Campaigner*. La lettera è tratta dai documenti pubblicati nel 1930 dallo storico Benjamin Platt Thomas con il titolo *Russian-American Relations 1815-1867*. Un estratto è riprodotto qui per il vostro interesse:

"Sapete che il governo degli Stati Uniti ha pochi amici tra le potenze. L'Inghilterra si rallegra di ciò che accade loro. Desidera e prega per il loro rovesciamento. La Francia è meno attiva nella sua ostilità; i suoi interessi sarebbero meno colpiti da questo risultato, ma non è disposta a vederlo. Non è sua amica. La sua situazione peggiora di ora in ora. Le possibilità di preservare l'Unione diventano sempre più disperate. Non si può fare nulla per fermare questa terribile guerra? Le speranze di riunificazione si stanno affievolendo e desidero far presente al vostro Governo che la secessione, che temo possa avvenire, sarà considerata dalla Russia come una delle più grandi disgrazie. Solo la Russia è stata dalla vostra parte fin dall'inizio e continuerà ad esserlo. Siamo molto, molto preoccupati che vengano prese delle misure - che dovranno essere esercitate a tempo debito - che possano evitare la divisione che sembra ormai inevitabile. A una scissione ne seguirà un'altra, sarete frammentati in pezzi".

Nell'ottobre 1862 Luigi Napoleone si offrì di mediare e propose un armistizio di sei mesi, che poteva essere prolungato se necessario. Tra le altre cose, era previsto che Lincoln ponesse fine alla guerra e togliesse il blocco navale alla Confederazione. L'idea era probabilmente nata in Inghilterra, poiché un mese prima Lord Palmerston aveva suggerito al suo segretario agli Esteri, John Russell, di offrire una mediazione al governo dell'Unione. La risposta di Lord Russell mostra chiaramente le vere intenzioni dietro la proposta di armistizio: "Sono d'accordo con voi", disse, "che è giunto il momento di offrire una mediazione al governo degli Stati Uniti al fine di riconoscere l'indipendenza della Confederazione. Inoltre, sono d'accordo sul fatto che, se la mediazione dovesse fallire, dovremmo da parte nostra riconoscere gli Stati del Sud come Stato indipendente".[32] Chiaramente, tale riconoscimento sarebbe stato una dichiarazione di guerra. I britannici erano quindi impegnati in un dibattito cruciale sul loro intervento. I dubbi sulla posizione della Russia furono fugati dalla ricezione di un telegramma da San Pietroburgo da parte dell'ambasciatore britannico, Lord Napier, che avvertiva che la Russia rifiutava la proposta francese. Lo zar Alessandro II chiarì personalmente la sua posizione con le seguenti parole: "Considererò il

---

[32] La citazione proviene da un'ampia opera in sei volumi, *Abraham Lincoln: A History* (New York, Century, 1890), che è una delle tante fonti documentarie esposte da Constantine George nell'interessante saggio di trenta pagine in discussione.

riconoscimento dell'indipendenza degli Stati Confederati da parte di Gran Bretagna e Francia come un 'casus belli' e per far capire ai governi di Francia e Gran Bretagna che non si tratta di una semplice minaccia, invierò una flotta del Pacifico a San Francisco e una flotta atlantica a New York".

Il 13 luglio 1863 scoppiò a New York una delle più selvagge rivolte a memoria d'uomo. I disordini erano stati opportunamente preparati da un'intensa campagna di stampa; ma gli organizzatori materiali delle rivolte erano i "Cavalieri del Cerchio d'Oro", cioè la Massoneria. Il loro leader più importante era Jacob Thompson. Un mese prima, il 10 giugno, si era tenuta una riunione a Springfield, dove era stato elaborato un piano rivoluzionario. Fu deciso che New York avrebbe preso l'iniziativa e che gli altri Stati avrebbero seguito e assunto l'indipendenza. Cinquantamila persone scesero in piazza a New York per protestare contro l'annuncio di Lincoln di arruolare altre truppe per la guerra. La rivolta fu fomentata dal sindaco stesso, Ferdinand Wood, che era a capo di un consiglio corrotto e che era arrivato a proporre che la città diventasse indipendente dal Paese. Wood ha scatenato le masse in preda alla frenesia. Le rivolte furono estremamente violente. Omicidi, linciaggi, saccheggi e incendi si protrassero per cinque giorni e la città fu rasa al suolo. L'odio delle masse si concentrò sui neri, impiegati come lavoratori nei porti, nelle taverne e in altri stabilimenti della città. Anche un asilo per orfani di colore fu derubato e bruciato. Quando il 17 luglio le truppe riuscirono a fermare la violenza, più di 100 persone avevano perso la vita. Le settimane successive videro un esodo di neri che ridusse notevolmente la popolazione di New York.

Sempre a metà luglio dello stesso anno, mentre le due flotte russe stavano già navigando su entrambi gli oceani, veniva sedata la rivolta in Polonia orchestrata dagli inglesi. Due mesi prima, a maggio, il ministro degli Esteri francese, Édouard Drouyn de Lhuys, aveva ipocritamente invitato Lincoln ad aderire all'ultimatum che Austria, Francia e Gran Bretagna avevano inviato alla Russia a favore dell'indipendenza polacca. Nonostante l'evidenza del fallimento delle loro strategie, Gran Bretagna e Francia minacciarono nuovamente la Russia sulla "questione polacca". Sempre nell'estate del 1863, Palmerston e Russell stavano ancora valutando se intervenire contro l'Unione. È in questo contesto che il 24 settembre le due flotte russe arrivarono contemporaneamente negli Stati Uniti. Gli ammiragli che le comandavano, Lessovsky nell'Atlantico e Popov nel Pacifico, avevano ordini sigillati che dovevano essere aperti solo in determinate circostanze. In breve, le buste sigillate affermavano che se le potenze europee fossero intervenute in guerra, le flotte sarebbero state poste sotto il comando del Presidente Lincoln.

L'arrivo delle navi provocò una serie di eventi di benvenuto, tra cui una parata di marinai russi sulla Broadway il 17 ottobre, scortati da una guardia d'onore dell'esercito americano, che furono acclamati e applauditi dalla folla lungo entrambi i lati dei viali. Non essendoci forze navali statunitensi sulla costa del Pacifico, la flotta russa divenne la flotta da guerra dell'Unione, sebbene potesse essere coinvolta solo in caso di intervento di una terza potenza. Le flotte russe rimasero nelle acque americane per sette mesi, fino all'aprile 1864. Solo allora, quando il pericolo di guerra con le potenze europee era passato, fu ordinato loro di rientrare.

Una questione ineludibile è il finanziamento della guerra. Per avere un quadro preciso della situazione, occorre ricordare che nel XIX secolo il potere dei Rothschild divenne onnipotente, in quanto detenevano metà della ricchezza mondiale. Tuttavia, mentre il loro dominio cresceva, hanno scelto di nascondersi sullo sfondo. Di conseguenza, il loro nome compare solo su una piccola parte delle società e degli istituti di credito che controllano. Nel 1861 iniziò anche la guerra economica, perché quando Lincoln ebbe bisogno di denaro per far fronte ai costi del conflitto, i finanziatori internazionali, dietro i quali c'erano i Rothschild, offrirono prestiti a tassi di interesse inaccettabili del 24% e del 36%. La spiegazione della richiesta di tassi di interesse così elevati può essere solo una: le potenze finanziarie europee avevano scommesso sulla spartizione del Paese. Lincoln rifiutò l'offerta e si rivolse a un vecchio amico, il colonnello Dick Taylor, per trovare una soluzione. Taylor gli consigliò di far approvare al Congresso una legge che autorizzasse l'emissione di banconote del Tesoro, da utilizzare per pagare i soldati e far fronte ad altre spese. Alla domanda di Lincoln se il popolo avrebbe accettato le banconote, Taylor rispose: "Il popolo, o chiunque esso sia, non avrà scelta se gli darete valore legale. Avranno il pieno riconoscimento del governo e varranno come denaro".

Le banconote del Tesoro erano stampate con inchiostro verde sul retro ed erano quindi note come "greenbacks". Lincoln stampò 449.338.902 dollari in queste banconote del Tesoro, denaro senza interessi che fu legalmente utilizzato per pagare tutti i debiti pubblici e privati. Con queste banconote pagò i soldati, i dipendenti civili e acquistò le forniture di guerra. Nel 1865, in un articolo editoriale, il *Times* di Londra scrisse: "Se questa malvagia politica finanziaria, che ha le sue origini in America, prende piede e viene confermata, allora il governo inizierà a stampare la propria moneta senza costi. Pagherà tutti i suoi debiti e non ne avrà più. Avrà tutto il denaro di cui ha bisogno per continuare a svolgere le sue attività. Diventerà prospero senza precedenti nella storia del mondo. Quel governo deve essere distrutto o distruggerà tutte le monarchie del mondo". C'è solo un errore fondamentale in queste parole: ciò che verrebbe distrutto sarebbe il potere dei banchieri usurai che schiavizzano con il debito tutti i popoli e i governi del mondo. Anche Hitler si oppose alle banche internazionali con un sistema simile a quello di Lincoln. Anche nella Germania nazionalsocialista furono emessi buoni del Tesoro, liberi dalla schiavitù degli interessi, che portarono il Paese fuori dalla rovina, come vedremo nel capitolo sulla Seconda guerra mondiale.

Le idee di Henry Carey, il grande economista americano che aveva proposto l'abolizione del gold standard e l'emissione di moneta per aiutare la popolazione in determinate circostanze, furono in qualche modo applicate con i greenback. Se consideriamo che i contribuenti non pagavano più alti tassi di interesse, che le imprese pubbliche potevano essere finanziate senza usura, che il mantenimento della stabilità del governo era assicurato e che la politica del Tesoro era al servizio dell'Amministrazione, è chiaro che il denaro non era più il padrone ma al servizio del popolo e della nazione. Avendo constatato che il sistema ideato dal colonnello Taylor funzionava, Lincoln arrivò a considerare l'adozione di questa misura di emergenza in modo permanente e dichiarò: "Abbiamo dato al popolo di questa repubblica la più grande benedizione che abbia mai avuto: la propria carta moneta per pagare i debiti".

Sebbene la guerra stesse volgendo al termine, le logge del B'nai B'rith negli Stati del Sud continuarono a essere utilizzate come santuari e centri per le operazioni di spionaggio guidate da Judah Benjamin. Così, già il 17 dicembre 1862, il generale Ulysses Grant aveva emesso un ordine di arresto per spionaggio di tutti gli ebrei dal Tennessee al Mississippi. Simon Wolf fu l'avvocato difensore di numerosi ufficiali del B'nai B'rith e di altri ebrei che furono incriminati e processati; ma Grant ordinò che anche Wolf fosse arrestato come spia. Il rilascio di Wolf fu ottenuto grazie al Segretario alla Guerra di Lincoln, il traditore Edwin Stanton. Qualche anno dopo Wolf divenne presidente del B'nai B'rith. Tra le spie infiltrate negli Stati del Nord che lavoravano sotto Judah Benjamin c'era John Wilkes Booth, il massone scelto per assassinare il Presidente.

Il 4 marzo 1865 Lincoln fu inaugurato per il suo secondo mandato come Presidente degli Stati Uniti. La rielezione fu una relativa sorpresa, poiché i banchieri internazionali avevano lavorato contro di lui fin dalla creazione dei greenback. Una circolare ("Hazzard Circular") della Banca d'Inghilterra, controllata da Lionel Rothschild, emessa nel 1862 e stampata dal senatore Pettigrew, affermava chiaramente che le banconote del Tesoro non dovevano essere accettate per determinati pagamenti o nelle transazioni internazionali:

"La schiavitù sarà probabilmente abolita dal potere bellico. Su questo io (Rothchild?) e i miei amici europei siamo d'accordo, perché la schiavitù è il possesso del lavoro e porta con sé la cura dei lavoratori, mentre il piano europeo, guidato dall'Inghilterra, è che il capitale controllerà il lavoro controllando i salari. Questo può essere fatto attraverso il controllo del denaro. L'enorme debito derivante dalla guerra, che i capitalisti devono affrontare, deve essere utilizzato come mezzo per controllare il volume del denaro. A tal fine, le obbligazioni devono avere una base bancaria. Ci aspettiamo che il Segretario al Tesoro faccia queste raccomandazioni al Congresso. Il "biglietto verde", come viene chiamato, non dovrebbe più circolare come moneta, perché non possiamo controllarlo. Ma possiamo controllare le obbligazioni e, attraverso di esse, le emissioni bancarie".

In questo modo, i banchieri riuscirono a far votare al Congresso, nel 1862, una Exception Clause, in base alla quale i greenbacks non potevano essere utilizzati per pagare tasse, imposte o dazi all'importazione. Già nel 1863, i banchieri riuscirono a far abrogare al Congresso il Greenbacks Act, che fu sostituito dal National Banking Act, introdotto al Congresso su iniziativa di Salomon Chase, un agente dei Rothschild che fu Segretario al Tesoro fino al 1864. In base a questa legge, le banche private gestivano denaro fruttifero. Dopo l'approvazione della legge, i greenback furono ritirati dalla circolazione non appena entrati nel Tesoro. Lincoln dichiarò poi: "Ho due grandi nemici, l'esercito del Sud di fronte a me e i banchieri alle mie spalle. Tra i due, i banchieri sono il mio peggior nemico". Il Presidente fu costretto a riservarsi il diritto di veto fino alla fine della guerra, che terminò il 9 aprile 1865. È improbabile che Lincoln sarebbe stato in grado di opporsi ai banchieri se non fosse stato assassinato. In ogni caso, la sua diagnosi e le sue previsioni erano molto pessimistiche. Prima della sua rielezione aveva dichiarato: "Il potere del denaro è un parassita della nazione in tempo di pace e cospira contro di essa in tempo di guerra". Vedo avvicinarsi a breve termine una crisi che mi rende inquieto e mi fa tremare per il futuro della nazione: le corporazioni sono state intronizzate, seguirà un'era di corruzione nelle alte sfere. Il potere del denaro cercherà di prolungare il suo regno... finché la ricchezza sarà accumulata da poche mani e la Repubblica sarà distrutta".

Il 14 aprile, pochi giorni dopo la fine della guerra, l'attore John Wilkes Booth, un massone ebreo appartenente ai Cavalieri del Cerchio d'Oro, sparò alla schiena del Presidente Lincoln mentre questi assisteva a uno spettacolo al Ford's Theatre di Washington. Poi saltò dal palco sul palcoscenico e prima di fuggire gridò: "È così che muoiono i tiranni. Il Sud è stato vendicato. I veri leader della cospirazione, come Judah Benjamin, che avrebbe dato l'ordine di esecuzione, rimasero impuniti, perché furono giustiziati solo i disgraziati del giorno. Il coinvolgimento del già citato Edwin Stanton è ampiamente riconosciuto. Questo traditore sottrasse Lincoln alla sua custodia personale quando si recò a teatro e, dopo l'assassinio, distribuì alla stampa le foto del fratello dell'assassino, facendo guadagnare tempo a John Wilkes Booth, che Stanton stesso aveva aiutato a fuggire liberando una via d'uscita da Washington. Inoltre, Stanton proibì al generale Grant, che avrebbe dovuto partecipare alla funzione, di accompagnare il presidente.

Tuttavia, fu lanciata un'operazione di polizia per cercare di catturare coloro che erano sospettati di essere coinvolti nel complotto. Albert Pike, anch'egli accusato delle uccisioni quando comandava la sua truppa indiana, si rifugiò per un certo periodo nel Canada governato dagli inglesi, dove incontrò Jacob Thompson, un leader dei Cavalieri che aveva provocato rivolte e sommosse contro i neri nelle città del nord. A Pike fu permesso di tornare negli Stati Uniti, dove fu arrestato. Sappiamo già che fu immediatamente graziato dal presidente massone Andrew Johnson. Judah Benjamin, che aveva stabilito a Montreal (Canada) la sua base principale per i servizi di spionaggio, fuggì in Inghilterra. Lì incontrò altri massoni esiliati come Robert Toombs, massone di 33° grado, e James Bulloch, un agente che aveva agito come collegamento di August Belmont con l'Inghilterra ed era stato il principale commerciante di armi per la Confederazione. John Slidell rimase permanentemente in Francia. John Surrat, un agente segreto della Confederazione, la cui madre fu arrestata e impiccata con l'accusa di aver favorito l'assassinio di Lincoln, partì per l'Italia. Surrat fu scoperto e dovette tornare per il processo, ma fu assolto, anche se ammise pubblicamente di aver pianificato con Booth il rapimento di Lincoln prima dell'assassinio.

Dopo la guerra civile, l'agente dei Rothschild, August Belmont (Schönberg), impose la sua leadership sulla finanza ebraica tra Londra e New York. Joseph Seligman entrò a far parte del consorzio bancario dei Rothschild e di J. P. Morgan. Nell'aprile 1866 il Congresso approvò il Contraction Act, che permise al Tesoro di ritirare dalla circolazione i greenback. I passi successivi furono finalizzati all'istituzione del gold standard, un metallo posseduto principalmente dai Rothschild. Sono loro a fissare il prezzo dell'oro su base giornaliera dalla City di Londra. Per raggiungere il loro scopo, hanno creato instabilità e panico contraendo il credito e provocando una depressione (una tattica che hanno applicato più volte). Attraverso la stampa, sempre nelle loro mani, hanno diffuso la convinzione che la mancanza del gold standard fosse la causa delle difficoltà. Allo stesso tempo usarono la Legge della Contrazione per ridurre il volume di denaro in circolazione, che in dieci anni diminuì del 70%. Nel 1872 la Banca d'Inghilterra inviò negli Stati Uniti Ernest Seyd, che si adoperò per corrompere i membri del Congresso affinché appoggiassero il suo piano di demonetizzazione dell'argento. Seyd redasse personalmente il disegno di legge che divenne il "Coinage Act", che bloccò il conio delle monete d'argento. Lo stesso Ernest Seyd ha spiegato: "Nell'inverno del 1872-73 mi recai in America con l'incarico di ottenere, se possibile, la promulgazione di una legge che demonetizzasse l'argento. Era nell'interesse di coloro che rappresentavo - i governatori della Banca d'Inghilterra - che ciò avvenisse. Nel 1873 le uniche monete coniate erano d'oro".

Prevedibilmente, con il dominio e l'influenza degli agenti britannici alla Casa Bianca, l'alleanza con la Russia che aveva permesso a Lincoln di evitare l'intervento britannico e francese declinò. Un anno dopo l'assassinio di Lincoln, il 16 aprile 1866, un individuo sparò allo zar a San Pietroburgo. Un uomo riuscì a respingere l'arma del terrorista e Alessandro II si salvò. Poco dopo Cassius Clay incontrò lo Zar e si congratulò con lui per essere scampato alla morte "così presto dopo l'assassinio di Lincoln". Lo zar rispose: "Confido che con l'aiuto della Provvidenza le nostre reciproche calamità rafforzeranno le nostre relazioni amichevoli e le renderanno permanenti". Potenti nemici avevano interesse a che il desiderio di Alessandro II non si realizzasse. Negli anni successivi furono compiuti altri quattro tentativi di assassinare lo zar. Infine, il 13 marzo 1881, proprio il giorno in cui Alessandro II aveva firmato la Costituzione che consolidava riforme di vasta portata per il popolo russo, un commando agli ordini di una rivoluzionaria e narodnik ebrea, Vera Nikolaevna Figner, riuscì a uccidere Alessandro II. Figner, che nel 1879 aveva partecipato al Congresso di Terra e Libertà (Zemlia i Volia), l'organizzazione narodnik fondata da Alexander Herzen, era membro del Comitato esecutivo di "Narodnaya Volia" (Volontà popolare). La Figner era anche leader dell'ala militare dell'organizzazione, nella quale aveva svolto un ruolo di primo piano. Già nel 1880 Vera Figner aveva tentato di uccidere lo zar a Odessa. Alla fine, un commando di Narodnaya Volia composto da tre terroristi riuscì nell'intento. Figner, che dopo l'assassinio fu l'unico membro del Comitato esecutivo di Narodnaya Volia a rimanere in Russia, fu catturata solo nel 1883. Sergey Degayev, una talpa della polizia infiltrata, la denunciò. Fu condannata a morte, ma la pena fu commutata in ergastolo in Siberia. Il dottor Joseph Kastein, un importante storico ebreo, ha scritto che il coinvolgimento degli ebrei nell'omicidio era "naturale".

Da quanto detto si può concludere che la guerra civile americana non è scoppiata, come si sostiene, per porre fine alla schiavitù, ma è stata preparata in anticipo da alcune potenze finanziarie europee, i Rothschild e i loro associati, che, appoggiandosi alla Francia e alla Gran Bretagna, il cui primo ministro Lord Palmerston era Gran Maestro della Massoneria di Rito Scozzese e Patriarca degli Illuminati, intendevano dividere gli Stati Uniti in due federazioni, due zone di influenza. Alcuni autori fanno riferimento a una presunta conversazione avvenuta nel 1857 tra Benjamin Disraeli, Lionel Rothschild e James Rothschild, riuniti a Londra per il matrimonio della figlia di Lionel, Leonora, con il cugino Alphonse, primogenito di James. Disraeli avrebbe suggerito informalmente che, una volta realizzata la rottura, i Rothschild inglesi avrebbero potuto dominare nel nord e i francesi nel sud: "Divide et impera". La loggia ebraica B'nai B'rith e i "buoni massoni", alcuni dei quali erano traditori che occupavano posizioni chiave nell'uno o nell'altro governo, agirono come elementi determinanti al servizio della cospirazione. Dall'interno delle logge, nella più completa impunità, venivano messi in atto ogni sorta di stratagemma, comprese, naturalmente, attività terroristiche, il cui scopo era quello di infiammare gli animi e provocare una guerra.

Bismarck, la Guerra franco-prussiana e i Rothschild

Il sessennio rivoluzionario è forse il periodo più pittoresco della storia contemporanea della Spagna. C'era un po' di tutto. Iniziò con la rivoluzione, nota come la Gloriosa Rivoluzione, guidata da un manipolo di massoni militari e politici. Seguì il governo provvisorio con la reggenza di Serrano, che era un massone. Questo periodo fu caratterizzato dalla disperata ricerca di un re per la Spagna e dalla promulgazione della Costituzione del 1869. Alla fine arrivò Amadeo I di Savoia, massone di alto rango, che in due anni dovette affrontare tre presidenti, sei gabinetti e un attentato. Si dimise. Poi venne la prima Repubblica federale, che ebbe quattro presidenti in undici mesi. Poi il colpo di Stato di Pavia. La storia del sessennio continuò con la Repubblica unitaria fino al dicembre 1874, quando la dittatura di Martinez Campos fu rovesciata, riportando i Borboni. Tutto questo fu accompagnato da tre guerre civili: la terza guerra carlista, l'insurrezione cantonale e la guerra di Cuba. Vediamo chi ha dato di più.

L'offerta del trono spagnolo a vari candidati divenne una questione europea e fu il pretesto che accese la miccia della guerra franco-prussiana. Il primo candidato fu il duca di Montpansier, cognato di Isabella II, che era convinto di essere il nuovo re di Spagna; tuttavia, Napoleone III era contrario, aveva praticamente posto il veto, e il generale Prim glielo fece notare. Antoine d'Orléans, duca di Montpansier, era figlio di Luigi Filippo d'Orléans. Il secondo candidato era il principe Leopoldo di Hohenzollern-Sigmaringen. La sua candidatura sarebbe stata suggerita da Otto von Bismarck in persona a Eusebio Salazar y Marredo, il quale, in un articolo pubblicato su un giornale tedesco, propose la candidatura di Leopoldo, che parlava perfettamente lo spagnolo ed era sposato con una figlia del re del Portogallo. Salazar si offrì di mediare e Prim accettò, a condizione che tutto fosse fatto con estrema cautela. Salazar informò subito Prim che il principe Leopoldo avrebbe accettato se suo padre, il principe Karl Anton, e il re di Prussia avessero dato il loro permesso. Il re prussiano, Guglielmo I, era il più riluttante, ma Eugenio Salazar fu assistito da Bismarck in persona nel tentativo di convincere il re. Ci fu uno scambio di corrispondenza tra Prim e Bismarck, mediato da Lothar Bucher. Tutto si svolgeva con la dovuta discrezione e a Parigi non si sospettava nulla.

Vediamo da questo punto in poi come andarono le cose da parte spagnola. Il 26 giugno 1870 Salazar si recò a Madrid per incontrare il Presidente del Governo. Purtroppo Prim, massone di alto grado il cui nome di loggia era Washington, non era nella capitale quel giorno: accompagnato da Milans del Bosch era a caccia di anatre a Daimiel. Salazar decise allora di incontrare il Ministro degli Interni, Práxedes Mateo Sagasta, altro massone di 33° grado e Gran Maestro del Grande Oriente di Spagna. Dopo aver ascoltato Salazar, il Ministro Sagasta lo portò dal Presidente delle Cortes, Manuel Ruiz Zorrilla, anch'egli massone e Gran Maestro del Grande Oriente di Spagna. "Principe Leopoldo re di Spagna? E voi dite che gli accordi sono così avanzati?", chiese uno stupito Ruiz Zorrilla. Il passo successivo fu la dimostrazione della massima stupidità di questo politico, che avrebbe dovuto avere senso dello Stato e comprendere il valore della discrezione in una questione che riguardava l'intera Europa: Ruiz Zorrilla non ebbe un'idea migliore di quella di informare un amico giornalista, José Ignacio Escobar, direttore de *La Época*, che naturalmente non ebbe il tempo di pubblicare la notizia, che si diffuse immediatamente in tutta Europa.

Il generale Prim, indignato, convocò una riunione del governo e alla fine riferì dei suoi affari segreti in Prussia. L'ambasciatore a Parigi, Olózaga, ricevette l'ordine telegrafico di parlare con l'imperatore francese. Allo stesso tempo, convinto di non poter tornare indietro, Prim inviò in Prussia il contrammiraglio Polo de Bernabé per comunicare al principe Leopoldo l'intenzione del governo spagnolo di sostenere la sua candidatura alle Cortes. Da questo momento iniziò la guerra nelle cancellerie europee. Napoleone III inviò un agente al generale massone Francisco Serrano, che deteneva la Reggenza, invitandolo a sconfessare Prim, che accettò la richiesta. Serrano incaricò immediatamente un suo nipote, il colonnello dello Stato Maggiore José López Domínguez, di recarsi in Prussia per cercare di dissuadere il principe Leopoldo dall'accettare la corona spagnola. A sua volta, l'ambasciatore a Parigi, Olózaga, inviò alla corte prussiana il diplomatico rumeno Stratz, un amico personale ben considerato dai prussiani.

La questione, vista dalla Francia e dalla Prussia, assunse altre connotazioni. Innanzitutto, va ricordato che negli anni Sessanta la penetrazione dell'economia e del capitale francese in Spagna era notevole. Un gruppo di banche raggruppate nella "Banque de Paris" era diventato una concorrenza imprevista per i Rothschild e la Spagna era una delle tappe della lotta. La Banque de Paris aveva presentato le sue credenziali al governo spagnolo per un'operazione di credito su larga scala. Inoltre, Adrian Delahante, un direttore della Banca di Parigi che faceva parte del consiglio di amministrazione della linea ferroviaria Madrid-Zaragoza-Alicante, bramava i profitti dello sfruttamento delle miniere di mercurio di Almaden e delle miniere di rame di Rio Tinto. Non sorprende, quindi, che il governo francese non fosse disposto ad accettare la candidatura di un principe prussiano al trono di Spagna, soprattutto se, come abbiamo visto, era promossa dallo stesso Bismarck.

Il vero obiettivo di Bismarck nel sostenere il principe Leopoldo era quello di provocare una reazione da parte della Francia che avrebbe scatenato la guerra che gli avrebbe permesso di unire la Prussia e gli Stati della Germania meridionale. La difficoltà maggiore consisteva nel convincere il padre di Leopoldo, Karl Anton, e il re Guglielmo I a opporsi alla Francia. Leopoldo aveva inizialmente rifiutato l'offerta il 22 aprile 1870, ma Bismarck aveva manovrato nell'ombra fino a fargli cambiare idea. È in questo contesto che, a seguito dell'indiscrezione di Ruiz Zorrilla, l'intera vicenda venne alla luce e gli eventi precipitarono. L'ambasciatore francese a Berlino, Benedetti, su istruzioni del suo ministro degli Esteri, il Duca di Gramont, pretese che il Re di Prussia sconfessasse la candidatura del Principe Leopoldo alla corona spagnola e che si impegnasse per iscritto a non ripresentarla. Leopoldo di Hohenzollern-Sigmaringen rifiutò di ritrattare, visto il disonore che la rettifica avrebbe arrecato alla sua persona. Sembra che il padre gli abbia detto: "Pazzo! Sei un pazzo! Il tuo trono non è a Madrid, ma in manicomio...". Pressato dal padre e sollecitato dal re Guglielmo I, il principe si dimise ancora una volta.

Il 12 giugno Karl Anton dichiarò che suo figlio non si sarebbe candidato e il re di Prussia riconobbe a Benedetti che si trattava di una "buona notizia che ci salva tutti dalle difficoltà". Lo stesso giorno il re assicurò all'ambasciatore Benedetti che approvava personalmente il ritiro di Leopoldo "nello stesso senso e nella stessa misura in cui aveva dato la sua approvazione", cioè "completamente e senza riserve". Bismarck era ormai fuori dai giochi e tutto sembrava risolto quando il 13 luglio 1870 ricevette il famoso telegramma da Ems, che conteneva il punto essenziale dell'incontro tra l'ambasciatore Benedetti e Guglielmo I, in base al quale il re di Prussia doveva dare l'assicurazione che non avrebbe "mai in futuro dato il suo consenso a una candidatura degli Hohenzollern". Nella riscrittura del telegramma da parte di Bismarck per la stampa, fu riportato che il re non poteva assumere una dichiarazione così precisa; ma egli fece anche intendere che la richiesta era stata offensiva per lui. Bismarck cercò così di offendere Gramont e di utilizzare il telegramma da lui stesso falsificato per scatenare una campagna di propaganda antifrancese rivolta all'opinione pubblica interna e internazionale.

Una settimana prima, il 6 luglio, nel bel mezzo dei negoziati diplomatici, il governo francese aveva incautamente adottato una dichiarazione incendiaria redatta dal ministro degli Esteri, Alfred Agénor, duca di Gramont, e letta in Parlamento, in cui, con linguaggio violento, si chiedeva un veto assoluto da parte del re alla candidatura degli Hohenzollern e si minacciava una dichiarazione di guerra se Leopoldo avesse accettato. Era chiaro che, dopo il colloquio del 12 tra il re Guglielmo e l'ambasciatore Benedetti, la candidatura di Leopoldo era stata ritirata. Non c'era motivo di insistere su una dichiarazione testuale e concreta come quella richiesta nel telegramma di Ems. Ovviamente, Gramont e coloro che avevano familiarità con i tanti svolazzi del linguaggio diplomatico sapevano che si trattava di una provocazione inutile e sconsiderata, così come lo era una lettera in cui si chiedeva al Re di Prussia di scusarsi con Napoleone. Invece di rilassarsi dopo le parole concilianti di Guglielmo I all'ambasciatore francese, il Duca di Gramont utilizzò il telegramma di Ems come "casus belli" e il 14 luglio ebbe luogo la mobilitazione. Il 15 luglio 1870 la Francia dichiarò guerra alla Prussia.

Prima di proseguire, alcune righe possono aiutare a conoscere questo personaggio. Antoine Alfred Agénor, duca di Gramont, fu nominato ministro degli Esteri due mesi prima dello scoppio della guerra, il 15 maggio. È nota la sua amicizia con i Rothschild parigini. James Rothschild, l'ultimo dei cinque figli superstiti di Mayer Amschel, era morto nel 1868. A capo della casa parigina c'era da allora Alphonse, che dopo aver saputo della nomina dichiarò: "Saremo lieti della nomina da qualsiasi punto di vista, perché è necessario avere a capo di questo Ministero un uomo di esperienza, che sia abbastanza intelligente da non pretendere di guadagnarsi fama con un genio brillante". Ebbene, non sappiamo se spingere per la guerra possa o meno essere considerato geniale, ma sappiamo da Niall Ferguson che più tardi, nel 1878, il figlio del Duca di Agénor si imparentò con i Rothschild sposando Margaretha Rothschild, figlia di Mayer Carl Rothschild, capo della Casa in Germania. Curiosamente, la storia si sarebbe ripetuta sessantanove anni dopo, nel 1939, quando l'uomo che più si impegnò per lo scoppio della Seconda Guerra Mondiale, Lord Halifax, Ministro degli Esteri, imparentò il proprio figlio erede con una nipote dei Rothschild britannici.

Con o senza il telegramma di Ems, con o senza la questione della successione in Spagna, è probabile che Francia e Germania sarebbero finite ai ferri corti; ma resta il fatto che la candidatura al trono spagnolo fu usata da entrambe le parti come motivo per entrare in guerra. D'altra parte, il fatto che la Francia abbia iniziato le ostilità è stato decisivo, in quanto ha determinato il non intervento della Gran Bretagna. I primi scontri ebbero luogo il 4 agosto e le prime sconfitte francesi a Wörth e Forbach arrivarono il 6 agosto. Tra il 14 e il 18 seguirono le battaglie di Borny, Rézonville e Gravelotte. A seguito di queste sconfitte, il maresciallo Bazaine si ritirò fino a Metz, dove fu bloccato. Di fronte a questi eventi, Napoleone III e il maresciallo Mac-Mahon presero il comando dell'esercito francese a Chalons. Tra l'1 e il 2 settembre si combatté la battaglia di Sedan, che decise l'esito della guerra. Di fronte all'entità del massacro, Napoleone III ordinò di alzare bandiera bianca e si arrese con l'intero esercito al generale prussiano Helmuth von Moltke. È stato detto che i cannoni Krupp, che erano a retrocarica mentre quelli francesi erano ad avancarica, furono decisivi per la vittoria prussiana. Può darsi; ma due anni prima non era stato così in Spagna: il 28 settembre 1868, nella famosa battaglia del Ponte di Alcolea, le truppe governative del Marchese di Novaliches avevano a disposizione moderni cannoni Krupp e furono comunque sconfitte dai ribelli comandati dal Duca de la Torre.

Non appena la notizia del disastro di Sedan e della cattura dell'imperatore raggiunse Parigi, l'agitazione aumentò. Il 4 settembre, migliaia di persone scesero in piazza e presto si levarono le grida di Viva la Repubblica, Viva i prussiani! Il governatore militare di Parigi, il generale Trochu, rimase inattivo e Gambetta lo avrebbe poi ricompensato nominandolo capo del governo provvisorio. La folla si spostò verso il Parlamento, dove Gambetta salì sul palco e proclamò il declino dell'impero e l'avvento della Terza Repubblica. Infine, le manifestazioni si spostarono verso il Municipio, luogo della tradizione rivoluzionaria, dove, dopo aver cantato la Marsigliese, i deputati di Parigi inscenarono il colpo di Stato e proclamarono nuovamente la Terza Repubblica. Tra applausi e grida, il massone Jules Ferry propose: "I deputati di Parigi al governo! In realtà, la lista era già stata stilata la sera prima. Tra questi padri della patria che avevano guidato le marce e formato il Governo di Difesa Nazionale, predominavano come sempre i massoni repubblicani. Citeremo solo i Fratelli più importanti: l'infaticabile Adolphe Crémieux, Gran Maestro del Rito Scozzese, che cedette le luci della ribalta al suo figlio adottivo, un ebreo corrotto e massone di nome Leon Gambetta, che fu Ministro degli Interni e della Guerra; Emmanuel Arago, che nel 1878 avrebbe raggiunto la carica di Grande Oratore del Supremo Consiglio di Francia; Jules Favre, un massone che oltre alla vicepresidenza assunse il portafoglio degli Affari Esteri; Jules Simon, ministro dell'Istruzione pubblica, che invitò i funzionari del suo dipartimento a combattere fino alla proclamazione della Repubblica a Berlino; Eugène Pelletan, che entrò in Massoneria nel 1864 nella loggia "l'Avenir", dove raggiunse il grado di Venerabile prima di entrare nel Consiglio del Grande Oriente di Francia.

Mentre a Parigi i leader repubblicani si affrettavano a organizzare la difesa del Paese, Bismarck e il suo esercito si avvicinavano alla capitale. Sulla loro strada raggiunsero Ferrières, dove il Cancelliere di ferro stabilì il suo quartier generale. Va ricordato che il castello di Ferrières apparteneva originariamente a Joseph Fouché e nel 1829 era stato acquistato da James Rothschild. Significativamente, Ferrières, una tenuta di 3.000 ettari di campi e boschi, fu il luogo scelto da Bismarck per stabilirsi con il suo Stato Maggiore per tutta la durata dell'assedio di Parigi. Inoltre, proprio a Ferrières si svolsero le complicate trattative finanziarie tra Francia e Prussia, i cui banchieri erano tutti ebrei, dalle quali i Rothschild sarebbero usciti vincitori. Si deve pensare, come suggerisce Niall Ferguson, che si tratti solo di ironia?

I primi ad arrivare a Ferrières, il 14 settembre, furono i generali von Eupling e Gordon. Il 19 arrivò il re di Prussia, Guglielmo I, accompagnato da Bismarck, Moltke, capo dello Stato Maggiore, Roon, ministro della Guerra, e circa tremila generali e capi d'armata. Niall Ferguson racconta l'arrivo con queste parole: "Almeno per alcuni di questi ospiti non invitati, Ferrières fu una rivelazione. Con i suoi esterni da sogno e gli interni esotici, sembrava "una favola, magnifica", nonostante fosse la creazione di un ebreo - del re degli ebrei ("Jüdenkönig"), come la chiamava Roon, temperando la sua ammirazione con il disprezzo. Le iniziali JR - James Rothschild - che ornavano pareti e soffitti erano tradotte in 'Judeorum Rex' con umorismo ironico". Il 21 settembre lo stesso Bismarck scrisse alla moglie: "Sono seduto qui sotto un quadro del vecchio Rothschild e della sua famiglia... Negoziatori di ogni tipo si aggrappano alle code della mia giacca come gli ebrei a un venditore al mercato". Giorni dopo, alla domanda se fosse disposto a negoziare condizioni di pace con un regime repubblicano, Bismarck rispose sarcasticamente che avrebbe riconosciuto "non solo la Repubblica, ma anche, se necessario, la dinastia Gambetta... anzi, qualsiasi dinastia, sia essa Bleichröder o Rothschild". Tanto che Bismarck in seguito concesse a Gerson

Bleichröder un titolo nobiliare, rendendolo il primo nobile ebreo in Prussia. Suo padre, Samuel Bleichröder, aveva fondato la banca nel 1803 e fungeva da filiale della Casa Rothschild a Berlino, tanto era stretto il loro rapporto. Egon Caesar Corti, ne *Il regno della Casa Rothschild*, scrive che Gerson Bleichröder sognava da tempo di fondare una grande banca prussiana in collaborazione con i Rothschild e che alla fine creò con loro il Gruppo Rothschild.

Un fatto poco noto è che la madre di Otto von Bismnarck, Luise Wilhelmine Mencken, era di origine ebraica. John Coleman, in *The Rothschild Dynasty*, sostiene di aver trovato lui stesso le sue origini. Secondo Coleman, Haim Solomon, uno dei finanziatori del generale George Washington, al quale donò l'intera fortuna per poter iniziare la rivoluzione, era un antenato della madre di Bismarck. Coleman cita un giornale, *The Jewish Tribune di New York*, che il 9 gennaio 1925 confermò in un articolo che Luise Mencken era una discendente di Haim Solomon. Allo stesso modo, John Reeves afferma in *The Rothschilds: the Financials Rulers of Nations* che Bismarck era mezzo ebreo e suggerisce che fosse un uomo vicino ai Rothschild. Il romanzo di Benjamin Disraeli, *Coningsby*, e le *Lettere di Lord Beaconsfield* notano che i Rothschild avevano già notato Bismarck quando era un giovane di vent'anni e che nel 1844 era sotto la loro influenza. Se quest'ultima ipotesi è vera, Bismarck sarebbe stato un politico cooptato.

Comunque sia, la gloria personale di Otto von Bismarck nel passare alla storia come lo statista che ha messo insieme tutti i pezzi del Secondo Reich tedesco è personale e non trasferibile. Dopo la vittoria sulla Francia, nel 1871 non solo realizzò l'unione della Prussia con gli Stati tedeschi meridionali, ma annesse anche l'Alsazia-Lorena, le due ex province che per più di due secoli avevano mantenuto la lingua e i costumi tedeschi. Fu questa annessione prevista a ritardare la firma dell'armistizio fino al 28 febbraio 1871, poiché i repubblicani francesi non erano disposti a cedere territori. Tuttavia, Mayer Carl Rothschild, non appena si verificarono le prime sconfitte francesi, si affrettò a informare lo zio Lionel e i cugini a Londra, il 15 agosto, dell'umore della Borsa di Francoforte: "Oso dire che la Francia perderà le sue due vecchie province tedesche, una parte considerevole della sua flotta e dovrà inoltre pagare una grande quantità di denaro".

Il governo repubblicano pensava che un intervento moderatore da parte della Gran Bretagna avrebbe impedito qualsiasi cessione territoriale. Di conseguenza, non appena fu costituito il Consiglio di Governo e di Difesa Nazionale, Jules Favre dichiarò che non erano disposti a cedere un solo centimetro di territorio. Il 17 settembre l'ambasciatore britannico in Francia, Lord Lyons, dopo un colloquio personale con il Cancelliere di ferro, espose la posizione tedesca a Gustave Rothschild, fratello di Alphonse: Bismarck gli aveva detto in anticipo che non aveva bisogno di denaro e che ciò che voleva erano Metz e Strasburgo. Lyons avvertì Gustave che se la sua richiesta fosse stata rifiutata, avrebbe interrotto le comunicazioni e sarebbe entrato a Parigi. Un giorno dopo, il 18 settembre, ebbe luogo il primo incontro tra il ministro degli Esteri francese e Bismarck. Favre offrì a Bismarck cinque miliardi di franchi se la Francia avesse mantenuto i territori contesi; ma il "vecchio B" ("old B", come i Rothschild chiamavano familiarmente Bismarck) fu categorico: "Parleremo di soldi più tardi, prima vogliamo determinare e rendere sicura la frontiera tedesca".

Fu lo stesso Jules Favre a chiedere l'armamento della Guardia Nazionale. Gambetta ordinò di reclutare duecentottantatré battaglioni soprattutto tra la classe operaia, che soffriva di un'altissima disoccupazione. Alla fine di settembre Parigi aveva già un esercito proletario, un quarto del quale era composto da comunisti e anarchici iscritti all'Internazionale. Poiché le guardie eleggevano i loro capi, molti dei comandanti eletti erano rivoluzionari. Il 14 ottobre Favre, che aveva ricevuto espressioni di solidarietà dai repubblicani spagnoli, nel disperato tentativo di ottenere aiuto da un Paese europeo inviò Emile Keratry a Madrid. Keratry, prefetto di polizia a Parigi, lasciò la capitale in pallone, poiché non c'era altro modo per aggirare l'assedio imposto dai tedeschi il 19 settembre. Il 19 ottobre 1870 fu ricevuto da Prim al Palazzo Buenavista. La prima cosa che il francese cercò di fare fu convincere il generale Prim a proclamarsi presidente della Repubblica. Poi, in cambio di un esercito di 80.000 uomini in grado di andare in campagna entro dieci giorni, mantenuto dalla Francia, Keratry offrì 50 milioni di franchi e le navi di cui la Spagna aveva bisogno per reprimere l'insurrezione cubana. Prim non solo rifiutò l'offerta, ma gli disse: "Non ci sarà nessuna repubblica in Spagna finché vivrò".

Se teniamo presente che porre fine alle monarchie e al potere della Chiesa è l'obiettivo principale della Massoneria, non riusciamo a capire l'atteggiamento di Prim, che peraltro si chiamava Washington nella sua loggia. È chiaro che le idee degli Illuminati non influenzarono questo generale catalano, che fu assassinato due mesi dopo. Keratry lasciò la riunione infuriato e pronto a compiere rappresaglie contro la Spagna. Gli ordini che diede al sottoprefetto di polizia di Bayonne e al commissario generale, che lo aspettavano oltre il confine, sono registrati nel diario di Don Carlos. A entrambi ordinò a gran voce: "Protezione ufficiale e completa per i carlisti, ampi poteri di fare politica, di raccogliere persone, armi e battaglioni. Nel caso in cui Don Carlos dovesse recarsi alla frontiera, gli sarà riservata ogni considerazione e tutti gli onori dovuti al suo alto rango".

Vista l'intenzione del governo repubblicano di resistere nonostante l'assedio di Parigi, il 5 ottobre il re Guglielmo I decise di lasciare Ferrières e tornare in Prussia. Prima di partire, aveva personalmente ordinato che le tenute francesi dei Rothschild non venissero perquisite e che non venissero toccati né i vini nelle cantine né la selvaggina da penna. Bergman, che era responsabile della tenuta, conferma che prima di partire il re consegnò 2.000 franchi per il personale di servizio. Pretese anche una dichiarazione scritta che nulla mancava a palazzo al momento della sua partenza e lasciò settantacinque uomini incaricati della protezione dei locali. Furono requisiti solo coperte e materassi per i feriti in convalescenza negli ospedali vicini.

La sconfitta che i repubblicani massoni che presero il potere a Parigi dopo il colpo di Stato del 4 settembre volevano ignorare divenne sempre più evidente. Le speranze di un contrattacco si infrangono definitivamente quando, il 27 ottobre, Bazaine, con un esercito di 113.000 soldati, capitola a Metz, dove aveva resistito sotto assedio dal 19 agosto. Vista la vittoria irreversibile, Guglielmo I fu proclamato imperatore nella Sala degli Specchi di Versailles il 18 gennaio 1871. Dieci giorni dopo, sempre a Versailles, Jules Favre ottenne da Bismarck un armistizio di tre settimane per poter eleggere un'Assemblea nazionale che negoziasse la pace. Tra le condizioni imposte dal cancelliere Bismarck c'era il disarmo della guarnigione di Parigi, ad eccezione di dodicimila soldati per il mantenimento dell'ordine e di ventimila guardie municipali. Jules Favre pregò Bismarck di non disarmare le 190.000 Guardie Nazionali e il "vecchio B", i cui servizi segreti erano necessariamente al corrente di ciò che si stava preparando, acconsentì.

L'8 febbraio 1871 si tennero le elezioni legislative in Francia e i repubblicani furono nettamente sconfitti. Per un'Assemblea di 675 deputati, i Repubblicani radicali ottennero 38 seggi e i Repubblicani moderati 112, mentre gli Orleanisti ottennero 214 seggi e i Legittimisti 182. I liberali ottennero 72 seggi e i bonapartisti 20. Come nel 1848, i risultati dimostrarono ancora una volta il conservatorismo della società francese, ignorato più volte da coloro che cercavano di imporsi con la violenza. Lo dimostrò la Comune di Parigi, che provocò una nuova guerra civile, quasi esclusivamente circoscritta alla capitale, in cui persero la vita circa trentamila francesi. La nuova Assemblea scelse Adolphe Thiers come capo del governo. Oltre a rimandare la discussione sulla forma definitiva dello Stato, dato che i monarchici dominavano il Parlamento, Thiers condusse i negoziati con la Germania fino al 1873. Una delle prime decisioni dell'Assemblea riunita a Bordeaux fu quella di abolire gli stipendi delle Guardie Nazionali, ad eccezione degli indigenti. Si sperava che questo avrebbe ridotto il loro numero, ma solo poche migliaia di lavoratori tornarono alle loro officine. Gli elementi rivoluzionari rimasero nei loro battaglioni con o senza stipendio. Se l'intenzione era quella di lasciare le guardie senza stipendio, la richiesta di Favre a Bismarck di non disarmarle è, se non sospetta, del tutto incomprensibile.

Prima di passare agli eventi che si svolsero a Parigi durante i due mesi della Comune, vale la pena di ricordare alcuni fatti finanziari. La prima cosa da notare è che la Casa Rothschild, con sedi nelle principali capitali europee, è uscita rafforzata dalla crisi. Le banche di entrambe le parti che si trovarono in difficoltà furono quelle che mancavano di liquidità. Mentre il mercato francese è crollato e quello tedesco si è ripreso, la Borsa di Londra è rimasta indenne. Mayer Carl Rothschild, a capo della Casa di Francoforte e naturalmente invitato da Guglielmo I alla sua proclamazione imperiale a

Versailles, non perse l'occasione di sfruttare al meglio la guerra. Per rafforzare la capacità di gestione, Mayer Carl chiese al cugino Lionel di Londra, di cui era sposato con la sorella Louise, sua cugina, di trasferirgli ingenti somme di denaro, che furono utilizzate per dimostrare fino a che punto i Rothschild di Francoforte potessero essere utili al governo tedesco. Il governo di Napoleone III ritenne opportuno che la Banque de France sospendesse la convertibilità in oro, per evitare tentativi di deflusso di capitali. Fin dall'inizio del conflitto, i capitali francesi cominciarono ad affluire in Inghilterra. I Rothschild francesi rivelarono già il 4 agosto, giorno delle prime scaramucce sul fronte, di non essere disposti a correre alcun rischio, cercando di far passare in Belgio due milioni di franchi in argento da scambiare con l'oro. La polizia sequestrò il denaro, convinta che fosse stato contrabbandato illegalmente. Queste informazioni provengono da Niall Ferguson in *The House of Rothschild. Il banchiere del mondo 1849-1999*. Secondo Ferguson, la spedizione era stata effettuata per conto del governo; ma questa affermazione non sembra credibile, poiché se l'operazione fosse stata legale la polizia avrebbe dovuto essere avvertita. Il 12 agosto la Banca sospese di fatto la conversione dell'oro, seguita da una moratoria sulle cambiali. Lo stesso Alphonse Rothschild commenta in una lettera che un alto ufficiale militare ha chiesto loro di inviare una parte dei loro titoli finanziari alla sede di Londra per custodirli, e aggiunge: "Un tale suggerimento da parte sua, come potete immaginare, ha suscitato i nostri sospetti, e abbiamo intenzione di seguire il suo esempio". Dopo queste parole è ancora più difficile credere che la spedizione in Belgio di due milioni di franchi in argento fosse per conto del Governo.

Le trattative per il pagamento dell'indennizzo iniziarono non appena Thiers fu investito dell'autorità. Alphonse, che alludeva a Thiers con l'eufemismo "il nostro amico", sapeva che i rapporti di Thiers con suo padre non erano stati buoni. Come sappiamo, Giacomo aveva imposto la sua caduta nel 1840, quando i due si erano scontrati sull'atteggiamento di Thiers nell'Affare di Damasco. Una volta Alphonse osservò che "era il piccolo presidente di una grande Repubblica". Ma il pragmatismo prevalse perché Thiers si rese conto che la situazione politica era subordinata alle questioni finanziarie. Dopo l'esito delle elezioni, il 21 febbraio 1871 Alphonse si recò a Londra per definire la strategia a New Court con il cugino Lionel, che dopo la morte di Giacomo era diventato il leader indiscusso della famiglia. Fu allora che decisero che le operazioni finanziarie sarebbero ruotate attorno alla Casa di Londra. Il 22 Alphonse fu invitato da Thiers a tornare in Francia. I colloqui erano iniziati a Versailles e Bismarck aveva inizialmente chiesto un risarcimento di 6 miliardi di franchi, una cifra che era stata definita esorbitante dai negoziatori francesi. Inoltre, si cercava una procedura di pagamento in cui i banchieri tedeschi Bleichröder e Henckel sarebbero stati determinanti. Favre la mette così: "Volevano fare un'operazione colossale con i nostri milioni". Il 25 Alphonse si presentò a Versailles come rappresentante dei Rothschild di Londra e Parigi. Il giorno successivo Thiers e Favre si accordarono sulla cifra di 5 miliardi di franchi d'oro che la Francia avrebbe pagato alla Germania con un interesse del 5%; ma fu anche deciso che i Rothschild, cioè la Casa di Londra, e non i banchieri tedeschi, avrebbero controllato e gestito le operazioni finanziarie dell'indennizzo. Ancora una volta si dimostrò che le guerre e le rivoluzioni in Europa causavano perdite e persino la rovina di alcune istituzioni bancarie, eppure i Rothschild, oltre a trarne profitto, sembravano essere la chiave per garantire la stabilità internazionale. Il direttore del Crédit Lyonnais, Mazerat, lamentava che le banche per azioni francesi erano state praticamente estromesse. La citazione è di Ferguson:

> "In tutti gli affari contratti dal dopoguerra, la Casa Rothschild e, sotto la sua egida, il gruppo dell'alta banca hanno giocato un ruolo quasi esclusivo.... Furono i Rothschild e i loro amici, con l'appoggio della Banca di Francia, ad anticipare 200 milioni di franchi necessari alla città di Parigi per pagare il suo contributo di guerra (richiesto da Bismarck). Fu lo stesso gruppo a riservare il prestito di 2 miliardi e solo come favore, all'ultimo minuto, gli istituti di credito poterono ottenere una misera commissione di 20 milioni che il consorzio Rothschild aveva assicurato anche a se stessi.... Ora il prossimo prestito per la città di Parigi viene annunciato alle stesse condizioni...".

La Comune di Parigi, Marx e Bakunin

La guerra franco-prussiana dimostrò che gli ideologi internazionalisti, agenti dei banchieri che finanziavano il MRM, non erano riusciti a eliminare il patriottismo nei lavoratori. Gli operai tedeschi erano al fianco dei loro compatrioti e guardavano con orgoglio alle vittorie di Bismarck. Ma nemmeno Marx ed Engels credevano nell'unione fraterna tra i proletari di diversi Paesi. Mentre gli operai francesi nel 1870 si appellavano ai tedeschi, la corrispondenza tra Max ed Engels (*Der Briefwechsel zwischen Marx und Engels*) mostra che Marx stesso auspicava la vittoria dei prussiani. "I francesi", scriveva il 20 luglio 1870, "hanno bisogno di una bastonata ('Die Franzosen brauchen Prügel'). Se i prussiani vincono, la centralizzazione del potere statale sarà utile per la centralizzazione dei lavoratori tedeschi. Inoltre, la preponderanza tedesca sposterà il centro di gravità del movimento operaio dalla Francia alla Germania; e basta confrontare il movimento operaio dei due Paesi per capire... che l'operaio tedesco è superiore a quello francese, sia che si consideri l'ordine teorico sia che si consideri l'organizzazione. La preponderanza del proletariato tedesco su quello francese, nel teatro del mondo, diventerà allo stesso tempo la preponderanza della nostra teoria su quella di Proudhon". Queste parole dimostrano che Marx non credeva in ciò che predicava. Infatti, la sezione francese dell'Internazionale a Londra lo denunciò come agente di Bismarck. Marx scrisse nuovamente a Engels il 3 agosto dicendogli che era accusato di aver ricevuto 10.000 sterline da Bismarck. Vero o no, è innegabile che Marx ed Engels abbiano applaudito le vittorie tedesche e che, a nome del Consiglio Generale dell'Internazionale, abbiano cercato di convincere il proletariato francese a non combattere gli invasori. Per molti internazionalisti la loro posizione era vergognosa. Ben diverso fu l'atteggiamento di Bakunin, che si trovava a Locarno e prese in prestito del denaro per rispondere all'appello dei socialisti rivoluzionari di Lione. Marx rimase rifugiato a Londra e, sorpreso dalla rapidità della sconfitta militare francese, non fu in grado di reagire. Mentre i blanquisti e i repubblicani di Parigi si organizzarono in una notte, Marx fu inizialmente sopraffatto dagli eventi.

Tuttavia, nel giro di mezzo anno ebbe il tempo di elaborare una strategia e fu in grado di stabilire i meccanismi necessari per contattare i suoi sostenitori a Parigi attraverso i collegamenti. Non si era ancora raggiunto il principio dell'accordo a Versailles quando iniziarono gli eventi che portarono alla famosa Comune di Parigi, uno degli episodi rivoluzionari più mitizzati dalla sinistra comunista e socialista. Si trattava di una nuova prova rivoluzionaria che ignorava i risultati delle elezioni e cercava di imporre un'opzione politica che aveva ottenuto a malapena una rappresentanza. Il 1° marzo, con il pretesto che i prussiani stavano per entrare in città, il Comitato di vigilanza ordinò alle Guardie nazionali di invadere i parchi di artiglieria. Duecentosettantasette cannoni furono prelevati e portati sulla collina di Montmartre. L'Assemblea Nazionale, riunita a Bordeaux, aveva appena ratificato i termini di una pace disastrosa. Il 6 marzo il Comité de Surveillance si riunì nella sede parigina dell'Internazionale e, con il pretesto che l'Assemblea Nazionale di Bordeaux, dominata dai realisti, intendeva rovesciare la Repubblica, emanò un proclama che annunciava una Federazione Repubblicana delle Guardie Nazionali e assunse provvisoriamente tutti i poteri. Da qui il nome di federati dato agli insorti comunisti. La composizione del Comitato Centrale era dominata da membri dell'Internazionale. L'11 marzo, un manifesto di questo Comitato Centrale indirizzato alle Guardie Nazionali le invitava a "rimanere unite per la salvezza della Repubblica, ad opporsi a qualsiasi tentativo di disarmo, ad opporsi alla consegna delle armi, ad opporre la forza alla forza".

A Bordeaux, l'Assemblea Nazionale, di fronte all'evolversi degli eventi a Parigi, decise di tenere le sue sedute a Versailles. Thiers cercò allora di disarmare la Guardia Nazionale e di recuperare i cannoni di Montmatre, ma il risultato fu l'arresto di Clément-Thomas, il vecchio generale della Guardia Nazionale, e del generale Lecomte. Il 18 marzo 1871, entrambi furono fucilati su un recinto in rue des Rossiers dopo un processo farsa. Furono le prime vittime della lotta fratricida che sarebbe seguita. La bandiera tricolore viene ammainata al Municipio di Parigi e viene issata la bandiera rossa dei Rothschild, la bandiera della rivoluzione sociale. Il governatore militare di Parigi, Joseph Vinoy, e il generale Ducrot erano favorevoli a stabilire immediatamente l'ordine con un colpo di forza prima che i rivoluzionari potessero organizzare la difesa; ma Thiers, che sperava di evitare lo spargimento di sangue con un negoziato, ordinò l'evacuazione della capitale: tutte le truppe lealiste e i funzionari pubblici furono concentrati a Versailles. Un'elezione municipale tenutasi il 26 marzo nei municipi di Parigi sotto la pressione delle baionette diede una finta legittimità al governo della Comune, nel cui Consiglio Generale Marx mise una dozzina di suoi rappresentanti nell'Internazionale.

La storiografia marxista si è impadronita di internet ed è difficile trovare una versione critica nei confronti dei rivoluzionari, che vengono presentati come patrioti, martiri e campioni della libertà. Marx, che aveva chiesto al proletariato francese di non combattere contro gli invasori, in marzo incoraggiava sarcasticamente la guerra civile e ora, sì, voleva che i lavoratori combattessero contro i loro compatrioti, nemici di classe. Se si esamina, ad esempio, il massacro di Place de Vendôme, la differenza è abissale a seconda della versione che si legge. Per gli storici non marxisti, una manifestazione di guardie nazionali disarmate e di civili, tra cui donne e bambini, che marciavano contro il disordine dietro la bandiera tricolore, fu accolta da una raffica che provocò una trentina di morti. Secondo Max, "... sotto la vile maschera di una manifestazione pacifica, queste bande, segretamente equipaggiate con le armi dei teppisti, si misero in ordine di marcia, malmenarono e disarmarono le pattuglie della Guardia Nazionale che incontrarono sul loro cammino e, raggiunta Place Vendôme, al grido di "Abbasso il Comitato Centrale! Abbasso gli assassini! Viva l'Assemblea Nazionale!", tentarono di sfondare il cordone dei posti di guardia e di prendere di sorpresa il quartier generale della Guardia Nazionale". A quanto pare, il risultato delle elezioni non aveva alcuna importanza. Marx ebbe solo parole di disprezzo per coloro che si opponevano alla sua pretesa dittatura del proletariato. Il principe Kropotkin scrive che Max dava ordini ai suoi agenti attraverso il Consiglio Generale dell'Internazionale e pretendeva di dirigere l'insurrezione da Londra, dove riceveva i rapporti che pretendeva gli fossero inviati quotidianamente.

Eppure era assurdo voler controllare gli eventi dall'estero quando sul terreno gli anarchici di Bakunin e altri massoni illuminati erano in contatto diretto con gli eventi quotidiani. Il 26 aprile, ad esempio, una commissione massonica venuta a congratularsi con la Comune fu accolta con lo slogan "Viva la Repubblica Universale", il grido di battaglia dell'illuminismo coniato da Cloots (Anacarsis). Uno degli oratori della delegazione massonica, il fratello Thirifocque, dichiarò che "la Comune era la più grande rivoluzione che il mondo potesse contemplare, che era un nuovo tempio di Salomone che i massoni erano obbligati a difendere". Il 1° maggio, a imitazione della rivoluzione del 1789, la Comune creò un Comitato di Salute Pubblica e volle adottare il vecchio calendario rivoluzionario. Louis Énault in *Paris brulé par la Comunne* scrive che circa cinquantamila stranieri e diciassettemila criminali usciti di prigione parteciparono alle manifestazioni. Come era accaduto nel 1792-93, si verificò la profanazione delle chiese, la distruzione di immagini e dipinti, il furto di reliquie e strumenti di culto. Come al solito, i pulpiti furono usati come tribune per la blasfemia. Quando si vide che la causa era persa, durante la cosiddetta Settimana di sangue, saccheggi, omicidi e incendi furono continui e sistematici. Il 27 maggio fu compiuto un massacro generale di prigionieri, tra cui sessantasei gendarmi. Pochi giorni prima, il 24 maggio, l'arcivescovo di Parigi, mons. Georges Darboy, e altri quattro sacerdoti erano già stati fucilati nella prigione della Roquette. Prima di morire, l'arcivescovo rimproverò i suoi assassini per aver usato la parola libertà: "Non pronunciate la parola libertà, che appartiene esclusivamente a quelli di noi che muoiono per la libertà e per la fede". Anche l'anziano parroco della Madeleine e l'abate Deguerry furono assassinati a sangue freddo. Gli edifici simbolo della capitale: il Palazzo delle Tuileries, il Palazzo di Giustizia, il Palazzo della Legione d'Onore, il Ministero delle Finanze, il Municipio, una ventina di palazzi e numerose case in rue Royal, rue Bac e rue de Lille furono rasi al suolo. Vennero bruciati anche l'Ufficio di Assistenza Pubblica e i granai dove venivano immagazzinati olio, grano e vino.

Eppure, nonostante questo vortice, tra più di seicento barricate sparse per la città, le sontuose case dei Rothschild parigini rimasero miracolosamente intatte. Il palazzo di rue Saint-Florentin, ad esempio, era protetto notte e giorno da un picchetto di guardie incaricate di scacciare tutti gli avidi. Le ronde continuarono per due mesi, fino a quando la barricata a due passi dall'edificio fu abbattuta dalle truppe di Versailles. È molto significativo notare che la protezione delle proprietà dei banchieri ebrei ordinata dai comunisti non fu mai disconosciuta. Nessuno dei possedimenti francesi dei Rothschild subì il minimo danno, e certamente non Ferrières, dove gli invasori rimasero per un anno. Quando, nell'agosto del 1871, gli ultimi soldati prussiani, anche se forse sarebbe meglio dire gli ospiti prussiani, lasciarono la tenuta, il fratello di Lionel, Anthony, visitò Ferrières per vedere cosa avevano fatto i prussiani. In una lettera di Anthony si legge che "non c'è il minimo danno né alla casa, né al parco, né agli alberi, ci sono tanti fagiani nel parco come prima, niente di rotto nei giardini.... Penso che sia meraviglioso che non sia stato rubato nulla". Suo cugino Gustavo, il secondogenito di Giacomo, quando visitò il palazzo giorni dopo, riconobbe lo stesso: "La tenuta è nelle condizioni migliori che ci si potesse aspettare".

Come i rivoluzionari parigini, Marx ha sempre lasciato intatti i Rothschild. Marx fa riferimento ai grandi finanzieri, agli usurai, alla speculazione azionaria; ma non una parola sui banchieri ebrei come principali finanziatori, né tantomeno una critica diretta ai Rothschild come i più grandi capitalisti di tutti i tempi. La disonestà di Marx è evidente. Non bisogna dimenticare che era un ebreo frankista e, come aveva prescritto

Jacob Frank, la menzogna e la falsità costituivano regole di comportamento fondamentali. Al contrario, Werner Sombart in *Gli ebrei e il capitalismo moderno* si riferisce ai Rothschild come ai principali strozzini del mondo, come ai re delle ferrovie. Per Sombart i Rothschild hanno esercitato un potere assoluto in Europa a partire dal 1820.

Il 10 maggio 1871, il governo francese firmò il Trattato di Francoforte, che pose fine alla guerra franco-prussiana. Fu concordato che, per diritto di guerra e poiché la popolazione dell'Alsazia-Lorena era prevalentemente tedesca, queste province sarebbero diventate parte dell'Impero tedesco. In cambio furono rilasciati 100.000 prigionieri di guerra, che contribuirono alla repressione della Comune di Parigi, che fu repressa nel sangue. Il bilancio finale fu di quasi trentamila morti, tra cui molte guardie rivoluzionarie, alcune delle quali furono fucilate sul posto per ordine di alcuni alti ufficiali. Tuttavia, secondo i fautori della spietata repressione, vi fu un'eccessiva clemenza, poiché dei duecentosettanta condannati a morte dalla corte marziale, solo ventisei furono giustiziati. Tuttavia, il 14 marzo 1872, la nuova Repubblica francese approvò una legge che prevedeva pene per gli appartenenti all'Internazionale, che costrinse molti all'esilio e al consueto rifugio a Londra e in Svizzera.

Una delle conseguenze più gravi per l'Internazionale dopo la sconfitta della Comune fu il confronto e la rottura definitiva tra Bakunin e Marx. Marx, come aveva fatto dopo la rivoluzione del 1848 con *Le lotte di classe in Francia*, si affrettò a pubblicare a Londra un Manifesto del Consiglio Generale dell'Associazione Internazionale degli Operai, intitolato *La guerra civile in Francia*. Questo pamphlet apparve nel giugno 1871. Con esso intendeva riconquistare il prestigio che aveva perso agli occhi dei lavoratori con le sue dichiarazioni a favore dei tedeschi. Tuttavia, non poté evitare che la sua autorità fosse messa in discussione: la rivolta contro l'autocrazia marxista dell'Internazionale, "la sinagoga marxista" come la chiamava Bakunin, iniziò immediatamente. Molti non dimenticarono le sue dichiarate simpatie per i tedeschi. È in Svizzera che Bakunin, che nel 1869 aveva aborrito il comunismo perché lo considerava "una negazione della libertà", conduce un'offensiva organizzata.

Per comprendere meglio l'antagonismo tra Marx e Bakunin, prima di procedere è utile fornire un breve profilo del leader dell'anarchismo. Mikhail Bakunin (1814-1876) nacque in Russia da una famiglia di proprietari terrieri. Per volontà del padre, entrò nell'accademia militare, ma nel 1836 la abbandonò quando era ufficiale della guardia imperiale. In una confessione allo zar Nicola I, gli disse: "Mi sono innamorato, mi sono impigliato, mi sono smarrito". Nel 1840 si recò all'estero per studiare all'Università di Berlino. A 27 anni decise di entrare nei centri carbonari, dove cercò di mettere in pratica le dottrine di Mazzini e della Giovane Europa. Nel 1842 si stabilisce a Dresda, uno dei principali centri della Giovane Germania, e si unisce a questa organizzazione. Incontra poi Arnold Ruge, che gli propone di contribuire agli *Annali franco-tedeschi*, dove, come già detto, Bakunin scrive con lo pseudonimo di Jules Elysard. La polizia sassone iniziò a controllare le sue attività e Bakunin fuggì a Parigi nel 1843, dove si distinse tra gli emigrati russi e polacchi come il più attivo agente del carbonarismo. Non aveva padrini, come Karl Marx, e a differenza di Alexander Herzen, che grazie a James Rothschild riuscì a portare la sua fortuna fuori dalla Russia, Bakunin non poté contare sul denaro del suo Paese, poiché il governo russo, che ordinò il suo immediato ritorno, gli ritirò il permesso di viaggiare all'estero che gli aveva concesso nel 1841. Per vivere, Bakunin contribuì a *Réforme*, un giornale di estrema sinistra fondato dal massone Ferdinad Flocon, uno dei leader del carbonismo francese. In questo periodo conobbe Karl Marx, che come lui faceva parte della redazione delle *Annales franco-tedesche*. Fin dall'inizio non vi fu alcuna cordialità tra i due, anzi. All'inizio del 1848 Marx lo minacciò addirittura se avesse continuato a opporsi alla sua politica. Nel marzo 1848 partecipò agli eventi rivoluzionari di Praga. Arrestato a Dresda nel 1850, fu condannato a morte in maggio, ma la pena fu poi commutata in ergastolo. Richiamato dall'Austria per il suo coinvolgimento nei moti di Praga, fu estradato. Nel maggio 1851 Bakunin fu sottoposto a corte marziale e nuovamente condannato a morte. Un nuovo appello, questa volta da parte del governo russo, lo salvò dall'esecuzione. Tornato a San Pietroburgo, fu processato e condannato a morte per la terza volta nel settembre 1851. La pena di morte era stata ufficialmente abolita in Russia e le esecuzioni capitali erano molto rare, quindi lo zar commutò la condanna ai lavori forzati. Trascorse dieci anni in Siberia, finché Alezander Herzen riuscì a organizzare la sua fuga da Londra. Fu così che Bakunin arrivò in Inghilterra nel 1862. Era il periodo in cui Marx lavorava nella capitale inglese per gettare le basi dell'Internazionale.

Sebbene i loro rapporti, si è già detto, fossero poco amichevoli o ostili, Marx non poté impedire a Bakunin di entrare nell'Internazionale. Ben presto, però, cercò di sbarazzarsi di lui. Marx diffuse la voce che Bakunin fosse un agente della polizia zarista, a cui passava informazioni sul movimento rivoluzionario internazionale. Bakunin scoprì la fonte del tumulto intorno a lui e accertò che erano gli ebrei tedeschi affiliati all'Internazionale, seguaci di Marx, ad attaccarlo. Nel 1869 scrisse uno studio sugli ebrei tedeschi, *Polemica contro gli ebrei*, che si trova nel volume V delle *Opere raccolte*. In esso, pur riconoscendo di essersi "esposto a enormi pericoli", affermava: "la setta degli ebrei, molto più formidabile di quella dei gesuiti, dei cattolici e dei protestanti, costituisce oggi una vera potenza in Europa. Regna dispoticamente nel commercio, nelle banche, ha invaso tre quarti del giornalismo tedesco e una parte molto considerevole del giornalismo di altre nazioni, e guai a chi commette la goffaggine di dispiacerli!". Bakunin sapeva che i banchieri ebrei finanziavano Marx, per questo sosteneva che lui e i suoi compagni "avevano un piede nella banca e uno nel movimento socialista".

Dopo la guerra franco-prussiana e il fallimento della Comune, Bakunin guidò il movimento degli scontenti contro Marx, al quale ricordava le sue dichiarazioni germanofile, ritenendolo responsabile della guida dell'insurrezione e chiedendo la fine del suo potere personale. In un manifesto indirizzato a tutte le sezioni nazionali dell'Associazione, essi proposero che l'Internazionale fosse una federazione di gruppi autonomi che avrebbero stabilito liberamente la loro dottrina, invece di riceverla dalle mani di un profeta infallibile. Marx si rese conto che l'Associazione poteva sfuggire di mano e sostituì il Congresso che si sarebbe dovuto tenere nel 1871 con una semplice conferenza, che si tenne a Londra dal 13 al 23 settembre. Invece di indebolire la posizione di Marx, questa conferenza aumentò i poteri del Consiglio Generale, da lui controllato, che d'ora in poi avrebbe avuto il potere di ammissione ed esclusione dall'Internazionale. Contro questa risoluzione, il delegato spagnolo Anselmo Lorenzo e altri protestarono vigorosamente.

Solo due mesi dopo Bakunin organizzò una conferenza di protesta a Sonvillier (Svizzera), dalla quale nacque la Federazione del Giura dell'Internazionale. Inoltre, fu chiesto a tutti i rami nazionali di aderire. Le risposte positive non tardarono ad arrivare. La prima fu inviata da Kropotkin dalla Russia. Seguirono poi quelle di Spagna, Belgio, Olanda, che aderirono in toto. Anche le sezioni francesi e italiane accettarono in maggioranza le tesi di Bakunin. Solo i Paesi di lingua inglese e tedesca rimasero fedeli a Karl Marx, che, infuriato, non esitò a contrattaccare con procedure infami. Suo genero, Paul Lafargue, dopo aver fallito nel tentativo di organizzare una nuova sezione spagnola in sostituzione di quella che aveva disertato, pubblicò una lista dei nomi dei dirigenti spagnoli dell'Internazionale e la consegnò alla polizia. Lo stesso accadde in Francia, dove un delegato di Marx, Dentraygues, non riuscendo a riportare le sezioni del Midi all'ortodossia, le denunciò alla polizia di Thiers. Il 14 dicembre 1872, Engels riconosce che il partito è perduto in Francia, Belgio, Spagna e Italia. Nel settembre 1873 un congresso a Ginevra riunì i delegati di sette federazioni provenienti da Spagna, Italia, Francia, Giura, Olanda, Inghilterra e Belgio, che risposero all'appello di Bakunin.

Dopo aver visto le conseguenze della guerra franco-prussiana e averne analizzato le ripercussioni politiche e sociali, è chiaro che il potere dei Rothschild fu ancora una volta decisivo sotto tutti i punti di vista. John Atkinson Hobson in *Imperialism: A Study* pone la domanda: "Qualcuno può seriamente supporre che una grande guerra possa essere intrapresa da uno Stato europeo, o che un grande prestito possa essere sottoscritto da uno Stato se la casa dei Rothschild e le sue connessioni si oppongono?". Lo stesso autore risponde alla domanda con un'affermazione audace ed estremamente critica: "Non c'è una guerra o una rivoluzione, un omicidio anarchico o qualsiasi altro tumulto sociale, che non generi un profitto a questi uomini;

sono arpie che traggono i loro profitti da qualsiasi improvvisa perturbazione del credito pubblico".

CAPITOLO VI

I PROTOCOLLI DEGLI ANZIANI DI SION, IL PIANO GENERALE DEL GOVERNO MONDIALE

"Trasformeremo le università e le riorganizzeremo secondo i nostri piani. I presidenti delle università e i loro professori saranno appositamente preparati attraverso programmi d'azione, segreti e ben studiati". Questo frammento *dei Protocolli* ci ricorda ancora una volta l'importanza che, fin dall'Illuminismo, è stata attribuita all'istruzione nel plasmare il pensiero degli individui e della società. Il controllo dell'istruzione e degli istituti scolastici, dell'editoria e della stampa è un'ossessione del programma degli Illuminati come lo è dei *Protocolli*. Tuttavia, nonostante il dominio quasi assoluto delle idee esercitato attraverso i media e i libri in generale, si può affermare che i tentativi di screditare il documento passato alla storia come *Protocolli dei dotti anziani di Sion* sono in parte falliti. Questo capitolo, oltre a tracciare la storia di questo testo che rispecchia fedelmente lo stato attuale del mondo e dell'umanità, presenta i contributi di ricercatori che hanno studiato i *Protocolli*, l'ultimo dei quali è Peter Myers, professore australiano che, con encomiabile tenacia, si è sforzato di dimostrarne l'autenticità e di confutare le ripetute argomentazioni di chi ha sostenuto che si tratta di falsi.

In realtà, i *Protocolli* non fanno altro che concretizzare nei dettagli il piano che era stato accennato fin da Adam Weishaupt in testi e dichiarazioni di vari leader talmudisti e sionisti o proto-sionisti nel corso del XIX secolo. L'idea che il fine giustifichi i mezzi, ad esempio, è alla base sia dell'Illuminismo che dei *Protocolli*. Weishaupt scrisse. "Consacratevi all'arte della contraffazione, per nascondervi e camuffarvi quando osservate gli altri.... Il bene dell'Ordine giustifica la calunnia, l'avvelenamento, l'omicidio, lo spergiuro, il tradimento, la ribellione, in una parola, tutto ciò che il pregiudizio degli uomini considera crimini". Nei *Protocolli* si esprime più o meno allo stesso modo: "Chi aspira a dominare deve ricorrere all'astuzia e all'ipocrisia. Non dobbiamo sottrarci alla corruzione, all'inganno e alla perfidia se ci aiutano a far trionfare la nostra causa. Il fine giustifica i mezzi. Nell'elaborare i nostri piani, dobbiamo guardare non tanto a ciò che è buono e morale, ma a ciò che è redditizio e necessario".

Abbiamo visto che il rabbino Baruch Levy scrisse a Marx che "i figli di Israele.... diventeranno ovunque, senza opposizione, la classe dirigente...". Adolphe Crémieux, nel manifesto di fondazione dell'Alleanza Israelitica

Universale indirizzato a tutti gli ebrei del mondo, insisteva sulla stessa idea: "Non è lontano il giorno in cui tutte le ricchezze e i tesori del mondo saranno proprietà dei figli di Israele". Nel XVIII secolo Weishaupt si era espresso in questi termini: "È necessario stabilire un regime di dominio universale, una forma di governo che abbracci tutto il mondo". Di conseguenza, il testo dei *Protocolli* indica ancora una volta l'obiettivo irrinunciabile di un governo mondiale. In formato ridotto, l'Unione Europea (dove i Paesi hanno perso la sovranità e sono soggetti a multe o sanzioni e alla soffocante speculazione dei mercati, dove le banche ebraiche internazionali esercitano un potere onnipotente) potrebbe essere un esempio di ciò che si vuole a livello globale: "Al posto degli attuali governi, metteremo un mostro, che si chiamerà amministrazione del Supergoverno. Il suo potere, come un'enorme tenaglia, si estenderà ovunque e avrà a disposizione un'organizzazione tale che sarà quasi impossibile non estendere il suo dominio su tutte le nazioni". La continuità della stessa linea di pensiero è evidente. Con l'apparizione dei *Protocolli dei dotti anziani di Sion*, il piano del governo mondiale esercitato dagli ebrei e dai loro accoliti è stato esposto in modo non mitizzato ai posteri. La diffusione di massa del testo all'inizio del XX secolo fu così inquietante e preoccupante che i leader bolscevichi, quasi tutti ebrei, dopo la presa del potere in Russia, condannarono a morte chiunque avesse in casa una copia dei *Protocolli*. Alexander Kerensky aveva già ordinato di perquisire le librerie di Mosca e San Pietroburgo per confiscare le copie trovate.

Biarritz, lo strano romanzo della spia Hermann Goedsche

Prima di soffermarsi sui *Protocolli*, è opportuno citare un testo che li precede e che è stato oggetto di diverse controversie. Umberto Eco ha addirittura pubblicato un romanzo sull'argomento nel 2010. Il testo a cui ci riferiamo è *Biarritz* (1868), un romanzo di quasi duemila pagine pubblicato in quattro volumi sotto lo pseudonimo di Sir John Retcliffe, dietro cui si nascondeva Hermann Goedsche. Goedsche, morto nel 1878, lavorava come spia per la polizia segreta prussiana, che di tanto in tanto lo incaricava di seguire e monitorare personaggi politici. Con lo pseudonimo di Retcliffe pubblicò numerose opere narrative di contenuto storico in cui combinò fatti e finzione con grande abilità e talento. Le sue opere, scritte in tedesco, non sono state tradotte in inglese e solo alcune di esse possono essere lette in inglese. Attualmente, i quattro volumi di *Biarritz* sono ancora disponibili in tedesco. In uno dei capitoli del romanzo, "Il cimitero ebraico di Praga e il Consiglio dei Rappresentanti delle Dodici Tribù d'Israele"[33] , troviamo il

---

[33] Nel 2010 Umberto Eco ha pubblicato *Il cimitero di Praga*, un altro dei suoi romanzi più venduti. In esso l'autore, che assomiglia sempre più a uno di quegli intellettuali che Weishaupt voleva conquistare alla causa, lavora per screditare i *Protocolli*. Nel libro tutti cospirano per diffamare gli ebrei. I servizi segreti francesi, i russi, il Vaticano, i gesuiti, i

testo che ci interessa, poiché è un riassunto dei *Protocolli degli Anziani di Sion*.

Retcliffe racconta di una riunione nel cimitero ebraico di Praga in cui il rabbino Reichhorn, definito "il direttore della riunione", dà la parola ai partecipanti, che uno dopo l'altro pronunciano discorsi profetici sulla tomba di Simeon ben-Judah, il grande maestro della Cabala. Questa riunione, chiamata "Sinedrio cabalistico"[34], a cui partecipano tredici persone vestite con le vesti bianche rituali dei Leviti, si tiene solo una volta ogni secolo, come conferma lo stesso rabbino all'inizio del suo discorso: "Ogni cento anni, noi, i saggi di Israele, siamo soliti riunirci per esaminare i nostri progressi verso il dominio del mondo che Geova ci ha promesso, e le nostre conquiste sul nostro nemico, la cristianità". Il discorso allude al precedente Sinedrio e passa in rassegna i risultati ottenuti da allora: "Quest'anno, riuniti presso la tomba del nostro reverendo Simeone ben-Judah, possiamo affermare con orgoglio che il secolo passato ci ha portato molto vicino alla nostra meta e che questa meta sarà raggiunta molto presto". Poi hanno preso la parola tutti i partecipanti, provenienti da Amsterdam, Toledo, Worms, Budapest, Cracovia, Londra, New York, Praga, Roma, Lisbona, Parigi e Costantinopoli. Nel cimitero di Praga, oltre alla tomba di Simeon ben-Judah, si trova anche quella di Rabbi Judah Löw, un altro rinomato cabalista che nel XVI secolo creò il "Golem", il famoso mostro più volte raffigurato nella letteratura e nel cinema. Entrambe le tombe sono oggi oggetto di venerazione da parte dei turisti ebrei, grazie al fatto che i nazisti, nonostante la propaganda contraria, rispettarono i cimiteri ebraici nei Paesi occupati.

Per quanto riguarda la reale esistenza dell'incontro al cimitero di Praga descritto in *Biarritz*, si può certamente dubitare, e il fatto che sia riportato in un romanzo suggerisce che l'autore possa aver usato questo stratagemma per rivelare le sue conoscenze. Il fatto che sia riportato in un romanzo fa pensare che l'autore possa aver usato questo stratagemma per rivelare le sue conoscenze, ma non si può negare che Hermann Goedsche,

---

massoni si contendono il potere politico e tutti cercano di incolpare gli ebrei che, ovviamente, sono gli unici a non essere accusati di nulla e a non cospirare contro nessuno. Eco li tratta come se fossero dei santi. Ora, quando uno di loro osa criticare i suoi compagni ebrei, si tratta di ebrei che odiano se stessi perché sono ebrei (la stessa accusa che i sionisti lanciano contro chi osa denunciare i loro crimini). In realtà, con questo romanzo il professore mostra il suo piumino e si scredita.

[34] Le riunioni del Sinedrio sono note solo ai più alti leader ebraici del mondo. Si pensa che dal 1491 si siano svolte ogni novant'anni. Il calcolo tiene conto del valore mistico dei numeri ("guematria"). Segue una relazione matematica e una cronologia che fa coincidere la somma dei numeri di ogni anno di celebrazione del Sinedrio con il numero cabalistico "6", per loro sacro. Secondo questi calcoli, gli anni di riunione sarebbero stati il 1581, perché 1+5+8+1=15, e 5+1= 6. La terza riunione avrebbe avuto luogo nel 1671. Il quarto, nel 1761. Se questa logica è vera, Retcliffe ha scritto del quinto Sinedrio, tenutosi nel 1851. La sesta si sarebbe tenuta nel 1941 e nel 2031 si dovrebbe tenere la settima, perché 2+0+3+1=6.

alias John Retcliffe, abbia sorprendentemente annunciato nel 1868, attraverso i discorsi dei partecipanti alla riunione del cimitero di Praga, una serie di eventi che furono poi messi in pratica. È probabile che questa spia prussiana fosse molto ben informata sulle attività delle organizzazioni ebraiche e sulle loro relazioni con la Massoneria. Goedsche aveva probabilmente a disposizione i testi pronunciati da Crémieux alla fondazione dell'Alleanza Israelitica Universale, che annunciavano il sionismo e rivelavano palesemente le intenzioni di dominio mondiale ebraico. È inoltre possibile che Goedsche conoscesse anche i *Dialoghi all'Inferno tra Machiavelli e Montesquieu*, un testo pubblicato da Maurice Joly nel 1864 che, come vedremo più dettagliatamente in seguito, è citato come fonte dei *Protocolli*. Un altro testo che la spia Goedsche potrebbe aver conosciuto è un famoso discorso pronunciato da un rabbino della sinagoga di Simferopol, un documento noto come *Discorso di un rabbino sui goyim*, che a metà del XIX secolo circolava tra i leader ebrei della Russia. Anni dopo, per la precisione nel 1900, il discorso del rabbino di Simferopol fu pubblicato sotto forma di denuncia dal deputato austriaco Wenzel Brenowsky con il titolo *Gli artigli degli ebrei*. In ogni caso, il testo di John Retcliffe è reale, esiste a *Biarritz*. Di seguito sono riportate alcune delle idee che Retcliffe mise in bocca ai rabbini del cimitero di Praga quasi un secolo e mezzo fa:

1. "Cerchiamo di sostituire la circolazione dell'oro con la cartamoneta; i nostri forzieri accumuleranno l'oro e noi regoleremo il valore della carta, che ci renderà padroni in tutte le posizioni". 2. "Già le principali banche, le case di cambio di tutto il mondo, i crediti dei governi sono nelle nostre mani". 3. "L'altro grande potere è la stampa. Ripetendo all'infinito certe idee, la stampa riesce infine a farle accettare come realtà. Il teatro ci rende un servizio simile. In tutto il mondo, la stampa e il teatro obbediscono ai nostri ordini". 4. "Lodando incessantemente la democrazia, divideremo i cristiani in partiti politici, distruggeremo l'unità delle nazioni, semineremo discordia ovunque. Ridotti all'impotenza, si inchineranno davanti alla legge del nostro banco". 5. "Costringeremo i cristiani a dividersi in partiti politici, distruggeremo l'unità delle nazioni, semineremo discordia ovunque. 5. "Costringeremo i cristiani alle guerre sfruttando il loro orgoglio e la loro stupidità. Si massacreranno a vicenda e spianeranno la strada al nostro popolo". 6. "Abbiamo tra di noi molti uomini e donne che si sono fatti strada in guerra". 6. "Abbiamo tra noi molti oratori capaci di eccitare e persuadere le masse. Li diffonderemo tra la gente per annunciare cambiamenti che assicurino la felicità della razza umana. Con il denaro e l'adulazione conquisteremo il proletariato, che a sua volta annienterà il capitalismo cristiano. Prometteremo ai lavoratori salari che non hanno mai osato sognare, ma allo stesso tempo aumenteremo il prezzo di ciò che è necessario, in modo che i nostri profitti siano ancora maggiori". 7. "In questo modo prepareremo rivoluzioni che i cristiani faranno da soli e di cui noi raccoglieremo i

frutti". 8. "Con le nostre beffe e i nostri attacchi renderemo i loro preti ridicoli e odiosi, e la loro religione altrettanto odiosa e ridicola del loro clero. Saremo i padroni delle loro anime..." 9. "Ma soprattutto... 9. "Ma soprattutto, monopolizziamo l'istruzione. In questo modo propagheremo idee che non sono utili e formeremo i cervelli dei bambini come ci conviene". 10. "Non ostacoliamo il matrimonio dei nostri uomini con donne cristiane, perché così entreremo nei circoli più riservati. Se le nostre figlie sposeranno dei 'goyim', ciò non sarà meno utile per noi, perché i figli di madri ebree sono nostri...".

I *Protocolli* arrivano in Russia e vengono pubblicati in tutto il mondo.

Tra i libri più citati sulla storia dei *Protocolli* e sul loro legame con il sionismo c'è *Waters Flowing Eastward*, di Leslie Fry, pseudonimo di Paquita Louise de Shishmareff, una cittadina americana che nel 1906 a San Pietroburgo sposò un ufficiale della marina imperiale russa di nome Feodor Ivanovich Shishmareff, un aristocratico assassinato dai bolscevichi durante la rivoluzione. Paquita de Shishmareff, seguendo le istruzioni del marito, lasciò il Paese in tempo con i due figli e il patrimonio di famiglia. Nel suo libro Leslie Fry spiega che a introdurre il testo in Russia fu Justine Glinka, figlia di un generale che lavorava per i servizi segreti russi. Fu questa giovane donna a stabilire un contatto a Parigi con l'ebreo Joseph Schorst, alias Schapiro, membro della Loggia massonica Mizraim, una loggia ebraica i cui complicati riti si basavano sui Misteri di Memphis e di Eleusi.

Forse alla fine del XIX secolo l'uso delle donne come agenti non era così comune come oggi: oggi invece sono comuni nei servizi segreti. Il Mossad, ad esempio, utilizzò un agente donna per rapire Mordechai Vanunu, un tecnico nucleare ebreo di origine marocchina che nel 1986 rivelò al quotidiano britannico *The Sunday Times* che Israele aveva un programma nucleare[35]. Non è possibile sapere con certezza con quali mezzi Justine Glinka abbia convinto Schorst a offrirsi di portare fuori dalla loggia una copia dei *Protocolli*. Leslie Fry riferisce che lo corruppe con duemila e

[35] Un'agente del Mossad, Cheryl Bentov, nome in codice "Cindy", si spacciò per una turista americana e attirò Vanunu con il suo fascino. Dopo aver fatto sesso con lui a Londra, il 30 settembre 1986, lo convinse a recarsi insieme a Roma, dove avrebbe continuato la sua vacanza europea. Una volta arrivata nella capitale italiana, Cindy accompagnò la sua vittima in un albergo. Lì gli diede un sonnifero e fu rapito dal Mossad. Vanunu fu imbarcato su una nave che salpò per Israele, dove fu segretamente processato e condannato a 18 anni di carcere per tradimento e spionaggio. Nel 2004, dopo aver scontato la pena, ha cercato di lasciare Israele, ma non gli è stato permesso. Ancora oggi è detenuto con la forza, senza libertà di movimento. Il 5 febbraio 2004 Shabtai Shavit, ex capo del Mossad, ha dichiarato alla Reuters che nel 1986 l'opzione di uccidere Vanunu era stata presa in considerazione, ma scartata, perché "gli ebrei non si comportano così con altri ebrei". Joseph Schorst, tuttavia, non fu così fortunato.

cinquecento franchi, allora una fortuna, che gli furono inviati da San Pietroburgo. Joseph Schorst si rese presto conto che la sua vita era in pericolo a causa del suo tradimento e fuggì in Egitto, dove, secondo i documenti della polizia francese, fu infine assassinato.

Justine Glinka inviò una copia francese del documento al generale Orgevsky a San Pietroburgo, allegando una traduzione russa. Orgevsky, segretario del generale Cherevin, consegnò entrambi i testi al suo superiore, che era Ministro degli Interni. Tuttavia, invece di inviare il documento allo Zar, decise di archiviarlo. Secondo Leslie Fry, Cherevin "aveva degli obblighi nei confronti degli ebrei ricchi". Nel 1896 Cherevin morì e volle che lo zar Nicola II ricevesse una copia delle sue memorie, che contenevano i *Protocolli*. Nel frattempo, a Parigi apparvero alcuni libri sulla vita alla corte russa che scontentarono Nicola II. Furono pubblicati sotto lo pseudonimo del conte Vassilii, dietro il quale si nascondeva un'altra donna, Juliette Adams, ma furono maliziosamente attribuiti a Justine Glinka, la quale, tornata in Russia, cadde in disgrazia e fu trasferita nella sua tenuta di Orel. Lì, la giovane donna consegnò una copia dei *Protocolli* ad Alexis Sukhotin, maresciallo della nobiltà di quel distretto, che mostrò il documento a due suoi amici, Stepanov e Nilus. Il primo lo fece stampare nel 1897 e nello stesso anno fu diffuso privatamente. In una dichiarazione giurata Philip Petrovich Stepanov spiega la sua decisione di stampare il testo come segue:

> "Nel 1895, il mio vicino di casa nel distretto di Toula, il maresciallo (in pensione) Alexis Sukhotin, mi diede una copia manoscritta *dei Protocolli degli Anziani di Sion*. Mi disse che una sua amica, di cui non fece il nome, mentre risiedeva a Parigi, li aveva trovati in casa di un amico ebreo. Prima di lasciare Parigi, li aveva tradotti di nascosto e ne aveva portato una copia in Russia, consegnandola a Sukhotin. Dapprima ho ciclostilato la traduzione, ma vedendo che era difficile da leggere, ho deciso di stamparla senza menzionare la data, la città o il nome del tipografo. In questo mi aiutò Arcadii Ippolitovich Kelepovskii, che all'epoca era capo della famiglia del granduca Sergio, il quale consegnò il documento al tipografo. Questo avvenne nel 1897. Sergei Nilus inserì questi Protocolli nella sua opera e aggiunse il proprio commento".

Il professor Sergei Nilus pubblicò nel 1902 *Il regno di Satana sulla terra. Note di un credente ortodosso*, in cui citava stralci del documento acquistato da Justine Glinka. Nel 1903 Pavel Khrushchevan, direttore del giornale *Znamya* (*La bandiera*), pubblicò nel suo giornale brani e citazioni del documento. Khrushchevan subì un attentato alla sua vita e decise quindi di armarsi per proteggersi, assumendo anche un cuoco personale per prevenire qualsiasi tentativo di avvelenamento. Nel 1905 Sergej Nilus pubblicò il testo integrale dei *Protocolli* a Tsárkoye-Seló con il titolo *Il grande nel piccolo a* Tsárkoye-Seló. Anche un amico di Nilus, George Butmi, tenente della Guardia imperiale, aveva pubblicato il testo nel 1901 e, a quanto risulta, lo aveva portato fuori dal Paese. Una copia è stata depositata al British Museum con il timbro d'ingresso del 10 agosto 1906, numero 3926, d. 17. Si tratta di una copia dell'Anticristo rilegata in pelle nera, composta da 417 pagine, in cui, nell'Appendice XII, compaiono i 24 Protocolli. Già nel 1907, G. Butmi pubblicò a San Pietroburgo la quarta edizione dei *Protocolli* in russo. Nel gennaio 1917 Nilus aveva preparato la sua seconda edizione, ma prima che potesse pubblicarla, si verificò la rivoluzione di marzo e Kerensky, cioè il massone ebreo di 32° grado Aaron Kirbiz, ordinò di distruggere l'edizione.

Nel 1924 il professor Nilus fu arrestato, imprigionato e torturato dalla cheka di Kiev. Anche se fu rilasciato per alcuni mesi, fu arrestato una seconda volta e portato alla cheka di Mosca, che lo imprigionò nuovamente. Nel 1926 fu confinato a Vladimir, un distretto situato a un centinaio di chilometri a est della capitale russa. Lì morì nel 1929. Alcune copie della sua seconda edizione furono salvate e inviate in altri Paesi, dove furono pubblicate delle edizioni. In Germania Gottfried zur Beek, pseudonimo di Ludwig Müller von Hausen, pubblicò il testo nel 1919. In Inghilterra una traduzione di Victor E. Marsden fu pubblicata nel 1920 da una società chiamata *The Britons*. In Francia Monsignor Jouin, prelato di Sua Santità ed esperto di questioni massonico-ebraiche, pubblicò i *Protocolli* nella *Revue Internationale des Societés Secrètes*. Urbain Gohier fece lo stesso su *La Vieille France*. Negli Stati Uniti, sempre nel 1920, i Protocolli furono pubblicati a Boston da Small, Maynard & Co. nel 1921. Nel 1921 Beckwith Co. li pubblicò a New York. Edizioni successive sono apparse in italiano, arabo e giapponese.

La Lega Antidiffamazione del B'nai B'rith si affrettò a inserire scritti di denuncia in tutti gli Stati Uniti. Uno dei suoi membri, Louis Marshall, "persuase" personalmente George Haven Putnam, della casa editrice Putman & Son di New York, a desistere dalla pubblicazione dei Protocolli. Putnam aveva riprodotto in forma di libro una serie di diciotto articoli pubblicati dal giornalista Howell Arthur Gwynne, direttore del *Morning Post* di Londra, intitolati *The Cause of World Unrest*, con la copertina che pubblicizzava l'imminente edizione de *I Protocolli degli Anziani di Sion*. Il 13 ottobre 1920 Louis Marshall scrisse una lettera a G. H. Putnam in cui esprimeva il desiderio di una nuova edizione de I Protocolli dei Savi Anziani di Sion. Putnam in cui esprimeva la sua indignazione per la pubblicazione degli articoli di Gwynne e alludeva al testo dei *Protocolli* come opera di una banda di cospiratori: "La minima conoscenza della storia", diceva, "e la più elementare capacità analitica o anche la minima nozione di ciò che l'ebreo è ed è stato nella storia basterebbero a calpestare questo libro e i falsi *Protocolli*, su cui si basa, come i più formidabili libelli della storia". Marshall fece appello al patriottismo e invitò Putnam a non procedere con l'edizione. Nella risposta, datata 15 ottobre, l'editore si dichiarava in disaccordo con Marshall, sottolineava che la sua casa editrice pubblicava libri di tutte le convinzioni e gli ricordava che "sarebbe impossibile portare avanti l'attività di pubblicazione di libri di opinione, sia che le idee riguardino argomenti del presente che questioni del passato, se l'editore dovesse assumere le opinioni di un autore o di un altro". La lettera si concludeva con un'allusione alla libertà di parola e con l'offerta dei servizi dell'editore per qualsiasi controreplica che egli avrebbe voluto fare, sia dalla propria penna che da quella di qualsiasi altra personalità di sua scelta. Il 29 ottobre Louis Marshall scrisse nuovamente per respingere le "teorie" dell'editore. In una lettera molto dura e intransigente fece riferimento ai molti editori che avevano rifiutato sensatamente di pubblicare i *Protocolli* e lo avvertì che se avesse avuto bisogno di replicare in futuro non avrebbe avuto alcun bisogno di affidarsi alla sua azienda. Il 1° novembre Putnam scrisse a Marshall per annunciargli che avrebbe rinunciato a pubblicare il libro. Putnam riconobbe per iscritto a una delle parti interessate all'edizione di aver subito pressioni tali da costringerlo non solo a rinunciare alla pubblicazione dei *Protocolli*, ma anche a ritirare le copie invendute di *World Unrest*. Sembra che tra le minacce ricevute ci fosse anche la bancarotta. In effetti, gli editori che non si sono tirati indietro e hanno pubblicato il documento si sono trovati in difficoltà finanziarie nel giro di un anno o due.

Henry Ford faccia a faccia: *L'Indipendente di Dearborn*

Il 1920 fu l'anno che segnò l'inizio di un'offensiva senza precedenti per screditare un documento e cercare di impedirne la pubblicazione: nessuno sforzo fu risparmiato per raggiungere questo obiettivo. La pressione sugli editori stava già cominciando a dare i suoi frutti e l'ADL stava intimidendo i pubblicitari con le sue denunce quando negli Stati Uniti si verificò uno degli episodi più famosi della lotta all'ebraismo internazionale. Il protagonista era Henry Ford. Questa volta non si trattava di un pubblicitario che poteva essere facilmente intimidito, ma del famoso magnate dell'automobile, un patriota tradizionalista e conservatore che ebbe il coraggio di tenergli testa. Contro ogni previsione, Ford osò diffondere massicciamente il testo dei *Protocolli* sulle pagine del suo giornale settimanale, *The Dearborn Independent*. Fu una sorpresa inaspettata per coloro che aspiravano ad assumere il controllo totale della stampa. Il segretario personale di Ford, Ernest G. Liebold, acquistò il settimanale nel 1918. L'11 gennaio 1919 apparve il primo numero sotto la direzione di Henry Ford, che decise di pubblicare *I Protocolli degli Anziani di Sion* a partire dal marzo 1920. Il giornale, il cui titolo era *Cronista della verità trascurata*, raggiunse una tiratura di quasi 800.000 copie nel 1925 e, nonostante gli attacchi di ogni tipo, sopravvisse fino al dicembre 1927. Accuse cariche di ipocrisia contro l'atteggiamento di Ford, come "persecuzioni senza spirito cristiano", "attacco alla fusione spirituale delle razze" e altri slogan del genere precedettero le affermazioni di "antisemitismo" dell'ADL e dell'avvocato ebreo di San Francisco Aaron Sapiro. L'Anti-Defamation League organizzò una coalizione di organizzazioni ebraiche che utilizzarono continuamente la stampa di Detroit per denunciare Ford. Lo stesso Woodrow Wilson, un presidente interamente dominato da un gruppo di agenti ebrei che avevano forzato l'ingresso dell'America nella guerra mondiale, si unì alle accuse di antisemitismo prima di lasciare l'incarico. Fu anche organizzato un boicottaggio contro i prodotti di Ford, che, sotto la pressione di tutti, compresa la sua stessa famiglia, fu costretto a chiudere il giornale nel dicembre 1927.

Ford, che denunciò il gruppo di ebrei che circondava W. Wilson e li associò ai finanzieri che avevano fomentato la guerra, non scrisse personalmente per il suo giornale, ma per suo conto William J. Cameron, un noto giornalista assunto per curare *il Dearborn Independent*. Fu Cameron che nel 1920 mise in contatto Henry Ford con Paquita de Shismareff, appena arrivata negli Stati Uniti dopo un breve soggiorno in Inghilterra e Canada. Fu lei stessa a consegnare personalmente all'industriale una copia dei *Protocolli* che aveva portato da San Pietroburgo. Altre fonti, invece, sostengono che fu Boris Brasol, autore di *The World at the Crossroads*, a dare a Ford i *Protocolli* in traduzione inglese. In un modo o nell'altro, Ford ebbe informazioni di prima mano sui crimini commessi in Russia dai giudeo-bolscevichi finanziati dai banchieri ebrei americani ed europei. Il materiale pubblicato sul giornale fu raccolto nel 1920 in un libro firmato dallo stesso Henry Ford, intitolato *The International Jew, che* fu prontamente tradotto in altre lingue, tra cui lo spagnolo. Theodor Fritsch lo tradusse in tedesco e fu talmente letto in Germania, dove le opinioni del brillante industriale erano pienamente condivise, che nel 1922 esistevano ventidue edizioni della traduzione di Fritsch.

Henry Ford, "un uomo che si è fatto da sé", un gran lavoratore con una volontà di ferro, aveva fondato nel 1903 la Ford Motor Company, che nel 1908 era in grado di produrre venticinque unità al giorno del famoso Modello T. Nel 1913 aveva avviato la catena di montaggio ed era riuscito a produrre un'automobile in novantatré minuti. Nel 1913 aveva avviato la catena di montaggio ed era riuscito a produrre un'automobile in novantatré minuti. La linea richiedeva agli operai un comportamento simile a quello di una macchina, il che era estenuante. Ford, consapevole dello sforzo richiesto, assunse mille uomini per ogni cento posti di lavoro e raddoppiò il salario dei suoi dipendenti, stabilendo così la giornata da cinque dollari, un fatto che incontrò il favore dell'opinione pubblica. Henry Ford si rese presto conto che i suoi nemici avrebbero potuto strappargli il controllo dell'azienda acquistando azioni. Così, nel 1919, acquistò le azioni di tutti gli azionisti a prezzi molto alti. Lui, sua moglie e suo figlio Edsel divennero così proprietari unici, in grado di fare tutto ciò che volevano della Ford Motor Company. Naturalmente, i suoi oppositori non gradirono la mossa e lo paragonarono a un dittatore. Fu allora che creò il più grande complesso industriale del pianeta, il "Rouge Plant", che impiegava fino a 100.000 lavoratori e disponeva di un ospedale, di un corpo di vigili del fuoco, di una polizia interna e di circa 5.000 addetti alla manutenzione. È proprio al "Rouge" che si trovava *il Dearborn Independent*. Henry Ford divenne quindi l'uomo del momento e, di conseguenza, il quotidiano *New York World* decise di intervistarlo nel febbraio 1921. Inevitabilmente, il giornalista gli chiese della sua campagna di divulgazione *dei Protocolli*, e lui rispose: "L'unico commento che farò su di essi è che si adattano completamente a ciò che sta accadendo". In altre parole, ciò che è stato detto nei *Protocolli* era quasi del tutto vero nel 1921. Chiunque abbia letto il testo può negare che il mondo di oggi sia come era inteso nel documento di fine Ottocento, indipendentemente da chi lo abbia scritto?

L'automobile come mezzo di locomozione alla portata di tutti era l'idea che Ford aveva concepito, ed è per questo che voleva costruire auto buone, robuste e durevoli, capaci di adattarsi alle strade fangose dell'epoca. Il lusso e l'ostentazione non facevano parte del suo approccio iniziale. Nel tentativo di facilitare l'acquisto delle sue auto, adottò un sistema di franchising che gli permise di avere una concessionaria in ogni città degli Stati Uniti e nelle principali città del mondo. Tuttavia, la concorrenza della General Motors, che ben presto cadde nelle mani di istituzioni finanziarie poiché i suoi fondatori, a differenza di Ford, persero presto il controllo dell'azienda, rese il famoso Modello T obsoleto. Il mercato non si accontentava della sola utilità, con auto accessibili alla maggioranza, ma chiedeva stile, lusso. Così la Ford Motor Company riportò in vita il vecchio Modello A, la prima auto del 1903, e lo rigenerò con successo. Edsel Ford si occupò degli aspetti ornamentali e Henry Ford continuò a supervisionare tutto ciò che riguardava la meccanica. La risposta di Ford alla crisi del 1929 causata dagli speculatori fu quella di aumentare i salari dei suoi operai e ridurre il prezzo delle sue auto.

Quando si tennero le elezioni presidenziali del 1932, Ford appoggiò il repubblicano Herbert Hoover, un candidato che considerava "un uomo di cuore, un uomo onesto e laborioso che ha affrontato il nemico per tre anni e conosce le tattiche delle forze di distruzione". Sebbene fosse stato costretto ad abbandonare la sua campagna di denuncia nel 1927, Henry Ford continuò a prendere di mira i finanzieri ebrei internazionali, il cui candidato, Franklin Delano Roosevelt, vinse le elezioni. Tenere i sindacati fuori dalla Ford Motor Company era un'altra delle aspirazioni di Henry Ford; ma nel maggio 1937 i leader sindacali Richard Frankenstein e Walter Reuther iniziarono un'offensiva che culminò in uno sciopero nel 1941. Ford, a cui la moglie Clara aveva chiesto di arrendersi, alla fine perse la battaglia. Nonostante questi anni di lotta contro i sindacati, quando un ictus gli tolse la vita nel 1947, sette milioni di lavoratori in tutto il Paese resero omaggio a Henry Ford.

Sulla paternità *dei Protocolli*

Molto è stato scritto sui possibili autori dei *Protocolli degli Anziani di Sion*. Inizieremo con quanto scrive Leslie Fry in *Waters Flowing Eastward*. A suo avviso, ciò che viene detto nei ventiquattro Protocolli era già stato detto in un modo o nell'altro da studiosi, filosofi o statisti. Ciò che è veramente importante per lei è la straordinaria accortezza con cui l'applicazione pratica del piano è stata adattata alle condizioni esistenti. Leslie Fry crede di vedere l'annuncio della rivoluzione in Russia nell'ultimo paragrafo del protocollo numero tredici: "Per dimostrare che abbiamo asservito tutti i governi gentilizi d'Europa, manifesteremo il nostro potere sottoponendo uno di essi a un regno di terrore, violenza e crimine". Certamente, se si tiene conto di ciò che accadde in Russia dal 1917 in poi e si considera che queste parole furono scritte circa vent'anni prima, si possono pensare due cose: o che l'autore fosse un visionario o che avesse informazioni riservate su ciò che il Movimento Rivoluzionario Mondiale aveva in mente di fare.

La tesi di L. Fry è che l'autore del testo fosse Asher Ginsberg, il cui nome come scrittore era Ahad-Ha'am. Ginsberg, nato nel 1856 a Skvira, nella provincia di Kiev, era membro di una famiglia chassidica. Ricevette un'educazione rabbinica e sposò la figlia di un importante rabbino di nome Menachem Mendel. Nel 1878 Ginsberg viveva a Odessa. Tra il 1882 e il 1884 visitò Berlino, Breslau e Vienna, dove incontrò Charles Netter, uno dei fondatori dell'Alleanza Israelita Universale, che lo introdusse nell'organizzazione. Sono gli anni in cui Leon Pinsker e Moses Lilienblum guidano il movimento "Hoeveve Zion" (Amanti di Sion), che negli anni Ottanta incoraggia il ritorno in Palestina. Il programma del movimento era contenuto nel pamphlet *Autoemancipazione,* che Pinsker pubblicò anonimamente in tedesco il 1° gennaio 1882: "Non accetteremo alcuna emancipazione concessa da altri; ci emanciperemo da soli", si affermava con arroganza. Nel 1884 Ginsberg, che chiedeva anche uno Stato ebraico in Palestina, tornò a Odessa e nel 1889 formò un'organizzazione segreta, "B'nai Moshe " (Figli di Mosè), le cui riunioni si tenevano nella sua casa di via Yamskaya. I membri più noti del gruppo erano Ben Avigdor, Jacob Einsenstaat, Louis Epstein e Zalman Epstein. Leslie Fry sostiene che Ginsberg, che era chiamato "re degli ebrei" in città, lesse i *Protocolli* a questi correligionari, da cui deduce che devono essere stati scritti tra il 1880 e il 1890. Anche il colonnello russo Prinzeff ha testimoniato sotto giuramento a Riga di aver visto i *Protocolli* e che circolavano tra gli ebrei di Odessa.

Le affermazioni di Leslie Fry sulla lettura del documento a Odessa furono sostenute anche da William Cameron, segretario di Henry Ford. Egli sostenne che l'ebreo Herman Bernstein, redattore del Free Press di Detroit, gli aveva confessato di aver letto personalmente i *Protocolli* in lingua ebraica a Odessa. L'ADL accusò Cameron di aver mentito e propose di risolvere la questione in tribunale, ma il B'nai B'rith non accettò la sfida. Se tutte queste affermazioni sono vere, ciò dimostrerebbe che il testo è stato diffuso nella città di Odessa in occasione di riunioni di ebrei di spicco. Al primo congresso sionista, tenutosi a Basilea nel 1897, il testo dei *Protocolli* faceva parte dei documenti congressuali. Leslie Fry attribuisce a Ginsberg un ruolo di leadership di primo piano all'interno del movimento sionista, poiché, secondo lei, i grandi del sionismo - Chaim Weizmann, Nahum Sokolov, Jabotinsky e altri - sarebbero stati inizialmente discepoli di Asher Ginsberg, che in uno dei suoi scritti disse: "Anche se riusciamo a stabilire uno Stato ebraico in Palestina, come può questo risultato soddisfarci? Abbiamo davvero sofferto così tanto per secoli da essere soddisfatti solo della fondazione di un piccolo Stato? Sembra chiaro che se Ginsberg mirava alla supremazia mondiale, la Palestina sarebbe stata ovviamente un obiettivo minore.

L'ingresso dell'America nella guerra del 1914-18, l'occupazione britannica della Palestina e la famosa *Dichiarazione Balfour* del 1917 furono evidenti conquiste degli agenti sionisti durante gli anni della conflagrazione. Già nel 1903 Max Nordau, cofondatore con Theodor Herzl dell'Organizzazione sionista mondiale, aveva dichiarato che l'ambizione sionista della Palestina sarebbe stata raggiunta attraverso la prossima guerra mondiale. Nei *Protocolli* si afferma che la "guerra universale" sarebbe stata la risposta a qualsiasi tentativo di resistenza al piano. Non per niente i leader rivoluzionari bolscevichi erano ebrei, quasi nessuno di loro era russo. Questi comunisti ebrei avevano bloccato sul nascere la pubblicazione dei *Protocolli* in Russia e applicato la pena di morte a coloro che possedevano copie dei libri editi. Le tattiche utilizzate per la presa del potere erano state per molti aspetti identiche a quelle raccomandate *nei Protocolli*. Ciò ha portato a una rinascita dell'interesse, dopo la guerra, per la diffusione e lo studio del piano di dominazione mondiale esposto nel documento.

Tra il 1919 e il 1921, la battaglia per influenzare l'opinione pubblica fu combattuta soprattutto in Inghilterra e negli Stati Uniti. Howell Arthur Gwynne, redattore dal 1911 del *The Morning Post*, pubblicò nel 1920 sul giornale diciotto articoli sui *Protocolli*, che in seguito, come già detto, costituirono la base del libro *The Cause of World Unrest*. Nello stesso anno, Victor E. Marsden, corrispondente dello stesso giornale in Russia durante gli anni della rivoluzione, pubblicò la sua traduzione del testo su The Britons Publishing Society. Il fatto che Marsden, sposato con una russa e arrestato e imprigionato dai menscevichi, conoscesse bene la lingua russa rende questa edizione una delle più citate. A queste pubblicazioni vanno aggiunte quelle americane, già citate in precedenza. Nulla potrebbe essere più contrario allo spirito dei *Protocolli* di questa continua diffusione del documento, poiché esso afferma quanto segue sul controllo dell'informazione: "Non un solo annuncio raggiungerà il pubblico senza il nostro controllo. Già ora stiamo ottenendo questo risultato, poiché tutte le notizie vengono ricevute da poche agenzie nei cui uffici sono concentrate da tutto il mondo. Queste agenzie saranno completamente nostre e pubblicheranno solo ciò che manderemo loro. Questo, che oggi è una realtà, all'epoca in questione non era ancora stato pienamente realizzato: giornali come *il Times, il Morning Post, lo Spectator, il Dearborn Independent* non erano ancora sotto il potere assoluto dei cospiratori, anche se non stavano per diventarlo.

La battaglia per il controllo del *Times* sarà discussa più avanti, poiché fu il giornale utilizzato per lanciare la campagna che attribuiva la stesura *dei Protocolli* alla polizia segreta zarista, l'"Ojrana". Tuttavia, l'8 maggio 1921, *il Times*, allora il più prestigioso giornale del mondo, di proprietà di Lord Northcliffe (Alfred Harmsworth), pubblicò ancora queste parole: "Che cosa significano questi Protocolli? Sono autentici? Questi piani sono stati davvero redatti da un gruppo di criminali e vengono eseguiti? Sono un falso? Ma allora come si spiega questo dono profetico che prevede tutto questo in anticipo? Abbiamo combattuto tutti questi anni per distruggere la potenza mondiale della Germania solo per trovarci ora di fronte a un nemico molto più pericoloso? Ci siamo salvati con grandi sforzi dalla "pax Germanica" solo per cadere vittime della "pax Judaica"...? Se i *Protocolli* sono stati scritti dai saggi di Sion, allora tutto ciò che è stato tentato e fatto contro gli ebrei è giustificato, necessario e urgente". Pochi mesi dopo la linea editoriale del giornale cominciò a cambiare.

In particolare, il 16, 17 e 18 agosto dello stesso anno, *il Times* pubblicò una serie di articoli intitolati "La verità sui Protocolli", in cui si affermava categoricamente che i *Protocolli* non erano altro che una rozza frode di un plagiario che aveva parafrasato un libro (pubblicato per la prima volta a Ginevra nel 1864 e poi a Bruxelles nel 1865) intitolato *Dialogo all'inferno tra Machiavelli e Montesquieu*, scritto da Maurice Joly. Il giornale pubblicò brani di entrambi i libri in colonne parallele e fece dei confronti tra i testi. *Il Times*, dissociandosi dalla stampa ebraica, si vantava della sua imparzialità e sosteneva di aver scoperto la frode in verità. Infine, proclamò che erano state stabilite prove inconfutabili e chiese che la "leggenda" dei Protocolli finisse presto e per sempre.

La prova che in quei giorni di agosto era in corso una battaglia per il controllo del giornale è fornita da un altro articolo, pubblicato anch'esso il 17 agosto 1921, che insisteva sul fatto che quanto era accaduto in Russia era stato annunciato nei *Protocolli*. Ecco un estratto: "Questi documenti hanno attirato solo una piccola attenzione prima della Rivoluzione del 1917 in Russia. Il sorprendente crollo di un grande Stato a causa dell'assalto dei bolscevichi e la presenza di innumerevoli ebrei tra di loro ha indotto molte persone a cercare spiegazioni ragionevoli per la catastrofe. I Protocolli hanno fornito questa spiegazione, in particolare la tattica dei bolscevichi per molti aspetti ha seguito identicamente le raccomandazioni dei Protocolli".

La cosa più sorprendente, tuttavia, è la storia che *il Times* ha inventato per spiegare come è arrivato a scoprire il falso. In un articolo si racconta che un corrispondente del giornale a Costantinopoli, Philip Graves, incontrò per caso un russo, chiamato Mr X, un personaggio misterioso che consegnò al rappresentante del giornale il testo di Joly che aveva portato alla scoperta del plagio. Questo signore, il signor X, aveva ottenuto la copia del Dialogo all'inferno tra Machiavelli e Montesquieu direttamente da un ufficiale dell'"Ojrana", la polizia segreta russa. Il corrispondente aggiungeva nella sua cronaca che la falsificazione era stata architettata allo scopo di influenzare la corte conservatrice russa contro gli ebrei. In particolare, si voleva cercare di rendere plausibile il "pericolo ebraico immaginario". Prevedibilmente, la pubblicazione fu accolta con entusiasmo dagli ebrei: il 18 luglio 1921, in coincidenza con la terza puntata del rapporto, il leader sionista Israel Zangwill pubblicò sullo stesso giornale una lettera di ringraziamento che iniziava con queste parole: "Signore, il vostro corrispondente a Costantinopoli ha reso un servizio al mondo intero identificando la fonte dei Protocolli...".

Leslie Fry lamenta in Waters Flowing Eastward che il Times, invece di citare correttamente il titolo del libro di Joly, che all'epoca era stato pubblicato in forma anonima, abbia alluso ai Dialoghi di Ginevra per riferirsi al libro in questione. Lo scrittore ironizza sulla mancanza di rigore e serietà del giornale inglese e rivela l'esistenza di una seconda opera, Machiavelli, Montesquieu e Rousseau, scritta da Jacob Venedey e pubblicata nel 1850 a Berlino dall'editore Franz Dunnicker. Questo libro era la fonte da cui Maurice Joly aveva tratto il suo Dialogo all'inferno tra Machiavelli e Montesquieu. Ne consegue, ed è universalmente accettato, che l'autore o gli autori dei Protocolli degli Anziani di Sion abbiano attinto a testi precedenti e già esistenti nella stesura del documento.

Vediamo ora chi erano veramente Maurice Joly e Jacob Venedey. Cominciamo da quest'ultimo. Forse il lettore ricorda che Jacob Venedey è già stato citato nel capitolo precedente. In particolare, egli ebbe un ruolo di primo piano nella Lega dei Giusti ("Bund der Gerechten"), il ramo clandestino degli Illuminati che assunse Karl Marx per scrivere il Manifesto comunista. Venedey era ebreo. Nato a Colonia nel maggio 1805, fu espulso dalla Germania per le sue attività rivoluzionarie e nel 1833 si stabilì a Parigi. La polizia francese lo tenne sotto sorveglianza, ma grazie all'amicizia con Crémieux e Arago non fu espulso dalla Francia. Venedey era un amico personale di Marx e lavorava con lui a Bruxelles, dove Moses Hess propose nel 1847 la trasformazione della Lega dei Giusti in Lega dei Lavoratori Comunisti. Dopo la rivoluzione del 1848 a Parigi, si recò in Germania, dove fu membro del comitato rivoluzionario. Jacob Venedey era membro della Massoneria e apparteneva anche ai Carbonari. In seguito fu tra i fondatori dell'Alleanza Israelitica Universale, il cui manifesto di fondazione considerava il cattolicesimo il nemico eterno e proclamava che gli ebrei, "una razza eletta la cui causa era grande e sacra... stavano gettando una rete sul globo".

Per quanto riguarda Maurice Joly, Gottfried zur Beek nella prefazione alla sua edizione dei *Protocolli* rivela che è un ebreo il cui nome era Moses Joel quando fu circonciso. Nel 1935, un ritratto di Maurice Joly in uniforme massonica era conservato in un club di Londra. Al processo di Berna, di cui si parlerà più avanti, fu confermata l'origine ebraica dell'autore dei *Dialoghi all'Inferno tra Machiavelli e Montesquieu*; tuttavia, fu chiarito che il suo nome ebraico era Joseph Levy e che il nome Joly era stato composto da quattro lettere del suo nome. Questa precisazione fece scalpore nell'aula del tribunale dove si tenne il processo. Considerando, come abbiamo visto con i frankisti, quanto fosse facile per alcuni ebrei cambiare il proprio nome, questi occultamenti di identità non dovrebbero più sorprendere. Che si tratti di Joel, Levy o Joly, ciò che è interessante sapere è che questo personaggio fu fortemente influenzato da Adolphe Isaac Crémieux, il che significa che deve essere collocato anche nell'orbita dell'Alleanza Israelita Universale. Fu l'odio per l'imperatore Napoleone III, alimentato dallo stesso Crémieux, che lo spinse a pubblicare i *Dialoghi* in forma anonima. Joly si dichiarò dapprima socialista e poi comunista. Nel 1865 fu arrestato e, accusato di incitamento all'odio e al disprezzo per il governo, trascorse due anni in prigione. Una volta uscito di prigione, con l'aiuto di Crémieux, Jules Favre, Arago e altri, fonda il giornale *Le Palais*. Nel 1878 si suicidò e al funerale parteciparono Crémieux e il suo figlio adottivo, il famoso Léon Gambetta, che tenne un discorso post mortem.

Le conclusioni sembrano chiare. Tutti i testi che, secondo il *Times*, sono stati utilizzati come fonti per i *Protocolli degli Anziani di Sion* sono stati scritti da rivoluzionari ebrei che si muovevano anche nell'orbita di Karl Marx e del comunismo, e nell'orbita di Adolphe Crémieux e dell'Alleanza Israelita Universale, un'organizzazione ebraica che aveva dichiarato di aspirare a che "tutte le ricchezze e i tesori del mondo fossero proprietà dei figli di Israele". Anche il rabbino Baruch Levy, nella sua lettera a Marx, aveva scritto che sarebbe arrivato il momento in cui si sarebbe realizzata "la promessa del Talmud, secondo la quale, quando verrà il tempo del Messia, gli ebrei possederanno le proprietà di tutti i popoli della terra". È generalmente accettato che molti passaggi dei *Protocolli* si trovino nei *Dialoghi all'Inferno tra Machiavelli e Montesquieu*. Si deve quindi ammettere che l'autore dei *Protocolli* avrebbe attinto o plagiato in parte dai testi di un ebreo, Joly, che a sua volta aveva plagiato da un altro ebreo, Venedey. In altre parole, l'autore ebreo del documento ha approfittato di testi precedentemente scritti da altri ebrei in cui venivano espresse le stesse idee.

Anche Lord Northcliffe prende posizione: controllo del *Times*

Il 27 agosto 1921, dieci giorni dopo che *il Times* aveva cercato di archiviare la vicenda dei *Protocolli*, un altro giornale "incontrollato", *lo Spectator*, pubblicò un articolo di Lord Sydenham, all'epoca un'autorità rispettata, in cui si chiedeva nuovamente un'indagine. Per Sydenham la caratteristica più evidente del documento era una strana forma di conoscenza che aveva permesso di formulare e realizzare una serie di profezie. Questa fu una delle ultime occasioni in cui i grandi giornali presero posizione contro gli onnipotenti ebrei sionisti: il proprietario del *Times*, Lord Northcliffe, fu messo in disparte con l'accusa di essere impazzito. *Il Morning Post* fu sottoposto a una campagna di rimproveri e calunnie che spinse il proprietario a vendere il giornale. Henry Ford, come sappiamo, fu costretto nel 1927 a scusarsi pubblicamente e a cessare la pubblicazione del *Dearborn Independent*.

Douglas Reed, autore di *The Controversy of Zion*, è una fonte di prima mano su come Lord Northcliffe fu rimosso. Nel 1922 Douglas Reed lavorava per il famoso giornale inglese ed era il segretario di Lord Northcliffe. D'ora in poi seguiremo quindi la sua versione dei fatti. Alfred Charles William Harmsworth, Lord Northcliffe (Dublino 1865 - Londra 1922) era noto come il "Napoleone della stampa" perché, oltre a essere il principale proprietario del *Times* dal 1908, possedeva anche il *Daily Mail*, che all'inizio del secolo aveva una tiratura di un milione di copie, il domenicale *The Observer*, il *Daily Mirror* e altri giornali minori. Una volta Northcliffe diede una definizione di notizia che dovrebbe essere insegnata nelle facoltà di scienze dell'informazione: "La notizia è ciò che qualcuno da qualche parte sta cercando di sopprimere, il resto è solo propaganda". Questo è esattamente ciò che accadde con le notizie che Robert Wilton, corrispondente *del Times* in Russia, inviò al giornale dopo la rivoluzione: qualcuno le stava sopprimendo[36]. Northcliffe, pur essendo un potente magnate dei giornali, era un uomo integro che aveva preso posizione contro quanto stava accadendo in Russia e nel maggio 1920 aveva fatto stampare sul *Times* un articolo sui *Protocolli* in cui chiedeva un'indagine imparziale: "Dobbiamo liquidare l'intera faccenda senza indagini e permettere che un libro come questo passi senza controllo?".

---

[36] Carrol Quigley, l'autore del famoso *Tragedy and Hope*, nel suo libro *The Anglo-American Establishment (L'establishment anglo-americano)* fornisce ulteriori informazioni su ciò che accadeva dietro le quinte per controllare il famoso giornale. Quigley rivela che il Gruppo Milner, di cui facevano parte gli Astor, controllava il giornale dal 1912. Alfred Milner e Cecil Rhodes avevano già fondato la Tavola Rotonda, che sarebbe diventata la più influente delle società segrete del XX secolo. Tre organizzazioni derivate dalla Tavola Rotonda costituiscono oggi i principali centri di potere e di decisione: il RIIA (Royal Institute of International Affairs), organizzato a Londra nel 1919; il CFR (Council of Foreign Relations), organizzato a New York nel 1921; e l'IPR (Institute of Pacific Relations), organizzato nel 1925. Pur non essendo proprietario del *Times*, il Gruppo Milner esercitò un'influenza decisiva sul giornale dal 1912 al 1919. Secondo Quigley, solo nei tre anni in cui Lord Northcliffe cercò di assumerne il controllo, dal 1919 al 1922, il Gruppo Milner non riuscì a esercitare il proprio dominio sul giornale londinese.

Nel gennaio 1922 Lord Northcliffe si recò in Palestina in compagnia del giornalista J. M. N. Jeffries, che in seguito pubblicò *Palestine: The Reality*, un libro ormai classico dell'epoca. Lord Northcliffe, che viaggiò in compagnia del direttore del *Manchester Guardian*, *si* fece un'idea precisa della situazione sul posto e, a differenza di altri giornali, scrisse una serie di articoli da lì in modo indipendente: "A mio parere abbiamo, senza riflettere a sufficienza, assicurato la Palestina come casa per gli ebrei, nonostante il fatto che settecentomila arabi musulmani vivano qui e possiedano la terra..... Gli ebrei sembravano avere l'impressione che tutta l'Inghilterra fosse devota alla causa del sionismo, anzi entusiasta; e io ho detto loro che non è così, e di guardarsi bene dall'impegnare il nostro popolo nell'importazione segreta di armi per combattere i settecentomila arabi..... Ci saranno problemi in Palestina... la gente di qui non osa dire la verità agli ebrei. Hanno avuto poco da me".

O Lord Northcliffe era un uomo dai principi molto forti o non aveva idea di chi stesse affrontando. Usare i suoi giornali, che comunicavano con milioni di persone, per dire la verità sull'affare della Palestina e per chiedere un'indagine sull'origine dei *Protocolli* era una sfida. Con il suo atteggiamento divenne un uomo pericoloso, un avversario di cospiratori senza scrupoli per i quali il fine giustifica i mezzi. La persona scelta per rimuovere Lord Northcliffe dal *Times* fu Henry Wickham Steed, che nel 1919 era stato nominato capo del dipartimento internazionale e direttore del giornale da Lord Northcliffe stesso, che era il principale azionista del giornale, ma non l'unico proprietario. Così, mentre tutti i giornali di sua proprietà pubblicarono i suoi articoli sulla Palestina, *il Times* si rifiutò di farlo. Wickham Steed si rifiutò di visitare la Palestina quando Lord Northcliffe glielo chiese, né volle scrivere contro gli interessi sionisti, nonostante avesse ricevuto un telegramma dal proprietario di maggioranza in cui si chiedeva un articolo editoriale che denunciasse l'atteggiamento di Lord Balfour, ministro degli Esteri, nei confronti del sionismo.[37]

Il 26 febbraio 1922 Lord Northcliffe lasciò la Palestina in preda alla rabbia per il rifiuto di Wickham Steed di seguire le sue istruzioni. Il 2 marzo 1922, in occasione di una conferenza presso la casa editrice, fu estremamente critico nei confronti dell'inadempienza dell'editore. Lord Northcliffe voleva che Wickham Steed si dimettesse e non riusciva a capire come, dopo averlo rimproverato pubblicamente, potesse continuare a ricoprire il suo incarico. Invece di dimettersi, il controverso editore decise di consultare un avvocato per capire in quali circostanze un licenziamento potesse essere considerato illegittimo. A tal fine, il 7 marzo consultò il consulente legale di Lord Northcliffe, che improvvisamente disse a Wickham Steed che Lord Northcliffe era "anormale", "inadatto agli affari" e che, a giudicare dal suo

---

[37] Come sottolinea Douglas Reed in *The Controversy of Zion*, tutto questo è raccontato "con sorprendente candore" nella *Storia ufficiale del Times* (1952).

aspetto, era "improbabile che vivesse a lungo". Il suo consiglio all'editore fu di continuare a mantenere il suo posto. Wickham Steed si recò pochi giorni dopo a Pau, in Francia, per vedere Lord Northcliffe. Il 31 marzo l'editore decise che Northcliffe era davvero "anormale" e informò uno dei redattori *del Times* che "stava impazzendo". In altre parole, fu il redattore che Lord Northcliffe voleva sostituire a suggerire la sua pazzia.

Il 3 maggio 1922, riferisce Douglas Reed, Lord Northcliffe partecipò a un pranzo di addio per il direttore di uno dei suoi giornali ed "era in ottima forma". Pochi giorni dopo, l'11 maggio, tenne "un discorso eccellente ed efficace" all'Empire Press Union e "molte persone che lo avevano ritenuto 'anormale' pensarono di essersi sbagliate". Pochi giorni dopo telegrafò al direttore del *Times* le istruzioni per le dimissioni di Wickham Steed. Il direttore generale non vide nulla di "anormale" nelle istruzioni ricevute e non ebbe "la minima preoccupazione per la salute di Northcliffe". Un altro direttore che lo vide il 24 maggio "riteneva che la vita di Lord Northcliffe fosse a rischio quanto la sua" e notò "nulla di insolito nei modi e nell'aspetto di Northcliffe".

L'8 giugno 1922 Lord Northcliffe chiese a Wickham Steed di Boulogne di incontrarlo a Parigi. Si incontrarono l'11 giugno e Northcliffe annunciò all'editore che avrebbe assunto personalmente la direzione *del Times*. Il giorno successivo, 12 giugno, partirono tutti in treno per Evian-les-Bains. Durante il tragitto, Wickham Steed portò segretamente un medico sul treno. All'arrivo in Svizzera, fu chiamato "un brillante neurologo francese" (anonimo), che nel pomeriggio certificò che Lord Northcliffe era pazzo. Wickham Steed diede immediatamente istruzioni al giornale di ignorare e non pubblicare nulla di quanto inviato da Lord Northcliffe. Il 13 giugno Wickham Steed partì e non si fecero più vedere. Il 18 giugno Lord Northcliffe tornò a Londra, ma gli fu tolto ogni controllo e gli fu persino impedito di comunicare con le sue società. I suoi telefoni al *Times* furono tagliati. Il direttore mise addirittura dei poliziotti alla porta per impedirgli di accedere agli uffici del giornale. Il 14 agosto 1922 Lord Northcliffe morì, presumibilmente di endocardite ulcerosa. Nel suo testamento aveva scritto che voleva che ognuno dei suoi seimila dipendenti ricevesse tre mesi di stipendio. Secondo un patetico resoconto di Wikipedia, Lord Northcliffe morì per esaurimento a Londra all'età di 57 anni.

In *The Controversy of Zion* Douglas Reed riferisce che il racconto che abbiamo estratto è venuto alla luce nel 1952, trent'anni dopo la morte di Lord Northcliffe, e che l'ha tratto da una pubblicazione ufficiale come la *Official History* del *Times*. Questo maestro del giornalismo aggiunge che nessuno, tranne una ristretta cerchia di stretti collaboratori, aveva la minima idea di ciò che era accaduto nel 1922. Reed ritiene che non ci siano precedenti storici per l'occultamento di informazioni sullo spostamento e la scomparsa di un uomo così ricco e potente in circostanze così misteriose. La testimonianza di Reed è particolarmente preziosa, dato che lavorava al giornale e Lord

Northcliffe lo chiamò da Boulogne nei primi giorni di giugno, quando si stava preparando a licenziare Wickham Steed. Reed afferma che l'atteggiamento e la condotta che osservò in Northcliffe erano quelli che gli erano stati riferiti da coloro che avevano lavorato con lui; ma aggiunge: "Lord Northcliffee era convinto che la sua vita fosse in pericolo e lo disse più volte; in particolare, disse che era stato avvelenato". Reed, che rimase al giornale per sedici anni, racconta che al suo ritorno a Londra parlò con il fratello di Northcliffe, Lord Rothermere, e con George Sutton, un socio anziano, che volevano il suo parere.

Resta solo da scoprire chi ha rilevato il *Times*. Il 22 luglio 1922, il *quotidiano di* Oslo *National Tidscrift* riportò la notizia che un certo banchiere ebreo aveva acquistato *il Times* di Londra. Oggi si sa che dopo la morte di Lord Northcliffe il giornale fu acquistato nel 1922 dagli Astor. Fritz Springmeier, nel suo *Bloodlines of the Illuminati*, fornisce una grande quantità di informazioni su questa famiglia di origine ebraica, le cui origini sono rimaste nascoste. John Jacob Astor (1763-1848), il primo Astor di cui si abbia notizia, nacque a Waldorf, in Germania. Nel 1784 era già negli Stati Uniti, dove era Maestro della Loggia olandese numero 8 di New York. Il presidente Jefferson, un illuminato che considerava Weishaupt un benefattore dell'umanità, e Gallatin Mackey, massone satanista illuminato che era segretario del Consiglio Supremo di Charleston, erano le sue conoscenze. Il Dr. John Coleman, in *The Committee of 300*, rivela che ha accumulato un'enorme fortuna nel commercio dell'oppio cinese, che gli ha permesso di acquistare grandi appezzamenti di terreno a Manhattan. Da allora, secondo Coleman, le proprietà immobiliari di Manhattan sono state nelle mani dei membri del Comitato dei 300. John Jacob Astor faceva parte di un comitato che selezionava le famiglie di alcuni americani che potevano partecipare al lucroso commercio dell'oppio. Coleman lo collega anche alla Compagnia delle Indie Orientali e, di conseguenza, ai servizi segreti britannici. Va ricordato, come accennato nel secondo capitolo, che le operazioni di intelligence britanniche erano state nelle mani della Compagnia delle Indie Orientali fino a quando Lord Shelburne, che presiedeva il Comitato Segreto della Compagnia delle Indie Orientali ed era l'uomo dei finanziatori oligarchi anglo-olandesi, organizzò il SIS (Secret Intelligence Service). Astor divenne banchiere e prese gran parte delle azioni della Banca degli Stati Uniti creata da Alexander Hamilton. Secondo Springmeier, la tendenza alla segretezza è caratteristica degli Astor, una famiglia che si muove nell'orbita dei Warburg e dei Morgan, i banchieri ebrei all'origine del cartello della Federal Reserve statunitense. Potremmo continuare, ma pensiamo che questo sia sufficiente per far capire al lettore chi erano i cospiratori a cui Lord Northcliffe ebbe il coraggio di opporsi. *Il Times* fu acquistato da John Jacob Astor V.

Il processo di Berna

Lo sforzo di seppellire i *Protocolli* e di promuoverne l'oblio portò l'ebraismo internazionale a denunciare nel 1933 Silvio Schnell, redattore svizzero del testo, Georg Haller, direttore del giornale nazionalsocialista *Eidgenossen*, Juris Johann Konrad Mayer, consulente legale del giornale, Walter Äbersold, membro del Fronte Nazionale, e Theodor Fischer. La causa è stata intentata da due organizzazioni della comunità ebraica svizzera, la Lega Comune Israelita Svizzera, rappresentata al processo dal Dr. Matti, e la Comunità di Culto Ebraica di Berna, rappresentata da Georges Brunschvig, che hanno chiesto di vietare la pubblicazione del documento. Gli avvocati degli imputati erano Ursprung e Ruef. Le vere intenzioni del processo sono state chiarite dal rabbino capo di Stoccolma, Marcus Ehrenpreis, uno dei testimoni dell'accusa, che si è persino permesso di piangere durante il processo. Secondo Ehrenpreis, che era stato segretario del comitato presieduto da Theodor Herzl a Basilea, non si trattava di un processo contro Schnell e i suoi colleghi, ma di un processo di tutti gli israeliti del mondo contro tutti i loro detrattori. Sedici milioni di israeliti", disse, "stanno guardando Berna". Il processo preliminare iniziò il 16 novembre 1933, ma il processo fu ritardato di quasi un anno, poiché gli imputati cercarono di destituire il giudice, che in prima istanza era Walter Meyer, un giudice marxista svizzero che emise la sua sentenza nel maggio 1935. La difesa degli imputati si appellò a un tribunale superiore e il 1° novembre 1937 fu emessa una seconda sentenza.

Un commento agli eventi darà al lettore un'idea di come si svolse il processo davanti al tribunale di prima istanza. Silvio Schnell era un nazionalsocialista e aveva distribuito copie dell'edizione tedesca dei *Protocolli* a una riunione di nazionalisti svizzeri. L'accusa si è basata su un articolo della legge del Cantone di Berna che parla di "letteratura immorale" e "istigazione a mezzo stampa". Il fatto che gli imputati fossero membri del Fronte Nazionale, un partito nazionalsocialista svizzero, rese i nazisti una parte interessata nel processo che, dopo un rinvio nel 1933, iniziò il 29 ottobre 1934. Il giudice Walter Meyer permise la comparsa di un gran numero di testimoni a sostegno dei querelanti; per contro, accettò la presenza di un solo testimone per gli imputati, il dottor Zander.

I querelanti decisero di chiamare per primo un testimone presumibilmente prestigioso, nientemeno che Chaim Weizmann, un sostenitore di Asher Ginsburg, uno dei grandi del sionismo, l'architetto della *Dichiarazione Balfour,* che nel 1948 sarebbe diventato il primo presidente di Israele. Weizmann, che naturalmente negava che avessero intenzione di dominare il mondo, dichiarò: "Questi Protocolli provengono sicuramente da una fantasia malata... qualcosa di un altro pianeta". Armand Alexander du Chayla, il prossimo a deporre, non era più un testimone abbellito. Gli avvocati dell'accusa consegnarono al giudice gli articoli sui *Protocolli* che

Du Chayla aveva pubblicato nel 1921, il 12 e 13 maggio e l'1, 2 e 3 giugno, sul giornale *Dernières Nouvelles*. Du Chayla, che si spacciava per un cristiano ortodosso russo di cittadinanza francese, raccontava di essere stato in Russia nel 1909 e di aver conosciuto Sergei Nilus, che definiva un paranoico i cui pensieri si concentravano sulla venuta dell'Anticristo. Du Chayla ha dichiarato che Nilus gli aveva dato da leggere i *Protocolli* in lingua francese. Ha aggiunto di ricordare che il manoscritto aveva una debole macchia di inchiostro blu sulla prima pagina e che Nilus gli aveva detto che si trattava dell'originale.

Questo stratagemma della macchia blu ci costringe a introdurre un personaggio che avevamo pensato di evitare, perché non merita alcuna credibilità. Si tratta della principessa Radziwill, un'avventuriera che all'inizio del secolo cercò di dare la caccia al miliardario Cecil Rhodes in Sudafrica. Catherine Radziwill gli chiese di sposarla, ma Rhodes la respinse e lei si vendicò accusandolo di frode sui prestiti. Questa donna intrigante fu intervistata da Isaac Landman sul giornale *American Hebrew* di New York l'11 marzo 1921. Si era separata dal principe Wilhelm Radziwill e nel 1914 si era risposata con un ingegnere di nome Kolb, dal quale si separò poco dopo. Al momento dell'intervista portava già il cognome Dunvin, che era quello del terzo marito. Radziwill/Kolb/Dunvin ha dichiarato che i protocolli sono stati redatti dopo la guerra giapponese (1904-1905). Ha raccontato che nel 1905 viveva a Parigi quando un giorno ricevette la visita di un certo Golowinsky, un poliziotto segreto che la conosceva, il quale le rivelò che il capo della polizia estera russa, Pyotr Ratschovsky, le aveva commissionato la stesura di un falso complotto ebraico. Radziwill disse che Golowinsky gli aveva mostrato un manoscritto scritto di recente da lui stesso e da un ebreo rinnegato di nome Manassevich Manuilov, che presentava una grande macchia di inchiostro blu sulla prima pagina. Du Chayla, nella sua dichiarazione al tribunale di Berna, ha finto di aver visto proprio lo stesso manoscritto originale a casa di Nilus nel 1909. Questi aneddoti, dettagli inventati, espedienti escogitati da menti deliranti, non sono altro che falsità, bufale ideate per cercare di ingannare i creduloni e fargli credere a queste curiosità impossibili. Lesly Fry racconta che la principessa Catherine Radziwill si contraddice in seguito, perché, per distrazione o involontariamente, lei stessa afferma che il generale Cherevin le diede le sue memorie quando morì nel 1896, che includevano i *Protocolli*. D'altra parte, la reputazione della Radziwill, figlia di un ebreo che gestiva una sala scommesse a Monaco, come si evince da Berna, è più nera del bitume. Potremmo continuare per pagine e pagine sulle menzogne, le falsificazioni di documenti e altre imposture che adornano il curriculum di questo bugiardo e truffatore compulsivo.

Il giudice chiese al testimone se pensava che Nilo credesse che i *Protocolli* fossero autentici, e Alexander du Chayla rispose: "Ho avuto l'impressione che Nilo stesso dubitasse dell'autenticità *dei Protocolli*". Il testimone ha poi affermato che il testo era stato distribuito in Russia allo scopo di influenzare lo Zar ad adottare una posizione reazionaria e antiebraica. La domanda successiva del giudice era se Nilus avesse falsificato lui stesso i *Protocolli*. La risposta è stata che ciò era impossibile, perché, sebbene non potesse garantire la sua salute mentale, Nilus era un uomo onesto, ma ossessionato dall'idea che i massoni e gli ebrei fossero in combutta per distruggere la Russia e il mondo cristiano. Infine, questo testimone ha affermato che Nilo ha insistito sul fatto di aver ricevuto indirettamente i *Protocolli* dal poliziotto Ratchkovsky, che occupava una posizione elevata nella gerarchia ufficiale.

I testimoni successivi furono Sergei Svatikov e Vladimir Burtsev, responsabili di aver fatto ingoiare alla corte la storia della principessa Catherina Radziwill. L'avvocato degli imputati, Ruef, riuscì a dimostrare quanto segue: 1. Catherina Radziwill non ha mai avuto una residenza a Parigi. 2. Burtsev aveva commesso l'errore di affermare che Ratchovsky non era mai stato nella capitale francese negli anni 1904-1905. 3. La famosa principessa Radziwill era figlia di un ebreo di nome Blanc. Questi risultati della difesa furono presentati all'opinione pubblica dal giornale *Die Front* in un rapporto pubblicato il 4 maggio 1935.

Waters Flowing Eastward riporta altri articoli di Alexander du Chayla che probabilmente non ha voluto menzionare al processo. Uno è apparso sulla *Tribune Juive* di Parigi il 14 maggio 1921 e un altro il 13 giugno sul violentemente comunista *New York Call*. Nessuno di questi due mezzi di comunicazione sembra appropriato per un presunto cristiano ortodosso. Infatti Nilus cita Alexander du Chayla in uno dei suoi libri e dice di averlo preso per un devoto della Chiesa ortodossa russa. Leslie Fry riproduce un testo di Tatiana Fermor datato 9 giugno 1921 a Parigi. Questa donna conosceva personalmente il personaggio, a cui si riferisce come Conte du Chayla. Lo incontrò in un monastero vicino a Moguileff, dove trascorreva le vacanze estive, e le fu presentato dall'abate, l'archimandrita Arsene. Du Chayla le disse che stava studiando il russo e la religione ortodossa, di cui si dichiarava devoto. Secondo Tatiana Fermor, egli cercò di dimostrare uno zelo ortodosso persino superiore a quello del Patriarca stesso, che lo portò persino a rimuovere due belle sculture rinascimentali di angeli dalla cappella del monastero, poiché le trovava troppo cattoliche. Fermor racconta che il conte du Chayla gli espresse l'odio che provava per gli ebrei e arrivò a dire che "in Russia ci voleva un bel pogrom". Du Chayla raccomandò a Tatiana Fermor di leggere i libri di Drumont, autore del libro *La Francia ebraica*, per farle capire fino a che punto gli ebrei avevano conquistato la Francia. In breve, Fermor spiega che la carriera ecclesiastica di questo testimone dei querelanti a Berna fu fulminante, cosa che gli permise di diventare amico di vescovi famosi per la loro rigida ortodossia e di frequentare il famoso salotto della contessa Ignatieff. La sua ascesa sociale lo portò a impegnarsi in politica, fino a diventare un sostenitore del conte Bobrinsky, leader del partito panslavo. Condusse persino violente campagne razziali contro polacchi e finlandesi. Allo scoppio della guerra, Alexander du Chayla era studente all'Accademia di Teologia di Pietrogrado e fu nominato capo di un ospedale da campo organizzato dal vescovo Pitirim. Il racconto di Tatiana Fermor conclude: "Ho poi perso le tracce di lui fino a dopo la rivoluzione, quando ho sentito che ha agito come agente provocatore incitando i cosacchi contro l'Armata Bianca". Nel 1919 du Chayla fu processato da una corte marziale e condannato per attività sediziose a favore dei sovietici. La sentenza fu pubblicata sui giornali della Crimea". In altre parole, Alexander du Chaila, uno dei testimoni principali del processo di Berna, era un agente infiltrato dei comunisti, uno dei tanti che operavano in Russia prima della rivoluzione.

Nel novembre del 1934, la sfilata di testimoni per i querelanti giunse al termine, poiché per la difesa ne era stato ammesso solo uno. Il giudice aveva deciso di nominare dei periti che dovevano esaminare quattro questioni: i *Protocolli degli Anziani di Sion* sono un falso, sono un plagio e, in caso affermativo, qual è la loro fonte? In caso affermativo, qual è la loro fonte e i *Protocolli* rientrano nel termine "Schundliteratur" (letteratura spazzatura)? Arthur Baumbarten era l'esperto del querelante. Carl Alber Loosli, apparentemente neutrale, ha agito come esperto del tribunale. Il colonnello Ulrich Fleischhauer era l'esperto dei convenuti. Il fatto che questo esperto non avesse avuto il tempo di preparare la sua relazione costrinse la difesa a chiedere un rinvio della causa. Il giudice concesse sei mesi e fissò la riapertura del processo per il 29 aprile 1935.

Gli avvocati degli imputati presentarono delle querele contro i testimoni, ma il 4 gennaio 1935 furono archiviate. Il 17 marzo fu presentata una nuova causa contro alcuni testimoni. Il 26 aprile 1935, il *Jewish Daily Post* annunciò che l'inizio del processo previsto per il 29 era stato rinviato, poiché Silvio Schnell, uno degli imputati, aveva citato dieci testimoni per falsa testimonianza. La notizia del rinvio si rivelò falsa e il processo iniziò nella data prevista, ma l'annuncio fece sì che le persone che avevano programmato di recarsi a Berna per assistere al processo rinviassero il loro viaggio. Va notato che l'aula era gremita di simpatizzanti ebrei provenienti da tutta Europa e l'avvocato degli imputati aveva chiesto al giudice 30 pass per consentire ai suoi sostenitori di assistere al processo. Il 28 aprile, lo stesso giornale aveva già emesso la sentenza in anticipo: "Che il libro sia un falso insolente va da sé. Non si tratta di provare o smentire le accuse. La questione è risolta. Ciò che conta ora è che a questa confutazione venga data la più ampia pubblicità possibile.... La sentenza dovrebbe essere ampiamente pubblicizzata".

Non appena il processo è stato ripreso, gli imputati hanno insistito nel chiedere un'azione legale contro i testimoni che avevano rilasciato dichiarazioni non veritiere. Il giudice riferì che le denunce penali contro i testimoni erano state respinte per mancanza di fondamento, ma fece un'eccezione: il testimone Vladimir Burtsev, un giornalista russo, doveva essere perseguito perché aveva affermato in tribunale che il Generale Globitchoff gli aveva detto che i *Protocolli* erano un falso, il che si rivelò una menzogna, dal momento che lo stesso Generale, che era ancora vivo, negò con veemenza di aver fatto le dichiarazioni attribuitegli da Burtsev. Questa informazione è apparsa su *Die Front*, ma non è stata menzionata in nessun altro media.

Quando la corte riprese le sue sedute, vennero alla luce documenti segreti che il governo sovietico aveva messo a disposizione di Loosli, l'esperto della corte. Naturalmente, il perito degli imputati, Fleischhauer, chiese il permesso di esaminare questi documenti, ma gli fu concesso solo di dare un'occhiata. Questo sguardo è stato sufficiente per fargli capire che alcuni dei documenti potevano essere stati falsificati, facendogli credere che potessero contenere informazioni false o errate. Fleischhauer insistette che voleva esaminarli con calma, ma la Corte rispose che glielo avrebbe permesso solo se avesse dato la sua parola d'onore di non divulgarne il contenuto, cosa che egli rifiutò. Gli avvocati dei querelanti hanno cercato di sostenere la tesi che Fleischhauer fosse un esperto inadeguato perché era un noto antisemita e aveva opinioni preconcette sul caso. Da questa accusa deriva che solo loro potevano avere opinioni preconcette. Purtroppo, una delle idee preconcette espresse da Fleischhauer davanti alla corte era l'idea che l'unica soluzione al problema degli ebrei fosse la fine della loro dispersione e il raggiungimento di un proprio Stato. In realtà, Hitler e i leader sionisti tedeschi avevano già firmato il 25 agosto 1933 l'Accordo di Haavara ("Accordo di Haavara"), un accordo di collaborazione con cui circa 100.000 ebrei tedeschi si recarono volontariamente in Palestina con tutti i loro beni. Torneremo su questo patto vergognoso in un capitolo successivo.

L'esperto del querelante, Arthur Baumgarten, ha esordito sostenendo che i *Protocolli* sono un'invenzione storica e ha avanzato la banale tesi che siano stati falsificati e plagiati per influenzare lo zar contro gli ebrei. Egli ha osservato che sono stati composti tra il 1890 e il 1900. Ha anche confrontato alcuni paragrafi con il testo di Joly e ha anche menzionato la possibilità che sia stato utilizzato il libro di Goedsche. Dichiarò con enfasi che erano totalmente contrari allo spirito del giudaismo. Negò, ovviamente, che gli ebrei avessero mai cospirato. Negò anche che gli ebrei avessero qualcosa a che fare con la rivoluzione bolscevica. Imperterrito, con incommensurabile cinismo, negò anche che ci fosse un legame tra la Massoneria e gli ebrei: "gli ebrei non hanno nulla a che fare con i massoni e non governano il mondo". Baumgarten espresse la convinzione che i *Protocolli* avessero indubbiamente contribuito alla diffidenza e all'orrore delle nazioni ariane nei confronti degli ebrei. Quest'ultima affermazione è evidentemente vera. "Se i Protocolli fossero autentici", ha detto, "e ci fosse una cospirazione mondiale ebraica, allora si dovrebbe accettare che l'intera storia è solo una farsa, e gli storici, stupide vittime, perché dietro le quinte c'erano i saggi barbuti di Sion, che tiravano i fili di imperatori, re, generali, papi, poeti e filosofi". Queste sono le sue parole.

Fleischhauer, con grande sconcerto dei querelanti e dei loro simpatizzanti, rispose con una presentazione che durò cinque giorni: parlò per ventitré ore. Tra gli argomenti a favore dell'autenticità *dei Protocolli, ha* osservato che il testo presenta la Polizia come legata alla Massoneria, cosa che non sarebbe stata detta se il documento fosse stato prodotto come arma politica per influenzare lo Zar. Ha presentato prove sulla vera identità di Maurice Joly, un massone ebreo il cui vero nome era Joseph Levy. Si scagliò duramente contro il testimone Alexander du Chayla ed espose alcune delle menzogne e delle inesattezze dei testimoni dei querelanti. Ha dedicato un po' di tempo all'identificazione di coloro che hanno scritto contro i *Protocolli.* Ha accennato alle rivelazioni di Leslie Fry su Asher Ginsberg. Naturalmente, non ha lasciato senza risposta alcune delle smentite di Baumgarten: ha spiegato le interconnessioni ebraiche con la Massoneria e ha descritto le cerimonie massoniche come derivanti da rituali cabalistici. Ha esposto il profondo legame dell'ebraismo con il Movimento rivoluzionario e con il bolscevismo. Accusò gli ebrei di essere dietro la Rivoluzione francese e, soprattutto, di aver preparato la rivoluzione in Russia. Denunciò persino Sir Philip Sassoon, membro della famosa famiglia di banchieri imparentata con i Rothschild, come trafficante di oppio. L'intervento di Fleischhauer, che fu insultato e tentato di essere aggredito mentre lasciava l'edificio del tribunale, ebbe un enorme impatto sulla stampa non ebraica di tutta Europa. Il 9 maggio, come registrato, il giudice accennò agli attacchi a Flesichhauer e si scusò con lui per la grave violazione dell'ospitalità svizzera.

L'ultimo esperto a parlare è stato Loosli[38] , l'uomo in tribunale, che ha iniziato il suo discorso annunciando che la casa editrice Hammer in Germania stava preparando una nuova edizione dei *Protocolli* e che avrebbe usato la relazione di Fleischhauer come introduzione. Nel tentativo di confutare Fleischhauer, che aveva affermato che l'ebreo e massone Kerensky aveva rimosso i *Protocolli* dalle librerie russe, Loosli arrivò a negare che Kerensky fosse ebreo e lo collegò a una famiglia di sacerdoti. Nel tentativo di confutare un'affermazione di Fleischhauer, negò anche che la Massoneria e la loggia ebraica B'nai B'rith avessero qualcosa in comune. Una delle sorprese del suo discorso fu l'esibizione di un certificato di battesimo di

---

[38] Un fatto compiuto da questo perito giudiziario neutrale aiuterà il lettore a comprendere la portata del servilismo di Loosli. Poiché era stato dimostrato che la presunta falsificazione *dei Protocolli* non poteva essere stata fatta a Parigi nel 1905, questo perito, nella sua ansia di rendere credibile il rapporto Radziwill e di sostenere un testimone che aveva mentito, falsificò nella sua relazione scritta dell'ottobre 1934 la data dell'anno 1905 e la trasformò in 1895. Quando sette mesi dopo Fleischhauer lo denunciò pubblicamente in tribunale e ricordò che la principessa Radziwill aveva detto che il loro presunto incontro a Parigi era avvenuto dopo la guerra russo-giapponese, Loosli cercò di far credere che si trattasse di un errore di battitura. Nulla di tutto ciò preoccupò il giudice Meyer, che si supponeva imparziale.

Maurice Joly datato 1829. Non è chiaro cosa volesse dimostrare con esso: si è già visto che shabbateisti e frankisti non cessavano di sentirsi ebrei perché si convertivano all'Islam o venivano battezzati. Riferendosi alla relazione del perito degli imputati, ha detto che "non è altro che un pamphlet di propaganda antisemita che non avrebbe mai dovuto essere ammesso davanti a un tribunale". Loosli si è poi lanciato in un furioso attacco al nazionalsocialismo e alla Germania. "Se esiste una cospirazione mondiale, questa è guidata dai nazionalsocialisti tedeschi", ha detto, "e ci minaccia tutti". L'8 maggio il giornale nazionalista *Die Front* ha espresso sorpresa per il fatto che un esperto apparentemente neutrale abbia diretto attacchi così virulenti contro la Germania e ha chiesto: "Questo atteggiamento può essere compatibile con l'imparzialità?".

Nel suo intervento finale, Ruef, uno degli avvocati della difesa, ha chiesto come gli imputati possano essere ritenuti colpevoli di aver venduto un falso quando stavano proprio cercando di stabilire l'autenticità del testo. In particolare, Ruef ha osservato che il giudice non avrebbe nominato tre esperti se la falsificazione fosse stata provata prima del processo. Su intervento di questo avvocato, *Die Front* riportò il 14 maggio 1935 che Ruef si era nuovamente lamentato del fatto che i testimoni della difesa non erano stati accettati e che ai testimoni che avevano reso una falsa testimonianza era stata negata l'incriminazione. A questo proposito, va notato che Burtsev, l'unico dichiarante che doveva essere processato per menzogna, fu assolto per un vizio di forma, poiché i verbali delle dichiarazioni non erano stati firmati come richiesto.

Infine, è stato emesso un verdetto. Poiché i querelanti non avevano fornito la prova che fosse stata commessa una falsificazione, questo punto fondamentale non è mai stato menzionato dal giudice, che tuttavia si è pronunciato a loro favore perché i convenuti non avevano dimostrato l'autenticità *dei Protocolli*. Dalla logica di questo verdetto, si potrebbe pensare che tutti gli scritti di cui non è possibile identificare o localizzare l'autore, ad esempio molti testi del Pentateuco, siano falsi. Questo ragionamento è in contrasto con il principio universalmente accettato della critica storica, secondo il quale, quando un documento viene scoperto, deve essere considerato autentico fino a quando non ne viene dimostrata la falsità. Inoltre, se l'obiettivo era quello di stabilire l'autenticità e non la falsificazione, non si capisce perché più di trentacinque testimoni della difesa si siano rifiutati di comparire. Per quanto riguarda gli imputati, Silvio Schnell, 23 anni, è stato condannato a una multa di 20 franchi e Theordor Fischer a una multa di 50 franchi. Tranne che in Germania, la vittoria degli ebrei fu annunciata trionfalmente dalla stampa di tutto il mondo, una stampa che, come avevano dichiarato al processo, non controllavano. Un membro dell'Ufficio Informazioni Ebraiche disse che in un processo politico l'eco era tutto e la sentenza niente.

Fu presentato appello alla Corte d'Appello di Berna, che il 1°
novembre 1937 respinse il verdetto del giudice Walter Meyer. Per
concludere, vediamo alcuni passaggi della sentenza di questa alta corte (le
citazioni tra virgolette sono tratte dal testo tedesco del processo pubblicato
da M. de Vries de Heekelingen). La Corte d'Appello ha ritenuto che,
nonostante quanto prescritto dalla legge, i verbali di alcune testimonianze
fossero stati redatti da informatori privati dei querelanti ebrei: "Il
procedimento, così come è stato condotto dal tribunale di prima istanza, non
era conforme alla prassi abituale e alla legge.... Il modo in cui sono stati
redatti i rapporti contraddiceva le prescrizioni vincolanti della legge". La
Corte d'appello ha rilevato che le deposizioni dei testimoni non erano state
lette agli imputati e non erano state firmate, come prescritto; ha inoltre
rilevato che i testimoni della difesa non erano stati convocati e che il giudice
aveva accettato dai ricorrenti traduzioni di documenti provenienti dalla
Russia, la cui autenticità non era stata sufficientemente verificata. Un punto
molto interessante riguarda la nomina dei periti, in particolare quella del
terzo perito, C.A. Loosli, la cui scelta è stata fortemente criticata dalla Corte
d'appello. Questa Corte ha deplorato "la mancanza di imparzialità di Loosli,
che già nel 1937, poco più di un anno dopo il primo processo, aveva
pubblicato "un pamphlet intitolato *Die Schlimmen Juden* (*I cattivi ebrei*), in
cui descriveva i *Protocolli* come una malevola montatura e li squalificava
sdegnosamente in modo puramente polemico e non scientifico".

Il Jewish Chronicle del 5 novembre 1937 scriveva che la Corte
d'Appello aveva dichiarato che i *Protocolli* erano un falso e dovevano essere
considerati letteratura spazzatura. Inoltre affermava che la Corte aveva
concluso che la falsità dei *Protocolli* era stata provata. In realtà, la Corte ha
assolto gli imputati e ha condannato le organizzazioni ebraiche a pagare le
spese del procedimento. Per quanto riguarda il valore letterario del testo, la
Corte ha ritenuto che si trattasse di "letteratura sciatta e spazzatura da un
punto di vista estetico e letterario", e su questo non si può che essere
d'accordo. Su chi fosse l'autore di questa spazzatura letteraria e sulla
questione dell'autenticità del documento, la Corte d'appello si è dichiarata
incompetente.

Peter Myers sostiene l'autenticità *dei Protocolli*

Non vogliamo concludere queste pagine senza un breve riferimento al
professore australiano Peter Myers, uno studioso di vasta conoscenza storica.
Da vent'anni Myers discute pubblicamente su Internet dell'autenticità dei
Protocolli degli Anziani di Sion con chiunque voglia sfidarlo sulle sue
argomentazioni di autenticità. Egli sostiene che si tratta di un documento
autentico e da allora ha scritto centinaia di pagine per confutare i principali
autori che hanno pubblicato opere che li ritengono falsi. Con il suo
ragionamento contesta le tesi di tre noti sionisti, Israel Zangwill (1864-1926),

Herman Bernstein (1876-1935) e Norman Cohn (1915-2007). Quest'ultimo ha pubblicato nel 1970 *Warrant For Genocide*, in cui sostiene che senza i *Protocolli* non ci sarebbe stato Auschwitz, cioè incolpa il libro del presunto genocidio commesso nel famoso campo di lavoro polacco. Cohn ha anche scritto l'introduzione all'edizione del 1971 di *The Truth about "The Protocols of Zion": A Complete Exposure di* Hermann Bernstein, un libro pubblicato per la prima volta nel 1935. In risposta al libro di Cohn, il professor Myer ha pubblicato nel 1994 il suo testo *Hiding Behind Auschwitz, un* documento aggiornato due volte, nell'aprile 2001 e nel marzo 2004, in cui ritiene che il XX secolo non potrebbe essere compreso senza l'esistenza dei *Protocolli*.

Norman Cohn rivela nel suo libro che pochi mesi prima del suo assassinio a Ekaterinburg, l'imperatrice Alessandra ricevette una copia dell'edizione Nilus *dei Protocolli* da un'amica, Zinaida Sergeyevna Tolstaya. Una settimana dopo l'assassinio, i resti smembrati e cremati della famiglia imperiale russa furono scoperti in fondo a un pozzo minerario. Durante le indagini, furono ritrovati tre libri che l'imperatrice aveva portato con sé fino alla sua triste fine: la Bibbia russa, *Guerra e pace* e *Il grande nel piccolo*, edizione Nilus. La domanda logica che Myers pone a Cohn è la seguente: "Se i *Protocolli* erano un falso realizzato dalla polizia segreta dello zar, perché la zarina avrebbe dovuto tenerne una copia nella sua stanza, uno dei tre libri che ha conservato fino alla morte? Se fosse stato un falso, non avrebbe avuto alcun valore per lei".

Anche Herman Bernstein insiste su informazioni simili. Bernstein scrive che lo stesso Nicola II era profondamente interessato ai *Protocolli* e aggiunge che durante le sue ricerche ha scoperto nella biblioteca privata dello zar una copia dell'edizione di Butmi del 1906, acquisita anni prima dalla Biblioteca del Congresso di Washington. Cohn, basandosi sulla testimonianza di Vladimir Burtsev al processo di Berna, scrive in *Warrant For Genocide* che il ministro degli Interni Stolypin aveva convinto lo zar che i *Protocolli* erano un falso. Myers avverte sagacemente: "Se lo zar era convinto della falsificazione, perché aveva una copia dei *Protocolli*, copia di un documento senza valore, falsificato dalla sua stessa polizia? Ha senso?".

Per quanto riguarda il fatto che i *Protocolli* contengano passaggi analoghi a quelli dei *Dialoghi all'inferno* di Maurice Joly *tra Montesquieu e Machiavelli*, Myers ritiene che ciò non dimostri necessariamente che siano falsi. In un documento del settembre 2002, aggiornato nel 2012, il professor Myers dimostra di aver lavorato intensamente al confronto tra i due libri. Il libro di Joly, scritto durante il regno dell'imperatore Napoleone III di Francia e diretto contro di lui, ritrae Napoleone III come un machiavellico, un imbroglione che inganna il popolo; mentre nei *Protocolli* i machiavellici sono i rivoluzionari, che creano confusione, caos, aspirano al controllo totalitario e a un regno del terrore. A suo avviso, la parola "inferno" allude allo spirito del mondo e il libro presenta una discussione tra i fantasmi di

Machiavelli e Montesquieu. Myers rivela che le analogie nei *Dialoghi* costituiscono il 16,45% dei *Protocolli*, che, sebbene sia una percentuale sostanziale, costituisce solo un sesto del totale. Tuttavia, sottolinea che anche nei frammenti apparentemente identici ci sono importanti differenze di significato. Myers rimprovera a Norman Cohn di non aver esaminato i paragrafi simili tra il libro di Joly e quello di Jacob Venedey, *Machiavelli, Montesquieu e Rousseau*, poiché i passaggi dei *Protocolli* che egli cita come copiati o plagiati dai *Dialoghi* sono allo stesso tempo plagiati dal libro pubblicato nel 1850 da Venedey, il massone ebreo membro della Lega dei Giusti che collaborò con Karl Marx. Un'altra cosa che Myers nota è che Cohn omette dal suo lavoro soprattutto l'ampia trattazione del sistema finanziario mondiale nei *Protocolli*, un argomento di cui si parla pochissimo nei *Dialoghi*.

In un altro articolo, anch'esso pubblicato nel settembre 2002 e rivisto nel luglio 2008, Peter Myers affronta la questione del Governo Mondiale, che è centrale nei *Protocolli*. Il suo studio si concentra sui tentativi di istituirlo alla Conferenza di pace di Versailles del 1919, dove gli ebrei predominavano in diverse delegazioni, in particolare quella statunitense. Le proposte per un governo mondiale furono presentate sotto la veste di slogan come "unificare l'umanità", "prevenire le guerre future" e simili. Jacob Schiff (1847-1920), il principale banchiere che finanziò la Rivoluzione in Russia, e Bernard Baruch (1870-1965), che Henry Ford definì "il proconsole di Giuda in America", furono i principali promotori dell'idea. Alla Conferenza di Versailles Bernard Baruch fu il consigliere personale del Presidente Wilson per le questioni economiche. Jacob Schiff[39] cercò in tutti i modi di far riconoscere i bolscevichi, che stavano ancora cercando di diffondere la loro rivoluzione in Europa e di consolidare il potere in Russia, dove esercitavano una repressione criminale, e di inviare una delegazione a Parigi. Non bisogna dimenticare che alla fine di marzo l'Ungheria era già bolscevica e l'Austria, la Cecoslovacchia, la Polonia e la Germania erano in pericolo. Il fatto che un banchiere e sionista ebreo fosse l'ultimo sostenitore del comunismo totalitario è una chiara prova della natura della cospirazione mondiale. Se Schiff avesse avuto successo nelle sue richieste, l'istituzione del governo mondiale sarebbe stata probabilmente più fattibile. Un altro agente chiave che lavorava per un governo mondiale totalitario e per il riconoscimento immediato dei comunisti era il colonnello Edward Mandell House, l'alter ego di Woodrow Wilson. Questi tre personaggi saranno al centro dell'attenzione nel prossimo capitolo.

Nel documento citato, Myers commenta un'opera di Herman Bernstein pubblicata a New York nel 1924, *Celebrities of Our Time:*

---

[39] Nel libro *Jacob H. Schiff: His Life and Letters* (1928), Cyrus Adler presenta testi tratti dalle lettere di Jacob Schiff in cui confessa la sua ossessione di rovesciare il governo russo degli zar. Il banchiere ammette di aver prestato denaro al Giappone a fini politici per scatenare la guerra nel 1904-1905.

Interviews, dedicata al colonnello Mandell House, avvocato difensore del Governo Mondiale. In essa, Bernstein parla con diverse figure di spicco dell'epoca: Alexander Kerensky, Leon Trotsky, Robert Cecil, Walter Rathenau, Chaim Weizmann. Durante l'intervista, quest'ultimo spiega in quali termini si era espresso nei confronti del governo britannico in merito alla sua rivendicazione della Palestina. La citazione mostra il potere che i sionisti sapevano di avere: "Gli ebrei avranno la Palestina, che voi lo vogliate o no. Non c'è potere sulla terra che possa impedire agli ebrei di ottenere la Palestina. Voi signori potete rendergli le cose facili o difficili, ma non potete impedirglielo".

Il terzo sionista a cui Peter Myers rivolge la sua attenzione in relazione ai *Protocolli* e alle aspirazioni di dominio in essi espresse è Israel Zangwill, socialista fabiano e sostenitore del Governo Mondiale, le cui argomentazioni furono riprese da Herman Bernstein. In un articolo del 1911 intitolato *Il problema della razza ebraica*, Zangwill si espresse in questi termini: "Dove si vede meglio l'anima della razza ebraica è nella Bibbia, intrisa dalla prima pagina dell'Antico Testamento all'ultima del Nuovo con l'aspirazione a un giusto ordine sociale e all'unificazione del genere umano, di cui la razza ebraica sarà il mezzo e il missionario". Zangwill, che presentò la Società delle Nazioni come creata da un'ispirazione ebraica, era un fervente sionista che cercava di ridicolizzare coloro che denunciavano la Cospirazione. Il professor Myers recensisce i *Discorsi, articoli e lettere di Israel Zangwill* (Londra 1937), in cui rende omaggio a Lord Rothschild, destinatario *della Dichiarazione Balfour*; al barone Edmond de Rothschild, per il suo aiuto e i suoi investimenti in Palestina; e a Jacob Schiff, per il suo ruolo nel finanziamento della Rivoluzione bolscevica, che "con ogni probabilità ha portato la libertà a sei milioni di ebrei". In un testo del 1921, *La voce di Gerusalemme*, Zangwill insiste sullo Stato sionista per il "popolo peculiare"; ma allo stesso tempo, pur negando l'autenticità *dei Protocolli*, ribadisce, basandosi su testi biblici, le sue aspirazioni a un governo mondiale, che presenta rivestito e camuffato da uno stucchevole e ipocrita filantropismo attraverso i seguenti sintagmi: "Fratellanza universale". "Re invisibile". "Lega delle Nazioni che mira all'unità mondiale". "La missione di Israele". "Unificazione dell'umanità". Il professor Myers avverte che coloro che negano la leadership ebraica nella Rivoluzione bolscevica negano anche l'autenticità *dei Protocolli*. Israel Zangwill è uno di questi: nasconde che i leader bolscevichi erano ebrei; ma allo stesso tempo sostiene che la Rivoluzione ha portato la libertà a sei milioni di ebrei ed esprime la sua convinzione che "gli Stati Uniti di Russia sarebbero più congruenti alla pace mondiale di un nugolo di nazionalità in conflitto".

David Ben Gurion, primo ministro di Israele, dichiarò una volta: "Chi se ne frega di ciò che dicono i Goyim, ciò che conta è ciò che fanno gli ebrei". Questa frase si trova quasi esattamente nei *Protocolli*. Due ministri del governo di Sharon, Uri Landau e Ivet Lieberman, hanno chiesto di uccidere mille goyim palestinesi per ogni vittima ebrea. I *Protocolli* affermano: "Ogni vittima ebrea agli occhi di Dio vale mille goyim". Perché i leader sionisti ripetono ciò che sostengono sia stato scritto da due poliziotti? In breve, Peter Myers trova assurda l'affermazione ebraica secondo cui i *Protocolli* sarebbero stati scritti da due membri della polizia segreta russa, perché l'intero programma profetico presentato nel documento è oggi una realtà. In altre parole, come potrebbero due poliziotti scrivere un testo che annuncia un completo cambiamento del mondo, la distruzione di due imperi, l'accumulo di oro nelle mani dei banchieri ebrei, l'assoluta sottomissione delle nazioni per mezzo del credito, il controllo dell'insegnamento della storia e dei contenuti educativi in generale, il completo dominio dei media?

Sui 24 *protocolli*

Nei *Protocolli* si legge: "Gli amministratori che sceglieremo tra il popolo, rigorosamente sulla base della loro capacità di servire con obbedienza, non saranno persone qualificate nell'arte del governo, e quindi diventeranno facilmente pedine del nostro gioco nelle mani di uomini di conoscenza e talento che saranno i loro consiglieri, specialisti allevati ed educati fin dall'infanzia per dirigere gli affari del mondo intero". Douglas Reed chiede ai suoi lettori di giudicare se questo non sia esattamente ciò che sta accadendo su base continuativa. Se giudichiamo, come intende Reed, ciò che sta accadendo in Europa e nel mondo, vediamo come i politici cooptati, teoricamente pedine elette "democraticamente", stiano semplicemente eseguendo gli ordini, governando con le spalle voltate al popolo che li ha eletti, seguendo le istruzioni di un potere invisibile. D'altra parte, è evidente l'esistenza di un atteggiamento servile e sottomesso dei "governanti" del mondo nei confronti del sionismo che, oltre a commettere impunemente ogni tipo di crimine fin dalla creazione del suo Stato usurpatore, impone guerra dopo guerra in Medio Oriente.

Poiché non è compito di questo lavoro soffermarsi a lungo su questo capitolo, concluderemo citando e commentando brevemente alcuni frammenti di interesse. Il primo *Protocollo* insiste su un "potere invincibile perché invisibile, e continuerà ad esserlo finché non avrà acquisito un grado di potenza tale che nessuna forza e nessuna astuzia potrà scalfirlo". Questo potere invisibile è stato confermato più volte da potenti ebrei che lo hanno conosciuto. Benjamin Disraeli, nel suo romanzo *Coningsby*, mette in bocca a Sidonia, un personaggio che rappresenta Lionel Rothschild, una frase citata più volte: "Il mondo è governato da personaggi molto diversi da quelli immaginati da chi non è dietro le quinte". Se questa citazione è rivelatrice, lo è ancora di più quella di Walter Rathenau, un uomo d'affari tedesco di origine ebraica che fu ministro degli Esteri della Repubblica di Weimar. Rathenau si sentiva tedesco e denigrava gli ebrei che non volevano integrarsi. In particolare, li definì "una banda di stranieri vestiti in modo stravagante che fanno parte di un gruppo a parte". Il 24 giugno 1922 Rathenau, di cui scriveremo più avanti, fu assassinato. Anni prima, il 24 dicembre 1912, sulla *Wiener Freie Presse* aveva avuto il coraggio di denunciare il potere invisibile: "Trecento uomini, ognuno dei quali conosce gli altri, governano il destino dell'Europa e scelgono i loro successori tra quelli che li circondano". Questo potere viene oggi chiamato "i mercati" o "gli speculatori", che rendono schiavi i Paesi perché non esistono banche nazionali e gli Stati sono alla mercé del potere nascosto per finanziarsi.

"Quando avremo fatto il nostro grande colpo di Stato, diremo ai popoli: tutto va molto male per voi; siete tutti esausti di sofferenza. Noi aboliremo la causa di tutti i vostri tormenti, cioè le nazionalità, le frontiere e la diversità delle monete". Il governo mondiale è stato tentato dopo ciascuna delle guerre mondiali. Si è già detto chi erano i leader ebrei che lo chiesero a Versailles. Dopo la Seconda guerra mondiale e con il mondo diviso in due blocchi, entrambi controllati dal potere nascosto o invisibile, si è tentato, come si vedrà più avanti, di far accettare a Stalin un governo mondiale basato sul monopolio della violenza nucleare. Oggi la globalizzazione viene recepita dalle masse: l'idea di un mondo globale è già penetrata nel pensiero della gente. Tutto indica che dopo una nuova guerra mondiale, con i popoli "stremati dalla sofferenza", si farà un terzo tentativo di governo mondiale, che abolirà le frontiere, le nazioni e le monete.

Per quanto riguarda i prestiti esteri da parte degli Stati, un estratto dei *Protocolli* illustra la situazione attuale di Grecia, Portogallo, Irlanda, Spagna, Italia e di altri Paesi dell'Unione Europea e del mondo: "Un prestito estero è un'emissione di obbligazioni da parte di un governo con l'obbligo di pagare determinati interessi sul capitale prestatogli. Se il prestito è al cinque per cento, alla fine di vent'anni lo Stato avrà inutilmente pagato interessi al doppio del tasso.... Con il sistema della tassazione universale, i governi estrarranno dagli sfortunati contribuenti i loro ultimi centesimi per pagare gli interessi ai capitalisti stranieri, dai quali hanno preso in prestito il denaro, invece di ottenere all'interno del paese le somme di cui avevano bisogno senza pagare gli interessi, che sono come un tributo perpetuo..... Per pagare gli interessi, sono costretti a ricorrere a nuovi prestiti che aumentano il debito principale invece di ammortizzarlo. Quando il credito è esaurito, si trovano nella necessità di creare nuove tasse, non per estinguere il prestito, ma per pagarne gli interessi...". Questo è esattamente ciò che sta accadendo in Europa, dove i Paesi non hanno sovranità e hanno rinunciato a emettere moneta perché non hanno banche statali. Sia nel passato, nel caso della Germania nazionalsocialista, sia nel presente, nei casi dell'Iraq e della Libia, quando le nazioni hanno voluto agire sovranamente per liberarsi dall'usura che è sempre stata imposta dagli usurai ebrei, sono state distrutte in nome della libertà e della democrazia.

"La letteratura e il giornalismo sono due dei fattori più importanti per l'educazione; per questo il nostro governo diventerà proprietario della maggior parte dei giornali; per quanto riguarda gli altri, li compreremo tramite sussidi. In questo modo acquisiremo un'enorme influenza. Ma poiché il pubblico non deve nemmeno sospettare un simile stato di cose, i nostri giornali saranno delle opinioni più opposte, il che ci assicurerà la fiducia e attirerà a noi i nostri avversari; e grazie a questa astuzia, saremo in grado di formare le liste dei nostri nemici". La creazione del dissenso o della critica prefabbricata e controllata è un'idea fondamentale che costituisce una delle migliori strategie per ingannare gli ingenui. Questa funzione, inizialmente pensata nei *Protocolli* per la letteratura e il giornalismo, viene oggi svolta anche attraverso altri mezzi di comunicazione che appaiono intransigenti nella loro critica. Ne sono un esempio le organizzazioni non governative che si spacciano per indipendenti, come "Human Rights Watch", finanziata dal magnate ebreo George Soros, o la prestigiosa Amnesty International, penetrata dagli ebrei sionisti e gestita da rappresentanti del Dipartimento di Stato americano. Anche gruppi teatrali, intellettuali, comici e attori di prestigio contribuiscono, a volte inconsapevolmente, a questa strategia di dissenso prodotta nell'ombra dai poteri forti.

In una lettera a Thériot, Voltaire definisce in poche parole uno dei metodi ideologicamente più apprezzati dai *Saggi* nella stesura *dei Protocolli*: "È necessario mentire come un diavolo! Non timidamente, non per un po', ma senza paura e sempre". In questo senso, la falsificazione della storia è uno dei maggiori successi tra gli obiettivi dichiarati. La maggior parte dei libri di testo di storia utilizzati nelle scuole mentono o sono imprecisi. In Europa, dove i politici e la stampa si fanno portavoce della libertà di parola, gli storici e i ricercatori revisionisti vengono imprigionati per crimini di pensiero. La persecuzione, a volte fino all'omicidio, di coloro che cercano la verità e denunciano le imposture della storia è una prova inequivocabile dell'importanza attribuita all'occultamento della verità e della realtà. Il testo dei *Protocolli* è molto chiaro a questo proposito: "Sostituiremo lo studio dei classici e della storia antica - che contiene più cattivi esempi che buoni - con lo studio dei problemi dell'ora presente e del futuro. Cancelleremo dalla memoria umana tutti i fatti dei secoli passati il cui ricordo ci è sfavorevole; lasceremo che rimangano solo quelli in cui si rivelano gli errori dei governi dei Goyim. A capo del nostro programma di educazione metteremo lo studio della vita pratica, dell'ordine sociale obbligatorio.... Questo programma sarà elaborato secondo un piano speciale per ogni professione e non dovrà mai degenerare in un sistema di istruzione generale. La questione è della massima importanza". Ancora una volta, queste idee sono la dura realtà. In ogni istituto scolastico del mondo, agli ebrei viene insegnato che sono le eterne vittime della storia. Chiunque non sia d'accordo è un antisemita. Dal 1789 le rivoluzioni e i loro crimini sono l'effetto della decomposizione del regime precedente. Per quanto riguarda il processo di insegnamento-apprendimento, non ci sono più persone colte e istruite: la conoscenza è diventata così compartimentata che la formazione degli studenti è orientata allo "studio della vita pratica". Una "educazione generale" che permetta di interrogare la realtà deve essere resa impossibile. In breve, si tratta di distruggere la libertà di pensiero: "Sapendo che è attraverso le idee e le teorie che gli uomini sono guidati, e che esse sono inculcate loro dall'insegnamento.... sapremo assorbire e afferrare a nostro vantaggio le ultime vestigia di indipendenza del pensiero umano, che da secoli dirigiamo nel modo a noi favorevole".

Questo esercizio di citazione del frammento e di verifica della sua conformità potrebbe essere fatto con i ventiquattro *Protocolli*, ma questo non è un lavoro monografico. Il desiderio di continuare a passare in rassegna i principali capitoli della storia contemporanea ci impedisce di indugiare oltre. Il lettore interessato può leggere i *Protocolli dei dotti anziani di Sion* e scoprirà che un testo che ha più di cento anni rispecchia fedelmente il mondo in cui viviamo. Poiché stiamo per iniziare lo studio della Prima guerra mondiale e della Rivoluzione bolscevica, concludiamo con quest'ultima citazione: "Ci presenteremo come i liberatori dei lavoratori, proponendo loro di unirsi ai nostri eserciti socialisti, anarchici e comunisti - che sosterremo sempre, con il pretesto del nostro preteso principio di solidarietà fraterna - poiché tali eserciti costituiscono la nostra massoneria sociale.... Abbiamo un grande interesse a vedere i nostri lavoratori affamati e deboli, perché la privazione li rende schiavi della nostra volontà e, nella loro debolezza, non troveranno né vigore né energia per resisterci..... Manovriamo le masse e usiamo le loro mani per schiacciare coloro che ci ostacolano".

CAPITOLO VII

IL SIONISMO E LA PRIMA GUERRA MONDIALE

BANCHIERI E RIVOLUZIONI (2)

PARTE 1
I BANCHIERI EBREI E I LORO AGENTI RAGGIUNGONO I LORO OBIETTIVI

All'inizio del XX secolo una grande offensiva dei banchieri ebrei internazionali, guidati dai Rothschild, raggiunse due obiettivi centrali della loro strategia globale: il controllo delle miniere del Sudafrica e il dominio sull'economia statunitense in piena espansione. Era solo il preludio di una grande operazione finalizzata al supergoverno mondiale. Poco dopo, tra il 1914 e il 1945, l'umanità ha vissuto un'epoca di sangue e fuoco di dimensioni mai viste prima. I crimini commessi in questi trentuno anni non hanno eguali nella storia. In questo e nel prossimo capitolo, che sarà dedicato alla preparazione della Seconda guerra mondiale, verranno smascherati i veri colpevoli del genocidio compiuto contro i popoli dell'Europa e del mondo intero. In altre parole, verranno presentati i sinistri personaggi che, seguendo il progetto di dominio globale denunciato in quest'opera, manovrarono senza scrupoli dietro le quinte per provocare entrambe le guerre e instaurare la dittatura del comunismo in mezzo mondo attraverso il terrore.

Lo scoppio della Prima Guerra Mondiale fu preceduto da due eventi molto significativi, entrambi negli Stati Uniti: l'ascesa alla Casa Bianca del massone Thomas Woodrow Wilson e la creazione del cartello della Federal Reserve. Prima di addentrarci in questi argomenti, però, è d'obbligo un breve preambolo per illustrare come all'inizio del XX secolo, sfruttando la potenza militare dell'Impero britannico, i banchieri ebrei internazionali, ovvero i Rothschild e gli Oppenheimer, ottennero il controllo delle più grandi riserve conosciute di oro e diamanti, scoperte nei giacimenti sudafricani.

I boeri, Cecil Rhodes, Nathaniel Rothschild e la Tavola Rotonda

Quando gli inglesi annetterono il Transvaal al Regno Unito nel 1877, i contadini olandesi, i boeri, noti anche come afrikaner, non lo accettarono e iniziarono una rivolta per protesta. Ciò portò alla prima guerra, iniziata il 16 dicembre 1880 e conclusasi con un trattato di pace firmato il 23 marzo 1881, che concedeva ai boeri l'autogoverno del Transvaal. Nel 1887, alcuni cercatori d'oro trovarono il più grande giacimento al mondo nel Witwatersrand, una catena montuosa di 100 chilometri a sud di Pretoria. Il presidente del Transvaal Paul Kruger annunciò profeticamente che la scoperta sarebbe stata causa di un bagno di sangue. Nel 1895 Cecil Rhodes tentò un'incursione armata, nota come "Jameson Raid", per prendere il controllo del territorio e delle miniere, ma il colpo fallì. Fu allora che si iniziò a pianificare l'intervento militare, richiesto dal governatore della colonia britannica di Cape[40], Sir Alfred Milner, e dai proprietari delle miniere Alfred Beit, Barney Barnato e Lionel Philips. Il 12 ottobre 1899 fu dichiarata la guerra. Milner, Rhodes e compagnia pensavano che sarebbe stata una passeggiata militare, ma durò fino al 31 maggio 1902. I britannici, che mobilitarono 450.000 uomini per affrontare circa 80.000 boeri, persero presto la loro flemma e mostrarono al mondo il loro vero volto. Nel 1901 adottarono una politica di terra bruciata e confiscarono il bestiame, avvelenarono i pozzi, bruciarono fattorie e coltivazioni e sfollarono circa 154.000 uomini, donne e bambini, che vennero massicciamente internati in trentatré enormi campi di concentramento, dove la fame e le malattie vennero usate come armi di distruzione di massa per sottomettere il nemico. Un numero simile di neri africani fu internato. Secondo un rapporto del dopoguerra, nei famigerati campi morirono circa 22.000 bambini afrikaner di età inferiore ai sedici anni, ai quali vanno aggiunti altrettanti bambini indigeni. Dopo questo brevissimo riassunto dei fatti, per scoprire cosa accadeva dietro le quinte, passiamo alle fonti la cui ricchezza di informazioni va in parallelo con la versione canonica della storia.

In più di un'occasione da queste righe ci rivolgeremo al dottor Carroll Quigley, professore di storia alla Georgetown University, che ha insegnato anche a Princeton e ad Harward. Quigley, un insider che si vantava di

---

[40] Nel 1805 gli inglesi occuparono Città del Capo, che era in mano ai coloni olandesi, i boeri. Dieci anni dopo, il Congresso di Vienna consegnò loro il territorio. Da allora i boeri vissero sotto l'amministrazione inglese, ma con l'arrivo di un numero sempre maggiore di coloni inglesi furono costretti a emigrare verso l'interno. Diecimila famiglie intrapresero il "grande Trek" (emigrazione) nel 1837. I trekkers attraversarono i fiumi Vaal e Orange e crearono le repubbliche del Transvaal e dell'Orange, la cui esistenza fu riconosciuta dagli inglesi tra il 1852 e il 1854. Si scoprì presto che le nuove terre contenevano enormi ricchezze di diamanti e oro, che portarono la Gran Bretagna a proclamare la sovranità sul Transvaal nel 1877.

appartenere all'élite del potere, decise di scrivere un libro sulla struttura segreta del potere mondiale quando ritenne che la cospirazione potesse ormai essere svelata, dato che il suo trionfo era irreversibile. Così nel 1966 pubblicò *Tragedia e speranza*, un'opera di oltre 1.300 pagine, che è una fonte ripetutamente citata da quasi tutti gli studiosi di storia occulta. Quigley ritiene che l'arrivo di John Ruskin all'Università di Oxford nel 1870 come professore di Belle Arti sia stato un vero e proprio terremoto, in quanto nella sua conferenza iniziale delineò le basi di un progetto di dominio globale per il bene dell'umanità da parte dell'Impero Britannico, la cui élite doveva assumere il controllo dei mezzi di produzione e di distribuzione al fine di dominare le masse del mondo. Kenneth Clark, biografo di Ruskin, afferma in *Ruskin Today* che il libro da letto che Ruskin leggeva ogni giorno (e che era stato una fonte essenziale anche per Weishaupt, Marx, Engels, Proudhon e Saint-Simon) era la *Repubblica* di Platone. Come è noto, Platone voleva un'élite al potere, mantenuta da un potente esercito, e una società subordinata alla sua autorità. Sosteneva l'uso della forza necessaria per eliminare qualsiasi potere o struttura sociale esistente, in modo che i nuovi governanti potessero elaborare il loro progetto senza ostacoli. Nella *Repubblica*, come nel comunismo, era prevista l'eliminazione del matrimonio e della famiglia. Le donne dovevano appartenere a tutti gli uomini e viceversa. I bambini nati da questa promiscuità sarebbero stati affidati alle cure del governo non appena svezzati. Platone voleva l'uguaglianza tra uomini e donne, sia per la guerra che per il lavoro. La riproduzione sarebbe stata selettiva e controllata dal governo. John Ruskin, un massone le cui idee erano puramente illuministe e che, secondo il suo biografo, avrebbe approvato il comunismo ma non il nazionalsocialismo, fu il mentore ideologico di Cecil Rhodes (1853-1902), che partecipò a questo discorso inaugurale e ne conservò il testo fino alla sua morte.

Cecil Rhodes, iniziato alla Massoneria a Oxford, raggiunse il grado di Maestro il 17 aprile 1877. Successivamente, entrò nella Loggia n. 30 del Rito scozzese di Oxford, chiamata Prince Rose Cross. Rhodes fu associato in Sudafrica ad Alfred Beit, un massone ebreo di origine tedesca, e a Barney Barnato, un altro ebreo londinese di origine portoghese il cui vero nome era Barnet Isaacs. Barnato era arrivato in Sudafrica nel 1873 e aveva accumulato un'enorme fortuna in diamanti e oro. È un fatto accertato che Rhodes divenne un agente dei Rothschild a Londra. Le origini del rapporto tra Nathaniel Rothschild, Natty, e Cecil Rhodes risalgono al 1882, quando il banchiere inviò Albert Gansl a Kimberley, il principale centro di estrazione dei diamanti, per avere una visione di prima mano. Nel giro di pochi mesi Gansl rilasciò a Nathaniel un rapporto in cui affermava che una miriade di piccole aziende, circa un centinaio, erano in competizione nell'estrazione mineraria e si rovinavano a vicenda. Presto, quindi, a Londra si pensò di fonderle. Fu così che Cecil Rhodes divenne l'uomo scelto da Lord Rothschild per realizzare i piani che portarono alla creazione, nel 1888, della

De Beers Consolidated Mines Ltd., attraverso la quale i Rothschild e gli Oppenheimer controllano oggi il 90% del mercato mondiale dei diamanti.

Per quanto riguarda le miniere d'oro del Witwatersrand, Cecil Rhodes compì un'incursione nel territorio del re Matebelé, Lobengula, per entrare da nord nel Transvaal, il cui confine è il fiume Limpopo. Con l'inganno fece firmare a Lobengula un trattato che concedeva alla Gran Bretagna un vasto territorio, sul quale Rhodes fondò la colonia della Rhodesia (oggi le repubbliche di Zimbabwe e Zambia). Nel gennaio 1888 scrisse una lunga lettera a Natty chiedendo il suo sostegno. Gli disse che aveva ottenuto dal re Lobengula una concessione per sviluppare gli "illimitati giacimenti d'oro" sull'altra sponda del fiume Limpopo. Era talmente convinto di avere l'appoggio di Lord Rothschild, presso la cui sede londinese aveva il suo conto corrente, che nel giugno 1888 modificò il suo testamento nominando Nathaniel Rothschild fiduciario di tutti i suoi beni, ad eccezione di 2.000 azioni della società De Beers, che lasciò ai suoi fratelli e sorelle. Niall Ferguson rivela che in una lettera allegata al testamento Rhodes disse a Natty che questo denaro doveva essere utilizzato per fondare quella che il suo biografo definì "una società di eletti per il bene dell'impero". Si tratta di un'allusione alla "Tavola rotonda". È chiaro che Cecil Rhodes vedeva in Nathaniel Rothschild l'uomo capace di realizzare la sua visione di un impero britannico globale. Alla fine dello stesso anno, Rhodes ripeté la sua richiesta di sostegno a Lord Rothschild in una nuova lettera, in cui spiegava che una volta controllati i territori del Re dei Matebelé, il resto sarebbe stato facile, perché si trattava di "un semplice sistema di villaggi con un capo separato in ciascuno e indipendente l'uno dall'altro".

Rhodes divenne Primo Ministro del Capo tra il 1890 e il 1896 e influenzò i partiti politici con il denaro, dato che la sua immensa fortuna personale aveva, secondo C. Quigley, "entrate annuali di almeno un milione di sterline". In seguito spinse dal potere per la colonizzazione della Rhodesia, dove i coloni inglesi ("uitlanders") iniziarono ad arrivare a partire dal 1890. Il suo passo successivo fu quello di cercare di convincere i boeri, il cui leader era Paul Kruger, ad accettare la riconciliazione per creare un Sudafrica più grande sotto il dominio coloniale britannico, ma non ebbe successo. Cecil Rhodes era deciso a intraprendere un piano di espansione e accerchiamento incompatibile con l'esistenza delle due repubbliche boere. Il risultato fu il già citato fiasco del Jameson Raid nel dicembre 1895, che portò alle dimissioni di Rhodes da primo ministro.

Il progetto di un Sudafrica più grande fu naturalmente accolto con favore dai Rothschild. Per iniziare la sua espansione nel territorio Matebelé, Rhodes creò la nuova Central Search Association, nata dall'unione di Rhodes con la Bechuanaland Exploration Company, fondata da Lord Gifford e George Cawston, e con il governo portoghese. Natty divenne presto un azionista di maggioranza e, quando nel 1890 la società divenne la United Concessions Company, Lord Rothschild aumentò la sua partecipazione. Già nel 1889, Nathaniel Rothschild era stato uno degli azionisti fondatori della British South Africa Company, anch'essa creata da Cecil Rhodes. In una lettera del gennaio 1992, citata da Niall Ferguson in *The House of Rothschild. The World's Banker 1844-1999*, l'impegno di "New Cort" (i Rothschild di Londra) nei confronti di Rhodes è espresso da Natty nei seguenti termini: "Il nostro primo e principale desiderio in relazione alle cose in Sudafrica è che tu rimanga a capo degli affari in questa colonia e che tu possa portare avanti la grande politica imperiale che è stata il sogno della tua vita. Credo che ci renderà giustizia ammettendo che l'abbiamo sempre sostenuta lealmente nella realizzazione di questa politica, e può stare certo che continueremo a farlo".

Per sostenere il loro agente, i Rothschild cercarono di convincere il governo portoghese a cedere la baia di Delagoa, il principale porto sulla costa del Mozambico, chiave strategica per il futuro del Transvaal. Durante i negoziati Natty propose di acquistare questa parte della costa mozambicana, ma i portoghesi resistettero alle pressioni. Rhodes cercò di negoziare da solo con l'inviato del governo portoghese, Luiz de Soveral, ma Soveral ribadì che non c'era nulla da fare. Nel suo delirio espansionistico, Rhodes si rammaricava, in una lettera del 1893, che Natty non avesse assunto una posizione più aggressiva e l'avesse addirittura pretesa: "Pensavo che avresti fatto del tuo meglio, dato che per diversi anni hai pensato correttamente che Delagoa è la chiave della nostra posizione in Sudafrica..... Temo che compreremo Delagoa Bay. La vogliamo e siamo pronti a pagarla". Convinto com'era del potere del denaro dei Rothschild, Rhodes non poteva accettare che il Portogallo non avesse intenzione di vendere.

L'arrivo in Sudafrica, nel 1897, di un altro protetto di Lord Rothschild, Alfred Milner, come alto commissario del governo, fu un fattore chiave nella scelta della guerra. Le atrocità commesse nei campi di concentramento furono dirette da questo sinistro personaggio, che dovrebbe passare alla storia come un criminale di guerra. Milner propose nel 1898 di ottenere il controllo delle repubbliche boere con la guerra. Lord Rothschild aveva una stretta relazione con Milner e gli scrisse per congratularsi calorosamente "per aver stabilito saldamente i domini di Sua Maestà in Sudafrica". Tuttavia, le prime sconfitte del corpo di spedizione britannico non tardarono ad arrivare e la presunta cavalcata militare costò alla fine la vita a 22.000 soldati britannici. Gli scrittori anti-imperialisti, il più importante dei quali fu John Atkinson Hobson, denunciarono pubblicamente che la guerra era stata combattuta nell'interesse di alcuni finanzieri che ambivano ai giacimenti di oro e diamanti. Preoccupato da queste critiche, Natty scrisse a Rhodes e lo avvertì: "Sii prudente nelle tue osservazioni sulla guerra e nei tuoi rapporti con le autorità militari. La tensione in questo Paese è ora molto alta. C'è una tendenza da entrambi i lati del Parlamento ad accusare i capitalisti e coloro che hanno interessi nelle miniere del Sudafrica per tutto ciò che sta accadendo. Sarebbe davvero spiacevole aggiungere benzina al fuoco...".

A proposito della Tavola Rotonda, Carroll Quigley afferma quanto segue in un paragrafo spesso citato:

> "Esiste, ed è esistita per una generazione, una rete anglofila che opera per far credere alla destra radicale nell'azione comunista. In realtà questa rete, che potremmo identificare come i gruppi della Tavola Rotonda, non è contraria a collaborare con i comunisti o con qualsiasi altro gruppo, e lo fa spesso. Conosco le operazioni di questa rete perché l'ho studiata per vent'anni e ho potuto esaminare per due anni, all'inizio degli anni Sessanta, i suoi documenti e le sue registrazioni segrete. Non ho alcuna avversione per essa o per la maggior parte dei suoi scopi, e ho trascorso gran parte della mia vita vicino ad essa e a molti dei suoi strumenti. Ho obiettato, sia in passato che di recente, ad alcune sue procedure. Ma in generale la mia principale divergenza di opinioni riguarda il suo desiderio di rimanere nascosta. Penso che il suo ruolo nella storia sia abbastanza significativo da essere conosciuto".

Cecil Rhodes ha scritto sette testamenti. L'ultimo istituisce le borse di studio Rhodes per studiare a Oxford, i cui beneficiari sono, tra gli altri, Henry Kissinger, Bill Clinton e il generale Wesley Clark. Dei sette, il più noto è il cosiddetto Testamento della Società Segreta. Nel 1891 Rhodes stesso e il suo più stretto collaboratore William T. Stead fondarono la Table Mountain. Il 24 luglio 1902, quattro mesi dopo la morte di Rhodes, alcuni membri del suo entourage presentarono la "Pilgrims Society". Infine, nel 1909, Alfred Milner, successore di Rhodes e anch'egli massone di 33° grado che deteneva il titolo di Gran Direttore della Gran Loggia Unita d'Inghilterra, fondò la Tavola Rotonda, i cui membri includevano Lord Rothschild, Lord Balfour, Lord Esher, Sir Harry Johnston e altri selezionati massoni di rito scozzese iniziati in Inghilterra. Lord Alfred Milner, il cui ruolo nel finanziamento della rivoluzione bolscevica sarà discusso più avanti, divenne l'uomo dei Rothschild dopo la scomparsa di Cecil Rhodes. Secondo il dottor John Coleman, la Tavola Rotonda, lo strumento onnicomprensivo del Comitato dei 300, consiste oggi in un labirinto di società, istituzioni, banche, istituti di istruzione d'élite e varie altre associazioni, il cui scopo è controllare le politiche fiscali e monetarie nei Paesi in cui opera. La Tavola Rotonda ha generato una rete di organismi globalisti che oggi esercitano il potere a livello internazionale: Royal Institute of International Affairs (RIIA), Council of Foreign Relations (CFR), Gruppo Bildelberg, Organizzazione Mondiale del Commercio (WTO), Commissione Trilaterale, Forum Economico Mondiale (Gruppo Davos), Tavistock Institute of Human Relations e altri.

Per concludere questo preambolo introduttivo al capitolo, resta solo da aggiungere che più di cento anni dopo le guerre dell'oro e dei diamanti in

Sudafrica, i Rothschild sono i padroni del mercato dell'oro e possono quindi manipolarne il prezzo secondo i loro interessi. È in un ufficio di N. M. Rothschild & Sons nella City di Londra che viene fissato quotidianamente il prezzo dell'oro sui mercati mondiali. D'altra parte, la famiglia Oppenheimer domina il mercato internazionale dei diamanti. L'attuale capo della famiglia è Nicholas Oppenheimer, succeduto al padre, Sir Harry Oppenheimer, nel 2000 e con uffici in Sudafrica.

Woodrow Wilson e il suo entourage di cospiratori sionisti

"Alcuni degli uomini più rinomati d'America, nel campo del commercio e dell'industria, hanno paura di qualcuno, hanno paura di qualcosa. Sanno che c'è un potere da qualche parte, così organizzato, così impercettibile, così vigile, così intrecciato, così persuasivo, che è meglio parlare piano quando lo condannano". Queste parole del Presidente Woodrow Wilson sull'esistenza di un potere occulto non giustificano in alcun modo le sue molteplici capitolazioni, ma servono solo a screditarlo ulteriormente, perché, sapendo benissimo di essere nelle mani degli agenti di quel potere organizzato e sapendo chi, perché e come lo stavano usando, si è sottomesso più volte.

Dopo il tentativo, inizialmente fallito, dei banchieri ebrei internazionali di istituire una banca centrale negli Stati Uniti, cioè il Federal Reserve System, il democratico Woodrow Wilson fu l'uomo scelto per la presidenza dai cospiratori sionisti, poiché il presidente William Howard Taft e i repubblicani si erano opposti alla proposta di legge introdotta al Senato da Nelson Aldrich, un uomo di J. P. Morgan, la cui figlia Abby era sposata con John D. Rockefeller. Poiché Taft era molto popolare e sembrava impossibile che perdesse le elezioni, si ricorse al vecchio schema di dividere il voto repubblicano. A tal fine, Teddy Roosevelt, che era già stato presidente repubblicano dal 1901 al 1909, si offrì volontario per sabotare il suo stesso partito e candidarsi contro Taft a capo del neonato Partito Progressista. Già prima delle elezioni, i promotori delle banche centrali avevano lanciato un'operazione per creare nell'opinione pubblica un clima favorevole all'idea della Federal Reserve. Due agenti di J. P. Morgan, Frank Munsey e George Perkins, fornirono il denaro e diressero l'operazione elettorale di Roosevelt. I principali finanziatori di Wilson, invece, erano i Rockefeller, uno dei cui agenti, Cleveland H. Dodge della National City Bank, incanalò i fondi e controllò la campagna. Altri finanziatori ebrei che sostennero Wilson con denaro furono Jacob Schiff, Henry Morgenthau e Bernard Baruch. Quest'ultimo, che contribuì con 50.000 dollari, sarebbe diventato l'uomo chiave durante l'imminente guerra e sarebbe stato successivamente il consigliere di tutti i presidenti fino a Eisenhower. Il fatto che Morgan sostenesse la campagna di Roosevelt non gli impedì di contribuire anche alla candidatura di Wilson. L'idea era di dare abbastanza sostegno a Roosevelt in modo che il voto repubblicano diviso consentisse al candidato democratico di batterli entrambi. La strategia funzionò e Wilson fu eletto 28° Presidente degli Stati Uniti.

Per assicurarsi che il Presidente Wilson avesse i consiglieri giusti, i banchieri che lo avevano messo al potere lo circondarono dei loro agenti, il più famoso dei quali era il colonnello Edward Mandell House (non aveva mai prestato servizio nell'esercito e la carica che ricopriva era solo onorifica). Mandell House era figlio di un ricco piantatore inglese che aveva rappresentato gli interessi dei Rothschild negli acquisti di cotone negli Stati del Sud durante la Guerra Civile. Il cognome Mandell non era paterno, ma fu dato a Edward dal padre per onorare un mercante ebreo di Houston che era un caro amico di famiglia. Quest'uomo, che Woodrow Wilson disse essere "il mio altro io", divenne il presidente virtuale, poiché il presidente reale era un burattino nelle sue mani. House fu il principale promotore del progetto della banca centrale e dell'imposta sul reddito. Il professor Charles Seymour, che ha curato *The Intimate Papers of Colonel House* (1926), afferma che Mandell House, che nei suoi diari riconosce la sua passione per l'esercizio segreto del potere, fu l'"angelo custode invisibile" del Federal Reserve Act. Era l'intermediario tra la Casa Bianca e i finanzieri. Il suo costante contatto per tutto il 1913 con Paul Warburg, il principale artefice della legge, è perfettamente documentato dallo stesso House nelle sue carte private. Il suo biografo, George Sylvester Viereck, afferma che "gli Schiff, i Warburg, i Rockefeller, i Morgan e i Kahn avevano fiducia in House".

L'anno in cui Woodrow Wilson, segretamente scelto dai cospiratori, fu eletto presidente, fu pubblicato un romanzo da Mandell House, che tra il dicembre 1911 e il gennaio 1912 trovò il tempo di scrivere *Philip Dru: Administrator* in six weeks, un libro che fu pubblicato in forma anonima. Si tratta di un'opera sfacciata e sconcertante in cui il più influente consigliere presidenziale della storia americana, l'alter ego del presidente del Paese capitalista per eccellenza, descrive come instaurare "il socialismo come lo aveva sognato Karl Marx". L'eroe, Philip Dru, un giovane laureato a West Point influenzato da Karl Marx, viene eletto leader di un movimento di massa per acclamazione. House descrive Dru come una figura messianica che arriva a Washington e, dopo aver preso il potere in modo totalitario, inizia a rimodellare la società. Emette un decreto secondo cui qualsiasi tentativo di ripristinare l'ordine costituzionale sarà considerato sedizioso e punibile con la morte. Dopo essersi proclamato "amministratore della Repubblica", il suo più grande risultato (e quello del presidente Wilson) è l'introduzione di "un'imposta graduata sul reddito che non esclude alcun reddito". Anche Marx, nel *Manifesto comunista*, chiedeva "una pesante imposta progressiva sul reddito". Anche nei *Protocolli* si chiede "un'imposta progressiva sulla proprietà". Il professor Seymur sottolinea che l'ideologia di House/Wilson/Dru era "la socialdemocrazia nello stile di Louis Blanc e dei rivoluzionari del 1848", cioè il marxismo rivoluzionario. L'insolita parola "amministratore" è una chiara allusione *ai Protocolli*, dove si fa riferimento agli "amministratori che sceglieremo". L'azione del romanzo abbraccia un periodo di tempo che va dal 1920 al 1935. Infatti il sottotitolo è *Una storia di domani, 1920-1935*.

Il capitolo XIV, intitolato "La creazione di un presidente", merita un breve commento, poiché rispecchia fedelmente ciò che accadde a Wilson, trasformando così il romanzo in un documento storico. In questo capitolo, un senatore di nome Selwyn si prepara a guidare la nazione con il pugno di ferro senza che ciò sia noto. Sembra chiaro che Selwin sia una trascrizione di Mandell House. Tanto che l'autore non ha resistito alla tentazione di dare un accenno alla sua identità e fa sì che Selwyn inviti l'uomo che ha scelto per essere il suo presidente-fantoccio a cenare con lui a Mandell House. Il romanzo descrive "un piano malvagio" ordito con John Thor, "il sommo sacerdote della finanza", in base al quale una "organizzazione compatta", che utilizza "il più infame tipo di inganno in relazione alle sue vere intenzioni e opinioni", deve "scegliere la sua creatura per la presidenza". Selwyn sceglie infine un certo Rockland "recentemente eletto governatore di uno Stato del Midwest" (Wilson), che dopo l'elezione, ebbro di potere e delle lodi dei sicofanti, agisce una o due volte da solo senza prima consultare Selwyn. Dopo essere stato amaramente ammonito, d'ora in poi "non fece più tentativi di indipendenza". Questo passaggio del romanzo coincide con il diario privato di House, in cui egli ricorda il suo rapporto con Wilson durante la campagna elettorale. In esso si legge che House esaminava i discorsi del candidato e gli ordinava di non prestare attenzione ad altri consigli. Ammettendo le indiscrezioni, Wilson promise di "non agire mai più in modo indipendente in futuro". Nel capitolo XV, intitolato "I cospiratori esultanti", Selwyn viene introdotto informando Thor del tentativo di Rockland di sfuggire alla sua servitù: "Quando gli raccontò di come Rockland avesse fatto un tentativo di libertà e di come lo avesse riportato indietro, vergognandosi della sua sconfitta, risero allegramente".

Woodrow Wilson aveva lasciato Princeton, dove era stato Cancelliere dal 1902, per diventare Governatore del New Jersey. Davanti a un pubblico di elettori, il rabbino sionista Stephen Wise dimostrò nel 1910 una sorprendente preveggenza del futuro: "Martedì", disse Wise, "il signor Woodrow Wilson sarà eletto governatore del vostro Stato. Non completerà il suo mandato come governatore. Nel novembre 1912 sarà eletto Presidente degli Stati Uniti. Sarà inaugurato come Presidente una seconda volta". Ulteriori indagini rivelarono che la fonte della misteriosa conoscenza del rabbino Wise era il colonnello House. Anni dopo, nella sua autobiografia *Challenging Years*, Stephen Wise si riferì a Mandell House come "Segretario di Stato non ufficiale". Non c'è dubbio che a Princeton Wilson fosse stato osservato da vicino in segreto; ma nel 1910 né Stephen Wise né Edward Mandell House, che fu presentato a Wilson il 24 novembre 1911, lo avevano ancora incontrato personalmente. In ogni caso, già nel dicembre 1911, durante la campagna elettorale, Wilson pronunciò un discorso sui diritti degli ebrei che conferma come egli fosse stato convenientemente indottrinato all'obbedienza al sionismo. "Non sono qui", disse, "per esprimere la nostra simpatia per i nostri compagni ebrei, ma per far emergere il nostro senso di identità con loro. Questa non è la loro causa, è la causa dell'America". Prima che Wilson assumesse la carica di presidente, Mandell House stilò, in collaborazione con Bernard Baruch, un'altra figura chiave della cospirazione, una lista di futuri ministri.

Nel suo libro *The International Jew*, Henry Ford dedica un capitolo a Bernard Baruch, che descrive come "il proconsole di Giuda in America". Ford sostiene che già nel 1915 Baruch sapeva che gli Stati Uniti sarebbero entrati in guerra due anni dopo. Nel 1915, quando la neutralità del Paese era sacra per l'opinione pubblica, fu istituita una Commissione consultiva presieduta da Bernard Baruch. Nel 1915 Baruch propose a Wilson la creazione di un Comitato di difesa nazionale e di un Consiglio per le industrie belliche. Paradossalmente, la principale promessa di Wilson durante la campagna per la rielezione del 1916 fu quella di tenere il Paese fuori dalla guerra. Anni dopo, durante le sessioni di controllo della Camera dei Rappresentanti, il deputato Jefferis chiese quali fossero i poteri di Baruch in questi organismi. La sua risposta fu la seguente: "Mi assunsi la responsabilità e fui io a decidere in ultima istanza cosa dovessero ricevere l'Esercito e la Marina, cosa dovesse essere dato alle ferrovie o agli Alleati, se le locomotive dovessero essere date al generale Allenby in Palestina o utilizzate in Russia o in Francia". Baruch ha registrato che trentacinque rami dell'industria erano sotto il suo controllo: "Decidevo io, in breve. In virtù della mia posizione, appartenevo a tutti i consigli di amministrazione, ed era mio compito ispezionarli". In altre parole, durante la guerra le decisioni sulle industrie, sulle materie prime e sui loro prezzi, sugli acquisti e sulle vendite, sui movimenti di capitale..., erano nelle mani di questo personaggio.

Il primo capitolo di questo libro ha presentato Benjamin H. Freedman, un miliardario ebreo che era presente alla Conferenza di Versailles e che ha disertato dall'ebraismo al cristianesimo nel 1945. Ci rivolgiamo nuovamente a lui per il resoconto di prima mano di un episodio che dimostra fino a che punto i cospiratori avessero in pugno il Presidente Wilson. In *La tirannia nascosta* Freedman spiega che dopo la sua prima elezione, nel 1912, il presidente ricevette la visita alla Casa Bianca di Samuel Untermayer, un importante avvocato ebreo di New York che aveva contribuito generosamente alla campagna che portò Wilson alla presidenza. Untermayer sarebbe poi passato alla storia per il suo famoso discorso, pubblicato integralmente sul *New York Times* il 7 agosto 1933, in cui invitava tutti gli ebrei del mondo alla "guerra santa" contro la Germania e a un "boicottaggio internazionale delle merci tedesche". Il motivo della visita non poteva essere più sgradevole. Untermayer era stato assunto da una donna che accusava Wilson di aver infranto una promessa di matrimonio. L'avvocato informò il presidente che il suo cliente era disposto ad accettare 40.000 dollari per ritirare la causa. La cliente di Untermayer era l'ex moglie di un professore dell'Università di Princeton, collega di Woodrow Wilson durante i suoi anni di insegnamento e di rettorato all'Università di Princeton. L'avvocato mostrò un pacchetto di lettere scritte da Wilson, che ne riconobbe la paternità dopo averle esaminate, in cui la relazione illecita era perfettamente dimostrata. Durante gli anni in cui Wilson era governatore del New Jersey, la sua ex amante aveva divorziato e si era sposata una seconda volta.

Wilson considerò una fortuna che il suo ex amore si fosse rivolto a Samuel Untermayer, perché se avesse consultato un avvocato repubblicano, la situazione sarebbe stata ancora più imbarazzante per lui. Il Presidente informò quindi l'avvocato che non aveva i soldi. Untermayer gli suggerì di riflettere attentamente sulla questione e promise di tornare a discuterne. Dopo qualche giorno, il Presidente Wilson ribadì che non poteva rispondere al ricatto perché non disponeva di una somma così elevata. Fu allora che l'avvocato Untermayer offrì una soluzione al problema: avrebbe pagato di tasca sua la somma richiesta dall'ex amante a una condizione: Wilson doveva promettere che, quando si sarebbe liberato il primo posto alla Corte Suprema degli Stati Uniti, avrebbe nominato la persona da lui raccomandata. Samuel Untermayer disponeva di un'enorme fortuna personale, poiché lo studio legale di New York di cui era socio anziano era tra i più grandi del Paese. Il Presidente accettò prontamente la generosa offerta e ringraziò Untermayer per quanto stava facendo.

Arrivò presto il giorno in cui si doveva nominare un nuovo membro della Corte Suprema e Untermayer propose Louis Dembitz Brandeis, ebreo sionista e talmudista, per il posto vacante. Mai prima di allora un talmudista era arrivato alla più alta istituzione giudiziaria del Paese. Benjamin Freedman osserva che "nel 1914 il giudice Brandeis divenne il sionista più importante e politicamente influente d'America. Brandeis era in una posizione unica per servire gli ebrei talmudici dentro e fuori l'America". I fatti dimostrarono presto la veridicità di questa valutazione, poiché il Presidente Wilson e il giudice Brandeis divennero insolitamente amici. Il giudice, che naturalmente non ignorava di aver ottenuto la carica tramite l'amico Untermayer, ascoltò persino il resoconto di Wilson sulle circostanze della sua nomina.

Sia Gershom Scholem che il rabbino Antelman forniscono informazioni sugli antenati frankisti di Louis D. Brandeis. Il nonno del giudice Brandeis, chiamato Dembitz, e il fratello di suo nonno, Gottlieb Wehle, erano prima shabbetaisti e poi frankisti. Anche la moglie del giudice Brandeis proveniva da una famiglia frankista: era la nipote di Gottlieb Wehle. Sappiamo già che i frankisti si sposavano tra loro. In ogni caso, in Louis Brandeis il frankismo era diventato sionismo radicale. Nel 1907 Jacob Schiff, il banchiere che finanziò la rivoluzione comunista in Russia, dichiarò che "non si può essere allo stesso tempo un vero americano e un onesto sostenitore del sionismo". Brandeis, da parte sua, sostenne che "per essere buoni americani, dobbiamo essere migliori ebrei, e per essere migliori ebrei dobbiamo diventare sionisti".

La creazione del Federal Reserve System

La storia della creazione della Federal Reserve è ben nota, ma forse il grande pubblico non sa come Eustace Mullins, l'autore che abbiamo citato in tutto questo libro, sia stato il primo a intraprendere la ricerca. Oggi esistono molte opere sulla Fed, ma il primo libro sull'argomento è apparso nel 1952 grazie a due discepoli di Ezra Pound, John Kasper e David Horton, che finanziarono con il proprio denaro la pubblicazione di *Mullins on the Federal Reserve*, poi pubblicato come *The Secrets of the Federal Reserve*. Lo stesso Mullins afferma nella prefazione che fu Ezra Pound, prigioniero politico in un ospedale per pazzi, a commissionare e dirigere l'opera. Pound, forse il più importante poeta americano del XX secolo, denunciò pubblicamente dai microfoni di Radio Roma che i banchieri ebrei internazionali erano i mandanti della Seconda Guerra Mondiale. Forse ci sarà occasione di approfondire la sua storia più avanti. Per ora è sufficiente sapere che, accusato di tradimento e antisemitismo dalle autorità, Pound fu rinchiuso senza processo in un ospedale psichiatrico. Eustace Mullins, autore anche di *Questo individuo difficile, Ezra Pound*, lo visitò regolarmente durante i tredici anni di degenza al St. Elizabeth's Hospital. Mullins spiega che un giorno del 1949 Pound gli chiese se avesse mai sentito parlare del Federal Reserve System. Alla sua risposta negativa, il poeta gli chiese se poteva fare delle ricerche presso la Biblioteca del Congresso e gli offrì dieci dollari alla settimana per alcune settimane per iniziare il suo lavoro. Le prime indagini rivelarono che i sospetti di Ezra Pound sull'esistenza di un piano segreto erano veri. Così arrivò l'incarico: "Dovete lavorarci come a un racconto poliziesco". Mullins racconta nella prefazione come si svolse il lavoro: "Facevo ricerche per quattro ore al giorno alla Biblioteca del Congresso e nel pomeriggio andavo al St. Elizabeth's Hospital. Io e Pound rivedevamo gli appunti del giorno precedente. Cenavo con George Stimpson alla Scholl's Cafeteria e lui supervisionava il mio materiale. Tornavo nella mia stanza per battere a macchina gli appunti corretti. Stimpson e Pound mi diedero molti suggerimenti per guidarmi in un campo in cui non avevo alcuna esperienza precedente".

Ciò che accadde in Germania in occasione della pubblicazione dell'opera di Eustace Mullins, edita da Guido Röder con il titolo *The Federal Reserve Conspiracy*, nel 1955, è stato discusso nella nota 29 del quinto capitolo. Come si ricorderà, Otto John, una spia comunista che ricoprì la carica di Direttore dell'Intelligence nella Germania Ovest, prima di trasferirsi nella Germania Est, confiscò e bruciò le diecimila copie dell'edizione del libro che denunciava i banchieri internazionali. In precedenza abbiamo visto come Edward Mandell House, agente dei banchieri che hanno creato il Federal Reserve System e cinghia di trasmissione tra questi e il Presidente Wilson, abbia scritto il libro *Philip Dru: Administrator*, in cui aspirava al "socialismo sognato da Karl Marx". I paradossi sono antitesi superate; tuttavia, è estremamente difficile capire questi paradossi, cioè come si può essere contemporaneamente sostenitori del comunismo e del capitalismo? Nelle pagine seguenti continueremo a esplorare questa domanda.

La storia della creazione della Federal Reserve inizia la notte del 22 novembre 1910 alla stazione ferroviaria di Hoboken, nel New Jersey, dove un gruppo di cronisti vide alcuni finanzieri salire su un treno con una carrozza sigillata e dotata di serrande blindate che partiva per una destinazione sconosciuta. Il senatore Nelson Aldrich, un insider che presiedeva la Commissione monetaria nazionale, creata nel 1908 dopo il panico del 1907[41] , era a capo dell'entourage che, oltre alla sua segretaria, comprendeva Frank Vanderlip, presidente della National City Bank of New York di Rockefeller; Henry P. Davison, socio ed emissario personale di J. P. Morgan, che era il membro più anziano della Commissione monetaria nazionale. P. Morgan, che era il più importante agente americano dei Rothschild inglesi; Charles D. Norton, presidente della First National Bank of New York, dominata da Morgan; Benjamin Strong, noto come luogotenente di J. P. Morgan; Paul Warburg, socio di Kuhn, Loeb; e A. Piat Andrew, assistente segretario del Tesoro. Solo in seguito emerse che la destinazione era Jekyll Island, mille miglia a sud, in Georgia, di proprietà di un gruppo esclusivo di milionari che l'avevano acquistata come rifugio invernale. La segretezza dell'incontro era evidente, dato che gli abituali servitori di Jekyll erano stati sostituiti da altri portati dall'Europa per l'occasione. Inoltre, i membri della riunione avevano deciso di usare solo i nomi di battesimo nelle loro conversazioni e di rinunciare all'uso dei cognomi.

Questo gruppo, che rappresentava gli uomini più potenti del mondo, soggiornò al club di Jekyll Island per nove giorni. Il loro obiettivo era quello di illuminare una legge che avrebbe protetto le banche private che

---

[41] Il panico del 1907, come tutti i panici, fu un panico provocato, che si verificò perché le grandi banche di riserva di New York si rifiutarono di fornire denaro alle loro banche depositarie nel resto del Paese, che allo stesso tempo avevano bisogno di liquidità per pagare i loro depositanti. John Pierpont Morgan fu uno dei banchieri più coinvolti nell'operazione, in quanto causò il fallimento della sua rivale, la Knickerbocker Trust Co, che trascinò al collasso più di 200 banche. La crisi, annunciata qualche mese prima dallo stesso Morgan in una conferenza alla Camera di Commercio di New York, in cui chiedeva la creazione di una banca centrale, era dovuta alla mancanza di denaro in circolazione e a un metodo inadeguato per aumentare l'offerta di moneta. Si era quindi diffusa la richiesta di modificare il sistema in modo da avere un volume di denaro adeguato a soddisfare le esigenze del commercio. Il Congresso nominò quindi una commissione, denominata Commissione monetaria.

progettavano di assumere il controllo dell'emissione monetaria della nazione. Ricordiamo ancora una volta la famosa frase di Mayer Amschel Rothschild: "Datemi il controllo sulla moneta di una nazione e non mi interessa chi ne fa le leggi". Se questa legge potesse essere approvata, il diritto di stampare moneta senza limiti, di controllarne l'offerta e il prezzo e di prestarla a interesse, anche allo stesso governo, sarebbe nelle mani del cartello della Federal Reserve (nel 2013 il debito nazionale statunitense era di 16.000 miliardi di dollari, il 40% dei quali è costituito da interessi da pagare alla Fed). L'uomo più tecnico, la vera mente dietro il piano di creazione di questa banca centrale era Paul Warburg, originario di Francoforte sul Meno, la città natale del fondatore della dinastia Rothschild. I Warburg iniziarono già nel 1814 a lavorare per i Rothschild ad Amburgo, ma fu solo nel 1830 che vennero stabilite transazioni e relazioni strette tra loro su base regolare.

Paul Warburg era arrivato negli Stati Uniti nel 1902 con il fratello Felix, mentre il fratello Max, che nel 1917 sarebbe diventato il finanziatore di Trotsky, era rimasto in Germania. Paul sposò Nina Loeb, figlia di Salomon Loeb della Kuhn, Loeb & Co. Felix sposò Frieda Schiff, figlia di Jacob Schiff, che finanziò anche Trotsky in particolare e i bolscevichi in generale. Nel XVIII secolo gli Schiff e i Rothschild avevano condiviso la famosa casa "Judengasse" (passaggio ebraico) a Francoforte. Si pensa che sia stato con i soldi dei Rothschild che Schiff abbia acquistato la società di Kuhn, la Loeb. Dal 1907 Paul Warburg aveva dedicato parte del suo tempo a scrivere e tenere conferenze sulla necessità di una riforma bancaria. Nelson Aldrich aveva lavorato al suo fianco. Fu Aldrich che, sostenendo che il pubblico già associava il suo nome alla riforma monetaria, insistette affinché il suo nome fosse associato alla legge. Così la riunione di Jekyll Island produsse il rapporto della Commissione monetaria e l'Aldrich Act. Tuttavia, collegare il suo nome alla norma giuridica era controproducente, poiché il suo patrocinio era troppo legato a Morgan e agli interessi dei banchieri internazionali. Warburg voleva evitare qualsiasi allusione alla "Banca Centrale" e aveva proposto di chiamare la legge "Federal Reserve System", nome che alla fine sarebbe prevalso quando l'Aldrich Act fallì.

Non appena i partecipanti al lavoro di Jekyll tornarono a New York, nella primavera del 1911 fu lanciata una campagna di propaganda nazionale a favore del "Piano Aldrich". Le università di Princeton, Harvard e Chicago, quest'ultima dotata di milioni di dollari da John D. Rockefeller, furono i luoghi da cui si sviluppò la strategia che diede origine alla "Lega nazionale dei cittadini per la promozione di un sistema bancario solido". Il Piano Aldrich fu presentato al Congresso come risultato di tre anni di lavoro e di studio da parte della Commissione monetaria nazionale; ma, nonostante le campagne di propaganda e il sostegno della stampa, incontrò una forte opposizione guidata da William Jennings Bryan e da Charles Lindbergh senior, padre del famoso aviatore che attraversò l'Atlantico in solitaria con un volo non-stop da New York a Parigi. Inoltre, il presidente William Howard Taft non era disposto a firmare l'Aldrich Act. Il 15 dicembre 1911, il deputato Charles Lindbergh denunciò il Piano Aldrich come "il piano di Wall Street, semplicemente un piano nell'interesse del Trust". Anche al Senato, Robert M. LaFollete denunciò pubblicamente che un "trust" di cinquanta persone controllava gli Stati Uniti.

Il Congresso cercò di placare il sentimento popolare contro l'Aldrich Act creando una commissione per indagare sul controllo del denaro e del credito. La commissione Pujo, guidata dal deputato Arsene Pujo, fu costituita nel 1912. Le audizioni durarono cinque mesi e produssero seimila pagine e quattro volumi di dichiarazioni dei banchieri che si presentarono davanti alla commissione; ma da queste sessioni non emerse nulla di chiaro, poiché i finanzieri insistevano solo sul fatto di aver sempre operato nell'interesse pubblico. Samuel Untermayer fu nominato consulente speciale del Comitato Pujo e il suo lavoro fu più ostruzionistico che utile. Quando Jacob Schiff si presentò per testimoniare, l'interrogatorio di Untermayer gli permise di parlare e parlare senza chiarire le operazioni della Kuhn, Loeb & Co, che il senatore Robert L. Owen aveva identificato come rappresentante dei Rothschild europei negli Stati Uniti. Prima del panico provocato nel 1907, Jacob Schiff aveva fatto la seguente dichiarazione alla Camera di Commercio di New York: "Se non abbiamo una banca centrale che sorvegli sufficientemente i fondi di credito, questo Paese vivrà la crisi più grave e profonda della sua storia". Eustace Mullins ritiene che il Comitato Pujo si sia rivelato una farsa.

Alla fine, l'Aldrich Act fu presentato con il nome di Federal Reserve Act, che era stato proposto da Paul Warburg durante le riunioni di Jekyll Island. Con la strategia sopra descritta, nel novembre 1912 si tennero finalmente le elezioni che avrebbero sbloccato la situazione. Con Wilson in carica, il processo fu guidato da Mandell House, che per tutto il 1913 si comportò spudoratamente come un agente di Paul Warburg. Nel libro *Mullins on the Federal Reserve*, tratto dalle carte private di House, vengono datati gli incontri tra i banchieri e il loro uomo alla Casa Bianca. Ecco alcuni dei resoconti del "colonnello" sui suoi colloqui con i banchieri:

> "13 marzo 1913. Warburg e io abbiamo avuto una discussione privata sulla riforma della moneta.
> 27 marzo 1913. Il signor J. P. Morgan Jr. e il signor Denny, della sua azienda, sono arrivati prontamente alle cinque. McAdoo arrivò quasi dieci minuti dopo. Morgan aveva già preparato un piano finanziario. Ho suggerito di scriverlo a macchina, in modo che non sembrasse preordinato, e lo ha inviato a Wilson oggi.
> 23 luglio 1913. Ho cercato di mostrare al maggiore Quincey (di Boston) la stupidità dei banchieri orientali nell'adottare un atteggiamento contrario al progetto monetario....

13 ottobre 1913. Paul Warburg è stato il mio primo visitatore oggi. È venuto a discutere del progetto del denaro... 17 novembre 1913. Paul Warburg ha telefonato per parlare del suo viaggio a Washington. Poi lui e il signor Jacob Schiff si sono intrattenuti per qualche minuto. Warburg ha sostenuto il peso maggiore della conversazione. Aveva un nuovo suggerimento riguardo al raggruppamento delle banche... in relazione al Federal Reserve Board".

Si avvicina così il dicembre 1913. *Il New York Times*, il cui proprietario, Adolph Simon Ochs, era un ebreo sionista di origine tedesca, dedicò un editoriale per esaltare le eccellenze del nuovo sistema: "New York sarà su una base più solida di crescita finanziaria e presto la vedremo diventare il centro monetario del mondo". Infine, lunedì 22 dicembre, lo stesso giornale annunciava l'imminente approvazione della legge sul denaro e alludeva alla "rapidità senza precedenti" con cui entrambe le Camere si erano accordate. Per una questione di cortesia parlamentare, era tradizione non votare su importanti progetti legislativi durante la settimana di Natale, ma questa consuetudine fu infranta per far approvare la legge sulla Federal Reserve il 22. A tal fine, la Conferenza parlamentare si riunì in seduta plenaria per discutere di un'altra legge. A tal fine, la Commissione parlamentare di conferenza si riunì tra l'1.30 e le 4.30 del mattino, mentre i parlamentari dormivano, e la legge fu votata il giorno successivo, anche se molti membri del Congresso erano già partiti per le vacanze di Natale e quelli rimasti avevano avuto appena il tempo di studiarla e conoscerne il contenuto.

Il New York Times ha dedicato solo una frase al discorso critico del deputato Lindbergh. Eustace Mullins offre una citazione significativa del suo discorso al Congresso: "Questa legge crea il più gigantesco Trust della terra. Quando il Presidente firmerà questa legge, il governo invisibile attraverso il potere del denaro sarà legalizzato. Il popolo potrebbe non accorgersene subito, ma il giorno della resa dei conti è solo a pochi anni di distanza. I trust si renderanno presto conto di essersi spinti troppo oltre anche per il loro stesso bene. Il popolo deve fare una dichiarazione di indipendenza per liberarsi dal potere monetario. Questo può avvenire prendendo il controllo del Congresso. Wall Street non potrà truffarci se voi Senatori e Rappresentanti non farete del Congresso una farsa...". Il regista della strategia per l'approvazione della legge nel periodo natalizio era stato ancora una volta Paul Warburg, il quale, rinchiuso in un ufficio del Campidoglio, riceveva costantemente deputati e senatori per dare loro istruzioni. Il risultato della votazione al Congresso fu di 298 voti a favore della legge e 60 contrari. Al Senato, 43 senatori votarono a favore e 25 contro. Il 23 dicembre 1913 Wilson firmò il Federal Reserve Act. Il 24 dicembre Jacob Schiff, il più importante rappresentante del sindacato bancario Rothschild, scrisse a Edward Mandell House in questi termini: "Mio caro colonnello House: desidero dirle una parola per il lavoro silenzioso, ma indubbiamente efficace, che ha svolto nell'interesse della legislazione monetaria e congratularmi con lei per il provvedimento. Con i miei migliori auguri, vostro fedele, Jacob Schiff".

L'articolo 1, sezione 8, paragrafo 5 della Costituzione degli Stati Uniti attribuisce espressamente al Congresso il "potere di coniare moneta e di regolarne il valore". Il Federal Reserve Act fu un attacco diretto alla sovranità del Congresso, cioè del popolo americano. Nel 1935 la Corte Suprema degli Stati Uniti ha stabilito che il Congresso non può costituzionalmente delegare il proprio potere a un altro gruppo o organismo. I membri del Congresso, quindi, approvando il Federal Reserve Act hanno violato la Costituzione che avevano giurato di preservare. Il dottor Quigley spiega perfettamente in *Tragedia e speranza* la portata dell'operazione perpetrata dai banchieri ebrei internazionali e dai loro agenti. Secondo lui, il loro intento era quello di usare il potere della Gran Bretagna e degli Stati Uniti per costringere la maggior parte dei Paesi a operare "attraverso banche centrali libere dal controllo politico, con tutte le questioni relative alla finanza internazionale concordate da queste banche centrali senza alcuna interferenza da parte dei governi". Caroll Quigley sostiene che le vere dimensioni dell'intero piano possono essere pienamente apprezzate quando si comprende che l'obiettivo di vasta portata di queste dinastie bancarie era: "... niente di meno che creare un sistema mondiale di controllo finanziario in mani private, in grado di dominare il sistema politico di ogni paese e l'economia del mondo nel suo complesso. Questo sistema doveva essere controllato dalle banche centrali del mondo, che dovevano agire di concerto, attraverso accordi segreti raggiunti durante riunioni e conferenze private. Il vertice del sistema doveva essere la Banca dei Regolamenti Internazionali di Basilea, in Svizzera, una banca privata posseduta e controllata dalle banche centrali del mondo, che erano allo stesso tempo società private". Sulla Banca dei Regolamenti Internazionali (BRI) si potrebbe fare una lunga rassegna. La sua esistenza è sconosciuta alla maggior parte dei mortali. Fondata nel 1930, è un'entità ermetica e inviolabile che non risponde ad alcun potere politico. La BRI è all'apice del potere: è la banca centrale delle banche centrali che la compongono.

In un'apparizione davanti al Banking and Money Committee nel 1913, Paul Warbug dichiarò che uno degli obiettivi del Federal Reserve Act era la "mobilitazione del credito". La guerra mondiale iniziò sette mesi dopo l'approvazione della legge e il primo compito del Federal Reserve System fu quello di finanziarla. I Paesi europei coinvolti nel conflitto finirono per avere un debito di 14.000 miliardi di dollari nei confronti delle Reserve Banks. Si stima che l'élite finanziaria internazionale abbia guadagnato 208.000 miliardi di dollari dalla guerra. Henry Ford osserva in *L'ebreo internazionale* che il 73% dei nuovi milionari di New York emersi a seguito della guerra erano ebrei, il che non sorprende se si considera che era Bernard Baruch ad avere in mano la vita o la morte delle industrie e il controllo delle "priorità" nel movimento dei capitali.

Cinquant'anni dopo, il 4 giugno 1963, Kennedy emanò l'ordine presidenziale EO 11110, che conferiva al Presidente l'autorità di emettere moneta. Ordinò quindi al Tesoro degli Stati Uniti di stampare 4 miliardi di dollari in banconote per sostituire quelle della Federal Reserve. Il suo intento era quello di riprendersi il potere che era stato illegalmente usurpato dal Congresso. Egli intendeva sostituire gradualmente i dollari emessi dalla Federal Reserve con la nuova valuta. Pochi mesi dopo l'entrata in vigore del piano, il presidente Kennedy fu assassinato a Dallas. Non appena Lyndon B. Johnson entrò in carica, l'ordine presidenziale di Kennedy fu revocato e il vecchio potere del cartello fu ripristinato. L'assassinio fu senza dubbio un avvertimento molto serio per qualsiasi altro presidente che avrebbe potuto concepire un piano simile in futuro.

PARTE 2
IL SIONISMO E LA PRIMA GUERRA MONDIALE

I quattro anni della Prima guerra mondiale hanno visto una carneficina senza precedenti in Europa, seguita da un decennio di caos, miseria e oppressione. Gli Asburgo, i Romanov e gli Hohenzollern, tre potenti dinastie cristiane europee, scomparvero in un colpo solo a causa della guerra. Se questo fu importante e significativo per il futuro dell'Europa, il trionfo della Rivoluzione bolscevica fu un evento ancora più epocale. La caduta della Russia nelle mani degli agenti dei banchieri ebrei internazionali e l'insediamento al potere, con l'acquiescenza di Stati Uniti e Gran Bretagna, di un'ideologia criminale e totalitaria, avrebbero segnato l'umanità per tutto il XX secolo. Questo era il risultato spettacolare che gli Illuminati avevano desiderato da quando Adam Weishaupt aveva lanciato la sua cospirazione contro tutte le religioni e i governi d'Europa. Poi c'è stata la Rivoluzione dei Giovani Turchi, che ha dato vita alla Turchia moderna dopo la dissoluzione dell'Impero Ottomano. Kemal Ataturk e i Giovani Turchi non erano solo massoni ma anche "Doenmes", cioè cripto-giudei che si erano apparentemente convertiti all'Islam, pur continuando a praticare la loro religione ebraica. Furono responsabili del genocidio di 1,5 milioni di cristiani ortodossi armeni nel 1915-16. Tutti questi eventi fanno della Prima guerra mondiale uno degli episodi più decisivi della storia. Da essa nacquero il comunismo e il sionismo, due terrificanti teste dello stesso mostro che li aveva pazientemente concepiti per tutto il XIX secolo.

L'atmosfera in Europa si avvelenò sempre più dopo che i Giovani Turchi spodestarono il sultano Abdul Hamid II dal potere. La guerra italo-turca iniziata in Libia nel 1911 fu seguita, tra il 1912 e il 1913, dalle guerre nei Balcani: la prima contrappose l'Impero Ottomano a una lega balcanica composta da Montenegro, Bulgaria, Grecia e Serbia; nella seconda, i partner della coalizione si affrontarono tra loro. La Russia e l'Impero austro-ungarico, i cui interessi si sovrapponevano, erano stati lasciati in disparte, ma era chiaro che chi voleva provocare un'esplosione aveva lo scenario più propizio nell'area. Inoltre, nel 1872, un ingegnere tedesco, Wilhelm von Pressel, aveva ideato il progetto dell'"Orient Express", che gli inglesi non vedevano di buon occhio perché avrebbe messo a rischio la loro vecchia linea imperiale: Gibilterra, Malta, Port Said, Suez, Aden, Ceylon, Hong Kong. Se la Germania o qualsiasi altra nazione desiderava commerciare con i Paesi dell'Est, o semplicemente entrare o uscire dal Mediterraneo con le proprie navi, doveva avere il permesso degli inglesi, che potevano chiudere il Mare Nostrum grazie al controllo del Canale di Suez e della fortezza di Gibilterra. Nel 1888 la Germania aveva ottenuto il permesso dai turchi e intendeva collegare Berlino e Baghdad attraverso una linea ferroviaria fino al Golfo

Persico, dove era prevista la costruzione di un porto che avrebbe portato i tedeschi nell'Oceano Indiano.

In questo contesto, giornalisti e pamphlet in tutta Europa, al servizio dei gruppi finanziari, preparavano l'opinione pubblica all'imminente guerra. La potente *Neue Freie Press*, controllata dai Rothschild, nemici giurati degli zar, aizzava tedeschi e austro-ungarici contro la Russia, accusata di essere responsabile delle guerre nella penisola balcanica. D'altra parte, le organizzazioni ebraiche Poale Zion e Bund promuovevano con la loro propaganda l'odio anti-Tsar nella Russia meridionale e in Polonia. Per completare il quadro, va ricordato che il capo dello spionaggio tedesco durante la guerra era l'ebreo Max Warburg, fratello di Paul Warburg, e che il cancelliere tedesco tra il 1909 e il 1917 era Theobald von Bethmann-Hollweg, un altro ebreo legato ai Rothschild di Frankfort am Main, città in cui si era sempre generato un sentimento anti-russo. Bethmann-Hollweg non poté o non volle opporsi ai finanzieri ebrei tedeschi che volevano smembrare l'impero russo. Bismarck, che considerava l'integrità dell'impero russo indispensabile alla prosperità della Germania, era stato molto diverso al riguardo. Pubblicamente si era espresso così: "Il mantenimento del governo monarchico a San Pietroburgo è per noi tedeschi una necessità che coincide con il mantenimento del nostro regime.... Se le monarchie non comprendono la necessità di resistere insieme nell'interesse dell'ordine politico e sociale, temo che i problemi rivoluzionari e sociali internazionali che dovranno essere affrontati saranno molto pericolosi....". Bismarck era ben consapevole della profondità del movimento rivoluzionario, motivo per cui aveva persino sostenuto la necessità di un "Dreikaiserbund" (lega dei tre imperatori).

Se consideriamo chi furono i principali beneficiari della catastrofe, dobbiamo convenire che, ancora una volta, coloro che si arricchirono di più furono i soliti banchieri e usurai, che finanziarono entrambe le parti. Questi stessi banchieri, attraverso l'uso dei giudeo-bolscevichi, hanno perpetrato in Russia una rapina senza precedenti, il più grande saccheggio della storia. Nelle pagine seguenti forniremo dati e argomenti a favore di questa tesi, senza trascurare gli aspetti ideologici utilizzati per manipolare, gestire e usare senza pietà le grandi masse, sacrificate agli interessi di personaggi occulti.

I Buoni Muratori e l'assassinio di Sarajevo

Quando l'arciduca Francesco Ferdinando d'Austria, erede dell'Impero austro-ungarico, e sua moglie furono assassinati a Sarajevo il 28 giugno 1914, coloro che favorirono il crimine sapevano di aver creato l'innesco che avrebbe scatenato la Prima Guerra Mondiale. Il 15 settembre 1912, Mons. Jouin, direttore della *Revue Internationale des Sociétés Secrètes*, annunciò con due anni di anticipo che i massoni avevano condannato a morte l'arciduca. Monsignor Jouin predisse che forse un giorno sarebbero state chiarite le seguenti parole sull'erede austriaco, pronunciate da un massone svizzero di alto rango: "È un uomo straordinario; è un peccato che sia stato condannato, morirà prima di salire al trono". Il conte Ottokar von Czernin, ministro degli Esteri austro-ungarico tra il 1916 e il 1918, nella sua opera *Im Welt Kriege* (Nella *guerra mondiale*) rivela che l'arciduca stesso sapeva che sarebbe morto: "L'arciduca sapeva perfettamente che il pericolo di un attacco era imminente. Un anno prima della guerra mi confessò che la Massoneria aveva deciso la sua morte. Mi disse anche la città in cui tale decisione era stata presa e fece i nomi di diversi politici ungheresi e austriaci che probabilmente ne erano a conoscenza".

Si può dire che la sorte dell'arciduca fosse nota in tutta Europa. Tutto lascia pensare che i criminali siano stati usati da cospiratori che volevano la guerra a tutti i costi. In *Sotto il segno dello scorpione*, l'estone Jüri Lina cita Yuri Begunov, le cui opere non sono state tradotte. Questo autore russo rivela che nella primavera del 1914 Trotsky si recò a Vienna come membro della Gran Loggia di Francia per incontrare un fratello massone di nome V. Gacinovic e discutere i piani per l'assassinio di Francesco Ferdinando d'Austria. Secondo Begunov, Radek e Zinoviev, altri due leader comunisti ebrei e massoni, erano al corrente di quanto si stava preparando. Un'altra soffiata sul fatto che l'arciduca sarebbe stato ucciso arrivò l'11 luglio 1914 con la comparsa di un documento sul *John Bull*, un giornale di proprietà di Horatio Bottomley, un finanziere, politico e giornalista britannico che nel 1888 aveva fondato il *Financial Times*. Nel suo giornale Bottomley pubblicò un testo ottenuto dal Consolato serbo di Londra e datato 14 aprile 1914. Il documento era scritto in ladino, la lingua parlata dagli ebrei sefarditi. Offriva 2.000 sterline per l'"eliminazione" dell'arciduca. Il professor Robert William Seton-Watson in *German, Slav, and Magyar: A Study in the Origins of the Great War* fa riferimento a questo testo pubblicato su *John Bull* e chiarisce per i profani che il ladino era un dialetto dello spagnolo parlato dagli ebrei di Salonicco. Seton-Watson aggiunge che l'uomo che cercò di vendere il documento a vari giornali londinesi, finché non fu accettato da Horatio Bottomley, era un ebreo legato al Comitato per l'Unione e il Progresso, che dipendeva dalle logge ebraiche di Salonicco, le quali erano sotto il controllo del Grande Oriente d'Italia, che a sua volta dipendeva dal Grande Oriente di Francia. È documentato un trasferimento di 700.000 franchi da Parigi a Roma attraverso il Grande Oriente da parte dell'Alleanza Israelitica Universale. Questo denaro potrebbe aver finanziato l'assassinio di Sarajevo.

I fatti sono noti. L'arciduca arrivò in visita ufficiale a Sarajevo, una città della Bosnia-Erzegovina vicina al confine serbo. Lui e la moglie erano sui sedili posteriori di un'automobile. Davanti a loro era seduto il generale Potiorek, mentre il conte Harrach era accanto all'autista. L'auto procedeva lentamente in direzione del municipio. Tra la popolazione si mescolavano Cabrinovic, Princip e Grabez, i tre fanatici più determinati tra gli otto assassini armati di bombe e pistole. Sul ponte della Cumurja, Cabrinovic lanciò una bomba che colpì l'auto ed esplose a terra. Gli occupanti dell'auto dietro di lui e diverse persone rimasero ferite. L'auto dell'arciduca si fermò per controllare i feriti, ma il programma non fu sospeso e il corteo proseguì verso il Municipio. Dopo il ricevimento, la coppia si recò all'ospedale per visitare i feriti. Durante il viaggio, il conte Harrach, per proteggere Sua Altezza, si è posizionato sul gradino alla sinistra del veicolo. All'angolo di via Francesco Giuseppe , l'auto si fermò proprio davanti a uno degli assassini, il giovane ebreo Gavrilo Princip, che sparò all'arciduca da distanza ravvicinata con una pistola automatica finché il caricatore non fu vuoto. L'arciduchessa Sophie , nel tentativo di proteggerlo, intervenne con una reazione istintiva e cadde gravemente ferita sulle spalle del marito. Il conte Harrach sentì Francesco Ferdinando dire con tenerezza: "Sophie, Sophie, non morire, vivi per il bene dei nostri figli". L'arciduca continuò a stare in braccio alla moglie, mentre un po' di sangue gli affiorava sulle labbra. "Non è niente, non è niente", disse più volte con voce flebile al conte Harrach prima di perdere i sensi. Il palazzo del governatore fu raggiunto ed entrambi i corpi furono portati su un letto al primo piano, ma i medici che arrivarono in fretta li trovarono già morti. La tragedia era appena iniziata: negli anni a venire, milioni di persone sarebbero morte di morte violenta sotto i proiettili a causa di quei primi colpi.

In *Massoneria e giudaismo. I poteri segreti dietro la Rivoluzione*, il visconte Léon de Poncins riproduce alcuni estratti dell'interrogatorio a cui i criminali furono sottoposti durante il processo, tenutosi nell'ottobre dello stesso anno. Il processo ai membri della "Mano Nera", come veniva chiamata la società segreta, passò inosservato a causa del tumulto della guerra e del silenzio interessato della stampa. Uno degli assassini, Cabrinovic, dichiarò con nonchalance ai giudici del tribunale militare che "nella Massoneria è permesso uccidere". Nella sua dichiarazione Cabrinovic alludeva a un leader massonico di nome Casimirovic, che andava e veniva, che sarebbe stato l'uomo in contatto con la presunta leadership che coordinava l'assassinio, il corriere che trasmetteva gli ordini a coloro che si erano offerti di eseguire l'assassinio. Cabrinovic ha anche fatto riferimento a un certo Ciganovic, che gli aveva detto che due anni fa, e questo conferma pienamente la rivelazione di monsignor Jouin, la Massoneria aveva condannato a morte l'erede al trono austriaco, ma che non aveva trovato persone disposte a eseguire la sentenza. C'è un fatto interessante nella dichiarazione che ci permette di ipotizzare che Casimirovic fosse in contatto con leader ebrei e che lui stesso potesse esserlo. Cabrinovic ha raccontato al giudice che quando Ciganovic gli aveva consegnato la pistola automatica e le munizioni, aveva commentato che Casimirovic veniva da Budapest, dove era stato in contatto con certi ambienti. È noto che in quegli anni il novanta per cento dei massoni ungheresi erano ebrei. I documenti di costituzione della Gran Loggia Simbolica di Budapest nel 1905 riportano la data del calendario dell'era ebraica, cioè il 5885. Le parole d'ordine e il testo dei giuramenti prestati dai membri della loggia erano scritti in lingua ebraica. Anche i nomi dei membri di questa loggia dimostrano l'origine ebraica dei massoni ungheresi. [42]

Un altro brano riprodotto da Léon de Poncins contiene un breve dialogo tra il presidente del tribunale e il giovane Gavrilo Princip, l'autore della sparatoria. La citazione permetterà al lettore di apprezzare il tono dell'interrogatorio.

"Il Presidente: Ha parlato di massoneria con Ciganovic?
Princip (insolentemente): Perché me lo chiede?
Il Presidente - lo chiedo perché ho bisogno di saperlo - ne ha parlato con lui o no?
Princip.- Sì, Ciganovic mi ha detto di essere un massone.
Quando il Presidente le ha detto questo?
Principato: Me lo ha detto quando gli ho chiesto dei mezzi per compiere l'assassinio. Aggiunse che avrebbe parlato con una certa persona e che avrebbe ricevuto i mezzi necessari. In un'altra occasione mi disse che l'erede al trono era stato condannato a morte in una loggia massonica.
Il Presidente: E lei è anche massone?
Principio: Perché questa domanda? Non risponderò (dopo un breve silenzio) No. (dopo un breve silenzio) No.
Il Presidente: Cabrinovic è massone?
Princip.- Non lo so. Forse lo è. Una volta mi ha detto che stava per entrare in una loggia".

Tre degli imputati condannati a morte furono impiccati il 2 febbraio 1915. Princip, Cabrinovic e Grabez, avendo meno di vent'anni, furono condannati a vent'anni di reclusione. Gli ultimi due morirono in carcere.

Responsabilità per lo scoppio della guerra, un'opera della Massoneria

Questo paragrafo non sarebbe necessario senza l'articolo 231 del Trattato di Versailles, che costrinse la Germania ad ammettere di essere l'unica responsabile della guerra. Questo articolo recita esattamente: "Gli Alleati e i Governi associati affermano e la Germania accetta la

---

[42] Dopo la fine del regime di Bela Kuhn in Ungheria, noto come "Terrore Rosso", le autorità vietarono la Massoneria. Nel 1921, Mons. Jouin pubblicò *Le péril judéo-maçonnique*, un'opera in cinque volumi contenente i documenti segreti trovati nelle logge di Budapest. Il volume sulla Massoneria in Ungheria è diviso in tre parti. La prima, intitolata *I crimini della Massoneria*, scritta da Adorjan Barcsay, contiene un gran numero di documenti delle logge sciolte nel 1920. La seconda parte, scritta da Joseph Palatinus, è intitolata *I segreti della Loggia Provinciale*. Spiega come l'opera segreta di distruzione massonica in Ungheria abbia portato alla rivoluzione d'ottobre del 1918 e al comunismo del 1919. La terza parte contiene un elenco dei membri delle logge massoniche ungheresi, da cui risulta che il novanta per cento dei massoni ungheresi erano ebrei.

responsabilità della Germania e dei suoi Alleati per aver causato tutte le perdite e i danni che gli Alleati e i Governi associati e i loro cittadini hanno subito a causa della guerra che è stata imposta loro dalla Germania e dai suoi Alleati". Il 16 giugno 1919 fu pubblicata una nota di ampliamento dell'articolo, in cui si ribadiva che tutta la responsabilità era della Germania, accusata di aver pianificato e iniziato la guerra. L'articolo affermava che la Germania e "il suo popolo" erano responsabili delle azioni del suo governo. In questo modo, alla presunta colpa della guerra si aggiungeva la condanna morale e l'umiliazione di un intero popolo. Questa nota era un ultimatum che costringeva la Germania a firmare il Trattato del 28 giugno 1919, che, oltre ad attribuire la responsabilità esclusiva alla Germania, imponeva il disarmo e il pagamento di devastanti risarcimenti. Chi incolpava il popolo tedesco evidentemente non condivideva la massima di Sir Patrick Hastings, per il quale "la guerra è una creazione degli individui, non delle nazioni".

Nel 1919 la Germania si affrettò a pubblicare un libro bianco con i documenti ufficiali. Anche gli altri Paesi pubblicarono i propri documenti nei cosiddetti libri a colori. Il governo austriaco pubblicò il libro rosso; i francesi pubblicarono il libro giallo; gli inglesi il libro blu; i bolscevichi il libro arancione. Gli storici poterono così iniziare a esaminare i documenti e a ricercare i fatti e gli atteggiamenti dei Paesi belligeranti. Fu allora che negli Stati Uniti nacque una scuola di storici revisionisti che mise in discussione la versione dei vincitori della guerra. Il suo principale rappresentante fu il professor Harry Elmer Barnes. Esamineremo ora diverse opere pubblicate da esponenti del revisionismo per fornire al lettore dati e informazioni che gli permettano di farsi un'idea sulle responsabilità dello scoppio della Prima guerra mondiale.

Tra i primi testi c'è *New Light on the Origins of the World War*, i tre famosi articoli citati da tutti i revisionisti, pubblicati nel 1921 dal professor Sidney B. Fay sull'*American International Review*. Questo ricercatore, le cui argomentazioni ebbero un notevole impatto, rifiutava la colpevolizzazione della Germania che i vincitori avevano imposto al mondo. Nel 1924, il revisionismo storico ricevette un nuovo impulso con la pubblicazione di *Current History* di Harry Elmer Barnes, che da quel momento fu in prima linea nel movimento revisionista. *In Quest of Truth and Justice (Alla ricerca della verità e della giustizia)*, un libro pubblicato nel 1928 e divenuto un classico, il professor Barnes fece riferimento a un presunto ruolo dei servizi segreti serbi nella cospirazione. La sua accusa fu poi supportata dalle sorprendenti rivelazioni fatte nel 1923 da Stanoje Stanojevic nel libro *Die Ermordung des Erzherzogs Franz Ferdinand (L'assassinio dell'arciduca Francesco Ferdinando)*, in cui Dragutin Dimitrievich, colonnello dei servizi segreti, e Milan Tsiganovitch, uno dei suoi subordinati, furono coinvolti nel complotto. Nel 1918 Dmitrievich fu assassinato a Salonicco, un fatto rilevante che suggerisce che sapeva troppo. Harry E. Barnes cita anche *Il sangue degli Slavi*, un'opera pubblicata dieci anni dopo il crimine da Ljuba

Jovanovitch, presidente del Parlamento serbo e ministro dell'Istruzione nel 1914. Secondo Jovanovitch, il governo serbo fu informato del complotto dal Primo Ministro Nikola Pashitch tre settimane prima dell'attentato. Nonostante ciò, non fu fatto nulla per cercare di fermare i terroristi e l'Austria non fu adeguatamente avvertita. In altre parole, il "casus belli" poteva essere evitato dal governo serbo. Naturalmente, senza una ragione per la guerra, i fabbricanti della guerra avrebbero dovuto inventare un altro evento scatenante.

Per i lettori che leggono solo in spagnolo, esiste un'interessante opera pubblicata da Espasa-Calpe nel 1955, *Odio incondicional. Culpabilidad de guerra alemana y el futuro de Europa (Odio incondizionato: colpa di guerra tedesca e futuro dell'Europa)*, scritto dal capitano inglese Russell Grenfell. Questo militare condivide la tesi del professor Barnes, secondo il quale i Paesi più propensi a scatenare la guerra erano la Serbia, la Francia e la Russia, poiché tutti e tre avevano rivendicazioni territoriali: la Francia bramava dal 1871 una rivincita che le permettesse di recuperare l'Alsazia e la Lorena; la Russia aspirava a controllare gli stretti del Mar Nero. La Serbia voleva espandere il suo territorio in Bosnia. Grenfell indica quindi due nomi come principali istigatori o responsabili del disastro: Sazonov, il ministro degli Esteri russo, e Poincaré, che nel 1912 aveva unito la carica di primo ministro a quella di ministro degli Esteri e dal gennaio 1913 era presidente della Repubblica. Poincaré si era impegnato a sostenere la Russia in qualsiasi circostanza, sia che la Russia fosse attaccata o meno. Questo atteggiamento sarebbe la prova inconfutabile che Poincaré e i sostenitori della guerra a Parigi prevedevano la possibilità di riconquistare l'Alsazia-Lorena attraverso una guerra revanscista, essendo convinti che Francia e Russia avrebbero sconfitto le Potenze Centrali. Grenfell divide i Paesi che parteciparono alla guerra in due gruppi: quelli che volevano guadagnare e quelli che volevano mantenere ciò che avevano. Nel primo gruppo colloca la Serbia, la Francia e la Russia; nel secondo la Germania, l'Austria-Ungheria e la Gran Bretagna.

Dopo aver presentato questi argomenti, esaminiamo ora cronologicamente gli eventi più significativi del luglio 1914. Il 5 e 6 luglio la Germania avrebbe offerto un "assegno in bianco" all'Austria-Ungheria se questa avesse intrapreso un'azione contro la Serbia. L'ambasciatore austriaco a Berlino, László Szögyény, inviò un telegramma al suo ministro degli Esteri, Leopold Berchtold, informandolo che il Kaiser Guglielmo II il 5 e il Cancelliere Bethmann-Hollweg il 6 avevano promesso un aiuto incondizionato. A questo proposito, il professor Fay sottolinea, nei famosi articoli citati, che il 26 luglio la Germania annullò il suo assegno in bianco e cooperò con la Gran Bretagna per contenere l'Austria al fine di evitare una co-flagrazione generale.

Il 7 luglio il governo austro-ungarico tenne un consiglio dei ministri per valutare se intraprendere un'azione militare contro la Serbia o optare per la diplomazia. Il ministro Berchtold, sicuro dell'appoggio tedesco, favorì la prima opzione. Il primo ministro ungherese, il conte Stefano Tisza, si oppose. Alla fine si decise di presentare alla Serbia una serie di richieste inaccettabili, che avrebbero giustificato una guerra tra Austria e Serbia. Passarono sedici giorni prima che queste richieste fossero presentate alla Serbia. Il 13 luglio arrivarono a Vienna telegrammi da Sarajevo. Friedrich von Wiesner, l'investigatore che il governo aveva inviato in città, riteneva che ci fossero prove di complicità serba nell'assassinio, ma non aveva prove che il governo serbo fosse o potesse essere coinvolto.

Il 15 luglio il presidente Raymond Poincaré e René Viviani, che era sia capo del governo che ministro degli Esteri, si recarono in Russia. Arrivarono a San Pietroburgo il 20 e trascorsero tre giorni a colloquio con il ministro degli Esteri russo, Sergei Sazov, che, secondo varie fonti, era un massone. Sebbene non esistano documenti ufficiali di queste consultazioni, si ritiene che la Francia abbia anche offerto alla Russia un assegno in bianco se avesse sostenuto la Serbia contro l'Austria-Ungheria. Sia Maurice Paléologue, un altro massone che servì come ambasciatore francese in Russia, sia Alexander Izvolski, l'ambasciatore russo in Francia presente a San Pietroburgo, avrebbero sostenuto con forza la solidarietà dei rispettivi Paesi con la Serbia. L'ambasciatore austro-ungarico in Russia, il conte Szapáry, anch'egli massone, fu informato da Poincaré e Sazov del sostegno dei loro Paesi alla Serbia. Se è vero che la guerra è una creazione di individui e non di nazioni, come diceva Sir Patrick Hastings, Poincaré sarebbe uno degli individui che più si impegnarono per la guerra, e diversi documenti lo confermano. Nelle memorie dell'ambasciatore Paléologue, si ammette che Poincaré fu attivo nell'incoraggiare e rafforzare il campo favorevole alla guerra mentre si trovava a San Pietroburgo. Anche il barone Schilling del Ministero degli Esteri russo fa riferimento nel suo diario ai discorsi magniloquenti di Poincaré, che, come Paléologue informò i russi, dovevano essere considerati come documenti diplomatici vincolanti. Un'altra informazione interessante proviene *dai War Origins Papers britannici*, che riportano che il 22 Poincaré pose il veto a una proposta del Segretario del Foreign Office, Sir Edward Grey, per colloqui diretti tra Vienna e San Pietroburgo. Alfred Fabre-Luce, famoso scrittore e giornalista francese, scrisse che dopo la visita di Poincaré a San Pietroburgo c'erano poche possibilità di evitare la guerra.

Alle 18 del 23 luglio, dopo che Poincaré aveva già lasciato la Russia, l'ultimatum di due giorni che stava lentamente maturando a Vienna fu consegnato al governo serbo dal diplomatico austriaco Barone Giesl. L'ultimatum richiedeva una risposta entro le 18.00 della sera del 25. Durante la mattina del 24, i termini dell'ultimatum furono resi noti alle altre potenze europee. Ci furono tentativi di prorogare la scadenza e offerte di mediazione, ma anche dichiarazioni russe di sostegno alla Serbia. Testimoni oculari riferiscono che quando Zazov venne a conoscenza dell'ultimatum, si arrabbiò e chiese l'immediata mobilitazione russa.

La sera del 25 luglio, influenzata dalla Russia, la Serbia si mobilitò. Prima della scadenza del termine ci fu una risposta che respingeva i punti essenziali dell'ultimatum. L'Austria irrigidì la sua posizione. Francia e Gran Bretagna adottarono alcune misure militari precauzionali, ma non fecero nulla per cercare di contenere la Russia. Nel pomeriggio, Zazov confermò all'ambasciatore britannico a San Pietroburgo, l'alto massone George Buchanan, che poiché la Francia "si era posta senza riserve dalla parte della Russia", erano pronti ad "assumersi tutti i rischi della guerra". L'ambasciatore francese Paléologue annotò nel suo diario che quel giorno si recò alla stazione di Varsavia per salutare Izvolski, che stava tornando al suo posto a Parigi dopo aver partecipato ai colloqui con Poincaré. I due si scambiarono impressioni frettolose e concordarono sul punto essenziale: "Questa volta è guerra". Resta da aggiungere un fatto inquietante: lo stesso 25 Sir Edward Grey, ministro degli Esteri britannico, disse ai russi che l'ultimatum dell'Austria alla Serbia avrebbe giustificato la mobilitazione russa e aggiunse che la Germania non si sarebbe mobilitata se la Russia si fosse mobilitata contro la sola Austria.

Il 27 l'Austria iniziò la mobilitazione contro la Serbia, la Germania percepì che la posizione assunta dalla Russia stava portando a una guerra europea. Cambia la sua posizione politica e chiede invano a Vienna di negoziare con la Serbia. Izvolski, l'ambasciatore russo a Parigi, insistette ancora una volta che la guerra era inevitabile. Quel giorno la sorpresa arrivò di nuovo dalla Gran Bretagna. Il ministro degli Esteri Grey informò San Pietroburgo che la continua concentrazione della flotta britannica doveva essere intesa come un evidente segno di intervento, che, comunque lo si guardi, era un modo per incoraggiare l'azione militare. Il professor Barnes afferma con enfasi che Zazov sentiva di poter contare sulla Gran Bretagna.

Il 28 l'Austria dichiarò guerra alla Serbia. Il Kaiser Guglielmo II propose che gli austriaci si fermassero a Belgrado e il cancelliere Bethmann-Hollweg chiese il sostegno di Edward Grey, il quale concordò che la guerra dovesse essere limitata e non estesa. In Russia, Zazov inscenò di nuovo uno scatto d'ira incontrollato che si attenuò solo dopo la decisione di procedere alla mobilitazione generale, che dovette essere controfirmata dallo zar. Lo stesso Zazov ammise che, dopo aver appreso la dichiarazione di guerra austriaca, pensava solo a prepararsi alla guerra. Nicola II e Guglielmo II si scambiarono telegrammi personali che verificavano che gli eventi stavano portando a un conflitto europeo. Le notizie sulla posizione britannica sono disponibili anche quel giorno in una lunga lettera privata di Arthur Nicolson, sottosegretario agli Affari esteri, all'ambasciatore Buchanan. La lettera è registrata nei *British Papers*. Rivela la consueta doppiezza della politica britannica, poiché Nicolson annunciò l'intervento della Gran Bretagna al suo collega.

Il 29 Nicola II firmò l'ordine di mobilitazione generale, ma in serata fu emesso un contrordine su richiesta di Guglielmo II. Fu invece decisa una mobilitazione parziale di 1.100.000 uomini, ma l'ordine non fu mai eseguito. Dal 29, le manifestazioni pacifiste contro la guerra furono severamente vietate in Francia. Poincaré, tuttavia, si rifiutò di ordinare la mobilitazione prima che la Germania l'avesse fatto, per evitare che la Francia fosse additata come la forza trainante della guerra. La sera del 30 Nicola II fu finalmente convinto a ordinare la mobilitazione generale in Russia. Poche parole dello zar dimostrano che era consapevole dell'inevitabilità di un conflitto generale: "Ricordati", disse a Sazov, "che si tratta di mandare a morte migliaia di persone.

La mattina del 31 a Berlino si seppe che la mobilitazione generale in Russia era in corso. A mezzogiorno il governo proclamò il "pericolo di guerra", preliminare alla mobilitazione, e nel pomeriggio inviò ultimatum alla Russia e alla Francia. Chiedeva alla prima di sospendere la mobilitazione e alla seconda di rimanere neutrale in caso di guerra russo-tedesca. Lo stesso giorno, Jean Jaurés, un socialista che rappresentava il pacifismo all'interno del suo partito, fu assassinato a Parigi. L'opposizione della sinistra francese alla guerra svanì con la morte di questo influente uomo politico.

Da questo momento in poi, gli eventi si susseguirono molto rapidamente. Il 1° agosto la Germania dichiarò guerra alla Russia senza aver ricevuto alcuna risposta al suo ultimatum. Parigi e Berlino ordinarono rispettivamente la mobilitazione dei loro eserciti: La Francia lo fece alle tre e mezza del pomeriggio e la Germania un'ora e mezza dopo. Il 2 agosto la Germania chiese la benevola neutralità del Belgio e in serata occupò il Lussemburgo per mettere in sicurezza le linee ferroviarie. Il 3 agosto la Francia rispose all'ultimatum con delle evasioni e il Belgio rifiutò la richiesta tedesca. La Germania iniziò l'invasione del Belgio. Il 4 agosto la Gran Bretagna inviò un ultimatum alla Germania per fermare l'invasione del Belgio. Berlino rifiuta e Londra dichiara guerra alla Germania. La guerra locale tra Austria-Ungheria e Serbia si era trasformata in una guerra europea che sarebbe diventata una guerra mondiale.

In *In Quest of Truth and Justice* Harry Elmer Barnes sottolinea l'esistenza di accordi segreti tra Francia e Gran Bretagna che Sir Edward Grey aveva spesso negato alla Camera dei Comuni. Egli ritiene che sia la Germania che l'Austria contassero sulla neutralità britannica. Secondo lui, ritenevano giustamente che Francia e Russia non sarebbero entrate in guerra senza la garanzia dell'appoggio di Londra. Il professor Barnes ci ricorda che non bisogna dimenticare che nella politica britannica c'erano potenti forze nascoste che sostenevano il partito della guerra. A suo avviso, se l'Inghilterra avesse fatto pressione sulla Russia come la Germania sull'Austria o avesse dichiarato la neutralità, è improbabile che il conflitto sarebbe scoppiato in Europa. Tra le voci che il 1° agosto invocavano la neutralità britannica spiccava quella dell'editorialista del London *Daily News* A. G. Gardiner, che in un articolo intitolato "Perché l'Inghilterra non deve combattere" avvertiva che sull'Europa incombeva la più grande calamità della storia. "In questo momento", scrisse Gardiner, "il nostro destino è segnato da mani che non conosciamo, da motivazioni estranee ai nostri interessi, da influenze che sicuramente rifiuteremmo se le conoscessimo". Per quanto riguarda la propaganda guerrafondaia di alcuni giornali, Gardiner si chiedeva: "Chi sta preparando la strada per questa stupenda catastrofe?". Abbiamo già visto nel capitolo precedente chi considerava il controllo della stampa un obiettivo fondamentale.

Il fatto che abbiamo notato che Zazov, Buchanan, Paléologue e forse anche Izvolski erano massoni invita a un commento. Come si vedrà più avanti, tutti i membri del Governo provvisorio sorto dopo il colpo di Stato del febbraio 1917 che costrinse lo Zar ad abdicare erano massoni. Si trattava di un esecutivo di transizione che passò immediatamente il potere agli ebrei-bolscevichi, i cui principali leader - Lenin, Trotsky, Plekhanov, Radek, Zinoviev, Bukharin, Kamenev, ecc. Fino al dicembre 1906, quando M. M. Kovalevsky aprì la Loggia *Stella del Nord* sotto la giurisdizione del Grande Oriente di Francia, non esistevano logge massoniche in Russia; tuttavia, nel 1915 ne operavano già mezzo centinaio, sotto la supervisione del Consiglio Supremo di Russia, i cui tre segretari erano Nekrasov, Tereshchenko e l'ebreo Kerensky, agente del B'nai B'rith.

I leader del Consiglio Supremo russo si riunivano non meno di due volte al mese a San Pietroburgo e a Mosca. Secondo Andrei Priahin, in un articolo pubblicato sul sito web della Gran Loggia della British Columbia e dello Yukon, l'ambasciatore britannico Buchanan e il francese Paléologue erano tra coloro che partecipavano a queste riunioni del Consiglio Supremo, che si tenevano in case private. Inoltre, in *Architects of Deception* (2004), un libro disponibile in PDF, Jüri Lina conferma che nel 1915 Buchanan ricevette frequenti visite dal ministro degli Esteri russo Zazov, da Alexander Goutchkov, leader degli ottubristi, e da Mikhail Rodzyanko, presidente della Duma. Tutti erano massoni e complottavano per rovesciare lo zar. Secondo Lina, l'ambasciatore britannico Buchanan si incontrò a San Pietroburgo nel gennaio 1917 con un gran numero di massoni, tra cui il generale Nikolai Ruzky, per preparare il colpo di Stato che avrebbe dovuto aver luogo il 22 febbraio, anche se alla fine ebbe luogo il 23. Recentemente è emerso che la data fu posticipata di un giorno per coincidere con la festa ebraica di Purim. Il 24 marzo 1917, il giornale ebraico *Jevreyskaya Nedelya* (*Settimana ebraica*) pubblicò un articolo sulla Rivoluzione di febbraio con un titolo significativo: "È successo il giorno di Purim". E ci sono ancora più sorprese, in *Trnov Venac Rusije - Tajna Istorija Masontsva* (*La corona di spine russa: la storia segreta della massoneria*), un libro pubblicato a Mosca nel 1996 e segnalato da Jüri Lina, di cui non esiste una traduzione in inglese, l'autore russo Oleg Platonov rivela che alla fine del febbraio 1917 una delegazione di sionisti locali visitò l'ambasciatore Buchanan per ringraziarlo del suo contributo alla distruzione della monarchia in Russia. Si vedrà in seguito che Buchanan e il famigerato Alfred Milner finanziarono anche i bolscevichi.

Sui primi anni di guerra

Nel 1899 Ivan Bloch, scrittore e banchiere polacco, aveva stimato che il costo di una guerra tra le principali potenze continentali sarebbe stato di 4 milioni di sterline al giorno. Bloch era convinto che questi costi e la crescente capacità distruttiva degli armamenti rendessero virtualmente "impossibile" una guerra su larga scala. Ovviamente si sbagliava. Non era però John Atkinson Hobson, che, ricordiamo, aveva affermato con assoluta certezza che "una grande guerra non poteva essere condotta da nessuno Stato europeo se la casa Rothschild e le sue connessioni vi si opponevano". Questa idea non è di Hobson, perché era già stata espressa da Guttle Rothschild, la moglie di Mayer Amschel, quando una volta dichiarò: "Non ci sarà nessuna guerra, i miei figli non forniranno il denaro". Disraeli la mise in un altro modo dopo la crisi polacca del 1863: "La pace non è stata preservata dai politici, ma dai capitalisti". In tempi più recenti, il presidente francese Chirac ha citato un Rothschild che avrebbe detto: "Non ci sarà nessuna guerra perché i Rothschild non la vogliono". Nel 1914 la vollero, ovviamente, e la faccenda dei prestiti iniziò immediatamente: la Gran Bretagna acconsentì prontamente a un prestito di 1,7 milioni di sterline alla Francia attraverso i Rothschild. Secondo Niall Ferguson, durante la guerra la Francia prese in prestito 610 milioni di sterline dalle banche britanniche, a cui vanno aggiunti altri 738 milioni di sterline dalle banche della Federal Reserve statunitense. La stessa Gran Bretagna prese in prestito 936 milioni di sterline dalla Federal Reserve. Come conferma Ferguson, "come divenne presto evidente, la chiave per il finanziamento della guerra, a tassi di interesse molto elevati, non era a Londra o a Parigi, ma a New York".

Se consideriamo il teatro delle operazioni belliche, dobbiamo innanzitutto dire che uno dei vantaggi della Germania era il suo sistema di mobilitazione, molto più efficiente e veloce di quello dei suoi avversari. Per trarne vantaggio, doveva colpire subito, e lo fece. Il suo piano prevedeva di sconfiggere la Francia il prima possibile e di occuparsi della Russia in seconda battuta. Lo Stato Maggiore tedesco, fiducioso che la mobilitazione russa sarebbe stata lenta e che l'Austria-Ungheria avrebbe attaccato i russi con 37 divisioni, decise di difendere le sue frontiere orientali con solo 13 divisioni, mentre ne inviò 83 contro la Francia. Da parte sua, Poincaré era fiducioso che questa volta l'esercito francese avrebbe raggiunto Berlino. In pochi giorni il piano francese andò in frantumi: il 24 agosto quasi 1,5 milioni di truppe tedesche irruppero in Francia e il 2 settembre avevano raggiunto il fiume Marna e si trovavano a settanta chilometri da Parigi.

La Francia fu salvata dal Granduca Nicola che, senza aspettare la fine della concentrazione delle truppe russe e contro gli interessi nazionali, ordinò un'offensiva immediata contro la Prussia orientale. Ciò costrinse lo Stato Maggiore tedesco a ritirare due corpi d'armata e una divisione di cavalleria dalla Francia e a trasportarli sul fronte orientale. Il generale francese

Cherfils, nella sua opera *La Guerre de la Délivrance*, si esprime così sul Granduca Nicolas: "Egli concepì le operazioni come un intervento di soccorso, di distrazione e di alleggerimento del fronte francese. Era, come generalissimo, più un alleato che un russo. Sacrificò gli interessi della Russia per quelli della Francia. Aveva una strategia veramente antinazionale". Fu un'offensiva che comportò gravi perdite e un esito tragico per la Russia, ma il sacrificio salvò Parigi. Lo stesso maresciallo Foch disse in seguito: "Se la Francia non è stata cancellata dalla carta geografica dell'Europa, lo dobbiamo soprattutto alla Russia".

Mentre centinaia di migliaia di uomini perdevano la vita sui campi di battaglia, i cospiratori che avevano atteso la guerra sapevano che era giunto il momento in cui la situazione politica sarebbe stata favorevole al raggiungimento dei loro obiettivi. Pertanto, la strategia per consegnare la Palestina al sionismo internazionale era ancora in fase di elaborazione negli uffici dei cospiratori. Una delle figure più attive era Chaim Weizmann, il leader del movimento sionista che nel 1910 aveva ottenuto la cittadinanza britannica. Nel 1914 Weizmann fece visita al direttore del *Manchester Guardian*, Charles Prestwich Scott, che fu lieto di apprendere che il visitatore era "un ebreo che odiava la Russia". Come si è visto, all'epoca la Russia stava salvando i francesi e gli inglesi con la sua offensiva a est. Scott propose a Weizmann di condividere una colazione con Lloyd George, Cancelliere dello Scacchiere. L'incontro ebbe luogo all'inizio di dicembre e una quarta persona, Herbert Samuel, un leader ebreo che tra il 1920 e il 25 avrebbe ricoperto la carica di Alto Commissario del Mandato britannico della Palestina, condivise il tavolo. Di Lloyd George, Weizmann scrisse che lo aveva trovato "straordinariamente frivolo" riguardo alla guerra in Europa, ma "incoraggiante e favorevole al sionismo". Lloyd George propose un colloquio con Lord Balfour.

L'incontro ebbe luogo il 14 dicembre 1914. Balfour chiese casualmente a Weizmann se poteva fare qualcosa di concreto per lui. All'epoca, il quartier generale sionista si trovava ancora a Berlino e, sebbene fosse sempre più chiaro che la Gran Bretagna era sostenuta, molti sionisti erano convinti che la Germania avrebbe vinto la guerra. La risposta fu: "Non finché i cannoni ruggiscono, quando la situazione militare sarà più chiara, tornerò di nuovo". Fu in questo incontro, e gratuitamente, che Lord Balfour gli disse: "Quando i cannoni smetteranno di sparare, forse potrete avere la vostra Gerusalemme". In ogni caso, i sionisti britannici avevano pochi dubbi sul fatto che sarebbe stato attraverso l'Inghilterra che avrebbero ottenuto l'usurpazione della Palestina. Il 28 gennaio 1915 il Primo Ministro Asquith scrisse nel suo diario: "Ho appena ricevuto da Herbert Samuel un memorandum intitolato 'Il futuro della Palestina'... Egli pensa che dovremmo trapiantare in questo territorio tre o quattro milioni di ebrei europei". Asquith, che non era un sionista, confessò nel diario di non condividere affatto queste opinioni.

All'inizio del 1915 i tedeschi stavano preparando un'altra grande offensiva sul fronte franco-britannico, ma l'avanzata delle truppe russe nei Carpazi costrinse nuovamente lo Stato Maggiore teutonico a riconsiderare i suoi piani. Dopo una riunione a Lilla, si decise di spostare le truppe migliori sul fronte orientale, dove il numero di divisioni tedesche fu aumentato da quaranta a settantasette. Il generale Cherfils si riferisce a questo momento della guerra con ulteriori parole di gratitudine: "... le armate russe ci hanno salvato dal disastro. La loro audace offensiva nei Carpazi, in pieno inverno, ha fatto sudare l'Austria in agonia..... Grazie a lei, il granduca Nicola ci ha salvato sacrificandosi. Non troveremo mai abbastanza parole di gratitudine per i nostri eroici alleati russi". Da questo momento in poi, la guerra sul fronte occidentale si trasformò in una guerra di posizione che permise a francesi e britannici di aumentare le proprie forze e i propri armamenti, mentre centinaia di migliaia di tedeschi persero la vita a est. Inoltre, il 26 aprile 1915 si tenne a Londra una conferenza in cui l'Italia decise di partecipare alla guerra in cambio di importanti concessioni territoriali. Il trattato segreto di Londra sarebbe stato rivelato due anni dopo, il 28 febbraio 1917, dal giornale bolscevico *Izvestia*.

Ma la guerra non si combatteva solo sui campi di battaglia; sui mari, soprattutto nell'Atlantico, si svolgevano altre operazioni: i blocchi economici. La Germania bloccava la Russia, ma allo stesso tempo soffriva per il blocco imposto dalla Gran Bretagna. È difficile capire come la Russia, alleata della prima potenza navale del mondo, potesse soffrire per il blocco delle sue esportazioni, che prima della guerra avvenivano attraverso lo stretto del Bosforo. Il motivo era la perdita dell'influenza anglo-russa in Turchia. Invece di sostenere gli sforzi dell'alleato per mantenere la sua posizione nello stretto, la Gran Bretagna li aveva incomprensibilmente ostacolati. David Louis Hoggan chiarisce in *The Myth of the New History* che "le alleanze tra nazioni non sempre significano amicizia genuina, e la Gran Bretagna è stata di fatto più ostile che amichevole nei confronti della Russia durante il periodo in cui le due nazioni erano alleate". Al contrario, gli Stati Uniti, senza essere entrati in guerra, si comportarono come il migliore degli alleati con la Francia e, soprattutto, con l'Inghilterra: senza l'invio di centinaia di milioni di dollari di beni di ogni genere durante i primi anni del conflitto, francesi e inglesi avrebbero dovuto accettare la pace offerta loro dalla Germania nel 1916. Il fatto che i tedeschi avessero a disposizione l'industria pesante del Belgio e quella francese situata nel distretto di Lilla aveva privato la Francia di importanti risorse, e l'Inghilterra da sola non poteva sopperire a queste mancanze.

America Goes to War (1938), un'opera ormai classica di Charles Callan Tansill, spiega in dettaglio tutto ciò che riguarda il blocco economico e la guerra sottomarina nell'Atlantico. Nel 1909 fu emanata la Dichiarazione di Londra, che cercava di codificare il diritto marittimo internazionale e affrontava i problemi della neutralità. Quando iniziarono le ostilità nel 1914, la Dichiarazione non era stata ratificata, ma negli Stati Uniti si era capito che i Paesi belligeranti l'avrebbero riconosciuta nei loro rapporti con i Paesi neutrali. Appena iniziata la guerra, il 20 agosto 1914, il governo britannico adottò misure di blocco che danneggiavano il commercio americano con l'Europa, spingendo William Jennings Bryan, Segretario di Stato americano, a preparare una nota di protesta il 26 settembre. Il colonnello Mandell House sollevò immediatamente obiezioni al Presidente Wilson. L'agente dei cospiratori disse che la nota di Bryan, che pretendeva di difendere vigorosamente i diritti degli Stati Uniti, era "estremamente poco diplomatica". Il 24 ottobre, il Segretario del Ministero degli Esteri Sir Edward Grey fu informato che gli Stati Uniti ritiravano il loro "suggerimento di adottare la Dichiarazione di Londra come codice temporaneo di guerra navale da osservare da parte dei belligeranti e dei neutrali durante la presente guerra".

Questa concessione fu presto sfruttata e il 2 novembre 1914 la Gran Bretagna dichiarò che "il Mare del Nord doveva essere considerato d'ora in poi come un'area militare o una zona di guerra". Ciò significava che la Gran Bretagna si attribuiva il diritto di stabilire la portata del commercio estero attraverso il Mare del Nord. In risposta a questa misura, il 4 febbraio 1915 la Germania proclamò che avrebbe istituito una zona di guerra sottomarina intorno alle isole britanniche. Questa zona fu istituita per ordine del Kaiser il 22 febbraio. Fino a quel momento, il diritto internazionale non menzionava la guerra sottomarina. In realtà, i sottomarini britannici attaccarono il commercio tedesco e neutrale nel Mar Baltico durante la guerra, per cui gli Stati Uniti si astennero volontariamente dall'inviare navi mercantili nell'area baltica. Non fecero lo stesso, invece, nel caso della zona imposta dalla Germania. In altre parole, gli americani erano disposti ad accettare le infrazioni britanniche, ma non quelle tedesche. Il 20 febbraio, tuttavia, il Segretario di Stato Bryan inviò a Gran Bretagna e Germania note identiche di protesta contro le infrazioni. I tedeschi risposero che avrebbero desistito volentieri se i britannici avessero revocato il blocco che aveva lo scopo di affamarli. Prevedibilmente, gli inglesi si rifiutarono di rinunciare alla loro arma migliore.

Il primo incidente, molto grave visto il numero di vittime, seguì di lì a poco. *Il Lusitania*, un incrociatore ausiliario della Marina britannica utilizzato come nave passeggeri e da carico, fu affondato il 7 maggio 1915 da un siluro tedesco al largo delle coste irlandesi. La nave affondò in diciotto minuti e persero la vita milleduecento persone: dei centonovantasette cittadini americani a bordo, centoventotto morirono. Oltre ai passeggeri, il *Lusitania* trasportava un carico di sei milioni di libbre di munizioni, quattromiladuecento scatole di cartucce metalliche e milleduecento scatole di schegge, rendendo il transatlantico una bomba galleggiante. Il governo Wilson si era rifiutato di accettare questo fatto, nonostante il fatto che prima che la nave salpasse, i rappresentanti del governo tedesco negli Stati Uniti, a conoscenza del carico *del Lusitania*, avessero pubblicato diversi avvisi su tutti i giornali di New York. Denunciavano la presenza di munizioni a bordo, ricordavano che la Germania e la Gran Bretagna erano in guerra e avvertivano "molto seriamente" i cittadini di altre nazionalità di non attraversare l'Atlantico a bordo del *Lusitania*, perché rischiavano di essere presi di mira dai loro U-Boot. Lo stesso giorno, il 1° maggio, mentre si svolgeva l'imbarco, gli avvertimenti furono ripetuti verbalmente ai passeggeri.

Il colonnello Mandell House e Winston Churchill, allora Primo Lord dell'Ammiragliato, erano convinti che se i tedeschi avessero affondato una nave con americani a bordo, gli Stati Uniti sarebbero entrati in guerra contro la Germania. Nel 1955 Emrys Hughes in *Winston Churchill: British Bulldog* rivelò queste informazioni: "Ancora più incomprensibili sono i seguenti fatti. Quando il *Lusitania* salpò da New York, il solito capitano era stato improvvisamente sostituito dal capitano William Thomas Turner (decorato da Churchill dopo il disastro). Quando la nave raggiunse la zona di pericolo, egli ignorò i rigidi ordini di navigazione. Gli ordini formali che Turner aveva ricevuto a New York lo istruivano a evitare la zona estremamente pericolosa in cui la nave era affondata, ad aumentare la velocità nella zona di pericolo e a procedere a zig-zag nelle acque per aumentare la difficoltà di essere colpiti da un siluro. Tutti questi ordini furono violati. Non solo queste regole vennero ignorate, ma il *Lusitania* ridusse addirittura la sua velocità mentre si avvicinava alla costa irlandese, e Churchill ordinò il ritiro della nave militare *Juno*, che lo scortava.

Dopo l'affondamento del *Lusitania*, una marea di propaganda inondò il Paese: la stampa americana, indignata, parlò di un'innocente nave passeggeri ferocemente silurata dai perfidi U-Boot del Kaiser, mentre i tedeschi venivano dipinti come mostri assetati di sangue. Iniziò quindi la campagna per provocare l'intervento degli Stati Uniti nella guerra europea. Contemporaneamente, il Segretario di Stato Bryan, che aveva cercato di ottenere l'appoggio di Wilson per un divieto ai cittadini americani di viaggiare su navi come il *Lusitania*, perse la fiducia nel Presidente. L'8 giugno 1915, William Jennings Bryan si dimise per protestare contro le contraddizioni della politica estera di Woodrow Wilson. Il Segretario di Stato non poteva accettare una contabilità scrupolosa per la Germania mentre le violazioni britanniche del diritto marittimo internazionale venivano tollerate, giustificate e condonate. Dopo aver lasciato l'incarico, Bryan si impegnò nel movimento "Keep Us Out of War" e condusse una campagna contro i banchieri internazionali che progettavano di crocifiggere il popolo americano su una croce d'oro.

Il 1916 iniziò con una conferenza militare per pianificare le operazioni militari dell'Intesa. Si decise che i russi avrebbero iniziato un'offensiva a metà giugno e gli alleati occidentali quindici giorni dopo, ma ancora una volta lo Stato Maggiore tedesco andò avanti e la battaglia di Verdun, una delle più terribili della guerra, iniziò a febbraio, costringendo nella mischia tutte le forze francesi disponibili. La battaglia durò dieci mesi e provocò 300.000 morti e mezzo milione di feriti. Anche gli austriaci attaccarono gli italiani non appena iniziò la primavera, mettendoli in una situazione critica che minacciava Venezia. La Russia fu nuovamente chiamata in causa e a maggio attaccò gli austriaci sul fronte della Galizia polacca, costringendoli a ritirare le divisioni dal fronte italiano. Nonostante la grave situazione economica interna, la Russia fu persino in grado di lanciare l'offensiva prevista nell'estate di quell'anno. Il generale Brusiloff condusse una brillante campagna in cui catturò mezzo milione di prigionieri austro-tedeschi e riconquistò praticamente la Galizia. Tuttavia, l'incapacità degli alleati russi sul fronte occidentale e la necessità di armi a lunga gittata, che potevano ricevere solo da Francia e Inghilterra, resero impossibile per i russi ottenere un successo maggiore.

Proprio per migliorare la capacità degli eserciti russi, nel giugno 1916 il Primo Ministro britannico Herbert Henry Asquith inviò a San Pietroburgo Lord Kitchener, che aveva pubblicamente lamentato l'incapacità della Gran Bretagna di consegnare alla Russia le armi e le munizioni promesse. La cerchia di politici e uomini d'affari inglesi associati al sionismo si era allargata con il progredire della guerra, ma né Kitchener né Asquith ne facevano parte. Se c'era un militare di prestigio in Inghilterra, con un'autorità immensa e una grande popolarità, era Lord Kitchener. Fu proprio Kitchener a proporre ad Asquith la missione in Russia, i cui obiettivi fondamentali erano quelli di soddisfare il fabbisogno di armi dell'alleato, di assisterlo nella sua riorganizzazione e di stabilire strette relazioni in uno spirito di sincera amicizia tra i due imperi. Boris Brasol, in *The World at the Cross Roads* (1921), aggiunge: "Era chiaro che Lord Kitchener avrebbe posto fine alla politica ambigua di Sir George Buchanan, ambasciatore britannico in Russia. Era ovviamente disonesto da parte del governo britannico immischiarsi e prendere posizione in questioni di politica interna russa. A prescindere dalle simpatie di alcuni leader britannici, era imperdonabile dare sostegno agli elementi radicali della Duma (come fece Buchanan) per ostacolare la politica di unità della Russia". A San Pietroburgo, quindi, l'arrivo di Lord Kitchener era atteso con impazienza e si pensava che dopo il suo colloquio con lo Zar gli intrighi di Buchanan, il losco ambasciatore massone che lavorava per i cospiratori, sarebbero stati paralizzati e il Governo avrebbe ottenuto il sostegno morale di cui aveva urgente bisogno. Purtroppo per la Russia, Lord Kitchener scomparve misteriosamente. Diversi autori ritengono che fosse l'uomo che avrebbe potuto sostenere la Russia. Sia per la rivoluzione mondiale che per le pretese del sionismo, Lord Kitchener era un ostacolo formidabile.

Lord Kitchener trovò la morte il 5 giugno 1916, poco dopo aver lasciato Scapa Flow a bordo dell'incrociatore H. M. S. Hampshire, che affondò al largo della Scozia. Una serie di circostanze inducono a sospettare che sia stato semplicemente ucciso. Stranamente, Lloyd George, che nel 1915 era stato nominato Ministro delle Munizioni e doveva imbarcarsi con Lord Kitchener, decise all'ultimo momento di rimanere a terra. Dopo l'"incidente", Lloyd George fu nominato Segretario di Stato per la Guerra. Un altro sviluppo sorprendente fu l'autorizzazione alla scorta della H. M. S. Hampshire di rientrare alla base, presumibilmente perché l'incrociatore non riusciva a mantenere la velocità con il mare mosso. Il governo britannico annunciò che la nave era affondata perché era stata silurata da un U-Boot tedesco o colpita da una mina.

Il comandante W. Guy Carr, l'autore citato più volte in questo libro, è convinto che si tratti di una menzogna. Guy Carr, un esperto di marina che ha prestato servizio come ufficiale di navigazione sottomarina durante la Prima Guerra Mondiale e come ufficiale di controllo navale durante la Seconda Guerra Mondiale, ha intrapreso un'approfondita indagine personale e nel 1932 ha pubblicato un libro sulle sue scoperte, *Hell's Angels of the Deep*. Il comandante Carr ritiene provato che l'H. M. S. Hampshire sia affondato per sabotaggio o per un errore dell'ufficiale di navigazione, anche se trova difficile credere che un professionista di provata abilità ed esperienza possa commettere un così grave errore di valutazione. Credo", dice, "che un sabotatore abbia probabilmente forzato o manomesso i magneti della bussola di governo". Le bussole giroscopiche non erano allora un equipaggiamento standard e anche le navi che le avevano trovavano i modelli Sperry (un tipo di bussola giroscopica) inaffidabili, come so per esperienza personale". Che la versione ufficiale fosse falsa è stata confermata dal generale Ludendorff, capo dello Stato Maggiore tedesco, che ha studiato le circostanze della perdita della H. M. S. S. Hampshire e di Lord Kitchener. "Nessuna azione da parte di unità navali tedesche, che si tratti di sottomarini o di posamine", affermò Ludendorff, "ha avuto a che fare con l'affondamento della nave". Douglas Reed nel 1916 era un giovane soldato e racconta quanto segue: "Ricordo che i soldati sul fronte occidentale, quando hanno sentito la notizia, si sono sentiti come se avessero perso una grande battaglia. La loro intuizione era più vera di quanto potessero immaginare".

Il 29 dicembre 1916 si tenne un'importante conferenza a cui parteciparono tutti i capi di stato maggiore degli eserciti russi. Per contrastare la superiorità dell'artiglieria tedesca, si decise di formare nuove brigate di artiglieria, soprattutto pesante, che dovevano essere in prima linea entro il maggio dell'anno successivo. I generali russi stavano preparando un'offensiva con una forza colossale di sette milioni di uomini, che sarebbe stata definitiva se combinata con un'offensiva simultanea sul fronte occidentale. I generali russi non tenevano conto del fatto che i semi della futura rivoluzione seminati da menscevichi e bolscevichi potessero alla fine germogliare: per la prima volta dall'inizio della guerra, nella primavera del 1916 erano apparsi sul fronte dei pamphlet rivoluzionari. La zarina veniva calunniata in relazione alla sinistra influenza di Rasputin, lo zar veniva accusato di debolezza, ai soldati veniva detto che, mentre loro combattevano, i nobili approfittavano della loro assenza per appropriarsi delle loro terre. Gradualmente, la propaganda divenne più aggressiva: si diffondevano costantemente slogan pacifisti, si chiedeva ai soldati di disobbedire ai loro ufficiali, si diceva loro che il vero nemico era il governo imperiale, sostenuto dalla nobiltà e dalla borghesia.

Il sionismo punta decisamente sull'Inghilterra e tradisce la Germania

All'inizio della guerra, il finanziere americano Roger Bacon ammise che non più di cinquantamila americani negli Stati Uniti erano favorevoli all'entrata in guerra a favore di Francia e Inghilterra contro la Germania. Nel 1916, il 54% degli americani era di origine germanica. Quando fu proclamata l'indipendenza, un solo voto impedì che il tedesco fosse considerato la lingua ufficiale della Repubblica. Per i primi 100 anni, il tedesco fu l'unica lingua parlata in alcune zone del Paese. Un sondaggio condotto nello stesso anno chiese agli americani: "Se dovessimo entrare in guerra, scegliereste di schierarvi con la Germania o con l'Inghilterra?". La stragrande maggioranza rispose che avrebbe preferito sostenere la Germania. Considerando che gli inglesi erano stati i grandi nemici dell'indipendenza del Paese, ciò era del tutto logico. Anche tra gli ebrei talmudici c'erano molti sostenitori della Germania. L'Editto di Emancipazione del 1822 aveva garantito i diritti civili agli ebrei tedeschi. La Germania era stata l'unico Paese in Europa a rimuovere le restrizioni. Un altro fatto da considerare è la continua collaborazione di Guglielmo II con l'Organizzazione Sionista Mondiale. Il Kaiser aveva personalmente organizzato un incontro tra Theodor Herzl, il visionario che aveva pubblicato *Lo Stato ebraico* nel 1896, e il Sultano ottomano. Bleichröder & Company, talmudisti ebrei di Berlino, erano stati per generazioni i banchieri privati della famiglia imperiale. I Warburg di Amburgo, anch'essi talmudisti, collaboravano con il governo tedesco e Max Warburg controllava i servizi segreti. Il movimento sionista non era all'oscuro di queste circostanze, ed è per questo che durante il primo anno di guerra pensò addirittura di utilizzare la Germania per raggiungere i suoi obiettivi. Solo quando la decisione di puntare sulla Gran Bretagna fu confermata, si misero le carte in tavola e il quartier generale sionista fu spostato da Berlino a Londra, anche se a New York fu istituito il Comitato provvisorio di emergenza sionista, guidato dal giudice L. D. Brandeis.

Il tradimento dell'Organizzazione Sionista Mondiale nei confronti della Germania si consumò alla fine del 1916. All'inizio dell'anno, le truppe francesi avevano subito ammutinamenti che Petain aveva duramente represso e gli italiani erano stati decimati dagli austro-ungarici. Con l'avanzare del 1916, la Gran Bretagna dovette affrontare difficoltà di approvvigionamento a causa della campagna sottomarina tedesca. In autunno, le operazioni degli U-Boot erano al culmine e le scorte di cibo e munizioni si stavano esaurendo, mettendo la Gran Bretagna in condizioni disperate. L'esercito francese si ammutinò nuovamente in Italia, le cui truppe erano state nuovamente sconfitte nei pressi di Venezia, e stava negoziando una pace separata. In generale, i Paesi belligeranti stavano attraversando gravi problemi e le sofferenze della popolazione europea stavano aumentando. I fronti erano in una situazione di stallo e non si intravedeva alcuna soluzione militare. La Germania aveva presentato diverse proposte alla Gran Bretagna per fermare la guerra e l'ultima, presentata nell'ottobre 1916, era stata presa in seria considerazione dal Gabinetto di Guerra britannico. Fu a questo punto che una delegazione sionista guidata da Chaim Weizmann e Nathan Sokolov offrì agli inglesi un accordo segreto tra gentiluomini. I sionisti promisero che, grazie alla loro influenza, avrebbero portato gli Stati Uniti in guerra a fianco di Gran Bretagna e Francia. Il prezzo che la Gran Bretagna doveva pagare era quello di occupare la Palestina e permettere agli ebrei di fondarvi lo Stato di Israele. Sebbene la Germania avesse presentato una nuova proposta formale di pace il 12 dicembre, l'accordo fu raggiunto solo alla fine del 1916. Ciò richiese il licenziamento del Primo Ministro H. H. Asquith, sostituito da David Lloyd George, e l'insediamento alla guida del Ministero degli Esteri di Arthur James Balfour, Lord Balfour, che sarebbe passato alla storia per la famosa *Dichiarazione Balfour*.

Il principale ostacolo all'accordo era il Primo Ministro Asquith. I sionisti avevano bisogno di toglierlo di mezzo per mettere in campo politici cooptati, strumenti necessari per svolgere un lavoro che poteva essere fatto solo dal potere. Proprio quando la carneficina stava per finire e la pace stava per essere raggiunta, la stampa informò le masse che il Primo Ministro Asquith era incompetente a vincere la guerra. Nel novembre 1916, Lloyd George, che dopo la morte di Lord Kitchener era stato Segretario di Stato per la Guerra, consigliò ad Asquith di cedergli la presidenza del Gabinetto di Guerra. Entrambi erano liberali, ma facevano parte di un governo di coalizione. Lloyd George fece questa proposta ad Asquith dopo essersi assicurato l'appoggio dei leader conservatori, quindi in effetti si trattava di un ultimatum. Lloyd George chiese anche che il conservatore Lord Balfour fosse rimosso dalla carica di Primo Lord dell'Ammiragliato. Prevedibilmente, Asquith, il Primo Ministro liberale, si rifiutò indegnamente di cedere la presidenza del Gabinetto di Guerra e di licenziare Lord Balfour. Il passo successivo della strategia fu compiuto dallo stesso Balfour, che presentò inaspettatamente le sue dimissioni al Primo Ministro Asquith. Quest'ultimo gli inviò prontamente una copia della propria lettera in cui si rifiutava di licenziarlo. Lord Balfour, pur essendosi ritirato dalla scena con un brutto raffreddore, trovò la forza di scrivere un'altra lettera insistendo sulle sue dimissioni, come richiesto da Lloyd George. La manovra tattica successiva fu quella delle dimissioni dello stesso Lloyd George. Il Primo

Ministro Asquith fu lasciato da solo. Il 6 dicembre, dopo una riunione, i leader del partito annunciarono di essere pronti a sostenere un governo guidato da Lord Balfour. Lord Balfour declinò l'offerta, ma si offrì volentieri di far parte di un governo guidato da Lloyd George. Il 7 dicembre David Lloyd George iniziò il suo mandato di Primo Ministro e Arthur James Balfour fu nominato Ministro Segretario del Ministero degli Esteri. Così i due uomini che due anni prima si erano incontrati con Weizmann, al quale avevano espresso il loro sostegno al sionismo, divennero le figure più importanti del governo britannico.

La prima decisione di Lloyd George fu presa ancor prima della sua conferma in carica. Era di grande importanza informare dell'esistenza del patto segreto i numerosi talmudisti ebrei americani, per i quali non era facile credere che la Gran Bretagna avesse promesso qualcosa che non aveva (la Palestina) come compenso per aver fatto entrare l'America in guerra. Per fugare ogni dubbio, lo stesso giorno delle dimissioni di Asquith, il 5 dicembre, Lloyd George fece arrivare di corsa a New York Josiah Wedgewood, un famoso parlamentare, con prove documentali che confermavano l'accordo di Londra. Wedgewood arrivò a New York il 23 dicembre e fu accolto al molo dal colonnello Edward Mandell House, l'agente che dal 1912 fungeva da consigliere del Presidente Wilson. Durante il suo soggiorno in città, Josiah Wedgewood visse nell'appartamento di Mandell House sulla 54a strada. Il colonnello House aveva già organizzato gli incontri che Wedgewood avrebbe dovuto tenere per spiegare il patto segreto. Benjamin Freedman, che conosceva personalmente Mandell House, spiega in *The Hidden Tyranny* che nel pomeriggio di domenica 25 dicembre, presso il vecchio Savoy Hotel sulla 59a strada e la Fifth Avenue a New York, Wedgewood si rivolse a cinquantuno talmudisti ebrei per presentare loro alcune prove che avrebbero chiarito tutti i loro dubbi. A nome del Primo Ministro Lloyd George, Josiah Wedgwood assicurò loro la promessa di cedere la Palestina al sionismo internazionale dopo la sconfitta della Germania, come compensazione per l'introduzione degli Stati Uniti in guerra.

Contemporaneamente, a Londra fu presa una seconda decisione di vasta portata: Lloyd George espresse la volontà di lanciare al più presto una campagna in Palestina per sottrarre il territorio ai turchi. Si trattava di un chiaro pericolo, poiché era in gioco la sicurezza del fronte occidentale. Chi osò sollevare la questione fu Sir William Robertson, un militare dello stile di Lord Kitchener, un generale che aveva ricevuto l'appoggio del Primo Ministro Asquith quando, nel settembre 1916, era già in difficoltà con il Segretario di Stato alla Guerra. Lloyd George aveva poi cercato di sbarazzarsi di Robertson inviandolo in Russia per chiedere ai russi il massimo sforzo; ma lui aveva rifiutato. Nei testi inviati a Sir Douglas Haig, Robertson scrisse che il tentativo di Lloyd George di trasferirlo in Russia era "l'espediente di Kitchener", una scusa "per diventare il capobranco" in modo da poter "fare i suoi comodi". Sir William Robertson si oppose all'invio di truppe in Palestina perché la proposta era pericolosa e poteva mettere a rischio la vittoria nella guerra.

Non appena si formò il nuovo Gabinetto di Guerra, fu chiesto allo Stato Maggiore di esaminare la possibilità di estendere le operazioni alla Palestina. Si concluse che una campagna avrebbe richiesto tre divisioni aggiuntive, che avrebbero potuto essere attinte solo dal fronte occidentale. Il rapporto dell'esercito riprese le tesi di Sir William Robertson e avvertì che il progetto era problematico, oltre a danneggiare seriamente le aspettative di successo in Francia. Queste conclusioni delusero i ministri che volevano occupare subito la Palestina. Nel febbraio 1917 il Gabinetto di Guerra sollecitò i Capi di Stato Maggiore a considerare la possibilità di una campagna autunnale in Palestina. Nel frattempo, numerosi sionisti furono introdotti nel governo e nuovi "amministratori" ottennero posti chiave nel Ministero della Difesa. Codici segreti e impianti di comunicazione via cavo furono messi a disposizione degli ebrei talmudici, affinché potessero comunicare ai loro correligionari in tutto il mondo l'accordo segreto che avevano raggiunto con il governo britannico. Al generale Smuts, un militare del Sudafrica che i sionisti consideravano il loro più prezioso amico, fu ordinato di recarsi in Inghilterra. Grazie a una campagna stampa di successo, quando arrivò a Londra il 17 marzo, ricevette un'accoglienza entusiastica. Il Primo Ministro Lloyd George lo presentò al Gabinetto di Guerra come "uno dei più brillanti generali della guerra". In realtà, il generale Smuts aveva condotto una piccola campagna coloniale in Sudafrica. Il 17 aprile il generale presentò delle raccomandazioni in cui si rammaricava che le forze britanniche fossero impegnate in Francia, ma era favorevole a una campagna in Palestina. A quel punto in Russia il colpo di stato di febbraio aveva avuto luogo e la Germania poteva iniziare a spostare le truppe sul fronte occidentale.

Il Gabinetto di Guerra ordinò al comandante militare in Egitto, il generale Murray, di attaccare in direzione di Gerusalemme. Murray sostenne che le sue forze erano insufficienti e fu licenziato. Il comando fu allora offerto al generale Smuts, che era cauto e prima di correre il rischio ebbe un colloquio con Sir William Robertson. Robertson lo rese consapevole delle enormi possibilità di fallimento militare e Smuts alla fine non accettò l'offerta di Lloyd George. Fu indubbiamente una grande delusione, ma l'impegno nei confronti del sionismo imponeva l'occupazione della Palestina e nel settembre 1917 Lloyd George decise che "le truppe necessarie per una grande campagna in Palestina potevano essere prelevate dal fronte occidentale durante l'inverno 1917-18 e, completato il loro lavoro in Palestina, sarebbero tornate in Francia in tempo per l'inizio della campagna di primavera".

In breve, dopo la frustrante risposta di Smuts, uno dei generali subordinati di Robertson, Sir Henry Wilson, si trovò finalmente d'accordo con l'approccio di Lloyd George e ipotizzò addirittura che il presunto attacco tedesco non sarebbe mai avvenuto. Poi il generale Edmund Allenby, comandante in capo della forza di spedizione egiziana, fece un'avanzata in Palestina e scoprì che la resistenza turca era minore del previsto. Con l'evidenza che la conquista di Gerusalemme era solo una questione di tempo, il 2 novembre 1917 arrivò la *Dichiarazione Balfour,* un documento redatto da un ebreo che nascondeva la sua origine, Leopold Amery, segretario aggiunto del Gabinetto di Guerra. Lord Balfour la indirizzò a Sir Walter Lionel Rothschild, presidente delle comunità ebraiche in Gran Bretagna. La *Dichiarazione Balfour* sarebbe diventata uno dei testi più importanti della storia per i suoi effetti di vasta portata e duraturi. Essa impegnava la Gran Bretagna a fare tutto ciò che era in suo potere per realizzare la creazione di uno Stato ebraico in Palestina. Avremo modo di esaminare il testo della Dichiarazione in un altro capitolo. Undici giorni dopo, il 13 novembre, Allenby ottenne una vittoria decisiva contro il generale tedesco Erich von Falkenhayn, che comandava le forze ottomane. Il 9 dicembre 1917, le truppe di Allenby entrarono a Gerusalemme, ma gran parte della Palestina era ancora da conquistare. La prova che i soldati britannici sapevano di condurre questa guerra per il sionismo è la canzone che cantavano, il cui ritornello ripeteva: "E diedero la Città Santa al Comitato Sionista".

Il 7 marzo 1918 furono emessi ordini per "una campagna decisiva" per conquistare tutto il territorio della Palestina. Il generale Smuts fu inviato a Gerusalemme con ordini precisi per il generale Allenby. Il 21 marzo ebbe luogo il tanto atteso attacco sul fronte dell'Europa occidentale. I tedeschi sapevano che prima che altri uomini e materiali potessero raggiungere il fronte dagli Stati Uniti, dovevano tentare un'offensiva che avrebbe dato loro la vittoria finale. La "campagna decisiva" in Palestina fu immediatamente sospesa e il maggior numero possibile di truppe fu riportato di corsa sul fronte francese. L'esercito britannico subì una delle più grandi sconfitte della sua storia: 175.000 soldati furono fatti prigionieri. Gli inglesi chiamano questa battaglia "La grande ritirata di marzo". Anche se l'offensiva tedesca segnò la più grande avanzata territoriale dal 1914, il 15 luglio, vicino al fiume Marna, i tedeschi furono fermati in quella che divenne nota come la Seconda battaglia della Marna. Con l'inarrestabile intervento del colosso americano, ogni possibilità di vittoria per la Germania svanì.

I sionisti fanno la loro parte: Wilson dichiara guerra alla Germania

Molto prima dell'accordo segreto di Londra, era chiaro a coloro che tramavano nell'ombra dietro le quinte che l'entrata in guerra degli Stati Uniti doveva essere incoraggiata. L'affondamento del *Lusitania* nel maggio 1915 era stato provocato a questo scopo. Una delle persone più attive in questo senso fu il colonnello House. Fu lui a ideare lo slogan per la campagna di

Wilson del 1916: "Ci ha tenuti fuori dalla guerra". Uno slogan che suggeriva la volontà del Presidente di tenere i suoi concittadini fuori dalla guerra. Persino il rabbino Stephen Wise, che in *Challenging Years* (1949) riconobbe che House "era il legame ufficiale tra il movimento sionista e l'amministrazione Wilson", predicò contro la guerra durante la campagna, anche se la desiderava come tutti. Come se non bastasse, il giudice Brandeis, che aveva dedicato la sua vita al sionismo, era il consigliere del Presidente sulla questione ebraica. Come si vede, la rete di collusione sionista in cui era invischiato il presidente Wilson si estendeva su entrambe le sponde dell'Atlantico ed entrambi i governi ne erano coinvolti. Nel caso in cui non fosse chiaro a Wilson, prima ancora di prestare giuramento nel febbraio 1917, il rabbino Wise gli fece sapere che aveva cambiato idea e che era "convinto che fosse giunto il momento per il popolo americano di capire che era nostro destino prendere parte alla lotta". Il 12 febbraio 1917, Mandell House scrisse nel suo diario: "Stiamo andando verso la guerra con la rapidità che avevo sperato".

Oltre all'episodio del *Lusitania*, un altro affondamento, quello del *Sussex*, fu usato come pretesto per chiedere al Congresso una dichiarazione di guerra. *Il Sussex*, un piroscafo che attraversava la Manica, fu silurato il 24 marzo 1916 da un U-Boot tedesco che lo scambiò per una nave posamine. Anche se cinquanta persone, nessuna delle quali americana, persero la vita nell'incidente, la nave non affondò e fu rimorchiata nel porto di Boulogne. È interessante notare che tra le vittime c'erano Enrique Granados, il famoso compositore e pianista spagnolo, e sua moglie, che annegarono. Il Presidente Wilson informò il Congresso che il traghetto era stato affondato da un U-Boot tedesco e che i cittadini nordamericani a bordo erano rimasti uccisi. Il pericolo di una guerra tra la Germania e gli Stati Uniti aumentò notevolmente, spingendo il Kaiser Guglielmo II, nel disperato tentativo di evitare il conflitto, a fare una promessa il 4 maggio 1916 che è passata alla storia come la Promessa del Sussex. Il presidente Wilson autorizzò il suo ambasciatore James W. Gerard a comunicare al Kaiser che, in cambio dell'abbandono della guerra sottomarina da parte della Germania, il presidente americano si sarebbe impegnato per una pace di compromesso se fosse stato eletto nel novembre 1916. In altre parole, i tedeschi dovevano rinunciare alla rappresaglia contro il blocco britannico nella speranza che Wilson li avrebbe aiutati a raggiungere una pace di compromesso che avevano proposto all'inizio dello stesso anno. Il Sussex Pledge era quindi un accordo con cui la Germania accettava di cambiare la sua politica di guerra sottomarina senza restrizioni e di porre fine all'affondamento di navi non militari. Le navi mercantili sarebbero state ispezionate e affondate solo se trasportavano contrabbando e solo dopo aver garantito la vita dei passeggeri e dell'equipaggio.

Nel dicembre 1916 era chiaro che Wilson non avrebbe mantenuto la sua parte dell'accordo, dato che le varie offerte di pace fatte dalla Germania erano rimaste senza risposta. Così i tedeschi, dopo una conferenza tenutasi l'8 febbraio 1917, decisero di riprendere la guerra sottomarina l'11 febbraio. Il Cancelliere Bethmann-Hollweg espresse la convinzione che gli Stati Uniti avrebbero avuto il pretesto per entrare in guerra; ma Hindenburg credeva ingenuamente di poter costringere la Gran Bretagna ad accettare la pace prima che gli americani intervenissero in Europa contro le esauste truppe tedesche. Il 27 marzo il presidente Wilson chiese a Mandell House "se dovesse chiedere al Congresso di dichiarare la guerra o se dovesse dire che esiste uno stato di guerra". La dichiarazione dell'esistenza di uno stato di guerra era solo il passo preliminare. Il 2 aprile 1917 Woodrow Wilson si rivolse a entrambe le Camere in seduta congiunta e, seguendo l'opinione di Louis D. Brandeis, il giudice che Samuel Untermayer aveva posto a capo della Corte Suprema, il Presidente alluse all'affondamento del *Sussex* come motivo per dichiarare guerra. "Il mondo deve essere reso sicuro per la democrazia" fu una delle frasi più note di Wilson quel giorno. Il senatore Norris rispose il 4 che la guerra era "guerra al comando dell'oro". Il senatore LaFollete disse qualcosa che nessuno avrebbe potuto negare: "La Germania è stata paziente con noi". Il senatore Warren Harding, che sarebbe succeduto a Woodrow Wilson come Presidente, denunciò lo slogan "guerra per la democrazia". In uno dei suoi discorsi più inquietanti, il presidente Wilson minacciò implicitamente di rovesciare il governo tedesco con un'azione rivoluzionaria, aprendo le porte dell'Europa centrale al bolscevismo. Il 6 aprile, su richiesta del presidente Wilson, il Congresso dichiarò guerra alla Germania. I sionisti mantennero così la promessa dell'accordo segreto di Londra.

Fu immediatamente avviata una campagna di propaganda progettata da James T. Shotwell, i cui mentori erano socialisti fabiani, e da George Creel, un socialista che si rivelò un propagandista senza scrupoli. Wilson lo scelse per dirigere la propaganda bellica americana, che iniziò lo stesso aprile. I due lavorarono insieme nella guerra delle idee volta a manipolare il pensiero americano. Il 14 aprile 1917 Creel accettò la presidenza del Comitato per la Pubblica Informazione. Ben presto si trovò di fronte a uomini come Robert Lansing, Mark Sullivan e altri, che erano inorriditi dalla spietata disonestà dei metodi di Creel, il quale sosteneva che, raccontando bugie sempre più grandi, stava semplicemente cercando di "disabituare" il pubblico americano agli effetti della propaganda tedesca.

Il resoconto della stupefacente spazzatura creata dalla propaganda di Creel si trova in *Opponents of War, 1917-1919*, pubblicato nel 1957 da H. C. Peterson e G. C. Fite. Questi autori insistono sul fatto che fino all'ultimo momento l'opinione pubblica americana era contraria alla guerra. William Jennings Bryan, il Segretario di Stato che si era dimesso in disaccordo con la politica estera di Wilson, fece una campagna contro la guerra con grande successo di pubblico. La campagna di propaganda raggiunse il suo apice nel 1918. Questi autori denunciano quello che chiamano "il Regno del Terrore americano", poiché ci furono ondate di arresti, roghi di libri tedeschi, pestaggi e molti omicidi. Una pratica diffusa era quella di cospargere di catrame e piume coloro che protestavano contro la guerra. Elihu Root, un avvocato di Wall Street che aveva vinto il Premio Nobel per la Pace nel 1912, insistette sul fatto che chi si opponeva alla guerra doveva essere giustiziato. L'idea di eliminare senza pietà gli oppositori fu una costante durante i continui anni del terrore ebraico-bolscevico. Per mettere a tacere gli oppositori fu organizzata una Lega di protezione americana. Era comune costringere gli stranieri a baciare la bandiera americana. Nel 1918 Creel organizzò un esercito di centocinquantamila "uomini di quattro minuti", così chiamati perché spuntavano ovunque e in pochi minuti diffondevano il loro messaggio di odio.

In un'altra opera pubblicata nel 1939, *Words that Won the War: The Story of the Committee on Public Information*, gli autori, James R. Mock e Cedric Larson, presentano George Creel come il primo ministro della propaganda americana. L'opera analizza diversi film di propaganda anti-tedesca, in particolare *The Kaiser: the Beast of Berlin*, che ritrae soldati tedeschi che strappano un bambino dalle braccia della madre e lo gettano violentemente a terra mentre ridono spietatamente della donna. Il Kaiser viene presentato come un Hitler d'avanguardia. Se nel film di Charles Chaplin Hitler giocava con la palla del mondo, qui un Kaiser simile a King Kong prende in mano la palla del mondo e la stringe. Creel e il suo gruppo anticiparono le menzogne che sarebbero state ripetute contro la Germania nella Seconda Guerra Mondiale: affermarono persino di avere le prove che la Germania voleva trasformare gli Stati Uniti in una colonia e deportare i non tedeschi in una riserva nel sud del New Mexico.

Il documento Landman

Un ebreo sionista di nome Samuel Landman, che nel 1912 fu segretario onorario del Consiglio sionista del Regno Unito e fu redattore di *The Zionist* tra il 1913 e il 1914, pubblicò nel marzo del 1936, sotto gli auspici dell'Organizzazione sionista, un'opera intitolata *Great Britain, The Jews and Palestine (Gran Bretagna, Ebrei e Palestina)*, che conferma pienamente i fatti che abbiamo raccontato. Si tratta di un documento ebraico e quindi ha la rilevanza dei testi ufficiali. Léon de Poncins ne ha riprodotto un frammento significativo nella sua opera *Segreti di Stato*. Per la sua importanza, dedichiamo questa sezione alla citazione del documento, tratto dalla suddetta opera:

"Dal momento che la Dichiarazione Balfour ha avuto origine nel War Office, è stata consumata nel Foreign Office ed è in corso di attuazione nel Colonial Office, e dal momento che alcuni dei responsabili hanno lasciato questo mondo o sono andati in pensione dopo le loro migrazioni da un Ministero all'altro, c'è necessariamente una certa confusione o incomprensione sulla sua ragion d'essere e sull'importanza delle parti principalmente coinvolte. Sembra quindi opportuno riassumere brevemente le circostanze, la storia interna e gli eventi che portarono infine al Mandato britannico per la Palestina.

Coloro che hanno assistito alla nascita della Dichiarazione Balfour erano numericamente pochi. Per questo motivo è importante sottolineare adeguatamente i servizi di una persona che, grazie soprattutto alla sua modestia, è rimasta finora nell'ombra. I suoi servizi, tuttavia, dovrebbero occupare un posto appropriato in prima fila accanto a quegli inglesi lungimiranti i cui servizi sono ampiamente conosciuti, tra i quali vanno annoverati il defunto Sir Mark Sykes, il Right Honourable W. Ormsby Gore, l'onorevole Sir Ronald Graham, il generale Sir George Macdonagh e il signor G. H. Fitzmaurice.

Nei primi anni della guerra i leader sionisti, il dottor Weizmann e il signor Sokolov, soprattutto attraverso il defunto signor C. P. Scott del *Manchester Guardian* e Sir Herbert Samuel, fecero sforzi strenui per convincere il Gabinetto a sostenere la causa del sionismo.

Questi sforzi, tuttavia, non ebbero successo. Sir Herbert Samuel ha infatti dichiarato pubblicamente di non aver preso parte all'avvio dei negoziati che portarono alla Dichiarazione Balfour (*England and Palestine*, una conferenza tenuta da Sir Herbert Samuel e pubblicata dalla Jewish Historical Society, febbraio 1936). Il vero iniziatore dei negoziati fu James A. Malcolm e quello che segue è un breve resoconto delle circostanze in cui si svolsero i negoziati.

Durante i giorni critici del 1916 e l'imminente defezione dalla Russia, gli ebrei, nel loro complesso, erano contrari al regime zarista e speravano che la Germania, in caso di vittoria, avrebbe consegnato loro la Palestina in determinate circostanze. Sono stati fatti diversi tentativi per portare l'America in guerra dalla parte degli Alleati grazie all'influenza della potente opinione ebraica, ma sono falliti. James A. Malcolm, che era già a conoscenza degli sforzi compiuti dalla Germania prima della guerra per assicurarsi una posizione in Palestina attraverso gli ebrei sionisti e degli sforzi anglo-francesi falliti a Washington e New York; e sapeva che Woodrow Wilson, per motivi validi e sufficienti, aveva sempre attribuito la massima importanza ai consigli di un importante sionista (il giudice Brandeis della Corte Suprema degli Stati Uniti); e aveva uno stretto rapporto con Greenberg, editore del Jewish Chronicle, e una stretta relazione con Wilson. Greenberg, editore del *Jewish Chronicle* (Londra); e sapendo che diversi importanti leader sionisti erano giunti a Londra dal Continente a causa dell'imminenza degli eventi previsti; e apprezzando e comprendendo la profondità e la forza delle aspirazioni nazionali ebraiche, prese spontaneamente l'iniziativa di convincere prima Sir Mark Sykes, sottosegretario al War Office, e poi M. Georges Picot, dell'Ambasciata degli Stati Uniti. Georges Picot, dell'Ambasciata di Francia a Londra, e M. Gout, del Ministero degli Esteri francese (Sezione

Orientale), che il modo migliore e forse l'unico (che si è rivelato vero) per convincere il Presidente americano a entrare in guerra era quello di assicurarsi la cooperazione degli ebrei sionisti promettendo loro la Palestina, e quindi di catturare e mobilitare le forze fino ad allora insospettate e potenti degli ebrei sionisti in America e in tutto il mondo a favore degli Alleati sulla base di un accordo quid pro quo. Quindi, come si vedrà, avendo i sionisti fatto la loro parte e avendo contribuito enormemente a coinvolgere l'America, la Dichiarazione Balfour del 1917, conferma pubblica dell'accordo segreto tra gentiluomini del 1916, fu fatta necessariamente con la preventiva conoscenza, consenso e/o approvazione degli arabi e dei governi britannico, americano, francese e degli altri Alleati, e non fu solo un gesto volontario, altruistico e romantico da parte della Gran Bretagna, come alcuni suppongono per imperdonabile ignoranza o vorrebbero interpretare o travisare per imperdonabile cattiveria.

Sir Mark Sykes era sottosegretario al Gabinetto di Guerra e si occupava in particolare degli affari del Vicino Oriente e, sebbene all'epoca avesse poca dimestichezza con il movimento sionista e ignorasse l'esistenza dei suoi leader, ebbe il talento di rispondere al ragionamento anticipato da Malcolm e alla forza e all'importanza di questo movimento ebraico, nonostante il fatto che molti milionari ebrei dell'Europa internazionale o semi-assimilata e dell'America si opponessero apertamente o tacitamente al movimento sionista o rimanessero timidamente indifferenti. I signori Picot e Gout furono altrettanto ricettivi.

Un interessante resoconto dei negoziati condotti a Londra e Parigi e dei successivi sviluppi è già apparso sulla stampa ebraica e non è necessario ripeterlo in questa sede, se non per ricordare che subito dopo l'accordo tra Sir Mark Sykes, autorizzato dal Gabinetto di Guerra, e i leader sionisti, questi ultimi ricevettero dal War Office, dal Foreign Office e dalle ambasciate, legazioni, ecc. britanniche, agevolazioni per telegrafare e comunicare la buona notizia ai loro amici e alle loro organizzazioni in America e altrove, e il cambiamento dell'opinione pubblica e ufficiale, come riflesso nella stampa americana, a favore dell'adesione alle forze alleate in America e altrove, Le strutture per telegrafare e comunicare le buone notizie ai loro amici e alle loro organizzazioni in America e altrove, e il cambiamento nell'opinione pubblica e ufficiale, come riflesso nella stampa americana, a favore dell'adesione agli Alleati in guerra, fu tanto gratificante quanto sorprendentemente rapido.

La Dichiarazione Balfour, secondo le parole del professor H. M. V. Temperley, fu un accordo definitivo tra il governo britannico e l'ebraismo (*History of the Peace Conference in Paris*, vol. 6, p.173). La principale ricompensa portata dagli ebrei (allora rappresentati dai leader dell'Organizzazione Sionista), fu il loro aiuto nel convincere il Presidente Wilson ad aiutare gli Alleati. Inoltre, la Dichiarazione Balfour, allora interpretata ufficialmente da Lord Robert Cecil come "Giudea per gli ebrei" nello stesso senso di "Arabia per gli arabi", trasmise un'eccitazione in tutto il mondo. Il primo accordo Sykes-Picot del 1916, secondo il quale la Palestina settentrionale doveva essere separata e inclusa nella Siria (sfera francese), fu successivamente modificato per volere dei leader sionisti (con il trattato franco-britannico del dicembre 1920) in modo che lo Stato nazionale ebraico comprendesse tutta la Palestina, in conformità con le promesse ricevute in precedenza per i loro servizi dai governi britannico, alleato e americano, e per dare piena attuazione alla Dichiarazione Balfour, i cui termini erano stati stabiliti e conosciuti da tutti gli alleati e dai partner belligeranti, compresi gli arabi, prima che fosse resa pubblica.

In Germania, il valore del patto alleato, a quanto pare, è stato debitamente e attentamente notato. Nel suo *Through Thirty Years*, Wickham Steed, in un capitolo in cui valuta l'importanza del sostegno sionista in America e altrove per la causa alleata, afferma che il generale Ludendorff avrebbe detto dopo la guerra: "La Dichiarazione Balfour è stata la cosa più intelligente fatta dagli Alleati in senso propagandistico e vorrei averci pensato per primo". (Vol. 2, p. 392). Per inciso, questo fu detto da Ludendorff a Sir Alfred Mond (poi Lord Melchett) poco dopo la guerra. Il fatto che sia stato l'intervento degli ebrei a far entrare in guerra gli Stati Uniti a fianco degli Alleati ha da allora esasperato la mente tedesca e ha contribuito in larga misura al rilievo che l'antisemitismo occupa nel programma nazista".

(S. Landman: La *Gran Bretagna, gli ebrei e la Palestina*, pp. 3-6)

La stampa internazionale e la storiografia ufficiale hanno sempre taciuto su questo documento di importanza cruciale, che rimane praticamente sconosciuto. Il testo non lascia dubbi sul ruolo che gli stessi ebrei rivendicano per sé nell'esito della Prima guerra mondiale. Non si può comprendere l'evoluzione del XX secolo, con le sue due guerre mondiali, di cui quella del 1939 è la seconda parte della stessa tragedia universale, senza una corretta valutazione di quanto è costata la creazione dello Stato di Israele. Per quanto riguarda il documento di Landman, va ricordato che fu pubblicato nel marzo 1936 in un contesto sfavorevole per la Gran Bretagna. La situazione in Palestina era esplosiva e gli inglesi arrivarono a bloccare l'immigrazione illegale di ebrei internazionali a causa dei dubbi di Londra. Si trattava in realtà di un avvertimento: "Dimenticate", si legge in un altro passaggio, "che non ci avete dato la Palestina come un dono non richiesto (Dichiarazione Balfour). Ci è stata data come risultato di un patto segreto concluso tra di noi. Abbiamo rispettato scrupolosamente la nostra parte nel portare l'America dalla vostra parte in guerra. Vi chiediamo di adempiere ai vostri obblighi. Siete consapevoli del nostro potere negli Stati Uniti, fate attenzione a non incorrere nell'ostilità di Israele. Altrimenti vi troverete di fronte a gravi difficoltà internazionali".

Una tale sfacciataggine sembra incredibile. Solo per la ferma convinzione dell'irreversibilità del proprio potere si può pubblicare un documento così compromettente e sconsiderato, con paragrafi che minacciano chiaramente lo stesso Impero britannico, sotto il cui protettorato i sionisti erano riparati in Palestina.

Lord Milner e la sua missione in Russia

Dopo aver studiato gli eventi in Inghilterra e negli Stati Uniti, resta ora da vedere come si stava preparando la catastrofe in Russia. A questo scopo torneremo indietro all'estate del 1916, perché fu allora che un dossier segreto arrivò in Russia da uno dei suoi agenti a New York. Il rapporto, la cui esistenza è stata confermata da varie fonti, dava notizia di una riunione del Partito Rivoluzionario Russo d'America tenutasi il 14 febbraio nell'East Side di New York, alla quale parteciparono sessantadue delegati, cinquanta dei quali erano veterani rivoluzionari che avevano lasciato la Russia dopo la rivoluzione del 1905. È stato notato che un'alta percentuale dei delegati era ebrea. In un estratto del rapporto, riprodotto da Boris Brasol in *The World at the Cross Roads*, l'agente scrive: ".... Le discussioni della prima riunione furono interamente dedicate alla ricerca di modi e mezzi per avviare una grande rivoluzione in Russia, dato che il momento più favorevole si stava avvicinando. Si disse che erano stati ricevuti rapporti segreti dalla Russia che descrivevano la situazione come molto favorevole, poiché tutti i preparativi per uno scoppio immediato erano pronti. L'unico problema era quello dei finanziamenti, ma quando l'argomento venne sollevato, alcuni membri assicurarono l'assemblea che questo non doveva essere motivo di preoccupazione, poiché i fondi abbondanti, se necessari, sarebbero stati forniti da persone solidali con il movimento di liberazione del popolo russo. Il nome di Jacob Schiff è stato ripetutamente citato".

In effetti, le notizie sulla fonte di finanziamento del movimento rivoluzionario erano giunte al governo russo fin dalla rivoluzione del 1905. Sicuramente la generosità dimostrata dalla Russia nei confronti dei suoi alleati durante la guerra, riconosciuta in più occasioni dagli ufficiali militari francesi, era destinata a trovare un solido sostegno in Gran Bretagna e in Francia. Gli eventi dimostrarono, tuttavia, che l'atteggiamento della Gran Bretagna nei confronti dell'alleato russo non avrebbe potuto essere più infedele, dato che il suo ambasciatore Buchanan si adoperò per il rovesciamento dello zar. Dopo la sconcertante scomparsa di Lord Kitchener e l'avvento di Lloyd George come primo ministro, le cose non fecero che peggiorare. Tuttavia, le truppe russe erano state riorganizzate e i generali dello Stato Maggiore, convinti delle capacità dell'esercito, si stavano preparando a fondo per l'offensiva di primavera progettata con gli Alleati.

Poco prima del colpo di Stato del febbraio/marzo 1917, il governo di Londra inviò Lord Milner come Alto Commissario a San Pietroburgo. Milner, massone di 33° grado, agente dei Rothschild che avevano provocato la guerra boera e membro fondatore della Tavola rotonda, era uno dei principali agenti dei cospiratori. Lungi dal sentirsi sostenuta, la Russia era convinta che l'Alto Commissario, invece di mostrare solidarietà e sostegno, invece di frenare l'attività dannosa dell'ambasciatore massone, avesse trasmesso il sostegno del governo Lloyd George alla politica destabilizzante di Buchanan. Anche la missione di Alfred Milner in Russia, che non era nemmeno interessata alle esigenze di armamento dell'esercito russo, destò sospetti a Londra, come dimostrò un'interpellanza alla Camera dei Comuni. Il ministro degli Esteri, Lord Balfour, in risposta al deputato Dillon, rispose che "Lord Milner durante la sua recente visita in Russia non ha cercato di interferire direttamente o indirettamente negli affari interni della Russia".

A Londra, Lord Milner, che mesi dopo sarebbe diventato uno dei finanziatori della Rivoluzione bolscevica, produsse un rapporto sul fabbisogno di armamenti della Russia, che servì da pretesto al Tesoro britannico per ridurre gli stanziamenti per le forniture di armi alla Russia. Da parte sua, l'Ammiragliato si rifiutò spesso di fornire navi di stazza sufficiente per il trasporto di armamenti pesanti e altri materiali bellici. In breve, il governo di Lloyd George contribuì ad alimentare le tensioni interne e voltò definitivamente le spalle all'alleato russo: invece di collaborare con lui, lo boicottò. Tanto che, secondo la principessa Olga Paley in *Souvenirs de Russie 1916-1919, il* Primo Ministro Lloyd George, alla notizia del colpo di Stato che depose lo Zar, dichiarò: "uno degli scopi della guerra è stato raggiunto". Per i lettori che ritengono inattendibile la fonte sopra citata, abbiamo le parole dell'ambasciatore britannico, pubblicate il 21 marzo 1917 su *Russkoie Slovo*. Pochi giorni dopo la caduta dello Zar, Buchanan dichiarò apertamente ai giornalisti: "Il regime autocratico e reazionario non ci ha mai ispirato simpatia. Ecco perché l'avvento del Governo Provvisorio è acclamato con entusiasmo in tutta la Gran Bretagna". I fatti diedero ragione a coloro che avevano avvertito all'inizio della guerra che gli inglesi avrebbero combattuto fino all'ultima goccia di sangue russo.

PARTE 3
BANCHIERI E RIVOLUZIONI (2)
LA RIVOLUZIONE BOLSCEVICA-EBRAICA

L'idea che la storia sia una cospirazione permanente contro la verità è particolarmente vera per la Russia, un Paese che nel XIX secolo ha sofferto dell'inimicizia dichiarata dei Rothschild. Questa ostilità era in realtà una dichiarazione di guerra occulta contro il Paese che aveva guidato la Santa Alleanza al Congresso di Vienna del 1815. La Santa Alleanza anteponeva la tradizione e i valori cristiani al secolarismo e al progresso che si supponeva fossero portati dal liberalismo, un'ideologia politica, economica e sociale che per tutto il XIX secolo i banchieri internazionali riuscirono a imporre alle nazioni, oggi sottoposte al disastroso globalismo neoliberista.

Abbiamo già visto come Alexander Herzen, il rivoluzionario che complottava contro la Russia da Londra, godesse della protezione e dell'amicizia di James Rothschild. Prima della rivoluzione, i giornali in Europa e in America controllati dai nemici della Russia hanno martellato l'opinione pubblica per decenni con l'idea che il governo russo fosse una macchina di oppressione. Secondo la stampa, gli zar erano mostri intenzionati a mantenere il loro popolo in schiavitù. Da allora, l'idea di un regime antiprogressista, reazionario, autocratico e autoritario è stata ripetuta ad nauseam dai propagandisti della rivoluzione e dalle democrazie liberali. Ancora oggi, come se i comunisti avessero portato libertà, democrazia e benessere al popolo russo, nei centri accademici di tutto il mondo si insegna che gli zar erano i peggiori despoti d'Europa e che quindi la rivoluzione comunista era giustificata. Esattamente la stessa strategia messa in atto dopo la Rivoluzione francese.

Così, gli sconvolgimenti sociali provocati dal Movimento Rivoluzionario Mondiale (WRM), lanciato dagli illuministi bavaresi con il finanziamento di Mayer Amschel Rothschild e di altri banchieri, sono sempre guardati con favore e indulgenza, poiché sono visti come un miglioramento di ciò che è stato prima. Prima di raccontare alcuni degli eventi più significativi della rivoluzione, presenteremo al lettore alcune realtà della Russia zarista che la cospirazione della menzogna finge di ignorare. Arsene de Goulévitch, la cui opera *Tsarisme et Révolution* è una delle nostre fonti, dice giustamente che "la storia di una nazione è generalmente raccontata dai suoi amici, ma quella della Russia è stata scritta soprattutto dai suoi nemici".

Se guardiamo alla Russia di oggi, possiamo vedere che dopo più di settant'anni di comunismo ateo che ha cercato di cancellare il cristianesimo in Russia, dopo un lungo periodo in cui le generazioni sono state educate senza alcun insegnamento religioso, gran parte del popolo russo è tornato alla sua tradizione cristiana secolare. Oggi la Chiesa occupa di nuovo un ruolo importante nella società russa. Questo fatto, sorprendente, si spiega con il ruolo tradizionale della Chiesa ortodossa in Russia, simbolo di patriottismo e confusa con la nazione e lo Stato. Ciò non impedì tuttavia agli zar di concedere ai loro sudditi musulmani gli stessi diritti dei cristiani. Durante la guerra mondiale, i corpi d'armata russi erano comandati da generali musulmani.

Per quanto riguarda gli ebrei, va ricordato che nel XIX secolo metà della popolazione ebraica mondiale viveva in Russia. Questi ebrei russi non erano semiti, ma discendenti ashkenaziti dei khazari. I rabbini talmudisti li educarono nei ghetti a un odio viscerale per il cristianesimo, rendendoli inassimilabili e praticando la consanguineità. Questa popolazione era soggetta a varie restrizioni, una delle quali era l'obbligo di stabilirsi in una vasta area al confine con l'Europa centrale, corrispondente alle attuali Lituania, Bielorussia, Polonia, Moldavia e Ucraina. In questa enorme Zona di residenza, gli ebrei dominarono la vita economica durante il XIX secolo. Le banche ebraiche con sede a Varsavia, Vilna e Odessa erano tra le principali agenzie di prestito commerciale dell'Impero russo.

A. L. Patkin in *The Origins of the Russian-Jewish Labour Movement* (1947) spiega che nel 1856 il barone Joseph Günzburg e una delegazione di notabili ebrei presentarono un memorandum ad Alessandro II, chiedendogli umilmente di "separare il grano dalla pula", cioè di distinguere tra le classi inferiori e gli ebrei più dignitosi e istruiti, al fine di ottenere alcuni privilegi per questi ultimi. Grazie al permissivismo dello zar, tra il 1860 e il 1870 la prima generazione di intellettuali ebrei russi, la cui lingua madre era lo yiddish, si immerse nella vita culturale russa. La maggior parte di loro non si fece scrupolo di adottare il cristianesimo ortodosso per accedere più facilmente a posizioni importanti e a carriere universitarie. Questi ebrei ottennero l'accesso a posizioni elevate nella burocrazia zarista, entrandovi come giudici, avvocati, professori. Alcuni riuscirono persino a entrare in Senato. Patkin scrive che i capitalisti ebrei entrarono nel campo dello sviluppo industriale russo e raggiunsero presto posizioni importanti e di grande influenza. La non ammissione degli ebrei al servizio statale non ha quindi interessato questa élite. Così, a un buon numero di ebrei qualificati fu permesso di vivere al di fuori dell'area di insediamento, creata nel 1791 da Caterina la Grande. Gli ebrei potevano comunque partecipare alle elezioni della Duma ed erano anche eleggibili. Detto questo, analizziamo alcune realtà della Russia zarista per settori.

Organizzazione sociale e politica della Russia zarista

La prima cosa da notare è che prima della rivoluzione la libertà di stampa, di riunione e di associazione esisteva in Russia in misura ancora maggiore che in alcuni Paesi occidentali. L'idea che l'amministrazione dell'impero fosse corrotta e parassitaria non è affatto vera. Il numero di dipendenti pubblici in Russia era molto inferiore a quello della maggior parte degli altri Paesi: nel 1906 c'erano poco meno di trecentocinquantamila dipendenti pubblici, mentre in Francia, ad esempio, il numero di persone iscritte al bilancio statale era di mezzo milione. Queste cifre relative alla funzione pubblica sono particolarmente significative se si considera la spettacolare crescita demografica che la Russia ha conosciuto nel corso del XIX secolo, passando da 36 milioni di abitanti nel 1800 a 135 milioni nel 1900. La tendenza è proseguita nel XX secolo, con la popolazione che ha raggiunto circa 175 milioni nel 1914.

Nelle province o dipartimenti, in seguito al decreto imperiale del 19 febbraio 1861, che liberò circa 23 milioni di contadini, emancipati da Alessandro II, lo zar liberatore, come lo chiamava il popolo russo, fu necessario creare una serie di istituzioni locali uniche per tutte le classi della popolazione. Nel 1864, il governo imperiale approfittò di questa necessaria riorganizzazione per ampliare le funzioni e il ruolo dell'amministrazione locale e creò dei governi distrettuali, gli "zemstvos", i cui poteri li trasformarono in piccoli autogoverni. I loro poteri coprivano tutte le questioni relative all'istruzione pubblica, all'assistenza, all'approvvigionamento, alla costruzione e alla manutenzione delle strade, all'igiene sociale e alla lotta contro le epidemie, all'ispezione delle prigioni, ecc. Tutto ciò richiedeva spese considerevoli, motivo per cui gli "zemstvos" erano autorizzati a riscuotere tasse locali sulla popolazione. I risultati della loro attività comprendevano l'assistenza medica gratuita. Arsene de Goulévitch si rifà alle opinioni degli studiosi francesi per sottolineare con orgoglio che gli "zemstvos" disponevano, sotto il regime imperiale, di "una grandiosa organizzazione di medicina sociale come non esisteva da nessun'altra parte". Uno degli animatori di questa organizzazione medica fu il dottor Fréderic Erismann, professore all'Università di Mosca di nazionalità svizzera. De Goulévitch scrive in *Tsarisme et Révolution* che nel 1897 visitò il professor Erismann a Zurigo, dove partecipava a un congresso sulla protezione dei lavoratori. Gli riconobbe che "l'organizzazione medica creata dagli Zemstvos era il più grande successo dell'epoca nell'ambito della medicina sociale, poiché forniva assistenza medica gratuita, aperta a tutti, e aveva un carattere profondamente educativo".

Contemporaneamente alla riforma amministrativa del 1864, il Paese fu dotato di un nuovo apparato giudiziario che funzionava perfettamente. La giustizia era rapida, equa e accessibile a tutti. I giudici erano inamovibili e indipendenti. Il sistema di elezione dei magistrati, considerato rivoluzionario in molti Paesi, permetteva ai giudici di pace di essere nominati dalle assemblee distrettuali o dai "dumas" (consigli comunali). L'appello contro la sentenza di un giudice di pace poteva essere presentato all'assemblea locale dei giudici di pace. Il codice penale russo non prevedeva la pena di morte, un fatto che lo distingueva da tutti i Paesi europei. Quando la pena di morte veniva applicata in Russia, lo era eccezionalmente dalle corti marziali o dai tribunali straordinari. L'abolizione delle punizioni corporali in Russia precedeva persino la riforma giudiziaria del 1864. I comunisti hanno ucciso più persone in un solo giorno di quante ne abbia uccise il sistema giudiziario zarista in tutto il XIX secolo. Stéphane Courtois in *I crimini del comunismo* fornisce cifre concrete a questo proposito. Secondo Courtois, tra il 1825 e il 1905 in Russia furono condannate a morte centonovantuno persone. Courtois, che descrive il sistema giudiziario dello zar come "vera giustizia", scrive: "I prigionieri e i condannati beneficiavano di un regolamento carcerario e il regime di confino o addirittura di deportazione era relativamente mite. I deportati potevano andare dalle loro famiglie, leggere e scrivere a piacimento, cacciare, pescare e incontrare i loro compagni di pena nel tempo libero. Sia Lenin che Stalin hanno potuto verificare personalmente l'esattezza di queste parole.

L'istruzione era una preoccupazione prioritaria di Nicola II. L'istruzione primaria era uguale e gratuita per tutti. Un progetto del 1862 mirava a fornire alla Russia un'istruzione generale obbligatoria, ma dovette essere abbandonato a causa della mancanza di risorse sufficienti per la sua attuazione. Nicola II riprese l'idea del nonno e dal 1908 lanciò un nuovo piano per l'istruzione obbligatoria all'interno del suo impero, un progetto senza precedenti per l'educazione delle masse del popolo. Fu ordinato un censimento per studiare le necessità e si scoprì che tredici milioni e mezzo di bambini erano in età scolare, per cui erano necessarie duecentocinquantamila scuole. Poiché le scuole elementari esistenti erano settantamila, ne servivano altre centottantamila. Fino al 1914, in Russia venivano aperte ogni anno diecimila scuole. Se la guerra e la rivoluzione non avessero interrotto il processo, l'istruzione primaria obbligatoria sarebbe stata un dato di fatto in dieci anni. Tuttavia, un'indagine condotta dai comunisti nel 1920 mostrava che l'86% dei bambini tra i dodici e i sedici anni sapeva leggere e scrivere. Per quanto riguarda lo sviluppo dell'istruzione femminile, nel XIX secolo la Russia era il Paese più avanzato in Europa in termini di numero di donne scolarizzate.

L'agricoltura prima e dopo la Rivoluzione

L'uso e la successiva distruzione dei contadini da parte dei sovietici è uno dei punti più significativi di quanto accaduto in Russia. La propaganda rivoluzionaria diffuse l'idea che la povertà dei "mujik" (contadini) fosse dovuta al fatto che la maggior parte delle terre coltivabili apparteneva ai grandi proprietari terrieri. Di seguito si riporta una breve sintesi dei dati principali forniti da Boris Brasol in *Il bilancio del sovietismo* e da Arsene de Goulévitch, che sostanzialmente coincidono. Lo studio di questi autori si basa sulle terre della Russia europea, poiché tutte le terre coltivate in Siberia appartenevano ai contadini. Secondo un'indagine agricola del 1916, dei

71.709.693 deciatini (il deciatino russo equivale a poco più di un ettaro) seminati quell'anno nella Russia europea, solo un decimo apparteneva ai proprietari terrieri capitalisti, mentre il resto era diviso in piccoli appezzamenti e in possesso dei contadini.

Per apprezzare il trasferimento di terre dai proprietari terrieri ai contadini, bisogna partire dal 1861, anno in cui Alessandro II, lo zar liberatore, emancipò quasi 23 milioni di anime. Va ricordato che mentre la Russia liberava pacificamente i contadini, gli Stati Uniti sprofondavano nella guerra civile con il pretesto di abolire la schiavitù. Nel 1861 la superficie di terra assegnata ai contadini nei quarantaquattro governi della Russia europea ammontava a 113,7 milioni di deciatini, nel 1916 i piccoli agricoltori possedevano già 188 milioni di deciatini. Questo sviluppo estremamente rapido che ha portato alla totale democratizzazione della proprietà terriera in Russia è stato determinato dalle misure adottate dai governi zaristi per garantire il benessere dei contadini. In base alla legge di emancipazione del 1861, agli ex servi della gleba fu concessa la libertà personale e i proprietari terrieri furono espropriati, a beneficio dei contadini, di 35 milioni di deciatini, che rappresentavano circa un terzo di tutta la terra e più della metà della terra coltivabile che possedevano, il che, da un punto di vista legale, costituiva un'espropriazione. Lo Stato, da parte sua, si spogliò di 80 milioni di deciatini che gli appartenevano e che erano sfruttati da contadini non soggetti a servitù, ma legati alle terre della corona. Anche questi furono liberati. I contadini furono emancipati e dotati di terre sufficienti per la loro sussistenza.

Poiché tra il 1861 e il 1916 nuovi decimi delle terre coltivabili della Russia europea passarono nelle mani dei contadini, nel 1882 lo Stato fondò la "Banca dei contadini" per sostenere e incoraggiare la democratizzazione della terra. Questa istituzione aveva lo scopo di facilitare l'accesso alla terra ai piccoli agricoltori in proporzioni crescenti. Le sue operazioni principali consistevano nell'acquistare terreni di tipo rentier e rivenderli ai contadini a condizioni estremamente vantaggiose. I prestiti che stipulava con i contadini ammontavano spesso al novanta per cento del prezzo di acquisto. La loro durata era, quasi senza eccezioni, di cinquant'anni. L'interesse trattenuto dalla banca era così basso che più volte le sue operazioni hanno portato a deficit che sono stati coperti dal Tesoro. Due cifre serviranno a mostrare la progressione dei prestiti concessi dalla Banca dei contadini. Nel 1901 ha concesso prestiti per 222.001.000 rubli d'oro. Nel 1912 la cifra era di 1.167.994.000. L'economista danese Wieth Knudsen ha definito questa banca come "il più grande istituto di prestito immobiliare dell'intero universo". De Goulévitch osserva ironicamente che "si potrebbe anche dire che è stata la banca più sociale, se non la più socialista, del mondo".

Inoltre, il governo distribuì ai contadini tutte le terre coltivabili della Siberia. La marcia della Russia verso il Pacifico iniziò alla fine del XVI secolo, ma fu accelerata e ampliata durante il regno di Nicola II. Nel 1831 il governo organizzò una migrazione organizzata; ma nonostante l'incoraggiamento statale, la colonizzazione della Siberia procedette molto lentamente. Al momento della liberazione dei servi della gleba, la popolazione russa in Siberia non superava i tre milioni. Con l'impulso della costruzione della ferrovia transiberiana, iniziata nel 1891, la colonizzazione iniziò a crescere rapidamente. Il Comitato della Transiberiana fu particolarmente favorevole all'emigrazione, organizzando centri sanitari e mense per la distribuzione di cibo agli emigranti. Nel 1906 fu completata la costruzione della linea ferroviaria e dal 1907 in poi partirono per la Siberia tra le 400.000 e le 600.000 persone all'anno. Gli aiuti statali ai coloni passarono da cinque milioni di rubli nel 1906 a undici milioni di rubli nel 1907, raggiungendo una media di trenta milioni di rubli all'anno. I coloni venivano trasportati gratuitamente dal governo e ricevevano sussidi tra i 100 e i 400 rubli per famiglia. Ogni famiglia riceveva in media un appezzamento di terreno di quaranta decini.

In seguito dedicheremo un po' di spazio a Stolypin, uno statista di grande levatura che, come al solito, fu assassinato. Le sue riforme diedero un enorme impulso all'agricoltura. Nei dieci anni precedenti la guerra, la produzione di macchinari agricoli quadruplicò e aumentò anche la loro importazione. Il numero di società agricole passò da 447 nel 1902 a 4.685 alla fine del 1913. L'aumento delle cooperative agricole è stato senza precedenti: nel 1902 erano 2.000, dieci anni dopo erano 22.000. Tutto questo portò la Russia a diventare il più grande produttore ed esportatore di grano del mondo. Vi risparmieremo le statistiche che mostrano la crescita della produzione annuale e delle esportazioni di segale, grano, orzo, avena e altri cereali. Oltre ai cereali, la Russia pre-rivoluzionaria era al primo posto nel mondo per la produzione di patate e piante da foraggio. Era anche il terzo produttore mondiale di tabacco. Produceva anche un'abbondanza di verdure e vari tipi di frutta. Nonostante la propaganda dei rivoluzionari per conquistare i contadini, questi ultimi non furono mai interessati ad agire contro lo zar e rifiutarono di ribellarsi a lui perché non lo ritenevano uno strumento di oppressione.

Non possiamo concludere questa sezione senza ricordare che le carestie furono una caratteristica costante dell'era comunista e senza denunciare uno dei più grandi crimini contro l'umanità che nessuno ricorda perché non tocca. Alla considerazione mostrata dagli zar nei confronti dei contadini, si contrappone la crudeltà e il totale disprezzo per le loro vite mostrato dai sovietici. Dopo la caduta dello zarismo, la carestia regnava in modo permanente perché il bolscevismo, come è noto, rovinò completamente i contadini. La feroce collettivizzazione attuata nel 1929-30 fu il colpo di grazia per l'economia rurale russa. Già nel 1921, la disastrosa politica agricola del regime comunista portò a una carestia nella regione del Volga, nell'Ucraina meridionale, il cosiddetto "granaio d'Europa", e in Crimea che, secondo alcune fonti, fece tra i quattro e i cinque milioni di vittime. Ma il peggio per gli ucraini arrivò nel 1930, quando la terra e tutti i beni dei contadini ucraini furono confiscati dallo Stato: la "deskulakizzazione". I contadini furono costretti a far parte di fattorie collettive e chi si opponeva veniva arrestato e deportato. Mentre i mercati occidentali venivano riforniti di grano ucraino confiscato ai produttori, i contadini venivano incolpati della mancanza di pane e del rigido razionamento nelle città.

Un genocidio per fame fino ad allora sconosciuto, "Holodomor", in ucraino "morire di fame", ebbe luogo sotto gli occhi di un mondo impassibile. L'idea di "liquidare i kulaki come classe" (contadini che possedevano terre e assumevano braccianti) fu dell'ebreo Lazar Kaganovich, che non era solo un comunista ma anche un sionista, membro di "Poale Zion", un'organizzazione in cui militavano migliaia di bolscevichi. Il suo assistente nell'organizzazione della carestia era Yam Yakovlev, un altro ebreo il cui vero nome era Epstein. L'NKVD requisì tutto il grano, le patate, le barbabietole, i cavoli, che venivano conservati sotto sale, e tutti i prodotti alimentari. Nell'inverno del 1932-33 i rifornimenti si esaurirono in Ucraina. Fu istituito un enorme cordone e a nessuno fu permesso di lasciare il Paese. I plotoni di vigilantes vietarono ai contadini affamati di entrare nelle città: fu impedito loro di salire sui treni e molti morirono nelle stazioni o sui binari. I campi erano sorvegliati dall'NKVD e chi cercava di foraggiarli veniva fucilato. Gli agenti ricevevano 200 grammi di pane per ogni cadavere consegnato. Numerosi moribondi furono sepolti vivi: "la terra si muoveva", testimoniarono in seguito le sepolture. Nella primavera del 1933, il numero di morti raggiungeva le 25.000 persone al giorno, quindi non sorprende che le strade delle città fossero disseminate di cadaveri. Tra i sei e i sette milioni di persone furono sterminate per fame. Finalmente, dopo un fragoroso silenzio, nel marzo 2008 il Parlamento ucraino e diciannove governi di altri Paesi hanno riconosciuto che le azioni del governo sovietico furono un genocidio pianificato. Il 23 ottobre dello stesso anno il Parlamento europeo ha adottato una risoluzione che considera l'Holodomor un crimine contro l'umanità. Nel giugno 2009 il Servizio di sicurezza ucraino ha pubblicato un elenco di nomi di funzionari sovietici, per lo più ebrei, denunciati in relazione all'Holodomor. L'avvocato ucraino Aleksander Feldman, leader del Comitato ebraico ucraino, ha affermato che era una farsa pubblicizzare il caso, dal momento che tutti gli organizzatori della Grande carestia erano morti. Nel prossimo capitolo ci sarà l'opportunità di approfondire questo genocidio largamente sconosciuto.

L'industria prima della Rivoluzione

Il ruolo svolto dallo Stato come promotore dello sviluppo industriale in Russia fu di grande importanza. Anche in questo caso, sebbene non corrisponda all'immagine di mostri spietati, bisogna riconoscere che sia

Alessandro III che Nicola II mostrarono grande preoccupazione per le condizioni dei lavoratori, preoccupazione condivisa dalla maggior parte degli industriali russi. Alessandro III decretò una serie di leggi sui lavoratori e istituì il corpo degli ispettori del lavoro, incaricati di monitorare le fabbriche, difendere gli interessi dei lavoratori e impedire il loro sfruttamento da parte dei padroni. Da parte sua, l'imperatore Nicola II introdusse una nuova legislazione sul lavoro, che può essere considerata tra le più avanzate dell'epoca. Lo riconobbe W. H. Taft, presidente degli Stati Uniti, in un discorso pubblico del 1912: "Il vostro imperatore ha creato una legislazione sul lavoro più perfetta di quella che i Paesi democratici possono vantare".

L'impero zarista era il principale produttore mondiale di platino e prima della rivoluzione il 95% del platino proveniva dalla Russia. Era anche il primo produttore mondiale di manganese, un minerale necessario per la produzione di acciaio. Prima della guerra, la Russia produceva il 56% del manganese mondiale. La produzione di petrolio, sebbene di recente creazione, si sviluppò a tal punto che nel 1897 la Russia era diventata il primo produttore mondiale di petrolio. Tuttavia, nel 1905, a seguito del movimento insurrezionale che scosse la Russia, la produzione subì una grave crisi. A Baku, i rivoluzionari incendiarono i pozzi, commisero numerosi atti di sabotaggio e riuscirono a provocare una guerra civile tra tatari e armeni. Tre quinti dei campi petroliferi furono distrutti e tutte le attività furono interrotte. Inoltre, i lavori sugli impianti non colpiti furono temporaneamente sospesi. Dal 1906 fino alla rivoluzione, la produzione riprese seriamente grazie alla scoperta di nuovi giacimenti a Baku e Grozny. Nel 1913, a est della città caucasica, fu scoperto il ricchissimo giacimento di Novo-Grozny, che alla vigilia della rivoluzione era pronto per essere sfruttato. Dodici anni dopo la rivoluzione, l'industria petrolifera russa non era in grado di sfruttare il suo potenziale e la sua produzione si trovava al dodicesimo posto. Tra i metalli preziosi, anche l'oro era abbondante e l'impero zarista era al quarto posto nel mondo, dopo il Transvaal, gli Stati Uniti e l'Australia. Anche l'estrazione dell'argento si stava sviluppando molto rapidamente all'inizio del XX secolo. Per concludere questo rapido sguardo alle risorse minerarie, si può aggiungere che la Russia era al quinto posto nella produzione di rame e asfalto. Anche l'estrazione del carbon fossile si sviluppò enormemente con la diffusione della rete ferroviaria in tutto l'impero a partire dalla seconda metà del XIX secolo.

Tra tutte le industrie russe, quella tessile era la più antica e la più importante. Le tessiture impiegavano quasi un milione di lavoratori e, incoraggiate dal governo, sostenevano tutta una serie di istituzioni come scuole, infermerie, ospedali, asili, alloggi per i lavoratori, biblioteche, case di cura e così via. Queste imprese sono diventate in realtà delle piccole città. Va notato che quasi tutti i capitali coinvolti in questa industria erano russi. All'interno dell'industria tessile, l'industria del cotone era al primo posto, tanto che la Russia occupava la terza posizione nell'approvvigionamento di cotone grezzo, dopo gli Stati Uniti e la Gran Bretagna. L'industria della lana era la seconda più importante, ma non soddisfaceva le esigenze del mercato interno. Nel 1913 la Russia era diventata il primo produttore mondiale di lino e la sua industria del lino progrediva rapidamente, ma consumava solo il 20% della quantità totale prodotta nel Paese, che prima della guerra rappresentava l'80% del raccolto mondiale di lino. La Russia zarista forniva i quattro quinti del lino utilizzato in Europa. Seta, canapa e iuta completavano l'elenco dei materiali più importanti utilizzati nell'industria tessile.

I trasporti nella Russia zarista

La prima linea ferroviaria in Russia fu inaugurata nel 1837 da ingegneri russi. Fino al 1857 le ferrovie furono costruite e gestite dallo Stato, ma da quella data fino al 1881 furono gestite da compagnie private la cui creazione fu sostenuta finanziariamente dallo Stato. Ne *Il secolo ebraico*, *un'*apologia che, come annunciato nei *Protocolli*, dimostra il dominio assoluto degli ebrei in tutti i settori del mondo moderno, Yuri Slezkine rivela che un manipolo di banchieri ebrei con sede in Russia ha accumulato immense fortune grazie al business ferroviario. Oltre ad approfittare delle agevolazioni di bilancio del Ministero della Guerra, questi banchieri erano sostenuti dai finanzieri ebrei che monopolizzavano l'attività ferroviaria in Europa, soprattutto il clan Rothschild, ma anche le famiglie Pereira, Bleichröder e Gomperz. Questi consorzi di finanzieri e costruttori ebrei costruirono, tra le altre, le linee Varsavia-Vienna, Mosca-Smolensk e Mosca-Brest. I fratelli Polyakov: Samuel , Yakov e Lazar erano uno dei clan finanziari ebrei più influenti. Samuel Polyakov costruì, finanziò e gestì una serie di reti private e divenne "il re delle ferrovie". Per questo motivo, il 93% della rete ferroviaria russa apparteneva a queste società, che erano in concorrenza tra loro.

Di fronte alla caotica situazione tariffaria del Paese, lo Stato ha accettato di non concedere più concessioni per un periodo di dieci anni. Tuttavia, non solo costruì la maggior parte delle nuove linee, ma salvò anche le imprese private. Così, nel 1889, le tariffe furono unificate e nel 1890 il 29% della rete apparteneva allo Stato. Dal 1891 al 1901, la politica di salvataggio continuò e la costruzione di nuove linee rimase nelle mani dello Stato. Di conseguenza, nel 1901, le imprese private detenevano solo il 30,4% della rete, che era costituita principalmente da linee europee, poiché lo Stato aveva rilevato soprattutto la rete ferroviaria asiatica. Va ricordato che la linea transiberiana, iniziata il 19 maggio 1891 e completata il 1° gennaio 1906, che ha rappresentato un record di velocità di costruzione, è la più lunga del mondo. Attraversa 28 fiumi, passa su cinque ponti principali e attraverso 40 gallerie.

Un altro fatto da tenere presente è che la Russia non importava né locomotive né vagoni, in quanto nei centri industriali esistevano aziende meccaniche altamente organizzate e ben attrezzate, in grado di soddisfare senza problemi tutte le esigenze della rete russa e persino di esportare. Il coefficiente operativo delle ferrovie russe era il più basso al mondo e i loro treni erano tra i più confortevoli al mondo. Arsene de Goulévitch afferma categoricamente che "da un punto di vista qualitativo, nel campo dell'industria ferroviaria, la Russia godeva di una superiorità rispetto a tutti gli altri Paesi". Per quanto riguarda il tasso di incidenti, la Russia era tra i Paesi che avevano subito pochi incidenti ferroviari, ma con l'arrivo dei sovietici tutti i record in questo senso furono battuti. Il *Wall Street Journal* del 15 giugno 1926 riportava lo stato caotico delle ferrovie russe, una situazione che continuava a peggiorare. Un rapporto della stessa stampa sovietica riconosceva che gli incidenti erano aumentati del 50%. Forse la causa del caos e della cattiva gestione fu il massacro degli ingegneri russi da parte dei comunisti. La metà di quelli sopravvissuti fuggì all'estero.

Per quanto riguarda la navigazione interna, possiamo solo dire che alla fine del XIX secolo la Russia possedeva la più grande flotta del mondo. Le conseguenze delle azioni delle autorità sovietiche furono ancora più disastrose che nel caso della rete ferroviaria. Numerose chiatte furono distrutte per alimentare il sistema di riscaldamento e, nel giro di pochi anni, due terzi della flotta fluviale furono distrutti senza alcun risarcimento.

La finanza nella Russia zarista

L'inimicizia dei Rothschild nei confronti degli zar era dovuta non solo alla posizione assunta in difesa del cristianesimo, ma anche all'incapacità di esercitare il proprio controllo finanziario sull'impero russo. Solo nel 1862, per la prima volta dopo quarant'anni, erano riusciti a far firmare ad Alessandro II un prestito di qualche importanza. James Rothschild aveva tentato più volte di assicurarsi la sua posizione a San Pietroburgo, ma aveva fallito. Poco prima della sua morte, nel 1868, fallì per l'ultima volta: cercò infatti di negoziare senza successo un grosso affare con il ministro delle Finanze russo Michael von Reutern, che gli offrì solo una partecipazione nella privatizzazione della linea ferroviaria Mosca-Odessa. I Rothschild, che avevano preso il controllo del settore ferroviario in tutta Europa, non riuscirono a controllare il mercato delle obbligazioni ferroviarie russe.

Le relazioni peggiorarono dopo l'assassinio di Alessandro II nel 1881. Il suo successore Alessandro III, dopo le prove del coinvolgimento dei rivoluzionari ebrei nell'assassinio e convinto che la loro "attività perniciosa" dovesse essere contrastata, promulgò una serie di leggi che imponevano nuove restrizioni nei loro confronti. I Rothschild si dichiararono "costernati" e iniziarono a discutere quali misure pratiche potessero essere adottate "a favore dei nostri sfortunati correligionari". In una lettera ai cugini londinesi,

Alphonse de Rothschild, erede di Giacomo, fa riferimento all'intolleranza di Alessandro III e lo paragona a Luigi XIV e a Filippo II di Spagna. La verità è che i Rothschild stavano cercando in tutti i modi di stabilire un solido punto d'appoggio in Russia. L'arrivo nel 1892 di Sergei Witte al Ministero delle Finanze rese loro le cose un po' più facili. L'ambasciatore tedesco a Parigi, il conte Münster, commentò così l'apertura dei negoziati per un prestito con la Casa di Parigi: ".... Che la moglie del nuovo Ministro delle Finanze, Witte, che le signore russe qui presenti mi hanno descritto come un'ebrea molto intelligente e molto intrigante, sia di grande aiuto nel raggiungere accordi con i banchieri ebrei mi sembra abbastanza probabile". Le allusioni private dei Rothschild alle origini ebraiche della moglie di Witte conferiscono credibilità a questa interpretazione, secondo N. Ferguson. È lo stesso autore a rivelare che i Rothschild, che nel 1891 avevano avviato un riavvicinamento con il barone Gunzberg[43] , un ebreo che possedeva le miniere d'oro di Lena in Russia, accolsero con favore l'annuncio di Witte di mettere la Russia sul gold standard, in quanto coincideva con i loro interessi minerari globali. La famiglia Gunzberg aveva fatto fortuna nel settore della vodka per poi passare al settore bancario e minerario.

Nel corso del XIX secolo, lo Stato russo non ebbe quasi mai bisogno di prestiti, perché si sforzò di far fronte alle spese straordinarie con le entrate ordinarie, e questo fu uno dei motivi per cui non ebbe bisogno del denaro dei Rothschild. Alcuni autori sostengono che forse se avesse preso più prestiti, soprattutto nella seconda metà del XIX secolo, avrebbe potuto far emergere più rapidamente le sue enormi ricchezze naturali. Il fatto è che in quasi un secolo e mezzo, dal 1769, quando Caterina la Grande chiuse il primo prestito, fino al 1914, il governo imperiale prese in prestito un totale di 15 miliardi di rubli, sia in patria che all'estero, il 40% dei quali fu rimborsato nello stesso periodo. Nel 1914, quindi, il debito pubblico ammontava a 8,825 miliardi di rubli. Gran parte di questo debito era in Russia, poiché su 398 milioni di rubli di interessi, solo 172 milioni di rubli erano stati pagati all'estero. Come già accennato, tra le principali spese che costrinsero lo Stato a ricorrere al credito a partire dalla seconda metà del XIX secolo vi furono gli anticipi fatti ai contadini dopo l'abolizione della servitù della gleba, affinché potessero riacquistare le terre espropriate ai proprietari terrieri. In secondo luogo, c'erano le spese per la costruzione e il salvataggio delle ferrovie. Al terzo posto si collocano i costi della guerra contro il Giappone del 1905, che fu imposta alla Russia dall'esterno, come si vedrà in seguito.

---

[43] Una lettera inviata da San Pietroburgo dall'ambasciatore americano Francis al Segretario di Stato, pubblicata da Antony C. Sutton in Wall Street and the Bolshevik Revolution, rivela che in Russia c'erano ebrei potenti che non condividevano le idee comuniste. Sutton, in *Wall Street and the Bolshevik Revolution*, chiarisce che in Russia c'erano ebrei potenti che non condividevano le idee comuniste. Tra questi c'erano il barone Alexander Gunzsberg e i banchieri Boris Kamenka e Henry Sliosberg, che volevano una repubblica liberale in Russia, ma non la dittatura bolscevica.

Nel 1903, due anni prima della guerra russo-giapponese, le finanze russe si trovavano in una situazione eccellente, poiché la differenza tra le entrate (2.032 milioni di rubli) e le uscite (1.883 milioni di rubli) aveva prodotto un saldo positivo di 149 milioni di rubli che, sommato a quello degli anni precedenti, dava al Tesoro un saldo disponibile di 331 milioni di rubli. De Goulévitch fornisce cifre comparative per il 1908 sul debito pro capite nei diversi Paesi europei: in Francia era di 288 rubli, in Italia di 189, nei Paesi Bassi di 178, in Belgio di 172, in Gran Bretagna di 169,5, in Germania di 135,5, in Russia di soli 58,7 rubli pro capite. De Goulévitch aggiunge che bisogna tenere presente che le ferrovie in Francia e in Gran Bretagna appartengono a società private. Se si deducono dal debito russo i fondi destinati alla costruzione e al salvataggio delle ferrovie russe, il debito pro capite si ridurrebbe di un terzo. Questo debito è quindi insignificante rispetto a quello dei Paesi europei.

Un'altra fonte di ricchezza ambita dai banchieri ebrei internazionali era l'oro russo. Tra tutte le banche statali, la Russia zarista possedeva le maggiori riserve auree del mondo. Un altro dato economico interessante che dimostra la buona salute della finanza russa è il numero di casse di risparmio, che passò da circa 4.500 nel 1900 a circa 8.500 nel 1914. I titolari dei libretti di risparmio, che erano principalmente operai, soci di cooperative e piccoli commercianti, passarono da tre milioni e mezzo a nove milioni e mezzo. In quindici anni il totale dei depositi in queste istituzioni di risparmio passò da 680 milioni di rubli a 2.236 milioni di rubli. In termini di pressione fiscale sui cittadini europei, nel 1912 i russi erano all'ultimo posto tra i principali Stati europei.

Concludiamo questo frettoloso riassunto della realtà della Russia degli zar ricordando che quindici anni dopo la rivoluzione, la Russia era stata sottoposta a un saccheggio senza precedenti nella storia e che le masse popolari russe erano soggette a una miseria spaventosa e alla peggiore schiavitù.

La rivoluzione del 1905

Dal 1776, quando i banchieri ebrei decisero di finanziare gli Illuminati, il Movimento Rivoluzionario Mondiale è entrato nella fase finale e all'inizio del XX secolo si stava preparando il grande colpo di stato faticosamente tramato per decenni. Nonostante le divergenze e le contraddizioni sorte tra i principali agenti del MRM, era finalmente giunto il momento di mettere in pratica la dittatura comunista del proletariato, annunciata con tanto anticipo da Heine. Se la Prima Internazionale si era divisa dopo la guerra franco-prussiana tra i seguaci di Marx e quelli di Bakunin, nella Seconda Internazionale (1889-1916), composta dai partiti laburista e socialista, vi furono fin dall'inizio divergenze ideologiche tra gli internazionalisti e coloro che propendevano per gli interessi dello Stato nazionale. Le purghe di Stalin, come si vedrà, furono l'ultimo esempio dello scontro tra queste due tendenze. Fu la Seconda Internazionale, detta anche Internazionale socialdemocratica, ad adottare il Primo Maggio, data in cui Adam Weishaupt fondò l'Ordine bavarese degli Illuminati, come Giornata Internazionale del Lavoro.

La nascita del Partito Socialdemocratico Russo fu influenzata in modo decisivo dall'Unione Generale dei Lavoratori Ebrei di Russia e Polonia, il "Bund", un'organizzazione creata nel 1897 il cui Comitato Centrale aveva un organo ufficiale, *Die Arbeiterstimme* (*La Voce dei Lavoratori*). Il primo congresso del Partito Socialdemocratico Russo, a cui parteciparono solo nove delegati, si tenne a Minsk il 1° marzo 1898. Il primo congresso del Partito *Socialdemocratico Russo* si tenne a Minsk il 1° marzo 1898 e produsse il *Manifesto del Partito Operaio Socialdemocratico Russo*, che stabiliva le linee guida per l'azione, compreso il rovesciamento dello zar. Nel dicembre 1900 fu pubblicato a Lipsia il primo numero di *Iskra* (*La Scintilla*), un giornale che riuniva alcuni socialdemocratici russi che vivevano all'estero dal 1900, i cosiddetti "Iskrovtsi", tra cui Lenin, Martov (Zederbaum) Plekhanov e Starovier (Potrésov). La moglie ebrea di Lenin, la Krupskaya, fungeva da segretaria del comitato di redazione. Un multimilionario e massone ebreo di Odessa, Alexander Parvus (in realtà Israel Helphand), oltre a contribuire con alcuni articoli, forniva a Lenin il sostegno finanziario per la pubblicazione, che veniva contrabbandata in Russia. Un altro dei finanziatori di *Iskra* fu Savva Morozov, un ricco industriale di origine ebraica che contribuì con la sua fortuna a fomentare la rivolta della flotta durante la guerra russo-giapponese. Tra i collaboratori ebrei del giornale c'erano Trotsky, Axelrod e Rosa Luxemburg.

Nel 1902 Lenin pubblicò un opuscolo intitolato *Che fare?* in cui sosteneva l'uso senza riserve di qualsiasi mezzo per sopprimere la borghesia e il governo. A partire dal 1903, oltre ai numerosi scioperi, si cominciò a inculcare ai lavoratori la necessità di un conflitto armato, per il quale era necessario l'esercito. La propaganda tra i militari era già iniziata e dal dicembre 1902 esisteva una lega di ufficiali rivoluzionari. Nel giugno 1903 fu convocato a Bruxelles un congresso generale del partito, che fu spostato a Londra in agosto a causa di un divieto del governo belga. Dei sessanta delegati presenti, solo quattro erano o erano stati operai. La maggioranza era costituita da intellettuali ebrei, tredici dei quali facevano parte della redazione di *Iskra*. Oltre a questi "iscristi", erano rappresentati i gruppi che avevano formato il partito nel 1898: il "Bund" ebraico, i socialdemocratici georgiani e i socialdemocratici polacchi di Rosa Luxemburg. Il discorso pronunciato da Plekhanov non lascia dubbi sul carattere antidemocratico e totalitario delle idee dei socialdemocratici russi. Le sue parole ricordano quelle dei giacobini: "Tout est permis a quiconque agit dans le sens de la Révolution" (Tutto è permesso a chi agisce nel senso della Rivoluzione), cioè "il fine giustifica i mezzi", come dichiarò Adam Weishaupt. Leggiamo un estratto del testo di Plekhanov:

"Il trionfo della rivoluzione, questa è la legge suprema! Di conseguenza, se per il trionfo della rivoluzione fosse necessario eliminare questo o quel principio democratico, sarebbe criminale non farlo. È possibile che si renda necessario pronunciarsi contro il suffragio universale. Il proletariato rivoluzionario sarà ovviamente in grado di limitare i diritti politici delle classi borghesi sulla base del principio: "salus revolutionis suprema lex". Lo stesso principio deve guidarci nella questione della durata dei parlamenti. Se, ad esempio, in un impeto di entusiasmo rivoluzionario il popolo avesse eletto un buon parlamento, dovremmo impegnarci a farlo durare, ma se, al contrario, le elezioni fossero state negative per noi, la nostra missione dovrebbe essere quella di scioglierlo, non dopo due anni, ma in due settimane".

Il Congresso di Londra diede vita a una presunta scissione tra i membri del partito a seguito di disaccordi tra Lenin e Martov sulla composizione del Comitato Centrale. Martov e altri venti delegati furono lasciati in minoranza ("menchistvo"), da cui il nome Menscevichi (minoranza). Lenin guidò quindi la maggioranza ("bolchinstvo"), cioè i bolscevichi (maggioranza). Entrambi, tuttavia, concordarono sulla necessità di approfittare della guerra russo-giapponese per rovesciare il regime zarista. La famosa Rivoluzione bolscevica fu un'opera pianificata a lungo che richiese tre atti, il primo dei quali ebbe luogo nel 1905.

È un dato di fatto riconosciuto da fonti di diversa estrazione che l'illuminato Jacob Schiff, uno dei più importanti finanziatori del sindacato bancario Rothschild, finanziò la guerra che permise al Giappone di sconfiggere l'impero russo e servì da innesco per il primo tentativo di rovesciare i Romanov. Mentre il denaro scorreva liberamente verso i giapponesi, le banche europee, nelle mani dei soliti finanzieri ebrei, chiusero il credito alla Russia. Secondo l'*Encyclopaedia Judaica,* il prestito di Schiff ammontava a 200 milioni di dollari. Oltre a indebolire la Russia con la guerra, i banchieri ebrei cercavano di soffocarla economicamente. Allo stesso tempo, attraverso il controllo della stampa internazionale, mantennero una campagna incessante che incolpava lo zar di tutti i problemi del popolo russo. Nel 1905 Jacob Schiff fu insignito di una medaglia, il Secondo Ordine del Tesoro del Giappone, dal Mikado (Imperatore del Giappone) in riconoscimento del suo ruolo decisivo nel finanziamento della guerra contro la Russia, iniziata nel febbraio 1904 e conclusasi il 5 settembre 1905 con il Trattato di Portsmouth. Tra i presenti alla firma del trattato c'era Jacob Schiff, che presentò al conte Witte, la cui moglie era l'ebrea Matilda Khotimskaya, una serie di richieste riguardanti gli ebrei russi.

La guerra era scoppiata la notte dell'8 febbraio 1904, quando i giapponesi silurarono di sorpresa e senza dichiarazione di guerra le navi russe ancorate a Port Arthur. La caduta di questo porto nelle mani dei giapponesi, il 2 gennaio 1905, fu il segnale dell'inizio delle provocazioni dei rivoluzionari, che seguivano gli ordini di Trotsky e Parvus. Nel corso del 1905, con il Paese immerso in una guerra imposta, quattordicimila scioperi furono organizzati in Russia da agitatori ebrei che intendevano approfittare della sconfitta. La prima azione, organizzata da Parvus e da un altro compagno ebreo, Pëtr (Pinhas) Rutenberg, ebbe luogo il 22 gennaio ("Domenica di sangue"). Igor Bunich in *Zoloto Partii* (1992), una fonte citata assiduamente da J. Lina, rivela che questi due massoni, quando una manifestazione guidata da Papa Gapon si stava dirigendo verso il Palazzo d'Inverno chiedendo salari migliori, ordinarono ad alcuni terroristi di sparare alle guardie dagli alberi per provocarle. Georgi Gapon era in realtà un agente dell'Ojrana (polizia zarista) e fu infine ucciso da Pinhas Rutenberg[44]. Con la disintegrazione dell'URSS, sono state pubblicate opere di ricercatori che hanno avuto accesso a documenti segreti del Partito Comunista ed è emersa la verità su quanto accaduto. La propaganda dei socialisti rivoluzionari indicava in migliaia le vittime della "domenica di sangue", ma in realtà i morti furono circa centocinquanta e i feriti circa duecento. Costernato dalla notizia, lo zar concesse un sussidio per la collettività delle famiglie con morti e feriti e ricevette fraternamente una delegazione rivoluzionaria.

Questo episodio provocato segnò l'inizio di azioni volte a rovesciare il regime zarista. Il 17 febbraio due terroristi ebrei, Ivan Kalyalev e Roza Brilliant, amante di Savinkov, assassinarono il governatore di Mosca, il granduca Serguei Romanov, zio dello zar Nicola II. Giorni dopo l'assassinio, la vedova del granduca, la granduchessa Elisabetta Fëdorovna, visitò Kalyalev in prigione: cercò di convincerlo a pentirsi per salvarsi l'anima, ma il terrorista rifiutò. Nel frattempo, i socialdemocratici iniziarono a sviluppare le loro strategie per sfruttare il crescente malcontento. Nel bel mezzo della guerra, bolscevichi e menscevichi prepararono rivolte simultanee su tutte le navi della flotta del Mar Nero, che avrebbero avuto luogo nel luglio 1905, durante le manovre della flotta russa. La rivolta prematura dell'equipaggio

---

[44] La torbida relazione del papa Gapon con Pyotr (Pinhas) Rutenberg è spiegata in poche righe di un articolo di Wikipedia, secondo cui Rutenberg partecipò alla manifestazione e salvò la vita a Gapon. I due fuggirono insieme dalla Russia e marciarono verso Parigi, dove incontrarono gli emigrati russi, tra cui Plekhanov, Lenin e Kropotkin. Prima della fine del 1905 tornarono in Russia, dove Gapon ammise di avere contatti con la polizia e si propose di reclutare Rutenberg con la motivazione che la doppia fedeltà serviva anche alla causa dei lavoratori. Rutenberg ne parlò a Yevno Azef e Boris Savinkov, leader socialdemocratici, che chiesero l'esecuzione del Papa. Il 26 marzo 1906 Gapon fu trovato impiccato in una casa vicino a San Pietroburgo, dove si era incontrato con tre socialisti rivoluzionari e lo stesso Rutenberg. Il partito dei socialisti rivoluzionari negò la responsabilità dell'omicidio e sostenne che Rutenberg aveva ucciso Gapon per motivi personali.

della corazzata Potemkin, il 14 giugno, portò alla scoperta dell'insidioso piano, che alla fine fallì.[45]

Quando il 6 agosto 1905 Nicola II, influenzato dal conte Witte e da altri circoli liberali, pubblicò un manifesto per la convocazione della Duma, i bolscevichi annunciarono che l'avrebbero boicottata. I menscevichi, tuttavia, decisero di partecipare con l'intenzione di farne una camera rivoluzionaria. I socialdemocratici dell'Iskra organizzarono lo sciopero dei tipografi di Mosca il 19 settembre 1905, che assunse subito un carattere marcatamente rivoluzionario. Il 7 ottobre scoppiò lo sciopero delle ferrovie, che fu il segnale dell'inizio di uno sciopero generale in tutta la Russia. Nelle strade ci furono manifestazioni con bandiere rosse e striscioni che chiedevano una repubblica. Il 13 ottobre, seguendo il modello descritto da Iskra nel suo 101° numero, si riunì a San Pietroburgo il primo "soviet dei delegati operai". Il suo primo presidente fu l'ebreo Peter Khrustalyev, che si fece passare per Georgi Nosar. I suoi più stretti collaboratori erano Parvus e Trotsky (Bronstein). Dopo l'arresto di Nosar in novembre, fu rapidamente sostituito da Trotsky, allora menscevico. Questo Soviet si riuniva come se fosse un parlamento ed eleggeva un comitato esecutivo, che redigeva le Izvestia (notizie) del Soviet dei deputati dei lavoratori. Juri Lina cita i nomi di alcuni dei delegati al Soviet: Grever, Edilken, Goldberg, Simanovsky, Feif, Matzelev e Bruser, che sostenevano di rappresentare la classe operaia russa, ma in realtà, secondo l'autore estone, non erano né contadini né operai, bensì cospiratori ebrei e massoni.

Il 17 ottobre, lo stesso giorno in cui apparve il decreto imperiale che avrebbe reso la Russia una monarchia costituzionale, i massoni liberali Alexander Guchkov, Mikhail Rodzyanko e altri fratelli fondarono il Partito ottubrista, che avrebbe dovuto mantenere l'ordine monarchico sotto una costituzione democratica. Nel frattempo Lenin, che viveva a Ginevra, Vera Zasulich e altri rivoluzionari entrarono in Russia. Il Soviet di San Pietroburgo preparò apertamente l'insurrezione con pubblicazioni, migliaia di proclami e la consegna di armi agli operai. I tre agenti ebrei che guidarono la rivolta furono Leon Deutsch, Alexander Parvus e Leon Trotsky. Il 2 dicembre lanciarono un appello al popolo invitandolo a non pagare le tasse, a ritirare i depositi dalle casse di risparmio e ad armarsi per l'assalto finale alla repubblica sociale e democratica. Il governo ordinò quindi l'arresto di

---

[45] Non tutti i russi accettarono con rassegnazione il tradimento e le attività terroristiche degli ebrei, molte delle quali orchestrate da varie organizzazioni e partiti sionisti e socialisti, come il Partito Sionista dei Lavoratori, il Kahal (governo locale ebraico), il Bund e Poalei Zion, quest'ultimo partito che contribuì con migliaia di terroristi alla lotta per rovesciare lo zar. Tra il 18 e il 20 ottobre si verificarono in Russia violenti pogrom, il cui grido di battaglia era "spazziamo via gli ebrei". Numerosi negozi di ebrei, i cui prezzi erano esorbitanti, furono assaltati e dati alle fiamme e quasi 800 persone furono uccise. Secondo un rapporto ufficiale chiaramente esagerato dei sionisti sovietici, tra il 1905 e il 1907 furono uccisi quattromila ebrei nei pogrom antiebraici.

49 membri del Soviet di San Pietroburgo, tra cui Parvus e Trotsky. Entrambi furono condannati all'esilio in Siberia. Il primo riuscì a fuggire prima di raggiungere la sua destinazione e Trotsky lo fece nel febbraio 1907.

Contemporaneamente, a Mosca si era formato un altro Soviet di delegati operai che, dopo aver appreso gli eventi di San Pietroburgo, decise di passare all'insurrezione armata. Fucili, rivoltelle e bombe furono distribuiti tra gli operai in numerosi quartieri della città e l'8 dicembre iniziò la rivolta. Seguendo gli schemi tradizionali, furono erette barricate e si cercò di occupare luoghi strategici: stazioni, telegrafi e altri edifici sensibili. Vista la piega presa dagli eventi, il governo ordinò alle truppe di agire energicamente e la rivoluzione fu sedata nel giro di pochi giorni. La sconfitta degli insorti di Mosca decise le sorti del colpo di Stato del 1905. Quando Rosa Luxemburg arrivò in Russia alla fine di dicembre per partecipare agli eventi, l'insurrezione era già finita. Il Partito socialdemocratico non aveva intenzione di dimenticare la lezione. Numerosi dirigenti bolscevichi e menscevichi, convinti che il metodo seguito fosse quello giusto, fuggirono all'estero e dedicarono particolare attenzione alla creazione di cellule per preparare il prossimo tentativo. Lenin stesso dichiarò in un articolo pubblicato dopo la vittoria bolscevica che senza l'insurrezione del 1905 il trionfo del 1917 non sarebbe stato possibile.

Nel 1906 i socialdemocratici russi tennero un congresso a Stoccolma in cui concentrarono la loro attenzione sullo sviluppo della propaganda per i contadini, che dovevano essere convinti che le loro condizioni sarebbero migliorate immediatamente con la confisca delle terre. Grazie a questo interesse per la questione agraria, i socialdemocratici si avvicinarono al Partito Socialista Rivoluzionario, la cui dottrina convergeva con quella dei vecchi "narodnik" di Alexander Herzen. Sotto l'impulso di Lenin, in Russia sorsero numerose organizzazioni terroristiche i cui assassini non facevano distinzione tra le vittime, potendo assassinare sia gli alti funzionari che i più umili rappresentanti dell'amministrazione. Arsene de Goulévitch fornisce un resoconto del numero di vittime in Russia dall'inizio dell'insurrezione nel 1905 al 1908. Secondo lui, all'inizio del 1906, 12.000 persone avevano perso la vita a causa delle pallottole e delle bombe dei rivoluzionari. Gli atti terroristici commessi nell'impero nei tre anni successivi danno queste cifre: 4.742 attentati nel 1906 causarono la morte di 738 funzionari pubblici e 640 privati. Inoltre, 948 funzionari e 777 privati furono feriti. Nel corso del 1907 ci sono stati 12.102 attacchi che hanno causato la morte di 1.231 funzionari e il ferimento di 1.284 persone. Il numero di privati uccisi dai terroristi è stato di 1.768 e di 1.768 feriti e 1.734 feriti. Il numero di attentati perpetrati nel 1908 è stato di 9.424. Altri 1.349 privati sono stati uccisi e 1.348 feriti. Solo a partire dal 1909, in seguito alla repressione di Stolypin, il numero di attacchi terroristici diminuì.

Oltre al finanziamento del banchiere Jacob Schiff, tra il 1905 e il 1910 i bolscevichi trovarono altri mezzi per ottenere denaro, tra cui gruppi organizzati di banditi. Un ex socialdemocratico russo, M. G. Alexinsky, che fu membro della fazione bolscevica, spiega che questa era guidata da un comitato centrale all'interno del quale vi era un altro piccolo comitato la cui esistenza era sconosciuta non solo alla polizia zarista, ma anche agli stessi membri del partito. Di questo comitato segreto facevano parte Lenin, l'ebreo Leonid Krasin (Goldgelb), un agente di borsa che lavorava sotto il nome di "compagno Nikitich", e una terza persona particolarmente coinvolta nella finanza, non rivelata da Alexinsky, che egli chiama "X". In *Wall Street e la rivoluzione bolscevica* Anthony Sutton collega Krasin al banchiere ebreo Olof Aschberg, con il quale era associato, e conferma che mantenne segreta la sua appartenenza al partito bolscevico fino alla rivoluzione d'ottobre. Secondo Sutton, il compagno Nikitich si fece passare per il direttore della Siemens-Schukert di San Pietroburgo fino al 1917, quando emerse come leader bolscevico.

Questa "piccola trinità" organizzava rapine a mano armata. Il 27 ottobre 1905, nel pieno centro di San Pietroburgo, all'ingresso della Cattedrale di Kazan, quattro ebrei fermarono un carro del Tesoro e rubarono 270.000 dollari. Furono arrestati, ma riuscirono a consegnare la cassa a una donna che sparì immediatamente senza lasciare traccia. L'8 novembre un altro gruppo di rivoluzionari ebrei rapinò un vagone del Tesoro vicino a Ragow, in Polonia, e sparì con 850.000 dollari. Oltre a svuotare le casse degli uffici postali e delle stazioni, le rapine più famose riguardavano le filiali di banche non controllate dagli amici ebrei di Wall Street. I più famosi furono il saccheggio della Banca di Stato di Helsinki nel 1906 e quello della filiale di Tiflis della Banca di Stato nel 1907, dove furono rubati 340.000 rubli. In quest'ultimo caso i protagonisti furono Maksim Litvinov, un altro ebreo che sarebbe diventato ministro degli Esteri dell'URSS negli anni Trenta, e Stalin stesso, che progettò la rapina. L'esplosione della bomba di dinamite utilizzata per compiere la rapina uccise circa 30 persone. Gli ordigni improvvisati utilizzati nelle rapine erano stati realizzati in un laboratorio progettato da Leonid Krasin, che era un abile ingegnere. Quando nel 1920 Krasin si recò a Londra in qualità di Commissario al Commercio, Lord Curzon, Segretario di Stato al Ministero degli Esteri, si rifiutò di vederlo e di stringergli la mano. Accettò di farlo solo dopo un rimprovero di Lloyd George, che lo rimproverò con queste parole: "Curzon! Curzon! Sii un gentiluomo!

In *The World at the Cross Roads* Boris Brasol riproduce un rapporto segreto presentato il 3 gennaio 1906 all'imperatore Nicola II dal ministro degli Esteri russo conte Lamsdorf. Questo rapporto, il cui testo integrale è stato pubblicato anche dall'*American Hebrew and Jewish Messenger* nel numero del 13 luglio 1918, dimostra che i servizi segreti russi sapevano quasi subito che la rivoluzione del 1905 era stata orchestrata all'estero. Poiché le informazioni contenute nel documento sono rilevanti, ne segue una lunga citazione:

"Gli eventi che hanno avuto luogo in Russia nel corso del 1905, e che hanno raggiunto il loro culmine all'inizio dello scorso ottobre,... sono chiaramente di carattere internazionale. Gli indizi decisivi che giustificano questa conclusione derivano dalla circostanza che i rivoluzionari sono in possesso di grandi quantità di armi importate dall'estero e di mezzi finanziari molto considerevoli, poiché non c'è dubbio che i capi della rivoluzione hanno già speso per il movimento contro il nostro governo, che comprende l'organizzazione di scioperi di ogni tipo, grandi somme di denaro. Tuttavia, bisogna riconoscere che questo sostegno dato al movimento rivoluzionario con l'invio di armi e denaro dall'estero difficilmente può essere attribuito ai governi stranieri e si deve dedurre che sono le organizzazioni capitalistiche internazionali ad essere interessate a sostenere il nostro movimento rivoluzionario. Bisogna considerare che il movimento rivoluzionario russo ha l'evidente carattere di movimento delle eterogenee nazionalità della Russia, che una dopo l'altra, armeni e georgiani, lettoni ed estoni, finlandesi, polacchi e altri, si stanno sollevando contro il governo imperiale..... Se a questo aggiungiamo, come è stato dimostrato senza ombra di dubbio, che un ruolo molto considerevole all'interno di questi movimenti è svolto dagli ebrei, che individualmente, come leader in varie organizzazioni e nel loro Bund (Lega) ebraico nelle province occidentali, si sono sempre presentati come l'elemento più bellicoso della rivoluzione, possiamo giustamente dichiarare che il suddetto sostegno straniero al movimento rivoluzionario russo proviene da circoli capitalistici ebraici. A questo proposito non si possono ignorare le seguenti coincidenze di fatto, che portano a ulteriori conclusioni, ovvero che il movimento rivoluzionario non solo è sostenuto, ma anche in larga misura diretto dall'estero. Da un lato, lo sciopero è scoppiato con particolare violenza e si è diffuso in tutta la Russia non prima e non dopo l'ottobre, cioè proprio nel momento in cui il nostro governo stava cercando di ottenere un importante prestito estero senza la partecipazione dei Rothschild e giusto in tempo per impedire la realizzazione di questa operazione finanziaria. Il panico provocato tra gli acquirenti e i proprietari dei prestiti russi portò ulteriori vantaggi ai banchieri e ai capitalisti ebrei, che specularono apertamente e con consapevolezza sulla caduta dei titoli russi..... Inoltre, alcuni fatti molto significativi, citati anche dalla stampa, confermano l'ovvio legame del movimento rivoluzionario russo con le organizzazioni ebraiche straniere. Così, ad esempio, la già citata importazione di armi, che secondo i nostri agenti avveniva dall'Europa attraverso l'Inghilterra, può essere adeguatamente apprezzata se si considera che già nel giugno 1905 era stato apertamente costituito in Inghilterra uno speciale comitato anglo-ebraico di capitalisti allo scopo di raccogliere denaro per armare gruppi violenti di ebrei russi, e che il famoso pubblicista ebreo anti-russo Lucien Wolf era il presidente di questo comitato. D'altra parte, un altro comitato di capitalisti ebrei fu costituito in Inghilterra sotto la guida di Lord

Rothschild, che raccolse considerevoli contributi in Inghilterra, Francia e Germania per il presunto scopo di aiutare gli ebrei russi che soffrivano per i pogrom. Infine, gli ebrei in America raccolsero fondi per aiutare le vittime dei pogrom e per armare i giovani ebrei".

Secondo le informazioni del London *Jewish Chronicle*, il contributo dell'ebraismo internazionale al movimento rivoluzionario russo nel 1905 ammontava a 874.341 sterline. L'ambasciatore americano in Russia durante la guerra russo-giapponese, George von Lengerke Meyer, in una lettera scritta il 30 dicembre 1905 al suo Segretario di Stato, Elihu Root, riferì che "gli ebrei avevano indubbiamente alimentato il cervello e l'energia della rivoluzione in tutta la Russia". Diverse fonti ebraiche affermarono con orgoglio che la rivoluzione era stata opera loro. *Il Maccabean* di Londra, ad esempio, pubblicò nel novembre 1905 un articolo intitolato *A Jewish Revolution*, in cui proclamava che gli ebrei erano i rivoluzionari per eccellenza dell'impero. Un altro articolo del giornalista e scrittore William Eleroy Curtis, pubblicato il 14 dicembre 1906 sulla *National Geographic Society*, non solo individuava nel "Bund" la prima agenzia rivoluzionaria, ma denunciava anche gli omicidi in corso da parte di terroristi ebrei: "Ovunque venga commesso un atto feroce è sempre compiuto da un ebreo e non c'è quasi un solo individuo di questa razza che sia fedele all'Impero.... Ovunque si legga di un omicidio o di un'esplosione di una bomba, si legge sui giornali che il colpevole è un ebreo". In questo articolo, intitolato "La vendetta degli ebrei", Eleroy Curtis svela i nomi di vari individui di questa razza a capo di attività rivoluzionarie. Così, ad esempio, un ebreo di nome Krustaleff organizzò uno sciopero degli agenti penitenziari dal carcere, dove trascorse solo tre settimane. Un altro ebreo di nome Maxim fu l'organizzatore della rivoluzione nelle province baltiche. Un ebreo polacco, Gerschunin, viene identificato come un abile leader terrorista che fu il mandante dell'assassinio del ministro degli Interni Dmitrij Spyagin nel 1902. Condannato a morte nel 1904, Gerschunin fu graziato dallo zar e la sua pena fu commutata in ergastolo nelle miniere d'argento al confine con la Mongolia. Il terrorista riuscì a fuggire e nel 1906 si trovava a San Francisco. Il braccio destro di Gerschunin, Yevno Azef, figlio di un sarto ebreo, fu coinvolto in numerosi attentati, tra cui quello di Vyacheslav Plevhe, Ministro degli Interni, assassinato il 28 giugno 1904.

La rivoluzione del 1905 portò alla rinascita della Massoneria in Russia, con conseguenze decisive nel giro di pochi anni. Il 17 ottobre 1905, lo zar Nicola II annunciò una serie di libertà costituzionali che avrebbero permesso ai "buoni massoni" di apparire gradualmente sulla scena. Fino al 1906 non esistevano logge massoniche in Russia, anche se esistevano in Polonia e Lituania. Nel dicembre 1906 M. M. Kovalevsky aprì la Loggia *Stella del Nord* a San Pietroburgo. Alla cerimonia di apertura partecipò V. Maklakov, un rappresentante del Partito Democratico Costituzionale, un'organizzazione di orientamento liberale i cui membri erano chiamati "kadetes" (abbreviazione del nome del partito K-D in russo) e che si collocava a sinistra degli ottubristi. La *Stella del Nord*, che era sotto la giurisdizione del Grande Oriente di Francia, fu la prima loggia massonica permanente in Russia e la prima loggia dei kadetes. In realtà, la storia della Massoneria russa del XX secolo era iniziata a Parigi alla fine del XIX secolo, quando diverse logge di Rito Scozzese iniziarono ad accettare gli emigranti russi. Il già citato Maksim Kovalevsky, membro della loggia parigina *Les Vrais Amis Fideles* e fondatore della Loggia *Cosmos* n. 288 a Parigi nel 1887, è considerato il padre fondatore della Massoneria russa. Il 14 novembre 1901, Kovalevsky aprì nella capitale francese l'"'Ecole de Hautes Etudes" che, sotto il patrocinio e la tutela della Loggia *Cosmos*, divenne un centro di accoglienza e assistenza per gli emigranti russi tra il 1901 e il 1906. In questi anni si formò la Loggia *Mount Sinai* n. 6, anch'essa composta da russi e operante nel Rito Scozzese.

Dal 1907 al 1909 le logge massoniche in Russia furono sotto la giurisdizione francese, ma nel 1910 divennero indipendenti e non furono più soggette al Grande Oriente di Francia. La registrazione degli atti o delle sedute era proibita e gli ordini venivano impartiti oralmente. Tutte le logge erano strettamente supervisionate dal Consiglio Supremo dei Popoli di Russia, costituito nel 1913. Si è già detto che questo Consiglio Supremo aveva come segretari Nekrasov, Kerensky e Tereshchenko. Quest'ultimo, che i Rothschild di Londra consideravano "amico degli ebrei", sarebbe diventato nel 1917 il futuro Ministro delle Finanze del Governo Provvisorio. Nel 1915, il numero di logge sotto il Consiglio Supremo di Russia era di circa cinquanta. Tuttavia, la loggia *North Star* mantenne il suo giuramento di fedeltà al Grande Oriente di Francia e al suo Consiglio Supremo. Ispirati dai loro confratelli francesi, i massoni russi fecero ogni sforzo per farsi strada nelle alte sfere dello Stato, soprattutto nei circoli diplomatici e militari. Ben presto ottennero una presenza importante nel Consiglio di Stato e, attraverso gli ottubristi e i kadet, nella Duma (Parlamento). Il loro obiettivo principale era chiaramente quello di trasformare il governo monarchico in una repubblica liberale. Al momento della rivoluzione del febbraio 1917, una rete di logge massoniche copriva l'intera Russia. Kropotkin, il padre del movimento anarchico russo, dichiarò che il movimento rivoluzionario considerava buona e utile la relazione con la Massoneria, il che non è una novità: Hess, Marx, Lenin, Trotsky e tanti altri leader ebrei erano massoni. Adolphe Crémieux aveva già annunciato negli *Archivi Israeliti* che "i buoni massoni, bendati, aiutano gli ebrei nella Grande Opera".

Stolypin e la riforma agraria

Pëtr Stolypin era uno statista eccezionale, proprio il tipo di statista di cui la Russia aveva bisogno per disinnescare la cospirazione internazionale che i suoi nemici avevano escogitato per decenni. Assolutamente convinto dei risultati della sua politica, nel 1908 disse a un giornalista francese: "Datemi dieci anni di pace e di lavoro creativo e non riconoscerete il nostro Paese". Purtroppo, ebbe solo la metà del tempo che desiderava per completare una riforma agraria che avrebbe lasciato senza argomenti gli agenti giudeo-bolscevichi che lavoravano instancabilmente per provocare la rivoluzione. Nel settembre 1911, un terrorista ebreo di nome Dimitri (Mordechai) Bogrov assassinò il Primo Ministro Stolypin a Kiev.

Dopo l'emancipazione dei servi della gleba da parte di Alessandro II, fu inizialmente messo in atto un nuovo sistema, chiamato comune (in russo "mir"). Queste comuni erano comunità di contadini la cui terra era posseduta e coltivata in comune. A ogni famiglia contadina veniva assegnato un appezzamento di terra da coltivare in base alle sue dimensioni. Le famiglie pagavano una quota al "mir" e trattenevano il resto come profitto. Gli affari del comune erano amministrati dai contadini stessi, controllati da un sindaco eletto dai capifamiglia. Il "mir" era responsabile nei confronti del governo per il pagamento delle tasse. In linea di principio, quindi, non si era osato sostituire il sistema della servitù della gleba con quello della proprietà individuale. Senza volerlo, si erano gettate le basi di un futuro comunismo, poiché non si pensava che i contadini intelligenti e intraprendenti sarebbero stati in grado di sviluppare l'istinto imprenditoriale. Prevedibilmente, i rivoluzionari approfittarono dei disordini generati dalla guerra russo-giapponese per introdurre cellule rivoluzionarie nelle comuni. Le sconfitte russe nei mari giapponesi furono il segnale per le rivolte in tutto il Paese. Come nel 1789, furono i contadini a dare fuoco ai domini signorili. Le province del Volga furono rase al suolo e il disordine attanagliò le campagne russe.

Nel 1902 Stolypin fu nominato governatore della provincia bielorussa di Grodno, dove avviò un programma di riforme economiche e sociali. Nel febbraio 1903 lo zar gli affidò il governo della provincia di Saratov, dove dovette affrontare le rivolte dei contadini che incendiarono i latifondi. Alexandra Stolypin, figlia del defunto statista, racconta in *L'homme du dernier tsar. Stolypine* racconta come suo padre, appena ristabilito l'ordine, volesse viaggiare per le regioni ancora infuocate per cercare di calmare le acque e soddisfare personalmente le richieste dei contadini. Incontrò sempre persone di buona volontà, contadini che gli esprimevano il desiderio di ottenere "la carta blu, con le armi imperiali", cioè un titolo di proprietà che concedesse loro un piccolo appezzamento di terra per sé e per le loro famiglie, un pezzo di terra che potessero amare e coltivare con tutta l'anima. Stolypin capì che bisognava mostrare un nuovo orizzonte alla classe maggioritaria dei contadini russi.

Stolypin, che aveva subito undici attentati alla sua vita, un giorno ricevette nella sua casa di Saratov una crudele lettera del comitato rivoluzionario, che condannava a morte per avvelenamento il figlio più piccolo, allora ancora neonato. L'evento terrorizzò l'intera famiglia e costrinse a un rigido controllo alimentare. Nel 1905 Stolypin divenne Ministro degli Interni e diede un giro di vite ai terroristi che affliggevano il Paese. Si è già detto che nei tre anni rivoluzionari furono uccise quasi 12.000 persone. Tra queste misure spicca l'applicazione della legge marziale per chi commetteva omicidi. Circa seicento terroristi furono condannati a morte e giustiziati nel 1906. Altri 2.300 terroristi furono processati e condannati a morte tra il 1907 e il 2008. Circa 35.000 rivoluzionari lasciarono poi il Paese e la situazione fu più o meno sotto controllo, permettendo alla Russia di riprendersi definitivamente. Dal 1906, Nicola II aveva riposto tutta la sua fiducia in Stolypin e lo aveva nominato primo ministro. Dopo la sua nomina, la sua casa di San Pietroburgo fu oggetto di un terribile attentato dinamitardo che uccise trentatré persone e ne ferì altre trentadue. Due terroristi travestiti da poliziotti fecero esplodere una bomba nella stanza dove le persone aspettavano di essere ricevute in udienza. Tra i feriti ci sono il figlio Arkadi, che aveva tre anni ed è stato ferito alla testa, e Natalia, la figlia maggiore, di quattordici anni, che è rimasta storpia a vita.

Quando si considerano le date degli eventi storici, bisogna tenere presente che nella Russia zarista fino al 1918 era in vigore il calendario giuliano, che era in ritardo di tredici giorni rispetto al calendario gregoriano. Una delle prime misure relative alla riforma agraria, adottata dal governo con un decreto ("ukase") emanato il 3/16 novembre 1905, fu l'abolizione dei pagamenti arretrati dovuti ai contadini per l'acquisto delle terre che avevano ricevuto nel 1861, il che significò una riduzione nelle casse dello Stato di circa 80 milioni di rubli. Queste terre furono così liberate da tutti i debiti e non ci furono ostacoli all'uscita dei contadini dal comune. Il decreto di riforma agraria di Stolypin del 9/22 novembre 1906 diede a ogni capofamiglia, membro di una comune, il diritto di diventare proprietario privato della terra che aveva lavorato. Ottenne anche il diritto di chiedere al comune di scambiare queste terre, che spesso erano piccoli appezzamenti in luoghi diversi, con un unico appezzamento equivalente. In questo modo si voleva arrivare alla graduale abolizione del "mir" o comune. Questo storico decreto divenne una legge approvata dalla Duma il 14/27 giugno 1910.

Per far capire al lettore perché ci vollero quasi quattro anni prima che il decreto diventasse legge, ne ripercorriamo brevemente l'iter parlamentare. Dopo il decreto imperiale che nell'ottobre del 1905 fece della Russia una monarchia costituzionale, lo zar promulgò la Costituzione russa nel 1906. La Duma era la camera bassa del Parlamento e il Consiglio di Stato la camera alta. La Costituzione dava allo Zar il potere di sciogliere la Duma e di indire nuove elezioni. Il Partito Democratico Costituzionale (Kadetes), con 179 seggi, ottenne il maggior numero di voti nelle elezioni della prima Duma. Erano rappresentati otto partiti, tra cui i socialdemocratici menscevichi, che ottennero solo 18 deputati. Fin dall'inizio furono evidenti le tensioni tra il governo e il parlamento, poiché la maggior parte dei seggi era occupata da persone che avevano minato il regime e vedevano nel parlamento un mezzo per continuare la rivolta. Il loro interesse primario non era quello di promulgare leggi o approvare un bilancio che permettesse al Paese di riprendersi dalla guerra, ma di mettere continuamente in discussione. Viste le intenzioni dei partiti e l'impotenza dei suoi collaboratori, Nicola II sciolse il Parlamento nel giugno 1906, dieci settimane dopo la sua formazione. La maggior parte dei deputati si riunì a Vyborg (Finlandia) e rilasciò una dichiarazione in cui invitava il Paese a non pagare le tasse, a rifiutare il servizio militare e a non obbedire alle autorità. In questo contesto lo zar si affidò a Stolypin, che divenne primo ministro. Oltre a indire nuove elezioni, Stolypin portò avanti la sua riforma agraria.

Nel marzo 1907 si formò la Seconda Duma, in cui i rivoluzionari annunciarono che non avrebbero partecipato ai dibattiti e che avrebbero combattuto il governo con "l'eloquenza del silenzio". Ben presto, però, fu chiaro che erano i deputati di questi partiti a parlare di più. Quando Stolypin presentò alla Camera il programma di riforme elaborato dal Consiglio dei ministri, si scatenò un violento scontro tra i partiti, con urla e minacce che invadevano il Parlamento. Nel suo secondo discorso, Stolypin ha insistito sul fatto che il governo voleva trovare una base di accordo per lavorare con il Parlamento e ha invitato tutti ad abbandonare il linguaggio dell'odio e della rabbia. Il governo", disse Stolypin, "deve scegliere tra due metodi: o farsi da parte e lasciare la strada aperta alla rivoluzione, dimenticando che il potere deve essere il guardiano della cultura e dell'integrità del popolo russo, o agire con forza e saggezza e mantenere ciò che gli è stato affidato". Adottando la seconda soluzione, il governo si autoaccuserà fatalmente. La rivoluzione non può essere soffocata senza causare talvolta danni agli interessi privati". Stolypin avvertì che il suo Governo avrebbe risposto con forza a coloro che cercavano di paralizzare l'azione del Governo e di screditarlo.

Il 10/23 maggio 1907 Stolypin presentò alla Duma la sua riforma agraria per far passare in legge il decreto del 9/22 novembre 1906. Egli analizzò il programma agrario dell'opposizione, che chiedeva la nazionalizzazione pura e semplice di tutte le terre e la loro distribuzione ai contadini. Il Primo Ministro ne illustrò le conseguenze morali ed economiche e fornì le cifre che rendevano impraticabile la proposta; ma non ci fu la volontà di capire in Parlamento, che si pronunciò contro la riforma agraria di Stolypin. Parallelamente ai dibattiti, la polizia scoprì che i deputati socialdemocratici (menscevichi) della Duma tenevano incontri segreti con i soldati di stanza a San Pietroburgo, in concomitanza con le rivolte di Cronstadt e Sveaborg. Allo stesso tempo, la marea rivoluzionaria si riversava in Polonia e nel Caucaso. Il 14 giugno il Primo Ministro salì sul palco per annunciare che cinquantacinque deputati socialdemocratici venivano processati con l'accusa di aver complottato contro lo zar e il governo. Stolypin chiese al Parlamento di togliere agli imputati l'immunità parlamentare per poter avviare l'inchiesta giudiziaria, poiché altrimenti non avrebbe potuto rispondere della sicurezza dello Stato. La Duma respinse la richiesta e il 3/16 giugno 1907 un decreto imperiale sciolse il Secondo Parlamento. Tra le lamentele e i rimproveri contenuti nel decreto di scioglimento, si poteva leggere: "La Duma non è stata disposta a studiare i progetti di legge presentati dal governo. Ha sempre rinviato i dibattiti o li ha respinti. Ha persino disapprovato le leggi che puniscono l'elogio del crimine e la rivolta tra le truppe. La deliberata lentezza nell'esaminare il bilancio ha portato allo squilibrio del Tesoro, il cui dovere è quello di rispondere alle esigenze del Paese". Il decreto alludeva poi all'abuso del diritto di interpellanza e infine alla cospirazione all'interno del Parlamento stesso.

Nel frattempo, la riforma agraria si sviluppava intensamente e cambiava le condizioni di vita di milioni di contadini russi. Furono adottate una serie di misure per indurre i proprietari terrieri a vendere le loro proprietà allo Stato. Un'agenzia speciale istituita dal governo, la Banca Agraria, acquistò a prezzi bassi le terre che i proprietari terrieri volevano trasferirle, a cui si aggiunsero quelle appartenenti alla Corona. I membri delle comunità erano liberi di lasciarle e di acquistare un appezzamento di terreno a credito. Per aiutare i contadini intraprendenti a creare una proprietà privata, la legge prevedeva che essi pagassero alla Banca solo le somme di cui disponevano, mentre il Tesoro contribuiva a pagare la differenza. I risultati della riforma agraria furono fenomenali e inaugurarono una nuova era per la Russia. All'inizio della conflagrazione mondiale la Russia era in piena trasformazione agraria: nel gennaio 1915 il numero dei capifamiglia che avevano abbandonato il "mir" per diventare proprietari terrieri individuali superava i tre milioni. Un anno dopo, nonostante il Paese fosse in guerra, più di cinque milioni e mezzo di contadini avevano preso provvedimenti per lasciare le comuni, in alcune delle quali tutti i membri avevano scelto di diventare proprietari terrieri. La popolazione rurale sostenne senza riserve la riforma di Stolypin.

Il lavoro di riorganizzazione delle proprietà è stato uno sforzo gigantesco per il quale sono stati chiamati dodicimila ispettori e che è costato all'erario più di cento milioni di rubli. Per organizzare le singole proprietà fu necessario preparare piani di divisione e redigere certificati individuali. In breve, è stato necessario effettuare una serie di operazioni che sarebbero state impossibili senza l'iniziativa e gli sforzi finanziari dello Stato. Oltre a facilitare la conversione delle proprietà rurali collettive in proprietà individuali, il governo imperiale fornì ai contadini aiuti materiali volti ad aumentare la resa delle loro terre. L'esborso dell'Amministrazione statale e delle amministrazioni locali ("zemstvos") a questo scopo era stato insignificante fino al 1906; ma nel 1913 raggiunse i 25 milioni di rubli da parte dello Stato, a cui vanno aggiunti altri 12 milioni di rubli da parte degli zemstvos. Circa 5.000 agronomi statali erano impegnati ad aiutare i piccoli agricoltori a migliorare i loro metodi di coltivazione. Nel 1900 questi agronomi erano solo poche centinaia. Il numero di scuole agricole passò da circa novemila nel 1907 a diciottomila nel 1913. Alla vigilia della guerra, più di trecentomila contadini frequentavano corsi di pratica agricola.

Nel novembre 1907, dopo nuove elezioni, si formò la terza Duma. Nel discorso di presentazione del programma di governo, Stolypin annunciò che, una volta sedate le rivolte, il governo intendeva servire il popolo e metterlo in condizione di beneficiare delle importanti riforme fatte per lui. Ecco una breve citazione delle sue parole: "Dare al popolo iniziativa e indipendenza, dotarlo di istituzioni locali, dargli una parte del compito e della responsabilità del governo, quella che può portare sulle proprie spalle, creare finalmente una potente classe agricola, che sarà in contatto permanente con le autorità del Paese: questo è l'obiettivo dei nostri sforzi". Infine, questo terzo Parlamento approvò a maggioranza la riforma agraria di Stolypin: il 14/27 giugno 1910, il decreto del 9/22 novembre 1906 divenne finalmente legge.

Le riforme di Stolypin avevano un duplice obiettivo: da un lato aumentare la produzione agricola e dare impulso alla vita economica in generale, dall'altro creare una piccola borghesia contadina (kulaki) che doveva servire da solida base per la strutturazione sociale del Paese. Il nostro obiettivo principale", disse a un giornalista francese, "è rafforzare il popolo contadino. In loro risiede l'intera forza del Paese. Se le radici del Paese sono sane e robuste, credetemi, le parole del governo russo avranno una nuova forza in Europa e nel mondo". Tutto ciò fu visto con orrore dall'esterno, dove i comitati rivoluzionari riconobbero nelle loro risoluzioni che la continuazione della riforma agraria rappresentava un grave passo indietro per la rivoluzione che stavano ancora preparando, poiché rimanevano senza la loro principale arma di propaganda, il cui slogan era: "prendete la terra". Lenin e compagnia sapevano che i contadini russi potevano diventare, come in effetti avvenne, i peggiori nemici dei soviet.

Nell'estate del 1910 Stolypin, accompagnato dal ministro dell'Agricoltura, compì un viaggio nella Siberia occidentale e nelle province del Volga. I due percorsero centinaia di chilometri in carrozza per studiare le possibilità di colonizzazione della Russia asiatica. In trecento anni di dominio russo, la Siberia aveva raggiunto a malapena i quattro milioni e mezzo di abitanti, eppure tra il 1895 e il 1910 vi si erano insediati più di tre milioni di nuovi immigrati, un milione dei quali tra il 1907 e il 1909. Al suo ritorno, Stolypin presentò un rapporto che esponeva le sue opinioni sullo sfruttamento razionale della Siberia. La sua prima conclusione fu che la terra doveva essere distribuita agli aborigeni e ai coloni, ma non per lo sfruttamento, come era avvenuto fino ad allora, bensì per la proprietà. Secondo lui, solo il diritto di proprietà avrebbe dato stabilità all'economia rurale e facilitato una distribuzione razionale della terra. Ancora una volta, l'aspetto sociale è stato oggetto di particolare attenzione e, nella sua relazione, il Primo Ministro ha previsto la creazione di scuole agricole in grado di preparare gli specialisti necessari per aiutare e dirigere i coloni.

Stolypin non poté vedere i risultati del suo lavoro. La sua morte divenne un obiettivo prioritario per i rivoluzionari, che riuscirono presto ad attentare alla sua vita. Il 14 settembre 1911, l'imperatore, la corte e gli alti dignitari del Paese si trovavano a Kiev, dove erano in programma vari eventi per celebrare il 50° anniversario della liberazione dei servi della gleba. Fu inaugurato un monumento allo zar liberatore Alessandro II e i festeggiamenti inclusero la rappresentazione de *Il racconto dello zar Saltan*, un'opera di Rimskij Korsakov basata sull'omonimo poema di Puškin. I rapporti della polizia segreta accennarono alla possibilità che un pericoloso terrorista proveniente dall'estero si trovasse in città. Le false informazioni provenivano da un giovane poliziotto di nome Bogrov, infiltrato nei servizi segreti qualche anno prima. I capi della polizia, inspiegabilmente, attribuirono grande importanza e credibilità alle rivelazioni di questo nuovo agente e, pur sapendo che portava con sé un revolver, lo autorizzarono a entrare nel teatro.

Alexandra Stolypin, di cui segue la storia, racconta che il padre aveva chiesto al mattino se il tanto chiacchierato terrorista fosse stato finalmente arrestato. Tornato in teatro, il Primo Ministro ha assistito allo spettacolo dalla prima fila della platea. L'opera era divisa in quattro atti, quindi tra il secondo e il terzo atto molti spettatori lasciarono il teatro. Anche il palco della famiglia imperiale era deserto. Stolypin era appoggiato alla balaustra che separava l'orchestra dalla sala e parlava con le persone che venivano a salutarlo. Nessuno ha prestato attenzione a un giovane che si avvicinava dal corridoio delle poltrone. Dimitri Bogrov, il presunto poliziotto, in realtà un terrorista ebreo membro del "Bund", sparò due colpi, uno dei quali ferì mortalmente il Primo Ministro al petto, il quale, vedendo che il suo gilet bianco si stava ricoprendo di sangue, lasciò il cappello e i guanti sulla balaustra prima di accasciarsi sulla poltrona. Nicola II si precipitò nel palco e Stolypin, forse temendo per la sua vita, lo allontanò, ma lo zar rimase impietrito, muto. Allora Stolypin, tenendosi la mano destra ferita con la sinistra, riuscì a santificarsi e, prima di perdere i sensi, disse con voce flebile ma ferma a chi lo circondava: "Che l'imperatore sappia che sono felice di morire per lui e per la Russia".

L'assassino cercò di uscire dalla stanza, approfittando dello stupore iniziale, ma un ufficiale riuscì a bloccargli la strada. Diverse persone infuriate si sono immediatamente avventate su di lui. Da un palco qualcuno si lanciò contro Bogrov e lo fece cadere a terra. Un agente dal sangue freddo riuscì a impedire il linciaggio spingendolo in una stanza. Il capo della polizia, assente al momento dell'attacco, entrò di corsa con il volto sconvolto e guardò il giovane con il volto insanguinato e i vestiti strappati. Mentre lo afferrava per le spalle e lo scuoteva con rabbia, gridò: "È Bogrov che ci ha tradito, quel mascalzone!". Durante il processo non fu possibile accertare chi avesse ordinato il crimine al fanatico ebreo, ma lo storico O. Soloviev osserva che Dmitri (Mordechai) Bogrov era uno stretto collaboratore di

Kerensky, che dopo l'omicidio fuggì immediatamente. Il terrorista fu condannato a morte da un tribunale straordinario e fu impiccato con il frac, come il giorno dell'attentato.

Pëtr Stolypin lottò per quattro giorni tra la vita e la morte. Secondo la figlia, nel delirio si sforzava ancora di parlare degli affari di Stato, mentre un segretario cercava di annotare le sue ultime parole intelligibili. Parlò di riforma agraria e soprattutto dei Paesi confinanti con l'impero, uno dei problemi che intendeva affrontare dopo le celebrazioni di Kiev. È spirato il 5/18 settembre. "Voglio essere sepolto nel luogo in cui sarò stato ucciso". Queste parole del testamento di Stolypin, scritte diversi anni prima dell'attentato, testimoniano la statura, la nobiltà e la volontà di servire di un uomo che trovava incoraggiamento nel sentimento tragico della vita[46]. Pochi giorni prima dell'attentato, Stolypin aveva accompagnato l'imperatore in visita alla Lavra, il monastero cristiano ortodosso più venerato di Kiev. Lì aveva osservato allo zar: "Deve essere bello qui dormire il sonno eterno". Per decisione dell'imperatore, Stolypin fu sepolto a Lavra pochi giorni dopo la sua morte. Un anno dopo, a Kiev fu inaugurato un monumento a Stolypin. Su un lato della pietra era inciso: "La Russia a Stolypin". Su un altro erano incise le ultime parole di uno dei discorsi più toccanti del primo ministro al secondo parlamento, quello che aveva respinto la sua riforma agraria: "Loro vogliono grandi sconvolgimenti; noi, noi vogliamo la Grande Russia".

Molte delle riforme di Stolypin furono attuate dopo la sua morte. Nel 1912 entrò in vigore una legge sulla protezione industriale dei lavoratori, che prevedeva un indennizzo per i lavoratori in caso di malattia o infortunio. Questo indennizzo consisteva in due terzi o addirittura tre quarti del salario abituale. Il nuovo codice del lavoro per i lavoratori prevedeva anche la legalizzazione degli scioperi di natura economica. L'aumento delle scuole pubbliche fu un'altra conseguenza positiva delle politiche ideate dal più imponente politico della Russia imperiale. Per sviluppare queste politiche sociali, Stolypin aveva previsto di raccogliere fondi per l'erario attraverso l'aumento delle tasse sugli alcolici e delle imposte sui beni immobili. Un'altra proposta presentata allo zar era l'istituzione di una scuola superiore per i funzionari pubblici. Infine, vanno menzionate le leggi sulla tolleranza religiosa e sulla libertà di coscienza, che eliminarono le restrizioni ai credenti che non professavano il cristianesimo ortodosso.

---

[46] Ne *L'homme du dernier Tsar*, Alexandra Stolypin riproduce altre parole del padre che mostrano la sua profonda fede cristiana, nonostante il sentimento tragico della vita a cui abbiamo accennato nel testo. Meritano di essere conosciute: "Ogni mattina, quando mi sveglio, dico le mie preghiere. Considero il giorno che inizia come se fosse l'ultimo della mia vita e mi preparo a fare il mio dovere, con lo sguardo già rivolto all'eternità. Quando arriva il tramonto, ringrazio Dio per avermi concesso un giorno in più. Procedo in questo modo perché credo che sia vicina la fine della mia vita, con la quale dovrò pagare per le mie idee. A volte sento chiaramente che è vicino il giorno in cui il mio assassino raggiungerà finalmente il suo scopo".

Tuttavia, otto anni dopo il suo assassinio a Kiev, l'odio dei rivoluzionari ebrei per Stolypin persistette a tal punto da provocare la morte di un'altra delle sue figlie, Olga, che fu vigliaccamente assassinata in pubblico, a sangue freddo, nel 1919. La storia è raccontata nel libro di Alexandra Stolypin. Pochi giorni prima della sua morte, Olga stessa spiegò sul letto di morte come si era procurata le ferite da proiettile che posero fine alla sua vita. Durante una delle notti di agonia che precedettero la fine della sua vita, Olga Stolypin raccontò alla sorella Alexandra che, dopo essere stata arrestata da un gruppo di bolscevichi, un ebreo in uniforme si fece avanti e disse: "Non sono un ebreo, ma un ebreo in uniforme":

- "Consegnatemi quella donna, compagni. Sapete che ho un conto in sospeso con Stolypin".

- "Prendilo", disse l'altro, "ma non dimenticare che il reggimento parte tra un'ora".

- "Oh, finirò in meno tempo", disse il soldato, ridendo.

Dialogo riprodotto tra i bolscevichi. Il racconto in prima persona continua: "Prese il fucile e lo caricò. Guardai ovunque per cercare aiuto, ma tutti evitarono il mio sguardo. L'ebreo appoggiò la canna del fucile sul mio petto e sparò. Ho sentito una forte scossa che mi ha fatto cadere. Con un calcio allo stivale, l'uomo mi fece rotolare in un angolo della stanza. Non mi mossi, fingendo di essere morto. Ma lui venne di nuovo verso di me e sparò una seconda volta. Persi i sensi.

Alexandra Stolypin, la cui particolare epopea meriterebbe qualche riga, passò la notte sveglia al capezzale della sorella morente che, dopo aver terminato il suo terribile racconto, chiuse gli occhi e svenne per l'emozione e la stanchezza. Pochi giorni dopo morì.

Febbraio/marzo 1917: secondo atto rivoluzionario e colpo di stato

Quando lo Stato Maggiore russo era convinto di poter vincere la guerra e sette milioni di soldati si preparavano a lanciare l'offensiva di primavera concordata con Francia e Inghilterra, si verificò la rivoluzione del febbraio/marzo 1917, nota anche come "rivoluzione di Kerenskij", che scatenò il colpo di Stato che costrinse all'abdicazione dello zar e portò al potere un governo di massoni guidato dal principe Lvov. Nelle sue memorie Pavel Milyukov rivela che il 13 agosto 1915 si tenne una riunione nell'appartamento di Pavel Ryabushinsky, dove fu stilata una lista preliminare del futuro Governo Provvisorio, in cui mancava solo l'avvocato ebreo Kerensky. Molto recentemente, nel già citato articolo sul sito web della Gran Loggia della Columbia Britannica e dello Yukon, Andrei Priahin conferma l'informazione e conferma che nel 1916 i massoni avevano concordato la lista dei ministri del governo che avrebbe preso il potere dopo la caduta dello zar. Secondo questo massone, l'accordo fu raggiunto nell'appartamento di Yekaterina Kuskova, ma la lista fu leggermente modificata nello stesso anno nell'appartamento del principe Lvov e nella suite dell'hotel "Frantsiya" di San Pietroburgo. Priahin conferma che tutti i membri del Governo Provvisorio che prese il potere in Russia nel marzo 1917 erano fratelli massoni. Così come, anche se Priahin non lo riconosce, lo era Pavel Milyukov, il cui legame con la Massoneria e con lo stesso Jacob Schiff non lascia spazio a dubbi.

Andrei Priahin scrive che Alexander Kerensky (1881-1970) "era stato appositamente addestrato per la sua futura posizione". Aggiunge che alcuni membri del Consiglio Supremo riuscirono anche a partecipare al governo bolscevico e nota che Tereshchenko (temporaneamente) e Nekrasov (permanentemente) collaborarono nelle organizzazioni commerciali dell'URSS. Tutto ciò è confermato anche da Boris Nikolayevsky in *The Russian Freemasons and the Russian Revolution* (1990), opera pubblicata in russo a Mosca e citata come fonte da J. Lina. Non c'è quindi alcun dubbio che i "buoni massoni" abbiano fatto parte della cospirazione che ha portato il comunismo in Russia. Ricordiamo che tra i massoni che non smisero di lavorare per il rovesciamento dello zar c'era Woodrow Wilson, elevato alla presidenza degli Stati Uniti, come sappiamo, dalle banche ebraiche internazionali, dal sionismo e dalla massoneria. Si è già detto che l'inizio della rivoluzione, il 23 febbraio/8 marzo, coincideva con il Purim, la festa annuale ebraica che celebra lo sterminio di settantacinquemila persiani, secondo l'Antico Testamento.

Accanto alla propaganda disfattista dei giudeo-bolscevichi, che incitavano costantemente le masse contro la guerra e accusavano lo zar e i suoi generali di voler sterminare l'intero popolo russo, lo slogan dei massoni era "Per la democrazia, contro lo zarismo! È evidente che i discorsi violenti e sleali dei massoni liberali in Parlamento, come quelli pronunciati alla fine del 1916 dal già citato Milyukov, furono di grande aiuto e furono perfettamente sfruttati dai partiti rivoluzionari che, approfittando delle difficoltà di approvvigionamento di San Pietroburgo, intensificarono l'agitazione durante il mese di febbraio. Le difficoltà nel sistema dei trasporti dovute alle tempeste di neve causarono carenze in città e in alcuni quartieri iniziarono a formarsi code fuori dalle panetterie. Allo stesso tempo, molte fabbriche della città dovettero chiudere per mancanza di materiali. Entrambi i fattori, combinati e opportunamente sfruttati, erano di grande importanza. San Pietroburgo, la città con la più grande popolazione ebraica del Paese al di fuori delle aree di insediamento, era stata durante gli anni della guerra il principale centro di produzione di armamenti in Russia e di conseguenza aveva la più grande popolazione industriale del Paese. Con la chiusura delle fabbriche, i lavoratori inattivi cominciarono a comparire in gran numero nelle strade della capitale, che divennero sempre più affollate. Il 21 febbraio e il 6 marzo il governo, cercando di anticipare i problemi, introdusse in città unità cosacche. L'atmosfera divenne sempre più tesa e molti proprietari di negozi cominciarono a chiudere le vetrine e i davanzali. Nelle fabbriche ancora in funzione, gli operai furono invitati a scioperare. Lo zar non era in città, perché era al fronte con le truppe.

Il 23 febbraio/8 marzo circa novantamila lavoratori hanno abbandonato il lavoro, adducendo difficoltà di approvvigionamento, ed è stato proclamato uno sciopero generale che è entrato in vigore il giorno successivo. Oltre alla festa di Purim, si celebrò la festa internazionale del proletariato femminile e una folla di donne scese in piazza per protestare contro la mancanza di pane. Agitatori veterani della rivoluzione del 1905 si incaricarono di organizzare manifestazioni nei quartieri popolari, marciando dietro bandiere rosse e talvolta cantando la Marsigliese. All'angolo tra via Nevskij e il canale di Caterina la polizia a cavallo disperse la folla con l'aiuto dei cosacchi senza fare vittime; ma il giorno dopo, di prima mattina, queste stesse zone della capitale furono affollate da una folla più inferocita che si spinse fino alla stazione di San Nicola. Le auto non potevano muoversi. La cavalleria cosacca ricevette l'ordine di disperdere le manifestazioni in via Nevskij e caricò ripetutamente le masse. Alcune persone sono state calpestate dai cavalli. I cosacchi, tuttavia, hanno usato solo le parti piatte delle loro sciabole e non hanno mai usato le armi da fuoco, il che ha incoraggiato la folla. In periferia ci sono stati scontri tra i lavoratori e la polizia. Una bomba fu lanciata contro un distaccamento di gendarmi e diversi poliziotti furono uccisi. Trecentomila persone furono coinvolte negli scioperi e nelle manifestazioni, una cifra che può sembrare molto alta, ma in realtà si può dire che, dall'inizio alla fine, le rivolte organizzate raggiunsero il loro obiettivo con un numero sorprendentemente basso di persone, considerando che l'Impero russo contava allora centottanta milioni di abitanti.

Il 25 febbraio/10 marzo si formò un comitato di delegati operai che divenne l'unica guida del movimento. Secondo Arsene de Goulévitch, il principale organizzatore fu il socialdemocratico Yuri Steklov (Nakhamkis), massone di 32° grado e genero di Kerensky, che in realtà era un agente della Germania, opportunamente pagato all'inizio delle ostilità. De Goulévitch sottolinea che questo personaggio si proponeva per ragioni tattiche come internazionalista vicino ai menscevichi, ma poi si schierò apertamente con i bolscevichi. Una volta istituito il consiglio dei delegati operai, quasi tutte le fabbriche cessarono la produzione. Tuttavia, le difficoltà di approvvigionamento erano già state risolte nelle panetterie, dove le forniture erano tornate alla normalità dopo aver ricevuto razioni supplementari di pane. Nel pomeriggio una grande folla si radunò intorno alla stazione di San Nicola. In *Behind Communism* Frank L. Briton riproduce il racconto del fotografo americano Donald Thompson, testimone oculare degli eventi:

"Verso le due un uomo riccamente vestito di pellicce arrivò in piazza con una slitta e ordinò al conducente di passare attraverso la folla, che a quel punto era già molto agitata, anche se sembrava disposta a fargli strada.

L'uomo, impaziente e forse freddo, cominciò a ragionare. Tutti i russi sentono il bisogno di discutere. Ebbene, ha giudicato male la folla e anche la situazione a San Pietroburgo. Io mi trovavo a 150 metri dalla scena. È stato tirato fuori dalla slitta e picchiato. Si rifugiò in una stazione del tram, dove fu inseguito dagli operai. Uno di loro prese una piccola barra di ferro e gli tagliò la testa. Questo sembrò dare alle masse il gusto del sangue. Fui immediatamente trascinato con la folla che si riversò in via Nevskij e iniziò a spaccare le vetrine dei negozi e a creare disordine generale. Molti uomini portavano bandiere rosse e bastoni. La maggior parte dei negozi di via Nevskij è protetta da pesanti serrande di ferro. Quelli senza sono stati distrutti. In quel momento ho osservato le ambulanze che andavano e venivano nelle strade laterali, di solito c'erano tre o quattro persone sdraiate in ognuna di esse".

Il disordine si diffuse. Il momento decisivo arrivò quando la folla, ben armata e organizzata, si mosse con rabbia verso le varie caserme della polizia, i cui agenti si barricarono all'interno degli edifici in un ultimo disperato tentativo di resistenza. Quasi tutti furono massacrati e i loro corpi trascinati per le strade. I pochi poliziotti che si arresero nella speranza di salvarsi la vita furono uccisi. Le prigioni furono poi svuotate. Tra i detenuti rilasciati c'erano i peggiori criminali. Gli archivi della polizia furono bruciati. Il controllo di San Pietroburgo passò così nelle mani delle masse inferocite e in città regnò il caos. La vita di qualsiasi persona ben vestita era in pericolo se osava apparire in pubblico. Si può dire che il 26 febbraio/11 marzo il governo militare di San Pietroburgo, nelle mani del generale Sergei Khabalov, aveva perso il controllo. Dalla periferia gli operai si riversarono in massa nel centro della città. I massacri di poliziotti che ancora resistevano ai distaccamenti di uomini armati continuarono e si può dire che le forze di polizia furono praticamente annientate. I disordini, rafforzati dalle devastazioni dei criminali appena liberati, che si aggiravano liberamente, divennero diffusi.

Alexander Netchvolodow, generale dell'esercito imperiale e autore di diverse opere, riporta in *L'empereur Nicolas II et les juifs* la testimonianza di un soldato che partecipò al colpo di Stato. Questo soldato, un tipo semplice che lavorava come falegname prima di entrare nel servizio militare, dopo un mese di licenza tornò al suo distaccamento al fronte, dove in presenza degli ufficiali dichiarò al generale che il 26 febbraio un gruppo di giovani, forse studenti, stava arruolando soldati nelle strade e nelle stazioni di Rostov per portarli a Pietrogrado a combattere "per la libertà di stampa e per la libertà, affinché ognuno diventasse un cittadino e avesse tutti i suoi diritti". Alla domanda se avessero ricevuto del denaro rispose: "Certamente, signor generale, alla stazione di Rostov ci hanno dato cinquanta rubli, e a Pietrogrado, alla Duma di Stato, ci hanno dato ancora cinquanta rubli". Secondo questo resoconto, il 28 febbraio arrivarono prima del tramonto alla stazione di San Pietroburgo, dove li attendeva Alexandr Guchkov, uno dei massoni della cospirazione che era ministro della Difesa nel primo gabinetto del governo provvisorio. Dopo aver fatto un discorso, Guchkov diede l'ordine di consegnare loro le armi che erano state trasportate alla stazione con dei camion. A me è stato dato un fucile", ha dichiarato il soldato, "che ho dovuto restituire al ritorno, ma quelli che hanno ricevuto le rivoltelle le hanno tenute. Erano belle, grandi rivoltelle". Alla domanda su dove avessero passato la notte, ha risposto che la prima notte l'aveva passata in una caserma e le successive a caso con i suoi commilitoni in case private, ma che erano stati accolti bene ovunque e ben nutriti. Alla domanda se avesse dovuto combattere, ha risposto che non ne aveva avuto l'opportunità, anche se ha ammesso che alcuni di loro avevano sparato contro agenti di polizia in città. Il soldato ha detto che alla Duma, dove stava per essere formato il nuovo governo, c'era molta gente e tutti potevano fare un discorso, poiché c'era libertà di parola e di stampa. Infine, gli fu chiesto perché fosse tornato al fronte. L'uomo fece notare che chi non era di Pietrogrado non aveva più nulla da fare lì, poiché aveva finito i soldi.

Invece di solidarizzare con il governo e di denunciare l'uccisione di migliaia di poliziotti da parte di rivoluzionari organizzati e ben armati, gli elementi della Duma che sostenevano la rivoluzione riuscirono a far recapitare allo zar, che si stava recando in treno a San Pietroburgo, il seguente messaggio catastrofico: "La situazione è grave. Il governo è paralizzato. La situazione, per quanto riguarda i trasporti, i rifornimenti alimentari e il carburante, ha raggiunto un punto di completa disorganizzazione. Il malcontento cresce tra la polizia. Nelle strade scoppiano spari incontrollati. Diversi reparti delle truppe si sparano a vicenda. Bisogna dare immediatamente fiducia a una persona che abbia l'appoggio del Paese con la creazione di un nuovo governo". Purtroppo, la reazione dello zar fu inadeguata, non in linea con la realtà della situazione. È certo che non aveva nemmeno un'idea di ciò che stava realmente accadendo. Con una decisione stonata, Nicola II ordinò lo scioglimento del Parlamento, la cui maggioranza sarebbe stata fedele allo zar se si fosse votato.

Va ricordato, tuttavia, che questa Duma, che era la quarta, era stata eletta nel 1912 e il suo mandato quinquennale era stato prorogato fino a dopo le vacanze di Pasqua. Il 27 febbraio/12 marzo la Duma, già sciolta dall'imperatore, si riunì in seduta non ufficiale per esaminare la situazione. La maggior parte dei parlamentari era perplessa e furono gli influenti deputati massoni a prendere il controllo. Lo stesso Milyukov, leader dei Kadet, scrisse in seguito: "Il successo o il fallimento del movimento rivoluzionario dipendeva dalla partecipazione o dall'astensione della Duma". Le prove sono chiare: il ruolo della Duma fu decisivo per i leader della ribellione. Il presidente della Camera, il massone Mikhail Rodzyanko del partito ottubista, inviò un nuovo messaggio allo zar: "La situazione sta peggiorando. Devono essere prese immediatamente misure importanti.

Domani sarà troppo tardi. L'ultima ora è scoccata e si sta decidendo il destino della patria e della dinastia". Resta da vedere se l'imperatore abbia mai letto questo testo, rimasto senza risposta.

Lo stesso giorno si formarono i due organi di governo che avrebbero gestito la Russia per otto mesi fino alla rivoluzione di ottobre. Mentre la Duma si affrettava a formare un comitato provvisorio, composto da dodici membri e guidato dal principe Lvov, il consiglio dei delegati degli operai e dei soldati si organizzò definitivamente e formò il Soviet di San Pietroburgo, dominato dai menscevichi e dai bolscevichi del Partito operaio socialdemocratico di Russia e appoggiato dal Partito socialista rivoluzionario. Il suo presidente fu inizialmente Cheidze, leader dei socialdemocratici alla Duma, e il suo vicepresidente fu il bolscevico Skobelev, ma l'uomo chiave fu il famoso Kerensky, che faceva parte del Governo Provvisorio e che svolse il ruolo chiave di agente di collegamento tra questi due organismi emersi dalla rivoluzione.

Il gruppo di massoni che aveva costituito il Comitato Provvisorio divenne presto il Governo Provvisorio, che governava con il permesso e la tolleranza del Soviet di San Pietroburgo, il quale svolgeva il ruolo di guardiano dell'operato del governo e cedeva gradualmente il potere alla fazione bolscevica che avrebbe preso il comando mesi dopo nel terzo e ultimo atto della rivoluzione. Come nel primo atto del 1905, il Soviet fu inizialmente composto dai dirigenti delle cellule operanti nelle fabbriche, ma questa volta vi parteciparono anche i delegati dei soldati. Alle prime riunioni parteciparono centocinquanta membri, ma nei giorni successivi il numero salì a mille delegati. Dal giorno stesso della sua formazione, il 27 febbraio/12 marzo, il Soviet pubblicò il suo organo *Izvestia*, che aveva già funzionato nel 1905. Nel primo numero apparve come supplemento un manifesto ideologico chiaramente bolscevico e internazionalista. Ecco un paragrafo significativo: "Il lavoro più urgente del Governo Provvisorio consiste nell'accordarsi direttamente con il proletariato dei Paesi belligeranti per la lotta rivoluzionaria dei popoli di tutti i Paesi contro i loro oppressori e sfruttatori, i governi imperialisti e le loro cricche capitaliste, e per la cessazione immediata del sanguinoso massacro da essi imposto ai popoli schiavizzati". Queste parole sono un sarcasmo se si considera che i banchieri che si sono arricchiti con la guerra mondiale sono gli stessi che hanno finanziato la rivoluzione in Russia e che la guerra russo-giapponese è stata finanziata e imposta alla Russia da Jacob Schiff, lo stesso banchiere ebreo che ha finanziato Trotsky.

Significativo fu anche il ruolo degli inglesi, in particolare di Lord Milner, che finanziò la rivoluzione con oltre 21 milioni di rubli, e dell'ambasciatore massone Buchanan, instancabile cospiratore dell'Ambasciata. San Pietroburgo era piena di agenti britannici alloggiati in case private, che distribuivano denaro ai soldati e li incitavano all'ammutinamento. Nelle prime ore del mattino dello stesso giorno, 27 febbraio - 12 marzo, un sergente del reggimento Volynski sparò a un comandante, e da questo evento iniziò una ribellione dei soldati, che uccisero i loro ufficiali. L'uccisione di ufficiali dell'esercito era una costante. Alle undici del mattino, undici reggimenti si erano uniti alla rivolta e in tutti furono commessi crimini orribili. Secondo Jüri Lina, solo a Kronstadt furono uccisi sessanta soldati, tra cui l'ammiraglio von Wiren, a cui furono tagliate entrambe le braccia e che fu trascinato vivo per le strade finché i rivoluzionari non ebbero pietà di lui e lo uccisero. Lina, citando il documentario di Stasnislav Govorukhin *"La Russia che abbiamo perso"*, riferisce che a Vyborg gli ufficiali vennero gettati da un ponte sulle rocce e in altri luoghi furono uccisi a colpi di baionetta o di bastone. Alle undici e mezza della stessa mattina la guarnigione della fortezza di Pietro e Paolo a San Pietroburgo si arrese e si unì alla rivoluzione. Due giorni dopo, il 14 marzo, il Soviet di San Pietroburgo emanò il "Prikaz" n. 1 (ordine) che significava la distruzione di qualsiasi disciplina nell'esercito. La rivoluzione aveva trionfato e d'ora in poi le istruzioni del Soviet vennero accettate dal Governo Provvisorio senza alcun dubbio. Il 16 marzo lo zar Nicola II, il cui treno non raggiunse mai San Pietroburgo, abdicò.

Appena saputo degli eventi di San Pietroburgo, inviò un dispaccio telegrafico al generale Khabalov, ordinandogli di porre fine ai disordini nella capitale, che erano "inammissibili in questo doloroso periodo di guerra". Il generale, a sua volta, telegrafò all'imperatore riconoscendo di non essere riuscito a mantenere l'ordine in città. In seguito alla notizia della ribellione militare del 27/12, Nicola II concesse poteri dittatoriali al Primo Ministro Nikolai Golitzyn, che fu arrestato prima di poterli esercitare. Contemporaneamente ordinò al generale Ivanov, con un battaglione di Cavalieri della Croce di San Giorgio, di prendere un treno per San Pietroburgo, dove avrebbe sostituito il generale Khabalov e assunto il comando militare della città. Allo stesso tempo, altri tre battaglioni, di stanza in Finlandia in previsione di un'invasione tedesca, furono inviati a San Pietroburgo e posti sotto il comando del nuovo governatore militare della capitale. Ma i rivoluzionari avevano preparato bene il colpo e il personale delle ferrovie era stato opportunamente infiltrato. La rete ferroviaria nei pressi della capitale era in mano agli insorti dal 27 febbraio e l'accesso ferroviario alla città era sotto il loro controllo. Inoltre, a nord, vicino al confine finlandese, i binari sono stati immediatamente smantellati, impedendo alle truppe di spostarsi da lì. Il generale Ivanov, da parte sua, riuscì ad avvicinarsi ai dintorni di San Pietroburgo solo il 14 marzo. La situazione sembrava ormai irreversibile e lo stesso zar gli ordinò di non intraprendere alcuna azione. In realtà, Nicola II stesso aveva deciso il 27/12 di recarsi a Tsarskoye Seló, la residenza della famiglia imperiale a San Pietroburgo, dove non arrivò mai, poiché il suo treno fu fermato per ordine dei nuovi padroni della rete ferroviaria.

Il Comitato Provvisorio si rivolse quindi al Capo di Stato Maggiore Generale, Mikhail Alexeyev, comunicandogli che la rivoluzione, padrona di San Pietroburgo, Cronstadt e della flotta del Baltico, si stava diffondendo in tutto il Paese e che la resistenza al movimento rivoluzionario avrebbe portato solo alla guerra civile, fatale mentre si era in guerra con un nemico esterno. I "buoni massoni" aggiunsero anche che il movimento era diretto principalmente contro Nicola II, che avrebbe dovuto abdicare nell'interesse del Paese e della stessa dinastia. Il generale Alexeyev, che poco dopo si pentì amaramente del suo errore di giudizio, si lasciò convincere da queste argomentazioni e trasmise ai vari capi militari informazioni simili a quelle che gli erano state annunciate dalla capitale. Alla fine prevalse l'idea che l'unica soluzione possibile per salvare la Russia e la dinastia fosse l'abdicazione, e Alexeyev chiese ai suoi colleghi di rivolgere un appello allo zar in tal senso. Nicola II, convinto che i suoi generali agissero per patriottismo e amore per la monarchia e cercassero di evitare la prevista guerra civile, abdicò il 2/15 marzo, a nome proprio e del figlio emofiliaco, a favore del fratello granduca Michele.

Quest'ultimo si trovava nella capitale e fu avvertito dai massoni del Comitato provvisorio che non erano in grado di garantire per la sua vita. Infine, su particolare insistenza di Kerenskij, il granduca Michele rifiutò di accettare il trono e cedette il potere al Comitato, anche se rimase inteso che le sue dimissioni erano valide fino a quando l'Assemblea Costituente non avesse deciso la forma di governo. Il generale Alexeyev ebbe poco tempo per comprendere la reale portata degli eventi che si stavano svolgendo e il 3/16 marzo confessò: "Non mi perdonerò mai di aver creduto nella sincerità di certe persone, di aver accettato i loro consigli e di aver inviato il telegramma sull'abdicazione dell'Imperatore ai capi delle Forze Armate". Nicola II scrisse un messaggio di addio all'esercito, che però non giunse mai alle forze armate, poiché fu intercettato dal Governo Provvisorio, che ne vietò la pubblicazione per timore che potesse provocare un movimento patriottico.

Il sostegno del sionismo alla rivoluzione di febbraio/marzo è stato ignorato, ma fu molto significativo. L'Assemblea sionista di Pietrogrado non tardò a emanare una risoluzione che recitava: "L'ebraismo russo è chiamato a sostenere il governo provvisorio in ogni modo possibile, per un lavoro entusiasta, per l'organizzazione e il consolidamento nazionale a beneficio della prosperità della vita nazionale ebraica in Russia e della rinascita nazionale e politica della nazione ebraica in Palestina". George Kennan[47]

---

[47] George F. Kennan, funzionario del Dipartimento di Stato americano, considerato un esperto di questioni comuniste, che ricopriva la carica di incaricato d'affari a Mosca, inviò il famoso "lungo telegramma" al Dipartimento di Stato nel 1946. In questo telegramma di 8.000 parole, firmato Mr. X, egli concludeva che l'elemento principale della politica statunitense nei confronti dell'Unione Sovietica doveva essere "la paziente e continua

riferisce di un raduno tenutosi il 23 marzo 1917 alla Carnegie Hall, dove migliaia di marxisti, socialisti e anarchici si riunirono per celebrare l'abdicazione di Nicola II. In quell'occasione fu pubblicamente riferito che attraverso la Società degli Amici della Libertà Russa, finanziata da Jacob Schiff, il vangelo rivoluzionario era stato diffuso tra gli ufficiali e i soldati russi detenuti nei campi di prigionia giapponesi durante la guerra del 1904-1905. Il giorno successivo, 24 marzo, *il New York Times* pubblicò un telegramma di Jacob Schiff ai partecipanti, in cui si rammaricava di non poter partecipare all'evento e descriveva il colpo di Stato di febbraio e le dimissioni dello zar come l'evento "che avevano atteso e per il quale avevano combattuto per lunghi anni".

Nell'aprile 1917 il movimento sionista russo fu fortemente rafforzato da una dichiarazione pubblica di Jacob Schiff, che aveva deciso di aderire senza riserve ai sionisti. Nella dichiarazione si legge che Schiff, "temendo l'assimilazione ebraica come risultato dell'uguaglianza civile degli ebrei in Russia, credeva che la Palestina potesse diventare il centro di diffusione degli ideali della cultura ebraica in tutto il mondo". Tutta la falsità e l'ipocrisia dei finanziatori della rivoluzione si rivela in queste parole. In altre parole, pur chiedendo parità di diritti, temevano l'assimilazione razziale. All'inizio di maggio i sionisti organizzarono un grande raduno alla Borsa di Pietrogrado, durante il quale fu suonato ripetutamente l'inno sionista. Alla fine di maggio, al Conservatorio di Pietrogrado, si tenne una conferenza sionista tutta russa, in cui vennero delineati i principali obiettivi sionisti: la rinascita culturale della nazione ebraica, l'aumento dell'emigrazione in Palestina e la mobilitazione del capitale ebraico per il finanziamento dei coloni ebrei.

Il fatto che la rivoluzione del febbraio/marzo 1917 sia nota anche come "rivoluzione di Kerensky" indica il ruolo decisivo svolto da questo personaggio. La madre di Kerensky era un'ebrea di nome Adler (Nadezhda), sposata due volte. Il suo primo marito era un ebreo di cognome Kürbis. Si risposò con Fyodor Kerensky, un insegnante che adottò il piccolo Aaron Kürbis. In *Wall Street e la rivoluzione bolscevica*, Anthony C. Sutton cita il massone Richard Crane, consigliere del Segretario di Stato americano Robert Lansing, come uno degli uomini che sostennero Kerensky dagli Stati Uniti. Inizialmente Kerenskij aveva ricevuto anche il sostegno del banchiere ebreo Grigori Berenson, che nel 1930 si era dichiarato sionista convinto. Il politico e scienziato austriaco Karl Steinhauser rivela in *EG - Die Super-UdSSR von Morgen* che l'ambasciatore britannico a San Pietroburgo, il massone George Buchanan, era il contatto tra Kerenskij e Londra, Parigi e Washington, che conferma ancora una volta il ruolo miserabile e infido dell'ambasciatore britannico presso un Paese alleato. Il 21 marzo Buchanan disse ai giornalisti del *Russkoie Slovo*: "Il regime autocratico e reazionario non ci ha mai ispirato

---

vigilanza" nei confronti delle tendenze espansionistiche del comunismo russo. Il "lungo telegramma" fu pubblicato nel 1947 dalla prestigiosa rivista *Foreign Affairs*.

simpatia.... Ecco perché l'avvento del Governo Provvisorio è acclamato con entusiasmo in tutta la Gran Bretagna[48]

Il massone Andrei Priahin, come sappiamo, rivelò che Kerensky "era stato appositamente addestrato per il suo futuro incarico". Alexander Kerensky (Aaron Kürbis), oltre a essere vicepresidente del Soviet di San Pietroburgo, ricoprì tre incarichi nel Governo Provvisorio, uno più importante dell'altro: prima quello di Ministro della Giustizia, da cui invitò Trotsky e Lenin a tornare in Russia, e da cui nominò Capo della Polizia Pëtr (Pinhas) Rutenberg, il terrorista ebreo, massone e sionista che aveva organizzato la "Domenica di sangue" con Alexander Parvus. Rutenberg fu uno dei fondatori della Legione ebraica, che combatté a fianco degli inglesi durante la guerra. Il secondo incarico di Kerensky fu quello di Ministro della Guerra, carica in cui succedette a Guchkov. Infine, in seguito alle dimissioni del principe Lvov il 20 luglio, fu nominato Primo Ministro, carica che mantenne quando cedette definitivamente il potere ai bolscevichi. Secondo lo storico Sergei Yemelyanov, Kerensky, che nei tre anni precedenti il colpo di Stato si dedicò esclusivamente alla difesa dei terroristi rivoluzionari, era un massone di 33° grado.

Tutti i membri del governo provvisorio erano massoni. Tra i più importanti, oltre allo stesso Kerensky, vi erano Nikolai Nekrasov, Ministro delle Comunicazioni, Pavel Milyukov, Ministro degli Esteri e leader dei Kadet, e Mikhail Tereshchenko, Ministro delle Finanze. Quest'ultimo era un giovane milionario di origine ucraina che aveva investito denaro nel movimento rivoluzionario. Il suo buon rapporto con i Rothschild di "New Court" (Londra) è commentato da Niall Ferguson, che scrive che Tereshchenko si dimostrò un buon amico degli ebrei. La sua nomina a ministro delle Finanze fu ampiamente celebrata dai Rothschild, che videro presto giustificato il loro ottimismo. Il nuovo ministro non ebbe tempo di scrivere a Londra per offrire ai Rothschild di sottoscrivere un prestito di un milione di rubli, emesso dal governo Kerensky per mantenere la Russia in guerra.

Quanto al ministro degli Esteri Milyukov, il 19 marzo ricevette un telegramma dal banchiere Jacob Schiff, che ora si spacciava per amico della Russia e si esprimeva in questi termini: "Permettetemi, come nemico

---

[48] In un discorso alla Società Anglo-Russa, riprodotto in parte dallo stesso giornale *Russkoie Slovo* il 12 aprile 1917, l'ambasciatore Buchanan insiste nell'esprimere pubblicamente la sua doppiezza. L'ultima volta", disse, "che ho avuto l'onore di rivolgermi ai membri della Società Anglo-Russa è stato proprio alla vigilia della sessione della Duma in cui il mio onorevole amico Milyukov ha pronunciato il suo famoso discorso in cui ha piantato il primo chiodo nella bara del vecchio regime. Dissi allora che non solo dovevamo arrivare a una fine vittoriosa, ma che la vittoria finale doveva essere ottenuta sul nemico all'interno del nostro stesso campo. Oggi posso congratularmi con il popolo russo per essersi liberato così rapidamente di un tale nemico. Certo, ci vuole un bel po' di cinismo per parlare di "nemico interno" quando si è cospirato dall'ambasciata contro un Paese che in guerra si è comportato da amico e alleato leale.

inconciliabile dell'autocrazia tirannica che ha perseguitato senza pietà i nostri correligionari, di congratularmi attraverso di voi con il popolo russo per l'azione che avete appena brillantemente compiuto, e di augurare ai vostri compagni del nuovo governo e a voi stessi un completo successo nel grande compito che avete così patriotticamente intrapreso"." Nella sua risposta, Milyukov si mostrò solidale con il banchiere ebreo che aveva lanciato il Giappone contro il suo Paese e, oltre a ribadire vecchie idee massoniche e illuministe, si rivolse a lui come se rappresentasse gli Stati Uniti: "Siamo uniti a voi nell'odio e nell'antipatia comune per il vecchio regime, ora rovesciato, permettetemi di essere ugualmente unito a voi per la realizzazione di nuove idee di uguaglianza, libertà e concordia tra i popoli, partecipando alla lotta universale contro i secoli bui, il militarismo e il potere autocratico che procede dal diritto divino. Vogliate accettare i nostri ringraziamenti per le vostre congratulazioni, che ci permettono di determinare il cambiamento apportato da un benefico colpo di Stato nelle relazioni reciproche tra i nostri due Paesi".

In *No One Dares Call It a Conspiracy*, Gary Allen fa riferimento al documento n. 861.00/5339 degli archivi del Dipartimento di Stato, che riporta i piani di vari leader ebrei per rovesciare lo zar. Tra i nomi che compaiono ci sono ancora una volta Jacob Schiff, così influente all'interno dell'organizzazione massonica B'nai B'rith, e i suoi colleghi Felix Warburg, Otto Kahn, Isaac Seligman, Mortimer Schiff e altri. Tutti banchieri ebrei. Anche l'*Encyclopedia of Jewish Knowledge* riconosce nel suo articolo "Schiff" (New York, 1938) che Alexander Kerensky, l'uomo che era stato addestrato appositamente per la sua missione, ricevette un milione di dollari da Jacob Schiff.

Già in aprile, il Governo Provvisorio di Kerensky emise un ordine telegrafico per il rilascio senza indagini individuali di tutti gli ebrei sospettati di spionaggio che erano andati in esilio. Alcuni di loro risiedevano nei territori occupati, ma altri potevano tornare tranquillamente. Molti deportati chiesero il permesso di vivere nelle città della parte europea della Russia. Immediatamente ci fu un afflusso di ebrei a Pietrogrado, dove nel 1917 il loro numero salì a 50.000, e a Mosca, dove raggiunsero i 60.000. Numerosi ebrei emigrati da New York tornarono in Russia. Anche molti di quelli che vivevano in Gran Bretagna si dichiararono pronti a tornare per riprendere la lotta per la nuova Russia sociale e democratica. Solo da Londra, circa 10.000 manifestarono la loro disponibilità a viaggiare. Il governo provvisorio decise inizialmente di trattenere l'imperatore e la famiglia imperiale a Tsarskoye Selo, ma in agosto l'ineffabile Kerensky decise di trasferirli tutti a Tobolsk, in Siberia. Una volta rovesciato Nicola II, il governo massonico rinunciò all'inno nazionale *Dio salvi lo Zar*, che per coincidenza era stato composto dal principe Lvov e scritto dal poeta Vasilij Zhukovskij. Al suo posto fu adottato un inno gradito alla massoneria e all'ebraismo, intitolato *Il Signore glorioso in Sion*.

Leon Trotsky (Leiba Bronstein)

Accanto a Marx e Lenin, Trotsky occupa il terzo posto nel calendario dei santi della sinistra mondiale. Trotsky è passato alla storia come un mito, la cui popolarità e il cui prestigio sono rimasti intatti. La propaganda lo ha sempre presentato come una personalità gigantesca. I media, le enciclopedie e i libri in generale continuano a considerarlo un intellettuale progressista e rivoluzionario che ha dedicato la sua vita alla lotta per la causa del proletariato. D'ora in poi vedremo che la verità è ben diversa: Trotsky era un agente delle banche internazionali, un cinico senza scrupoli che sposò la figlia di un banchiere vicino alle grandi famiglie bancarie ebraiche.

Leiba Bronstein è il nome che gli fu dato quando nacque a Yanova, un villaggio della provincia di Khertson, in Ucraina, il 25 ottobre 1879. Suo padre, David Bronstein, era un ricco proprietario terriero che possedeva praticamente tutta la terra del villaggio. All'età di sette anni frequentò una scuola ebraica e iniziò a studiare il *Talmud*. A diciassette anni, un ebreo ceco, Franz Schwigowsky, lo introdusse in una società segreta, la Lega dei Lavoratori, i cui membri furono arrestati nel 1898. Il giovane Bronstein, che aveva già aderito alla Massoneria nel 1897, trascorse due anni in una prigione di Odessa, dove si dedicò allo studio della storia delle società segrete e all'approfondimento della Massoneria. Infatti, nell'iniziazione al 33° grado si legge che "la Massoneria è niente di più e niente di meno che una rivoluzione in atto; una cospirazione continua". Da Odessa fu esiliato in Siberia, da dove fuggì nel 1902 a Vienna. Qui conobbe Victor Adler, un rivoluzionario ebreo e massone che pubblicava il giornale *Arbeiter Zeitung*. Poco dopo si recò a Londra, dove, a nostra insaputa, entrò in contatto con un altro massone ebreo di alto rango e uomo illuminato di nome Israel Helphand, anche se si faceva chiamare Alexander Parvus. Fu Parvus a trasformare Leiba Bronstein in Leon Trotsky alla fine del 1902. Trotsky, come già detto, tornò in Russia nel 1905 in compagnia di Alexander Parvus per organizzare la rivoluzione. Oltre a organizzare e presiedere il "soviet dei delegati operai", Trotsky diresse con Parvus il giornale *Nachalo* (*Il Principio*). Igor Bunich, autore del libro *Zoloto Partii* (*L'oro del partito*) (San Pietroburgo, 1992), sostiene che Parvus fu il principale organizzatore della rivoluzione del 1905 e che ricevette 2 milioni di sterline dai giapponesi per pianificare la presa del potere in Russia.

Jüri Lina afferma in *Sotto il segno dello scorpione* che Trotsky, con l'aiuto di Alexander Parvus, giunse alla conclusione che lo scopo della Massoneria era quello di eliminare gli Stati e le culture nazionali per stabilire il dominio mondiale ebraico. Trotsky, scrive Lina, "divenne così un convinto internazionalista, a cui Parvus insegnò che il popolo ebraico era il proprio Messia collettivo, che avrebbe ottenuto il dominio sugli altri popoli attraverso la mescolanza delle razze e l'eliminazione dei confini nazionali, e che doveva essere creata una repubblica internazionale, in cui gli ebrei sarebbero stati l'elemento principale, poiché nessun altro sarebbe stato in grado di comprendere e controllare le masse". Fu Parvus a instillare in Trotsky l'idea di "rivoluzione permanente".

Lo scrittore Maxim Gorky, il cui agente Parvus si trovava in Europa, si lamentò del fatto che Parvus gli avesse rubato centotrentamila marchi d'oro e lo definì un avaro e un truffatore. Alexander Parvus, nato nel 1867, aveva circa dodici anni in più di Trotsky. Aveva lavorato per diversi anni in varie banche in Germania e in Svizzera ed era anche un abile pubblicista. Parvus conosceva la storia russa ed era convinto che se la nobiltà e l'intellighenzia fossero state eliminate, il Paese sarebbe stato indifeso e avrebbe potuto facilmente essere gettato nelle fiamme della rivoluzione. Parvus e Trotsky, come già detto, guidarono la rivoluzione del 1905 e furono entrambi condannati all'esilio in Siberia. Trotsky riuscì a fuggire solo nel febbraio 1907, ma Parvus lo fece subito e si diresse a Costantinopoli, dove fu consigliere dei Giovani Turchi (ebrei convertiti all'Islam, come sappiamo). In questo periodo stabilì contatti con diplomatici tedeschi, che gli sarebbero stati molto utili in seguito, e riuscì ad accumulare molto denaro grazie alla sua attività di mediatore negli scambi commerciali tra Germania e Turchia. Tuttavia, fu durante la guerra dei Balcani (1912-13) che fece una fortuna che lo rese multimilionario. Le sue transazioni commerciali coprivano un'ampia gamma di beni. Il solo commercio di carbone gli fruttò quasi 30 milioni di corone danesi in oro. Per un certo periodo, questo agente degli Illuminati fu anche collaboratore di Rosa Luxemburg, con la quale appare in numerose fotografie. Epigono evoluto di Adam Weishaupt, indecente e cinico se mai ce n'è stato uno, ma allo stesso tempo diabolicamente astuto e intelligente, mentre predicava la rivoluzione permanente che avrebbe posto fine alla proprietà privata, Israel Helphand, alias Parvus, conduceva uno stile di vita favoloso che includeva non pochi party orgiastici. Per avere un'idea della sua ricchezza, basti dire che alla sua morte, nel 1924, possedeva, tra gli altri beni immobili, tre case a Copenaghen, un castello in Svizzera e un palazzo di trentadue stanze su un'isola del lago Wannsee a Berlino, oggi museo aperto al pubblico.

Dopo essere fuggito dalla Siberia, Trotsky riuscì a tornare a Vienna, dove si sa che incontrò il leader sionista Chaim Weizmann. Sia Trotsky che Lenin ricevettero un sostegno finanziario da Parvus e furono persino invitati a vivere con lui a Monaco per un breve periodo. Fu proprio nella casa di Monaco di Parvus che Lenin e Rosa Luxemburg si incontrarono. Dopo essere stato corrispondente di guerra nei Balcani nel 1912, un lavoro fornito da Parvus, Trotsky visse in Francia, dove fondò con il suo correligionario Julius Martov (Julius Zederbaum) il giornale in lingua russa *Nashe Slovo*. Si è detto sopra che l'autore Yuri Begunov sostiene che nella primavera del 1914 Trotsky, inviato dalla Gran Loggia di Francia, si trovava a Vienna, dove ebbe un incontro con il fratello massone V. Gacinovic allo scopo di un incontro con lui. Gacinovic al fine di coordinare l'attacco all'erede dell'Austria-Ungheria.

Sorvegliato dalla polizia francese dopo la sua partecipazione alla Conferenza di Zimmerwald nel settembre 1915, Trotsky fu arrestato a Parigi a causa dei suoi articoli incendiari. Le autorità galliche sospesero la pubblicazione del giornale e Trotsky fu deportato in Spagna. In *Wall Street and the Bolshevik Revolution* Anthony Sutton scrive che fu "gentilmente scortato fino al confine spagnolo". Pochi giorni dopo, l'internazionalista fu arrestato dalla polizia a Madrid e alloggiato in una "cella di prima classe", che costava una peseta e mezza al giorno. Sembra chiaro che siano stati ricevuti "ordini" per il suo rilascio, dal momento che fu portato a Cadice, forse allo scopo di imbarcarlo. Se così fosse, questa prima opzione fu riconsiderata, poiché alla fine fu scelto il porto di Barcellona, dove Trotsky fu riunito con la sua famiglia e un gruppo di collaboratori e salpò a bordo del transatlantico *Montserrat* per New York.

Il 13 gennaio 1917 il gruppo di Trotsky, che comprendeva Moses Uritsky, Grigori Chudnovsky e altri suoi collaboratori ebrei che in seguito avrebbero avuto un ruolo di primo piano nella rivoluzione d'ottobre, sbarcò a New York. Trotsky entrò presto in contatto con la loggia B'nai B'rith, di cui divenne membro. Senza dubbio raggiunse un alto grado all'interno del rito Misraim-Memphis, poiché apparteneva alla Loggia Shriners, *che* consente l'ingresso solo ai massoni che hanno raggiunto il 32° grado. Franklin Delano Roosevelt, Alexander Kerensky e Bela Kun, per citare esempi significativi, erano tra i membri selezionati di questa loggia. Nella sua autobiografia *La mia vita* Trotsky afferma che la sua unica professione a New York era quella di rivoluzionario socialista, vale a dire che viveva dei suoi articoli su *Novy Mir*, il giornale newyorkese dei socialisti russi che era stato fondato da due compagni ebrei, Weinstein e Brailovsky. Altri due ebrei, Nikolai Bukharin (Dolgolevsky) e V. Volodarsky (Moses Goldstein) lavoravano nella redazione. Gli unici fondi che Trotsky ammette di aver ricevuto nel 1916 e nel 1917 sono 310 dollari, soldi che, dice, "ho distribuito tra cinque emigranti che tornavano in Russia". Tuttavia, si sa che l'impoverito leader comunista rivoluzionario girava per New York in una limousine con autista, probabilmente messa a disposizione da uno dei suoi amici banchieri. Inoltre, i 310 dollari avevano pagato in anticipo tre mesi di affitto per un eccellente appartamento dove viveva con la moglie, Natalia Sedova, e i due figli, Leon e Sergei. [49]

Natalia Sedova era figlia di un banchiere ebreo di nome Givotvosky. Il primo riferimento al fatto che Trotsky fosse sposato con la figlia di un banchiere appare nell'opera *L'empereur Nicolas II et les juifs* (1924). In essa

---

[49] Nel 1902 Trotsky aveva conosciuto a Parigi Natalia Sedova, la sua seconda moglie, di qualche anno più giovane della moglie legale, la Sokolovskaya, che fu completamente ignorata. Nella sua autobiografia Trotsky dedica appena una riga a commentare la relazione. Tuttavia, la Sokolovskaya diede al leader comunista due figlie che egli trascurò.

Alexander Netchvolodow cita un documento, rintracciato molto più tardi da Anthony Sutton negli archivi decimali del Dipartimento di Stato (861.00/5339), datato 13 novembre 1918 e intitolato *Bolscevismo ed ebraismo*. Il testo è un rapporto che afferma che le banche ebraiche internazionali sono dietro gli eventi rivoluzionari in Russia e cita come coinvolti i leader delle banche Kuhn, Loeb e Co. Vengono aggiunti altri due nomi di banchieri ebrei: Guggenheim e Max Breitung. Nel secondo punto si legge: "L'ebreo Max Warburg ha finanziato anche Trotsky e compagnia, che sono stati finanziati anche dal sindacato Westfalia-Romania, così come da un altro ebreo, Olof Aschberg, della Nya Banken di Stoccolma, e anche da Givotovsky, un ebreo la cui figlia è sposata con Trotsky. In questo modo si stabilirono relazioni tra miliardari ebrei ed ebrei proletari".

Anthony Sutton commenta la parentela di Trotsky con il banchiere ebreo e si riferisce ad Abram Givatovzo in questi termini: "Un altro banchiere bolscevico a Stoccolma era Abram Givatovzo, cognato di Trotsky e Lev Kamenev. Un rapporto del Dipartimento di Stato ribadisce che Givatovzo, pur fingendosi molto antibolscevico, aveva in realtà ricevuto tramite corrieri ingenti somme di denaro dai bolscevichi per finanziare le operazioni rivoluzionarie. Givatovzo faceva parte di un sindacato che comprendeva Denisov dell'ex Banca di Siberia, Kamenka della Banca Don Azov e Davidov della Banca del Commercio Estero. Questo sindacato ha venduto azioni dell'ex Banca di Siberia al governo britannico". Vediamo, quindi, che le pratiche consanguinee praticate dai frankisti di Jacob Frank erano ancora in pieno vigore tra i rivoluzionari ebrei. È evidente che nel caso di Trotsky, come in tanti altri, la propaganda ha cercato di tenere segreto il suo matrimonio con la figlia di un banchiere, del tutto sconveniente per l'alone del mito agli occhi della classe operaia.

La vera identità della Sedova, che fu al fianco di Trotsky nella rivoluzione del 1905, è rivelata anche da altri due autori: lo spagnolo Mauricio Carlavilla e l'estone Jüri Lina. Quest'ultimo scrive: "Natalia Sedovaya-Trotskaya era infatti figlia di un banchiere sionista, Ivan Givotovsky (Abram Givatovzo), che contribuì a finanziare la presa di potere dei bolscevichi, prima in Russia e poi a Stoccolma, attraverso la Nya Banken (una banca svedese gestita dalla famiglia ebrea Aschberg). Anche per questo il massone Leon Trotsky ha sempre protetto gli interessi internazionali dei ricchi ebrei. Ivan Givotvosky aveva stretti legami con i Warburg e gli Schiff". Da parte sua Mauricio Carlavilla[50] in *Sinfonía en rojo mayor* mette

---

[50] Su Mauricio Carlavilla e *Sinfonía en rojo mayor* è necessaria una precisazione, che sarà inevitabilmente un po' lunga, per la quale ci scusiamo in anticipo. Julián Mauricio Carlavilla (1896-1982), poliziotto, scrittore ed editore, dimostrò attraverso le sue opere una profonda conoscenza del comunismo. Come poliziotto svolse un lavoro di infiltrazione ed è probabile che durante la sua carriera di poliziotto abbia ottenuto informazioni dai servizi segreti stranieri. Rimane praticamente sconosciuto, ma il suo instancabile lavoro di scrittore e pubblicista merita un riconoscimento. Carlavilla

in bocca a Christian Rakovsky queste parole: "Sedova è la figlia di Givotovsky, legata ai banchieri Warburg, soci e parenti di Jacob Schiff, un gruppo che finanziò il Giappone e, attraverso Trotsky, allo stesso tempo

---

pubblicò inizialmente le sue opere con lo pseudonimo di Maurico Karl , anche se in rare occasioni utilizzò anche lo pseudonimo di Julien d'Arleville. Le sue opere diventeranno d'ora in poi fonti di informazione, soprattutto quelle che trattano i vari aspetti della Seconda guerra mondiale. Citiamo qui in anticipo *Pearl Harbour, il tradimento di Roosevelt* (1954) e, soprattutto, la sua edizione in spagnolo di *Sidney Warburg*, un libro molto prezioso e poco conosciuto, pubblicato nel 1933 in Olanda con il titolo *De Geldbronnen wan het Nationaal Socialisme*, la cui traduzione apparve in Spagna nel 1955 pubblicata da NOS con il titolo *El dinero de Hitler (Il denaro di Hitler)*. Mauricio Carlavilla pubblicò i propri libri e altri che riteneva interessanti nella casa editrice NOS, da lui stesso fondata e con sede nella propria abitazione.

Per quanto riguarda *Sinfonía en rojo mayor*, la prima cosa da dire è che si tratta di un'opera molto citata su Internet. L'opera si presenta come un romanzo di memorie, quelle del dottor José Landowski, i cui protagonisti sono per lo più personaggi storici. Non sapendo affatto chi fosse Mauricio Carlavilla, coloro che citano l'opera accettano la paternità del narratore, il dottor Landowski, medico al servizio del N.K.V.D., e danno all'opera un valore documentario che in realtà non possiede. A mio parere, Landowski è una creazione di Carlavilla. Il testo che viene ripetutamente citato su Internet è il presunto interrogatorio del leader trotzkista Christian G. Rakovsky, uno dei principali imputati del Processo dei Ventuno, dove fu condannato a vent'anni di prigione, anche se alla fine fu fucilato nel 1941 insieme a Maria Spiridonova e Olga Kameneva, moglie di Kamenev e sorella di Trotsky, alla presenza del dottor Landowsky, il 26 gennaio 1938. L'interrogatore è un agente stalinista, Gabriel G. Kuzmin, al quale Rakovsky rivela informazioni di grande valore storico e politico.

La spiegazione di come e perché nasce la confusione è semplice. Affinché il lettore comprenda meglio il gioco letterario di Carlavilla, riproduco qui di seguito l'AVVERTIMENTO all'inizio del libro: "Questa è la dolorosa traduzione di alcuni quaderni trovati sul cadavere del dottor Landowsky, su un'isola di fronte a Leningrado, dal volontario spagnolo A. I. Ce li ha portati lui. I. Ce li ha portati. La loro ricostruzione fu lenta, laboriosa, dato lo stato dei manoscritti. Ci sono voluti anni. Ancora più a lungo abbiamo esitato a pubblicarli. Le sue rivelazioni sulla fine erano così meravigliose e incredibili che non avremmo mai deciso di pubblicare queste memorie se gli uomini e i fatti reali non avessero dato loro piena autenticità. Prima che queste memorie vedessero la luce, ci siamo preparati ad affrontare prove e controversie. Garantiamo personalmente l'assoluta verità dei suoi fatti capitali. Vedremo se qualcuno sarà in grado di confutarli con prove o ragioni. Il traduttore, Mauricio Carlavilla". In altre parole, il testo, che in alcune edizioni supera le seicento pagine, sarebbe le memorie di un medico che, quando morì, le portò con sé in quaderni scritti a mano. Una lettura attenta di *Sinfonía en rojo mayor* rivela che si tratta in realtà di un'opera scritta, non tradotta, dallo stesso Carlavilla, in cui, oltre alla propria erudizione e alla valutazione degli eventi raccontati, dimostra di avere una conoscenza esclusiva. Carlavilla utilizza una trama romanzesca per rivelare tutto ciò che sa, e cioè molto, su ciò che accadeva in URSS prima della Seconda guerra mondiale. In altre parole, e torniamo alla citazione del testo, molto prima di J. Lina e A. Sutton, Carlavilla aveva informazioni su chi fosse Natalia Sedova, la seconda moglie di Trotsky, e le rivela attraverso C. Rakovsky, il quale, nel corso di un lunghissimo interrogatorio a cui assiste José Landowski, il presunto narratore in prima persona di *Sinfonía en rojo mayor*, rivela tutte le informazioni che Carlavilla conosce e intende divulgare.

finanziò la rivoluzione del 1905. Questo è il motivo per cui Trotsky, in un colpo solo, è salito in cima alla scala rivoluzionaria. Ed ecco la chiave della sua vera personalità".

Non appena la notizia del colpo di Stato e della caduta dello Zar raggiunse gli Stati Uniti, si affrettarono i preparativi per inviare Trotsky in Russia a guidare il terzo e ultimo atto della tragedia del popolo russo. Edward Mandell House, illuminato comunista e sionista, si incaricò di chiedere al presidente Wilson, il burattino nelle mani dei cospiratori, di ordinare il rilascio di un passaporto americano per il rivoluzionario. Il passaporto era accompagnato da un permesso di ingresso in Russia e da un visto di viaggio britannico. In *Woodrow Wilson: Disciple of Revolution* (1938) Jennings C. Wise scrive che "gli storici non devono mai dimenticare che Wilson rese possibile a Trotsky di entrare in Russia con un passaporto americano". Il 27 marzo 1917 Trotsky, la sua famiglia e altre duecentosettantacinque persone, tra cui broker di Wall Street, comunisti ebrei americani e terroristi internazionali, si imbarcarono *sulla Kristianiafjord*. Il 3 aprile la nave fece scalo ad Halifax, in Nuova Scozia, e la polizia di frontiera canadese ordinò a Trotsky, alla moglie e ai due figli, nonché ad altri cinque presunti socialisti russi, Nikita Mukhin, Leiba Fishelev, Konstantin Romanenko, Grigori Chusnovsky e Gerson Melichansky, di sbarcare. Tutti furono arrestati perché considerati agenti tedeschi. Negli archivi canadesi, Trotsky è indicato come prigioniero di guerra tedesco. Due dei suoi compagni più stretti, Volodarsky (Goldstein) e Uritsky, rimasero a bordo. Pochi giorni prima dell'arresto, il 29 marzo, i canadesi avevano ricevuto un telegramma da Londra in cui si diceva che Leiba Bronstein, in possesso di 10.000 dollari, e i suoi compagni si stavano recando in Russia per iniziare una rivoluzione contro il governo. I servizi segreti canadesi erano convinti che Trotsky, che parlava il tedesco meglio del russo, fosse un agente che agiva su ordine del governo tedesco.

L'equivoco durò circa due settimane, durante le quali furono esercitate pressioni di ogni tipo per ottenere il rilascio di Trotsky. Nonostante il fatto che la Russia avrebbe firmato la pace con gli Imperi Centrali se i bolscevichi avessero posto fine al Governo Provvisorio, che era "presumibilmente" contrario agli interessi britannici, Lord Melchett e Sir. Herbert Samuel, membri della Gran Loggia d'Inghilterra, gestita da ebrei sionisti, intervennero presso il governo Lloyd George. Allo stesso tempo, l'ambasciata britannica a Washington ricevette dal Dipartimento di Stato la richiesta non solo di ordinare alle autorità canadesi di rilasciare il detenuto, ma anche di assisterlo in ogni modo necessario. Successivamente, l'onnipresente Bernard Baruch, rispondendo alle domande di una commissione del Senato americano, ammise che era sotto la sua responsabilità che Trotsky era stato rilasciato due volte. La pressione, quindi, portò finalmente al contrordine. Le autorità canadesi furono incaricate di informare la stampa che Trotsky era un cittadino americano che viaggiava con un passaporto e che il suo rilascio era stato richiesto dal Dipartimento di

Stato di Washington. Così Leon Trotsky e il suo partito poterono proseguire il viaggio e il 4 maggio 1917, passando per la Svezia e la Finlandia, arrivarono a Pietrogrado per guidare la rivoluzione. Migliaia di ebrei estremisti di lingua yiddish si ammassavano nella capitale. A questo afflusso di rivoluzionari che avevano lasciato la Russia durante gli anni di Stolypin va aggiunto l'afflusso di decine di migliaia di prigionieri dalla Siberia, che erano stati liberati dal governo provvisorio.

Lenin

Fino a poco tempo fa si diceva che Lenin, il cui vero nome era Vladimir Ilych Ulyanov, fosse l'unico non ebreo dei venticinque uomini che assunsero la guida della Russia. Era anche accettato che fosse nato il 22 aprile 1870 a Simbirsk. Entrambe le affermazioni sono oggi contestate e sicuramente false. Dopo la caduta del comunismo, sono state condotte diverse ricerche su Lenin, i cui risultati sono presentati da Jüri Lina in *Sotto il segno dello scorpione*. Di seguito un brevissimo riassunto.

Per quanto riguarda la sua nascita, è noto che sia Lenin che Stalin cambiarono le date e che le biografie ufficiali di entrambi furono manipolate a fini propagandistici. Non è nostro interesse soffermarci ora su questa questione e preferiamo fornire informazioni sulle loro origini. Sembra che i loro nonni siano finiti entrambi in istituti per malati di mente. Il padre di Lenin, Ilya Ulyanov, un Kalmuck, era un ispettore scolastico, e sua madre, Maria , il cui nome da nubile era Blank, proveniva da una famiglia nobile ed era figlia di un ricco proprietario terriero. Il padre di Maria Blank, Israel, nacque nel 1802 a Starokonstantinovo, nella provincia di Volnya. Israel Blank e suo fratello Abel volevano studiare all'Accademia di Medicina di San Pietroburgo e per essere ammessi furono battezzati nella Chiesa ortodossa russa. Israel prese il nome di Alexander e Abel quello di Dimitri. Entrambi si laurearono nel 1824. Alexander divenne medico militare e fu il pioniere dello studio delle terme in Russia.

La scrittrice Marietta Shanginyan scoprì le origini ebraiche di Lenin nel 1930, ma non riuscì a rivelare quello che era considerato un segreto di Stato. Solo nel 1990 è stato possibile pubblicare questa informazione. Fino ad allora, la famiglia Blank era stata presentata come "tedesca". Il nonno materno di Maria Blank, il notaio Johan-Gottlieb Grosschopf, proveniva da una famiglia di commercianti tedeschi. I nonni paterni di Maria Blank erano ebrei, il che rende Maria Blank, che parlava yiddish, tedesco e svedese, almeno mezza ebrea, dato che solo suo padre era ebreo. Tuttavia, alcuni ricercatori hanno suggerito che la famiglia Grosschopf fosse ebrea. Se così fosse, Lenin sarebbe ebreo, poiché, per quanto ne sappiamo, gli ebrei considerano ebreo chiunque nasca da una madre ebrea. Un'altra recente rivelazione in Russia riguarda il nonno paterno di Lenin, Nikolai Ulyanov, che ebbe quattro figli dalla figlia Alexandra Ulyanova, che si fece passare per Anna Smirnova dalle autorità. Il padre di Lenin, Ilya, sarebbe stato il quarto figlio, nato quando Nicolai Ulyanov aveva già sessantasette anni. Ilya Ulyanov sposò l'ebrea Maria Blank e in famiglia si parlava tedesco, una lingua che Lenin conosceva meglio del russo. La propaganda sovietica, per rafforzare il mito, sosteneva che i genitori avessero consapevolmente educato Lenin a essere il Messia che avrebbe guidato il proletariato. In un sondaggio del 1989, il 70% degli intervistati riteneva Lenin la più grande personalità della storia.

Yuri Slezkine in *The Jewish Century* (2004) conferma che Lenin era ebreo. Slezkine scrive che fu la sorella di Lenin, Anna, a dirlo a Kamenev nel 1924, che disse: "L'ho sempre sospettato". Bukharin avrebbe commentato: "E cosa ci importa della tua opinione? La vera domanda è: cosa faremo?" Aggiunge Slezkine: "Quello che avrebbero fatto, o meglio quello che il partito, attraverso l'Istituto Lenin, avrebbe fatto, era decidere che queste informazioni 'non dovevano essere rese pubbliche' e decretare che dovevano essere 'tenute segrete'". Nel 1932 Anna Ilinitchna, sostenendo che la scoperta costituiva una prova scientifica decisiva delle "eccezionali capacità della tribù semitica", chiese a Stalin di riconsiderare la decisione. Secondo l'autrice, Stalin le ordinò di "mantenere il silenzio assoluto".

Per quanto riguarda i suoi rapporti con la Massoneria, Lenin era già massone nel 1890. Secondo Karl Steinhauser, apparteneva alla loggia *Art et Travail* in Svizzera e in Francia. Oleg Platonov sostiene che Lenin era un massone di 31° grado (Gran Commendatore Ispettore Inquisitore). Non solo Trotsky e Lenin erano massoni: diversi studiosi di massoneria che hanno fatto ricerche sul B'nai B'rith notano che Lenin, Zinoviev, Radek e Sverdlov appartenevano a questa loggia ebraica. Sia Lenin che Trotsky parteciparono alla Conferenza massonica internazionale di Copenaghen del 1910. Un testo sorprendente sul rapporto del comunismo con la Massoneria e gli Illuminati è stato scritto da Winston Churchill, il quale, prima di unirsi definitivamente ai ranghi della cospirazione, confermò in un articolo intitolato "Sionismo e comunismo", pubblicato l'8 febbraio 1920 sul *sito londinese Illustrated Sunday Herald*, che sia Lenin che Trotsky appartenevano alla cerchia dei cospiratori massoni e Illuminati. Churchill scrisse: "Dai giorni di 'Spartaco' Weishaupt a quelli di Karl Marx a quelli di Trotsky (Russia), Bela Kun (Ungheria), Rosa Luxemburg (Germania) ed Emma Goldstein (Stati Uniti), questa cospirazione mondiale per il rovesciamento della civiltà e per la ricostruzione di una società basata su uno sviluppo limitato, su un'avida malizia e su un'impossibile uguaglianza è cresciuta costantemente". In questo lungo articolo del 1920 Churchill riconosceva che il gruppo dietro Spartaco-Weishaupt aveva guidato tutti i movimenti sovversivi del XIX secolo. Pur notando che il sionismo e il comunismo si contendevano l'anima del popolo ebraico, Churchill si preoccupava del ruolo degli ebrei nella rivoluzione bolscevica e dell'esistenza di una cospirazione ebraica internazionale.

Oleg Agranyants, agente dei servizi segreti responsabile delle operazioni del KGB in Nord Africa, ha lavorato sotto copertura diplomatica nell'ambasciata tunisina fino alla sua diserzione negli Stati Uniti nel maggio 1986. È a lui che dobbiamo le sorprendenti rivelazioni su diverse "vacche sacre" del comunismo russo che appaiono in un'opera intitolata *What is to be done? or the most important work of our time - The Deninisation of our Society* (Londra, 1989). Particolarmente interessante è un'informazione che chiarisce l'origine del nome Lenin. Agranyants spiega che, contrariamente a quanto si crede, Lenin si fidava di Stalin. Tuttavia, la moglie ebrea di Lenin, Nadezhda Krupskaya, ebbe diversi scontri con Stalin prima e dopo la morte del marito: Krupskaya voleva che Trotsky fosse il successore di Lenin e si scontrò con Stalin, che minacciò di rivelare pubblicamente che la vera moglie di Lenin era Stasova. Secondo Agranyants, Elena Stasova, una bolscevica di origine ebraica che visse 93 anni, dichiarò più volte che Lenin aveva usato il suo nome, Lena, come pseudonimo. L'enciclopedia *Russipedia* conferma le informazioni di Agranyants in un articolo in cui riproduce una comunicazione telefonica tra Stalin e Krupskaya del 23 dicembre 1922, quando la salute di Lenin era già molto cagionevole. In questa conversazione Stalin la insulta pesantemente. Nadezhda Krupskaya, che difendeva il diritto allo stupro, era a conoscenza delle relazioni del marito con altre donne e persino con altri uomini, poiché Lenin era bisessuale.

Recentemente sono venute alla luce lettere che dimostrano che era innamorata di Grigory Zinoviev (Gerson Radomylsky). Jüri Lina cita due estratti della loro corrispondenza, la cui fonte è il libro *Hitlerismo è terribile, ma il sionismo è peggio,* pubblicato nel 1999 a Mosca da Vladislav Shumsky. Il 1° luglio 1917 Lenin scrisse a Zinoviev: "Grigori! Le circostanze mi hanno costretto a lasciare subito Pietrogrado.... I compagni mi hanno suggerito un posto. È così noioso stare da soli. Vieni a stare con me e passeremo insieme giorni meravigliosi, lontano da tutto...". In un'altra lettera Zinoviev si rivolge a Lenin in questi termini: "Caro Vova, non mi hai risposto. Probabilmente hai dimenticato il tuo Gershel (Grigori). Ho preparato un bel rifugio per noi... è una casa meravigliosa dove vivremo bene e nulla potrà turbare il nostro amore. Vieni qui il prima possibile. Ti aspetto, mio piccolo fiore. Il tuo Gershel". L'omosessualità di Lenin era un segreto che è stato tenuto nascosto fino alla fine degli anni Novanta.

Il 4 aprile 1917 Lenin, che era andato in esilio in Svizzera dopo il fallito colpo di Stato del 1905, informò il governo tedesco di essere pronto a tornare in Russia. Il viaggio, approvato dal cancelliere Theobald von Bethmann-Hollweg all'insaputa del Kaiser Guglielmo II, che lo scoprì quando Lenin era già a San Pietroburgo, faceva teoricamente parte di un piano per far uscire la Russia dalla guerra e firmare un trattato di pace per ottenere in seguito vantaggi commerciali. Detto questo, è necessario considerare alcuni fatti rilevanti e presentare gli agenti che coordinarono il viaggio e il finanziamento di Lenin.

Innanzitutto, a capo dei servizi di spionaggio tedeschi c'era il banchiere ebreo Max Warburg, il cui fratello, Paul, era stato la mente della creazione del cartello della Federal Reserve e vi aveva trasferito dagli Stati Uniti ingenti somme di denaro per coprire i costi della guerra con la Francia. Per Max Warburg lavorava Alexander Parvus, mentore di Trotsky, con il quale aveva organizzato e diretto il primo atto della rivoluzione del 1905. Parvus, un illuminato senza scrupoli nello stile di Adam Weishaupt, oltre a lavorare per la cospirazione, era anche pagato dai giapponesi nel 1905. Fu lui a mettere in contatto Lenin, Rosa Luxemburg e Trotsky a Monaco. Strettamente associato a Parvus nell'operazione di trasferimento di Lenin in Russia era Jacob Fürstenberg, un ebreo polacco il cui vero nome era Ganetsky. Egli collaborò con un altro ebreo bolscevico di origine polacca, Karl Radek (Karol Sobelsohn), in seguito uno dei leader della Repubblica Sovietica Bavarese. Radek, in qualità di agente del Comintern, si presentò in uniforme sovietica al congresso di fondazione del Partito Comunista di Germania. Jacob Ganetsky, che apparteneva ai bolscevichi dal 1896 e che agì come mediatore tra Lenin e i tedeschi, fu, secondo Wikipedia, "uno dei maghi della finanza che organizzarono il finanziamento segreto che salvò i bolscevichi". Dopo il trionfo della rivoluzione, Ganetsky fu uno dei capi delle banche commerciali sovietiche e, prima di essere giustiziato da Stalin, fu direttore del Museo della Rivoluzione dell'URSS.

Non ci resta che presentare il terzo uomo, il conte Brockdorff-Rantzau, la persona che fu usata da Parvus per infiltrarsi nei servizi segreti tedeschi. Anthony Sutton cita in *Wall Street e la Rivoluzione bolscevica* una lettera del 14 agosto 1915 in cui Brockdorff-Rantzau informa il Sottosegretario di Stato di una conversazione con Parvus e raccomanda vivamente di utilizzarlo, in quanto lo considera "un uomo straordinariamente importante di cui ritengo si debbano usare i poteri insoliti durante la guerra". Lo stesso testo contiene, tuttavia, un'avvertenza molto significativa: "Può essere rischioso voler utilizzare i poteri che si celano dietro Helphand, ma sarebbe certamente un'ammissione della nostra debolezza se rifiutassimo i suoi servizi o temessimo di non essere in grado di dirigerli". Questo personaggio irregolare, che ingenuamente pretendeva di controllare una cospirazione che aveva più di cento anni di vita, nel 1917 era in servizio come ambasciatore tedesco a Copenaghen. Dopo la sconfitta della Germania, fu nominato ministro degli Esteri della Repubblica di Weimar e nel marzo 1919 rappresentò il suo Paese come capo della delegazione tedesca alla Conferenza di Versailles. Nel 1922 fu nominato ambasciatore a Mosca.

Il viaggio di Lenin in Russia ricevette l'approvazione del cancelliere Bethmann-Hollweg, che discendeva da una famiglia di banchieri ebrei di Francoforte sul Meno, dove un parco è intitolato al fondatore della dinastia, Simon Moritz von Bethmann. Il cancelliere Bethmann-Hollweg aveva perso l'appoggio del Reichstag ed era stato destituito; ma prima di passare la mano a Georg Michaelis, diede il via libera all'operazione, che fu coordinata da

Arthur Zimmermann, segretario di Stato. Se si considera che l'infiltrazione nell'esercito, l'agitazione e il disfattismo, tecniche utilizzate in Russia dai rivoluzionari, furono usate un anno dopo in Germania, dove gli stessi uomini dell'operazione Lenin contribuirono a instaurare il comunismo in Baviera, si può comprendere l'errore di valutazione commesso dai tedeschi, che intendevano controllare gli eventi. Il generale Max Hoffman scrisse in seguito quanto segue. "Non abbiamo mai saputo o previsto il pericolo per l'umanità derivante da questo viaggio dei bolscevichi in Russia.

Il 9 aprile il treno che trasportava i trentadue rivoluzionari, la maggior parte dei quali erano estremisti ebrei, partì da Berna. Tra i principali compagni di Lenin vi erano Zinoviev e sua moglie, Slata Radomylskaya; Moses Kharitonov, in seguito capo della milizia di Pietrogrado; Grigory Sokolnikov (Brilliant), redattore della *Pravda* e in seguito commissario per gli affari bancari; David Rosenblum, Alexander Abramovich e Nadezhda Krupskaya, che era accompagnata da Inessa Armand, l'amante consenziente di Lenin. Prima di arrivare a Stoccolma il partito incontrò Ganetsky a Trelleborg. Quando il gruppo arrivò a Malmö, l'ambasciatore Brockdorf-Rantzau informò immediatamente Berlino. Prima delle dieci del mattino del 13 aprile 1917, il treno di Lenin entrò nella stazione di Stoccolma. Ad attenderli sulla banchina c'era il sindaco della città, il socialista Carl Lindhagen. Anche il massone Hjalmar Branting, leader dei socialdemocratici svedesi, aiutò i bolscevichi a stabilire una base in Svezia per preparare azioni terroristiche in Russia.

Il massone polacco Karl Rádek (Sobelsohn) era sul treno, ma non proseguì per San Pietroburgo, rimanendo nella capitale svedese per aiutare l'amico Ganetsky, che convogliava il denaro tedesco ai bolscevichi di Pietrogrado attraverso la Nya Banken, fondata nel 1912 a Stoccolma dal banchiere e massone ebreo Olof Aschberg (Obadiah Asch), descritto dalla stampa tedesca come il "banchiere della rivoluzione mondiale" ("Bankier der Weltrevolution"). Olaf Aschberg faceva parte della rete bancaria dei Rothschild. Nel 1918 Aschberg cambiò il nome della Nya Banken in Svensk Economiebolaget, il cui agente a Londra era la British Bank of North Commerce, presieduta da Earl Grey, ex socio di Cecil Rhodes. Nella stessa cerchia di Aschberg, associata alla Nya Banken, c'era la Guaranty Trust Company di New York, controllata da J. P. Morgan. Quando nel 1922 i sovietici fondarono la loro prima banca internazionale, la Ruskombank (Banca del Commercio Estero), questa era diretta da Olof Aschberg. Il capo del dipartimento estero della Ruskombank era Max May, un altro uomo della Morgan Guaranty Trust.

Lenin trascorre otto ore all'Hotel Regina, dove incontra Hans Steinwachs, rappresentante del Ministero degli Esteri tedesco e capo dello spionaggio tedesco in Scandinavia. Alle 18.30 dello stesso giorno, 13 aprile, proseguì il viaggio verso Haparanda. I biglietti per il viaggio fino a Stoccolma erano stati pagati dal governo tedesco, ma da quel momento in poi le spese del viaggio furono sostenute dal Governo Provvisorio, poiché Alexander Kerensky, il Ministro della Giustizia, aveva invitato direttamente Lenin e Trotsky. Finalmente, dopo le 23.10 della notte del 16 aprile 1917, dieci giorni dopo la dichiarazione di guerra dell'America alla Germania e diciotto giorni prima dell'arrivo di Trostsky, Lenin e il suo partito misero piede a Pietrogrado. Ad attenderli con dei fiori c'era il presidente del Soviet, il massone menscevico Cheidze, che fece un discorso di benvenuto. Lenin salì su un veicolo e pronunciò anch'egli un discorso emozionante prima di salire sull'auto blindata in attesa. Più tardi sarebbe stato ricevuto al Palazzo d'Inverno dal Ministro del Lavoro, il massone menscevico Mikhail Skobelev. A maggio arrivò dalla Svizzera un nuovo gruppo di 200 rivoluzionari, guidati dal menscevico Martov (Zederbaum) e da Pavel Axelrod. Tutti gli attori arrivarono in Russia tra aprile e maggio per compiere il terzo e ultimo atto della rivoluzione.

Kerensky, primo ministro: inizia il conto alla rovescia

Quando Lenin arrivò, il Soviet di San Pietroburgo era dominato dai menscevichi e dai socialisti rivoluzionari, noti come SR, mentre i bolscevichi erano in minoranza. Sia il presidente Cheidze che i vicepresidenti Kerensky e Skobelev erano menscevichi e inizialmente erano favorevoli a continuare la guerra. Ma le divisioni all'interno di questa fazione dei socialdemocratici crebbero con l'arrivo di Lenin. La leadership dei menscevichi era interamente ebraica e in fondo si trattava di una disputa familiare all'interno della casa comune del Partito socialdemocratico. Nei mesi di aprile, maggio e giugno i bolscevichi chiesero la distruzione del Governo Provvisorio, che Lenin considerava nei suoi discorsi uno strumento della borghesia che doveva essere rovesciato. Il governo provvisorio, tuttavia, aveva promesso di indire le elezioni per un'Assemblea Costituente che avrebbe dovuto redigere una costituzione per la Russia. Il 3 giugno 1917 i soviet andarono avanti e convocarono il Primo Congresso dei Soviet di tutta la Russia, che si tenne a San Pietroburgo. Dopo la rivoluzione di febbraio-marzo, i partiti marxisti avevano organizzato centinaia di soviet locali in Russia e lo scopo della convocazione era quello di unificare le forze della rivoluzione. Il Congresso dimostrò che menscevichi e SR erano effettivamente in maggioranza e dominavano un'assemblea con centinaia di delegati, di cui solo quaranta erano bolscevichi. Prima che il Congresso venisse sciolto, fu concordata la data di un secondo incontro. Inizialmente la data era stata fissata per il 7/20 ottobre, ma poi fu cambiata in 25 ottobre (7 novembre nel calendario gregoriano), che "casualmente" coincideva con la data della rivoluzione.

Con denaro fresco a disposizione, Trotsky, passato ai bolscevichi, e Lenin fecero circolare pubblicazioni e opuscoli di ogni genere. Già in maggio *la Pravda* passò da tremila copie a trecentomila e fu distribuita gratuitamente. Sebbene sia Lenin che Trotsky auspicassero la guerra civile, una spietata guerra di classe in cui gli avversari politici dovevano essere sterminati, lo slogan dei bolscevichi era "Pace, pane, terra, tutto il potere ai soviet". La propaganda cominciò ad avere effetto tra gli operai delle fabbriche e nelle caserme vicino a San Pietroburgo. A luglio i bolscevichi avevano ottenuto l'appoggio degli elementi più radicali della città e il tumulto stava crescendo. Anche il ritorno degli esuli, per lo più bolscevichi, rafforzò la loro posizione. Tutte queste agitazioni portarono migliaia di operai e soldati a scendere in piazza il 16 luglio, incoraggiati da leader di basso rango desiderosi di prendere il potere. Trotsky stesso trattenne le Guardie Rosse davanti al palazzo Taurid e disse loro di tornare a casa e di calmarsi. Il 4/17 luglio, in coincidenza con un'offensiva tedesca, la situazione divenne esplosiva e si verificò un'insurrezione imprevista di migliaia di operai e soldati che mise alle corde il governo del principe Lvov, pronto a dimettersi. Questi giorni sono passati alla storia della Russia come "Giorni di luglio".

Alcuni massoni governativi, ignari della posta in gioco, quando vennero a conoscenza dell'esistenza di documenti che implicavano i bolscevichi, si tolsero la benda e cominciarono a vedere la realtà. Lo stesso 4/17 luglio l'addetto militare francese Pierre Laurent visitò il colonnello Boris Nikitin, allora capo dei servizi segreti russi, e gli consegnò copie di ventinove telegrammi di Lenin, Ganetsky, Zinoviev e altri, nonché tre lettere di Lenin, che smascheravano la fazione bolscevica. Queste informazioni furono immediatamente diffuse da patrioti vicini al governo a giornali simpatici. In città si diffuse la voce che stavano per essere pubblicate informazioni importanti su Lenin, Trotsky e Zinoviev. Stalin telefonò a Cheidze e lo convinse a chiamare i giornali e a vietare la pubblicazione di documenti sensibili. Il Governo Provvisorio avrebbe voluto insabbiare la questione, ma un piccolo giornale, *Zhivoe Slovo* (*La Parola Vivente*), ignorò il divieto e pubblicò il 5/18 luglio un articolo SR Grigori Alexinsky e Vasily Pankratov sul finanziamento tedesco del partito di Lenin. L'articolo conteneva estratti che dimostravano che Lenin aveva ricevuto 315.000 marchi attraverso un certo Svenson che lavorava presso l'ambasciata tedesca a Stoccolma. Lenin aveva ricevuto denaro e istruzioni da persone fidate come Jacob Fürstenberg e Alexander Parvus. L'articolo pubblicato conteneva il nome di Eugenia Sumenson (Dora Simmons), che appare per la prima volta in questo resoconto. Questa donna di origine ebraica lavorava a Pietrogrado in un'azienda farmaceutica, la *Fabian Klingsland*, gestita da Kozlovsky, un agente di Parvus che faceva parte del comitato esecutivo del Soviet di Pietrogrado. Il denaro veniva ricevuto da questa ditta, che serviva a riciclarlo prima di depositarlo nelle banche da cui veniva ritirato da Sumenson, che era un parente di Ganetsky. Ecco un passaggio dell'articolo, riprodotto in *Wall Street e la rivoluzione bolscevica*:

"Secondo le informazioni appena ricevute, queste persone di fiducia a Stoccolma erano: il bolscevico Jacob Fürstenberg, meglio conosciuto con il nome di Ganetsky, e Parvus (Dr. Helphand); a Pietrogrado: l'avvocato bolscevico M. U. Kozlovsky, un parente di Ganetsky, Sumenson, impegnato in speculazioni con Ganetsky e altri. Kozlovsky era il principale destinatario del denaro tedesco, che veniva trasferito da Berlino attraverso la "Disconto-Gesellschaft" a Stoccolma "via banca" e da lì alla Banca di Siberia a Pietrogrado, dove questo conto ha ora un saldo di circa 2.000.000 di rubli. La censura militare ha scoperto uno scambio ininterrotto di telegrammi di natura politica e finanziaria tra agenti tedeschi e dirigenti bolscevichi".

Per quanto riguarda le lettere di Lenin, il Governo Provvisorio apprese che Lenin aveva scritto il 12/25 aprile a Ganetsky e Radek, che si trovavano ancora a Stoccolma, per confermare di aver ricevuto il denaro. Una seconda lettera a Ganetsky del 21 aprile/4 maggio confermò un'altra ricezione di denaro. Inoltre, attraverso la corrispondenza con Ganetsky, si venne a sapere che un agente dello stesso Governo Provvisorio a Stoccolma aveva aiutato i bolscevichi a contrabbandare il denaro in un sacco postale. Ganetsky, che si stava recando a Pietrogrado con importanti documenti, venuto a conoscenza dello scandalo, annullò il viaggio e tornò a Stoccolma. In *Sotto il segno dello scorpione* Jüri Lina aggiunge che il suo rappresentante, l'ebreo polacco Salomon Chakowicz, rimase ad Haparanda con il suo bagaglio e che l'addetto militare francese Pierre Laurent inviò un agente in città per cercare di rubarlo. Non si sa se ci sia riuscito o meno. Quanto a Parvus, si affrettò a lasciare Copenaghen e a tornare in Svizzera.

Appena pubblicato l'articolo, il ministro della Giustizia Pavel Pereverzev divenne il capro espiatorio per la fuga dei documenti alla stampa e fu costretto a dimettersi. Si sostenne che era necessaria un'indagine per verificare il presunto tradimento dei bolscevichi. Il 6/19 luglio l'agitazione nelle strade si era placata e Lenin pubblicò un articolo in cui respingeva le accuse e le definiva una "putrida montatura della borghesia". La biografia ufficiale di Lenin parla di queste accuse come di una calunnia di agenti provocatori. Trotsky, da parte sua, sostenne che il denaro proveniva dalle collette dei lavoratori. Due mesi dopo, un certo Raphael Scholan (Schaumann) ricevette ad Haparanda un telegramma da Jacob Fürstenberg, datato 21 settembre a Stoccolma, il cui testo mostra chi erano i presunti "operai" che davano soldi a Trotsky. In *Il mondo ai confini* Boris Brasol riproduce il documento[51], citato anche in altre opere. Il testo integrale recita: "Caro compagno: la filiale della casa bancaria M. Warburg ha aperto, in conformità al telegramma del presidente del Sindacato Westfalia-Reno, un conto per il progetto del compagno Trotsky. L'avvocato della banca (agente)

---

[51] La fonte di Boris Brasol è l'Archivio Nazionale, in particolare il Committee on Public Information di Washington D.C., da cui proviene il documento del 27 ottobre 1918.

ha acquistato armi e ne ha organizzato il trasporto e la consegna a Luleo e Varde. A nome della filiale di Essen & Son a Luleo, curatori fallimentari, e persona autorizzata a ricevere il denaro ordinato dal compagno Trotzky. J. Fürstenberg".

Di fronte a queste prove, la Procura non poté evitare di aprire un'indagine che rivelò che 180.000 rubli erano sul conto bancario di Eugenia Sumenson e che altri 750.000 rubli erano stati trasferiti in un periodo di sei mesi da Nya Banken. Lenin fu accusato di tradimento e spionaggio. Il 20 luglio il governo provvisorio ordinò l'arresto di Lenin, Zinoviev e del direttore *della Pravda* Lev Kamenev (Rosenfeld). Sia i giornali borghesi che quelli socialisti rivoluzionari (SR) chiesero che Lenin fosse processato. Kerensky, che era ministro della Guerra, dopo aver visitato il fronte, si offrì l'8/21 luglio di assumere la carica di primo ministro di un governo di "salvezza della rivoluzione". Kerensky intendeva risolvere il conflitto "con mezzi pacifici". Il nuovo primo ministro, considerato un eccellente oratore, si mise subito all'opera per suscitare entusiasmo per la nuova offensiva contro i tedeschi, un'altra offensiva-massacro che non faceva che favorire la strategia dei bolscevichi. Sebbene all'inizio abbia avuto un moderato successo, nei mesi successivi il successo diminuì costantemente, come era inevitabile considerando che il morale e la disciplina delle truppe russe erano stati minati dall'interno.

Lenin lasciò San Pietroburgo la sera del 22 settembre. Nessuno cercò di arrestarlo e, dopo un tranquillo tour di diverse città russe e finlandesi, finì un mese dopo a Helsinki. Anche Zinoviev decise di nascondersi. Il 13/26 luglio, lo stesso Soviet di San Pietroburgo chiese che Lenin e Zinoviev fossero processati. Un gruppo di compagni sostiene che Lenin è innocente e che non c'è nulla da temere dall'inchiesta. Lenin evidentemente non condivideva questa opinione. Infine, sotto la pressione della stampa ostile, i principali leader bolscevichi ancora in città: Leon Trotsky, Anatoly Lunakarsky, Aleksandra Kollontai, Lev Kamenev, Eugenia Sumenson e molti altri furono arrestati, con l'accusa di aver mantenuto contatti con Alexander Parvus, considerato un agente tedesco. L'indagine produsse migliaia di pagine che furono archiviate senza che venisse intrapresa alcuna azione contro i detenuti. Solo dopo la caduta del comunismo tutta la documentazione fu resa disponibile.

Due mesi prima della presa del potere da parte dei bolscevichi, il 26 luglio/8 agosto si aprì il sesto congresso del Partito socialdemocratico del lavoro russo. Erano passati dieci anni dal precedente congresso, tenutosi a Londra nel 1907. Poiché i principali leader del partito erano in clandestinità o in detenzione, il congresso fu organizzato da membri di secondo piano, tra i quali spiccava Sverdlov. Sverdlov, Olminsky, Lomov, Yurenev e Stalin ne assunsero la presidenza. In realtà il congresso fu un affare bolscevico, poiché la fazione menscevica aveva praticamente cessato di esistere. Si può quindi definire il Congresso del Partito bolscevico, che un anno dopo sarebbe stato ribattezzato Partito comunista. L'evento più importante fu l'elezione del Comitato Centrale di 26 membri, che due mesi dopo guidò la Rivoluzione d'Ottobre. Trotsky scrive nel suo libro *Stalin* che "a causa della semi-legalità del partito, i nomi delle persone elette a scrutinio segreto non furono annunciati al congresso, ad eccezione dei quattro che avevano ricevuto il maggior numero di voti". Lenin ottenne 133 voti; Zinoviev, 132; Kamenev, 131; Trotsky, 131. Se si accetta quanto sostenuto sopra sulla madre di Lenin, tutti e quattro i leader del partito erano ebrei ed erano sposati con donne della stessa razza. Durante il congresso V. Volodarsky (Moses Markovich Goldstein), uno dei trotskisti che aveva viaggiato da New York sul *Kristianiafjord*, guidò un gruppo di delegati che voleva che Lenin fosse processato. Questo fatto è forse significativo e sarà discusso in seguito, poiché Volodarsky fu assassinato nel giugno 1918.

Kerensky non tardò a rilasciare i leader bolscevichi arrestati. Il primo a essere rilasciato in agosto fu Kamenev, ma ben presto furono tutti in circolazione. Trotsky fu rilasciato il 4/17 settembre e nello stesso mese il Soviet di Mosca passò sotto il controllo bolscevico. Il 23 settembre/6 ottobre Trotsky fu eletto presidente del Soviet di San Pietroburgo, al posto del menscevico Cheidze. Da questo momento in poi i bolscevichi passarono a controllare anche il Soviet di San Pietroburgo, che il 12/25 ottobre votò il trasferimento di tutto il potere militare a un Comitato militare rivoluzionario, guidato da Trotsky.

Prima di passare alla presa del potere, occorre menzionare la rivolta del generale Lavr Kornilov, che era stato nominato comandante in capo dell'esercito russo dopo il fallimento dell'offensiva di luglio. Kornilov, uno dei generali massoni che avevano sostenuto ciecamente la rivoluzione che aveva rovesciato la monarchia, era stato incaricato di arrestare personalmente lo zar. Infine, stanco delle losche manovre del Governo Provvisorio, si mise a rovesciare Kerensky, che stava ancora liberando i bolscevichi imprigionati. Il 19 agosto/1 settembre ordinò ai suoi cosacchi di attaccare la capitale. Il 25 agosto/7 settembre le truppe del generale Krymov si diressero a San Pietroburgo con l'ordine di impiccare tutti i sovietici e i traditori. Il 26 agosto/8 settembre Kornilov emise un proclama in cui accusava il Governo Provvisorio di aver minato lo Stato e l'esercito, reclamando così il potere. Kerensky si appellò all'aiuto dei bolscevichi, che vennero tutti sollevati dall'incarico e presentati come i migliori difensori della democrazia. Per far fronte alla controrivoluzione, fu fondato un comitato centrale dai bolscevichi e dagli SR. Migliaia di marinai di Kronstadt furono ordinati a Pietrogrado, alle Guardie Rosse furono restituite le armi confiscate loro durante i giorni di luglio, i ferrovieri furono chiamati a sabotare i binari e gli operai furono mobilitati. I sovietici iniziarono ad arrestare migliaia di ufficiali sospettati di simpatizzare con Kornilov, ma anche molti civili. In tutto furono arrestate circa settemila persone. Il generale Krymov fu invitato a negoziare con Kerensky e al termine del colloquio si sparò e mise fine alla sua vita. In breve, entro il 30 agosto/12 settembre la rivolta era stata sedata. I bolscevichi, come si è detto, seppero sfruttare al meglio la situazione creata dalla rivolta e presero il controllo dei soviet nelle grandi città.

... e Kerensky cede il potere ai bolscevichi.

Dal telegramma di Jacob Fürstenberg trascritto sopra, si sa che alla fine di settembre la casa bancaria di Max Warburg, in risposta alla richiesta di Trotsky, aveva messo a sua disposizione armi e denaro. Questa è una chiara prova che i preparativi per la presa del potere stavano accelerando. Diversi autori concordano sul fatto che, secondo le informazioni contenute negli archivi del Dipartimento di Stato, l'ambasciatore americano, David Francis, era ben informato dei piani dei bolscevichi e il presidente Wilson sapeva con un mese e mezzo di anticipo che i bolscevichi avrebbero preso il potere in ottobre/novembre. La data scelta coincideva esattamente con il compleanno di Trotsky, il 7 novembre del calendario gregoriano. Sia Wilson che Lloyd George sapevano che il trionfo della rivoluzione in Russia avrebbe permesso alla Germania di prolungare la guerra mondiale; ma non solo non fecero nulla per impedire la caduta della Russia nelle mani del comunismo internazionale, ma anzi la favorirono. La prova che anche il governo britannico sapeva cosa stava per accadere è che un mese e mezzo prima consigliò a tutti i cittadini di lasciare il Paese.

Lenin tornò a San Pietroburgo all'inizio di ottobre e, secondo Margarita Fofanova, visse nel suo appartamento fino al momento della presa del potere. Il governo Kerensky era a conoscenza di questo fatto, ma non fece nulla. Nonostante il fatto che il piano dei bolscevichi fosse un segreto aperto, persino divulgato dalla stampa, Kerensky rifiutò il suggerimento di rinforzare San Pietroburgo con le truppe. La tesi propagandistica secondo cui la rivoluzione fu spontanea non ha senso. Il Comitato militare rivoluzionario, a cui il Soviet di San Pietroburgo consegnò ufficialmente il potere il 12/25 ottobre, operava segretamente agli ordini di Trotsky già da diversi giorni. Il 22 ottobre/4 novembre il Comitato organizzò una grande manifestazione in preparazione dell'imminente presa del potere. Il giorno successivo la fortezza di Pietro e Paolo si dichiarò a favore dei bolscevichi. Il 24 ottobre/6 novembre, il giorno prima di cedere il potere, Kerenskij mise in scena la sua ultima farsa: ordinò l'arresto del Comitato rivoluzionario militare, vietò tutte le pubblicazioni bolsceviche e ordinò di sostituire la guarnigione di San Pietroburgo con truppe fresche. Queste misure, ovviamente, non furono mai prese.

Le azioni di Lenin nei giorni precedenti il colpo di Stato rimangono un mistero. È stato confermato che non si trovava all'Istituto Smolny, che era la sede del Comitato rivoluzionario militare da cui Trotsky organizzava tutto. Come "casualmente" previsto a giugno, il 25 ottobre/7 novembre il

Secondo Congresso dei Soviet di Russia si riunì nello stesso Istituto Smolny da cui il Comitato rivoluzionario militare dirigeva le operazioni. Fu lì che alle 10.40 fu annunciato che il Governo Provvisorio era stato rovesciato e che il potere era passato ai Soviet. Il Congresso dei Soviet accettò quindi la richiesta di formare un nuovo governo: il Consiglio dei Commissari del Popolo ("Sovnarkom" Soviet narodnij kommissarov). La proposta fu approvata con 390 voti su 650 possibili. Il governo che si formò era composto esclusivamente da bolscevichi e il leader dei menscevichi, Martov (Zederbaum), lasciò il congresso con altri membri della fazione. Il Consiglio divenne così il governo ufficiale della Russia. Tutti i diciotto membri di questo Consiglio dei Commissari, presieduto da Lenin, erano ebrei o sposati con ebrei. Lenin stesso lo considerava un governo provvisorio, poiché le tanto attese elezioni per un'Assemblea Costituente, così spesso rinviate dai gabinetti massonici, erano già state programmate. In realtà si svolsero tra il 12/25 e il 14/27 novembre.

Per quanto riguarda la mitica presa del Palazzo d'Inverno , che sarebbe stato preso d'assalto da cinquemila marinai la mattina del 25 ottobre/7 novembre, Sergej P. Melgunov afferma che furono solo alcune centinaia di rivoluzionari e cinquanta Guardie Rosse a entrare silenziosamente nel palazzo, che in realtà non fu mai preso d'assalto perché non era più necessario. L'assalto al Palazzo d'Inverno avvenne dopo che la caduta del governo provvisorio era già stata annunciata al Congresso dei Soviet. Trotsky aveva detto ore prima che "il potere governativo spettava al Comitato rivoluzionario militare". Prima che alcune centinaia di operai delle fabbriche portuali e Putilova, che erano stati condotti sul posto, e le Guardie Rosse ricevessero l'ordine di entrare nel palazzo, Trotsky ordinò di sparare trentacinque colpi di cannone dalla fortezza di Pietro e Paolo. Naturalmente, non colpirono mai il presunto obiettivo del Palazzo d'Inverno. Sicuramente il loro scopo era quello di esaltare la drammaticità e l'epicità della rivoluzione, in modo che nei libri di storia che avrebbero scritto loro stessi non mancasse nulla. In *La presa del potere bolscevico* Melgunov afferma che le prime Guardie Rosse si radunarono intorno al palazzo intorno alle 16.30, ma che al capo delle guardie, Vladimir Nevskij, fu ordinato di aspettare. Secondo Melgunov, le forze di guardia al palazzo furono ritirate e rimasero solo due compagnie del battaglione femminile. Alcune fonti sostengono che alcune di queste donne furono violentate, anche se la versione ufficiale riconosce che non opposero resistenza e sostiene che furono semplicemente disarmate e rilasciate. Secondo la narrazione che cerca di far passare la "gloriosa presa del Palazzo d'Inverno" come un'epopea, i bolscevichi diedero un ultimatum al Governo Provvisorio, che si rifiutò di rispondere; ma la verità è che il Governo non esisteva più da giorni, poiché aveva volontariamente riconosciuto de facto il potere del Comitato Rivoluzionario Militare di Trotsky.

E. M. Halliday scrive in *Russia in Revolution* che Kerensky, segretario del Grande Oriente di Russia, correligionario e fratello massone di Lenin e Trotsky, aveva lasciato San Pietroburgo la mattina stessa del 25 ottobre/7 novembre. L'ambasciata americana gli mise a disposizione un'auto con bandiera americana. Armati di documenti falsi e denaro, i bolscevichi lo scortarono a Murmansk, una base navale occupata dagli inglesi. Lì fu accolto come un rifugiato "bianco" e salpò per l'Inghilterra su una nave italiana. È chiaro che tutto era stato pianificato in anticipo. Dopo aver vissuto tranquillamente a Berlino e Parigi, si trasferì anni dopo negli Stati Uniti, dove morì a New York nel 1970. Tuttavia, la versione ufficiale sostiene che si travestì da donna e fuggì a Gachino. Nelle sue memorie, Kerensky, che Trotsky considerava un avventuriero, insiste sul fatto che cercò di organizzare la resistenza in quella città. Per quanto riguarda gli altri membri del governo provvisorio, alcuni dei quali si trovavano nel palazzo, il loro arresto fu effettuato da Antonov-Ovseyenko, un compagno di Trotsky. L'arresto avvenne esattamente alle 2.10 del 26 ottobre/8 novembre, quando le Guardie Rosse aprirono la porta della sala dove erano riuniti i ministri e annunciarono: "Signori, il vostro tempo è scaduto!

John Reed, il famoso comunista americano alla cui aureola ha contribuito la fabbrica di propaganda hollywoodiana con il film *Reds* (1981), ha scritto *Ten Days That Shook the World*, un'opera pubblicata nel 1919 dalla casa editrice del Partito Comunista degli Stati Uniti[52]. In essa Reed, che si trovava lì per caso, racconta di aver assistito alla scorta di una mezza dozzina di civili da parte delle Guardie Rosse, tra cui Rutenberg, "che fissava taciturno il suolo", e Tereshchenko, "che si guardava rapidamente intorno". Secondo Reed, furono portati alla fortezza di Pietro e Paolo. Si trattava in realtà di una parata, come si dice in gergo, per salvare le apparenze. Tutti i detenuti furono rilasciati nel giro di pochi mesi e Rutenberg collaborò con i bolscevichi prima di lasciare la Russia dopo il tentato assassinio di Lenin. Si è già detto che Kerensky, in qualità di Ministro della Giustizia, nominò Pyotr (Pinhas) Rutenberg Capo della Polizia. È impossibile pensare che Lenin e Trotsky avrebbero potuto agire contro questo fratello massone, che nel 1905 agiva come terrorista insieme a Parvus e allo stesso Trotsky. Oltre a essere uno dei fondatori della Legione Ebraica, Rutenberg fondò con altri il "Congresso Ebraico Americano". Questo sionista ottenne dagli inglesi la concessione esclusiva per la produzione e la distribuzione di energia elettrica in Palestina e fondò quella che oggi è la Israel Electric Corporation. Partecipò anche alla creazione dell'*Haganah*, l'embrione del futuro esercito sionista. Fu anche presidente del Consiglio Nazionale Ebraico. Un altro massone di alto rango che collaborò con i bolscevichi fu Nikolai Nekrasov,

---

[52] John Reed, riferisce Anthony Sutton, membro del Comitato esecutivo della Terza Internazionale, era sostenuto da Eugene Boissevain, un banchiere di New York. Fu assunto dalla rivista *Metropolitan* di Harry Payne Whitney, che allora era direttore della Guaranty Trust Company di J. P. Morgan.

ex ministro delle Comunicazioni, che fino al 1920 lavorò nell'Unione Centrale Cooperativa. Anche Tereschchenko, il ministro delle Finanze amico dei Rothschild, fu rilasciato e morì molto più tardi a Monaco nel 1956.

Un altro testimone, l'ufficiale dell'esercito Mikhail Maslenninkov, esiliato nel 1919 e morto a novantotto anni a Madrid, conferma che nessuno difendeva il Palazzo d'Inverno , che era circondato da un muro di sacchi di sabbia alto due metri che non copriva l'intero edificio. Accanto a questo muro una massa disordinata di soldati gridava "Abbasso il governo! Tutto il potere ai sovietici!". Maslenninkov racconta che, mosso dalla curiosità, arrivò a uno degli ingressi del palazzo e, dopo essere stato accolto da un cadetto di guardia, entrò silenziosamente e salì al primo piano dove un centinaio di bolscevichi si stavano spostando da un posto all'altro. Un soldato era di guardia davanti alla porta di una sala dove si riuniva il gabinetto ministeriale. Secondo questo ufficiale, che indossava un trench senza insegne di grado, un gruppo di circa trenta soldati al comando di un tenente fece irruzione. Dopo essere entrati nella stanza, la porta si è chiusa dietro di loro. Il racconto continua: "Pochi minuti dopo la porta si riaprì e i ministri del governo apparvero sulla soglia, indossando frettolosamente i loro cappotti... il giorno dopo seppi che erano stati arrestati e portati nella fortezza di Pietro e Paolo". Poco dopo, secondo questo testimone, due colpi di pistola partirono dall'incrociatore *Aurora*, che stava risalendo la Neva per ancorarsi vicino al palazzo, dove rimane per i turisti in visita alla città per vedere la nave che partecipò alla "gloriosa Rivoluzione d'Ottobre". Dalla piazza si sono sentite grida provenienti dal balcone del primo piano: "Fermateli, ci uccideranno! Dite loro che il palazzo è nelle nostre mani!".

Diciotto giorni dopo il colpo di Stato, tra il 12/25 e il 14/27 novembre, si tennero le elezioni per l'Assemblea Costituente, così faticosamente preparate dal Governo Provvisorio e ripetutamente rinviate da Kerensky. Un fatto poco noto è che l'ottanta per cento degli ebrei di Russia votò per i partiti sionisti, che avevano formato una lista unitaria di candidati. Lenin scrisse che più di mezzo milione di ebrei votò per i nazionalisti ebrei. La Dichiarazione Balfour, resa pubblica settimane prima, incoraggiò senza dubbio l'ascesa dei partiti sionisti. I bolscevichi non interferirono, i risultati furono a loro sfavorevoli e rimasero in minoranza. I Socialisti Rivoluzionari, gli SR, ebbero più del doppio dei seggi rispetto ai bolscevichi. La convocazione dell'Assemblea era affidata a una commissione speciale istituita allo scopo. I bolscevichi arrestarono i membri di questo organismo, che fu sostituito da un Commissariato per l'Assemblea Costituente, presieduto dall'ebreo Uritsky, uno dei trotskisti di New York. In questo modo si diedero la possibilità di esercitare la loro autorità. Ben presto iniziarono gli arresti degli SR a Mosca. A Pietrogrado, Lenin dichiarò che l'Assemblea era meno democratica dei Soviet e fu proclamata la legge marziale.

Quando l'Assemblea si riunì finalmente il 5/18 gennaio 1918, l'ebreo non eletto Sverdlov assunse la direzione dei lavori. All'esterno, sostenuta dalla borghesia e dai funzionari, si svolse una massiccia manifestazione pacifica a sostegno dell'Assemblea, che fu interrotta dalle truppe bolsceviche a colpi di arma da fuoco. All'interno, seguendo l'esempio dei giacobini, che pagavano gli agitatori che agivano su loro ordine, le tribune si riempirono di soldati e marinai che disturbavano e fischiavano gli oratori contrari al governo. Dieci ore dopo, la confusione regnava all'interno di Palazzo Taurid. I bolscevichi terminarono la seduta e lasciarono la sala. Poco dopo entrarono le truppe, espulsero i parlamentari e chiusero le porte dell'edificio. Si concluse così l'Assemblea Costituente e la speranza di una costituzione e di un governo rappresentativo in Russia. Nel marzo 1918 il governo sovietico decise di trasferirsi a Mosca, che divenne così la nuova capitale, e adottò il calendario gregoriano. L'8 marzo il Partito Socialdemocratico Russo diventa Partito Comunista. Nel frattempo, i nemici del nuovo regime si erano "organizzati" per cercare di opporre resistenza. Di fronte a questo pericolo, Trotsky, dopo aver rappresentato la Russia a Brest-Litovsk, lasciò il posto di Commissario agli Esteri a un altro ebreo, Georgi Chicherin (Ornatsky), e in marzo divenne Commissario alla Guerra, carica che gli permise di assumere il comando di tutte le risorse militari e di organizzare l'Armata Rossa, che nel 1921 avrebbe vinto la guerra civile.

I cospiratori usano la Croce Rossa

Questa sezione ha come fonte principale il quinto e il sesto capitolo di *Wall Street e la rivoluzione bolscevica,* in cui Anthony Sutton certifica che Wall Street, le banche più rappresentative del cartello della Federal Reserve, nello specifico, usarono la Croce Rossa come copertura per una missione di sostegno ai bolscevichi, che stavano finanziando. L'uomo scelto per questo compito, William Boyce Thompson, era un rappresentante di alto livello di Morgan, Rockefeller e Guggenheim, i banchieri ebrei che aspiravano ai grandi affari, quelli che più ambivano alle enormi ricchezze della Russia, alle quali cercavano di accedere attraverso i loro agenti ebreo-bolscevichi.

Già nel 1910, J. P. Morgan aveva versato una serie di contributi in denaro alla Croce Rossa Americana che lo avevano reso uno dei principali "filantropi" dell'organizzazione. Durante la Grande Guerra, la Croce Rossa americana fece molto affidamento sul Guaranty Trust di Morgan. John Foster Dulles riconosce che, incapace di far fronte alle esigenze della guerra, la Croce Rossa finì nelle mani di questi banchieri: "Considerando la Croce Rossa americana come un braccio virtuale del governo, concepirono di fare una donazione incalcolabile alla vittoria nella guerra. Così facendo, si fecero beffe del motto della Croce Rossa: Neutralità e Umanità". In cambio di maggiori finanziamenti, questi banchieri sollecitarono il Consiglio di guerra della Croce Rossa, di cui Henry P. Davison, socio di J. P. Morgan, fu nominato presidente. L'elenco dei fiduciari della Croce Rossa includeva gradualmente nomi che lavoravano nelle banche e nelle società di Guggenheim, Morgan e Rockefeller.

La questione di una missione della Croce Rossa in Russia fu introdotta in una riunione del ricostituito Consiglio di Guerra, presieduto dal già citato Davison, che si tenne presso l'edificio della Croce Rossa a Washington D. C. il 29 maggio 1917. In quella riunione, Alexander Legge dell'International Harvester Company, un'azienda di macchinari agricoli di proprietà di Rockefeller, e lo stesso Henry Davison furono incaricati di esplorare l'idea. In una riunione successiva fu annunciato che William Boyce Thompson, capo della Federal Reserve Bank di New York, si era già offerto di pagare tutte le spese della commissione. L'accettazione dell'offerta è riportata in un telegramma: "La vostra disponibilità a pagare le spese della commissione in Russia è molto apprezzata e dal nostro punto di vista molto importante". La missione della Croce Rossa americana, composta da quindici uomini d'affari e avvocati, sette medici e sette infermieri e inservienti, arrivò in Russia alla fine di luglio del 1917. Già in agosto, i sette medici, dopo aver protestato indegnamente per le attività politiche di Thompson, lasciarono la missione e tornarono negli Stati Uniti.

Nello stesso mese di agosto William B. Thompson pranzò all'ambasciata americana di Pietrogrado con Kerensky, Tereshchenho e l'ambasciatore Francis. Dopo il pranzo Thompson mostrò ai suoi ospiti russi un cablogramma che aveva inviato all'ufficio di New York di J. P. Morgan, richiedendo un trasferimento di 425.000 rubli per una sottoscrizione personale del Russian Liberty Loan, che fu inviato a una filiale della National City Bank di Rockefeller. Inoltre, secondo i registri dell'ambasciata americana, la Croce Rossa diede a Kerensky 10.000 rubli per l'assistenza ai rifugiati politici. È nell'assistenza ai bolscevichi che si rivela l'alto significato storico e politico della missione della Croce Rossa americana in Russia. Thompson contribuì personalmente alla causa bolscevica con un milione di dollari; ma al di là dei contributi finanziari, è interessante conoscere le connotazioni politiche del viaggio della delegazione camuffata di Wall Street, che assunse immediatamente i servizi di tre interpreti russi, uno dei quali, Boris Reinstein, fu in seguito segretario di Lenin e capo dell'"Ufficio di Propaganda Rivoluzionaria Internazionale", che dipendeva dall'"Ufficio Stampa" di Karl Radek Rádek.

William B. Thompson lasciò la Russia all'inizio di dicembre del 1917 e lasciò come suo sostituto a capo della "missione della Croce Rossa" il colonnello Raymond Robins, che organizzò con i bolscevichi l'attuazione di un piano suggerito da Thompson per diffondere la propaganda comunista in Europa. Documenti francesi confermano che il colonnello Robins "fu in grado di inviare una missione sovversiva di bolscevichi russi in Germania per iniziare una rivoluzione in quel Paese". Il piano generale prevedeva il lancio di propaganda dagli aerei e il contrabbando di letteratura bolscevica attraverso la Germania. Poco dopo la presa del potere da parte dei bolscevichi, Robins ricevette un telegramma a nome del Presidente Wilson in cui si diceva: "Il Presidente desidera che i rappresentanti degli Stati Uniti mantengano comunicazioni dirette con il governo bolscevico". Giorni dopo Robins inviò un altro telegramma al presidente del Consiglio di guerra della Croce Rossa, Henry Davison, in cui chiedeva: "Ti prego di comunicare al Presidente la necessità delle nostre relazioni con il governo bolscevico".

Prima di lasciare la Russia, Thompson si era preparato a vendere la rivoluzione bolscevica in Europa e in patria. Da Pietrogrado inviò un telegramma a Thomas W. Lamont, socio di J. P. Morgan, che si trovava a Parigi con il colonnello Edward Mandell House. Gli chiese di recarsi a Londra per coordinare le sue azioni in loco. Le idee di Thompson sulla necessità di espandere la rivoluzione furono trasmesse mesi dopo al pubblico americano attraverso il *Washington Post*. Il 2 febbraio 1918, il Post riportava:

"William B. Thompson, che è stato a Pietrogrado da luglio allo scorso dicembre, ha dato un contributo personale di 1.000.000 di dollari ai bolscevichi per propagare la loro dottrina in Germania e in Austria. Thompson, in qualità di capo della missione della Croce Rossa americana, di cui ha sostenuto personalmente le spese, ha avuto modo di studiare la situazione in Russia. È dell'opinione che i bolscevichi costituiscano la più grande forza contro il filogermanesimo in Russia e che la loro propaganda abbia minato i regimi militaristi degli imperi. Thompson disprezza le critiche americane ai bolscevichi. Crede che siano stati fraintesi e ha dato il suo contributo finanziario alla causa convinto che si tratti di denaro speso per il futuro della Russia e per la causa alleata".

Nella biografia *The Magnate: William B. Thompson and His time (1869-1930)* Hermann Hagedorn riproduce il cablogramma inviato da J. P. Morgan a William B. Thompson, ricevuto l'8 dicembre 1917 a Pietrogrado, che recita: "New York Y757/5 24W5 Nil - Your second cable received. Abbiamo pagato alla National City Bank un milione di dollari come ordinato - Morgan". Si può aggiungere che la filiale di Pietrogrado della National City Bank fu l'unica banca straniera esclusa dal decreto di nazionalizzazione dei bolscevichi.

William B. Thompson lasciò Pietrogrado nel dicembre 1917 per tornare negli Stati Uniti, passando per Londra, dove arrivò il 10. Lì, accompagnato da Thomas Lamont, socio della J. P. Morgan che sarebbe poi diventato il rappresentante del Tesoro alla Conferenza di Pace e membro del CFR (Council of Foreign Relations), un organismo globalista emanazione della Tavola Rotonda, si recò da Lloyd George. Thompson e Lamont cercarono di convincere il Primo Ministro britannico che il regime bolscevico era destinato a rimanere e che la politica britannica avrebbe dovuto smettere di essere antibolscevica, accettare le nuove realtà e sostenere Lenin e Trotsky. Lloyd George comprese perfettamente il consiglio di Thompson e Lamont. Il suo ministro degli Esteri aveva appena fatto la *Dichiarazione Balfour* e, dopo un anno da primo ministro, sapeva bene chi c'era dietro gli eventi internazionali. Inoltre, non era un uomo libero: era legato a coloro che lo avevano messo in carica, il cui uomo nell'ombra era Lord Milner, l'agente dei Rothschild che aveva fondato la Tavola Rotonda nel 1909. Alfred Milner era allora membro del Gabinetto di Guerra e direttore della London Joint Stock Bank (ora Midland Bank), da dove copriva i traffici di armi di Basil Zaharoff, un ebreo di origine greca che era il principale fornitore della parte bolscevica. Milner aveva rifiutato una favolosa offerta nel 1910 per occupare il posto vacante di J. P. Morgan junior, che stava tornando a New York con il padre, e diventare così uno dei tre soci della Morgan Bank a Londra. Alla fine il nuovo socio fu E. C. Grenfell e la filiale di Londra divenne Morgan Grenfell & Company. Lord Milner preferì diventare direttore di un gruppo di banche pubbliche, soprattutto della Joint Stock Bank.

La figura di Basil Zaharoff merita almeno qualche paragrafo. Zaharoff, Zedzed per gli amici, era un furfante della peggior specie. La sua vita rimane avvolta nel mistero, poiché lui stesso si prese la responsabilità di bruciare pile di documenti riservati. Bruciò anche un diario scritto nell'arco di mezzo secolo che probabilmente conteneva gli episodi più noti della sua scandalosa carriera. Nato in Anatolia, forse nel 1849, era figlio di un commerciante greco che importava essenza di rosa. La sua famiglia si trasferì a Odessa, dove russificò il suo nome. Gli viene attribuita l'invenzione del "Sistema Zaharoff", che consisteva nel vendere armi a tutte le parti coinvolte nei conflitti che lui stesso aveva contribuito a provocare. Fece fortuna come commerciante di armi per la Vickers, la più grande azienda britannica di armamenti, per cui era conosciuto come il "Mercante di morte". Documenti recentemente declassificati del 1917 dimostrano che tenne trattative segrete con la Grecia per unirsi agli Alleati e anche con i turchi per tradire i tedeschi. Il culmine di questo episodio fu il suo abortito viaggio in Svizzera, armato di dieci milioni di sterline d'oro e con l'autorizzazione di Lloyd George, per comprare la Turchia dalla guerra e fondare quello che sarebbe diventato lo Stato di Israele. Questi intrighi fallirono miseramente, poiché fu fermato dalla polizia di frontiera. Tuttavia, Zaharoff scrisse al governo britannico per richiedere "cioccolato per Zedzed". In altre parole, deve aver ricattato Lloyd George, che a malincuore lo raccomandò per la Gran Croce di Cavaliere, permettendogli di diventare "Sir Basil". Eustace Mullins scrive *in New History of the Jews* che gli ebrei non solo controllavano Lloyd George con le tangenti, ma che Zaharoff mandò una delle sue ex mogli ad avere una relazione con lui. Mullins cita tra gli agenti di Zaharoff in Inghilterra un ebreo ungherese di nome Trebitsch-Lincoln (ne sapremo di più nel prossimo capitolo), che divenne sacerdote della Chiesa anglicana e fu membro del Parlamento mentre lavorava per Zaharoff. Si stima che, solo grazie ai suoi affari durante la Grande Guerra, il Mercante di Morte abbia accumulato una fortuna di 1,2 miliardi di dollari.

Nel 1963 un libro di Donald McCormick, *The Mask of Merlin. A Critical Study of David Lloyd George*, dimostrò che Lloyd George era rimasto profondamente impantanato nel ginepraio degli intrighi internazionali sulla vendita di armi ed era stato compromesso dal trafficante d'armi internazionale Sir Basil Zaharoff. McCormick conferma che Zaharoff esercitava un enorme potere dietro le quinte e veniva consultato dai leader alleati. Sostiene che in più di un'occasione Woodrow Wilson, Lloyd George e Georges Clemenceau si incontrarono a Parigi a casa dell'ebreo Zaharoff, che erano "obbligati a consultare prima di pianificare qualsiasi attacco". L'intelligence britannica scoprì documenti che "incriminavano i servitori della Corona come agenti segreti di Sir Basil Zaharoff con la conoscenza di Lloyd George". Nel 1917, Zaharoff era vicino ai suoi correligionari bolscevichi ed era intervenuto a Londra e Parigi per loro conto. Utilizzò anche tutte le sue risorse di commerciante per impedire che le armi raggiungessero gli antibolscevichi.

Le "carte segrete" del Ministero della Guerra britannico contengono il resoconto di Lloyd George della sua conversazione con Thompson e Lamont. Per il suo interesse, proponiamo la trascrizione di un paragrafo significativo dell'estratto pubblicato da Anthony Sutton nel suo libro più volte citato:

"Il Primo Ministro ha riferito di una conversazione avuta con il signor Thompson - un viaggiatore americano e un uomo di notevoli mezzi - che era appena tornato dalla Russia e che gli aveva dato impressioni un po' diverse da quelle che si credevano generalmente sugli affari in quel paese. Il succo delle sue osservazioni era che la rivoluzione era qui per restare, che gli Alleati non erano stati sufficientemente comprensivi nei confronti della rivoluzione e che i signori Trotsky e Lenin non erano agenti della Germania, essendo quest'ultimo un professore piuttosto illustre. Thompson aveva aggiunto di ritenere che gli Alleati avrebbero dovuto condurre una propaganda attiva in Russia attraverso una sorta di Consiglio alleato composto da uomini appositamente selezionati; inoltre, considerando la natura del governo russo de facto, riteneva che, nel complesso, i vari governi alleati non fossero adeguatamente rappresentati a Pietrogrado. Dal punto di vista di Thompson, era necessario che gli Alleati si rendessero conto che l'esercito e il popolo russo erano fuori dalla guerra e che gli Alleati avrebbero dovuto scegliere tra una Russia amica e una neutrale ostile".

Thompson ha così chiarito che Trostky e Lenin non erano agenti della Germania, il che è ovvio, dal momento che erano agenti del MRM, organizzato e finanziato fin dalla creazione dell'Ordine bavarese degli Illuminati dai banchieri ebrei internazionali, cioè dai capi diretti del signor Thompson. Ben altra cosa è il fatto che essi abbiano servito la Germania fino a quando, un anno dopo, è giunta la loro ora. Il Movimento Rivoluzionario Mondiale, affinché i cospiratori dietro di esso potessero rubare di più e meglio, intendeva utilizzare la piattaforma ottenuta in Russia per esportare la rivoluzione comunista in tutto il mondo. È comprensibile che Thompson abbia contribuito personalmente con un milione di dollari alla diffusione del comunismo in Austria e Germania, dal momento che l'obiettivo finale del MRM era l'istituzione di una repubblica sovietica mondiale presumibilmente basata sulla dittatura del proletariato. Lo stesso Zinoviev scrisse in un articolo pubblicato sulla *Pravda* nel novembre 1919: "La nostra Terza Internazionale rappresenta già ora uno dei grandi fattori della storia europea. E tra un anno, tra due anni, l'Internazionale Comunista governerà il mondo intero".

Dopo aver ascoltato il rapporto di Lloyd George, il Gabinetto di Guerra accettò l'approccio di William B. Thompson ai bolscevichi. Lord Milner inviò immediatamente in Russia il suo agente, R. H. Bruce Lockhart, da poco console britannico a Mosca, con l'incarico di collaborare informalmente con i sovietici. Maksim Litvinov (Meyer Hennokh Wallakh), il massone ebreo che nel 1907 aveva rapinato la Banca di Stato di Tiflis insieme a Stalin, servì ufficiosamente come rappresentante dei bolscevichi in Gran Bretagna. Questo rapinatore trasformato in diplomatico scrisse per Bruce Lockhart una lettera di presentazione a Trotsky, in cui si riferiva all'agente britannico come a "un uomo assolutamente onesto che comprende la nostra posizione e simpatizza con noi". Nei documenti del Gabinetto di Guerra, ce n'è uno datato 24 aprile 1918 che denuncia la collaborazione di Lockhart con i bolscevichi. Il generale Jan Smuts riferisce di una conversazione con il generale Nieffel, capo della Missione militare francese appena rientrato dalla Russia, che allude a Trotsky come "un consumato furfante che può non essere filo-tedesco, ma è assolutamente filo-Trotsky e filo-rivoluzionario e non ci si può fidare in alcun modo. La sua influenza è dimostrata dal modo in cui è arrivato a dominare Lockhart, Robins e Sadoul, il rappresentante francese. Egli (Nieffel) consiglia grande cautela nei negoziati con Trotsky, che, ammette, è l'unico uomo veramente capace in Russia".

Quando William B. Thompson tornò negli Stati Uniti nel gennaio 1918, fece un tour per chiedere pubblicamente il riconoscimento dei sovietici, cosa che dovette sorprendere molti, visto che il propagandista era a capo della Federal Reserve Bank di New York. Il 23 gennaio Thompson ricevette un telegramma da Raymond Robins che diceva: "Governo sovietico più forte che mai. La sua autorità e il suo potere si sono notevolmente consolidati dopo lo scioglimento dell'Assemblea Costituente". Robins sottolineava che era molto importante che il riconoscimento arrivasse presto.

Tra i cospiratori che circondavano Wodroow Wilson, quello che più insisteva per il riconoscimento del governo bolscevico era, ovviamente, il colonnello Edward Mandell House, il più stretto consigliere del Presidente, autore di *Philip Dru: Administrator*, un romanzo di fantapolitica ambientato negli Stati Uniti che era appena diventato realtà in Russia.

Trosky e Lenin, ai ferri corti a Brest-Litovsk

Nella sezione precedente abbiamo visto che la strategia dei banchieri internazionali che sostenevano i giudeo-bolscevichi era quella di esportare la rivoluzione in Austria e Germania il prima possibile. Se ci fossero riusciti, come era nelle loro intenzioni, la cospirazione avrebbe potuto raggiungere tutti i suoi obiettivi in una volta sola. Prima avevano ottenuto l'emissione e il controllo della moneta negli Stati Uniti attraverso il Federal Reserve System. Poi, nel novembre 1917, avevano raggiunto due obiettivi a lungo perseguiti: la *Dichiarazione Balfour*, che dava loro il diritto di derubare i palestinesi della "terra promessa", e, infine, il rovesciamento dell'odiata monarchia cristiana dei Romanov, che non permetteva loro di appropriarsi delle ambite risorse del vasto impero russo. Ora si trattava di imporre all'Europa e poi al mondo intero il sistema totalitario profeticamente annunciato con settantacinque anni di anticipo da Heinrich Heine: "Ci sarà una sola patria, cioè la Terra". È chiaro che i banchieri ebrei aspiravano a espandere la dittatura del proletariato, in realtà la dittatura sul proletariato, che avrebbe permesso loro di impossessarsi di tutte le ricchezze del pianeta. In questo senso, la pace firmata nella città bielorussa di Brest-Litovsk è stata una grave battuta d'arresto per gli obiettivi degli internazionalisti, oggi globalisti.

L'offensiva di luglio di Kerensky si era conclusa con un disastro, anche a causa della diserzione di massa dei soldati, ai quali i rivoluzionari avevano promesso la pace senza che la Russia dovesse cedere territori o pagare indennità di guerra. Tutti sapevano che si trattava di condizioni idilliache, lontane dalla realtà; ma, come promesso, quando i bolscevichi salirono al potere, iniziarono immediatamente i negoziati per far uscire il Paese dalla guerra. Trotsky, Commissario per gli Affari Esteri del governo bolscevico, era il massimo rappresentante della Russia. I contatti per la firma di un armistizio iniziarono il 1° dicembre e l'armistizio fu firmato il 16 dicembre. Le operazioni di guerra furono sospese su tutto il fronte orientale, dalla Lituania alla Transcaucasia.

A Mosca nacquero allora gravi divergenze tra i "compagni". Queste divergenze, come vedremo, avrebbero provocato feroci scontri che durarono per trentacinque anni, fino all'assassinio di Stalin e all'esecuzione di Beria nel 1953. L'attentato a Lenin, l'assassinio di Trotsky e le purghe staliniane sono gli episodi più noti della lotta iniziata a Brest-Litovsk. Lo stesso Trotsky e il suo collega del giornale *Novy Mir* di New York, Nikolai

Bukharin (Dolgolevskij), che sarebbe stato giustiziato da Stalin durante la Grande Purga, guidarono la sezione del partito che cercò di usare i negoziati per guadagnare tempo in attesa che l'Armata Rossa fosse ben organizzata. Per quanto riguarda il massone Bukharin, che per un certo periodo si è detto non essere ebreo, va sottolineato che il *Jewish Chronicle* del 9 ottobre 1953 lo dichiara ebreo. Il discorso di Bukharin e Trotsky consisteva nel sostenere che l'insurrezione dei lavoratori delle Potenze Centrali era solo questione di poco tempo. Essi ritenevano che la pace fosse incompatibile con uno Stato capitalista. Sia lui che Trotsky si opposero a qualsiasi trattato e si schierarono a favore della guerra. D'altra parte, Lenin, pur riconoscendo che la rivoluzione operaia in Germania era imminente, non era favorevole a continuare la guerra ed era favorevole a consolidare la rivoluzione in Russia. Lenin era dell'idea che se le rivoluzioni socialiste fossero finalmente scoppiate nel resto d'Europa, ci sarebbe stata l'opportunità di riconquistare il terreno ceduto ai tedeschi. In ogni caso, tutti erano d'accordo sul fatto che i negoziati dovessero essere portati avanti il più a lungo possibile.

I colloqui iniziarono a Brest-Litovsk il 22 dicembre 1917. Trotsky aveva come interlocutori Richard von Kühlman, ministro degli Esteri, e Max Hoffman, comandante del fronte orientale, in rappresentanza della Germania. Il massimo rappresentante austro-ungarico era il conte ceco Ottokar Czernin, ministro degli Esteri. L'Impero turco era rappresentato dal visir Gan Mehemet Talat. Trotsky cercò di guadagnare tempo e nella sua strategia era disposto ad aspettare l'ultimatum tedesco, che intendeva rifiutare. I trotskisti erano convinti che il rifiuto della Russia di firmare il trattato avrebbe provocato il rifiuto dei soldati e degli operai tedeschi di continuare a combattere e quindi la rivoluzione si sarebbe estesa a tutto il continente. Un milione di dollari per intensificare al massimo la propaganda era stato appena donato da W. B. Thompson, un rappresentante di Wall Street, le cui opinioni erano concordi.

Il 10 febbraio 1918, la pressione delle Potenze Centrali si fa sempre più forte e Trotsky si ritira dal tavolo dei negoziati dopo aver rifiutato le condizioni che gli erano state poste. La lotta a Mosca tra sostenitori e oppositori della pace era aspra, tanto che si pensava addirittura di tentare di rovesciare Lenin. Gli internazionalisti erano un gruppo influente e potente all'interno del partito. Tutti coloro che durante la Grande Purga furono perseguitati e liquidati da Stalin: Rakovskij, Kamenev, Zinoviev, Radek, Bukharin, ecc. condividevano con Trotsky la teoria che il socialismo in un solo Paese, il comunismo nazionale, fosse "opportunista". Già nel febbraio 1918 si erano espressi contro una pace che consideravano un errore e un tradimento della rivoluzione internazionale. La loro vera intenzione era quella di sedersi a fianco dei vincitori alla futura Conferenza di pace, con un'Armata Rossa finanziata e rafforzata dai loro partner banchieri, con la Germania e l'Austria soggiogate e nelle mani dei loro correligionari. In queste circostanze, la mappa del dopoguerra sarebbe stata naturalmente quella di un'Unione Europea di repubbliche sovietiche, cioè un'Europa rossa senza nazioni indipendenti. Questo era lo scenario desiderato dai cospiratori che finanziavano il comunismo internazionale.

"Né guerra né pace" fu la sorprendente dichiarazione di Trotsky, che tirò fuori dal cilindro nella sua ansia di ritardare le trattative. Naturalmente i tedeschi non erano disposti ad accettare altre ambiguità e, dopo la scortesia di Trotsky, arrivò l'atteso ultimatum: i tedeschi informarono che l'armistizio sarebbe terminato il 17 febbraio, il che significava che le ostilità sarebbero riprese il 18. Lenin insistette sulla firma, Trotsky sul rifiuto. Lenin insistette per la firma, Trotsky per il rifiuto. Commentando la loro strategia, Trotsky scrisse sarcasticamente nel 1925: "Abbiamo iniziato i negoziati di pace nella speranza che i partiti operai in Germania e nell'Impero austro-ungarico, così come nelle nazioni della Triplice Intesa, si sollevassero. Per questo motivo siamo stati costretti a ritardare i negoziati il più possibile, in modo che l'operaio europeo avesse il tempo di comprendere l'obiettivo principale della rivoluzione sovietica e, in particolare, la sua politica di pace".

L'avanzata tedesca arrivò all'improvviso e colse di sorpresa i soldati russi, fiduciosi che la guerra fosse finita. Il Comitato esecutivo centrale si riunì a San Pietroburgo e Lenin, sostenuto da Stalin e da altri socialisti russi, ebbe la meglio. Il 24 febbraio, dopo un dibattito acrimonioso, il CCE accettò le condizioni della Germania con 112 voti favorevoli e 86 contrari. Ci furono però 25 astensioni, di cui una strategica, quella di Trotsky, che durante la discussione si era appartato nella sua stanza. Senza aver convinto i trotskisti, che insistevano per continuare la guerra, fu inviato un telegramma ai tedeschi per accettare le loro condizioni di pace. La risposta della Germania si fece attendere per tre giorni. Infine, informati del dissenso della fazione trotzkista che voleva continuare la guerra, i tedeschi accettarono la cessazione delle ostilità, ma senza ritirare le loro truppe, che avevano fatto notevoli progressi ed erano arrivate a duecento chilometri da Pietrogrado.

Il 3 marzo 1918 fu firmato il trattato con cui la Russia cedeva Ucraina, Polonia, Lituania, Estonia e Lettonia agli Imperi centrali. La Finlandia aveva dichiarato la propria indipendenza il 6 dicembre 1917 e riuscì a consolidarla con l'aiuto tedesco. La Bessarabia fu ceduta alla Romania. Ardahan, Kars e Batumi furono consegnate all'Impero Ottomano. Il secondo articolo del Trattato recitava: "Le potenze firmatarie sospenderanno la propaganda contro l'altra parte". La ratifica avvenne a Berlino il 15 marzo. Tre giorni prima, un Congresso di tutti i Soviet riunito a Mosca lo aveva approvato. Il Presidente Wilson, nella sua solita linea di ipocrita altruismo, indirizzò un messaggio al Congresso dei Soviet che pretendeva di essere in solidarietà con il popolo russo. In esso si riferiva al totalitarismo sovietico come "lotta per la libertà". Nello stralcio finale è evidente la fretta in cui si trovava, sotto le pressioni della sua cricca di socialisti e sionisti ebrei, per riconoscere la dittatura comunista: "Mentre il governo americano non è ora, purtroppo, nella posizione di dare l'aiuto diretto ed efficace che vorrebbe, desidero assicurare al popolo russo, attraverso il Congresso, che coglierà ogni opportunità per assicurare la sua sovranità e indipendenza nei propri affari e il pieno ripristino del suo grande ruolo nella vita europea e nel mondo moderno. Il cuore del popolo americano è con il popolo russo che cerca di liberarsi per sempre dal dominio autocratico e di diventare padrone della propria vita".

Il Congresso ricevette anche un telegramma dal presidente della Federazione Americana del Lavoro, l'ebreo Samuel Gompers, in cui chiedeva ai sovietici di dire loro come avrebbero potuto aiutarli. Il testo terminava dicendo che "attendevano i vostri suggerimenti", leggete le vostre istruzioni. Negli Stati Uniti gli ebrei stavano conducendo un'intensa campagna di pressione su Wilson affinché riconoscesse Trotsky e Lenin e gli proponessero di diventare il leader mondiale dell'Internazionale. Il rabbino Judas Magnes, presidente del "Kahal" di New York tra il 1906 e il 1922, nel corso di una conferenza dell'aprile 1918 dichiarò che il presidente Wilson intendeva convocare una Conferenza di pace in cui avrebbe chiesto "una pace immediata sulla semplice base stabilita dai bolscevichi in Russia".

Dopo la firma del Trattato, i bolscevichi annunciarono la formazione di un nuovo Consiglio Supremo di Guerra, di cui Trotsky fu nominato presidente. Trotsky non partecipò al Congresso dei Soviet, poiché si trovava ancora a San Pietroburgo (Pietrogrado). Il Trattato di Brest-Litovsk fu definitivamente annullato otto mesi dopo a seguito della sconfitta della Germania, non essendo stato riconosciuto dagli Alleati nell'Armistizio di Compiègne, firmato l'11 novembre 1918.

Ebrei talmudisti assassinano la famiglia imperiale

L'assassinio a sangue freddo della famiglia imperiale russa fu un massacro spregevole, un crimine commesso da ebrei che lasciarono ai posteri, sul luogo dell'assassinio, vari testi che rivendicavano con orgoglio la loro vendetta talmudica. Nel 1920 il corrispondente del Times Robert Wilton fu il primo a denunciare gli eventi in un libro storico, The Last Days of the Romanovs, grazie al quale il mondo apprese in dettaglio come si svolsero i fatti. Prima di esaminare questo atto brutale, presentiamo Wilton, un altro maestro del giornalismo che, come Douglas Reed, lavorava al quotidiano londinese nei giorni in cui Lord Northcliffe, il proprietario del giornale che insisteva per mandare in onda i Protocolli dei Savi di Sion, fu ritirato dalla circolazione. Wilton, che aveva studiato in Russia, conosceva bene il Paese e parlava correntemente il russo, fu un testimone eccezionale degli eventi dalla primavera del 1917 fino a quando lasciò la Russia nel 1920. Comprese la vera natura di ciò che stava accadendo e volle denunciare il fatto che un regime dispotico ebraico aveva preso il potere in Russia; ma non gli fu permesso di informare i suoi lettori su alcune cose.

Nel corso del 1918, le cancellerie di Londra e Parigi ricevettero vari rapporti che avvertivano segretamente proprio ciò che Robert Wilton intendeva mettere in guardia pubblicamente attraverso le sue opere giornalistiche e teatrali. Così, ad esempio, nella *Collection of Reports on Bolshevism* del governo britannico c'è un rapporto inviato a Lord Balfour dall'ambasciatore olandese a St. Peretsburg, Willem Jacob Oudendijk, che recita: "Il bolscevismo è organizzato e gestito da ebrei che non hanno nazionalità e il cui unico scopo è distruggere l'ordine esistente per i propri fini". Anche l'ambasciatore americano, David R. Francis, ha riferito in modo simile: "I leader bolscevichi qui, la maggior parte dei quali sono ebrei e il novanta per cento sono esuli rientrati, si preoccupano molto poco della Russia o di qualsiasi altro Paese, perché sono internazionalisti e cercano di mettere in moto una rivoluzione mondiale". Bertrand Russell, socialista fabiano, ha riconosciuto la verità in una lettera privata raccolta in *The Autobiography of Bertrand Russell* (Londra 1975). L'epistola in questione, datata 25 giugno 1920 a Stoccolma, è indirizzata a Lady Ottoline Morell. Le parole di B. Russell sono imperdibili:

"Mio carissimo O.
... I giorni in Russia sono stati infinitamente dolorosi per me, oltre ad essere una delle cose più interessanti che abbia mai fatto. Il bolscevismo è una burocrazia tirannica e chiusa, con un sistema di spionaggio più elaborato e terribile di quello dello zar, e un'aristocrazia altrettanto insolente e insensibile, composta da ebrei americanizzati. Non c'è più traccia di libertà, né di pensiero, né di parola, né di azione. Sono stato represso e oppresso dal peso della macchina come se indossassi un mantello di piombo. Tuttavia, penso che sia il governo giusto per la Russia in questo momento".

Ovviamente, l'ultima frase squalifica lo scrittore e scredita la Fabian Society, fondata nel 1883, il cui emblema, eloquentemente, è un lupo travestito da pecora. Come si può sostenere che una burocrazia tirannica imposta da ebrei stranieri e basata sull'oppressione e sul terrore sia giusta per la Russia?[53] Eppure questo filosofo inglese che augurava tanto bene al

---

[53] La Fabian Society, i cui primi nomi includono vacche sacre come Bertrand Russell, H. G. Wells, Leonard e Virginia Wolf, George Bernard Shaw, William Morris e Annie Besant, succeduta a Helena Blavatsky nella guida della Società Teosofica, aveva come leader spirituale John Ruskin. I Fabiani sono, come riconoscono nel loro emblema, dei lupi che si nascondono sotto le vesti di pecora degli slogan operaisti e umanitari. La Fabian Society, legata alla Round Table, è un organismo integrato nel Comitato dei 300, cioè fa parte delle strutture della cospirazione globalista. Nel 1895, la Fabian Society pubblicò un manifesto a favore del governo centrale. I socialisti fabiani appaiono al mondo come un gruppo di intellettuali indipendenti, ma in realtà sono burattini ipocriti i cui fili sono tirati da dietro le quinte. Sidney Webb ha definito l'Unione Sovietica "una democrazia matura". Il drammaturgo Bernard Shaw, in linea con Bertrand Russell,

popolo russo, nelle sue memorie parla di Lenin come della persona peggiore che avesse mai incontrato e lo descrive mentre parla dei contadini che aveva impiccato e ride come se avesse raccontato una barzelletta.

Robert Wilton, a differenza di Russell, non aveva dubbi sul fatto che quanto stava accadendo in Russia fosse negativo per i russi e per il mondo intero, e cercò di denunciarlo. Non fu facile per lui, perché i cospiratori che utilizzavano i governi fantoccio degli Stati Uniti e della Gran Bretagna non volevano che il pubblico conoscesse la verità. Il collega di Wilton, Reed, osserva che nella *Storia ufficiale del Times*, pubblicata nel 1952, si possono leggere elogi per il lavoro giornalistico di Robert Wilton, molto apprezzato fino al 1917. Improvvisamente, da quella data in poi, il tono dei riferimenti che valutano il lavoro del corrispondente da San Pietroburgo cambia, e si scrive di lui che "non merita la fiducia del giornale". Nelle pagine della *Storia ufficiale*, il giornalista si lamentava della censura e della soppressione dei suoi reportage. Da questo momento in poi, *il Times* iniziò a pubblicare articoli sulla Russia scritti da persone con scarsa conoscenza del Paese. Gli editoriali del giornale esasperarono Wilton, che perse definitivamente la fiducia. Poche righe spiegano perché la perse: "Fu una sfortuna da parte di Wilton che negli ambienti sionisti e persino nel Foreign Office si diffuse l'idea che i suoi reportage lo mostrassero come un antisemita".

Quello che nei "circoli sionisti" veniva considerato antisemitismo, era in realtà l'integrità di un giornalista onesto, il cui amore per la verità impedì che al mondo venisse venduta l'ennesima menzogna, quella secondo cui i Romanov avevano finito i loro giorni sotto la custodia dei bolscevichi. Nelle edizioni inglese e americana di *The Last Days of the Romanovs*, gli elenchi del numero di membri dei vari organi rivoluzionari furono soppressi. Tuttavia, l'edizione francese non censurò questa informazione, secondo la quale il Comitato Centrale del Partito Bolscevico (Partito Comunista dal marzo 1918) era composto da dieci ebrei e due gentili. Il Comitato centrale del Comitato esecutivo (Polizia segreta) era composto da quarantadue ebrei e diciannove russi. Il Consiglio dei Commissari del Popolo era composto da diciassette ebrei e cinque altre persone. La Cheka era quasi interamente controllata da ebrei. Le informazioni ufficiali pubblicate nel 1919 dagli stessi bolscevichi ammettono che dei cinquecentocinquantasei alti comandanti di Stato, quattrocentocinquantotto erano ebrei e centotto gentili. Queste cifre risalgono al 1920. Da allora è diventato noto che dietro molti nomi che passavano per russi c'era un ebreo. Inoltre, i pochi leader non ebrei erano spesso sposati con donne ebree.

Dopo aver presentato l'autore, passiamo ai fatti. Il primo a indagare sull'omicidio perpetrato il 16 luglio 1918 fu M. Namëtkine, giudice istruttore di Ekaterinburg. Iniziò il lavoro alla fine di luglio, poco dopo il massacro;

---

considerava il terrore giudeo-bolscevico che ha spazzato via milioni di innocenti un "male necessario".

ma vista la sua manifesta incapacità fu licenziato l'8 agosto e sostituito da M. Sergueiev. Questo magistrato condusse per sei mesi un'indagine esitante, accettando ciecamente le menzogne diffuse dai bolscevichi, che sostenevano di aver giustiziato lo zar come traditore e diffondevano varie storie che collocavano i figli in un posto o nell'altro. Le loro procedure e la loro negligenza trasformarono l'indagine del caso in una macabra commedia. Alla fine l'ammiraglio Kolchak, nominato sovrano supremo della Russia nel novembre 1918 dal governo antibolscevico di Omsk, affidò le indagini a Nilolai Sokolov. Le dichiarazioni rese davanti a questo giudice da testimoni che vivevano con la famiglia reale e gli interrogatori di alcuni degli accusati e dei regicidi hanno permesso di ricostruire gli eventi a partire dall'arresto di Nicola II e della sua famiglia da parte di Kornilov dopo il colpo di Stato del febbraio/marzo 1917. Tra queste dichiarazioni spicca quella del colonnello Kobylinsky, sotto la cui custodia la famiglia imperiale fu tenuta dal 3 marzo 1917 al 26 aprile 1918. Altre due dichiarazioni interessanti sono quelle di Pierre André Gilliard, insegnante francese delle figlie dello zar e vice precettore dello zar Alexis, e di Sidney Gibbes, insegnante inglese e precettore dello zar.

Il 13 agosto 1917 la famiglia imperiale, ancora detenuta a Tsarkoye Selo, fu trasferita per ordine di Kerensky a Tobolsk, in Siberia. Robert Wilton afferma che durante il suo soggiorno a Tobolsk, l'ambasciatore tedesco, il conte Mirbach, intavolò trattative con Sverdlov (Yankel-Aaron Salomon), un massone membro del B'nai B'rith e braccio destro di Lenin. Wilton ipotizza che i tedeschi intendessero portare Nicola II a Mosca per firmare il Trattato di Brest-Litovsk. Se questo è vero, suggerisce che i tedeschi non erano sicuri che i bolscevichi fossero al potere per restare. L'ipotesi di Wilton si basa a sua volta su un'altra ipotesi, quella dello stesso Zar, che secondo i testimoni avrebbe commentato: "È per farmi accettare un trattato del tipo di Brest-Litovsk che sono stato condotto a Mosca. Preferirei che mi tagliassero la mano destra". Da parte sua, la zarina, alludendo all'abdicazione dello zar, avvenuta senza consultarla, ha aggiunto: "Stanno cercando di separarlo da me per fargli firmare una transazione vergognosa". È ovvio che non si può attribuire alcun valore storico a queste supposizioni. Considerando che l'imperatrice Alessandra era cugina di primo grado di Guglielmo II, è anche ipotizzabile che il Kaiser avesse altre motivazioni. La persona scelta come collegamento per questa missione top-secret fu un ex ufficiale di marina russo, Vasilij Yakovlev, che arrivò inaspettatamente a Tobolsk nel cuore della notte del 23 aprile 1918. Secondo il colonnello Kobylinski, l'obbedienza ai suoi ordini era richiesta pena la morte, ma nessuno sapeva perché fosse andato a Tobolsk.

Il giorno successivo Yakovlev ebbe un confronto con il delegato del Soviet degli Urali in città, un ebreo di nome Zaslavski, che sospettò un imbroglio e cercò di istigare un ammutinamento contro di lui tra i soldati. Zaslavski si recò immediatamente a Ekaterinburg, dove diffuse la notizia che i Romanov intendevano fuggire in Giappone. Secondo i testimoni, Yakovlev disse di aver avuto l'ordine dal Comitato Centrale di portare con sé tutta la famiglia, ma quando si accorse che il tredicenne Tsarevitch Alexis, emofiliaco, era malato, volle portare con sé Nicola II. La zarina Alessandra, tuttavia, insistette per accompagnare il marito e accettò di lasciare il figlio alle cure di Tatiana, la sua figlia preferita. Secondo la testimonianza del professor Gilliard davanti al giudice Sokolov, Yakovlev fece "un'impressione favorevole" allo zar e confessò di "ritenerlo un uomo onesto e rispettabile". Gilliard ha anche affermato che nessuno sapeva dove l'imperatore sarebbe stato portato: "Sua Maestà chiese a Yakovlev, ma le risposte di Yakovlev non chiarirono nulla. Kobylinski ci ha detto che prima gli aveva comunicato che la destinazione era Mosca, poi ha continuato a dire che non sapeva dove l'Imperatore dovesse essere portato". Queste parole confermano l'idea che la missione di Yakovlev fosse un mistero per tutti.

Lasciarono Tobolsk il 26 aprile su carri di contadini. La terza figlia della coppia, Maria, accompagnava i genitori. Facevano parte della comitiva anche il dottor Botkin, medico di corte, il principe Dolgoruky, l'attendente Chemodurov, la cameriera Anna Demidova, il valletto Alexei Trupp e il bambino Leonid Sednev, compagno di giochi dello Zarevitch. Ci vollero due giorni per raggiungere Tyumen, una città a trecento chilometri a sud-ovest. Lì li attendeva un treno speciale, sul quale Yakovlev si diresse verso ovest, saltando le stazioni intermedie, ma a metà strada verso Ekaterinburg seppe che il treno sarebbe stato fermato per ordine del Soviet degli Urali. Invertì immediatamente la marcia per procedere verso Ufa, ma il treno fu fermato dalle truppe sovietiche di Omsk. Yakovlev fece sganciare la locomotiva e si recò da solo a Omsk per comunicare con Sverdlov. Gli fu poi ordinato di procedere verso Ekaterinburg. Per quattro giorni e quattro notti Yakovlev non permise a nessuno di parlare con lo zar: monopolizzò la conversazione e probabilmente raccontò a Nicola II le vere ragioni della sua missione. Più tardi Yakovlev, tornato a Mosca, dichiarò che gli ebrei rossi si erano presi gioco di lui e passò all'esercito di Kolchak. Questo fatto fu noto al giudice Sokolov, che inviò immediatamente un ufficiale di fiducia a cercarlo, ma Yakovlev era scomparso senza lasciare traccia e non fu mai in grado di rilasciare una dichiarazione.

A Ekaterinburg la famiglia reale fu ospitata nella casa Ipatiev, che era stata requisita dal Soviet. I prigionieri furono condotti in casa dagli ebrei Golochtchekin e Diskovski, che li perquisirono senza pietà. Isaiah Golochtchekin era a capo del Soviet regionale e aveva il compito di organizzare tutti i dettagli del massacro. Questo individuo era un sadico depravato che si divertiva ad ascoltare i resoconti dettagliati delle torture inflitte alle vittime della Commissione straordinaria. Il principe Dolgoruki, che aveva con sé tutto il denaro, fu imprigionato per ordine di Golochtchekin e in seguito morì vittima della sua fedeltà allo zar. Il 23 maggio i membri della famiglia reale che si trovavano ancora a Tobolsk furono trasferiti a

Ekaterinburg. Un altro ebreo di nome Vilensky era responsabile della cucina sovietica che sfamava i prigionieri e le loro guardie.

Secondo Robert Wilton, l'unico non ebreo tra i leader del Soviet era Beloborodov, un giovane operaio che era stato eletto presidente del Soviet regionale di Ekaterinburg dai suoi compagni di fabbrica. Jüri Lina, tuttavia, rettifica Wilton e sostiene che anche Beloborodov, il cui vero nome era Yankel Weisbart, era un ebreo e un buon amico di Trotsky. In particolare, era figlio di Isidor Weisbart, un commerciante di pellicce. Le prime guardie dei Romanov erano effettivamente russe. Il loro trattamento iniziale nei confronti della famiglia di Nicola II fu molto sconsiderato, ma con il passare dei giorni divenne progressivamente più mite. Anatole Yakimov, uno dei carcerieri che cadde nelle mani dell'Armata Bianca, disse al giudice Sokolov che la pietà, la gentilezza e la semplicità dei prigionieri portarono a un riavvicinamento. Secondo Yakimov, le canzoni oscene, la brutalità del trattamento e dei modi diminuirono fino a cessare del tutto.

Solo due settimane prima dell'assassinio, il boia fece la sua apparizione a casa Ipatiev. Il 4 luglio Yankel Yurovski, il nuovo comandante, sostituì il russo Avdeiev che, accusato di rapina, era stato imprigionato. Yurovski, il capo degli assassini, figlio e nipote di ebrei, era un uomo brutale e dominatore, temuto anche dai suoi parenti. Dopo diversi scontri con la polizia, andò in esilio in Germania, dove ebbe una relazione con una donna tedesca che rifiutò di sposarlo per motivi religiosi. Decise quindi di farsi battezzare a Berlino nella chiesa luterana. Parlando tedesco e yiddish, Yurovsky tornò a Ekaterinburg ben fornito di denaro dodici mesi prima della guerra. Dall'inizio della rivoluzione aveva lasciato la città, ma dopo il colpo di Stato bolscevico riapparve e divenne subito commissario del Soviet regionale. Sotto il nuovo comandante tutto cambiò. Le guardie russe furono utilizzate per la guardia esterna e al loro posto entrarono in casa dieci "lettoni", che provenivano dalla cheka, dove lavoravano come torturatori e boia. Tra loro c'erano diversi ebrei: le iscrizioni scritte in ebraico sulla scena del crimine rivelano la loro vera nazionalità. I russi chiamavano generalmente i mercenari arruolati nell'Armata Rossa "lettoni", perché costituivano l'elemento maggioritario. Questi "lettoni" erano in realtà ebrei di origine ungherese e tedesca, non parlavano russo e comunicavano con Yurovskij in yiddish o tedesco.

Lunedì 15 luglio, il ragazzo Leonid Sednev fu alloggiato dalle guardie russe nella casa di Popov, dall'altra parte della strada. Lo stesso giorno Golochtchekin e Beloborodov accompagnarono Yurovski in auto nel luogo scelto per la sparizione dei cadaveri. Alle cinque del pomeriggio tornarono e iniziarono a preparare il crimine. Di tutte le guardie russe si era fidato solo di Paul Medvedev, l'unico russo rimasto in casa. Medvedev, che aveva sulla fedina penale una condanna per stupro di una ragazza, fu infine arrestato. Le sue dichiarazioni sono di grande valore non solo per il suo coinvolgimento nell'assassinio, di cui ha fornito dettagli che non sarebbero mai stati noti, ma anche perché faceva parte della guardia fin dall'inizio ed era consapevole di ciò che stava accadendo.

Poiché a quelle latitudini il buio arriva molto tardi in estate, i lavori furono avviati solo alle due del mattino del 16. Yurovskij entrò nelle stanze, svegliò i membri della famiglia imperiale e ordinò loro di vestirsi e di lasciare la casa. Yurovskij entrò nelle stanze, svegliò i membri della famiglia imperiale e ordinò loro di vestirsi e di lasciare la casa. Si pulirono in fretta, seguirono Yurovskij lungo le scale che portavano al cortile ed entrarono al piano terra. Lo zar portava in braccio il figlio. Dietro la famiglia seguivano il dottor Botkin e i domestici Haritonov, Trupp e Demidova. La stanza scelta per l'omicidio era una cantina con una sola finestra, nella quale le vittime scesero senza timore, pensando di dover fare un viaggio. Anastasia, la più giovane delle figlie di Nicola II, aveva in braccio il suo piccolo Jemmy, uno spaniel. Lo zar chiese delle sedie, poiché Alessio non poteva stare in piedi, e la richiesta fu accolta. Tutti attesero il segnale di partenza. Prima di scendere, sentirono il rumore di un motore davanti alla porta. Era l'autocarro Fiat di quattro tonnellate su cui sarebbero stati trasportati i corpi. I boia entrarono nella stanza. Dopo Yurovski arrivarono tre russi, Medvedev e altri due, Ermakov e Vaganov, che dovevano salire sul camion per aiutare a smaltire i cadaveri; l'assistente di Yurovski, uno sconosciuto di nome G. Nikulin che apparteneva alla Cheka; e sette "lettoni". A questo punto le vittime capirono, ma nessuno si mosse o disse nulla. Avanzando verso lo Zar, Yurovskij disse freddamente: "I vostri parenti volevano salvarvi, ma non avevano alcuna possibilità. Ora, tra un attimo, ti uccideremo". Scioccato, lo Zar ebbe appena il tempo di mormorare: "Cosa? Cosa?". Dodici revolver spararono quasi contemporaneamente. Le salve si susseguirono una dopo l'altra. Lo zar, la zarina e le tre figlie maggiori, Olga, Tatiana e Maria , furono uccisi all'istante. Lo Zarevitch era in fin di vita e la figlia più giovane, Anastasia, era ancora viva. Yurovskij sparò ad Alessio diverse volte. I boia uccisero la giovane Anastasia, che si dibatteva urlando, con colpi di baionetta. Haritonov e Demidova furono uccisi separatamente. Le parole di Yurovskij, le ultime che lo Zar udì, sul tentativo dei parenti di Nicola II di salvargli la vita, sono particolarmente suggestive, poiché suggeriscono che la missione di Yakovlev potrebbe essere stata legata a questo fine. È sorprendente che Yurovskij, che non doveva dare alcuna spiegazione, le abbia pronunciate in presenza delle altre persone presenti nella cantina.

Una volta terminato l'omicidio, i corpi furono caricati sul camion e Yurovsky, Ermakov e Vaganov si affrettarono a lasciare la città prima dell'alba. Medvedev fu incaricato di pulire la casa. La destinazione erano le miniere di ferro dello stabilimento di Verkh-Issetsk, i cui pozzi erano stati abbandonati da tempo. Il sito si trovava a quindici chilometri a nord di Ekaterinburg, vicino alla città di Koptiaki. Nei giorni 17, 18 e 19 furono trasportati sul posto circa centoquaranta litri di benzina e altri centosettanta litri di acido solforico. Prima di essere gettati nel pozzo, i corpi furono smembrati e inceneriti. Le parti più solide sono state sottoposte all'azione dell'acido. Durante questo periodo, una guardia fu tenuta fuori dalla casa di Ipatiev in modo che gli abitanti della città non sospettassero nulla. Nel 1979, gli archeologi sovietici annunciarono al mondo di aver trovato i resti della famiglia imperiale sepolti vicino a Koptiaki, anche se, a loro dire, mancavano quelli di Maria e Alessio. Questo metterebbe in discussione la versione di Wilton secondo cui sarebbero stati gettati in un pozzo.

Il 20 luglio il Soviet di Ekaterinburg annunciò l'esecuzione di Nicola "il sanguinario". Il Soviet era presieduto da Beloborodov, che, essendo considerato russo, faceva da schermo ai minatori contrari al potere ebraico, ma in realtà era guidato dagli ebrei Golochtchekin, Volkov, Syromolotov e Safarov, un altro compagno vicino a Trotsky. Golochtchekin informò la popolazione con discorsi e manifesti, in cui si diceva che bande di cecoslovacchi minacciavano la città e che "il boia incoronato avrebbe potuto evitare il processo del popolo". Allo stesso tempo, il governo trasmise la notizia all'estero alla radio. Il testo ufficiale pubblicato dai giornali è il seguente:

> Alla prima sessione (20 o 21 luglio) del Comitato esecutivo centrale, eletto dal V Congresso dei Soviet, è stato letto un comunicato del Soviet regionale degli Urali sull'esecuzione dello zar Nicola Romanov: "La capitale degli Urali è stata ultimamente seriamente minacciata dall'offensiva di bande di cecoslovacchi. In questo periodo è stato scoperto un complotto di controrivoluzionari che intendevano strappare con la forza il tiranno dalle mani dell'autorità sovietica. Di fronte a questo stato di cose, la presidenza del Soviet regionale degli Urali decise di fucilare lo zar Nicola Romanov. La decisione fu presa il 16 luglio. La moglie e i figli di Romanov furono inviati in un luogo sicuro. I documenti relativi al complotto scoperto sono stati inviati a Mosca tramite un corriere speciale. Inizialmente si era pensato di portare lo zar davanti a un tribunale per giudicare i suoi crimini contro il popolo, ma le circostanze sopra citate hanno costretto a sopprimere il piano".
>
> La presidenza della CCE, dopo aver studiato le circostanze che hanno portato il Soviet regionale degli Urali all'esecuzione di Nicola Romanov, conclude che:
>
> La C.E.C., nella persona del suo presidente, considera regolare la risoluzione del Soviet Regionale degli Urali. A disposizione del C.E.C. c'è un'importante documentazione legata all'affare Romanov: il diario scritto da Romanov fino all'ultimo giorno della sua vita, il diario della moglie e quello delle figlie, la sua corrispondenza, comprese le lettere di Grigorij Rasputin a Romanov e alla sua famiglia. Tutti questi documenti saranno selezionati e pubblicati senza indugio".

Ufficialmente fu nominata una commissione d'inchiesta sulla morte dello zar, composta da dieci persone e presieduta dallo stesso Sverdlov. In altre parole, il mandante del crimine era a capo dell'indagine. Sette dei membri di questa commissione erano ebrei: Sverdlov, Sosnovski, Teodorovitch, Smidovitch, Rosenholtz, Rosine e Vladimirski (Hirshfeldt). C'erano due russi, Maximov e Mitrovanov, e un armeno di nome Avanessov.

Due testi scritti sono stati rinvenuti sulle pareti della stanza in cui furono assassinati i Romanov e i loro più stretti servitori. Il più criptico o misterioso è un'iscrizione cabalistica di tre lettere e un trattino. Le lettere sono una "L" scritta in tre lingue diverse: ebraico, samaritano e greco. Per decifrare il significato del messaggio è necessaria la conoscenza della Cabala, che si dice attribuisca un valore numerico alle lettere (gematria). Leslie Fry (Paquita de Shishmareff) fornisce uno studio dettagliato dell'iscrizione in *Waters Flowing Eastwards*. Nello scrivere due pagine di commento alla sua parafrasi dell'interpretazione del significato delle lettere, Leslie Fry cita la letteratura sull'interpretazione dei dogmi e dei rituali dell'alta magia, la filosofia occulta, i tarocchi e la storia della magia. Fry conclude che nel testo è evidente un principio passivo, che indica che coloro che hanno ucciso lo zar non lo hanno fatto di propria volontà, ma per obbedienza a un ordine superiore. Aggiunge che la persona che ha fatto l'iscrizione conosceva i segreti dell'antico cabalismo ebraico contenuti nella Cabala e nel *Talmud*. Questa persona, compiendo l'atto in obbedienza a un ordine superiore, stava compiendo un rituale di magia nera. Questo è il motivo, secondo l'autore, per cui ha commemorato il suo atto con un messaggio in codice. Leslie Fry offre due possibili traduzioni del testo: "Qui il re è stato colpito al cuore come punizione per i suoi crimini" o "Qui il re è stato sacrificato per portare alla distruzione del suo regno". Nel 1989, il numero 169 del giornale di Vilnius *Konsomolskaya Pravda* decifra il messaggio come segue: "Lo zar è stato sacrificato qui, per ordine delle forze segrete, per distruggere lo Stato. Questo è stato annunciato a tutte le nazioni.

Il secondo testo è un distico in tedesco del poeta Heinrich Heine, profeta del comunismo, amico di James Rothschild, Moses Hess e Karl Marx. La frase "la religione è l'oppio dei popoli" è generalmente attribuita a Marx, ma in realtà è Heine ad averla scritta. Il contenuto del distico allude all'adempimento della legge ebraica, cioè alla vendetta ebraica come intesa dai Leviti. L'autore si concede una figura retorica, un calambour, cambiando il nome Belshazzar[54] in Belshazzar. La traduzione inglese dei versi sarebbe questa: "**Belshazzar** fu nella stessa notte / giustiziato dai suoi stessi servi".

Nel 1924 la città di Ekaterinburg fu ribattezzata Sverdlovsk. L'intento era quello di dare fama eterna a questo ebreo che presiedeva il Comitato

---

[54] Belshazzar o Baldassarre era un principe babilonese che, secondo il *Libro di Daniele*, utilizzò gli arredi del tempio di Gerusalemme, portati a Babilonia come bottino, come servizio da tavola per i suoi cortigiani. Questa profanazione spinse una mano invisibile a scrivere sul muro lettere che nessun saggio di corte riuscì a decifrare. Solo il profeta Daniele comprese il messaggio e annunciò che l'orgoglio del re sarebbe stato punito con la morte di Belshazzar e la caduta del suo regno.

esecutivo centrale, posizione dalla quale avrebbe ordinato l'assassinio dei Romanov. Oggi si sa che l'ordine superiore veniva da più in alto, da New York, per la precisione da Jacob Schiff. Ancora una volta, è Jüri Lina che osa rivelare questo fatto storico, che è stato intenzionalmente nascosto. Questa è forse l'informazione più sensibile di *Sotto il segno dello scorpione*. Il 20 luglio 2011, Henry Makow, scrittore canadese di origine ebraica che denuncia inequivocabilmente il sionismo e i banchieri illuminati, ha trascritto sul suo sito web "henrymakow.com" il frammento in questione (pp. 276-277). Makow ritiene che sia a causa di queste informazioni estremamente pericolose che il libro e l'autore siano stati soppressi e che le poche copie ancora disponibili in Nord America e in Inghilterra siano vendute a prezzi proibitivi su Amazon. Secondo Lina, è a partire dal 1990 che in Russia si è cominciato a spiegare il ruolo di Jacob Schiff nell'assassinio della famiglia imperiale, sebbene i fatti fossero già stati rivelati nel 1939 *dallo Tsarky Vestnik*, un giornale in esilio.

L'autore estone sostiene che Lenin fu molto poco coinvolto nell'assassinio. Spiega che la sua partenza precipitosa da Ekaterinburg di fronte all'avvicinarsi dei "bianchi" fu il motivo per cui non distrusse le strisce telegrafiche, che furono sequestrate dal giudice Sokolov, che ne entrò in possesso senza riuscire a decifrare i telegrammi. Fu nel 1922 che un gruppo di esperti di Parigi decifrò le strisce e Sokolov scoprì che erano estremamente rivelatrici, in quanto riguardavano l'assassinio dello zar e della sua famiglia. Vi si legge che il presidente del C.E.C., Yakov Sverdlov, inviò un messaggio a Yakov Yurovskij, il quale, dopo aver informato Jacob Schiff dell'avvicinarsi dell'esercito bianco, aveva ricevuto l'ordine di liquidare lo zar e tutta la sua famiglia. Questi ordini furono consegnati a Sverdlov dalla Rappresentanza americana nella città di Vologda. In questa città, a metà strada tra Mosca e Arcangelo, si erano ritirate tutte le rappresentanze europee. Sverdlov incaricò Yurovskij di eseguire l'ordine, ma il giorno dopo Yurovskij volle avere conferma se l'intera famiglia doveva essere uccisa o solo lo zar. Sverdlov confermò l'ordine di eliminare tutti e lo incaricò di eseguirlo. Jüri Lina respinge l'affermazione di Edward Radzinsky, uno storico ebreo, secondo cui fu Lenin a ordinare l'assassinio. Non esiste un solo documento a sostegno di questa tesi. Nel novembre 1924 Sokolov[55]

---

[55] Nel marzo del 1920, il giudice Nicolas Sokolov e Pierre Gilliard, l'insegnante francese delle figlie dello zar, si trovavano a Kharbin (nell'Estremo Oriente russo) per cercare di far uscire dal Paese i fascicoli dell'inchiesta sull'assassinio dei Romanov contenuti in pesanti valigie. Lo stesso Gillard raccontò questa avventura in *Le tragique destin de Nicolas II et de sa famille* (1922). L'intenzione era quella di raggiungere il treno del generale francese Maurice Janin, parcheggiato a poca distanza dai binari, ma le spie bolsceviche brulicavano dentro e intorno alla stazione. Il racconto di Gillard continua: "All'improvviso vedemmo alcuni individui emergere dall'ombra e ci si avvicinarono gridando: "Dove state andando? Cosa trasportate in quelle valigie?" Mentre procedevamo senza rispondere, manifestarono l'intenzione di fermarci e ci ordinarono di aprire le valigie. Fortunatamente la distanza da percorrere non era molto lunga e ci mettemmo a

disse a un amico intimo che il suo editore aveva paura di pubblicare questi fatti e voleva che fossero soppressi. Il giudice avrebbe mostrato a questo amico le strisce originali e le traduzioni decifrate. Sokolov, che aveva quarantadue anni, morì improvvisamente un mese dopo. Doveva recarsi a New York per testimoniare a favore di Henry Ford, contro il quale la Kuhn Loeb & Co, la banca di Jacob Schiff, aveva intentato una causa per la pubblicazione del libro *The International Jew*. Il libro del giudice Sokolov, *L'assassinio della famiglia dello zar*, fu pubblicato a Berlino nel 1925 senza le informazioni in questione.

La volontà di sterminare la dinastia cristiana dei Romanov dimostrava l'odio dei mandanti. Tra il giugno 1918 e il gennaio 1919 la vendetta talmudica degli ebrei bolscevichi causò la morte di diciotto membri della famiglia imperiale. Commenteremo solo l'assassinio di Mikhail Romanov, poiché lo zar aveva abdicato a lui nel 1917. Il 12 giugno, un mese prima del massacro di Ekaterinburg, il fratello minore di Nicola II fu assassinato insieme al suo segretario Brian Johnson da una banda di criminali agli ordini dell'ebreo Markov. Gli assassini si presentarono all'hotel di Perm dove alloggiavano. Con il pretesto di portarli in un luogo sicuro, li portarono fuori città e li uccisero in una zona boschiva. I corpi non furono mai ritrovati perché furono bruciati. Per molti anni uno degli assassini portò con sé l'orologio dell'inglese Johnson come ricordo.

Trotsky e il tentato assassinio di Lenin

Il 1918 fu un anno epocale sotto tutti i punti di vista. Durante questo anno ambiguo e incerto, tra le altre cose, si decise il corso della rivoluzione e il futuro della Russia e della Germania. Dopo la firma del Trattato di Brest-Litovsk ci fu una lotta interna tra trotskisti e leninisti che è stata oscurata dalla storiografia ufficiale. Nell'estate del 1918, oltre al massacro della famiglia imperiale, si verificarono una serie di omicidi politici che non sono

---

correre. In pochi istanti raggiungemmo la carrozza del Generale, le cui sentinelle ci vennero incontro. Finalmente tutti i documenti dell'indagine erano al sicuro". Il giudice Sokolov fa riferimento alla stessa situazione e la descrive come "una delle più difficili". Sokolov chiarisce che, volendo salvare i documenti ad ogni costo, nel febbraio 1920 aveva scritto all'ambasciatore britannico a Pechino, Lampson, chiedendo aiuto per farli arrivare in Europa. La risposta del governo britannico fu negativa e il console britannico a Kharbin, Sley, fu incaricato di comunicarlo al giudice. Il racconto di Sokolov si conclude così: "Lo stesso giorno, in compagnia del generale Diterichs, dovevo incontrare il generale francese Janin. Egli mi rispose che considerava la missione che gli stavamo affidando come un debito d'onore nei confronti di un fedele alleato. Grazie al generale Janin, i documenti furono salvati e portati al sicuro". Lo stesso generale Janin scrisse in seguito un libro, *La mia missione in Siberia*, in cui spiega che Sley, il console inglese a Kharbin, "era un ebreo di cui si diceva che la moglie fosse imparentata con Trotsky". Il giudice Sokolov fece per motivi di sicurezza diverse copie del dossier investigativo. Robert Wilton sostiene di averne una.

mai stati adeguatamente spiegati o compresi. Tra il 20 giugno, data dell'assassinio di V. Volodarsky (Moses Goldstein), e il 30 agosto, giorno in cui si tentò di eliminare Lenin, si svolse in Russia una subdola lotta per il potere, che cercheremo di capire di seguito. Il tentato assassinio di Lenin, sul quale fu fabbricata una cortina fumogena che non è mai svanita, è uno degli episodi più oscuri della rivoluzione bolscevica. Contro le false versioni interessate a nascondere la verità e i ciechi ragionamenti di parte, indichiamo in questa sezione la tesi secondo cui fu Trotsky che, manovrando nell'ombra e servendosi di alcuni e di altri, cercò di uccidere Lenin per impadronirsi della leadership assoluta. Sosterremo questa interpretazione con fatti e argomenti di cui il lettore potrà giudicare la logica.

A questo punto del nostro lavoro, riteniamo che sia stato dimostrato che Trotsky era un agente delle banche ebraiche internazionali. A soli venticinque anni si era imposto, accanto a Parvus, come la figura più importante della rivoluzione del 1905, generata durante la guerra russo-giapponese, che era stata finanziata dalla banca Kuhn Loeb and Co. di Jacob Schiff. Già allora Trotsky era legato ai grandi finanzieri, avendo sposato Natalia Sedova, figlia del banchiere Givotovsky, legato ai Warburg e a Jacob Schiff. Quando Trotsky arrivò in Russia con i suoi rivoluzionari ebrei da New York nel 1917, portò con sé denaro e potenti aiuti internazionali. Lenin, che aveva sempre disprezzato la sua teoria della "rivoluzione permanente", lo criticava, ma Nadezhda Krupskaya, sua moglie ebrea, sapeva bene cosa significasse Trotsky e fu determinante per l'accettazione di Lenin nonostante i loro cattivi rapporti.

Nel 1911 Lenin, riferendosi alla lotta interna al partito, aveva accennato a Trotsky come a un maestro nell'uso di "frasi risonanti ma vuote" e aveva lamentato i suoi continui cambi di schieramento. Lo aveva poi considerato "un mascalzone che minimizzava il partito ed esaltava se stesso". In diverse occasioni Lenin si era lamentato delle "oscillazioni" di Trotsky e si rammaricava che non fosse mai possibile sapere da che parte stesse. In un testo del 1914 sul diritto delle nazioni all'autodeterminazione affermò: "Trotsky non ha mai avuto un'opinione ferma su nessuna questione importante del marxismo". Ancora nel febbraio 1917, in una lettera scritta ad Aleksandra Kollontái, esclamò: "Che mascalzone è quel Trotsky!" Per quanto dolesse a Lenin, la cui intransigenza fu un ostacolo in molte occasioni, fu Trotsky ad avere la capacità di radunare intorno ai bolscevichi l'intera sinistra rivoluzionaria, che comprendeva i socialisti rivoluzionari e gli anarchici. In fondo, l'ex Bund dei proletari ebrei era il vero partito di Trotsky. La grande maggioranza dei leader dei partiti rivoluzionari proveniva dal Bund, che li aveva infiltrati tutti.

Il fatto che sia stato lo stesso presidente Wilson a fornire a Trotsky un passaporto per recarsi in Russia a scopo rivoluzionario la dice lunga sul sostegno di cui godeva negli Stati Uniti. Anche gli inglesi sapevano di dover puntare su di lui e non su Lenin, che sarebbe stato legato ai servizi segreti tedeschi. Non appena il gabinetto di guerra britannico ricevette il messaggio di William B. Thompson, l'uomo di Wall Street, sull'irreversibilità della rivoluzione in Russia, Alfred Milner, la punta di diamante della cospirazione internazionale in Gran Bretagna, inviò Robert Hamilton Bruce Lockhart al fianco di Trotsky. Questo agente è passato alla storia per il suo presunto coinvolgimento nell'attentato alla vita di Lenin. Un complotto che è noto come "Il complotto Lockhart". Il problema è che le fonti comuniste che raccontano l'intera vicenda affermano che l'intento era quello di distruggere la rivoluzione e non esclusivamente Lenin. In altre parole, un agente di Lord Milner, uno dei magnati che avevano portato al rovesciamento dello zar e finanziato i bolscevichi, voleva mesi dopo liquidare la rivoluzione e annullare tutto il lavoro fatto. È facile capire che l'interpretazione offerta da queste fonti non ha senso. Certo, il governo britannico ha sempre negato qualsiasi coinvolgimento nel tentativo di assassinare Lenin; ma a distanza di oltre novant'anni, i documenti che potrebbero far luce sull'accaduto sono ancora classificati come Official Secrets.

Una figura chiave del complotto fu la famosa spia Sidney Reilly, un agente al servizio della cospirazione che entrò in contatto con Lockhart nel maggio 1918. Presumibilmente Reilly, considerato la migliore spia dei servizi segreti britannici, era l'uomo dietro il quale si nascondeva lo stesso Trotsky, dirottando così sull'Inghilterra tutta l'attenzione e la responsabilità dell'attentato alla vita di Lenin. Nel 1932 Robert Bruce Lockhart scrisse la propria versione dei fatti in *Memorie di un agente britannico*, in cui, a rigor di logica, non dice nulla che possa coinvolgere lui, il suo Paese o Trotsky nel complotto. Proprio per la sua apparente innocuità, questa interpretazione fu ampiamente riportata dai media e la propaganda si affrettò a descrivere il libro come "il più grande documento umano del secolo". Hollywood, in particolare la Warner Brothers, trasformò le memorie di Lockhart in un film nel 1934. La carriera diplomatica di Lockhart, tuttavia, fu segnata da questa vicenda e, su consiglio di Lord Milner, lasciò il Foreign Office.

Anche il figlio Robin ha pubblicato *Reilly Ace of Spies* nel 1967, in cui racconta ciò che vuole sul rapporto del padre con la spia. Tuttavia, Robin Bruce Lockhart fornisce involontariamente informazioni molto significative e preziose della massima importanza: due giorni prima dello scoppio della guerra, Sidney Reilly lasciò temporaneamente il suo lavoro per il SIS (Secret Intelligence Service) perché "ricevette una proposta molto allettante dai fratelli Givotovsky, che controllavano la Banca Russo-Asiatica". In altre parole, Sidney Reilly lavorò per più di due anni per i Givotovsky, i banchieri legati a Trotsky, che era sposato con la figlia di uno di loro, Natalia Sedova. I Givotovsky lo inviarono come rappresentante bancario prima in Giappone e poi negli Stati Uniti, a New York, dove visse fino alla fine del 1916. *L'asso delle spie di Reilly* divenne anche un serial televisivo. Ian Fleming si ispirò a Sidney Reilly per creare il famoso James Bond. Certamente la vita reale di questa spia supera di gran lunga la finzione. Le sue molteplici identità hanno confuso gli investigatori e i servizi segreti. Secondo il capitano Mansfield Cumming, uno dei suoi capi, Reilly era "un uomo di indomito coraggio, un genio come agente, ma un uomo sinistro a cui non ho mai potuto dare piena fiducia". In realtà era un bastardo ebreo di nome Solomon (Shlomo) Rosenblum, figlio illegittimo di una donna di nome Polina. Suo padre era il dottor Mikhail Abramovich Rosenblum. Nacque il 24 marzo 1873 a Kherson (Ucraina), anche se alcune fonti collocano la sua nascita a Odessa.

Robert Hamilton Bruce Lockhart, il cui padre potrebbe essere di origine ebraica (egli stesso scrive di aver ricevuto la prima punizione corporale dal padre per aver giocato una partita di cricket di sabato), si vanta tuttavia nelle *Memorie di un agente britannico* del sangue scozzese della madre. Il suo primo contatto con Alfred Milner avvenne dopo il colpo di Stato di febbraio-marzo, quando Milner arrivò a San Pietroburgo su incarico del governo di Londra e, notoriamente, annullò ogni speranza di aiuto britannico all'alleato russo. Lockhart, allora console britannico a Mosca, fu convocato dall'ambasciatore e si recò a San Pietroburgo. Milner aveva probabilmente ricevuto da George Buchanan, suo fratello massone, buone notizie dal console, che mente spudoratamente quando scrive che l'ambasciatore britannico non ha nulla a che fare con il rovesciamento dello zar. Lockhart ha solo parole di gratitudine per Buchanan, che considera un esempio di onestà, sincerità, ecc. ecc. Il contatto tra Lord Milner e il giovane Lockhart avvenne all'ambasciata, dove dopo il pranzo ebbero "una lunga conversazione" che continuò la sera: "cenai da solo con lui nelle sue stanze all'Hotel Europa". Una settimana dopo Alfred Milner si recò a Mosca, dove Lockhart aveva organizzato per lui un colloquio con il principe Lvov, un altro Fratello massone che confermò a Milner che "se non ci fosse stato un cambiamento nell'atteggiamento dell'Imperatore ci sarebbe stata una rivoluzione entro tre settimane". E così fu. Sei mesi dopo, nel settembre 1917, Bruce Lockhart ebbe una relazione con una donna ebrea. Secondo il suo stesso racconto, ciò spinse l'ambasciatore Buchanan a consigliare al console di tornare a Londra.

Il 19 dicembre 1917 Alfred Milner e Bruce Lockhart cenarono insieme a Londra a casa di Sir Arthur Steel-Maitland. Il giorno successivo Lockhart fu convocato da Downing Street, dove Lord Curzon annunciò che il Gabinetto di Guerra aveva deciso di stabilire un contatto con i bolscevichi. Il 21 dicembre Lord Milner presentò il suo agente al Primo Ministro Lloyd George. I preparativi per il viaggio iniziarono subito. Lockhart si sarebbe imbarcato a Bergen (Norvegia) sulla stessa nave da crociera con cui l'ambasciatore Buchanan sarebbe tornato a Londra. Il piano era il seguente: gli inglesi avrebbero concesso a Maksim Litvinov, ambasciatore non ufficiale dei bolscevichi a Londra, gli stessi privilegi che i bolscevichi avevano concesso a Lockhart. L'incontro tra Litvínov (Meyer Hennokh Moisevitch Wallack-Finkelstein) e Lockhart avvenne grazie a un altro ebreo, Theodore Rothstein, un trotskista che lavorava come traduttore al Ministero della Guerra. Trotsky aveva inizialmente pensato a Rothstein come rappresentante semi-ufficiale dei bolscevichi in Gran Bretagna, ma Radek osservò che la sua posizione all'interno del Ministero poteva essere di maggiore utilità per loro. Rothstein, scrive Lockhart, spiegò che "l'ambizione di Trotsky non era una pace separata, ma una pace generale". Sottolineò che se fosse stato Lloyd George avrebbe accettato l'offerta di Trotsky di una conferenza senza condizioni, poiché l'Inghilterra sarebbe stata il principale beneficiario". Litvinov e Rothstein da parte bolscevica e Lockhart e Rex Leeper da parte britannica pranzarono insieme all'inizio del gennaio 1918. Fu concordato che, senza riconoscimento ufficiale per il momento, sia Litvinovínov che Lockhart avrebbero goduto di alcuni privilegi diplomatici, tra cui l'uso di codici e il diritto alla posta diplomatica. Fu in questa occasione che Litvinov scrisse per Lockhart la lettera di presentazione a Trotsky di cui sopra.

Cinque giorni prima del viaggio, Lockhart tenne incontri quotidiani con Lord Milner. Nelle sue *Memorie di un agente britannico*, Lockhart fornisce informazioni estremamente rilevanti su questi colloqui per coloro che sanno leggerli. Vediamone alcuni. Scrive, ad esempio, che nel corso di un'altra cena da solo Milner espresse la sua amarezza per la politica del Foreign Office e si riferì a Lord Balfour come a "un innocuo vecchio gentiluomo". Alfred Milner confessò a Lockhart che avrebbe voluto essere a capo del Foreign Office per sei mesi. Sarebbe stato molto interessante sapere se gli avesse detto per quale motivo. Milner, come Mandell House e Jacob Schiff, faceva parte della lobby che chiedeva il riconoscimento immediato del governo bolscevico. L'idea di Trotsky sulla necessità di rifiutare una pace separata con la Germania era condivisa da Lord Milner e anche da Lloyd George. Milner voleva qualcosa di più: vedere i comunisti seduti a Versailles accanto ai vincitori della guerra, il che richiedeva il riconoscimento del governo di Lenin. Lockhart riconosce, e questo è estremamente significativo, che doveva fare tutto il possibile per "mettere i bastoni tra le ruote a un possibile negoziato di pace separato e doveva rafforzare il più possibile la resistenza bolscevica alle richieste tedesche". Del pensiero di Alfred Milner scrive con assoluta impudenza: "Credeva in uno Stato altamente organizzato, al cui servizio l'efficienza e il duro lavoro erano più importanti dei titoli o del denaro. Aveva poco rispetto per l'aristocratico decadente e nessuno per il finanziere che aveva fatto i soldi manipolando il mercato". Nella sua adulazione servile, Bruce Lockhart sottolinea la "nobiltà di pensiero e l'alto idealismo" di Lord Milner. Ciò che non menziona, naturalmente, è che era un massone di 33° grado, un agente dei Rothschild, il principale architetto della guerra boera, il fondatore della Tavola Rotonda e il direttore della London Joint Stock Bank, che ha tratto profitto dal traffico di armi di Basil Zaharoff. Lord Milner autorizzò Lockhart a telegrafare direttamente a lui in caso di difficoltà.

Una volta in Russia, Bruce Lockhart contattò il colonnello Raymond Robins, il suo omologo americano che era stato lasciato a capo della missione della Croce Rossa americana dopo la partenza di William B. Thompson, e il capitano Jacques Sadoul, un socialista francese di origine ebraica, ex amico di Trotsky che alla fine passò ai bolscevichi. Le loro missioni erano simili. Robins era l'intermediario tra il governo Wilson e i bolscevichi. Questo li portò a stare insieme quotidianamente per quattro mesi. Anthony Sutton cita in *Wall Street e la rivoluzione bolscevica* un documento sulla propaganda bolscevica letto nel 1919 durante un'audizione davanti a una sottocommissione del Senato. Cita queste parole di Robins a Lockhart:

> "Sentirete dire che sono un rappresentante di Wall Street, che sono al servizio di William B. Thompson per procurargli il rame dell'Altai, che ho già ottenuto 500.000 acri di foreste di legname in Russia, che ho già preso azioni della Transiberiana, che mi è stato concesso il monopolio del platino russo, che questo spiega il mio lavoro per i sovietici.... Sentirete tutte queste cose. Ora, non credo che sia vero, signor Commissario, ma supponiamo che lo sia. Ammettiamo che io sia qui per prendere la Russia per Wall Street e per gli uomini d'affari americani. Supponiamo che lei sia un lupo britannico e io un lupo americano, e che quando questa guerra sarà finita ci divoreremo a vicenda per il mercato russo. Facciamolo in modo franco. Ma accettiamo allo stesso tempo che siamo lupi piuttosto intelligenti e che sappiamo che se non cacciamo insieme in questo momento il lupo tedesco ci divorerà entrambi, e allora mettiamoci al lavoro".

Robins e Lockhart condivisero molti pasti insieme. La loquacità di Lockhart è annotata nelle sue *Memorie*, e ricorda una conversazione dopo cena in cui Robins continuò a denigrare i politici alleati che si opponevano al riconoscimento dei comunisti e demolì la ridicola teoria di coloro che sostenevano che essi lavorassero per i tedeschi. Poi elogiò Trotsky, di cui disse che "era uno splendido figlio di puttana, ma il più importante ebreo dopo Cristo".

Dopo la firma di Brest-Litovsk, a causa della vicinanza delle truppe tedesche, il governo evacuò Pietrogrado[56] e si stabilì a Mosca, dove si sarebbe svolta la ratifica formale del trattato. Trotsky si rifiutò di partecipare e rimase nella capitale per un'altra settimana. Propose a Lockhart di rimanere e si offrì di portarlo con sé sul suo treno quando si sarebbe recato successivamente a Mosca, dove gli organizzò personalmente una sistemazione confortevole. L'agente britannico, a cui Trotsky diede il suo

---

[56] Il nome di San Pietroburgo fu cambiato in Pietrogrado perché lo zar lo considerava troppo tedesco. Decise quindi di cambiarlo. In seguito, dopo la morte di Lenin nel 1924, la città fu ribattezzata Leningrado.

telefono privato, scrive che in quei giorni si vedevano quotidianamente. Fu durante quest'ultima settimana a Pietrogrado che Moura Budberg apparve nella vita di Bruce Lockhart. Questa donna, conosciuta come la Mata-Hari della Russia, ebbe in seguito rapporti intimi con Gorky e con il socialista fabiano H. G. Wells, autore de *La guerra dei mondi*. È probabile che Moura fosse già un agente del KGB all'età di 26 anni: la sua biografa, Nina Berberova, suggerisce che potrebbe essere stata l'amante del cekista lettone Yakov Peters. Se così fosse, è improbabile che Lockhart lo abbia mai sospettato.

Il 24 aprile, a seguito della pace appena firmata, arrivò a Mosca il nuovo ambasciatore tedesco, il conte Mirbach, che prima della guerra era stato consigliere dell'ambasciata tedesca a San Pietroburgo. Il 26 presentò le sue credenziali al Cremlino, ma non fu ricevuto da Lenin, bensì da Sverdlov, presidente del Comitato esecutivo centrale. Durante i mesi dei negoziati di Brest-Litovsk, l'opportunità di un'intesa tra i bolscevichi e gli Alleati era stata persa e all'inizio di maggio la politica di pace di Lenin stava guadagnando terreno. Tuttavia, Trotsky, il nuovo Commissario di Guerra, continuò a parlare della guerra come inevitabile e cercò di garantire che gli Alleati non sarebbero intervenuti negli affari interni della Russia, a meno che non lo facessero come alleati contro la Germania, come intendevano Robins, Mandell House e altri agenti che esercitavano pressioni sul Presidente Wilson. A questo proposito, Trotsky propose a Londra, tramite Bruce Lockhart, di aiutarli a riorganizzare le flotte russe e offrì persino di mettere un inglese a capo delle ferrovie. Lockhart, che si rammaricava dei disaccordi tra il Ministero degli Esteri e il Gabinetto di Guerra, non ottenne risposta. L'ambiguità delle decisioni e delle azioni britanniche e americane richiederebbe uno studio di caso, poiché era la conseguenza di gravi divergenze interne.

Il 7 maggio apparve Sidney Reilly. La messa in scena raccontata da Lockhart è quasi incredibile. L'agente scrive che, a sua insaputa, Reilly arrivò tranquillamente al Cremlino e chiese di incontrare Lenin. Alla richiesta delle sue credenziali, disse di essere stato inviato personalmente da Lloyd George per ottenere informazioni di prima mano sulle pretese e gli ideali dei bolscevichi. Lockhart scrive di aver capito che il governo era insoddisfatto dei suoi rapporti e aveva trasferito un altro agente. Reilly evidentemente non vide Lenin, ma incontrò Bonch-Brouevitch, un amico personale del leader sovietico. Lockhart risolve la questione dicendo di aver chiesto spiegazioni a Ernest Boyce, il nuovo capo dell'Intelligence Service di Pietrogrado, e di avergli risposto che si trattava di un nuovo agente appena arrivato dall'Inghilterra. Lockhart si dichiara indignato e allo stesso tempo ammirato dall'audacia di Reilly, che il giorno dopo si presenta per dargli spiegazioni.

A partire da giugno la lotta interna ai bolscevichi si intensificò con una serie di assassinii che sono stati interpretati in modi diversi. Le più comuni attribuiscono la responsabilità ai socialisti rivoluzionari. Il primo di questi avvenne il 20 giugno, quando Vladimir Volodarvsky (Moses Goldstein), commissario per la stampa e la propaganda, fu colpito da tre proiettili per strada, uno dei quali lo colpì al cuore uccidendolo all'istante. Moses Salomonovich Uritsky (Boretsky), capo della Cheka di Pietrogrado, intraprese le indagini sull'attentato; ma, come vedremo, anche lui fu eliminato due mesi dopo, il 30 agosto. Volodarvsky e Uritsky erano due degli uomini più fidati di Trotsky: facevano parte del gruppo che era arrivato con lui da New York a bordo della *Kristianiafjord*. Uritsky, noto come il "macellaio di Pietrogrado", era stato con lui nel 1905 e aveva già guidato il Soviet di Krasnojarsk. Aveva anche viaggiato con Trotsky da Barcellona a New York a bordo della *Montserrat*. L'assassinio di Volodarvsky avvenne al ritorno da una riunione nella fabbrica di Obuchov. L'auto su cui viaggiava si fermò senza benzina in una strada di Pietrogrado. Volodarvsky scese con tre compagni e si avviò a completare il viaggio a piedi verso il vicino quartiere sovietico. In quel momento apparve il terrorista che gli sparò tre volte. Prima di fuggire, ha lanciato una bomba per evitare l'inseguimento. Il fatto che l'auto si fosse fermata proprio nel punto in cui l'assassino con pistola e bomba era in attesa, destò i sospetti di Uritsky, che concluse che il crimine era stato organizzato dalla Cheka di Mosca con l'approvazione di Lenin e Felix Dzerzhinsky. Il giorno dopo, Lenin accusò l'ala destra dei socialisti rivoluzionari di essere dietro l'attacco terroristico.

Il 21 giugno, il giorno dopo l'assassinio di Volodarvsky, l'ammiraglio Alexei Shchastny, comandante della Flotta del Baltico imprigionato al Cremlino, fu fucilato. L'ammiraglio si era rifiutato di eseguire l'ordine di consegnare ai tedeschi circa 200 navi a Helsinki e, disobbedendo agli ordini, aveva spostato la flotta a Kronstadt. Gli inglesi avevano chiesto ai bolscevichi di non consegnare la flotta, ma di distruggerla. Trotsky ordinò allora di far saltare le navi con la dinamite in modo che subissero il minor danno possibile. Questo avrebbe permesso agli inglesi di ripararle per i comunisti in caso di accordo, come desiderava Trotsky che, come visto in precedenza, propose a Lockhart di aiutare l'Inghilterra a mettere in funzione le flotte russe. Il 28 maggio Shchastny fu convocato al Cremlino e gli fu chiesto da Trotsky se volesse o meno servire sotto il regime sovietico. La risposta non deve avergli fatto piacere e l'ammiraglio fu imprigionato. Il 20 giugno, solo due ore dopo l'annuncio dell'accusa di alto tradimento, si svolse un processo farsesco, al quale poté assistere solo la sorella del marinaio russo. Trotsky, unico testimone, presentò l'accusa ufficiale. La condanna a morte fu eseguita il giorno successivo.

Solo due settimane dopo, il 6 luglio 1918, Wilhelm von Mirbach, l'ambasciatore tedesco in carica da poco più di due mesi, fu assassinato. Questo fu l'innesco del tentativo di colpo di Stato attribuito ai socialisti rivoluzionari guidati da Maria Spiridonova. Dall'ingresso degli Stati Uniti nel conflitto, ogni giorno sbarcavano in Europa diecimila soldati americani, il che faceva prevedere un'accelerazione dell'esito della guerra. Trotsky, in un ulteriore tentativo di abortire il Trattato di Brest-Litovsk e di riprendere la lotta contro la Germania, che avrebbe permesso alla Russia comunista di sedersi con i vincitori a Versailles, ordinò a Yakov Blumkin di uccidere il conte Mirbach. La comunista finlandese Aino Kuusinen conferma nelle sue memorie che Blumkin fu l'assassino dell'ambasciatore. Come al solito, il crimine fu imputato ai socialisti rivoluzionari, ma in realtà essi furono usati da Trotsky.

Ricordiamo che nell'ottobre del 1917 Trotsky aveva radunato la parte più estremista delle SR attorno ai bolscevichi, il che significava che aveva il potere e l'influenza per gestirli come meglio credeva. Blumkin aveva iniziato la sua carriera come rabbino in una sinagoga di Odessa e, come molti estremisti ebrei, chiese un posto nella Cheka dopo l'ascesa al potere dei bolscevichi. Quando uccise Mirbach era membro del Partito socialrivoluzionario, ma durante la guerra civile lavorava già come segretario militare di Trotsky. Nella prefazione al primo volume degli *Scritti militari*, scritti tra il marzo 1918 e il febbraio 1923, Trotsky afferma: "Il destino ha voluto che il compagno Blumkin, un ex SR di sinistra, che nel luglio 1918 ha rischiato la vita combattendo contro di noi ed è ora membro del nostro partito, sia mio collaboratore nella preparazione di questo volume, una parte del quale riflette la nostra lotta senza quartiere contro il partito degli SR di sinistra. La rivoluzione è una maestra consumata nel mettere ognuno al suo posto e, se necessario, nel prendere il suo posto. Tutto ciò che di più virile e coerente c'era nel partito dei socialrivoluzionari di sinistra è oggi nelle nostre file". Siamo del parere che l'allusione al fatto che abbia "rischiato la vita combattendo contro di noi" faccia parte della palese strategia di dissociazione da Blumkin per continuare a nascondere il suo coinvolgimento nell'attentato di Mirbach e nel tentativo di colpo di Stato dei socialrivoluzionari. Un altro crimine da notare nel racconto del compagno Blumkin è quello del poeta Sergei Yesenin, che nel 1912, all'età di diciassette anni, aveva sposato la famosa ballerina Isadora Duncan.[57]

---

[57] Sergey Yesenin, considerato il poeta russo più importante del XX secolo, si è ufficialmente suicidato. In *Sotto il segno dello scorpione* Jüri Lina commenta che difficilmente avrebbe potuto farlo con uno squarcio in testa da cui usciva il cervello. Il motivo del suo assassinio fu una poesia, *Terra di criminali*, in cui descriveva un tiranno ebreo, Leibman Chekistov, che era una trascrizione dello stesso Trotsky. Yesenin inizialmente credeva nella rivoluzione, ma ben presto si rese conto di ciò che stava accadendo. Nella poesia, che lesse ai suoi amici, descriveva come i finanzieri americani avessero preso il controllo della Russia con l'aiuto di gangster politici. Informato della poesia, Trotsky non poté perdonare una simile offesa e ordinò a Blumkin, il suo braccio esecutivo, di eliminare il poeta. Un amico di Yesenin, Alexei Ganin, fu arrestato il 25 marzo 1925 e giustiziato in base agli articoli 172 e 176 del Codice penale della Russia comunista, che condannavano l'antisemitismo con la pena di morte. Secondo la polizia segreta, alla fine del 1923 i poeti Oreshin, Klychkov, Ganin e Yesenin avevano proclamato pubblicamente in un bar che in Russia solo gli ebrei detenevano il potere. La

Naturalmente, in *Memorie di un agente britannico*, l'agente di Lord Milner per Trotsky, Bruce Lockhart, individua nei socialisti rivoluzionari gli unici artefici dell'assassinio del conte Mirbach; tuttavia, nel suo resoconto riconosce che, come la fazione trotskista, questi socialisti rivoluzionari si opponevano alla pace di Brest-Litovsk, che non avevano mai accettato. Con una sorprendente "ingenuità", Lockhart scrive: "I socialisti rivoluzionari di sinistra iniziarono a preparare piani fantastici per rovesciare il governo bolscevico al fine di riprendere la guerra con la Germania". Solo lettori molto disinformati possono credere che i membri del settore sinistro dei SR avrebbero cercato da soli di prendere il potere in Russia in un momento di massima complessità. È molto più logico pensare che Trotsky stesse cercando di costruire su questa coincidenza politica e ideologica e che volesse usarla per prendere il controllo del partito e del governo. Molti membri del Bund ebraico erano penetrati nei socialisti rivoluzionari e attraverso questi legami Trotsky li aveva convinti nel 1917 a sostenere i bolscevichi, che li avevano compensati con vari incarichi in diversi commissariati.

Lo scontro avvenne al Quinto Congresso dei Soviet, che aprì i lavori il 4 luglio, due giorni prima dell'assassinio di Mirbach. In ogni caso, ci sembra chiaro che l'obiettivo non era "rovesciare il governo bolscevico", come scrive Lockhart, ma la sezione leninista del Partito, che aveva imposto una linea d'azione in politica internazionale che né i trotskisti né la sinistra SR condividevano. Il Congresso si tenne al Teatro dell'Opera di Mosca. Circa centocinquanta membri della C.C.E., quasi tutti ebrei, presiedettero le sessioni. Alla destra di Sverdlov sedevano i socialisti rivoluzionari: Cherepanov, gli ebrei Kamkov e Karelin, e in fondo Maria Spiridonova, divenuta famosa nel 1906 per aver assassinato Luzhenovsky, ispettore generale di polizia, a cui aveva sparato in faccia sulla banchina della stazione di Borisogliebsk e per aver poi tentato di uccidersi, senza riuscirci. Il 5 luglio Maria Spirodonova prese la parola per attaccare Lenin con estrema durezza. "Ti accuso", disse, "di aver tradito i contadini, di averli usati per i tuoi scopi e di non aver curato i loro interessi". Rivolgendosi ai suoi seguaci, ha gridato: "Nella filosofia di Lenin voi siete solo sterco". Seguì una minaccia. Spiridonova avvertì Lenin che se avesse continuato a umiliare e opprimere i contadini si sarebbe trovato in mano "la stessa pistola e la stessa bomba" che aveva usato in un'altra occasione. Alle sue ultime parole scoppiò un applauso, ma fu subito rimproverata dalla platea da un delegato bolscevico. Si scatenò un grande putiferio e i corpulenti contadini si alzarono in piedi, agitando i pugni contro i bolscevichi.

---

notte del 28 dicembre 1925 Yakov Blumkin e uno dei suoi scagnozzi, Wolf Erlich, fecero irruzione nella stanza dell'Hotel *Angleterre* di Pietrogrado. Il poeta resistette coraggiosamente, ma gli assassini lo colpirono violentemente alla testa e poi lo impiccarono.

Lenin, mostrando un'irritante superiorità, prese infine la parola e rispose con calma alle accuse. Riferendosi alle insinuazioni sul suo servilismo nei confronti dei tedeschi e sul desiderio dei social-rivoluzionari di continuare la guerra, li accusò a loro volta di portare avanti la politica degli alleati imperialisti e difese il Trattato di Brest-Litovsk. Il successivo a prendere la parola fu il social-rivoluzionario Kamkov che, rivolgendosi a Mirbach e alla delegazione tedesca presente al congresso, ruggì: "La dittatura del proletariato si è trasformata nella dittatura di Mirbach. Nonostante tutti i nostri avvertimenti, la politica di Lenin è rimasta la stessa e noi siamo diventati non una potenza indipendente, ma i lacchè degli imperialisti tedeschi, che hanno l'audacia di mostrarsi anche in questo teatro". Immediatamente i socialisti rivoluzionari si alzarono in piedi e mostrando i pugni al palco tedesco iniziarono a gridare: "Abbasso Mirbach, fuori i macellai tedeschi, fuori il patibolo di Brest". Frettolosamente Sverdlov, suonando la campana, chiuse la seduta.

Alle tre meno un quarto di sabato 6, Yakov Blumkin e un altro compagno arrivarono in auto all'ambasciata tedesca, sorvegliata dalle truppe bolsceviche. L'ingresso fu consentito senza problemi grazie a pass speciali firmati da Alexandrovitch, vicepresidente della Cheka, di cui lo stesso Blumkin era ufficiale. Il tirapiedi di Trotsky disse al consigliere dell'ambasciata, Kurt Riezler, che doveva vedere Mirbach personalmente, poiché la Cheka aveva scoperto un complotto alleato per assassinare l'ambasciatore. Viste le credenziali di Blumkin e considerata la gravità della situazione, Riezler lo presentò al conte Mirbach. Quando l'ambasciatore gli chiese come volevano agire gli assassini, il terrorista estrasse dalla tasca una pistola Browning e rispose: "Da questa parte". Blumkin ha quindi svuotato il caricatore sul corpo del diplomatico. Poi è saltato da una finestra e, prima di fuggire, ha lanciato una bomba a mano per assicurare la morte dell'ambasciatore.

Contemporaneamente i socialisti rivoluzionari stavano radunando truppe nella caserma Pokrovsky. Dmitri Popov, un altro agente della Cheka, aveva portato un'unità di duemila uomini. C'erano anche alcune centinaia di marinai della Flotta del Mar Nero e soldati disaffezionati di altri reggimenti. Per la prima ora sembrò che il colpo di Stato potesse riuscire: arrestarono Dzerzhinsky, che Lenin aveva accusato nel 1917 di aver creato la Cheka o Polizia Segreta, di cui era il direttore, e catturarono l'ufficio del telegrafo, ma non riuscirono ad approfittarne per inviare telegrammi in tutto il Paese annunciando il successo del colpo di Stato. Quando cercarono di avvicinarsi al Teatro dell'Opera per sorprendere Lenin e i suoi uomini, scoprirono che le truppe governative avevano già circondato l'edificio. Vedendo che il tentativo era fallito, gli insorti si affrettarono a tornare nelle loro caserme. Trotsky, dice Lockhart, aveva chiamato due reggimenti di lettoni dalla periferia e aveva preparato le autoblindo. A quale scopo? Molto probabilmente, stava aspettando gli sviluppi.

Lo stesso Bruce Lockhart, che si trovava lì dalle quattro, fornisce la sua versione di ciò che stava accadendo all'Opera House nel frattempo. Come racconta, "il pomeriggio era torrido e l'atmosfera nel teatro era come quella di un bagno turco". La platea era piena di delegati, ma sulla piattaforma molti dei posti dei leader bolscevichi erano vuoti. Alle cinque del pomeriggio la maggior parte dei membri del Comitato esecutivo centrale era scomparsa. Non c'era nessuno nemmeno nel palco assegnato ai rappresentanti delle Potenze Centrali. Maria Spiridonova rimase tranquillamente in teatro. Lockhart, che si trovava nel suo palco, spiega succintamente nelle *Memorie* che alle sei di sera Sidney Reilly arrivò e annunciò che c'erano stati scontri nelle strade e che il teatro era circondato da truppe che avevano chiuso le uscite. Qualcosa era andato storto. Reilly e un agente francese presero diversi documenti dalle sue tasche, li strapparono in pezzi molto piccoli e li infilarono nelle fodere delle poltrone. "I più compromettenti", scrive Lockhart, "furono ingoiati". Alle sette di sera, Radek li salvò e spiegò che i social-rivoluzionari avevano assassinato l'ambasciatore tedesco con l'intenzione di provocare i tedeschi a riprendere la guerra. Radek, secondo il resoconto dell'agente britannico, disse che l'assassinio del conte Mirbach era il segnale di una rivolta da parte dei Rivoluzionari Sociali che, sostenuti dai dissidenti bolscevichi, avevano pianificato di arrestare i leader del partito durante il congresso. In altre parole, un tentativo di colpo di Stato era stato abortito e gli SR di sinistra, che erano stati usati, erano i capri espiatori. Pochi giorni dopo, un generale dell'Armata Rossa, Muraviev, cercò di spostare le sue truppe dal Volga a Mosca, ma il fallimento del colpo di Stato era noto e i suoi stessi soldati lo arrestarono. Alla fine il generale si sparò alla presenza del Soviet di Simbirsk. Spiridonova e Cherepanov furono arrestati e imprigionati al Cremlino.

Un'altra provocazione fu fatta ai tedeschi. Il 30 luglio, il feldmaresciallo Hermann von Eichhorn, uno dei due comandanti delle truppe tedesche che occupavano l'Ucraina, fu assassinato a Kiev nel tentativo di spingerli a riprendere la guerra. Il nuovo ambasciatore tedesco, Karl Helfferich, da poco arrivato a Mosca per sostituire il conte Mirbach, decise di lasciare la Russia e di tornare a Berlino. Dzerzhinsky, l'uomo di Lenin a capo della Cheka, rispose a questo attacco con un'ondata di terrore brutale: senza processo fece fucilare più di mille persone a Pietrogrado e altrettante a Mosca. La Germania, nonostante gli omicidi di Mirbach e Eichhorn, non cadde nella trappola e trovò un modo per coesistere con la Russia bolscevica.

Il 30 agosto la lotta tra i cecisti raggiunse il suo apice. Al mattino Moses Uritsky, che sospettava il coinvolgimento di Lenin e Dzerzhinsky nell'attentato di Volodarsky, fu assassinato. Era un giorno di visite al Commissariato degli Affari Interni e c'erano persone in attesa nell'atrio. Un giovane con una giacca di pelle era arrivato in bicicletta e, incomprensibilmente, era entrato nell'edificio senza essere perquisito.

Seduto accanto alla porta esterna, attendeva l'arrivo di Uritsky, presidente della Cheka. Il "Macellaio di Pietrogrado", un trotskista sanguinario che aveva ucciso cinquemila ufficiali, arrivò nel suo ufficio di Pietrogrado alle dieci del mattino e si diresse verso l'ascensore. Immediatamente il giovane con la giacca di pelle gli si avvicinò e gli sparò diversi colpi alla testa e al corpo. L'assassino è poi corso in strada, è salito sulla sua bicicletta ed è fuggito il più velocemente possibile. Quando le auto dei suoi inseguitori lo hanno raggiunto, ha abbandonato la bicicletta ed è entrato nella sede della Rappresentanza britannica. Poco dopo uscì indossando un lungo cappotto. Vedendo le Guardie Rosse che lo aspettavano fuori, sparò contro di loro, ma fu presto catturato. Secondo questa versione ufficiale, il terrorista era Leonid Kannegisser, un rivoluzionario sociale ebreo di 22 anni, studente all'Università di Pietrogrado (Nina Berberova, in *Histoire de la baronne Boudberg*, rivela che Kannegisser scriveva poesie su Kerensky, il suo eroe, che raffigurava su un cavallo bianco).

La maggior parte degli investigatori ritiene che la versione ufficiale dell'assassinio sia "una frottola". Non è credibile che un uomo armato sia potuto entrare nell'edificio senza essere perquisito dalle guardie, né che abbia potuto avvicinarsi al presidente della Cheka senza alcun ostacolo, né che sia riuscito a lasciare l'edificio e a fuggire in bicicletta senza essere fermato dalle guardie al cancello. Sconosciuti non potevano parlare con Uritsky nemmeno al telefono. È logico pensare che dietro l'omicidio di Uritsky, membro della C.C.E., ci fosse l'organizzazione centrale della Polizia Segreta, con a capo Lenin e Dzerzhinsky. Kannegisser, che ammise di essere l'autore del crimine, dichiarò di aver agito da solo. I socialisti rivoluzionari negarono che fosse un membro del partito e rifiutarono qualsiasi legame con lui. Se Kannegisser fosse stato davvero un socialista rivoluzionario, un processo sarebbe servito a fare propaganda per il regime. Tuttavia, né la rivoltella né le munizioni utilizzate furono analizzate, né Kannegisser, ucciso illegalmente, fu processato. Pertanto, il movente dell'omicidio di Uritsky non fu mai conosciuto.

La guerra che infuriava all'interno della Cheka ebbe un secondo episodio il 30 agosto, probabilmente collegato al primo, che avrebbe potuto cambiare il corso della rivoluzione. Dopo le dieci di quella sera, un terrorista ebreo, in questo caso una donna, Fanny Kaplan, nota anche come Dora Kaplan, sebbene fino all'età di sedici anni avesse mantenuto il nome ebraico di Feiga Roydman, sparò tre colpi di pistola contro Lenin. Se fosse riuscita nel suo intento, questo attacco sarebbe stato senza dubbio quello finale. Come al solito, furono presi di mira gli SR. Ma la domanda pertinente è ora quella che Cicerone pose in queste circostanze: "Cui Bono? In altre parole, per chi è bene, per chi è utile? Seneca offre una risposta assertiva alla frase esortativa del suo predecessore: "Cui prodest scelus, is fecit", cioè chi trae vantaggio dal crimine, è il suo autore. È indubbio che Trotsky, secondo Raymond Robins "l'ebreo più importante dopo Cristo", l'agente delle banche ebraiche internazionali che aveva indispensabili finanziatori a Washington e Londra, avrebbe preso il potere in Russia se Lenin fosse morto. Con le buone o con le cattive, Trotsky, a cui obbediva l'Armata Rossa che lui stesso stava costruendo con il finanziamento dei Warburg e compagnia, avrebbe imposto la sua candidatura come successore. Stalin lo ha impedito nel 1924; ma nel 1918 non c'era nessun altro leader con un prestigio tale da poter sostituire Lenin.

I fatti, come sempre quando si vuole nascondere la verità, sono rimasti avvolti in un groviglio di bugie, distorsioni e versioni contraddittorie che rendono impossibile sapere con certezza cosa sia successo. La versione ufficiale spiega che Lenin, dopo aver terminato un comizio alla fabbrica Michelson di Mosca, era uscito nel cortile e stava parlando con gli operai vicino alla sua auto. Fu allora che, nel buio della notte, risuonarono tre spari e Lenin cadde a terra con due proiettili in corpo: uno penetrò nel polmone sinistro sopra il cuore, l'altro si conficcò nel collo, molto vicino alla spina dorsale. Il terzo attraversò il suo cappotto e ferì leggermente un'infermiera dell'ospedale di Petropavlovsk. L'autista ebreo di Lenin, Stepan Gil, che era seduto nel veicolo, ha testimoniato che una donna con una pistola si trovava a tre passi da Lenin e che quando egli scese dall'auto la donna gli gettò la pistola ai piedi e scomparve tra la folla. Il ferito fu immediatamente fatto salire in macchina e portato al Cremlino. Lenin temeva apparentemente una cospirazione su larga scala e si rifiutò di lasciare il suo alloggio per ricevere cure mediche. Non riuscendo a rimuovere i proiettili, i medici lo portarono d'urgenza in ospedale. Pur avendo salva la vita, la sua salute non fu mai più buona e l'attacco ebbe probabilmente un ruolo nei successivi ictus che gli portarono via la vita. Infatti, gli ictus furono frequenti dal maggio 1922 in poi. Il 7 marzo 1923 perse per sempre la capacità di parlare a causa del penultimo ictus. Il 23 aprile i medici decisero di operarlo per rimuovere un proiettile che dall'attacco del 1918 si era conficcato a tre millimetri dalla carotide, ritenendo che potesse essere una delle cause del pericoloso stato della sua circolazione sanguigna.

A catturare Dora Kaplan fu S. Batulin, vice comandante della 5a Divisione di Fanteria a Mosca, che aveva assistito all'evento e inseguito la donna. Secondo questa versione, Batulin vide una strana donna con una valigetta e un ombrello sotto un albero e le chiese cosa stesse facendo lì. La risposta è stata: "Perché lo vuoi sapere? Il vice commissario ha quindi frugato nelle tasche della donna, le ha preso la valigetta e l'ombrello e le ha ordinato di seguirlo. Durante il tragitto, Batulin le chiese perché avesse sparato a Lenin. Ancora una volta Dora Kaplan rispose: "Perché lo vuole sapere? Il commissario le chiese direttamente: "Sei tu che hai sparato a Lenin? Lei rispose affermativamente. L'indagine fu condotta dall'ebreo lettone Yakov Peters, che non solo era vicepresidente della Cheka ma anche presidente del Tribunale rivoluzionario. Peters sarebbe stato giustiziato da Stalin nel 1942. Fanny Kaplan avrebbe spiegato che l'attentato era un'azione personale.

Nella dichiarazione registrata ci sono queste parole: "Mi chiamo Fanny Kaplan. Oggi ho sparato a Lenin. L'ho fatto con i miei mezzi. Non dirò chi mi ha fornito la pistola. Non fornirò alcun dettaglio. Ho deciso di uccidere Lenin molto tempo fa. Lo considero un traditore della rivoluzione". Kaplan, come Kannegisser, fu giustiziato senza processo. Nel 1958, Pavel Malkov, comandante del Cremlino nel 1918, dichiarò di aver ucciso personalmente il terrorista il 3 settembre.

Le lacune della versione ufficiale sono inspiegabili. Non è logico che Dora Kaplan portasse una valigetta e un ombrello in una mano mentre sparava con l'altra, né sembra credibile che gli operai che stavano accanto a Lenin le abbiano permesso di fuggire. Né sembra credibile che gli operai che si trovavano accanto a Lenin abbiano permesso a quest'ultimo di fuggire. Perché Fanny Kaplan, oltre alla pistola, non ha lanciato anche la valigetta e l'ombrello? Dov'erano le guardie del corpo di Lenin? L'autista Stepan Gil ha scritto nelle sue memorie che Lenin non aveva guardie del corpo. Il Museo Lenin di Mosca espone il cappotto e la giacca che Lenin indossava il giorno dell'attentato. Tutti i colpi furono sparati da dietro. Sebbene la versione ufficiale parli di tre colpi, l'indumento è contrassegnato da quattro fori, due dei quali sono rossi per indicare quali sono penetrati nel suo corpo.

Alle tre e mezza del mattino del 31 agosto Bruce Lockhart aprì gli occhi e vide la canna di un revolver puntata contro di lui. Dieci uomini erano entrati nella sua stanza. Quando chiese spiegazioni sull'oltraggio, Mankov, il leader del gruppo, gli disse di non fare domande e di vestirsi immediatamente. Anche Moura Budberg, che viveva con l'agente britannico, fu arrestato. Una volta arrivato alla Lubyanka n. 11, il quartier generale della Cheka di Mosca, Lockhart si presentò davanti a Yakov Peters, che lo avvertì gentilmente che si trattava di una questione molto seria. Il britannico gli ricordò che si trovava a Mosca su invito del governo sovietico e che gli erano stati promessi privilegi diplomatici. Egli fece una protesta formale e chiese di parlare con Chicherin, il Commissario per gli Affari Esteri. Peters ignorò le sue parole e chiese: "Conosce una donna di nome Kaplan? Apparendo calmo, Lockhart lo avvertì che non aveva il diritto di interrogarlo. La domanda successiva fu: "Dov'è Reilly?". Dopo avergli consigliato che era meglio dire la verità, lo fece incontrare con uno dei suoi uomini, il capitano Hicks, anch'egli arrestato sulla Lubianka. Moura, Lockhart e Hicks vivevano insieme nello stesso appartamento. Gli inglesi si resero conto che era evidente il loro coinvolgimento nell'attentato a Lenin.

Lockhart spiega poi come si è liberato di un imbarazzante quaderno in una tasca del suo cappotto: "Improvvisamente ho sentito nella tasca interna del mio cappotto un quaderno che conteneva in forma codificata una spiegazione del denaro che avevo speso. Gli agenti della Cheka avevano perquisito il mio appartamento. Probabilmente lo stavano cercando in quel momento, ma non avevano pensato di perquisire i vestiti che avevamo indossato al momento dell'arresto. Il taccuino era incomprensibile per chiunque tranne che per me, ma conteneva cifre e, se fosse caduto nelle mani dei bolscevichi, avrebbero trovato il modo di interpretarle in modo compromettente". Pensando a un modo per sbarazzarsi dell'opuscolo, chiese alle quattro guardie il permesso di andare al gabinetto. Due di loro lo accompagnarono e, mentre stava per chiudere la porta del bagno, scossero la testa negativamente e, stando di fronte a lui, gli ordinarono: "Lasciala aperta". Le condizioni antigieniche del luogo giocarono a favore dell'agente britannico: non c'era carta e le pareti erano macchiate da schizzi di escrementi: "Con la massima calma possibile, presi il quaderno, strappai le pagine in questione, le usai secondo le circostanze e tirai lo sciacquone. Funzionò. E mi sono salvato. Alle sei del mattino i Chekisti portarono Fanny Kaplan nella stanza dove si trovavano Lockhart e Hicks. Naturalmente cercavano di vedere se la donna reagisse in qualche modo che dimostrasse di conoscere i detenuti. Kaplan si avvicinò alla finestra e, senza muoversi, senza dire nulla, appoggiò il mento sulla mano e fissò la luce dell'alba. Lockhart conferma che Fanny Kaplan fu giustiziata senza processo prima che potesse scoprire se il suo tentativo era riuscito. Alle nove del mattino Peters stesso entrò per annunciare che Chicherin aveva ordinato di rilasciarli.

La misura fu momentanea. Il 3 settembre i giornali riportarono la scoperta di una "sensazionale cospirazione per rovesciare il governo sovietico". I giornali attribuiscono il complotto agli Alleati, accusati di voler schiacciare la rivoluzione e ristabilire lo zarismo, e un diplomatico britannico viene indicato come il principale sospettato. Con il titolo "Complotto degli alleati imperialisti contro la Russia sovietica", l'*Izvestia* pubblicò la storia in questi termini:

"Il 2 settembre fu liquidato un complotto organizzato da diplomatici britannici e francesi. Era guidato dal capo della missione britannica Lockhart, dal console generale francese Lavergne e da altri. Questo complotto, con l'aiuto di unità corrotte degli eserciti dei Soviet, mirava all'arresto del Consiglio dei Commissari del Popolo e alla proclamazione di una dittatura militare a Mosca. L'intera organizzazione, di tipo strettamente clandestino, con l'uso di documenti falsi e corruzione, è stata smascherata.

In particolare, furono scoperti documenti che indicavano che, in caso di successo del colpo di Stato, sarebbe stata pubblicata una falsa corrispondenza segreta del governo russo con il governo tedesco e che sarebbero stati fabbricati falsi trattati per creare un'atmosfera favorevole alla ripresa della guerra contro la Germania. I cospiratori hanno agito sotto la copertura dell'immunità diplomatica e sulla base di certificati firmati dal capo della missione britannica a Mosca, il signor Lockhart, di cui la Cheka All-Russian possiede ora numerose copie. È stato dimostrato che negli ultimi dieci giorni 1.200.000 rubli sono passati nelle mani di uno degli agenti di Lockhart, l'ufficiale dei servizi segreti britannici Reilly, a scopo di corruzione. Il complotto è stato scoperto grazie alla fermezza dimostrata dai comandanti delle unità a cui i cospiratori avevano rivolto le loro offerte di corruzione.

Un inglese fu arrestato mentre si nascondeva con i cospiratori. Dopo essere stato portato alla Cheka, dichiarò di chiamarsi Lockhart, rappresentante diplomatico della Gran Bretagna. Dopo aver verificato la sua identità, il prigioniero Lockhart è stato rilasciato senza indugio. L'indagine viene portata avanti con forza.

Il 4 settembre, Yakov Peters ricevette l'ordine di arrestare Bruce Lockhart per la seconda volta e fu imprigionato per un mese. L'8 fu trasferito dalla Lubyanka al Cremlino, dove le sue condizioni di detenzione migliorarono nettamente. Il motivo fu un'immediata azione di ritorsione da parte del governo britannico: Maksim Litvinov, l'omologo di Lockhart, il rappresentante non ufficiale dei bolscevichi a Londra, fu arrestato e imprigionato. Le trattative per uno scambio di prigionieri iniziarono immediatamente. Ben presto a Moura fu permesso di fare visita, a volte accompagnato dallo stesso Yakov Peters, portando beni come libri, caffè, vestiti, tabacco, prosciutto. Questi "lussi" miglioravano la loro vita quotidiana. Moura Budberg aveva definito il suo amante in questi termini: "Abbastanza intelligente, ma non abbastanza intelligente; abbastanza forte, ma non abbastanza forte; abbastanza debole, ma non abbastanza debole". Il 2 ottobre 1918 Lockhart lasciò Mosca in treno e arrivò al confine finlandese la sera di giovedì 3 ottobre. Lì attese per tre giorni alla stazione di Bieloostrov, finché non ebbe conferma che Litvinov era arrivato a Bergen. D'altra parte, Sidney Reilly (in Russia si è sempre parlato del "Complotto Reilly") non fu mai arrestato e mesi dopo i due si riunirono a Londra.

Il complotto di Lockhart, "The Lockhart Plot", i cui documenti sono rimasti segreti, è stato interpretato nel senso espresso dai titoli della stampa sovietica, cioè nel senso di propaganda emanata dal regime. Stalin, tuttavia, sapeva che Lockhart e Reilly erano stati usati e che dietro di loro si nascondeva Trotsky. Come è noto, Stalin succedette a Lenin a scapito di Trotsky. Dopo la morte di Lenin, avvenuta il 21 gennaio 1924, Trotsky doveva diventare il leader indiscusso dell'URSS e aveva nelle sue mani tutto il potere necessario per raggiungere questo obiettivo. Come si dirà più avanti, la moglie di Lenin, Nadehzda Krupskaya, cercò in tutti i modi di impedire a Stalin di prendere il potere dalla fazione trotskista. Fu allora che scoppiò nuovamente la lotta fratricida all'interno del partito.

Nel 1938 ebbe luogo il Processo dei Ventuno, uno dei famosi processi di Mosca che segnarono l'epurazione del trotskismo. Al suo studio dedicheremo l'intera sesta parte del prossimo capitolo. Ora, per concludere queste pagine sulla lotta per il potere tra trotskisti e leninisti, anticipiamo che nel processo del 1938 Nikolai Bukharin fu accusato di essere il leader del blocco trotskista, di aver cospirato per assassinare Lenin dopo la firma del Trattato di Brest-Litovsk e di aver organizzato l'attentato di agosto. Un'altra trotskista, Varvara Nikolaevna Yakovleva, testimoniò contro di lui.

Accusato anche di altri omicidi, tra cui quello di Gorky, Bukharin fu condannato e giustiziato. Durante il processo, cinque testimoni affermarono che Bukharin aveva ripetutamente proposto idee e piani per arrestare Lenin e distruggerlo fisicamente. Il pubblico ministero si rammaricò del fatto che Bukharin non avesse nemmeno provato a confutare le accuse di coloro che avevano testimoniato contro di lui. Nella sua arringa davanti al tribunale che lo processò, Bukharin negò di non aver fornito argomenti contro le accuse e ammise ai giudici che i trotskisti avevano impiegato "i metodi di lotta più criminali". Respinse l'accusa di aver cospirato per uccidere Lenin. Tuttavia, ammise: "I miei complici controrivoluzionari e io alla loro testa abbiamo cercato di assassinare la causa di Lenin, perseguita con enorme successo da Stalin. La logica di questa lotta ci ha condotto passo dopo passo nel pantano più oscuro". Bukharin, che stava cercando di salvarsi la vita, ha ripetutamente indicato Trotsky come la "principale forza motrice" dietro "metodi altamente sviluppati di spionaggio e terrorismo".

PARTE 4
LA RIVOLUZIONE SI DIFFONDE IN GERMANIA E UNGHERIA IN GERMANIA E IN UNGHERIA

Dopo la firma del Trattato di Brest-Litovsk, la Germania cercava una vittoria decisiva sul fronte occidentale che le avrebbe dato la vittoria finale nella guerra. La Gran Bretagna, a causa del suo impegno nei confronti del sionismo e contrariamente all'opinione di alcuni dei suoi generali più prestigiosi, era impegnata in una campagna in Palestina che metteva in pericolo la stabilità del fronte francese. Il 21 marzo 1918 i tedeschi lanciarono la potenzialmente decisiva campagna di primavera. Gli inglesi pagarono a caro prezzo la loro imprudenza e 175.000 soldati furono fatti prigionieri. Vista la gravità della situazione, le truppe provenienti dalla Palestina furono urgentemente trasferite in Europa. Il 15 luglio ebbe luogo una battaglia epocale, la Seconda battaglia della Marna, in cui erano già impegnati 85.000 soldati americani. I tedeschi riuscirono ad attraversare il fiume Marna vicino a Dormans e arrivarono a poco più di 100 chilometri da Parigi. Il 17 le truppe francesi, britanniche, americane e italiane riuscirono a fermare l'avanzata. Il 20 il generale Erich Ludendorff ordinò la ritirata e il 3 agosto i tedeschi si trovarono nel punto in cui era iniziata l'offensiva di primavera, tra i fiumi Aisne e Vesle.

Mentre decine di migliaia di soldati perdevano la vita sul fronte, le tattiche disfattiste utilizzate in Russia venivano riproposte in Germania: scioperi, che lasciavano le truppe senza rifornimenti (nel gennaio 1918 scioperarono mezzo milione di operai, soprattutto nelle fabbriche di armamenti); campagne della stampa ebraica, la stessa che nel 1914 aveva entusiasticamente tifato per la guerra; propaganda nelle caserme, dove si seminava il disfattismo, alimentando l'insubordinazione e minando il morale. E ancora, come in Russia, quasi tutti i leader comunisti che guidarono la rivoluzione in Germania e Ungheria erano ebrei. Come già detto, la propaganda bolscevica in Germania fu finanziata e organizzata da William B. Thompson e Raymond Robins. Quando Trotsky divenne Commissario per gli Affari Esteri, istituì un Dipartimento Stampa, diretto dall'ebreo polacco Karl Rádek (Tobias Sobelsohn), a cui era collegato il Dipartimento di Propaganda Rivoluzionaria Internazionale, diretto da un altro ebreo, Boris Reinstein. Tramite questo Dipartimento veniva distribuito ai fronti il giornale in lingua tedesca *Die Fackel (La Torcia)*, di cui venivano pubblicate mezzo milione di copie al giorno. Tre agenti del Dipartimento Propaganda, Robert Minor, Philip Price e il già citato Jacques Sadoul, furono inviati in Germania per ordine del Comitato Esecutivo Centrale. I servizi segreti francesi, britannici e americani individuarono le loro attività e

Scotland Yard riferì che Price e Minor avevano scritto anche opuscoli per le truppe britanniche e americane.

In autunno era chiaro che la Germania non poteva vincere la guerra, ma nemmeno gli Alleati sembravano in grado di farlo. Il fronte orientale era ancora inattivo e non c'erano truppe straniere sul suolo tedesco. Non ce n'erano mai state. Quando l'11 novembre fu firmato l'armistizio, le truppe tedesche erano ben trincerate sul territorio francese e belga. Berlino distava 1.400 chilometri dal fronte e l'esercito si riteneva in grado di difendere il Paese da un'ipotetica invasione alleata. Il Kaiser, come aveva fatto nel 1916, si era nuovamente offerto di negoziare una pace a condizioni accettabili per tutte le parti. Ma il tradimento e la propaganda stavano minando il fronte interno. I sindacati marxisti e i politici socialisti, alleati con i magnati della stampa sionista, stavano unendo i loro sforzi per demoralizzare la popolazione e destabilizzare il Paese. Guglielmo II, nonostante non fosse stato sparato un colpo sul suolo tedesco, fu costretto ad abdicare.

La sequenza cronologica degli eventi aiuterà il lettore a collocare correttamente una serie di avvenimenti storici che si sono svolti ad un ritmo vertiginoso. Il primo nome che compare è quello del generale Ludendorff. Fu lui a convincere il maresciallo Hindenburg della necessità di un armistizio che salvasse l'esercito, che in realtà non era stato sconfitto. Ludendorff, che Hitler accusò di essere massone nel 1927, anno in cui il generale pubblicò l'opera *Distruzione della Massoneria mediante la rivelazione dei suoi segreti*, concordò con il ministro degli Esteri von Hintze una riforma della Costituzione e un piano per una maggioranza parlamentare che appoggiasse il governo nella richiesta di armistizio. Hindenburg si incontrò con l'Imperatore, che accettò la proposta il 29 settembre 1918. Il 3 ottobre, il Principe Massimiliano di Baden fu nominato Cancelliere dell'Impero e Primo Ministro di Prussia in sostituzione di Georg Hertling e rimase in carica fino al 9 novembre. Il principe di Baden formò un governo con la partecipazione dei principali partiti tedeschi, compresi i socialisti. Due giorni dopo la sua nomina, il 5 ottobre, il nuovo cancelliere, pensando ingenuamente di poter contare sul presidente Wilson per mediare una pace accettabile, si rivolse al Reichstag esortandolo ad accettare qualsiasi proposta democratica proveniente dalla Casa Bianca. Riferendosi alle aspirazioni di pace del governo imperiale, alludeva ai famosi quattordici punti formulati l'8 gennaio 1918 da Wilson nel suo discorso al Congresso degli Stati Uniti, in particolare quello dell'autodeterminazione dei popoli, e proponeva l'istituzione di organi rappresentativi nelle province baltiche e in Polonia. Il principe Massimiliano chiese quindi la mediazione di Woodrow Wilson per negoziare la pace con le nazioni alleate. La risposta fu una richiesta di resa incondizionata. Tuttavia, il 28 ottobre Massimiliano di Baden riuscì ad approvare una riforma costituzionale che istituiva la piena democrazia.

Dopo aver appreso la richiesta di resa incondizionata, l'esercito reagì con rabbia. Il 26 ottobre Ludendorff chiese al Principe di Baden di interrompere i negoziati. Non riuscendovi, si dimise. Due giorni prima, alle dieci di sera del 24, Hindenburg aveva firmato il seguente ordine per i suoi soldati al fronte:

"Per l'informazione delle truppe:
Nella sua risposta Wilson afferma di essere pronto a proporre agli alleati di avviare negoziati per un armistizio, ma che l'armistizio deve lasciare la Germania così indifesa da non poter riprendere le armi. Egli negozierà la pace con la Germania solo se quest'ultima accetterà tutte le richieste degli alleati americani sull'assetto costituzionale interno della Germania; altrimenti non ci sarà altra opzione che la resa incondizionata. La risposta di Wilson è una richiesta di resa incondizionata. È quindi inaccettabile per noi soldati. Dimostra che il nostro nemico desidera la nostra distruzione..... Dimostra inoltre che i nostri nemici usano la frase "Pace e Giustizia" solo per ingannarci e spezzare la nostra resistenza. La risposta di Wilson non può significare nulla per noi soldati se non la sfida a continuare la nostra resistenza con tutte le nostre forze. Quando i nostri nemici sapranno che nessun sacrificio potrà ottenere la rottura del fronte tedesco, allora saranno pronti per una pace che salvaguardi il futuro del nostro Paese per la maggioranza del nostro popolo".

Rivolta dei marittimi a Kiel

Solo la Royal Navy superava in numero la Marina Imperiale, la seconda flotta più grande del mondo, anche se a causa della mancanza di porti alleati non aveva mostrato tutto il suo potenziale. Solo i sottomarini avevano aggirato il blocco britannico del Mare del Nord. Al largo delle coste del Sud America era stata combattuta la battaglia delle isole Falkland, ma l'unica battaglia navale di rilievo era stata quella dello Jutland nel 1916, dove i britannici avevano subito le perdite più pesanti. Al momento della richiesta di Wilson di resa incondizionata, la Germania aveva ancora l'esercito più potente del mondo e lo Stato Maggiore decise di lanciare un'offensiva navale contro i porti britannici per dimostrare il suo totale rifiuto della pretesa del presidente americano. Questa decisione fornì il pretesto ideale per lanciare la ribellione dei marinai contro i loro ufficiali. I leader rivoluzionari avevano già accumulato una grande esperienza: al culmine della guerra contro il Giappone nel 1905, menscevichi e bolscevichi prepararono rivolte simultanee su tutte le navi della flotta del Mar Nero. Il fallimento fu dovuto all'impazienza dei marinai della Potemkin. Nel 1917, tuttavia, la rivolta dei marinai permise ai rivoluzionari di prendere il controllo della base di Cronstadt e della flotta del Mar Baltico. Durante la guerra, la propaganda socialista e anarchica, che ripeteva i metodi usati in Russia, si era diffusa nelle grandi basi navali tedesche e i marinai, imbevuti di idee rivoluzionarie, sapevano che i loro colleghi russi erano stati determinanti per il trionfo della rivoluzione. Anche loro aspiravano ad esserlo.

Tutto ebbe inizio a Wilhelmshaven, il quartier generale della flotta tedesca, dove si stavano assemblando le navi per l'attacco. Il 29 ottobre gli equipaggi delle navi *Thüringen* ed *Helgoland* disobbedirono all'ordine di prendere il mare. Nella notte tra il 29 e il 30, la ribellione perfettamente organizzata prese il via. I marinai, dopo aver arrestato i loro ufficiali, si impadronirono di diverse navi. L'ammutinamento si estese ai marinai a terra, che si rifiutarono di imbarcarsi sulle unità navali che dovevano prendere il mare. La rivolta fu forse sedata momentaneamente, ma l'alto comando fu costretto a rinviare l'attacco. Contemporaneamente, si era verificato un ammutinamento all'interno delle unità della terza squadra, che era già in mare. Questa sincronizzazione delle azioni porta a concludere che tutto era stato pianificato in anticipo. Circa mille uomini furono arrestati e dovevano essere sbarcati per essere sottoposti alla corte marziale. Il 1° novembre fu dato l'ordine di tornare a Kiel, dove una delegazione solidale con i detenuti chiese il loro rilascio, che fu rifiutato. Il 2 novembre, nella casa dei sindacati ("Gewerkschafsthaus"), le assemblee dei lavoratori dei cantieri navali e dei marinai elaborarono il piano per ulteriori azioni. L'alto comando della "Kaiserliche Marine", sorpreso e sopraffatto dalla situazione, non riuscì a reagire e nel giro di poche ore la rivolta si estese a tutta la flotta del Mare del Nord. Il 3 novembre, marittimi e operai abbandonarono le assemblee e tennero comizi congiunti. Tutte le fonti attribuiscono al tenente di vascello Steinhäuser la responsabilità di aver acceso la miccia dell'esplosione. Egli avrebbe ordinato di aprire il fuoco sui dimostranti, causando la morte di nove di loro. Un marine sparò e uccise l'ufficiale. Questo scatenò una rivolta generale, che prese la forma di un consiglio (Soviet) di soldati e lavoratori il 4 novembre. Gli ufficiali furono disarmati e il Consiglio prese il controllo della base navale e della città di Kiel. Le navi furono occupate, le bandiere rosse furono issate sulla maggior parte di esse e i prigionieri ammutinati ancora trattenuti all'interno furono liberati. Nel pomeriggio, i soldati dell'esercito che erano stati inviati per sedare la ribellione si unirono alla rivolta. Quarantamila marinai, soldati e operai insorti che chiedevano l'abdicazione del Kaiser Guglielmo II erano diventati padroni della situazione.

In serata, il deputato SPD Gustav Noske giunse in città a nome del governo di Massimiliano Baden. Noske avanzò una serie di proposte che dovettero soddisfare il Consiglio dei Lavoratori e dei Soldati, poiché fu nominato governatore della città. Nel frattempo, gli eventi di Kiel si erano diffusi a macchia d'olio in tutto il Paese e manifestazioni contro il regime imperiale e la prosecuzione della guerra avevano avuto luogo a Berlino, in Baviera e nella zona della Ruhr. Gli eventi si susseguirono a ritmo serrato. I socialisti chiesero l'abdicazione di Guglielmo II.

Il 6 novembre il principe Massimiliano di Baden non riuscì a convincere l'imperatore ad abdicare al nipote per salvare la monarchia. La sera del 7 novembre, camion con bandiere rosse pattugliano la città di

Monaco e l'8 novembre un soviet di soldati operai e contadini guidato dall'ebreo Kurt Eisner proclama la Repubblica bavarese. Il 9 novembre, il cancelliere Massimiliano di Baden annunciò da solo l'abdicazione dell'imperatore e del principe ereditario. In seguito, convinto dai socialisti, si dimise e cedette la carica di cancelliere al leader socialdemocratico Friedrich Ebert. Lo stesso giorno Philipp Scheidemann proclamò dal Reichstag quella che in seguito sarebbe stata conosciuta come Repubblica di Weimar. Due ore dopo un altro ebreo, Karl Liebknecht, proclamò una seconda repubblica dal balcone del palazzo imperiale: la Repubblica Libera e Socialista di Germania. Guglielmo II accettò l'abdicazione dopo che il generale Wilhelm Gröner sostituì Ludendorff, il cui piano, agli occhi dell'imperatore, aveva causato la disfatta. Gröner annunciò al Kaiser che l'esercito avrebbe obbedito agli ordini di Hindengurg, il quale, imbarazzato, consigliò all'imperatore di abdicare. Il 10 novembre Guglielmo II attraversò il confine in treno e andò in esilio in Olanda. La Rivoluzione di novembre aveva raggiunto il suo primo obiettivo: rovesciare la monarchia. L'11 novembre un altro ebreo, il socialista Paul Hirsch, divenne ministro-presidente della Prussia.

Dalla smobilitazione all'insurrezione spartachista

Ciò che era stato preparato per anni in Russia doveva essere realizzato in poche settimane in Germania, dove, tra l'altro, non c'era nessun Kerensky disposto a cedere il potere ai comunisti quando questi lo avessero richiesto. I socialdemocratici tedeschi, come nel caso del governo massonico in Russia, erano d'accordo con i comunisti sulla necessità di eliminare la monarchia; ma, in quanto principale partito rappresentativo della società tedesca, non potevano arrendersi da un giorno all'altro alle forze rivoluzionarie. Nelle elezioni del 1912 la SPD aveva ottenuto il 35% dei seggi al Reichstag, ed era sua responsabilità guidare il processo verso una repubblica democratica. Tuttavia, nell'aprile del 1917 si verificò una scissione interna: l'ala sinistra del partito si divise e formò il Partito Socialdemocratico Indipendente di Germania (USPD), noto come Socialisti Indipendenti. Questi, come i menscevichi, accettarono sia il parlamentarismo che i consigli rivoluzionari che avrebbero dovuto supervisionarlo.

Più a sinistra dell'USPD c'era la Lega Spartachista, fondata da Rosa Luxemburg e Karl Liebknecht. Il nome "Spartakusbund" o Lega Spartacus fa sempre riferimento al capo degli schiavi che si ribellarono a Roma, ma Spartacus era anche il nome segreto di Adam Weishaupt, fondatore dell'Illuminismo bavarese, la setta che cercava di eliminare tutte le monarchie e le religioni. Questi due marxisti ebrei avevano scelto di lasciare l'USPD e di formare un partito rivoluzionario che aspirava a seguire l'esempio della rivoluzione bolscevica e a stabilire la dittatura del proletariato. Il 30 dicembre 1918 la Lega aderì al Comintern (Internazionale

Comunista) e divenne il Partito Comunista di Germania (KPD). Al congresso di fondazione del KPD, Karl Radek si presentò come agente del Comintern, indossando un'uniforme sovietica. Il primo Comitato Centrale era guidato da leader ebrei. Tra i più importanti, accanto a Rosa Luxemburg, vi erano Leo Jogiches, suo stretto collaboratore (erano amanti), August Thalheimer e Paul Levi. Quest'ultimo dichiarò nel suo discorso che "la strada del proletariato verso la vittoria poteva passare solo sul cadavere dell'Assemblea Nazionale". Un'ulteriore prova del controllo ebraico sul Partito Comunista Tedesco è il fatto che quasi tutti i segretari della leadership: Bertha Braunthal, Mathilde Jacob , Rosa Leviné, Rosi Wolfstein, Kathe Pohl (Lydia Rabinovich) erano ebrei.

Mentre Guglielmo II lasciava la Germania, i socialdemocratici decisero lo stesso giorno, il 10 novembre, di affidarsi ai socialisti indipendenti per formare un governo provvisorio, che si chiamò Consiglio dei Commissari del Popolo, composto da sei membri, tre socialdemocratici e tre socialisti indipendenti. L'11 novembre, appena tre settimane dopo l'ordine di Hindenburg che invitava i suoi soldati a resistere, il governo accettò l'armistizio di Compiègne sulla base dei Quattordici Punti di Wilson. Il 12 fu istituito un Consiglio Esecutivo Provvisorio, controllato dalla SPD, che fungeva da collegamento tra il Governo Provvisorio e i Consigli del Popolo. Il 13 novembre, ignorando la richiesta di resa incondizionata, il governo indirizzò una nota diplomatica al presidente americano in cui esprimeva comunque fiducia nell'approccio di Wilson agli altri alleati per salvaguardare gli interessi tedeschi. Il testo si concludeva così: "Il popolo tedesco, quindi, in quest'ora fatidica, si rivolge nuovamente al Presidente con la richiesta che egli usi la sua influenza presso le potenze alleate per mitigare queste terribili condizioni".

Il 15 novembre il governo provvisorio raggiunse un patto con i sindacati e i lavoratori ottennero le seguenti garanzie: giornata lavorativa di otto ore senza riduzione dei salari, rinuncia all'azione dei datori di lavoro contro i sindacati, regolamentazione del lavoro attraverso contratti collettivi. A imitazione dei congressi pan-russi dei Soviet, dal 16 al 20 dicembre fu convocato a Berlino un Congresso pan-tedesco dei Consigli. Al Congresso parteciparono circa cinquecento delegati, di cui solo dieci spartachisti, che chiesero la destituzione del generale Hindenburg e lo scioglimento dell'esercito per creare una guardia i cui ufficiali sarebbero stati eletti dai loro uomini. Il Congresso, tuttavia, sostenne le tesi dei socialdemocratici, che chiedevano elezioni generali per un'Assemblea Nazionale Costituente, il che implicava la scomparsa del Congresso dei Consigli, che fu sciolto.

Le "terribili condizioni" erano state presentate a Matthias Erzberger, che guidava la delegazione tedesca che firmò l'armistizio di Compiègne in una carrozza ferroviaria l'11 novembre. Alla Germania fu chiesto di ritirarsi da Francia, Belgio, Lussemburgo e Alsazia-Lorena, di rimuovere le truppe dal fronte orientale, di rinunciare al Trattato di Brest-Litovsk, di consegnare quasi tutto il materiale bellico: aerei, cannoni, mitragliatrici, mortai, locomotive, vagoni ferroviari, nonché l'internamento della flotta tedesca, che comportava il suo trasferimento a Scapa Flow. Mesi dopo, nella base britannica, l'ammiraglio Ludwig von Reuter ordinò ai suoi ufficiali di affondare le navi per evitare che fossero prese dagli inglesi. Va notato che l'armistizio non implicava la resa incondizionata della Germania, ma piuttosto l'immediata cessazione delle ostilità da entrambe le parti e il ritiro delle truppe ai confini prebellici come passo preliminare alla negoziazione di un trattato di pace. Incomprensibilmente, però, mentre le truppe tedesche si ritiravano, il Governo Provvisorio, su pressione dei socialisti indipendenti e degli spartachisti, ordinò la smobilitazione generale delle forze armate.

L'11 novembre la Germania aveva ancora una potente macchina militare, un mese dopo non aveva più nulla. La Germania, indifesa e prostrata, non poté più negoziare sui quattordici punti di Wilson, ma dovette accettare le umilianti condizioni che si addicevano a uno Stato sconfitto e che si concretizzarono nel Trattato di Versailles che, come dichiarò Lord Curzon, "non era un trattato di pace, ma una rottura delle ostilità". Prima della guerra, la Germania era la prima potenza industriale d'Europa e il Paese che investiva di più nella ricerca scientifica, motivo per cui la scienza tedesca era al primo posto nel mondo e il tedesco era la lingua scientifica per eccellenza. Molti tedeschi, stupefatti, non riuscivano a capire come da un giorno all'altro la Germania, il cui potenziale economico, industriale e scientifico era ancora intatto, con un esercito le cui truppe occupavano ancora parti del territorio nemico e che aveva sconfitto la Russia, si fosse improvvisamente arresa in ufficio. Da qui la tesi nazionalsocialista secondo cui la Germania non era stata sconfitta sul campo di battaglia, ma pugnalata alle spalle da traditori comunisti guidati dagli ebrei.

Il legame dei rivoluzionari ebrei tedeschi con i giudeo-bolscevichi era un fatto dichiarato che nessuno faceva alcuno sforzo per nascondere. Adolf Abramovich Joffe, ambasciatore ebreo del governo sovietico a Berlino, un convinto trotskista che, insieme a Kamenev e Radek, aveva fatto parte della delegazione bolscevica a Brest-Litovsk, era assolutamente convinto del trionfo della rivoluzione. Il 2 novembre 1918, dopo aver saputo della ribellione dei marinai a Kiel, Joffe aveva annunciato a Karl Liebknecht che entro una settimana la bandiera rossa avrebbe sventolato al Palazzo di Berlino. Nel dicembre 1918 Joffe ricordò pubblicamente a Hugo Hasse, il leader ebreo dei socialisti "indipendenti" dell'USPD, di aver ricevuto il suo aiuto finanziario. Nella stessa dichiarazione rivelò di aver messo dieci milioni di rubli a disposizione del dottor Oskar Kohn, un altro ebreo della SPD che, oltre a essere membro del Parlamento, era stato nominato l'11 novembre 1918 sottosegretario di Stato al Ministero della Giustizia. Joffe fu citato per dire che aveva "garantito al signor Kohn il diritto di disporne nell'interesse della rivoluzione tedesca". Con assoluta impudenza, Oskar Kohn ammise che la sera del 5 novembre aveva effettivamente ricevuto questa somma e che aveva "accettato volentieri" l'aiuto finanziario. Naturalmente Oskar Kohn, che era consulente legale dell'Ambasciata russa a Berlino, doveva ritenere che l'accettazione della carica di Sottosegretario di Stato alla Giustizia fosse perfettamente compatibile con la ricezione di finanziamenti stranieri per la rivoluzione. Il 6 novembre, dopo che fu accertato che l'ambasciata forniva agli spartachisti armi, materiale propagandistico e denaro su larga scala, Joffe e la delegazione sovietica furono espulsi con l'accusa di pianificare una rivolta comunista. Lo stesso Joffe ammise in seguito che l'ambasciata sovietica a Berlino era stata "il quartier generale dello Stato Maggiore della rivoluzione tedesca". Dopo l'espulsione di Joffe, fu inviato in Germania Karl Rádek (Tobias Sobelsohn), capo del Dipartimento Internazionale di Propaganda istituito da Trotsky. Sotto la guida di Radek, la propaganda comunista raggiunse il suo apice a Monaco.

La disorganizzazione e il caos nell'esercito furono la conseguenza immediata dell'inconcepibile ordine di smobilitazione. Mentre i soldati tornavano a casa come meglio potevano, alcuni da punti distanti duemila chilometri, la situazione a Berlino diventava sempre più tesa. Il 23 dicembre, la Divisione Marina del Popolo ("Volksmarinedivision"), appena costituita a Kiel, si impadronì della Cancelleria del Reich e trattenne il Cancelliere Ebert nel suo ufficio fino a quando la situazione non fu riportata sotto controllo. Era solo un'anticipazione di ciò che sarebbe accaduto in seguito. Dopo la decisione di trasferire il potere a un'Assemblea Costituente, il 19 gennaio 1919 fu fissata la data delle elezioni. La Lega Spartaco, ora KPD (Partito Comunista di Germania), rendendosi conto di non avere alcuna possibilità nella competizione elettorale, chiese di non partecipare al processo e cercò di prendere il potere con un colpo di Stato. I socialisti indipendenti, il cui leader era il già citato Hugo Hasse, convinti dopo la scaramuccia del 23 dicembre che il trionfo del comunismo fosse imminente, ritirarono i loro tre commissari dal governo provvisorio, che rimase così esclusivamente nelle mani della SPD.

Il 4 gennaio 1919 il cancelliere Ebert, dopo l'uscita dal governo dei tre commissari socialisti indipendenti, licenziò Emil Eichhorn da capo del Dipartimento di Polizia, carica che ricopriva dal 9 novembre 1918. Eichhorn, che nell'aprile 1917 era stato uno dei membri di sinistra che avevano formato l'USPD e che dall'agosto 1918 era il direttore berlinese della ROSTA (Agenzia di stampa sovietica), non accettò la decisione di Ebert e sostenne di essere stato nominato dagli operai berlinesi e che solo loro potevano licenziarlo. Presumibilmente protetto da operai armati che occupavano l'edificio, rimase al suo posto. Insieme a Eichhorn, quattro socialisti ebrei, Kurt Eisner (Kamonowsky) Karl Kautsky, Rudolf Hilferding e Paul Levi, avevano guidato il gruppo che aveva portato alla scissione della SPD. Quest'ultimo, Levi, che aveva già aderito al Partito Comunista, fu l'organizzatore delle proteste contro il licenziamento di Eichhorn: oltre a stampare volantini antigovernativi, fu organizzata una manifestazione a cui parteciparono socialisti indipendenti, il Partito Comunista e anche militanti socialdemocratici. Le richieste erano: annullamento del licenziamento di Eichhorn, disarmo delle forze controrivoluzionarie e armamento del proletariato.

Il 5 gennaio la Divisione Marina del Popolo, agli ordini dei comunisti e dei socialisti più radicali, occupò la sede del giornale socialdemocratico *Vörwarts*, le cui opinioni non piacevano ai comunisti. In questo giornale era stato scritto, ad esempio, che "un certo Levi e la chiacchierona Rosa Luxemburg, che non sono mai stati accanto a una morsa in una banca o in un'officina, stanno per rovinare tutto ciò che i nostri padri hanno sognato". Una volta liberato dall'occupazione con un'incursione, il 12 gennaio 1919 *Vorwärts* definì Luxemburg, Trotsky e Radek, che citava con i loro nomi ebraici di Bronstein e Sobelsohn, "asiatici e mongoli della Russia".

Lo sciopero generale che paralizzò Berlino il 6 gennaio 1919 doveva essere il colpo finale contro il governo di Friedrich Ebert. Comunisti e socialisti indipendenti trasformarono lo sciopero in un'insurrezione armata. Una battaglia scoppiò nelle strade della capitale e i rivoluzionari presero il controllo del centro della città. I socialdemocratici non riuscirono a raggiungere un accordo con i comunisti e Karl Liebknecht invitò i lavoratori a prendere le armi per rovesciare il governo. La disastrosa smobilitazione delle forze armate era stata richiesta dagli spartachisti, le cui cellule all'interno del governo provvisorio avevano abilmente manovrato per raggiungere questo obiettivo. Berlino e la Germania erano in balia dell'insurrezione. Vista la gravità della situazione, Gustav Noske, ministro della Difesa, decise di ricorrere a ciò che rimaneva dell'esercito, ossia la fedele guarnigione di Potsdam e i "Freikorps", organizzazioni antirepubblicane composte da ex soldati. Rosa Luxemburg e Karl Liebknecht invitarono i soldati dei soviet o dei consigli a unirsi agli operai con le loro armi. Gli scontri urbani che ne seguirono divennero noti come la "settimana di sangue". Alla fine, dopo cinque giorni di combattimenti, i Freikorps schiacciarono la rivolta comunista e riconquistarono Berlino.

Tuttavia, la guerra civile si trascinò per diversi mesi in alcune località, poiché si era estesa a Brema, Saarland, Baviera, Amburgo, Magdeburgo e Sassonia. Il tentativo di instaurare la dittatura del proletariato in Germania causò migliaia di morti, tra cui Karl Liebknecht e Rosa Luxemburg, che furono assassinati. Rosa Leviné, che era sposata con due leader comunisti ebrei, Eugen Leviné, allora editore di *Rote Vorwärts*, ed Ernst Meyer, era in ospedale in quel periodo. Come scrisse in seguito, un'edizione supplementare annunciò l'assassinio dei leader del KPD e la notizia fu accolta con giubilo: "tutti gridavano e ballavano di gioia". I due leader comunisti, arrestati all'Hotel Eden, non furono portati davanti a un tribunale, ma furono giustiziati praticamente sul posto la notte del 15 gennaio 1919. Il corpo senza vita di Rosa Luxemburg fu gettato da un ponte in un canale. Il

31 maggio fu ritrovato da una chiusa e, dopo l'identificazione, fu sepolto il 13 giugno.

Dopo la morte di Rosa Luxemburg, il suo inseparabile Leo Jogiches, il cui nome di battaglia era Tyscha, divenne di fatto il nuovo leader del partito fino a quando, arrestato e imprigionato all'inizio di marzo, fu assassinato dalla polizia prussiana nella prigione di Moabit il 10 marzo 1919. Paul Levi, figlio di banchieri ebrei, fu eletto successore dei leader uccisi alla guida del KPD. Levi trasformò il KPD in un partito di massa, convincendo molti lavoratori socialdemocratici alla causa e conquistando un'ampia sezione dell'USPD ai comunisti. August Thalheimer, figlio di un industriale ebreo di Würtenberg e confidente di Radek, succedette a Rosa Luxemburg come caporedattore di *Rote Fahne* (*Bandiera Rossa*), diventando così il nuovo ideologo del Partito Comunista Tedesco. Jogiches fu sostituito dal suo vice Leo Flieg, discendente da una famiglia ebraica berlinese, che ricoprì la carica di segretario organizzativo del Comitato Centrale. Flieg era anche il collegamento tra i servizi segreti del Comintern (OMS) e amministrava i fondi che affluivano in dollari alla Germania da Mosca. In *Antisemitismo, bolscevismo ed ebraismo*, Johannes Rogalla von Bieberstein spiega che i milioni furono distribuiti dal "compagno Thomas ", un altro ebreo di fiducia di Trotsky, Radek e Bukharin, il cui vero nome era Jacob Reich , sebbene usasse anche il cognome Rubinstein. Questo denaro fu utilizzato per la formazione di un'Armata Rossa, organizzata in Secoli Proletari, che avrebbe dovuto prendere il potere in Germania in un futuro molto prossimo. Per i suoi contatti con la Russia, il "compagno Thomas" aveva a disposizione due aerei a noleggio.

Nonostante ciò, le elezioni si sono tenute, con un'affluenza alle urne dell'82,8%. I socialdemocratici della SPD hanno ottenuto il 37,9% dei voti e 165 seggi. Il secondo partito è stato il centrista cattolico ZP ("Zentrumspartei"), che ha ottenuto il 19,7% dei voti e 91 seggi. Il DDP ("Deutsche Demokratische Partei"), democratico di sinistra, ha ottenuto il 18,6% e 75 seggi. La quarta forza politica in termini di voti è stata il DVNP ("Deutsche Nationalen Volkspartei"), un partito conservatore, antirepubblicano e pantedesco, che ha ottenuto il 10,3% dei voti e 44 seggi. Solo al quinto posto i socialisti indipendenti dell'USPD, che, a differenza dei comunisti del KPD, parteciparono alle elezioni e ottennero solo il 7,8% dei voti, che si tradussero in 33 seggi. Infine, la destra liberale del DVP ("Deutsche Volkspartei") di Gustav Stresemann ottenne il 4,4% e 19 seggi. Il Partito Socialdemocratico strinse un patto con i partiti centristi e si formò la cosiddetta Coalizione di Weimar. Friedrich Ebert fu eletto Presidente della Repubblica e Scheidemann fu nominato capo del governo.

Vista la scarsa rappresentatività dei socialisti indipendenti, è ridicolo che i leader del Partito Comunista si ritengano legittimati a usare le masse manipolate che stanno al loro gioco per organizzare un colpo di Stato e imporre la loro dittatura del proletariato alla Germania. In ogni caso, come dimostrato in Russia, dove i bolscevichi sciolsero il parlamento con la forza delle armi, la democrazia contava poco per loro. Nelle sue famose *Tesi di Aprile* Lenin aveva espresso senza mezzi termini il suo disprezzo per la repubblica parlamentare e per il processo democratico. Si trattava piuttosto di sterminare il nemico di classe. "Chiunque accetti la guerra di classe", scrisse nel 1916, "deve accettare la guerra civile, che in ogni società di classe rappresenta la naturale continuazione, lo sviluppo e l'accentuazione della guerra di classe".

La Repubblica Sovietica Bavarese

Nel 1918, quando la guerra in Francia era ancora in corso, Kurt Eisner (Salomon Kuchinsky), massone di alto rango che si faceva chiamare "Von Israelovitch" nelle logge polacche e tedesche, aveva organizzato scioperi nelle fabbriche di munizioni e promosso agitazioni, per le quali era stato imprigionato. Eisner frequentava il *Café Stefanie*, dove lui e Gustav Landauer, Ernst Toller, Erich Mühsam e Edgar Jaffé, tutti scrittori o intellettuali ebrei, preparavano la loro strategia rivoluzionaria. Nelle loro elucubrazioni questi sinistri personaggi guardavano al sistema russo dei soviet di soldati e operai come modello da seguire. Il 7 novembre 1918, davanti a un'assemblea popolare sulla Theresienwiese di Monaco, Kurt Esiner, appollaiato su un camion, proclamò lo Stato Libero di Baviera. Lo stesso giorno l'ultimo re bavarese, Ludwig III, si dimise dal trono. L'autoproclamato Eisner, che era già diventato ministro-presidente della Baviera, volle perseguire una politica estera opposta a quella del Ministero degli Esteri tedesco e il 10 novembre si appellò a tutte le nazioni, il che equivaleva a un tradimento del suo Paese. Tra le prime decisioni di Eisner vi fu la nomina del suo segretario privato, affidata all'ebreo Felix Fechenbach.

Nella notte tra il 6 e il 7 dicembre, Erich Mühsam, uno dei colleghi di Eisner, ordinò ai soldati rivoluzionari di occupare cinque giornali borghesi e di dichiararli socializzati. Pochi giorni dopo, il 12 dicembre, il nuovo ministro-presidente della Baviera rifiutò in un discorso qualsiasi potere diverso da quello dei soviet dei soldati e degli operai. Nonostante tutte queste manifestazioni dittatoriali, le elezioni parlamentari provinciali del 12 gennaio 1919 dimostrarono che coloro che avevano preso il potere erano in minoranza, ottenendo solo il 2,5% dei voti. La carriera di Kurt Eisner terminò bruscamente il 21 gennaio, quando fu ucciso da Anton Graf Arco auf Valley. In *Antisemitismo, bolscevismo ed ebraismo* Rogalla von Bieberstein indica la possibilità che il giovane Graf fosse collegato alla Società Thule, controrivoluzionaria e antisemita. Secondo questo autore, è possibile che la Società non lo abbia accettato come membro perché sua madre proveniva dalla famiglia di banchieri ebrei Oppenheim. A causa di questo rifiuto, Anton Graf avrebbe voluto dimostrare la sua fede patriottica con un atto decisivo.

La rimozione di Eisner radicalizzò la situazione. La Dieta bavarese (Landtag) che emerse dalle elezioni fu completamente emarginata dai consigli o soviet. Il 7 aprile, lo scrittore ebreo Ernst Toller, un altro degli ospiti del *Café Stefanie*, proclamò una repubblica conciliare o sovietica su istigazione della Russia di Lenin e dell'Ungheria di Bela Kun. Accanto a Toller, che era presidente del Consiglio Centrale dei Soviet e comandante dell'Armata Rossa, erano leader gli anarchici Gustav Landauer e Erich Mühsam. Il Comintern, attraverso il Partito Comunista Tedesco (KPD), inviò immediatamente Eugen Leviné (Nissen Berg), Tobias Axelrod e Max Levien, tre rivoluzionari ebrei di origine russa, per riorientare e consolidare la situazione. Il terzo, Levien, era un amico personale di Trotsky e Lenin. Questi commissari del Comintern presero rapidamente il potere e il 13 aprile la repubblica proclamata da Toller fu ribattezzata Repubblica Sovietica Bavarese. Con la propria Armata Rossa e il proprio Tribunale Rivoluzionario, la nuova Repubblica Sovietica ruppe ogni legame con la Repubblica di Weimar. Leviné divenne presidente del Consiglio dei Commissari del Popolo. Nel suo discorso proclamò: "Oggi la Baviera ha finalmente instaurato la dittatura del proletariato. Viva la rivoluzione mondiale!

La nuova dittatura esasperò la popolazione, che vide come un gruppo di leader ebrei, alcuni dei quali non erano nemmeno tedeschi, avesse preso il potere. Naturalmente, l'odio nei confronti degli ebrei, considerati la causa di tutto ciò che stava accadendo, fu alimentato e nelle strade e nelle piazze della città scoppiarono violenti scontri. La già citata opera di Johannes Rogalla von Bieberstein è una preziosa fonte di informazioni su eventi poco noti di Monaco. Uno di questi ebbe luogo il 18 aprile, quando un gruppo di Guardie Rosse armate di fucili, pistole e granate prese d'assalto la casa del Nunzio Apostolico Giovanni Pacelli, il futuro Papa Pio XII, e gli puntò una pistola al petto. Dopo l'arresto, fu portato nella residenza di Max Levien, che, come capo supremo, governava di fatto la città di Monaco. Il nunzio descrisse in seguito il quartier generale di Levien in un rapporto inviato al Vaticano, che descrisse come "russo ed ebraico". Giovanni Pacelli fa riferimento a una "banda di donne di dubbio aspetto, ebree, come tutte, dal comportamento provocatorio". A capo di queste "segretarie" c'era la compagna di Levien, una giovane ebrea divorziata.

Il governo di Berlino decise finalmente di intervenire e tra il 30 aprile e l'8 maggio 1919 la Repubblica Sovietica fu rovesciata. Trentamila soldati dell'esercito e dei Freikorps furono inviati a Monaco per sottomettere la minoranza rivoluzionaria e ripristinare la legalità. Nel corso delle operazioni furono uccise circa seicento persone. Tra gli omicidi compiuti dalle Guardie Rosse vi fu l'uccisione di sette membri della *Thule Gesellschaft* (*Società Thule*), i cui uffici furono oggetto di un'incursione. Tra loro c'erano quattro aristocratici. È interessante notare che uno era Gustave von Thurn und Taxis; un altro, la contessa Heila von Westarp, una giovane e bella donna che fungeva da segretaria della Società. Presi in ostaggio, questi nobili furono giustiziati insieme ad altri nel *Luitpold Gymnasium*, che fungeva da caserma del quarto distaccamento dell'Armata Rossa di Monaco, il cui comandante era Rudolf Egelhofer. Nel tentativo di impedire la presa dell'edificio, il comandante ordinò di imprigionare ventidue prigionieri e si vendicò uccidendone gratuitamente dieci, poiché erano cittadini innocenti.

I Freikorps, da parte loro, compirono anche sanguinosi atti di vendetta, il più noto dei quali fu l'assassinio di Gustav Landauer, che era stato commissario all'istruzione. Nel cortile della prigione di Stadelheim, dove era stato portato, un sottufficiale, incoraggiato dai soldati che chiedevano la sua esecuzione, sparò a Landauer alla testa. Nonostante la gravità della ferita, Landauer era ancora vivo, così gli spararono di nuovo alla schiena mentre era a terra. Martin Buber, durante una conferenza sionista, definì Gustav Landauer "il nostro autista segreto". Eugen Leviné, considerato "un intruso in Baviera", fu effettivamente sottoposto alla corte marziale sotto il governo socialdemocratico di Hoffman. Condannato a morte per alto tradimento, fu giustiziato il 5 giugno 1919. Ernst Toller ed Erich Mühsam, invece, furono condannati a quindici anni di carcere, ma nel 1924 erano già liberi grazie all'amnistia per i prigionieri politici decretata dalla Repubblica di Weimar, la cui costituzione, tra l'altro, era stata sancita l'11 novembre 1919 sulla base di un progetto redatto dall'ebreo Hugo Preuss. Max Levien riuscì a fuggire a Vienna, dove fu arrestato. Le autorità tedesche ne chiesero l'estradizione, che però non fu concessa e nel 1920 Levien fu rilasciato.

Ungheria di Bela Kun

Lo smembramento dell'Impero austro-ungarico iniziò non appena ci si rese conto che la guerra era stata persa. Il 28 ottobre 1918 si tenne a Budapest una manifestazione per chiedere l'indipendenza e pochi giorni dopo nacque la Repubblica Popolare Ungherese. Durerà solo quattro mesi, perché il 21 marzo 1919 diventerà la Repubblica Sovietica Ungherese, che a sua volta durerà poco più di quattro mesi, esattamente centotrentatré giorni, fino al 4 agosto. Durante questo periodo, soldati, sacerdoti, proprietari terrieri, commercianti e professionisti di ogni settore furono assassinati impunemente. Il terrore era diffuso in Ungheria, dove decine di migliaia di persone, "nemici del popolo", persero la vita sotto il regime di Bela Kun.

Bela Kun (Aaron Kohn), nato nel 1866 in una provincia ungherese, era figlio di Mov Kohn e Rosalie Goldenberg. Utilizzò il suo nome ebraico fino al 1909, quando lo cambiò in Kun per ungheresizzarlo. Maestro massone di una loggia di Decebren, era anche membro del B'nai B'rith e dell'elitaria Loggia Shriner, per la quale era richiesto il 32° grado. Nel 1916 fu fatto prigioniero dai russi, ma nel febbraio 1917 fu liberato dal fratello massone Kerensky, con il quale naturalmente strinse una buona amicizia.

Nel 1918 lavorava già a Pietrogrado con i bolscevichi, che lo misero a capo di una scuola di propaganda a Mosca, da cui si occupò del proselitismo tra i sodali ungheresi detenuti in Russia. Incontrò personalmente Lenin e Radek, con i quali negoziò la fondazione dell'HCP (Partito Comunista Ungherese), che fu fondato a Budapest il 4 novembre 1918. Bela Kun non ci mise molto a diventare il leader di un Fronte Popolare.

José-Oriol Cuffi Canadell racconta in spagnolo ne *La sombra di Bela Kun* gli eventi più rilevanti che si sono verificati tra il 1918 e il 1919. Ci soffermeremo sulla rivoluzione comunista, sul regime di terrore imposto da Bela Kun e dalla cricca ebraica che prese il potere nel marzo del 1919, ma prima commenteremo in poche righe l'assassinio del conte István Tisza, sostenitore dell'unione con l'Austria, poiché la sua eliminazione fu un chiaro segnale di ciò che sarebbe accaduto. Dopo il suo ultimo discorso in Parlamento, il 17 ottobre 1918, la sua morte fu decisa in una riunione segreta del Consiglio nazionale dell'opposizione. Cuffi Canadell fornisce i nomi delle persone coinvolte nell'assassinio e spiega come è avvenuto.

Gli eventi iniziarono il 31 ottobre 1918. Nelle prime ore del mattino Nathan Kraus, un giornalista ebreo noto come Göndor, si mise a capo di un folto gruppo di assalitori che riuscirono a impadronirsi della caserma principale della capitale. Questo fu il segnale che diede il via alle danze, poiché portò all'immediata caduta del Primo Ministro Sándor Wekerle e spinse il conte Károlyi, l'ungherese Kerensky che guidava l'opposizione, a intervenire e a prendere il comando. La sera dello stesso giorno si consumò il secondo atto della tragedia. Due membri del Consiglio nazionale dell'opposizione, il capitano Cszerniak e i giornalisti ebrei Kéry e Fenyes, avevano offerto 100.000 corone ai criminali che avessero accettato l'incarico di assassinare il conte Tisza. Un soldato di nome Dobo, il marinaio Horvath Santa, il tenente Hüttner e altri due ebrei, Gärtner e Joseph Pogány, poi ministro dell'Istruzione, fecero irruzione di notte nella casa di Tisza, armati di fucili. Tre uomini entrarono nelle stanze del conte e, davanti agli occhi inorriditi della moglie e della nipote, la contessa Almassy, gli spararono tre volte. István Tisza era stato primo ministro dal 1913 al 1916.

La tattica per prendere il potere in Ungheria fu la solita. Il 16 novembre a Budapest fu proclamata la Repubblica e Károlyi divenne primo ministro. Da questo momento iniziò il processo di creazione dei soviet, seguito dalla convocazione di un congresso dei soviet per preparare la rivoluzione comunista. All'inizio del 1919, già in vista della presa del potere, circa 300 agitatori professionisti e agenti segreti arrivarono dalla Russia per rafforzare i rivoluzionari. Diverse fonti ebraiche ammettono che i comunisti ungheresi disponevano di "mezzi finanziari inesauribili" provenienti dalla Russia. Grazie a questi aiuti fu fondato il *Vörös Ujság* (*Giornale Rosso*). Come a Monaco, anche a Budapest i comunisti cercarono di appropriarsi dei giornali borghesi e socialisti per controllare l'opinione pubblica. La polizia riuscì a impedirlo, ma nell'irruzione nel giornale socialdemocratico *Nepzava*

(*La Voce del Popolo*) otto persone, tra cui alcuni poliziotti, furono uccise e un centinaio ferite. Bela Kun e il suo staff furono arrestati e imprigionati, nonostante la protesta di due ministri ebrei, Sigismund Kunfi, il cui vero nome era Kunstädter, e William Böhm, entrambi socialisti. Nel frattempo, il continuo afflusso in Ungheria di prigionieri rilasciati dai bolscevichi per diffondere il vangelo del comunismo stava gettando il Paese in uno stato di estrema agitazione.

Il primo ministro Mihály Károlyi, il nuovo Kerensky, diede a Bela Kun tutte le opportunità per forgiare l'unione dei partiti socialista e comunista con Kunfi e Böhm, che ebbe luogo il 21 marzo e portò alle dimissioni del governo del conte Károlyi, presumibilmente travolto dagli eventi. Bela Kun fu immediatamente rilasciato e fu proclamata la Repubblica Sovietica Ungherese. Già capo del governo e leader indiscusso della nuova repubblica, Bela Kun si considerava l'uomo chiamato a diffondere la rivoluzione mondiale in Europa. Infatti, si proclamò il massimo rappresentante di Lenin in Europa centrale e occidentale. Tra le sue priorità c'era l'immediata diffusione della rivoluzione in Slovacchia e in Austria per promuovere la "dittatura mondiale del proletariato". L'Armata Rossa ungherese iniziò così a diffondere il comunismo in Slovacchia, occupata in primavera. Il 16 giugno 1919 fu proclamata l'effimera Repubblica Sovietica Slovacca, che fu presto saccheggiata prima di essere rovesciata dall'avanzata di cechi e rumeni.

Durante la prima riunione dei commissari comunisti in Ungheria, le corti di giustizia furono abolite e furono istituiti dei tribunali rivoluzionari i cui giudici sarebbero stati eletti dal popolo. Stéphan Courtois e Jean-Louis Panné scrivono ne *Il libro nero del comunismo* che Bela Kun fu in costante contatto telegrafico con Lenin a partire dal 22 marzo. Questi autori riportano la cifra di duecentodiciotto messaggi scambiati. Lenin salutò Bela Kun come capo del proletariato mondiale e gli consigliò di abbattere i socialdemocratici e i piccoli borghesi. Una delle prime misure fu la liberazione di massa dei prigionieri condannati per reati contro la proprietà. In un discorso agli operai ungheresi del 27 marzo, Bela Kun giustificò l'uso del terrore con queste parole: "La dittatura del proletariato richiede l'esercizio di una violenza implacabile, pronta e risoluta per porre fine all'opposizione degli sfruttatori, dei capitalisti, dei grandi proprietari terrieri e dei loro scagnozzi. Chi non ha capito questo non è un rivoluzionario".

Ancora una volta, come in Russia, come a Berlino, come in Baviera, la maggior parte dei leader dell'Ungheria sovietica erano ebrei. Il governo era composto da un consiglio di cinque persone, quattro delle quali erano ebree: Bela Kun; Bela Vago, uno dei giudici del Tribunale rivoluzionario; Sigmund Kunfi, responsabile degli affari croati; e Joseph Pogany, commissario per l'istruzione. Anche il Commissario al Commercio, Mátyás Rákosi (Matthias Roth), era ebreo. Catturato durante la guerra, Rákosi, come Bela Kun, era stato indottrinato in Russia ed era tornato in Ungheria. Eugen

Varga, un altro ebreo, era il Commissario per gli Affari economici. Il Dipartimento di Investigazione Politica era diretto da un ebreo gobbo, Otto Korvin-Klein, un tipo vendicativo responsabile di migliaia di morti che si divertiva a infilare un righello nella gola delle sue vittime durante gli interrogatori. Jüri Lina cita *Bela Kun e la rivoluzione bolscevica in Ungheria* di A. Melsky per denunciare i crimini di un altro commissario ebreo, Isidor Bergfeld, che ammise di aver bruciato vivi sessanta ungheresi e si vantò di averne uccisi altri cento a mani nude.

Oltre alla leadership ebraica del commissariato, in *Radici del radicalismo*, gli americani Stanley Rothman e Robert Lichter notano che su duecento alti funzionari, centosessantuno erano ebrei. Nel 1919 *il Times* di Londra definì il regime di Bela Kun una "mafia ebraica". Predominavano i criminali assetati di sangue. Bela Vago spiegò così la natura del regime: "Non si ottiene nulla senza sangue. Senza sangue non c'è terrore e senza terrore non c'è dittatura". Lo stesso Bela Kun confermò queste idee: "Dobbiamo ispirare la rivoluzione con il sangue dei borghesi sfruttatori". Un altro esempio della ferocia di questi sinistri comunisti ebrei è il Ministro dell'Istruzione, Joseph Pogany, a cui si attribuisce la morte di circa centocinquanta persone, per lo più insegnanti e professori, eliminati durante i suoi giri di ispezione scolastica. Per il posto di Commissario alla Cultura Bela Kun nominò un intellettuale ebreo, figlio del direttore della Banca Rothschild, il mitologizzato Georg Lukacs, che molti considerano tra i più importanti intellettuali marxisti del XX secolo. Lukacs fu anche commissario politico della V Divisione e fece fucilare otto persone da un tribunale di guerra. Indossava un'uniforme di cuoio ed era conosciuto da alcuni come il "Robespierre di Budapest".

La "democratizzazione" dell'esercito iniziò a maggio con una formula molto semplice: gli ufficiali furono fucilati e sostituiti da agenti di Mosca. La guerra spietata e selvaggia contro la cultura cristiana fu una delle caratteristiche essenziali della politica di Bela Kun. Secondo il libro *Visegrader Straße* (*Via Visegrader*), il ragionamento della Casa Sovietica di Budapest era il seguente: "Noi comunisti siamo come Giuda. Il nostro lavoro sanguinario è crocifiggere Cristo. Ma questo lavoro peccaminoso è, allo stesso tempo, la nostra vocazione". La religione veniva ridicolizzata e i sacerdoti venivano uccisi nelle strade. Sul fronte socio-economico, le misure trascinarono ben presto il Paese nel caos generale. Ben presto furono espropriate le imprese con più di venti operai, ma anche quelle con dieci o addirittura cinque o sei operai. Molte case private furono confiscate e dichiarate proprietà dello Stato. I bagni privati furono nazionalizzati e resi pubblici il sabato sera, una misura che non poteva che danneggiare gravemente il tono sociale e morale della società ungherese. Le banche non controllate dal cartello ebraico internazionale furono nazionalizzate. I depositi bancari furono sequestrati e più di un milione di sterline in valuta estera fu portato fuori dal Paese per essere utilizzato per la propaganda. La caccia ai "goyim" che possedevano ricchezze era costante. Enormi quantità di oro furono inviate dall'Ungheria alle banche ebraiche all'estero. La pretesa di socializzare le risorse dell'industria e dell'agricoltura provocò una carestia nelle città e la rabbia dei contadini. Il terrore scatenato dal commissario agrario, l'ebreo Tibor Szamuely, che, come tanti altri, era stato catturato durante la guerra e addestrato in Russia dallo stesso Bela Kun e dai leader comunisti, merita una menzione speciale. Szamuely, che aveva partecipato con Rosa Luxemburg e Karl Liebknecht alla formazione del Partito Comunista Tedesco, fu uno dei leader più importanti della Repubblica Sovietica Ungherese, dove ricoprì diversi incarichi, l'ultimo dei quali fu quello di Commissario per gli Affari Militari. Come Commissario all'Agricoltura, divenne uno dei più grandi criminali del regime. Per terrorizzare i contadini che non si sottomettevano ai suoi dettami di collettivizzazione, viaggiava su un treno dipinto di rosso che diventava una cheka mobile. I suoi scagnozzi, dopo aver torturato le vittime, le gettavano dai finestrini mentre attraversavano villaggi e città. Costringeva i contadini condannati a morte a scavarsi la fossa davanti ai parenti e poi li obbligava a saltarci dentro con una corda al collo. Szamuely si alleò con József Czerny, il capo di un commando di terroristi passati alla storia come "i ragazzi di Lenin". Arthur Koestler, l'autore de *La tredicesima tribù*, stima che il numero delle vittime di Czerny e dei suoi scagnozzi sia di circa cinquecento, ma altri autori ritengono che la cifra sia molto più alta.

A Szeged si formò un governo provvisorio di veri ungheresi. I Paesi alleati, incapaci, come in Russia, di reagire contro il totalitarismo criminale del regime comunista, accettarono almeno l'intervento della Romania. Il 31 luglio Bela Kun pubblicò un manifesto in cui chiedeva il sostegno dei lavoratori di tutto il mondo. Il 1° agosto, con la città nel caos e dopo aver trasferito 50.000 sterline a Basilea, lasciò Budapest con i suoi principali luogotenenti per Vienna. Prima di fuggire dichiarò che avrebbe voluto che i proletari dessero la vita sulle barricate per difendere la causa della rivoluzione. Le sue ultime parole pubbliche furono queste: "Dovremmo noi stessi salire sulle barricate senza che le masse ci sostengano? Felicemente, ci saremmo sacrificati, ma questo sacrificio avrebbe giovato alla causa della rivoluzione proletaria internazionale? Il 6 agosto 1919 le truppe rumene deposero definitivamente i comunisti ungheresi. Kun fu arrestato in Austria, ma il massone ebreo Friedrich Adler, il cui padre Victor Adler era stato un buon amico di Trotsky, provvide al suo rilascio. Friedrich Adler era stato condannato a morte nel 1916 per l'omicidio del primo ministro austriaco, il conte Karl von Stürghk, ma la sua pena fu commutata in 18 anni di prigione. Nel 1918 fu rilasciato grazie alla rivoluzione scoppiata anche in Austria e divenne leader del Partito Comunista Austriaco.

Bela Kun tornò in Russia nel 1920 e fu nominato commissario politico dell'Armata Rossa sul fronte meridionale, dove lavorò con altri due ebrei, Roza Zemlyachka (Rozalia Zalkind), nota come la "furia del terrore comunista", e Boris Feldman. Tutti e tre guidarono il Terrore Rosso in una cheka di Crimea, dove divennero spietati assassini di massa. Zemlyachka e Kun, che spesso violentava le sue vittime femminili, erano una coppia perfetta. Oltre al sadismo e alla crudeltà nell'uccidere, erano avidi e non perdevano occasione per accumulare grandi ricchezze. A Sebastopoli, mentre si appropriavano di enormi quantità di oro, uccisero più di ottomila persone durante la prima settimana di novembre del 1920. Secondo le fonti ufficiali, in Crimea furono giustiziati cinquantamila "nemici del popolo", anche se alcune fonti parlano di 120.000 persone. Bela Kun fu inviato in Germania nel 1921, dove guidò un tentativo di colpo di Stato, come si vedrà nel prossimo capitolo. Prima di essere imprigionato da Stalin con l'accusa di trotskismo, Kun si recò a Barcellona nel 1936 con il compito di esplorare l'atmosfera politica e fomentare l'agitazione.

Il carattere ebraico della Repubblica sovietica ungherese era evidente quanto quello della Russia bolscevica; ma mentre nel caso della Russia c'era e c'è tuttora un tentativo di coprire e falsificare la realtà, nel caso ungherese tutti concordano sul fatto che l'Ungheria aveva "un governo degli ebrei", "una repubblica ebraica" o, come preferisce Nathaniel Katzburg, "in larga misura un'impresa ebraica". Di certo, gli ungheresi la percepivano come tale. Così, prevedibilmente, dopo il crollo del dominio ebraico, ci fu una violenta reazione che alcuni autori hanno descritto come "terrore bianco". La stessa comunità ebraica di Pest cercò di evitare l'odio e le rappresaglie del popolo ungherese escludendo coloro che erano stati associati in un modo o nell'altro al regime di Bela Kun. Secondo alcune fonti, tra i due e i tremila cittadini ebrei persero la vita a causa dei numerosi atti di vendetta.

ALTRI LIBRI

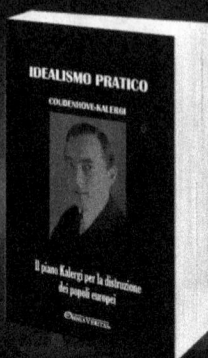

OMNIA VERITAS®
OMNIA VERITAS LTD PRESENTA:
LA DINASTIA ROTHSCHILD
di John Coleman
Gli eventi storici sono spesso causati da una "mano nascosta"...
JOHN COLEMAN
LA DINASTIA ROTHSCHILD

OMNIA VERITAS®
OMNIA VERITAS LTD PRESENTA:
L'ISTITUTO TAVISTOCK
di RELAZIONI UMANE
Dare forma al declino morale, spirituale, culturale, politico ed economico degli Stati Uniti d'America
Senza Tavistock, non ci sarebbero state la Prima e la Seconda guerra mondiale...
di John Coleman
I segreti dell'Istituto Tavistock per le relazioni umane
JOHN COLEMAN
L'ISTITUTO TAVISTOCK di RELAZIONI UMANE

www.ingramcontent.com/pod-product-compliance
Lightning Source LLC
Chambersburg PA
CBHW050543270326
41926CB00012B/1892